一、祝氏图腾释义

释义：《说文》解释祝字为祭祀时司告鬼神的人。在甲骨文、金文中，说祝字十分形象地像一个人跪在神主之前，特显其口，表示念念有词。据此，祝者原为向神案前酹酒，跪拜祭祀之状。这个职务形成了商周时代的官名，如商代的祝官，专司贞卜，地位崇高。周代有太祝、小祝、丧祝、甸祝、诅祝、夏祝、商祝、逸祝等祝官名。可见在周朝祝官分工之细，祷告之繁，上至天子，下至庶民的日常大事都离不开祝官的祷祝，以求于神的保佑，平安如意。所以古祝人是以祷祝的职业为其崇拜的图腾，并命名氏族名和族徽。

祝 氏 图 腾

二、华夏祝氏人口分布概况

祝姓在全国各地都有分布，截至2010年人口普查，祝姓在全国姓氏排行榜上名列第141位，人口120余万，占全国人口总数的0.087%左右。江西是祝氏人口第一大省，约有16.7万人。其次为浙江、安徽、湖北、四川、山东，共占祝氏总人口的60%以上。广东、湖南、江苏、河南、辽宁、黑龙江集中了祝氏20%以上的人口，台湾地区有2737人。马来西亚、美国、印度尼西亚等国，均有祝氏华裔迁徙。

郎峰祝氏一世祖信安侯祝巡公，于公元300年初自鲁兖始迁衢州以来，至今相传近70世，唐宋期间郎峰祝氏十分兴旺发达，后裔迁徙分布大江南北，是全国祝氏中历史最长、人口最多的一宗，约占全国祝氏人口四分之一以上。

郎峰世家　宋神宗元丰二年赠

台钟国家　宋哲宗元祐二年赠

五庙典祀　宋高宗绍兴十年赠

四、公元300年初郎峰祝氏始祖祝巡官信安侯自鲁兖迁籍信安（衢州）

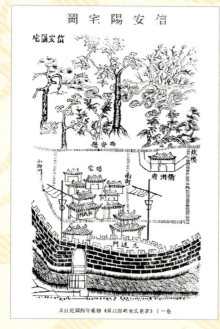

衢州大南门古城墙（光远门）

五、巡公七世孙齐太尉祝辂自衢州隐居江阳（今江山）梅泉为迁江山始祖

江阳梅泉阳宅图

正在重建中的江山西山梅泉书院（公园）（效果图）

六、江山祝氏始祖齐太尉祝辂的七世孙祝东山，隐居江郎山著书讲学，创办江郎书院，为江郎始祖。

世界自然遗产 江南祝氏发祥地——江郎山

20世纪80年代复建的江郎书院

江郎山祝氏文化集萃

祝春和 著

山西出版传媒集团

山西经济出版社

图书在版编目（CIP）数据

江郎山祝氏文化集萃 / 祝春和著. -- 太原 ： 山西
经济出版社，2022.5
ISBN 978-7-5577-0949-5

Ⅰ．①江… Ⅱ．①祝… Ⅲ．①家族－历史－江山
Ⅳ．①K820.9

中国版本图书馆CIP数据核字(2021)第270675号

江郎山祝氏文化集萃
JIANGLANGSHAN ZHUSHI WENHUA JICUI

著　　者：祝春和
责任编辑：郭正卿
助理责编：丰　艺
装帧设计：汇蓝文化

出 版 者：山西出版传媒集团·山西经济出版社
社　　址：太原市建设南路21号
邮　　编：030012
电　　话：0351-4922133（市场部）
　　　　　　0351-4922085（总编室）
E - mail：scb@sxjjcb.com（市场部）
　　　　　　zbs@sxjjcb.com（总编室）
网　　址：www.sxjjcb.com

经 销 商：山西出版传媒集团·山西经济出版社
承 印 者：济南精致印务有限公司

开　　本：787mm×1092mm　1/16
印　　张：31
字　　数：700千字
版　　次：2022年5月　第1版
印　　次：2022年5月　第1次印刷
书　　号：ISBN 978-7-5577-0949-5
定　　价：128.00元

编　　著：祝春和

副　　编：祝为民　祝忠勇

策　　划：江山市郎峰文化研究会

封面题字：祝人良

衷心感谢：

祝宗善先生

刘敏雄先生

毛赛春女士

祝增荣先生

祝日耀、祝炳田等宗亲

给予《江郎山祝氏文化集萃》出版的大力支持

序

序

吾郡江山，山连闽海，川达婺杭。居仙霞、武夷之要冲；控两浙、江右之通衢。物华天宝，人杰地灵。其仙霞之清幽，浮盖之瑰玮，直可俯瞰赣闽，光照须江。而最雄奇能冠绝三衢者，则莫如江郎也。江郎三爿石，远望则三峰高耸，直上云霄；近观则壁立千仞，一一如削。矗立于天地，撑持乎苍穹。吐纳风云，蒸蔚烟霞。向为东南形胜，名闻海内。得秀气之所钟，赖光华之所蕴。人豪巨族，卧虎藏龙，而占籍须邑江郎者，郎峰祝氏也。

粤稽先代，祝氏原为鲁兖旧族。晋永嘉之乱，五胡攻入。自此中原陆沉，晋室东渡。祝氏有名巡，字帝临，号省菴者，在晋为散骑校尉，翼击群丑，扶辇渡江，功封信安侯，由是间居衢郡。越十五世，唐有其岱，字东山者，少举明经，文章焕然，为两浙诸生所重。后远避暄阗，噍列朝班，肇基江郎。至是，螽斯衍庆，积功累仁，衣冠蔚起，青紫蝉联。"六经匡翼，文登孔孟之堂；八阵风云，武啜孙吴之蕴。或著事业于庙廊，功加房杜；或植纲常于草野，节拟巢由。"（宋·周随亨江郎《文昌阁序》）至宋，臣常二公，世称"兄弟宰辅"。曾抱谱朝堂，上呈御览。神宗欣批"郎峰世家"，以示恩宠。郎峰祝氏，声名于斯鹊起矣。

细览《江郎山祝氏文化集萃》，书中备载祝氏千年之雅迹。自魏晋以降，历南北朝、隋、唐、五代，至宋而盛极一时。元以后，虽有衰微，然余芳犹在。一千七百年间，豪杰俊迈，茂郁如林；名卿贤相，簪缨鱼贯。忠臣义士，更是不胜枚举。可谓赫赫煌煌，猗欤盛哉。其家族之荣，光昭后世；诗文之富，代有其人。于三衢更是罕有其匹。考祝氏历年与文人学士往来赠答之诗词文章，《江郎山祝氏文化集萃》竟载四百有奇。其数量之多，品质之高，一县之志，亦不遑多让。其间不乏韩昌黎、苏颍滨、朱晦庵等一时文坛之巨擘。堪称：千古风流空追忆，幸留天章焯云汉。

《江郎山祝氏文化集萃》一书所载诗词，最可贵者，当属岳武穆与祝制参互和之《满江红》也。祝制参讳允哲，字明卿。武穆任荆湖北路宣抚使时，允哲公为荆湖制参，二者既为同僚，又为挚友，尝于军政闲暇以诗唱和。至岳飞被投大理寺狱，祝允哲上《乞保良将疏》，愿以全家七十余口保岳飞无罪。及闻飞父子遇难，勃然而晕，未几卒于富阳。死前仍叹曰："岳少保即死，二帝已矣。"制参之大义，敢与武穆之精忠比肩乎！

飞《满江红·怒发冲冠》允为词中上品，至二十世纪三十年代前向无疑义，而此后有疑非武穆所著者，数十年间，争论不休。近世，学者李庄临与毛永国合作《岳飞〈满江红〉新证》一文，载于《人民日报》及《南开学报》。文引《须江郎峰祝氏世谱》卷十四之《诗词歌赋》集中，绍兴三年（1133）岳武穆赠祝制参《满江红》及祝和词。两词如下：

怒发冲冠，想当日身亲行列。实能是南征北战，军声激烈。百里山河归掌握，一统士卒捣巢穴。莫等闲，白了少年头，励臣节。靖康耻，犹未雪，臣子恨，何时灭？驾长车踏破金城门阙。本欲饥餐胡虏肉，常怀渴饮匈奴血，偕君行依旧复家邦，解郁

结。（岳飞《满江红·与祝允哲述怀》）

仗尔雄威，鼓劲气震惊胡羯。披金甲鹰扬虎奋，耿忠炳节。五国城中迎二帝，雁门关外捉金兀。恨我生，手无缚鸡力，徒劳说。伤往事，心难歇，念异日，情应竭。握神矛闯入贺兰山窟。万世功名归河汉，半生心志付云月，望将军扫荡登金銮，朝天阙。（祝允哲《满江红·和岳元帅述怀》）

于二词可见，前者为武穆赠制参之作，后者为制参和武穆之词。现坊间流传之版本，实为二词精髓糅合而成。由此《满江红》真伪之辨，得以破解也。《祝谱》所载二词，虽较今流行之定本，稍逊一筹，然气概之恢宏、志向之远大，虽千载之下读来，犹觉激昂慷慨，凛凛生威焉！

再赏《江郎山祝氏文化集萃》所载唐人张九龄之《游江郎山访东山先生遗址》诗：

> 攀跻三峰下，风光一草庐。
> 今见墨浪壁，昔闻君子居。
> 君子今何处？徘徊未能去。
> 不见当年人，但闻声过树。

张九龄夙好山水清音，诗以五言为最佳，其言语质朴，风格雅淡，多以清风明月与江山社稷之契合来抒发孤高清朗之襟怀。看似平淡无奇，其实境界雄浑，别具高华浑融之气象。此诗写张九龄拜谒祝东山草庐遗址事，通篇平铺直叙，明白散淡。至尾句"不见当年人，但闻声过树"，此句一出，始猛然发力，一字千钧。顿现诗中"君子"之声望，经久不息，至今可闻之余响，使人不禁心生向往。堪谓深得"雅正冲淡"之神韵，更似《感遇》《望月怀远》诸诗之手法。诸如此类好诗在集中并不鲜见，如：

> 素有含芳志，移兰植象床。
> 灵根生嫩笔，笔笔吐清香。
> （唐·淑德郡主《种兰咏》）

> 寸心遗世真千古，一息如公可百年。
> （宋·文彦博《登江郎山读<祝东山行乐祠记>有感》）

> 江郎爿石旧曾谙，仰止高峰一驻骖。
> （宋·沈九如《江郎山怀古》）

> 先生先我到此游，我后先生来归休。
> 相闻相慕非相识，亦步亦趋共风流。
> （明·周文兴《题祝东山遗址》）

野花耽幽处，种菊待重阳。

凝秀今已茁，留节傲秋霜。

（明·詹莱《题祝氏金花园种菊》）

三峰豁复开，面面芙蓉出。

（清·尤侗《望江郎山怀东山读书室》）

《江郎山祝氏文化集萃》全书40余万字，集中如云美文，俯拾即是。品之良久便如盘中珠玉，铿锵悦耳；乐中琴瑟，余音缭绕。更有晋陶侃《信安侯传》，隋薛道衡《祝将军梅泉家庙记》，唐韩愈《太学博士尚邱公墓志》，陆贽《东山先生行乐祠碑记》，宋苏辙《重修江郎书院记》，朱熹《重建郎峰祝氏家庙记》等名家手笔，自是宏篇巨构，锦绣满眼。

然此等好文，竟深藏老宅家谱，多半为世人所不知。犹如随珠和璧，弃之荒山，恰似"相如徒有上林颂，不遇良时空自嗟"。所幸者祝氏千年"石室传经"，文脉绵长。吾郡原政协副主席、诗词学会会长祝瑜英女史，即信安侯64世女孙。其门庭经千年儒学之浸染，诗礼传家，书香四溢，可谓褒衣博带，焯德著美。至于女史，才力华赡，直逼前贤。诗书画印，无一不会；琴棋茶歌，无一不通。今有瑜英、春和、佩森、为民等祝氏诸老，虽年逾古稀，犹不辞艰辛，深稽博考。兼之祝冯军凤、祝忠勇诸晚学后生，潜心方志，细搜古籍，终成《江郎山祝氏文化集萃》之巨著，使祝门经典万古长新也。

吾与女史同饮灉水，同耽词事；诗书往来，心照神交。女史休致有年，与吾亦暌索十载。一日忽遣《江郎山祝氏文化集萃》见示，并嘱为之序。余不敢轻辞，复阅之诵之，研之思之，钦敬之忱，遂油然而生。故不揣浅陋，聊抒拙见，以志心境也。

林峰 谨识

庚子岁暮于京华一三居

【作者】

林峰，1967年生，浙江龙游人。现为中华诗词学会副会长兼学术部主任、中华诗词杂志社副主编，首都师范大学特聘教授，上海大学中华诗词创作研究院副院长。中央电视台中国诗词大会评委。诗词楹联文章等散见于《人民日报》《光明日报》《中华诗词》《诗刊》《词刊》《诗词中国》《中国韵文学刊》等海内外数十种报纸杂志和中央电视台《时代楷模发布厅》栏目，中央文明办"中国好人榜"致敬辞等。曾获"最具公众影响力诗人"荣誉称号和国内诗词大奖赛一二等奖。多次做客中央电视台并接受《诗行天下》栏目和《诗词中国》百集电视纪录片访谈。著有《一三居诗词》《花日松风》《古韵新风·林峰卷》《一三居存稿》等诗集。

挖掘整理优秀民间文化传承弘扬人文历史经典

　　浙江省江山市第二中学原校长祝春和，在职时忠于职守，桃李满园香，退休后耄耋之年仍老当益壮，笔耕不辍，又主编了《江郎山祝氏文化集萃》一书，这种精神确实难能可贵。该书主要汇集了江南望族郎峰祝氏1700余年来结出的文化硕果，反映了祝氏一族千百年来繁衍生息的历史和江郎山地区的古代文化成就。

　　家族文化是乡土文化的核心内容，是滋生培育乡情的根源和基因，是中华民族得以繁衍发展的精神寄托和智慧结晶，是民族凝聚力和进取心的真正动因！郎峰祝氏世代繁衍于浙闽赣交界地区，是具有悠久历史的大家族。自东晋初年随晋室南渡，由山东古祝国徙居江南，唐高宗时期起聚居江郎山下，在这历史长河中，科甲绵延，仕宦不绝，曾有"兄弟宰相""八凤齐鸣"的文化奇观，先后有宰相4人、进士40多人。积淀了以"崇德尚学、精忠纯孝"为核心的深厚家族文化底蕴。

　　祝氏家族文化的结晶——《郎峰祝氏世谱》，记载了这1700多年以来，郎峰祝氏文化的精华，包括祝氏历代先祖著作，及与同时代历史人物唱和的诗词歌赋200余首；岳飞的《满江红》原作及苏辙、朱熹、陈元龙等多位历史名人的珍贵文献。全谱26卷200余册，历经唐代至民国近30次编修。

　　《江郎山祝氏文化集萃》一书，除了提炼《郎峰祝氏世谱》内的文献内容，还增加了记载于《郎峰祝氏世谱》以外的众多历史文献，如载于唐代道宣所编《高僧传》的大彻禅师祝惟宽及侄祝文质两位高僧的事迹；收入朱熹《朱文公集》的《记外大父祝公遗事》一文等。不仅是对郎峰祝氏文化的传承，更是对郎峰祝氏文化的升华。主要表现在以下三点：

　　一、内容全面，既展现了郎峰祝氏家族文化，也反映了世界自然遗产地江郎山地区古代历史文化成就。该书涵盖了祝氏迁徙史、郎峰祝氏历史人物传记、诗词歌赋、制敕、奏议、序文、碑记、墓志、宗谱、祠庙、楹联、匾额、家规、家训、家语、教育及慈善公益事业、附录等内容。详细说明郎峰祝氏1700余年的繁衍史；记录郎峰祝氏政治、科举、文化等各类人物300余人；收录诗词文章450余篇（首）；介绍了江郎山"阁老街"上的府、第、书院、庙、阁、坊等历史建筑。这些资料文献，既全面介绍了祝氏家族的发展史，又生动反映了江郎山地区的人口发展、文化教育及民风民俗。

　　二、对郎峰祝氏文化的方方面面都做了详细的研究，取得了前所未有的成果。该书除对郎峰祝氏及其分支族系家谱精华部分进行收集汇总外，还对郎峰祝氏特有的家族文化进行了系统深入的考据研究，如对东晋至隋唐的武将文化，唐代的高僧文化，宋代的理学文化、孝义文化、江郎山隐士文化、祝氏音韵学等文化结晶，进行了深入研究。更难能可贵的是，做这些研究工作的并不是专门从事文史研究的学者，而是祝春和、祝为民、祝佩森、祝忠勇等一批民间方志文化的爱好者。

　　三、《江郎山祝氏文化集萃》并非简单一味地汇总摘抄家谱、文献，而是有所取舍地提炼文化精髓。他们对宣扬封建糟粕的部分，进行弃舍。而特别注重对孝亲爱国、崇学重教、廉政清风等有助于社会主义精神文明建设的优良传统文化进行宣扬。如反映爱国精神的岳飞和祝允哲互和《满江红》的史实，反映崇学重教的江郎书院、文昌阁、义方馆等教育设施的建立，反映孝义治家、谦让恭和好家风的祝文仆一家600多口人聚家共炊等内容。这些对正能量的宣传，使该书的文化内涵得到了进一步提升。

正如前文提及的，编著本书的是一群年逾古稀乃至耄耋之年的民间文化爱好者，他们仅凭对文化的热爱，对祖先的崇敬，无偿、自觉编著此书。全书分上、下两卷，逾70万字，在编写过程中，难免会有一些疏漏，但总体上瑕不掩瑜。

习近平总书记在中国共产党第十九次全国代表大会上的报告提出："深入挖掘中华优秀传统文化蕴含的思想观念、人文精神、道德规范，结合时代要求继承创新，让中华文化展现出永久魅力和时代风采。"我认为，《江郎山祝氏文化集萃》的出版，可以说是深入挖掘中华优秀传统文化蕴含的思想观念、人文精神、道德规范的一次具体而有益的实践。

祝氏一脉相承，福州祝氏和郎峰祝氏渊源颇深，我作为祝姓儿女，当然对此喜闻乐见。因此，很高兴受编著者邀请，特为该书作序！

祝列克

二〇二〇年十一月十九日

【作者】

本文作者系福建省福州市人，郎峰祝氏的后裔。陕西省原副省长、政协副主席、政法委书记。

传承弘扬家族文化，就是对祖先最大的孝道

大河汤汤，天地苍苍。伟哉华夏，雄踞东方！中华民族是世界上唯一传承不息的文明古国。历经千难万劫依然文明之脉不绝，其主要原因是中华民族有如磐石般坚固的国史、方志、家谱构成的三大历史大厦的支柱，使文明进步之火愈燃愈烈。而民间编修的家谱，之所以能成为三大支柱之一，不仅是因为它记载了千千万万家族的历史，更是记录、传承了家族优良的家风，祛邪扶正的家规，正气浩然的家训，富含哲理又紧贴实际的家语等等优秀的传统文化。这些家族优秀文化即是民族文化的根基，传承和弘扬这些家族文化，就是对祖先最大的尊崇与孝道。

我们的家乡位于浙闽赣交际地区的江山市。我们深爱祖辈世代生息的江郎山、须江水，以身上流淌着郎峰祝氏的血脉为荣，为自己是郎峰祝氏儿孙而自豪。我们崇敬先辈留传下来的崇德尚学、精忠纯孝、廉洁勤政、刚正不阿、至仁至义的优良家风。

从小，我们就听着"满朝祝""十八把金交椅"的传说故事长大，至今想起这些故事仍热血沸腾。每当清明、重阳回乡祭祖，睹父老祭祖礼仪之庄重，闻族人寻根问祖声之殷切，感宗亲间感情之浓烈，尊祖敬宗之情油然而生！今值本族贤达祝春和、祝为民、祝忠勇等发掘、搜集、整理、编著《江郎山祝氏文化集萃》，推荐我们作序，我们自愧学识谫陋，但作为郎峰祝氏儿孙，觉得应义不容辞。

姓从何起？族从何源？祖从何来？吾从何出？此乃炎黄子孙必究之事、必考之情。我们祖宗有哪些丰功伟绩？留下哪些精神财富和宝贵文化遗产？这些也是为人子孙所殷切想了解的。而这些，《江郎山祝氏文化集萃》都给予我们答案。

《江郎山祝氏文化集萃》共分七章：第一章三次迁徙，记述郎峰祝氏渊源、始迁徙分布与优秀家族文化等；第二章历史人物传记，介绍郎峰祝氏越晋宋齐梁隋至唐宋元明清的历代文臣武将、名士贤达；第三章诗词赋赞，收集祝氏家族历史中留存名人大家的诗词歌赋；第四章制敕、奏议、序文、碑记、墓志，汇集历代皇帝圣旨、先祖奏章、著述序文、墓志、碑记等；第五章宗庙记，收集了祠庙、联匾，介绍郎峰祝氏世谱，分布各地的祠、堂、寺、庙以及所承载的联匾；第六章家规家训，汇集郎峰祝氏千百年来的优秀家风、家训精华及教育和慈善公益事业；第七章书印谱，记载现留存的祝氏及有关名家书法和印谱。

这些内容，集中反映了郎峰祝氏晋室南渡自鲁兖始迁衢州，梁初再涉江阳梅泉，唐初又定居江郎山。千百年来，科甲绵延，仕宦不绝，"兄弟宰相""八凤齐鸣""千年江郎书院"的文化奇观。先后有宰相四人，进士百余，官宦五百。积淀了以"崇德尚学、精忠纯孝、廉洁勤政、正直信义"为核心的优秀传统文化。

郎峰祝氏先人坚持以德立身。东山公教育儿孙说："富贵不义如浮云，贫贱有道不为耻。是故刍豢不若菜根香，锦帏莫如布衣长。"他年少时就获三衢明经之首，因不满朝政，终生隐居江郎山传经后学。真正把道德、气节看得比功名利禄更重要，深受后世景仰。

郎峰祝氏家训："家若贫，不可因贫而废学。家若富，不可恃富而惰学。学者

乃为君子，不学则为小人，尔后生各宜勉之。"梅泉书院、义方馆、文昌阁、江郎书院，各类私塾，祝氏崇学长盛不衰，江郎书院更有一榜入仕四十人的辉煌业绩。西岗书院、龙江书院、隆教书院、安堂书院、环溪书院、龙溪文昌阁、魁星阁……分迁各处的祝氏子孙把这种重教尚学家风带到了所有落脚的地方。

郎峰祝氏家语中："在家不得不孝，在国不得不忠，凡事皆可让人，惟忠孝切不可让。"郎峰祝氏家族精忠报国、纯孝事亲的事例不胜枚举。如唐代祝奢、祝驾，宋代祝时可、祝梦熊、祝性言等，都为抵抗异族入侵保国安邦，或抗击叛军除暴安良，英勇捐躯，忠烈报国；宋枢密使祝敞，靖康之难，披发赤脚追随徽、钦二帝北上，一路大骂金寇，被割舌而亡，忠烈报国；其子光煜前往五国城六千里，千辛万苦寻访父亲遗骨归葬。其母悲痛不已，自尽殉夫。光煜连受父母双亡打击，兼以一路跋涉劳苦，悲痛而死。真正是父忠、母贞、子孝。

郎峰祝氏历代人才辈出，自晋至清，为官者就达400余人。这些人大都忠君爱国，勤政爱民，为官清廉，从没出过奸臣贪婪之辈。明代朱元璋钦授的苏州知府祝宗善，为官执法必严，有廉介之称，获封中宪大夫，以老辞归时，仅有一把琴、数卷书。

江郎山的雅称"郎峰"，即郎峰祝氏的代称，郎峰历来代表祝氏。千百年来，祝氏跟江郎山紧紧地联系在一起。江郎山是祝氏的根，祝氏是江郎山的魂。辛弃疾的诗："三峰一一青如削，卓立千寻不可干。正直相扶无依傍，撑持天地与人看。"江郎山的形象，就是祝氏家族精神的最好写照。家训说："愿尔子孙宁可正而不足，不可邪而有余。"宋监察御史祝忠彦，先后弹劾章淳、蔡京、童贯，三次被贬出知辰州、罗定州、通州，又先后获郑居中、何执中、赵挺之、张邦昌等保奏，出任太常少卿、枢密副使。朝中士大夫称颂曰："祝枢密者三罢不饶，真道德之宗、柱国家之良栋也。"岳飞被朝廷十二道金牌召回而关押，满朝文武敢怒不敢言，而大制参祝允哲以全家70余口性命上奏《乞保良将疏》保岳飞，他正直如箭大无畏的浩然正气，正是郎峰祝氏刚正不阿的精神体现。

家风正则国风正，宗族强则民族强。正是历代传承这种风清气正的优秀家风，潜移默化地影响着一代又一代的后人，成为郎峰祝氏的行为准则，造就了郎峰祝氏家族，考取科甲、仕宦者层出不穷，为千年辉煌的历史文化增添了浓墨重彩的一笔。

极为难得的是，发掘郎峰祝氏文化瑰宝并编著成《江郎山祝氏文化集萃》一书的主编祝春和已85岁，负责该书前期校对工作的祝佩森81岁，副主编祝为民70岁，这些德高望重的宗贤，长期以来热心家族公益事业，为家族的振兴做出了贡献。他们无私奉献的精神，确实令人敬佩！

文化者，民族之血脉也。家族文化者，家族文化之血脉也。时值21世纪之初，国运兴盛，民族复兴方兴未艾。民族兴呼唤文化兴，文化兴则助力民族旺。发掘整理家族文化，汲取前人之精华，再造家族优良风尚，于家族来讲，能弘扬传承优秀传统文化，营造团结和睦的家族气氛，增强凝聚力；于国家来讲，能激发社会正能量，为构建、践行社会主义核心价值观添砖加瓦。

因此，《江郎山祝氏文化集萃》的出版，是传承家族宝贵的精神财富遗产，弘扬优秀传统文化的善事，是对祖先最大的孝道！是对国家、对民族的责任担当！

郎峰祝氏六十二世裔孙　祝世法

郎峰祝氏六十四世裔孙　祝向东

二〇二〇年十二月十八日

【作者】

祝世法，江山阁老街人，郎峰祝氏世宅派，原浙江医院院长，内科主任，心内科主任医师，兼职教授，浙江医学会常务理事。浙江省医学会老年病分会主任委员、浙江省康复学会心血管专业委员会主任委员、浙江省医学会内科学会副主任委员。

祝向东，江山黄岗人，郎峰祝氏黄岗派，冬雷脑科医生集团特约顾问专家，主任医师，教授，浙二医院神经外科副主任，中华医学会神经外科学分会脑血管学组委员，浙江省医学会显微外科学分会常委。

江郎山，您是江山，您是道！

2021年新年伊始，来自江山以及浙闽赣等地的郎峰祝氏族人百余人聚集在江郎山下，共商"重建郎峰祝氏江郎大宗祠"大事。

会上，《江郎山祝氏文化集萃》主编祝春和老校长即兴发言，"将以八十六的年纪，编写好《江郎山祝氏文化集萃》，并捐赠书款及现金计十余万元支持大宗祠建设"。学生我甚为感动。之后，老校长让我为《江郎山祝氏文化集萃》写序。当时我深感学识浅薄难以胜任，就说写个读后感应该可以，写序不敢。回杭途中，前思后想，觉得写这篇序未必不是一个学习和传播郎峰祝氏文化的好机会，于是答应了下来。

君子一诺，自不敢怠慢，迅速恶补，见贤思齐。细读《江郎山祝氏文化集萃》，翻阅研究会编写的各期《郎峰世家》刊物，加上德高望重的祝瑜英主席惠赠的系列书籍，如由她主编的《衢州百年诗词选（1900～2000）》《衢州对联集成（上、下册）》，以及由江山博物馆原馆长程连鹏先生纂次注释的《江山历史文献辑略》；查询各路网络资源库；再读2019年圆谱的本支系的《郎峰祝氏六川派宗谱》中的各类文章，发现不少也被录入《江郎山祝氏文化集萃》和《江山历史文献辑略》，并不陌生。这本《江郎山祝氏文化集萃》对我这18岁离乡，长期做农业科学、生态学研究和教学的人而言至少是一本厚重的文化课本、历史知识补给、文化生态学参考书，一举多得。

读书几日，感慨良多，略数一二，与读者共勉。

首先，《江郎山祝氏文化集萃》展现了郎峰祝氏历代先人的文成武功、功名显绩。总计300篇人物传略、213篇诗词赋、138篇赞词、40多篇制敕嘉奖、15篇奏议表疏，檄移互现，更有书谱序跋几十，蔚为壮观。原江郎祝氏大宗祠的一对长联"诗书振家声，科甲连绵，门第推光唐代；文章扬姓字，风云际会，事功显著宋朝"。概括得尤为到位。

其次，《江郎山祝氏文化集萃》反映了郎峰祝氏与中华民族共命运、同兴衰到如今。国兴，则祝氏兴，反之亦然。自先祖祝巡公护晋有功、封为信安侯开基以降，跨越唐宋600年，经历外族攻入，明清六个世纪再轮回，千年兴衰演替，祝氏显隐浮沉，均可从收录各朝历代的文章数目来反映。这表明：家国情怀，无从分离。是故，郎峰祝氏文化是中华文化的重要组成部分。如：明代周文兴对联"胸横星斗，万福书成追梓慎；学贯古今，三峰集著配程朱"。上联记述东山先生增补《万福全书》一事，示书中所述各种预测之法，不亚于依据星象能预测火灾、饥荒之年的春秋鲁大夫梓慎；下联载祝氏元代祖祝山曜所著《三峰集》，可与理学家程颢、程颐、朱熹相媲美。先辈的文韬武略，与古人、与来者，相得益彰，各有见长，乃集中华文化大成之要件。

再次，江山代有人才出，《江郎山祝氏文化集萃》各呈现。正如清·陈元龙所联："经国有文章，兄宰相，弟宰相，宣化分猷治绩直同周召；传家惟武烈，隋将军，汉将军，进攻退守兵机不让孙吴。"兄弟宰相指祝氏三十二世祝臣、祝常兄弟，他们传布君命、教导百姓，对职责范围内的治理政绩如同周代初期的周公、召公一样，受民众歌颂；隋、汉将军分别为祝氏十六世祖隋武烈将军祝奢、祝氏二十五世祖后汉武烈将军祝永福。尤其在郎峰十五世祖其岱公开设"江郎书院"之后，兴学重教蔚然成风，培育众多栋梁之材。

通读《江郎山祝氏文化集萃》中郎峰祝氏先辈们铸造这些浩瀚功德，个人觉得与代代传承形成的"忠烈、孝友、气节、尚义、崇学""耕读传家""严教"等家风，严格的家规、家训有严密的逻辑联系，而其中最值得一提的恐怕是"江郎山"与郎峰祝氏间的"山我关系"，"从山得道"的辩证法。

孔子曰："朝闻道，夕死可矣。"一般理解这里的"道"不是一般的"道理""事理"，而是特指儒家的"仁义之道"，因为"仁"是儒家思想的核心，是孔子一生所求的道德理想，是最高的道德准则。进一步，毛子水先生在《论语今注今译》新版序解释：这个"道"字，不是"吾道一以贯之"的"道"，而是"齐一变，至于鲁；鲁一变，至于道"的"道"，接近"天下太平"。

东山先生辞召不仕，拒伺武皇，隐居金纯，结庐讲学，追求的就是这样的一个"道"，他作《登江郎山咏》以明其志："一自登山洗旧踪，层层尽是白云封。今来古往谁如此，诸葛南阳有卧龙。"被周晋光誉为"祝叟高风孚两浙，江郎劲骨壮三衢"（江郎山亭对联）。在《题登山庐》中，先生"登山非敢小鲁，亦非敢小天下。但志自有所在，庐斯以待来者"。对比孟子的"孔子登东山而小鲁，登泰山而小天下"，先生甚为自谦，不与孔圣人相比，但志在高远，"道心永在"，以待来者！而先生之《增补万福全书》是"上下相安，人享荣吉，此书造福之最要也。阐悠然之福慧，启万代之吉庆"。（赫巴，708年《增补万福全书序》）则部分表露了先生为百姓幸福的所思所作。

回想一下，江山作为一个行政单元，自唐武德四年（621）开始置县，以须江为县名，五代吴越时（931），江郎山下的祝邦泰任御史大中承，祝圆为总把校尉，朝廷以县有江郎山，改为江山县。行政管辖范围历朝历代，变化不大，仅官溪等略有变动，总体而言"八山一水一分田"的基本格局未曾有变。对于一代代生在山、长于山，眼睛一开便见山者，与山的亲密是与生俱来的。

江郎三爿石，自北向南成"川"字排列，稳坐基座之上，是最接近今日汉字"山"的原型。不知将"山"字从象形文字的甲骨文过渡到金文再到小篆体的古人造字者是否参照了我们的"三爿石"形象？若是，这江郎山对中华文明贡献是否又加一山？

因此，来自"江郎山"的"江山"，在仕子心中，不仅仅是一个县域的名称，更是万里"江山"、社稷民生的"江山"、大至国家的"江山"，乃至天下的"江山"。

其一，江郎山作为"中国丹霞地貌"的代表之一，于2010年被列为世界自然遗产目录，举世瞩目。这首先是其地址独特性使然，而号称"神州丹霞第一峰"则也与历代郎峰祝氏先辈、关联文友、学者的深刻认识密不可分。"江郎山独高,岿岿插天表。绝顶一登临,众上皆渺小"(唐代,祝其岱,号东山)表达了江郎山直冲云霄的高大雄伟的气势。"出没烟霞逸兴多"(唐代,周美,与东山公同年代人),"安得此身生羽翼,与君往来共烟霞"(唐代,白居易,772~846)描绘岩石色如丹霞。郎峰峭壁上的摩崖题刻"壁立万仞"四字(明代理学家,湛若水,1466~1560)一目了然。"悬望东支尽处,其南一峰特耸,摩云插天,势欲飞动。忽裂而为二,转而为三。已复半岐其首,根直剖下;迫之则又上锐下剑,若断而复连者,移步换形,与云同幻矣!此峰特出众山之上,自为变幻而各尽其奇也。"(三过江山的徐霞客,明代万历四十八年即1620年,首访江郎山)徐霞客把江郎山与乐清的雁荡山、安徽黄山和缙云仙都的鼎湖峰进行比较,极为赞叹江郎山之"奇、险、神"。

其二,对山抒怀,以山言志,与山呼应的词文更显"山我不离"之心。东山先生负气节不仕武后,率孙尚邱等潜居江郎山,以传家学。"三峰屹立插云天,笔笔书空年复年。待我养成翎翮健,奋身直上翠微颠(祝其岱)。"面对草舍,他诗曰:"问余何事憩深山,阴气重重信未删。待得天风吹荡净,定然策仗到人间。"可见先生还是时刻念着人间冷暖的。是故,他的同代人和后人也深有体会,赞词充栋,如唐代李白(701~762)在《江山快音序》中"况天地与我,心思云烟,悉是文章。山水虽非笔墨,神功鬼腕,谁则呼之?江山之石,能拔地轴而接天关,吐云霞、掩日月、走风涛、兴雨泽,为先生知音,以故先生快之"。简直把先生与"江山"之间融为一体的状态表现无遗。唐代陆贽(754~805)在《东山先生行乐祠碑记》所言"先生之志,似石斯刚;先生之德,似泉斯沧。明气节兮,百代流芳"最有代表性。祝山曜"山川之气,钟于人文"(元代金履祥《三峰集序》),指明人文名篇源自山川精髓,是山水之灵气、之精神。清代雍正十二年(1734)陈元龙《须江郎峰祝氏世谱续修序》中"有奇景,然后有奇人。祝氏之族,钟江郎奇气而滋大;江郎之石,籍祝氏奇杰而益传",更点出祝氏与江郎山之间的"人山互为峰"之"物我关系"真谛,点出了自然与人类和谐共处的关系。这已经到达了自然辩证法的认识高度,用当前信息技术话语,山与文章,就是一对"数据孪生"。

其三,面对祖业,我们该当何为?

《江郎山祝氏文化集萃》呈现的宏伟祖业,笔者认为可从个人、家庭、事业、国家等多个层面进行学习并践行。陶冶道德情操,"耳,不闻人之非;目,不视人之短;口,不言人之过"。为人光明磊落,"勇以义达!纲常之勇不可无,血气之勇不可有"。"读书求理,理照古今。故知时务者为俊杰。""读书起家,循理保家,勤俭治家,和顺齐家。"为官,造福一方;为学者,求是创新,教书育人;经商办企业者,凭良心赚钱交税、创造就业机会,服务社会。秉承祖宗们的毕生习得,容自我与自然山水为一体,学习自然规律,探索自然滋养下的文思、理学、科学要义,建设与自然和谐共赢的各类工程,并不断追求人生真谛,"闻其道"。

从《江郎山祝氏文化集萃》背后,也有些许遗憾:我们从书中可见,赫巴为东山先生的《增补万福全书》作了序,李白为东山先生的《江山快音》作序,元代金履祥为祝山曜公作《三峰集序》，但《增补万福全书》《江山快音》祝尚邱作为主要编著者的音律典籍《唐韵》和《三峰集》这些著作均已失传，未见其真容。此遗憾当由我辈及后辈弥补。如同"东晋第一奇才"罗含（292~372）的《湘中记》（他的另一著作《更生论》则有完整版本流传），经过近年来罗含后人和众多学者的不懈努力，几可复现。这值得我辈、后人及学者借鉴效仿。

汇集在《江郎山祝氏文化集萃》里的史、传、诗词歌赞、家谱、楹联等，代表了郎峰祝氏文明的源头，而如何将祝氏文明转化为"汇"，传播是途径，需要化浩瀚为涓涓细流，才能流入心田。可以借用现代景观生态学的"源流汇"分析法，精选与新时代、新问题密切相关的主题内容，创新传播模式，让人文历史经典走进教材，走进课程，走进思政，在教室、新媒体、新平台上，采取诸如诗教、抖音等雅俗并进的有效途径，覆盖更广泛的受众读者，使传统文化、哲学思想汇入更多人的心中。

从文化生态学角度看，郎峰文化内容（"源"）丰富、深厚，创造了无限的关联应用领域。近期应该可以与正在建设的浙江省"四条诗路文化带"中的"钱塘江诗路"相对接，挖掘和还原"江郎山—须江—衢江"与中下游"新安江—富春江"的钱塘江诗路之关联，强化历史遗迹如书院、宗祠的修复保护，梳理山水—人文典故系统，并融入科学考察新成果、新时代的特色元素，注重文化场景、事件、线索的科学解释，让江郎山—钱塘江诗路可见、可碰、可体验，实现文化研究、旅游发展、科学普及、生活品质交相辉映。这不是文化的实用主义，是文化的可用性、文化的发扬光大。

近尾，不得不见一个事实：《江郎山祝氏文化集萃》的主编、副主编和主审的年龄不轻，主编祝校长年已86岁，校对祝佩森82岁，副主编祝为民71岁。他们长期以来志愿从事家族公益文化事业，身体力行朗峰祝氏的家风家训，忘我工作，无私奉献，令人敬佩！欣慰的是作为"80后"的副主编祝忠勇，已经组织、宣传、联谊、出版祝氏书籍十多年，为振兴传统文化做出重要贡献，更显难能可贵的是，郎峰文化的传承充满青春的气息和希望。

青少年是未来，当成文化传承之主体，是"汇"，更是"流"，是传播的生力军。殷切希望"80后""90后""00后"们能喜欢《江郎山祝氏文化集萃》，阅读、讲述、传播书中的故事、诗文，领会贯通，滋养成林。

是为序。

郎峰祝氏六十三世裔孙 祝增荣
二〇二〇年十二月二十三日

【作者】

祝增荣，朗峰祝氏六十三世裔孙，六川派清川显三公后裔，1963年生于浙江省江山市坛石镇定家坞村清源尾（宋朝为四十三都）。现为浙江大学昆虫学教授、博士生导师，从事昆虫生态学、有害生物的生态治理、生态农业、现代农业创新与乡村振兴战略教学与研究。

《江郎山祝氏文化集萃》序

对自己血脉来源的探索，是人类永恒不变的追求。人类在不同历史时期以不同方式记载传承着历史。家谱、家族文化，即是这一现象的重要体现。近日，郎峰祝氏文化研究会祝为民会长给我寄来了《江郎山祝氏文化集萃》书稿，读后颇感欣慰，对祝氏起源，尤其对郎峰祝氏文化有了更详尽的了解和认识，感受颇多、获益匪浅！

祝氏来源有多种说法，有说是周武王克商，分封黄帝之后于祝（祝阿），建立祝国，子孙以国为姓；有说是古有祝使一官职，专事祭祀诅祝之职，子孙以官为姓；也有说是高辛氏火正之官，号曰祝融，其后代即以祝为姓。无论哪种说法，祝氏得姓可谓历史悠久，源远流长！也正是由于历史弥远，现要对这些历史进行翔实考究更显得迫切又艰难。

郎峰祝氏有详尽而连贯的文字记载，是从晋代开始的。西晋末年，五胡乱华，散骑常侍祝巡护卫晋帝东渡，建立东晋有功，被封为护国上将军、信安侯，镇守信安（今衢州）。家族随之从北方沦陷胡人之手的山东古祝国，迁徙至衢州。唐初高宗时期，祝巡公十五代孙祝其岱，字东山，青年时明经及第、文章焕然，因不满武则天专权，为避朝廷征召，隐居江山江郎山。从此，祝氏一族在江郎山麓繁衍生息1300多年，历代考取科甲者连绵不断，人才辈出，文化极其昌盛，是浙闽赣边界著名的世家望族。

姓氏文化博大精深，总有一些热心家族文化的宗亲勇挑重担，逐步厘清祝氏渊流与脉络。但要更深入抢救性研究挖掘，则需要付出常人难以想象的才智与精力。江山祝春和、祝为民、祝忠勇等宗亲，学识渊博，热心宗谊，潜心研究祝氏源流，团队足迹遍布浙闽赣各地。祝春和宗贤老当益壮，广征博采，厚积薄发；祝为民会长劳心劳力，积极发动，奔走呼号；年轻宗亲祝忠勇脱颖而出，苦心钻研，硕果累累；更有一群各地关心家族文化的热心参与者，添砖加瓦，成就了《江郎山祝氏文化集萃》这一鸿篇巨制。《江郎山祝氏文化集萃》从郎峰祝氏源远流长的家族变迁，到那些可歌可泣精忠报国、清廉勤政的历史人物，从妙笔生花的诗词歌赋文辞联额，到充满智慧与正气的家规家训，以及反映祝家人崇教尚学、善贾乐施的教育慈善事业等等，都为祝氏后人和现代社会各界呈现了一个波澜壮阔、荡气回肠的郎峰祝氏家族发展史和底蕴厚重的优秀传统文化。大家为共同的祖德、共同的血脉、相同的理念和相同的价值观走在一起，同心协力，完成了历时千余年、遍及数省份、涉人数十万的历史文化工程，并且做得有招有式、有章有法，这是何等不易！全书除江郎山祖地材料外，由此外迁至浙江丽水、海宁，江西德兴、铅山等地的材料也基本厘清。至于全国性的家族文化发掘，则需要更多的宗亲参与！

族谱、地方志与国史被一同誉为中国三大历史文献，是中华光辉灿烂文化之瑰宝。自古凡书香世家，家中必藏家谱。没有家谱的家族，犹如无根浮萍，无从获取家族传承之力量；没有家规的家庭，缺乏做人做事之规则；没有家训的家庭，缺乏教育子女为人行事之标准。历代先人均十分重视诸如修家谱、守家规、遵家训、树家风、铸家魂之类的家族文化建设和传承，郎峰祝氏家族之所以家兴业旺，人才辈出，成为旷世望族，正因为遵循、继承这一秘诀，并且为之发扬光大，或许这也是非常重要的原因之一吧！

追本溯源，人之本心；回报桑梓，人尽其责。郎峰祝氏先祖累世自强不息、行仁积德，他们无论高居庙堂还是远行江湖，多能以家国为重、民生为怀，以不同的建树，报效国家，服务社会，为祝氏后人留下无数弥足珍贵的精神财富。祝氏后人发掘、续补和传承这些家族文化，重任在肩，责无旁贷。《江郎山祝氏文化集萃》无疑业已先行。

此著已读数遍，每读有感而发，故作此文，以聊表心迹！

郎峰祝氏六十六世裔孙 祝龙石

二〇二〇年十一月十六日，于北京

【作者】

祝龙石，江山碗窑乡人，郎峰祝氏嘉田派。中国人民解放军空军高层次人才，现任某学科带头人、装备研究院某研究室主任、高级工程师。

目录

第一章　迁徙史

第三章 诗文选

目录

第四章 旌表集

第五章 宗庙记

第六章 家规训

第七章 书印谱

第一章

迁徙史

第一节 祝氏渊源

1. 郎峰祝氏简介

江郎山雅称郎峰，郎峰祝氏可追溯的本源，始于西晋护国上将军祝巡，功封信安侯，自鲁兖迁徙衢州，发端于江山梅泉，发祥于江郎山，分布在江山周边县市的祝巡本宗后裔，以及外迁周边浙闽赣皖等省，再徙大江南北五湖四海的祝氏家族。因其发祥于江郎山的主支，人丁兴旺，辉煌发达，北宋神宗皇帝御赐"郎峰世家"而得名。郎峰祝氏是浙闽赣三省交界地区的著姓，古代江山首屈一指的名门望族，也是迁江山最早的姓氏之一。

祝巡字帝临，号省庵，世籍鲁兖（今山东兖州），祖至诚公仕汉官为殿侍，父翰龄公在魏为文宣郎，兄廷、弟逊具仕晋。西晋末，祝巡官护国上将军，与同僚刘隗、顾荣等协助司马睿在南方建立东晋政权，功封信安侯，于是由兖州奉诏安营在衢州，郎峰祝氏尊巡公为一世祖，晋朝时的名将陶侃曾为祝巡作传记。信安侯七世孙，南北朝齐朝太尉祝辂，因不满朝廷奸佞当道，隐居江阳梅泉，为迁江山之始祖。而奠定郎峰祝氏文化根基的，则是太尉祝辂七世孙郎峰始祖祝东山。他德才兼备，才华横溢，三辞武则天之诏，隐居江郎山著书办学。他精通经史，文章焕然，为两浙的儒生们所钦佩，是江郎山文化的鼻祖，衢州诗风的开创者，也是浙西地区有记载的最早开办私塾者。他开创的千年学府江郎书院，历代为祝氏及周边地区培养了大批人才。

祝东山之后，历代郎峰祝氏先人都十分重视教育，续办江郎书院，设立义方馆、文昌阁等学堂，并采取了一整套促学措施。正是这种崇学重教的家族风气，使得江郎山祝氏在历史上人文荟萃，科甲奕世。由唐及清，郎峰祝氏共有宰相四人，进士、武进士百余人，其他仕宦、人物无以计数。特别是两宋年间，仅阁老街一个地方就有进士三四十人。在朝中为官者众多，至今浙闽赣边界地区仍流传耳熟能详的"满朝祝"传说，即反映了当时的盛况。

江郎山人杰地灵。宋代，郎峰祝氏空前繁荣，人丁兴旺，仅阁老街的祝文仆一家共炊者就有六百余人，还有一二百人一家的，几十口之家则更多。大制参祝允哲曾上疏以全家70余人性命保岳飞。因此宋代最兴旺时，估计郎峰祝氏家族总人口不少于5000人，江郎山下从脉岭至大殿（达店）形成五里长的祝氏宅居地"阁老街"。街上宰相坊、少师府、驸马府、将军楼、尚书第、进士第、知府第、大宗祠、观音堂、上花园、下花园等祝氏宅第鳞次栉比，是当时仙霞古道上最繁华之地。宋神宗时期，祝臣封宣国公，祝常封鲁国公，绘江郎山图于家谱，并呈神宗皇帝御览，神宗钦赐"郎峰世家"，将《郎峰祝氏世谱》列与国史同重。之后宋哲宗和宋高宗又分别钦赐"台锺（钟）国家""五廟（庙）典祀"。

千百年来，祝氏先人与当时许多社会名流多有交往，与之相友善。如名相姚崇、张九龄、吕蒙正等；书圣王羲之，大文豪李白、韩愈、范仲淹等；理学泰斗杨时、朱熹；历史名人岳飞、宋濂、刘基等；及本地名人毛恺、柴望、黄瑞等等几百位历史名人，他们都曾为郎峰祝氏留下脍炙人口的诗词赞赋。这些名人大家的文化留存，是江郎山世遗文化中的主要部分，这不仅是祝氏的骄傲，也是地方文化的宝贵财富。

郎峰祝氏自晋代始，繁衍生息，后裔人丁兴旺，广泛分布于江山周边的浙闽赣皖地区。唐宋间祝氏辉煌，由于为官、经商、游学，所以远徙两湖、两广、海南、云贵、川陕、冀豫、苏沪、京鲁等全国大部分省市。至民国郎峰大宗祠汇修《世谱》时，仅聚居在浙、闽、赣三省边界地区的郎峰祝氏本宗，就有88派，数万人口。据统计，郎峰祝氏后裔主要分布于江南各地，人口约30万，占全国祝氏的1/4以上。因此，江郎山是名副其实的江南祝氏发祥地。

一方水土养一方人，江郎山是祝氏的根，祝氏是江郎山的魂。正是江郎山这一海内奇观孕育了郎峰祝氏家族，忠信孝悌、刚正不阿、忠贞清廉的家族文化，才有郎峰祝氏大显于世，峙郎峰而甲须水。

自祝东山先生辞官隐居江郎山后，江郎山下的祝氏家族名人辈出，人丁兴旺，儒风习习，业绩辉煌，先后走出了许多名将、忠臣、雅士。他们大义凛然，廉正自守，好学上进，博学多才，留下了许多名篇佳作，加上家乡雄伟挺拔的江郎山胜景名播东南，不但赢得许多名臣雅士纷至沓来瞻仰、拜访，而且惊动了大宋朝廷。

北宋元丰二年（1079），祝东山后裔曾担任兵部尚书，封为宣国公的祝臣，将印有江郎山三爿石、一字天、虎跑泉、钟鼓洞、灵石殿、东山书室、江郎书院等景点和江郎山下的水口殿、驸马府、少师府、宣抚府、仪宾第、祝氏宗祠及有山峦、大道、蓝天、白云、青松、翠竹的江郎山全景图和祝氏家谱，呈宋神宗赵顼御览。皇上认真观看了江郎山全图和祝氏家谱，心中大悦，称祝氏家族为"郎峰世家"，并赐题江郎山图于谱，并就江郎山的秀美和祝氏家族的辉煌，御赞曰：

石之赤赤，泉之清清。山秀水丽，地杰人灵。

祝族于兹，世哲传经。美哉斯干，郎峰特鼎。

宋元祐二年（1087），哲宗皇帝赵煦闻说江郎山风景名胜的奇特和郎峰祝氏宗业的兴旺后，又御赠江郎山下的祝氏家族为"台钟国家"。宋绍兴十年（1140）宋高宗也御赠"五庙典祀"给郎峰祝氏。

北宋三位皇帝对江郎山和祝氏家族的御书、赞词，使郎峰祝氏常叨念荣褒于天语，永垂百世之光。祝臣、祝常曾呈上谢表，感念皇恩御书。谢表中曰："况臣等家谱自晋至今屡经播迁，族居江郎山下，山峻岭峤，水清谷幽。家世微贱，业职农桑。曷足隆叨御书之宏表哉……蒙赐御书于图简，臣等不胜恐惶，厥角称谢。臣族老少欢呼感皇恩之格沛，祖宗默鉴颂圣德之巍峨。"

清代文渊阁大学士兼礼部尚书陈元龙在《须江郎峰祝氏世谱续修序》中曰："尤足羡者，宋神宗以江郎山下询，少师上柱国臣公、太保同平章事常公，抱谱上呈，叨赠御赞，荣赐褒额，此诚郎峰祝氏独蒙赏鉴者也。"

为感皇恩于雨露，感圣德于河海，为兴祝氏之宗业，历代来，江山郎峰祝氏宗谱修纂，一般都将宋神宗、宋哲宗、宋高宗的题匾和御赞及江郎山胜景图刊于谱首。其中，"民国"四年（1915）编纂的《须江郎峰祝氏世谱》，不仅在谱首登载北宋三位皇帝的御赞和江郎山胜景图，而且整套世谱编纂规范，结构严谨，内容丰富，谱牒辉煌，全套谱共46卷，98册（不包括支派自修谱），是江山市各姓氏宗谱之最，为研究江郎山世遗文化和郎峰祝氏文化提供了丰富的历史资料。

2. 祝氏渊源

郎峰祝氏渊源图

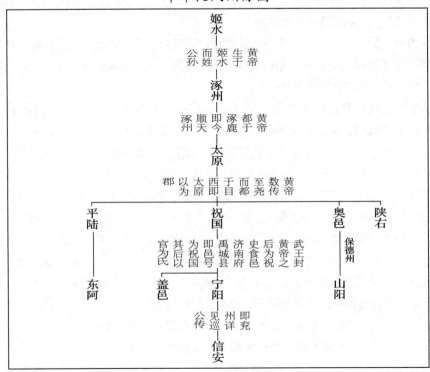

3. 祝氏得姓考略

综合《竹书纪年》《新唐书》《姓谱》《元和姓纂》《中国姓氏起源》《中国姓氏辞典》等载，祝氏主要有以下几种得姓情况：

（1）以国为氏。出自有熊氏，为黄帝后裔。《竹书纪年》《史记·周本记》《元和姓撰》等史料记载，西周初，周武王封建诸侯，分封先代遗民，把黄帝的后人封于祝地，其地望在今山东省济南市，建立祝国。春秋时祝国亡于齐国，祝国后人则以国名为姓，成为祝姓。此为祝氏大宗，占祝氏人口绝大部分。

（2）二是以职官为氏。古时设有专门负责祭祀时致祝祷文辞和传达神意的官职，称作巫史，也叫祝史，故后有祝史氏，《姓谱》载"卫有祝史挥"。祝史官的后裔有的以职官第一字命姓，为祝姓。《元和姓纂》载："古有巫、史、祝之官，其子孙因以为氏。"又有祝宗、祝邱、祝和氏，皆上古火帝祝融之后裔。

（3）少数民族改姓。北魏鲜卑族汉化，有叱卢氏改祝氏，据《通志·氏族略》所载，北魏叱卢（吐缶）氏之后有祝姓；清初，满族爱新觉罗、喜塔喇氏之后均有改祝氏；傈僳族以竹为图腾的麻打息氏族汉姓为祝；满、瑶、彝、土家、蒙古等民族均有此姓。

（4）他姓改姓。安徽、湖北一带有方孝孺宗人避难，改祝氏，称祝方氏。郎峰祝氏雅儒派原徐姓，随舅姓祝。

第二节 信安开疆

1. 郎峰祝氏初次迁徙

一世祖祝巡公，字帝临，号省庵，世籍鲁兖祝国。父翰龄公，官为魏国文宣郎。巡公精于韬略，耿性直道，列气豪爽。西晋建兴四年（316），刘曜贼寇，胡乱九州，巡公迎王渡河，协助司马睿在南京建立东晋政权，因功，封为护国上将军，当朝一品。太宁元年（323）诏安营于信安（衢州），明年封为信安侯。祝巡公作《思乡咏》：

> 辅君东巡，责非他人。
>
> 柯梁之址，殿我新宅。

从此，祝巡公为郎峰祝氏一世祖，这是郎峰祝氏进行第一次迁徙，从山东祝国迁至浙江衢州。

2. 信安开疆

三衢踞东浙之上游，控鄱阳之肘腋，扼瓯闽之咽喉，连宣歙之声势。衢州地处浙西，川陆所会，四省通衢，地灵人杰，历来是兵家必争之地。祝巡公封为信安侯后，立即派部下千长百长协镇各路，管理西安、龙游、江山、常山、定阳、开化各县政权，肃清匪患，巩固政权，发展生产，开办义学。他把长子送往前线，替父出征，保卫东晋，抗击王敦贼寇。祝巡公以毕生精力倾注衢州的发展建设，精忠报国，廉洁勤政，刻苦好学。为郎峰祝氏树立良好的家规家训。祝巡公信安开疆，保一方安宁。

3. 信安世系武将榜

一世祖祝巡公迎王渡河，同心协力建立东晋皇朝，功封护国上将军，当朝一品。

二世祖祝瑞公，替父出征，带领兵马征讨王敦贼寇，旗开得胜。东晋咸和二年（327），又征讨叛贼苏峻奏捷，功加太子少保，镇守荆州，威震北狄，武压西夷，书圣王羲之赞曰：

> 奉命承袭武职，筹谋神算难测。
>
> 功战陈势横空，天地风云变色。
>
> 夺帜直捣贼巢，保留人民社稷。
>
> 英气凛凛莫当，功名册载碑勒。
>
> 爵赠太子少保，诏诰煌煌帝勒。

祝元池公，奉命征讨西夷契丹，不幸战死沙场，以身殉职，封赠太子太保，谥"忠愍"。北宋名臣赵抃赞曰：

> 天师未下莫驭，血战沙场命亡。
>
> 事后论功旌表，忠愍赠谥允当。

祝受苍公，奉命抗击西夷，带兵深夜袭击敌营，夷寇全军被歼，爵封定远伯。南宋江山长台镇进士学者毛居正赞曰：

> 进攻退守，神箕非常。
>
> 贼兵夜遁，清靖疆场。
>
> 策勋饮酒，诰命煌煌。
>
> 伯爵荣膺，万代增光。

祝自和公，奉命抗击戎羌。公熟知兵法，精于韬略，一鼓作气，歼灭贼寇戎羌，封赠尚德男。南宋诗人张恢赞曰：

> 树帜夺帜，阵法精祥。
>
> 一鼓作气，慑服戎羌。
>
> 事后行赏，男爵是将。

信安祝氏将士，为保卫东晋政权，做出了巨大牺牲，后人永记功绩。引明朝开国元勋政治家刘基（为郎峰祝氏题）的楹联上联：考历朝显赫，宣国公、信安侯、定远伯、尚德男，簪簪奕奕，传不尽丰功骏烈。

4. 信安祝氏宗祠

宗祠建造者五世祖祝绍唐，字见虞。心存志远，集族人商议建祠，把毕生积蓄全部拿出来，投入建宗祠之中。祠在衢州南门，祀一世祖祝巡公主位，左位太子少保祝瑞公，右位是太子太保谥忠愍祝元池公，并置田奉祠香灯开支，农历正月、清明、重阳等节，登祠祀之，后着意贻谋造私塾，即义学，启后学者。绍唐公是一位慈善家，建祠造塾，家运大振。生于东晋太元八年（383），终于齐建元三年（481），享年98岁，善者长寿。

第三节 梅泉飘香

1. 梅泉名称由来辩

梅泉之名最早出现在南朝齐建武年间（494～497），郎峰祝氏八世祖祝辂公诗作《江阳避世吟》中：

> 南梁来相逼，遁迹在江阳。
>
> 经营新燕垒，弃别旧家乡。
>
> 家乡有栏柯，骑石胜如何？

> 轻烟萦洞口，梅泉弄清波。
>
> 波出增皎洁，烹茶瓯泛雪。
>
> 终日想晤对，千古巢由节。
>
> 倘有车马来，闭门相决绝。

"轻烟萦洞口，梅泉弄清波。"多么美妙的诗句，用"轻烟"和"清波"之词，写出梅泉的仙境般气质。

南朝陈太建十二年（580），诗人章华来到西山梅泉，感于祝铨的伟绩，写下《祝太尉忠义传》。文中曰："江阳仰见景星，蠡月骑石，横云山川之胜，惟西为最。遂卜宅于梅泉之滨，可自谓羲皇上人，不复作尘态想矣。"

隋开皇年间，桃根将军与族亲建成祭祀太尉祝铨等先祖的将军庙落成，隋朝廷派大臣诗人薛道衡来到梅泉祝贺，写下《祝将军梅泉家庙记》，记中曰："信安之南八十里，有地曰梅泉，萧齐祝太尉讳铨所避地而居者也。"

综合上述史料，梅泉之名首次出现在郎峰祝氏八世祖祝铨公诗中，在南北朝至隋唐，梅泉之名称已传遍四方，故梅泉之名可能是祝铨命名，或早于太尉祝铨落籍梅泉以前。

而江山旧志载《考工记》：元代周丙吉曾隐居讲学于此，植梅泉边，香满一林。周公之后，其孙又于此讲学，复植梅树，故名梅泉，又称梅花泉，泉石上刊有"梅泉"二字！

元代吴澄的《梅泉书院记》，记曰：周公（丙吉）爱斯清泉，结庐于旁，为讲学地。又植古梅数十本，横斜泉上，名之曰："梅泉。"

清代何镛的《梅泉碑记》，碑记曰："考之，元吴澄记：周丙吉承先人庆公之意，隐居讲学于泉侧，种梅数十本，斯梅泉之称遂相传于不朽。"

综上述史料，南朝梁天监年间（505年左右），祝铨公诗中就名"梅泉"。而《考工记》元代周丙吉讲学梅泉是公元1325年，祝铨提梅泉之名，早周氏800余年。客观地说，江山志对宋及以前地方史记载是空白，加强各姓氏宗谱的研究，才能避免许多江山史的讹传，才能不重蹈周丙吉植梅称梅泉的讹传。

2. 郎峰祝氏第二次迁徙

祝铨，字殷初，信安侯七世孙，郎峰祝氏八世祖。家居信安，以经略科中式，官齐武安军同知，屡功屡升，迭官镇边卫制参军政，征讨副元帅。齐建武二年（495）奉诏出征，擒贼寇首收复失地，拜封齐太尉，即军队统帅。齐王惑于奸臣，释放贼寇之首。将功臣祝铨贬为华州道上为屯田郎。国将危亡，又恢复祝铨太尉原职，急诏赴都勤王，太尉不计前嫌，连夜兼程，骋驰半途，闻报齐王既降南梁，改纪元为天监矣，于是驰归信安。

梁王萧衍三旌来招不出，梁王大怒，派兵强取铨公赴任。祝铨避越地数年后，为避梁王，遂于公元505年从信安隐居江阳梅泉，这是落籍梅泉最早的居民，也是郎峰祝氏第二次迁徙。

3. 隋朝大臣薛道衡与梅泉

薛道衡（540～609），字玄卿，河东汾阳（今山西万县）人，隋朝大臣，著名诗人。年近花甲，奉命前来祝贺将军庙落成，来到江阳西山梅泉，怀念齐太尉祝辂公，应族亲的请求，写下《祝将军梅泉家庙记》《开府仪同三司桃根公赞》，一篇记叙文，一篇赞诗。在家庙记中曰：祝侯之裔祝辂，豪杰磊落，以军功擢太尉。计事不合谪守校尉，遂遁梅泉，于今几世矣。太尉九世孙将军桃根，复以武略起家，绳其祖武，用乃纶营家庙，以祀其先人。他高度赞扬祝辂公，豪杰磊落，以军功擢太尉。对桃根公赞词曰：

> 才堪千乘，勇冠三军。
> 奉命讨贼，志气凌云。
> 功成奏绩，竹帛铭勋。
> 入相出将，能文能武。
> 垂诸青史，桃根祝君。

诗人高度赞颂桃根公，勇冠三军，能文能武，垂诸青史。

4. 梅泉祝氏将相榜

祝其岱，字东山，号台峰，郎峰祝氏十五世祖。世居江山城区西山梅泉，其父祝如陵，举人，唐初以诗书为业，后任吴江县令，为官清廉，政和民康，德比甘棠。祝东山幼承家教，耳濡目染，英敏通达。青年时期中明经三衢首选，精通经史，文章焕然，为两浙诸生所钦重。祝东山傲世出尘，自重自爱，德隆望重，保持洁身自好，纤尘不染的高雅气节。在西山梅泉，祝东山亲自教授的两个儿子也非常出色，并且成名。长子祝钦明，字月朗，唐弘道元年（683）第进士，博通五经，时称五经博士，选官国子监祭酒，三品，视同宰相。次子祝克明，字月清，深通韬略，被唐英国公徐敬业选为女婿，封为崇安郡马，镇守扬州，督理粮饷，知军政务，是事实的将军。梅泉山水滋润了祝东山一家，走出一将一相。

齐太尉祝辂乃齐国全军统帅，避居梅泉后，在他的影响和教育下，子孙若干成为武将。十世祖祝太平，英气凌云，精于韬略，受衢府官员请求，无偿出征，平定龙游侯景残部。侯景是匈奴一支，铁蹄踏遍大半个中国，杀人放火，血溅原野。太平公以大无畏的勇气，迅速消灭侯景匪部，表以"义英男[1]"。十二世祖祝世达公，以武烈任乡驻防，寇盗闻风丧魄，保一方平安。梅泉十六世祖祝桃根，以武选授千夫长，相当于团长，奉诏出征平贼蔡仁通、罗惠方，功考第一，授开府仪同三司，即仪同大将军。十六世祖祝奢，字伯宗，隋末乱军扰民，奢率义兵破贼李子通，突入贼阵，杀敌无数，不幸马倦人疲，壮烈牺牲，精忠殉职，奏诏赠武烈将军。十六世祖祝克明，祝东山次子，深通韬略，镇守扬州，督理粮饷，知军政事务。祝以成，第进士，中尉。

祝彪，都统将军。柔润的梅泉水孕育了武将，保国护民，保一方平安。

【注释】[1]义英男，封建社会爵位的第五位。

5.梅泉系纪的兴衰

自从郎峰祝氏八世祖祝辂公迁徙西山梅泉后，梅泉迅速发展起来，这里还建造了将军别墅。诗人傅绛《题祝太尉别业》诗一首，诗文曰：

> 骑石何磊磊，梅泉何洁洁。
> 南梁无片土，太尉有别业。
> 不效子胥忠，乃作陶朱节。
> 而非高尚志，难为驾庐辙。

别业即别墅也，同时建造了"梅泉将军庙"，以祭祀祝辂先祖。庙金碧辉煌，别具特色。隋薛道衡曰："梓材丹膜，垂万世基堂。美奂美轮，聚百年之骨族。"又曰："椒馨俎豆，猗欤邦国之光。日月冠裳，蔼矣室家之庆。"整理洁洁的梅泉，植梅树，种花建泉池，立碑文。在梅泉上方建水哉亭，供人们赏泉。诗人戴尧天《题水哉亭》一诗，诗文曰：

> 梅泉泉畔草初青，泉上春涵屋数楹。
> 风逐云飘遥远树，影随水转动浮萍。
> 一池波色开明镜，万点峰峦护画屏。
> 非是主人真乐水，此间何用水哉亭。

"一池波色开明镜，万点峰峦护画屏。"多么美妙的诗句，把梅泉的清澈和奇石的雄伟，都展现在池中的画屏里。在梅泉的下方植竹种花，并建亭台楼阁，称作竹园，据传此园是祝克明与淑德郡主完婚的住所，也叫郡主花园。松竹梅岁寒三友，体现了作为文人之家祝东山的气质。祝宪在梅泉建造祝氏宗祠，除供奉祝辂先祖神位外，梅泉书院也建在其中。

当时，除祝氏梅泉旧宅十来幢，开拓祝氏新宅，及祝家巷也叫祝家阄，范围扩大到江山城西区，宋朝人口兴旺时达600余人。随着南宋为元朝所亡，在宋朝辉煌的前朝遗老祝氏家族，或潜逃，或被杀戮，而逐渐衰落。

第四节 郎峰书香

1.郎峰祝氏第三次迁徙

祝其岱，字东山，号台峰，生于唐太宗贞观八年（634），卒于唐玄宗开元十七年（729），享年96岁，世居江山西山梅泉。祝东山幼承家教，耳濡目染，英敏通达。青年时期，中明经科，精通经史，文章焕然，为两浙诸生所钦重。东山傲世出尘，自重自爱，始终保持束身自好和纤尘不染的高洁气节，不与权贵者同流合污。三衢刺史周美"奇其有国士之风",推荐其入朝为官,朝廷授以集贤院正字官职。东山今蔑视权贵,力辞不赴。周美敬重其节操德行,公余时间常与其畅论国家大事和百姓疾苦。

东山公名声响朝廷,朝中士大夫又荐举他为"内翰检讨"。朝廷派车催促赴职,东山公因不满皇后武则天把持朝政,索性从江山西山梅泉迁徙江郎山。当年东山公已五十挂零,带着孙尚邱,决心隐居,专事讲学、著书,终其一生,以示与武后专制政权决裂。他在一首《登山吟》诗中,道出了隐居江郎不仕的真正原因。诗中曰:

> 世处江阳,今登江郎。
>
> 何以来思,慨伤伪唐。
>
> 牝鸡司晨,弃置彝伦。
>
> 遁迹于此,且作闲人。

2. 郎峰文化鼻祖祝其岱

东山公之父如陵公,唐初以诗书为业,由秀才征仕,屡官吴江令,政和民康,德比甘棠。东山公幼承家教,耳濡目染,英敏通达,亲自教授的二子四孙,都很出色,并成名成器。长子祝钦明,字月朗,唐宏道元年第进士,博通五经,时称五经博士,官至国子监祭酒,宰相。次子祝克明,字月清,深通韬略,文武全才,游学扬州,与唐英国公徐敬业的儿子李公子声气相投,同登科第。被徐敬业选为女婿,封为郡马伯太子少保,并随徐敬业守扬州,负责督理粮饷,知军政事务。东山公因子贵,被朝廷封为"银青光禄大夫",从三品官阶,他淡然处之。

东山公隐居到江郎山设馆讲学、著书。他博古通今,满腹经纶,名气大,从学者众,从最初三爿石下的石室传经,到东山草庐,到在郎峰脚下修建东山书院(原址为现开明寺),后来长子国子祭酒钦明公省亲,从梅泉寻父到江郎山,在三峰对面北峰下建造了江郎书院孝父。东山公直到96岁终,半生一直隐居在江郎山,朝夕置身名山胜景中,把毕生精力倾注于讲学、著述、教育后人上。从此江郎书院名声大噪,传承千年,为祝氏和江山及周边培养了众多人才,奠定了江郎山和郎峰祝氏的文脉。

东山公道德高尚,时人称许其诗文为:"诗无邪思,文有卓识,气浩词严,一扫当世污秽之习。"东山公著有《增补万福全书》《江山快音》等集。《郎峰祝氏世谱》卷十四,还留下祝东山数十篇诗作,如《题江郎山十景》《题江郎书院》《登山咏》《赠淮右周之善来访》等等,遗篇十分珍贵,体现了他深厚的文化底蕴和高尚的道德情操。东山公是江郎山文化的鼻祖和灵魂。

3. 赫巴与《增补万福全书》序

唐代中期之后,国势渐弱。由于西北匈奴崛起,时常派兵袭击大唐商旅,阻断了河西走廊,陆上丝绸之路常出现障碍,导致长安经甘肃、新疆至阿拉伯国家陆上交通和贸易活动逐渐衰落。同时,由于商船运输的发展,东南沿海以福州、泉州、广州为中心的海上丝绸之路应运而生。外国商贾、官使往来常经仙霞古道，或顺便游览一下巍峨的江郎山。

唐景龙三年（709），曾聘为大唐掌管天文保障事的西域阿拉伯人赫巴，从唐朝京都长安回国，经京杭大运河，从钱塘江、须江逆流而上，于江山清湖舍舟登陆，打算沿仙霞古道，经福建，至泉州坐船回国。在游览江郎山时，特意拜访了闻名两浙的隐士祝东山先生。是年，东山公已74岁，见外域人士来访，忙热情接待，亲切交谈。也许是赫巴在中国多年，是个中国通，两人如故交，对床夜雨，把酒言欢，内容涉及政治、经济、文化、宗教、天文、历法、农事等方面。事后，赫巴十分欣赏东山先生的著作《增补万福全书》，并欣然作序。

赫巴在序中曰："予游中国，蒙圣天子任以保障。昔尝赴京过此，见峰石鼎插，形色奇秀，欲一登游，仍以王命之重不敢旷延。今遣归国，复此以宿，其不可不游者。于是绕步而登，偶见蓬庐，额载'东山草堂'。"序中又说："盖书如探囊取物，可为济世之奇，庶俾仁人孝子得以心怡，富商巨贾得以利从。上下相安，人享荣吉，此书造福之最要也。阐悠然之福慧，居万代之吉庆，岂曰小补之哉？以《万福全书》名之，可也，即先生万福之造也。"赫巴似乎很谦虚，他在序言最后又说："子异域人，以授中国之文化，不揣愚陋，于是乎序。"赫巴在东山先生的盛情款待下，还在江郎山宿了一夜，参观了祝氏家文庙堂寝，挥笔写下一联。联曰：

族肇江郎，独占三峰胜景。

支分泰岱，克承礼乐真传。

4. 祝东山与周美

周美，字元善，号充实，淮右六安州人（今安徽省六安市）。开皇十八年（598）正月出生。唐武德七年（624），任山东济南府新城县令。唐贞观三年（629），任三衢刺史。在任期间，由于"宽仁以莅民，兴利振滞，由是而致成诵作，名而廉实，荐授州牧，民歌其德，口碑载道"。唐太宗赐以"惠爱公忠"之匾，以褒之。

周美在任三衢刺史时，与祝东山先生甚好，钦佩东山先生的英敏通达，文章焕然，并奇其有国士之风，多次推荐于朝廷，授以集贤院正字官职。东山却力辞不赴，后朝廷又托州府派车催他赴京，任"内翰检讨"。祝东山不满武则天专权，干脆避入江郎山设馆讲学。周美又多次上江郎山拜访，祝东山坚辞不仕。周美感叹地说："噫！余之不及东山者远矣！东山之教余者多矣！向之不以仕进为喜，非教我耶？其不仕于事变未彰之前者，非我不及耶？至若文有卓识，诗无邪思，气浩词严，一扫当地芜秽之习，则艺能又其余事，然要皆平日之所守者然也。"

令人感叹的是，原先周美曾多次劝祝东山为朝廷赴任，见东山蔑视权贵，高风亮节，浩然磊落，自己也看破红尘，辞官归隐卜居江郎山，与祝东山以草冠野服自为乐。两人朝夕相处，品茗操琴，吟诗作赋，益相友善。有一次，周美写一首诗赠祝东山。诗云：

> 先生先我识天机，先向江郎构竹扉。
>
> 愧我朝衣今始挂，却从花下解鞍鞯。

祝东山也回赠周美。诗云：

> 老我无心出市朝，江郎山下自逍遥。
>
> 感君千里来相访，相与仙关话寂寥。

后来，周美举家落籍江山繁衍生息，成为江山五坦周氏的始祖。后裔蔚蔚，瓜瓞绵绵，周美后代走出了40多位进士。周美故后，葬于江郎山下南侧的留春坞。

5.唐宋元明名臣大儒赞颂祝东山

唐代诗仙李白为祝东山诗集《江山快音》写序。序中曰："快音者，先生自快也。先生有二子，富贵功名赫乎当世，然此非先生所快，而快在江山。江山之石，能拔地轴而接天关，吐云霞、掩日月、走风涛、兴雨泽，为先生知音，以故先生快之。"序中又曰："先生自快，而以兹集快人，人睹先生快音，当亦必无不快。以一人之快，快天下之快。"

诗仙李白高度赞扬《江山快音》一书。

唐代著名的政治家、诗人张九龄，在诗作《游江郎山访东山先生遗迹》，诗云：

> 攀跻三峰下，风光一草庐。
>
> 今见墨浪壁，昔闻君子居。
>
> 君子今何在，徘徊不能去。
>
> 不见当年人，但闻声过树。

这首诗充分表达诗人张九龄对东山先生的怀念、敬意。

唐代名相陆贽写《东山先生行乐祠碑记》，碑记云："而先生以三衢首选之明经，独守孤操而不赴，故有不降不辱之歌遗在文集。余尝读其文而私淑艾之。"又云"先生之志，似石斯刚；先生之德，似泉斯沧。明气节兮百代流芳"。名相陆贽对东山先生的崇敬之情，表达得淋漓尽致。胸罗经史，不干仕进，不降不辱，志行恢奇，以道自尊，私淑艾之，赞东山先生值得为师的长者。

宋代刑部事、状元柴成务，为祝东山先生写了一首赞诗，诗中曰：

> 其峻如山，其大如石。
>
> 志洁行芳，江郎遁迹。
>
> 不受物忧，不受形役。
>
> 高古性情，清奇标格。
>
> 何以拟之，连城圭璧。

这首诗是对东山先生一生最好写照，如山高峻，如石坚硬，高官厚禄不赴，传经后学，书香久远。

明代诗人沈九如也谒拜行乐祠，作《江郎山怀古》一诗。诗中曰："记得东山遗迹在，书香远镇甲东南。"

祝东山一生视仕宦如敝屣，长期隐居在江郎山，以朝夕置身名山胜景自慰，把毕生精力倾注于讲学、著述、教育后人上。其后裔不负期望，勤奋好学，克己奉公，无一奸臣，无一贪官，铸就了宋朝"满朝祝"的辉煌，阁老街的奇迹。郎峰书香永飘万代。

6. 儒学家的摇篮——江郎书院

书院是指旧时地方上设立供人读书或讲学的场所。它始于唐代，发展于宋代，兴盛于明清。书院最初由官宦、名儒、学者自行筹款，选择山林岩洞、僻静幽雅之处建成，大多数置学田收租，或寺庙、祀产的收入，充作书院的经费。

在江山，最早的书院是江郎书院，神龙年间由唐祭酒祝钦明为父亲所建，宋大诗人苏辙撰《重修江郎书院》，称"至江郎之有书院，则自唐祭酒祝钦明、月朗公始"。祝钦明为祝东山的长子，其父隐居在江郎山，初搭建东山草庐，后扩大为简陋的东山书院，讲学、著述。祝钦明省亲，从老家江山梅泉，寻父到江郎，建成书院，安父孤凄。

江郎书院位于江郎山三爿石对面北峰下，北峰上同时建有一砖塔。这里岚烟缥缈，郁郁葱葱，山峰如画，椽笔插天。明嘉靖右金都御使赵镗曾作《江郎书院赋》。赋中云："爰有月朗，江郎寻父，岩岫攀跻。造成书院，安父孤凄，五老峰头，不添萧瑟；三山峰石上，尽可品题。"

北宋状元王尧臣在《江郎北塔记》中云："江郎既有书院，故祝氏子孙多读书于此。挹山林之秀为文章，饮霞露之腴而供笔墨。故居此书院皆文藻焕发，而科第前后相望，此地灵人杰，理有固然，无足怪也。"

江郎书院建成后，祝钦明十分兴奋，高度厚望，写诗题记，诗云：

> 书院从今特地开，上方秀气入楼台。
>
> 培成丹桂三千树，定有香风自后来。

他希望父亲学孔子，三千弟子，七十二贤人。为国培养人才，让书香飘扬世代。东山先生写诗《题江郎书院》，诗云：

> 素有凌霄志，其如阴雾何。
>
> 江郎书院建，扶我到天河。

东山先生十分兴奋，自己早有凌云志，不怕艰难困苦，培养人才，有了江郎书院，为东山先生讲学、著述创造更好的条件，"扶我到天河"。不仅仅是凌霄志，是可以"扶我到"更高的银河去。

江郎书院从唐中宗神龙年间，到明末书院废圮，在江郎山屹立了近千年，历代祝氏后人经过十次修缮和扩建。宋祝氏后裔祝维出资，扩建江郎书院，前后造书房20余间，对旧墙进行修补。祝志僖、祝家臻、祝问臣等公，也对江郎书院进行修整，光前裕后。祝褒、祝必懋、祝嘉善等，置义田164亩，纳租归江郎书院收贮，每年动支灯油柴炭费计谷50硕[1]。教授的薪资由学费及祝氏官宦、富户、各派等资助。

文化是民族的血脉，是人民的精神家园。在我国五千年文明发展历程中，中华儿女自强不息，创造出源远流长、博大精深的中华文化。江郎书院是中华文化长河中一朵瑰丽的浪花。江郎书院最兴盛是唐宋间，因为有一支优秀的师资队伍，他们德才兼备，热心教育，精心育人，淡泊名利。如：祝东山世称唐明经，精通经史，文章焕然，坚定不仕，在江郎书院讲学、著述，自得其乐。祝珙，从师龟山杨时，第进士。隐居江郎书院讲学，四方来求学者百余人，一榜成才的有40余人。祝梦举，官至大理寺评事，持论不阿，直斥奸臣，辞官回江郎书院任教。祝耀祖，从师理学家徐存，秦桧派人召仕，要徐存、耀祖二人赴任，师生俩都辞绝，耀祖回江郎书院讲学，培养后学。祝思眸，第进士，潜江郎书院聚徒讲学论道，远方来学者甚多。还有才华横溢的山曜、山卧、山卓，三兄弟在江郎书院边讲学边著述，有著作《三峰集》《高士集》问世。还有始振、允元、际僖、文焕、元美等，数百人都是江郎书院的名师。名师出高徒，江郎书院的辉煌成就，来自名师们的呕心沥血，传道讲学，无私奉献。

江郎书院建立以来，培养数以千计的各类人才，有名宦高官、将军武仕、诗人作者、天文学家、宫廷名医、学者教授、孝子善士等等。如尚邱为太学博士。督理武安卫军务，同平章知国政事的安世驸马伯祝延年。兄弟同朝为相的祝臣、祝常，大理寺正卿祝臣长子祝允闻。宋徽宗敕封的武翊大制参祝允哲。河东宣抚使祝程，八子登科，四进士，四举人。祝凤池、鳌池、化龙三兄弟同榜进士及第。郎峰祝氏为官八大学政，人称八大宗师。他们培养人才，推荐人才，是宋朝的伯乐。郎峰祝氏在唐宋时期学风鼎盛，人才辈出，不胜枚举，他们都出自江郎书院。

在江郎书院的影响下，建书院重教办学之风在江山日益兴盛，宋代以来，柴氏、毛氏、张氏、赵氏、徐氏等各大姓，都先后建书院，培养人才。如南塘书院、集义书院、高斋书院、景濂书院、东溪书院、文溪书院、嵩山书院、洋山书院、梅家书院、留斋书院、仰止书院、文石书院、三益书院等等，也为江山培养了大批人才。

【注释】[1]硕，用法同"石"，为十斗。

第五节 辉煌的"阁老街"

1. 辉煌的"阁老街"

"阁老街"曾经是仙霞古道最繁华的一段，它的形成、兴盛与衰败是伴随着祝氏家族而发展和式微的。阁老街南端叫脉岭，最早是江姓人住地，在脉岭下建有江氏花园等庄园。唐高宗时期，祝东山不满武则天专权，谢绝朝廷征召，避居江郎山讲学、著述，与脉岭的江丈人相友善。江丈人将孙女配与祝东山之孙太学博士祝尚邱为妻，并以江氏花园相赠。祝尚邱还从东都洛阳带回牡丹，植于园中。明刘基在《江氏花园记》中说："夫花园本江氏之物，一旦而为尚邱有，灌溉者惟尚邱，栖迟者惟尚邱，聚族者亦惟尚邱。"

后汉时期，祝延年被汉隐帝招为驸马，携公主刘氏归隐江郎，在江氏花园以北背山临水处，营造了颇具规模的驸马府和驸马花园。唐末祝氏又在脉岭兴造了义方馆，作为供祝氏族人儿童启蒙教育的场所。至北宋中期，祝氏登科、仕宦者连绵不绝，阁老街已经形成南起脉岭，北至大殿（现达店），即现今脉岭、江郎街、宅基、南塘、达店等地方，长达数里的长街。宋哲宗年间祝常、祝臣先后入阁为相，民间便将他们宅第所在的街道称为"阁老街"。北宋绍圣年间由朝廷拨款衢州府督造少师府，聘请名匠叶开先等人构造，按相府标准建造，总计用工855人。待祝臣荣归，又在少师府后兴建少师别墅，祝臣亲题额曰："就日草堂。"

少师府直至明清时期依然是江郎地方的名胜，载入《浙江通志》《衢州府志》等。

除驸马府、少师府、义方馆外，"阁老街"上尚有祝氏五进大宗祠、八房厅、宣抚第、尚书第、太史第、福庆堂、灵石殿等各类大型宅第、殿堂几十幢，以及上花园、下花园、江氏花园等数个园林。分布在阁老街的"八凤齐鸣""奕世科甲"等各类牌楼、坊门竟达37座。在东西两边山上各修有两座库房，称为东廒、西库，分别用来存放钱财和粮食。此时的阁老街周边聚居着数千人口，据《江山县志》载，当时仅祝文仆所在的八房厅一家就达600余口人吃饭。祝允哲一家也有72口人。

阁老街所在的仙霞古道，自古是江浙入闽的官道，海上丝绸之路的重要节点，而江郎山下的阁老街则是古道上最为繁华的一段，这里有浙西名胜江郎山，又居江山城区至仙霞岭的途中。历史上朱熹、刘基、如山等名人由浙入闽，均途经阁老街，并宿于祝氏宅第。阁老街上行人车马日夜不息，仙霞古道两侧的祝氏族人不胜其扰。嘉泰年间，进士祝梦熊等人上报江山县令，要求由祝氏出资，将官道移至祝氏聚居的阁老街以西。此次新修的驿道达30余里，原来依山傍水弯弯曲曲的古道被修成直道。

至元代，祝氏遭杀戮，少数幸存者也四散逃避，阁老街上曾经无比辉煌的这些建筑，逐渐荒废。至清雍正元年（1723）九月，阁老街发生了一场大火，街上的少师府、祝氏大宗祠等尚存的大型建筑，也在这场大火中焚烧殆尽。曾经辉煌无比的江郎山阁老街最终退出了历史舞台，只留下脉岭田坂中不时挖出的唐砖宋瓦，和驸马邸、上花园、白马坟等一个个述说着曾经辉煌的地名。之后，由留居在江郎的祝氏和龙溪、秀峰等派祝氏后人发起，集资恢复了位于宅基的"中宪第"。又于雍正六年（1728）合族集资，在南塘地方重建了祝氏大宗祠。抗日战争时期，郎峰祝氏大宗祠又毁于日军轰炸。抗战后勉强重修的郎峰祝氏大宗祠，已失往日的辉煌。新中国成立后，大宗祠被借作三峰小学，后又借作江郎公社使用，20世纪80年代初大宗祠被拆，新建了江郎乡政府办公楼。近代，"阁老街"这个有着丰富历史内涵，祝氏口口相传的地名，也被改成了江郎街。

为展现宋阁老街兴盛的历史画卷，略述几处曾经的建筑及传说。

2. 义方馆

义方馆是阁老街最早的景点，数间茅屋，因为北宋三任宰相吕蒙正访问过这里，写下《义方馆记》《题义方馆》两篇大作，而名声大振，流芳千古。义方馆位于江郎山下，脉岭桥上边，吕蒙正"记"中"度小桥，过曲径，崎岖至门，额曰：'义方馆'余搔首叹赏，为忆。卫大夫石碏有言曰：'爱子者教之以义方。'兹馆额'义方'，其意殆取此欤"。周围苍松翠竹，野花遍地，小溪潺潺，书声朗朗，馆掩映在云烟里，美哉！义方馆。

义方馆最早是东山公避武氏召，遁迹江郎，受邀为当地江氏等百姓教授子弟的地方。到宋朝，这里是祝氏的私塾，吕蒙正在《题义方馆》诗中曰：

> 入屋见童冠，方知家有塾。
>
> 塾名义方馆，主人家姓祝。
>
> 主人出相见，三昆如榲玉。
>
> 童冠尽超卓，纯学不志穀。

名相吕蒙正赞三位教授是藏在义方馆的宝玉，他们是郎峰祝氏二十六世祖祝贵、祝富、祝华三兄弟。三亲兄弟都性敦孝友，行尚礼义，文学源厚，诗词华丽，常年在义方馆任教。族有子弟，不管贫富，招来学文，奋起科甲。正如吕相赞曰："童冠尽超卓。"后来，族人对三兄弟采石勒碑，以垂不朽。

数间茅屋的义方馆，反映了郎峰祝氏崇尚教育的精神，值得后人永远弘扬。

3. 江氏花园

江氏花园在脉岭底东边。花园是江丈人以孙女嫁妆赠送给祝尚邱公的，应称祝氏花园。元末明初政治家、文学家刘基写下《江氏花园记》，记曰："夫花园本江氏之物，一旦而为尚邱有，灌溉者惟尚邱，栖迟者惟尚邱，聚族者亦惟尚邱。"祝氏花园佳木葱茏，奇花烂漫，一涧清流从花木深处泻出，坡上见兰草一片，花香扑鼻，特别是蝴蝶兰，色彩鲜艳，像一群彩蝶落在花丛里。此兰是淑德郡主亲手栽培，淑德郡主在诗《种兰咏》中曰：

> 素有含芳志，移兰植象床。
>
> 灵根生嫩笔，笔笔吐清香。

再往北走，只见一片菊林，这是东山公亲手栽种的。到了重阳节，菊花盛开，千奇百怪，红黄蓝紫。东山公最爱晋代陶渊明的"采菊东篱下，悠然见南（郎）山"的名句。花园有千竿翠竹遮映，青松郁郁葱葱，假山、奇石、花木、清泉。莫不使人流连忘返，滞足观赏。

4. 仪宾第

仪宾第在脉岭底，江氏花园的西边。公元705年，武则天病亡，唐中宗李显复皇位，为祝克明郡马平反昭雪，褒赠仪宾仍为太子少保，元配仍称淑德郡主，长子尚邱公入太学，伴读诸王，以待选用。次子尚贤公授西安教谕，并奖励巨额抚育金，供东山公和淑德郡主建房，养老之用。仪宾第分前后两区。前区是两层楼房，一楼是东山公和穆氏的卧室、会客室、书房。二楼是东山公的藏书库，额曰："天书供奉。"

家俱古朴、陈设简单，没有豪华的造型。东边是亭台楼阁，额曰："梳桩楼。"实质是东山公的茶室和观景台。后区是淑德郡主的卧室、书房、会客室。家具豪华、精雕细刻，是一幢平房。房前草坪花圃，翠竹丛丛，清池鱼游。东边是亭台楼阁，额曰："贮月。"是久立之意，思念夫君月清公，久久不能忘怀。每逢月圆，带着孙女淑爱，登楼赏月，向孙女讲月清爷爷的故事。两区之间用花格窗隔开，通过造型别致的园门进后区。窗面上画着嫦娥奔月的图案，题着东山公和淑德郡主的诗句。

5. 博士宅

博士宅在仪宾第之旁，是尚邱公的新宅。宅后是江氏花园。尚邱公任太学博士，太学的教授，参与策划唐玄宗李隆基推翻韦氏党羽的行动，使李隆基登上皇位，大唐国势蒸蒸日上，出现了20年的"开元盛世"。唐宋八大家之首韩愈在《太学博士尚邱公墓志》文曰："诛韦党与有功笃。劳而不伐，掉头归隐。"其意是尚邱公诛韦党有功，没有得到唐玄宗的重用，回江郎隐居侍祖。动工建博士宅，宅为一幢两层楼房，上层书库，下层卧室，阵设古朴。每天携江氏和女儿淑爱去探望祖父母和母亲，一家登上贮月楼，奏琴吟诗。观赏野景，作诗论经，共享天伦之乐。

6. 驸马府

驸马府在仪宾第的东北角，阁老街大宗祠以西，是安世驸马伯祝延年公的别墅。延年公后汉时领军出征，三战三捷，诛贼景云部。李后将太子长女嫁延年公。后汉乾祐元年（948）太子刘承祐即位，称隐帝，封长女为安贞公主，封延年公为安世驸马伯。公元951年郭威称帝，改后汉为后周，延年公辞职，带安贞公主回江郎定居，着手建造驸马府。府第十分豪华，府前蹲着两个威武的大石狮。两边竖立鼓亭，节日上灯照明。三间朱色兽头大门，门上有一匾，额曰："驸马府。"府内分三区，前区一幢三层楼房，绿色彩瓦，雕梁画栋，燕尾式的翅角，蔚威壮观。一层摆放着红木屏风。走廊是盆景，有会客室和书房。二层是父祝上揭公和杨氏的卧室，弟祝万年公和妻方氏的卧室也在二层，以照顾年迈的父母。三层是观景台。

走进园门，就是驸马府的二区，沿青石板铺的路，一直往上走，路边是珍贵的树木，造型各异，草坪青青，花圃幽香，鱼池鲤跃，一派荣华富贵的景象。一幢平房是安贞公主和驸马伯卧室、书房、会客室。另一幢是元配虞氏和儿子衍昌的卧室。

三区是驸马花园。宋江山籍诗人张恢写了《驸马花园记》，文曰："驸马花园背山临水，随地势高下建造。盖谢职归，其时率妻子以隐逸山林者也。夫五代之季人，皆出其聪明才力，以博取富与贵，况驸马为汉室懿亲，何荣如之无？"花园内小溪潺潺，苍松翠竹，奇花异树，不用细述。最美的观赏处是瀑布泉，泉水从数十米高处泻下，珠雾晶莹，在阳光照耀下，五颜十色，美哉！泉边石壁上刻着一首诗，延年自题文曰：

> 石壁巉岩立，栖迟别有天。
>
> 偶来松树下，爱听此鸣泉。

7. 少师府

祝臣公，宋嘉祐六年（1061）第进士。先后任户部侍郎，兵部尚书。公元1094年征讨河北，复地500里，封太子少保，都督征讨大元帅，任宰相，拜为少师上柱国，封宣国公。奉宋哲宗皇帝令，在阁老街建造少师府。府前一对大石狮，威武凛凛、鼓亭、赤门。门上额曰："少师府。"府第共四厅。一厅三层高楼，雕梁画栋，楼上高悬的匾额曰："敕命供奉。"其意是奉皇命而建，这是家族之光荣，邻里为此而惊叹。一厅内是会客室、书房、屏风、假山、鱼池、盆景。二层是母亲柴氏的卧室，父祝天福公已去世，无福享受。长子允闻公和周氏同住一起，允闻公历任山东、广东学政，故称"学政"楼，除春节外，允闻公很少在家。二区是允初公和吴氏卧室，是一层平房，允初公已任袁州知州，此房为"知州"楼。三区是允美和允哲的卧室，是平房，此时他俩是单身。各区都种植有奇树异花，草坪花圃，假山鱼池，亭台楼阁，壮观豪华。最后一区是少师别墅，实质是少师花园，进门就见悬挂着匾额："就日草堂。"其意是与平民一样草野之堂，不是什么别墅。一幢平房是少师祝臣公与詹氏的卧室。两个亭台楼阁，一曰："卧云。"一曰："偃月。"假山、草坪、苍松翠柏，鸟语花香，不必详述。

明朝江山籍诗人柴白岩《少师别墅记》文曰："仕宦而至卿相，富贵而归故乡，此人情之所荣，邻里之所惊也。"又曰："公当国运之隆，养亲归里，构建花园于舍北，额以'就日草堂'。其不以富贵为荣，而以君国为重。"

清雍正年间作者汪烜写了《少师府被禄记》，文曰："会雍正元年（1723）九月初六日，斯宅告灾。暨冬月经过，欲造其庐，则所见惟颓垣瓦砾矣。予以伤之，虽然物成无不毁者。是岁也，山东圣庙亦灾，圣天子发金巨万以重新之。斯宅之灾，其亦将有重新者兆欤？因书此以志之。"

8. 宣抚第（俗称八房厅）

八房厅，在驸马府之西，是宣抚使祝程公的宅第。程公八子登科，五世同堂，六百人口之家，因而宣抚第共八厅庄园。一厅为"威节"厅，应言公一房所住，公官为威武军节度使，故称"威节"厅。二厅为"平章"厅，是常公一房住宅。三厅为"学政"厅，是绅公住宅。四厅为"省元"厅，是顾言公住宅。五厅为"长史"厅，是徵言公住宅。六厅为"养廉"厅，是敷言公住宅，敷言公为举人，不仕，养廉治家。七厅为"中书"厅，是嘉言公住宅。八厅为"将军"厅，是慎言公住宅。各厅都以官职命名，是一种家庭的荣耀。

厅与厅之间都园门相通，每厅有假山、盆景、鱼池。每厅均二层楼房，近三十个房间。雕梁画栋，门窗精雕细刻，美不胜收。八厅像一所迷宫，近三百间，壮丽辉煌，是江山最大的庄园。

9. 平章第

北宋元祐三年（1088），祝常公拜"平章军国重事"，简称"平章事"。专授以年高望重之大臣，职位在宰相之上。奉宋哲宗之命，在阁老街建"平章第"。规格同少师府相当，经常公请求规模才小一点。

先后有尚书第、国史第、大马第、进士第、都谏第等二十多幢别墅相继落成，这条街就是郎峰祝氏流传千年的阁老街。

10. 阁老街的公共设施

上花园和下花园，这是两个公园供人们游览和健身之地。绿树成荫，小桥流水，草坪花圃，亭台楼阁。

在阁老街驸马府以西，建造了规模空前的祝氏五进大宗祠，供族人祀祖和观戏。祠堂奇观，见证了祝氏最辉煌时期。

福庆堂和观音堂，供佛教徒祀神祭拜。

白马庙和白马坟，供官宦们怀念皇恩。

三十七座牌坊，装点着阁老街辉煌业绩。

不知经过了几世几劫，沧海桑田，辉煌的阁老街，现在是千亩良田。但是，江郎山下曾经显赫一时的辉煌的历史画卷，永远在郎峰祝氏后代中流传。

11. 阁老街欢度春节

阁老街的春节，正好见证王安石写春节的诗句：

> 爆竹声中一岁除，春风送暖入屠苏。
>
> 千门万户瞳瞳日，总把新桃换旧符。

阁老街的春节，文武百官都要回家过年，除个别留守的外，他们领着妻子和儿女，有的骑马、有的坐轿、有的坐船，从四面八方聚集到阁老街。他们身穿丝绸锻绢的汉服、唐装、宋服。相见行礼，拱手问好。

过年前，各府第装扮一新，摆上盆景、花木，挂上宫廷式的灯笼，造型新颖。家家户户的门上贴上书法家的春联，楷行隶篆，龙飞凤舞，恰似书法展览，给人以美的享受。

阁老街的家家户户，年货十分富足，除了家乡自产的畜禽肉、鱼肉，还有豆制品、地里种的蔬菜。他们带回来山珍海味，宫廷糕点，各地特有的美味，令家乡人耳目一新，开阔了眼界。

屠苏酒（过年的酒），家家必备，就是江山米酒，加上灵芝、人参、鹿茸、冰糖等作料，和宫廷的屠苏酒一样，色美味香，营养补身。

年夜饭丰盛美味，土洋结合，山珍海味，配上精美的餐具，使人们胃口大开。敬酒语，猜拳声，此起彼伏。守岁夜，各家都要举行文艺活动，吹拉弹唱，还有以前从来没有见过的古筝、三弦、琵琶等乐器。他们学会了各地的戏曲、越剧、豫剧、黄梅戏、湖南花鼓，加上吟诗颂词，曲调幽雅婉转，活跃了节日的气氛，丰富了人们的精神世界。

从正月初一到元宵节，团拜会、走亲戚、祭祖扫墓。各乡村的舞狮队、舞龙队、鱼灯队都喜欢来阁老街表演。他们还请各队到院内表演，扮演为小丑的家乡人用江山话说出新年的祝福。乡音乡情，欢声笑语，充满阁老街的大街小巷。

12. "满朝祝"的民间传说

小时候，每当夏天大家聚在一起乘凉，父老乡亲经常都会讲起"阁老街""满朝祝"的传说故事。"阁老街"前文已讲过，现在讲"满朝祝"的传说。

据传脉岭是江郎山下的一块风水宝地，唐初有一位祝姓的先辈，相中了这块宝地，心想百年后就葬在此地。碰巧遇见一位风水大师，据传这位风水大师是一位仙人，他说："仙霞山脉是一条龙，龙头就是江郎山，脉岭是龙的须，龙须即隆书也。埋葬此地者，后代必定成为书香门第，官宦之家，兴旺发达。"说完仙人飘然而去。祝姓先祖死后真就葬于脉岭。后来大儒祝东山从梅泉隐居脉岭著书讲学，大兴办学之风。建义方馆，办江郎书院，培养出数以百计的进士、举人、太学生。到了宋代更是兴旺，由于祝氏精忠报国，廉政为民，祝氏在朝中做官的人众多，朝中重要官职的十八把金交椅，祝姓就占了十七把，奸臣在皇帝面前进谗言："满朝官员这么多祝姓，你这把金交椅也难保了。"皇帝听后细想有理，下密令大肆斩杀祝姓，只要问到是姓祝的，立即斩杀，最后在宫中问到皇帝的小舅子，娘娘抢着应答：有粥必有饭，他姓范不姓祝。最后祝姓除皇帝的小舅子，全被斩杀，从此祝氏式微。

注：这个传说故事流传范围很广，居住在浙闽赣三省交界地区的上一辈人几乎都知道，传说范本很多，内容大同小异。

第六节 郎峰祝氏传统文化

文化，是一个非常广泛的概念，很难下一个严格和精确的定义。一般地说，文化是人类在社会历史实践过程中所创造的物质财富和精神财富的总和，特指精神财富。郎峰祝氏自东晋以来，在1700多年的历史长河中，创造了光辉灿烂的文化。如：精忠报国、视死如归、战死疆场的忠烈文化；廉洁奉公、勤政为民、造福一方的忠臣文化；重教尚学、崇尚科学、奋起科甲，著书立说的儒学文化；扶贫济困、孝敬长辈、见义勇为的忠孝慈善文化；等等，都值得祝氏后人学习、继承、研究和弘扬。

隐居江郎山的祝东山，三忤王安石的祝常，以全家70余口性命保岳飞的祝允哲，屡谏屡贬、百折不挠的祝忠彦，怒骂金人而被杀的祝敞等，无不闪耀着这种"不媚权贵、刚正不阿""精忠纯孝、崇德尚学"的高贵品质，为祝氏家族形成独特的传统文化的家风奠定了基础。

1. 精忠报国的忠烈文化

自古以来，忠臣烈士，为了国家，为了民族，为了人民，效命疆场，视死如归。郎峰祝氏在历史上涌现近百位将军，无数烈士。他们抵御外敌，战死沙场，气吞山河，一派浩然正气。他们与日月同辉，与山河共存，值得后人永远怀念。

唐武德年间，家住江山西山梅泉的武烈将军祝奢公，奉命领精兵一千，打击在杭州的叛贼李子通，冲进敌阵，杀敌无数，不幸马倦，被敌擒获。祝奢大义凛然不被利诱，痛斥叛逆，规劝李贼归顺朝廷，而被残忍杀害，壮烈牺牲，谥武烈将军。

荆襄发运使圣言公，在一次押运军饷时，遭遇元兵埋伏劫持军饷，元军人多难敌，不幸被抓。圣言公被抓后，依然咒骂不止，不屈不折。元将见没有办法招降，就将他囚禁在后营。圣言公见没有救兵来救，便在一天夜里点燃后营自焚，大火殃及大营，烧死熟睡中的元兵上千人。边将将事迹上报朝廷，赠朝议大夫，赐谥号劲烈。

武康将军祝永福，驻邠州献策除幽州盗，钦领骁骑出胜，与盗阵战数十合，盗守不出，围而攻之。军粮告罄，后汉不发运济，死战尽忠报国。开运三年（946），诏赠武烈将军。赐葬邠州城南郊。授公三子上操为邠州协运司。

开封府尹祝周材，靖康元年，保驾幸亳州，明年钦同出使金国议和，公以主战上谏，诏不许，别钦买币往和金，不许，遂更衣冠，竭忠以事二帝幸五国城。与同患诸臣各标棺随帝梓宫归南，钦验棺标，赠文信伯，赐归荣葬。（《浙江通志》《江山县志》记载）

南宋宁宗时期，曾任监察御史的祝梦熊，上疏请求开放理学之禁，恢复朱熹和赵汝愚官职，罢黜京镗等韩氏奸党，因忤逆韩侂胄遭贬黄岩尉，贼寇犯境，率领义勇军抗击，壮烈殉职，谥号献烈，事闻崇祀黄巖名宦。

南宋末年，济德县令祝时可，与弟祝际可，儿子祝有性，在金兵数月围城，救兵不至，元兵攻进济德县城时，他们誓死不当俘虏，焚火官署，壮烈牺牲，以身殉国。他们英勇献身的精神，惊天地，泣鬼神，与日月同辉。

五胡乱华时，为西晋屡立战功，协力护送琅琊王渡江，建立东晋政权功封护国上将军的一世祖信安侯祝巡；英勇威武，刚猛不阿，经韬纬略，屡战屡胜，生擒敌寇首领，捷获大片土地，以军功拜齐太尉的江山始祖祝辂；平定侯景叛乱的义勇男祝太平；李世民题赞："父忠子孝"平定蔡通仁的祝桃根；等等。他们英勇威武，气壮山河，无不体现精忠报国的壮举。（《浙江通志》《衢州府志》《江山县志》均有记载）

2. 清廉勤政的官宦文化

郎峰祝氏自东晋至清，出现数以千计的官宦。高至王侯、宰相、太尉、各部尚书、八大宗师，下至各省、府、县级官员，他们都手握权力，有的可以说称霸一方。但都忠于国家，忠于朝廷，勤政为民，为官一任，造福一方。他们都光明磊落，廉洁奉公，深受当地民众爱戴，从没出过一个奸臣、贪官。好多为官卸任后，士民们还建祠、立碑颂之。

唐五经博士祝钦明，敏而好学，官至国子祭酒，同中书门下三品，刑部尚书、礼部尚书。被奸臣武三思、来俊臣陷害，受倪若水、郭山恽所诬诉，贬为饶州刺史。他光明磊落，主政饶州，社会太平，人民安居乐业，勤政为民，卒于任上。幸有唐名相姚崇伸张正义，上疏朝廷为他平反昭雪。

宰相祝臣，任上忠心为国，清廉勤政，论事公正，严斥奸臣。群臣评价曰："进贤黜邪，部卿均服，祝宰相当国，将复太祖之治。"朝廷拨款为祝臣老家江郎阁老街建"少师府"，但祝臣的孙子祝大任自己掏钱，将建少师府所用的180两银子上缴给县衙，这就是郎峰祝氏清廉的家风！

福建延平刺史祝嘉璞，在延平为官20余年，廉洁奉公，勤政为民。在他的治理下，延平州社会太平，人民安居乐业，深受民众爱戴。告老还乡时，带走的仅一仆一包袱，包袱里装着几本书、几件旧衣服。沿街士民热泪相送，设摊宴请，牵手挽留，而祝嘉璞不赴宴，不收礼，拱手致谢而归。

郎峰祝氏竹和人祝宗善，无意间为明朝朱元璋皇帝续诗，受朱皇帝亲自召见殿试，因才被任命苏州知府。祝宗善廉洁奉公，勤政为民，苏州府在他治理下，社会太平，繁荣昌盛。因政绩突出，遭奸臣小人陷害，诬告祝宗善贪污腐败。祝宗善被派钦差关押，审讯受刑，查封抄家时，除几件旧家具、旧衣服外，仅搜出几本书和一把古琴。钦差们感慨万千：贪污腐败怎能清贫之家？是受冤屈的清正廉洁的好官。当即赔礼道歉，平反恢复原职，并严惩诬告陷害奸臣。

郎峰祝氏清廉勤政为官者众多，举不胜举。

3. 反对奸臣的忠良文化

千里之堤，溃于蚁穴，堡垒最容易从内部攻破。一个国家的衰败、没落甚至亡国，有时往往始于奸臣当道。但邪不压正，每个朝代中都不缺忠臣良将。郎峰祝氏官宦，光明磊落，尊精忠报国祖训，不畏强权，不怕贬官杀头，不与奸臣为伍，是高举黜邪反奸大旗的忠臣良将。东晋太子少保祝瑞公，替父出征，讨伐奸臣王敦，巩固了东晋元帝政权。祝尚邱由应制举官太学博士，29岁时出谋划策协助玄宗李隆基，粉碎韦后的宫廷政变，将韦后死党一网打尽，确保大唐太平。尚邱诛韦有功，他的历史功绩，文学家韩愈记述在尚邱的墓志里，也被唐著名诗人李商隐所歌颂：

> 唐祚再世，军机辩驳。
> 潜虑密谋，破舠断朴。
> 是惟祝公，为能先觉。

三十三世祖武翊卫大制参允哲公，绍兴元年（1131）因拜表请诛秦桧，被贬为潮州推官。十一年，吏部尚书陈旦题公才品端伟，钦复前职。岳飞任荆湖北路宣抚使时，公为荆湖制参。两人志同道合，尝有诗文来往，并互和了著名的《满江红》。后岳飞被秦桧、张俊陷害入狱，朝堂上，满朝文武敢怒而不敢言，而他无私无畏，上书《乞保良将疏》，愿以全家70余口的性命保岳飞父子无罪。闻知岳飞父子被冤杀，勃然而晕，没过多久卒于富阳，临终前瞠目叹息："岳少保之死，二帝已矣！"

江山建县以来有记载，担任朝中御史职务的有26人，担任州、路、道一级外任御史职务的有30余人。而郎峰祝氏在两宋时期，就有5人担任御史，更有17人担任转运使、副使、判官等外任御史职务，占江山县2/5。

北宋初期，祝邦泰在吴越国担任御史中丞，与其他朝廷重臣一起力保江浙闽百姓免遭战乱之苦，被万民称颂；龙图阁待制祝裕民被徽宗外派江南西路转运使，怒斩为非作歹的蔡京党羽而遭奸臣诬陷，被贬归乡。宋徽宗时期任河北转运使的祝彦圣，绍兴二年改随军转运使，因秦桧迟滞前方抗金粮草而伏阙请粮，转任浙西提点刑狱时审理万俟卨家丁暴虐饥民案，不畏秦桧说情依法杖毙案犯，被陷害贬职归乡。祝氏的御史们为官清廉、秉公明决，深受当地百姓爱戴，被立碑建祠者颇多。朱熹称郎峰祝氏为"察院平章世家"，尚书毛恺赞叹"历朝五御史、先代八宗师"，清朝曾任广东提督的黄大谋也称祝氏为"台谏传芳第一家"。

亚中大夫祝咨谋，奉诏策伐金军，星夜驰骋，直奔中原，安营破寇，击溃金军三百里，向北逃窜。奸臣蔡攸（蔡京之子）告之刑部，诬陷咨谋通敌，咨谋一气之下，解甲归田。他的功绩被名相赵若愚歌颂曰：

中原恢复期堪待，奸恶横行志转休。

自古忠良空寄恨，杜鹃啼破夕阳秋。

进京考生祝进文，在试卷上写诗痛骂奸相贾似道，贾似道召见收买他，进文公毫不畏惧，义正词严："不识时务，不懂朝纲，靠当贵姬的姐升官。谎报军情，打败仗还荒报大胜，罪大恶极，下台吧，贪官。"说完后命仆束装飘然而归。

郎峰祝氏不畏权奸而被贬、被陷害的爱国忠良众多。

4. 重教尚学的科举文化

历史上几乎所有大的家族都重视教育，以耕读传家立族，郎峰祝氏也是如此。郎峰祝氏自东晋落籍信安，历来都重教尚学，尊崇孔孟之道，兴办书院，奋起科甲。信安祠（衢州）初建，就设私塾其中，江山梅泉祝氏更是宗祠与书院同居一栋。郎峰始祖祝东山，德高望重，精通经史，文章焕然，为两浙诸生所钦重。他隐居江郎山著书办学，著有《增补万福全书》《江山快音》。从最初的石室传经，到东山草庐授徒，从简陋的东山书院，到祝钦明在北峰为其所建颇具规模的江郎书院，江郎祝氏因而学风更鼎盛。千年的江郎书院，历代为祝氏及江山和毗邻地区培养了大量人才，宋代更有一榜入仕40余人的骄人业绩。从此雁塔题名，琼林赴宴，文榜武标。上至宰相、国公、驸马、尚书、御史、八大宗师，下至知府、刺史、县令，"满朝祝"传说至今盛传。从此郎峰祝氏文化之盛，无数名人隐士，著书立说成风，名篇佳作震世。全国各地骚人墨客，如西域友人赫巴，名相姚崇、张九龄、吕蒙正、王旦、吕夷简、文彦博、陈尧佐、董槐等，历史名家陆贽、苏辙、杨万里、沈九如、周颖、王逢、尤侗、张松龄、曹彬、王尧臣、张浚、刘基等等文人名士，慕名登山相会或瞻仰、取经，留下了大量宝贵的诗词文章。

郎峰始祖东山公诗无邪思，文有卓识，培养的两子四孙，皆都大儒。长子五经博士祝钦明，进士及第，是祝氏历史上有确切纪年的首位进士。唐中宗即位，祝钦明官至国子祭酒、同中书门下三品，历任刑部尚书、礼部尚书、兼修国史、封鲁国公。次子祝克明，文武双全，与徐敬业儿子同登科第，被徐敬业招为女婿。徐敬业起兵反武时，克明督理扬州粮饷，参知军政事。嗣圣四年兵败而终，年29岁。后封为太子少保。孙尚忠侍父饶州刺史袭父职，尚质国子监丞，尚邱太学博士，尚贤外翰西安教谕。

入宋，随着政治、经济、文化中心的南移，祝氏和江山的毛、周、柴等姓一样，迎来了科举时代的巅峰。宋朝期间，祝氏由进士入仕的就有三四十人。神宗朝，祝臣、祝常、祝奇均以进士入仕，分别获封少师、少保、太子太傅，其子孙也多进士迭出。祝程为大中祥符八年进士，八子有四子中进士，二子乡荐，一子省元，一子武举，世称同父八联科。祝臣为嘉祐六年进士，其四子二进士，一武举，一乡荐。同榜一门三进士的祝氏。

凤池、鳌池与化龙三兄弟，世称祝氏三桂，轰动当时考坛。激励当地青年奋起读书，改变命运。也影响江山周边地区，崇教尚学，兴办书院。

郎峰祝氏重教尚学，一代代祝氏后裔，由进士、荐举等途径入仕者，不计其数。无不以精忠报国、刚正不阿的形象屹立于历史舞台。形成郎峰祝氏独特的重教尚学的科举官宦文化。

5. 天下宗师与儒学文化

郎峰始祖东山公终身隐居江郎山，毕生心力倾注在讲学著述，教育后代培养人才上。学界评其文章"一扫当时之污秽"，是三衢诗风的开拓者，江郎山文化的鼻祖。他的崇高气节深受后世敬仰，江郎山上自"石室传经"，成为祝氏文脉的起源。

祝钦明少通《五经》，兼涉众史百家之说。尤精《三礼》，又中业奥《六经》等科。中宗即位拜国子祭酒、同中书门下三品，封鲁国公。祝钦明久居要职，对唐礼仪制度的完备，起了一定的作用。

祝常师从胡媛理学宗师，官至太子少保，平章事，赠鲁国公，谥号"文正"。有《蓬山类苑》《元诰正谟》诸论及《清高集》行于世。祝臣、祝绅等都成为了当时的理学名家。祝珙、祝璎、祝彦等人师从理学名家杨时。祝珙，字象文，第元祐三年（1088）进士，授学江郎书院，四方就业者百余。祝璎，字玉，第宋建炎二年（1128）进士，官至户部员外郎、浙盐副使。祝彦中，字允执，第崇宁五年（1106）进士历官工部侍郎。祝绅、祝梦良、祝梦兰、祝孙荣等分别师从赵抃、柴中行（南溪）、徐存、魏了翁等当时的理学名师，得理学真传，纷纷考取功名。他们中或位居高官，或和徐存、周颖等当地名儒一道传学一方，在浙、赣一带形成了一个传播理学的中心。

宋代郎峰祝氏八大宗师，祝臣为江南学政；祝允闻为山东、广东学政；祝绅为山东学政；祝奇为广西学政；祝缪为湖南学政；祝敔为广东学政；祝凤池为江西学政；祝梦熊为河南学政。他们重教尚学，培养、发掘和推荐人才，宋朝文化、科学、经济的发展有他们一份功劳。同时促进了程朱理学的发展。绍兴二十四年（1154），祝氏大宗祠建成后，宋高宗赐建"天下宗师"坊，以旌表祝臣等人的理学成就。

郎峰祝氏后裔中，尚有歙州祝氏著名儒学者。五经博士祝象器，北宋末登儒科，与弟景先潜心儒学，合称二翁。其家族三代在歙州经商，家资竟有州城一半，因称"祝半州"。祝景先有八子六女，其中次子祝确，是朱熹的外祖父。三子祝磻（字林宗），是黄庭坚的弟子。第四女嫁与枢密院兼权参知政事汪勃为妻。八子祝磐之孙女，嫁与华文阁学士吕午为妻。满门都是当时名震一时的大儒。

郎峰祝氏后裔中，不乏知名的儒学学派。如：紫阳学派也叫闽学派、晦翁学派，是南宋朱熹所创学派。朱熹之父松曾读书于安徽歙县的紫阳山，朱熹居福建崇安，题名书房为"紫阳书室"，熹亦以"紫阳"为号，学者称为"紫阳先生"。因称所创学派为"紫阳学派"。朱熹在著作中称，在他成长过程中，没少受母舅家照顾，还深受母舅家浓厚的儒学氛围影响。祝确孙祝济之（康国），随同朱熹迁徙到了崇安。其子祝穆、祝癸，孙祝洙均在朱熹的私塾求学，并得文公真传。祝穆任兴化军涵江书院山长，是南宋著名的文学家、方志学家、藏书家，著有文献性巨著《事文类聚》和《方舆胜览》。其子祝洙为宝祐四年（1256）进士，封太傅。受朱熹影响，建阳祝氏在当时均是朝野推崇的大儒，和朱熹一道将理学带到了福建，形成了影响中国社会700余年的紫阳学派。南宋国子监祭酒李时勉在《题祝公遗事》中称赞道"儒风由是东渐"。

张祝学派的祝泌，字子泾，德兴暖水人，咸淳十年（1274）甲戌科榜进士，官至饶州路三司提干。以精《周易》闻于世，又学皇极数（即上古帝王所施政教，得其正中，可为法试之学），受命编修王易，书成告归，宋孝宗赐以"观物楼"匾。和张行成等创立了以继承和发展邵雍先天象数学为主的"张祝学派"。张祝学派主要著作有：祝泌《皇极经世书钤》《皇极元元集》《观物解》《祝氏秘钤革象新书》，张行成《述衍》《翼玄》《皇极经世索隐》《观物外编衍义》，朱元异《三易备遗》，彭复初《易学源流》等。

6. 百善孝为先的忠孝文化

齐家600余口的家族奇迹。三十三世祖祝文仆，自幼游泮宫，地方三次荐举他，皆不出仕。与嘉祐二年（1057）第进士也不出仕的弟弟宝公，兄弟齐心协力齐家睦族，制定了严谨规范的治家制度。一家600余口人，同一锅吃饭，却都谦让恭和，一家和顺，名震乡国。

父忠子孝。三十三世祖授枢密院指挥使祝敔公，靖康元年（1126）北宋灭亡，金人劫持徽、钦二帝至北方。敔公随二帝，披头赤脚一路痛骂金国违背宋金盟约，被金人割去舌头，流血而死，尸体被随意丢弃。其子光煜，知父死于国难后，不忍心父亲尸骨遗弃他乡。不远万里深涉五国城，朝见二帝，寻回父亲尸骨，抚灵归葬。以父忠子孝旌表孝子，大儒徐存为他作传。

孝子柱公，父亲去世后，他在墓旁建草庐，夜晚住在草庐守墓，白天就回家服侍继母，妻子则和他一起孝敬婆婆。后来继母身上溃烂，长了虫子，公请医生，调制汤药，并跪在地上祈求上天保佑继母早日康复，然后跪着舔继母溃烂处的脓汁。继母在精心调治下慢慢痊愈，感动地说：幸亏有子如此，就算是亲生的也做不到这样孝顺呀！当时的县令奏请朝廷旌举孝廉，授予录事的官职，荣封为顺德郎，并在地方立"孝子"牌坊以示表彰。

孝子祝渭武、祝树恺二公，盗寇扰搔，背负母亲就逃，妻泣求带上妻儿，他们说："母亲年迈逃不快，必全家遭殃。"盗寇退后，全家团圆，村民都说诚孝所报，真是孝有善报。二公皆受官府封为"孝子"。

孝子贤中公，母亲患上了眼疾，留脓不止，求医问药没有见效，心急如焚竟然以舌头舔母亲眼睛流出的恶脓，舔干净后用药调敷，服侍了数月，母亲的眼睛竟然重见光明。当地官员得知此事后，以孝顺举荐公官职，公以母亲年老而推辞。

祝镀幼失双亲，依祖母节守育成，终身感德。及祖母寿终，尽礼送葬，庐墓三年，监察御史熊渭访闻，请旌顺孙，建坊表闾。

祝九廷，因父旌祖公镇边城，金军围城，战死报国。九廷不忍父尸骨抛弃他乡，历尽千难不远万里，寻得父骨归葬。旌表孝子，时称一门忠孝。

7. 扶贫济困的慈善文化

郎峰祝氏历史上是江山的望族，仁义治家，人丁兴旺、官宦名士众多，一度富甲一方，由于坚持儒学理念，以轻财重义，扶贫济困，慈善义举为荣。设义仓以泽灾贫，置义田以恤孤寡，办义学以助科甲，资婚以助孤苦之子，资殡以助贫不能葬者，送军粮赠银钱以支持军队保家卫国。制订了若干重教尚学、扶弱济贫的公益慈善制度。出现了大量乐善好施、修桥铺路、拾金不昧、惩恶劝善的慈善义举事迹。

济贫救灾的千硕仓。唐武烈将军祝奢曾孙祝义举，家室富裕，为人慷慨，乐善好施。曾三次出钱、粮协助县衙赈济灾民，获朝廷旌表"朝请郎"。又在城西龙华寺原址设"千硕仓"，每至青黄不接、旱涝灾年，便出借粮食给穷苦百姓，待秋季粮食收获后只需还本即可。借不立据，还不量数，全凭借者自律。真有本都还不起的，也不催要。每年的十一月朔日（初一），计算出缺少的分量补上，仍旧凑够一千硕，待来年开仓赈济。这样的义举坚持了三四十年，周边贫民受益者良多，方圆百里的老百姓都感激地称之为"祝大善人"。其子祝大纲继承了父亲乐善好施的优秀品质，出资兴建义学，让孤苦、贫困的学子有地方念书。还在县城和几个人口较集中的地方创办药局，凡穷苦人家前来买药，均予以减免。为了让这些慈善机构能够长久运行，他又在各地广置义田，以义田每年的收入来维持这些义学、药局。多余的则用以助力县衙春、夏、冬三季青黄不接时赈济贫民。祝大纲的这些善举使他名声大噪，朝廷特别赠以"宣德郎"。由于祝家数代为官，千硕仓无人经营，日渐荒废，惟有张仙祠香火如故。附近百姓将祝义举、祝大纲父子雕成塑像来祭拜，以示感恩。

祝君翼家资助文天祥抗元。宋末蒙古大军横扫中原，南宋危在旦夕。景炎二年（1277）文天祥帅所募的南宋残兵五万余人，在江西一带苦苦抗元。此时宋朝廷已经风雨飘渺，内乏外迫，大军粮饷十分匮乏。这时作为南宋遗老的后人，郎峰三十八世祝君翼倾其所有，捐黄粟五百硕，白银五千镒（十二万两）充作军饷。文天祥大为感动，将此事上奏朝廷，并为祝氏宗祠题额《兄弟宰相》。宋端宗获知后也很感动，特褒奖祝君翼为"尚义郎"。

典当良田救灾。祝将翔，字羽挽，江山阁老街人，郎峰祝氏三十二世祖。太学生，回乡务农，慷慨尚义，时值年荒，江山大旱，将翔公捐赈灾粮。农历四五月份，青黄不接，将翔把全部余粮捐给灾民，接济仓匮乏，把良田典当，籴粮救助灾民。

浦城城墙与仙霞古道。浦城县的旧城墙每块砖上刻有"嘉庆拾伍年""祝徐氏捐修全城"。祝徐氏是资圣派祝乾封遗孀，她因独立捐修长1600丈[1]，高2.4丈，址厚2.5丈，顶厚1.8丈浦城城墙而名垂青史。祝昌泰，系祝徐氏三子。乐善好施，为发展地方的文化教育事业，嘉庆三年将巨额家产捐给省城的鳌峰书院和浦城的南浦书院，促进了清代福建书院教育的发展。清嘉庆五年制军汪志伊亲勘城工时，提出重建南浦浮桥，章程筹定后，悬示3个月，无人应捐。祝徐氏对她的儿子说：我捐修全城，无力再捐建此桥，你们要勉力以承我志。三子祝昌泰遵奉母意，担负起独捐南浦浮桥的重任，共费银二万两。并且还独力捐建浦城文昌阁。

仙霞岭是古代由浙入闽的要道，初为羊肠小道，宋绍兴年间史浩帅闽过此，方募夫修茸石阶360级，20余里。至清嘉庆年间，已是残损不堪，二十八曲"危仄陡峭，仅通一线，飞鸟能渡，匹马难旋"，往来十分不便。郎峰祝氏祝光国（字观庭），原在苏州经商，他独立出资白银两千余两，并会同志同道合的商人，将仙霞岭修成了以丈计的大道。使往来的旅人方便良多。

【注释】[1]丈：一市丈=10市尺=3.3333米。

8.普度众生的佛学文化

"善"与"和"是佛教文化的核心精髓。"善"教人修身养性，行善事，吃素食，不杀生，放下屠刀立地成佛。"和"是净化心灵，遇事谦让，和睦相处。这些佛教文化与郎峰祝氏家规家训相吻合，为先祖所接受。在阁老街建福庆堂、观音庙，供信徒从事佛教活动。

衢州明果寺肉身佛，是唐宪宗赐谥"大彻禅师"的祝惟宽。惟宽为尚邱曾孙辈，1994年衢州市被列为"国家级历史文化名城"，一共列举了十位重要历史人物，"大彻禅师"是其中之一。白居易曾多次拜谒惟宽，并留下千古名篇《传法堂碑记》，记载了惟宽禅师对佛法的深刻见解，成为佛学文化的一段经典记录。国学大师胡适也留有《传法堂碑》的读书笔记。惟宽禅师在浙闽赣一带宣讲佛经，化缘建寺，用中草药为信徒治疗病痛，药到病除，名声大振，民间则把这位大德高僧称为草鞋仙。至今他的漆布肉身，还供奉在明果寺大殿。

惟宽本人是一位禅师，早年曾学习律法，又学过天台寺教观，最后从马祖道学得禅要，元和年间（806～820），惟宽和怀晖来到长安，弘扬马祖一系的禅宗，大开法门，广泛授徒，把京城的佛教事业推向了高潮，影响深远。

祝文质是惟宽的侄子。惟宽禅师被诏入长安兴善寺时，质随宽入内。年十五诵法华华严维摩等经，40年中精晓诸大经论。后向大悲禹迹二禅师参问心要，学问更加博达了。后在浙江诸暨的法乐寺开坛授徒，当时有猛虎前来寺内听法，文质摩其顶，老虎遂退去。后隐居于乐成县大芙蓉山，远离凡尘，仅胎息而已。大中年间复出世外，太守韦君累请不来，强置于榻，请出至州开元寺居住。咸通二年（861）告别众人，端坐而化，终年84岁。

9. 三从四德的贞节文化

古代，郎峰祝氏先祖遵从封建礼教道德规范，涌现了不少遵从三从四德贞节烈妇，并受朝廷表彰，社会赞扬。

郎峰祝氏十六世祖克明公，奉诏与英国公徐敬业女儿淑德郡主完婚后不几年，克明公辅助英国公兴师勤王以身殉国，留下幼儿尚邱、尚贤和25岁的郡主。淑德郡主强忍父夫双亡的悲痛，含辛茹苦，操持家务，上侍公婆养老送终，下扶两幼子成长成材。她矜持名节，不恃尊贵，和睦妯娌，友爱乡邻，独守空房55载，81岁全节而终。淑德郡主气质高雅，琴棋书画，诗词歌赋，样样精通，她的诗文曾收入各版的县志。她高尚的情操是郎峰祝氏的典范，世代被人们广为传颂。

江郎山下脉岭，传颂着一堂三代贞节的佳话。太学博士祝尚邱之子史杰，娶虞氏为妻，史杰36岁早逝，留下虞氏37岁守寡。天有不测风云，史杰子绍宗29岁去世，妻杨氏29岁早逝，留下江氏30岁守寡。六代之传，三世之寡，她们肩挑生活的重担，含辛茹苦，克勤克俭，抚养幼子，婆媳和睦、邻里和谐，分别以81岁、81岁、65岁全节而终。范仲淹诗吊曰：

> 宦后萧条事若何，朱门冷寂雪霜多。
>
> 一丛篱菊枝先萎，千古岩松节靡他。
>
> 膝下孩提心保护，堂前姑老鬓婆娑。
>
> 平生孝行难言尽，肠断今朝薤露歌。

黄岩令祝梦熊率义勇军抗倭寇，英勇杀敌，以身殉国，赠龙图阁待制，谥"献烈"。其妻柴氏写下绝命诗：

> 良人殉国已无天，血满栏杆泪万千。
>
> 折槛相从惟一死，芳名不让他人先。

柴氏迎夫柩回后，即登上楼而望泣，跳楼殉节，赠谥献烈夫人，与夫一起享朝廷的大葬之礼。

郎峰祝氏三十三世祝日校是个天才，《郎峰祝氏世谱》记述"生而颖异，五岁能诗，敏悟非常，时以神童称之"，年方十二就参加州学考试成为庠士，而且每次考试都是榜首。可惜天妒英才，这位神童在新婚没多久便意外去世，留下十九岁的妻子吴氏和遗腹子祝不疑。吴氏恪守妇道，守节终身，"不戴饰不锦衣，不赴宴席，非公事不出堂，"一直到年越古稀全节而终，乡绅均敬其忠贞，赠以"贞节"匾额挂于门上。

寒冬知松柏之青翠，贞节知妇女之坚贞，在封建社会里，这是妇女的典范和榜样，受到朝廷表彰，社会赞颂。社会在进步，如今时代不同了，三从四德从一而终，作为旧时代妇女的道德规范已过时了。在此我们只作历史典故叙述。

第七节 郎峰祝氏主要外迁分支

1. 郎峰祝氏的迁徙情况

郎峰祝氏历史上兴旺发达，广泛分布于江山周边的浙闽赣皖地区。唐宋间祝氏辉煌，后人由于为官、经商、游学、避难等原因，远徙两湖、两广、海南、云贵、川陕、苏鲁等全国大部分省份。至民国郎峰大宗祠汇修《世谱》时，仅聚居在江山周边地区的郎峰祝氏本宗，就有88派，数万人口。《郎峰祝氏世谱》附有祝氏外迁记录，记载了历晋隋唐宋元明清，千余年间郎峰祝氏迁往全国各地达585处。其中浙江省内176处，安徽25处，江西104处，福建58处，两广15处，河南河北37处，湖南湖北34处，江苏25处，山东14处，山西11处，陕西21处，其他省份22处，尚无法考证出地名的43处。外迁的郎峰祝氏后裔，以德兴暖水、丽水括苍、铅山石塘三支最为兴旺。

2. 江西德兴暖水祝氏

暖水旧称暖川，因此地故有一股温泉终年不竭川流不息而得名。据德兴《暖水祝氏族谱》载："（始祖）约在唐天祐间拜银青光禄大夫兼御史大夫，保大二年避乱由衢之江山，迁饶之德兴暖水家焉。"

德兴暖水祝氏是郎峰祝氏分支中人口最为众多、人才最盛的一支，现今有十多万人口，是江南祝氏主要祖居地之一。主要分布在江西德兴周边的银城、铜川、万川等地。迁外地的主要有婺源、万年、鄱阳、玉山、上饶、鹰潭、修水，浙江淳安、衢江、龙游，福建建阳、武夷山、福州等县市，及湖北、安徽、陕西、贵州、海南省等。

暖水村位于德兴市龙头山乡，现仅有祝氏800余人。但历史上这里人声鼎沸。明初暖水祝氏为防匪患，在暖水村周围筑有城墙，并环绕护城河。据传当时人口"城内二千，城外八百户"，形成了十分罕见的、设施完善的村级城池。城内太守第、参军第、解元第等大宅林立，甚至有安堂、环溪两座书院。但是，高大的城墙并没有使祝氏高枕无忧。暖水处于赣、浙、皖边界，周边环绕的大茅山、怀玉山就是土匪、暴民天然的藏身之地。明、清数次农民起义都让德兴暖水面临灭顶之灾。暖水祝氏遂逐渐衰弱，分迁周边的后裔却蓬勃发展。

暖水历史上如此繁盛，是和暖水祝氏历代人才辈出分不开的，如始祖南唐银青光夫祝约，北宋给事中祝谏，南宋三司提干哲学家祝泌，河南参政祝径，太仆侍少卿祝孟献，明代南京尚宝寺寺卿、书法家祝世禄，郴州知州经学家祝文彬，明代武略将军祝宜勉赠千户，其子祝德威袭职南海千户，征讨海南，并在海南入户繁衍生息。德兴县内第一位中国共产党党员，中共德兴党支部第一任书记祝炎等，均为史册留下一笔。千余年来，暖水祝氏后裔除遍布德兴各地外，主要有以下几支：

新安京门祝氏：祝约孙祝延龄，五代末徙居邻近的婺源潋溪，后又分居歙县、建阳、福州等地。

万年石镇祝氏：宋初祝约曾孙令雍徙居万年石镇，繁衍数代后人丁单薄，遂移居射田，逐渐人口繁盛，至今约5000人。

鄱阳青山湖祝氏：祝令雍八世孙士铤，明代由石镇迁鄱阳青山湖畔，至今繁衍人口3000余。

上饶祝氏：暖水祝氏分迁上饶的情况较复杂，具体有祝约九世孙贵衡，宋代徙居广信府上饶县，至今繁衍千余人。十一世孙三八，元代徙居沙溪，至今人口千余人。还有八都、石人等地，也均为暖水分迁。目前上饶县、信州区两区县，共计祝氏人口15000余，大部分为暖水分支。

海南祝氏：海南祝氏主要分布文昌、万宁、琼海三地，总计人口2000余。海南祝氏为暖水十五世祝德威，明初任千户，镇守海南，子孙在海南繁衍生息。现代著名书法理论家祝嘉，即为此支。

浙江淳安川北祝氏：祝约九世孙细贰，宋代迁居淳安，明代后裔迁川北贤山，即今淳安汾口祝家村，人口300余。

约公五孙延茂、延年、延龄、延称、延能。延年迁德兴银城，延龄迁婺源潋溪，延能迁湖北荆州；延年孙子良，迁德兴万川；延龄孙承俊，迁歙县；承俊五世孙吉，迁婺源中山；承俊六世孙济之（字康国），随表兄弟朱熹迁崇安（福建武夷山）；七世孙回，迁南剑尤溪；济之子穆，南宋学者，后裔众多，分布福建、浙江、江西、湖北、河南、安徽等省。

德兴祝氏迁徙时间较早，历经千年繁衍，人口繁盛，自宋至清历代人才辈出，仅《江西通志》《德兴县志》《暖水祝氏家谱》上记载的人物就有100多人，其中将军4人、进士19人、举人56人、解元8人。

3. 新安祝氏（含歙县、婺源、建阳、湖北等地）

新安祝氏即安徽歙县京门宗，是暖水祝氏主要的一支，主要分布在周边婺源、歙县、金华、龙游、衢江等县市区及福建、湖北等省。也是江南祝氏主要祖地之一。

新安祝氏迁徙较复杂，五代末宋初祝约之孙延龄由饶州德兴暖水，徙居邻近的歙州婺源之潋溪，宋代延龄孙承俊徙歙州州治之京门（今歙县）。祝承俊在歙州经商十分成功，至其子仁质时，家族产业几乎占了歙州城一半，故世称"祝半州"。其家族，是中国最早的徽商代表，历史上论述徽商的文献，均有提及。祝仁质长子象器和次子景先在经商的同时潜心儒学，深受学界尊崇，号称"二翁"，深刻影响了歙州（即后来的徽州）学术发展。特别是景先次子祝确，其外孙即是儒学集大成者朱熹。由于朱熹的影响，祝确后人祝莘、祝康国、祝穆、祝洙数代人，均是宋代儒学、理学的重要人物。

南宋时，祝康国随表兄朱熹迁福建崇安，其后代又分居建阳、武夷山、闽清、福州等地。祝景先另一个孙子祝吉，官至司户参军，迁中山，今属江西婺源太白乡，和德兴一河之隔，至今繁衍数百人。

新安祝氏祖居新安时间并不长，人口也不多，至曾孙辈12人（象器4子，景先8子）。因家族富裕，重教尚学，人才辈出，由于宦迹、经商、游学、避难等原因，迁徙十分广泛，分布在安徽、江西、浙江、福建、湖北、河南、贵州等众多省份。主要有以下几支：

福建崇安祝氏：该支为宋代著名方志学家、出版家祝穆之后，南宋时与父亲祝康国随同朱熹由歙县迁居崇安。后代便在崇安（今武夷山）、建阳、闽清、福州繁衍，是福建祝氏主体。

中南祝氏：中南祝氏包括湖北江夏、孝感、赤壁，陕西岚皋等地祝氏。宋末至明初，祝穆后裔伯清、庚陆、庚七、朝凤、彩凤、鸣凤等人，因数次人口大迁徙，广泛分布在湖广、川、陕一带，人口数万人。

4. 江西铅山石塘祝氏

铅山祝氏，系出江山，主要聚居江西省铅山县和鹰潭市，其中铅山祝氏人口万余人，鹰潭人口8000余人，也是江南祝氏主要祖地之一。铅山石塘《祝氏支谱》载："宋庆历间，司户参军祝仁霸自江山携家迁此。"辛弃疾在《鹅湖祝氏宗谱序》中，明确说明鹅湖祝氏"自充而迁衢自衢而徙居江山。自江山复迁鹅湖石塘，支派繁衍"。祝仁霸，字德卿，为北宋景德年间司户参军。宋庆历壬午年（1042）迁居铅山石塘镇。生五子世昌、世康、世良、世异、世善，其中世昌、世康定居石塘。世昌开石塘下村七甲派、宜房派和五房派；世康开石塘上村六甲派、八甲派、官仓衙派、港沿八甲派、樟树弄派；世良返浙江江山；世异开六都虹桥莲塘派；世善则携母亲余氏徙居篁碧乡开廖塘派。后来又从上述几地分流衍生出南芜族、斜岭族、象鼻湾族等。祝仁霸同辈兄弟祝仁慞，迁徙至铅山汪二镇吐虎源，为虎塘派。经近千年来的繁衍，铅山祝氏已形成一个人口万余，能人辈出的名门望族。集中分布在石塘、虹桥六都、篁碧、汪二吐虎源、港东南芜、陈坊象鼻湾和杨林斜岭等地。

铅山祝氏在历史上就是望族，连史纸贸易的兴起，使石塘祝氏在清代成为富甲一方的豪族，这一点从铅山祝氏遗留的古建筑就可见一斑。在铅山著名的石塘古镇，近一半的古建筑是祝家宗祠和老宅。如明代老祠、东祝宗祠、祝氏武状元府、祝氏上下朝花门等。深藏武夷山北麓的篁碧祝氏宗祠，也是一座不可多得的宗祠建筑，建筑宏伟、保存完整。

祝仁霸后裔祝伯平生二子，长太初居贵溪篱背，次远仲居鹰潭余江瑶池。两支族人隔信江相望，主要居住在瑶池、青山、祝村等地，人数众多。时至今日已经发展成2500余户，近万人口的大族。瑶池祝氏主要从事眼镜行业，在华东地区的眼镜业中占有较重的分量。

铅山祝氏主要历史人物有宋代官至贵州刺史的祝可久，初从刘子羽立功边陲，父亡后归隐山林，乐于行义事，与弟祝可大共建乡校，又设义庄，以济族中贫者；明代祝家升、祝东曦；清代工部主事祝秉章，清咸丰九年（1859）三榜35名进士，历官户部福建清吏司主事、诰封通议大夫。

5. 浙江丽水括苍祝氏

括苍祝氏是郎峰祝氏三大分支之一，也是江南祝氏主要祖地之一。主要聚居浙江丽水的莲都区、龙泉、缙云和金华武义。五代（907~960）初，郎峰祝氏二十五世祝实（字茂之）任处州判官，遂举家迁居丽水县官桥里（今莲都区联城镇官桥村）。从此，祝氏在此繁衍生息，以孝治族，以儒传家，历代贤能辈出。

祝实生三子，长子祝坦，宋景德二年（1005）进士，官兵部侍郎，赠紫金光禄大夫、司徒、河南郡公，后代繁衍为龙游锦里祝氏，后裔科甲鼎盛。次子祝繐。三子祝缜，官至中奉大夫；祝实以子贵，赠紫金光禄大夫。孙祝茆，官征南大将军，以功封鲁东侯，因此括苍祝氏以"鲁东郡"为郡望。次孙祝儒，官封朝议大夫。

括苍祝氏代有贤能者，宋明间，仅见载史志的进士就有18人。如宋元丰八年（1085）进士御史中丞、中大夫，赠光禄大夫祝亚；绍圣四年（1097）进士、常州推官、建州司理参军祝敝；熙宁九年（1076）进士，历临江军知军、宜州知州，封朝奉大夫祝几。此外，还有宣和三年（1121）特赐学究出身盂县主簿祝公明、祝陶父子；孝子祝大昌、祝昆父子；处州路总管府经历祝大朋等，均是祝氏中不多见的见载于正史之人。

括苍祝氏历史悠久，世代科甲，因此分支众多。主要有以下几支：

浙江龙游锦里祝氏：祝实长子祝坦之后，又称章九公，宋代迁居龙游锦里（今属龙游镇）至1919年修谱时传至二世。主要人物有明正德九年（1514）进士广东参政祝品；嘉靖三十五年（1556）进士太和知县祝尔介；嘉靖三十六年（1557）举人太和知县祝诏；万历八年（1580）进士刑部主事祝致和；明代著名古琴家祝公望。

浙江武义莱山祝氏：征南大将军祝茆七世孙祝知章之后，北宋末迁居宣阳莱山（今武义县柳城镇祝村），人口约1500人。保存有完整且规模较大的祝氏宗祠。

武义樊川祝氏：祝知章八世孙祝满宋末徙居樊川（今俞源乡凡岭脚村），包括邻分支，人口约2200人。村子里保存有体量庞大且精美的古建筑群。

浙江海宁海昌祝氏：祝实后裔元有三五承事者，迁居海宁袁花里，后世人口众多，科举连绵。

浙江兰溪长陵、太平东和太平西祝氏：此支祝氏由丽水官桥祝氏迁兰溪，祝实后裔有祝兴，字伯荣，南宋绍兴间徙居浦阳通化乡（今兰溪市梅江镇）人口约2500人。村中保存有民国修建的祝氏宗祠，为全国第二大祝氏宗祠。人物主要有奉训大夫刑部员外祝珝；此外也有由此三处再迁的。

上海崇明、江苏苏州祝氏：太平祝氏后裔祝大中，清代迁崇明，其孙祝恺又迁苏州。这支祝氏虽然人口不多，但是人才辈出，清代出任知府、同知、知县的官宦众多，也出现过拥有苏州著名园林耦园的巨富。近代，又涌现出著名经络学家祝总骧；卫星和导弹惯性导航专家武汉大学教授祝永刚；高级工程师祝兴刚、祝宏绪等人。著名的苏州留院原先是崇明祝氏的私家花园。

此外还有浙江龙泉、浦江、缙云、温州等分支。

括苍祝氏唐末五代迁丽水以后，发达迅速，文化昌盛，其人物见载史志者代不乏人。

但是，明代末期，括苍祝氏祖居及发祥之地丽水官桥村却不见祝氏踪迹，仅留下"烈孝崖"等少数遗迹。是什么原因使得人丁兴旺、人才辈出的官桥祝氏，在较短的时间内突然绝迹呢？难道和郎峰祝氏"满朝祝氏"传说一样，成为难以考证的历史之谜吗？

6. 浙江海宁海昌祝氏

海昌祝氏是丽水括苍分支，主要聚居于海宁市，人口近5000人。始祖为元代承事[1]三五公，是括苍祝氏始祖祝实第三子祝繶后裔，元代由处州（今丽水莲都区）迁至盐官县（今海宁市）园花里（今袁花镇袁花村）。此后代有闻人，为海宁名门大族。至今传三十二世左右。

经过近700年繁衍生息，袁花祝家与查、董、许并列为"浙西园花镇四姓"，世称"风气朴厚""宿孚他姓"。自明成化年间祝萃开始，到清乾隆朝祝万年止，共出进士十七人，举人五十一名。科举之盛，仅次于海宁陈家和查家。

祝家在袁花，称于乡里，并非偶然。祝氏在海宁以家教闻名，耕读传家，祖先训示中要后代不安于贫贱、读书明理，能够考上科举最好，若不能，则要安于农事，禁止"入公门充胥吏"。在由科举而仕宦的祝氏子弟中，如祝萃、祝以豳等，在当时的政治经济和对外政策等方面做出了一定贡献。因为德行为先，他们中的不少人到各地任地方官，也得到当地人民的爱戴。

祝氏在家教中十分重视诗教，在家谱著述卷中专门收录了先人的大量诗作。明清之际的祝氏家族，工诗、画、印者众多。清乾隆年间为进士二甲的祝德麟，其诗歌在清诗中具有一定地位。

据家谱列传记载，祝萃仲兄祝蒙"遇岁欠，随廪入之多寡济人匮乏；里有鬻其祖墓荫木者，与之值，禁毋伐；有鬻妻偿子钱家者，代偿之，还其妻；负官税破家而转徙者，给地构廛俾之居"。这样的家风，加上诗书传家，自然形成了其在当地的声望。

海宁祝家的郡望为太原，堂号为清淑堂。经过多年繁衍，海宁祝家支派众多。其中有的分支也有改堂号为余庆堂的。祝氏名人以袁花本宗为主。根据家谱，祝氏后来在海宁的分支和迁徙情况如下：

太三郎派（三五公六世孙，正三郎次子）：居袁花里，本宗之祖为三五公八世孙祝鼎，之后为遗安、适安、静安三支，为海昌祝姓之本宗。

太二郎派（三五公六世孙、正三郎长子）：石墩、下管支。元太二孙改姓万，后子孙归宗，居下管。太二六世孙祝堂自石墩分迁下管。后有祝万言自下管分迁省城涌金门内，祝一君（又作翼君）自下管分迁省弼教坊口，祝源自下管分迁硖石。

太五郎派（三五公六世孙）：崇德支。太五曾孙祝澜、祝浦由园花里迁居崇德御儿庙。祝澜子祝权、祝槐自御儿庙迁居嘉兴。

太六郎派（三五公六世孙）：殳家桥、甬里堰支。太六曾孙祝潭分迁殳家桥。太六曾孙祝森分迁桐乡毛竹壩、石头堰。后有祝长一自毛竹壩归迁海宁高官桥（今丁桥海星、群利村交界处）。祝长三、祝长四自毛竹壩分迁钱塘西溪。祝玭自海宁分迁广西驯象卫。祝万、祝琮自武林迁海盐葛山。后又有祝凤自葛山迁甬里堰。

阿九承事派（三五公孙）：凤凰山支。祝富自园花里迁居黄湾凤凰山。

原一提领派（三五公曾孙）：獭鱼桥支。该支有祝科、祝连分迁省城螺狮门外，祝珑、祝琇分迁桐乡屠甸徐家冲。

海昌祝氏后裔一支分迁兰溪，在兰溪、金华、龙游等地创办了祝裕隆布庄，聘用徽商主事，在清代已形成现代首席执行官（CEO）制度的雏形。

此外，海昌祝氏还有分迁海宁长安，陕西灵宝县祝家营等地，也均人丁兴旺，代出人才。

【注释】[1]承事：文散官名。宋始置，为文官第二十三阶，正八品。元改制用以代大理评事，为状元及第、宰相任子之初官，后定为第二十九阶。金正八品下。明升为正七品初授之阶。清废。

7. 河南固始祝氏

祝氏为固始望族，代有人才。其一世祖祝贞（真），原居浙江海宁袁花里，元代元统甲戌（1334）进士，职授右柱国浙江行省中书平章政事，宣授光禄大夫定国公，至正年间屡与明兵接战后督师河南金刚台，明兵莫撄其锋，洪武三年庚戌（1370）明将李文忠以计诱之于察罕脑儿，公力战不屈死于商城县东乡青峰岭（土名窑沟），葬于福子岭。其子遂籍商城，其后子孙迁居河南固始、商城，安徽金寨等信阳周边县市。

固始祝氏在清代为最盛。清一代就出进士14名，是清代祝氏中进士最多的一支。

最重要的人物：

祝庆蕃（1777～1853），字接三，号衡畦，清代太子太傅，嘉庆辛未科（1811）进士、甲戌科（1814）补应殿试一甲二名榜眼及第，授翰林院编修。历任国子监祭酒、内阁学士、兵部左侍郎、户部左侍郎兼管三库事务、吏部左右侍郎、都察院左都御使、紫禁城骑马经筵讲官、礼部尚书、诰授光禄大夫。著有《奏疏稿》《蒙求》等书。最牛的是，他一生把吏部、户部、兵部、礼部、刑部、工部这六大中央部门干了个遍，每个职务上都卓有建树，深得嘉庆皇帝的赞赏。最后，干脆把太子旻宁（即后来的道光皇帝）交给他教育。除祝庆蕃外，固始祝氏还有：

祝昌，顺治六年（1649）己丑科刘子庄榜第二榜六十七名进士，康熙元年任浙江北关监督、官至黄州府推官。

祝运栋，乾隆四十五年（1780）进士，湖南学政。

祝曾，乾隆五十五年（1790）二榜二十七名进士。嘉庆九年（1804）任陕西延榆绥道兵备道员，正四品，辖延安、榆林二府，绥德一州。

祝庆承，嘉庆三年（1798）任南宁知府。嘉庆二十（1815）年由直隶通永道导员升任广西提刑按察使。嘉庆二十二年（1817）三月初一升任云南布政使。

祝文彬，道光六年（1826）任兰溪知县。

祝世僖，同治二年（1863）任凤阳县主簿。

祝恩望，同治五年（1866）任凤阳县主簿。

8. 长洲祝氏（祝允明支）

长洲祝氏主要聚居江苏省苏州市，原属苏州府长洲县。根据家谱资料对接，郎峰祝氏三十七世祝淑，南宋末随叔父平江府同知祝荆（字鼎之），徙居平江，遂就籍平江（含今苏州及上海部分地区），后代居华亭等处，祝淑后代元朝平江路总管祝峋（字碧山）任平江路总管，任后，子孙世居长洲（今吴县），祝允明为祝峋远孙。

这支祝氏人口不多，但历史上诗书传家，官宦、文人众多。祝峋六世孙祝颢（字惟清）明正统四年（1439）中进士，任至山西布政司右参议，著有《侗轩集》。祝颢之孙便是明代大书法家祝允明，字希哲，号枝山，弘治举人，官广东兴宁知县，迁应天府（南京）通判。与唐寅、文征明、徐祯卿并称"吴中四才子"。"博览群书，文章有奇气，当筵疾书，思若涌泉"，"尤工书法，名动海内"。（《明史》）小楷学钟繇、王羲之，谨严浑朴；狂草学怀素、黄庭坚，笔势劲健。能出入变化，自成面目。与文征明、王宠为明中期书法家的代表，有《怀星堂集》等。所撰《兴宁县志》，稿今存。允明子祝续为正德六年（1511）进士，嘉靖元年（1522）任崇安县知县，后任临江府知府，崇祯间任福建左布政使。长洲祝氏清代始渐渐没落，有清一代，见于史志记载的仅清嘉庆十四年（1809）贡生祝锡蕃。

其他外迁分支祝氏

当涂祝氏：当涂祝氏为郎峰祝氏三十八世孙祝君选后裔，君选公孙祝銮中进士，官广西参政，銮公之子应乾为桂阳知州，应乾生可仕进士，官广西驿传道副使，可仕生贞，为福宁州同知，累世科甲，不绝于世。

此外尚有浙江汤溪祝氏、常山祝氏、龙游沫尘祝氏、武义祝氏，上饶咸亨祝氏、鄱阳祝氏、弋阳祝氏、婺源祝氏，江苏淮阴、常州祝氏等。

第二章

人物传

第一节 晋朝（265～420）

1. 护国上将军信安侯祝巡公传

祝巡，字帝临，号省庵，郎峰祝氏一世祖，世居山东兖州。祖父祝至诚，官至东汉殿侍从献帝刘协左右，属光禄勋。父亲祝翰龄，魏朝文宣郎，朝廷秘书。兄祝延，弟祝逖，皆为朝廷官员。

祝巡生于西晋泰始元年（265），从小受到良好的教育。博通经史，精于韬略，熟知兵法。为人耿性直道，烈气豪爽，肝忠胆义。晋武帝司马炎封为骁骑校尉。永嘉二年（308），怀帝司马炽封祝巡为散骑侍郎，当朝一品。协助琅琊王司马睿移镇建业，参加琅琊王军政事，翼击群丑，屡建军功，受到怀帝的嘉奖。晋怀帝在位七年，司马氏兄弟同室操戈，历史上称"八王之乱"，毁了西晋，成全了少数民族政权。公元313年，怀帝被匈奴刘聪杀害。司马邺执政，称晋愍帝，钦命祝巡军屯镇江，京口两地，守住长江要塞，建康（南京）门户，咽喉锋钺。祝巡治军严厉，对百姓无犯，生产发展，兵民均安，驻防三年无失。公元316年，匈奴首领刘曜派兵包围长安。愍帝令祝巡起兵营救，祝巡率军星夜驰骋，直奔长安。半途遇到琅琊王，司马睿劝阻停止营救，愍帝举旗投降，被刘曜杀害，西晋灭亡。

祝巡同江南士领刘隗、刁协、顾荣等，支持司马睿建立东晋。因为江南士领对司马睿不了解，心怀忧虑，祝巡耐心细致做他们工作，告诉他们司马氏族是晋朝的正统，举旗民拥，立主江南，再复中原，这一派是真心实意的忠臣。野心家王敦任扬州刺史，想趁机夺权，登上皇位，为东晋政权埋下隐患。

公元317年司马睿称帝，建立东晋，都设南京，称元帝。元帝功封祝巡为护国上将军。褒奖他在五夷乱九州之际，兴同江南士领同心协力，迎王衣冠渡河。命祝巡军屯镇守江苏曲阿，曲阿是长江要塞，南京门户，镇守二年，政权稳固。

司马睿中兴江左，加封祝巡为武卫军节度使，特命镇守龙邱（龙游），临境平贼，民赖心康。太宁元年（323），明帝司马衍钦祝巡迁镇信安（衢州），三省通衢，浙西重镇，历来是兵家必争之地。祝巡不负明帝所望，平定浙西，隐固衢郡。同时，政明清廉，发展生产，深得民拥。太宁二年（324），秩加封信安侯，侯是爵位，世袭的。爵位分公、侯、伯、子、男五等，侯仅次于公。

太宁二年，王敦带兵攻打南京，明帝命祝巡起兵保卫南京，消灭王贼。祝巡兴师至余杭，积劳成疾，擢奏长子祝瑞代领兵讨伐王贼。祝瑞奉诏袭父职，用兵如神，提军出胜。祝巡住衢州南门，留守汰地，是郎峰祝氏的先祖。

2. 信安侯传

晋咸和七年·陶侃

侯祝姓，名巡，字帝临，号省庵，鲁兖州之祝。其人忠肝义胆，刚正不阿，仕本朝为散骑侍郎。怀帝初，简侍琅琊王，移镇建业。及怀事危，靖王允命，领军卫驾，追至平阳，而愍继立，钦军屯镇江、京口，咽喉锋钺，驻防无失。

至贼刘曜陷京，而愍难，逼星驰救驾。遇琅琊王于半途，被命复镇建业。王进帝位，中兴江左，特命侯镇龙邱，临境平贼，民赖以康。

迁镇三衢，平定南越，功封信安侯，子孙世袭其职。侯乃宅于衢之南门，而家肇焉。嗟乎！以侯之忠勇，而不能有裨于中州之陆沉，其时为之耶，抑朝廷未之用也。迄失中宗渡河，侯固殚力于东兴。然，尤未尝一日忘西土矣。侯尝有言，吾平生不得于天，未尝怨天，不合于人，未尝尤人。惟梦见先君于故土，则恨其不可归，梦经宗庙之黍离，则愧其不能复，此未了之心事也。

呜呼！侯之忠义，盖可见矣。侃闻而窃慕其行，谊副词，以为侯之传云。

【作者】陶侃（259～334），字士行（一作士衡）。本为鄱阳郡枭阳县（今江西都昌）人，后徙居庐江郡寻阳县（今江西九江西）。东晋时期名将。

3. 太子少保祝瑞公传

祝瑞，字麟，祝巡的长子，郎峰祝氏二世祖。生情忠孝，才兼文武，精于韬略。太宁二年（324），东晋明帝司马绍下令征讨叛贼王敦，祝巡兴师至余杭，因劳累过度，中途成疾，擢奉长子祝瑞代领兵马讨伐王贼。

祝瑞接到命令，袭继父之军职，代父领军出征。明帝司马绍虽然初登帝位，经验不足，却能临危不乱，十分从容地收缩阵地，集结兵力，等待各地赶来的援军，静待反击时机。然后，抓住王敦病重、心力不支的机会，突然发起总攻，一举击败王敦。并迅速清剿王敦的同党王舍、钱风、沈充等人。祝瑞击贼平夷，奉诏班师，钦督铁骑，镇守湖北荆州。

荆州地处长江中游，其地民风劲悍，粮丰财富，世称"属天下之半"，历代都称"两湖熟，天下足"。荆州视为东晋重镇，兵家必争之地，东晋要在江南立国，以南京为京都，以荆州、扬州为根本。荆州是扬州上游，常能对京都构成威胁，明帝把荆州交给祝瑞镇守，是坚信祝瑞的忠诚和才华。

祝瑞不负重望，咸和二年（327），他同镇襄将军陶仪联手，征讨叛贼苏峻，凯歌奏捷，功加赠太子少保。勇威北狄，武震西夷。祝瑞治军威严，社会安定，生产发展，兵民拥之。在荆州镇守二十多年，年高体弱，永和二年（346），密奏穆帝，准往故土山东兖州，将生母秦氏灵棺移衢州安葬。秦氏一直住在山东祝国，没有随夫，守业护家，妇道励节，贼围攻祝国，秦氏赴后院投井自尽，大兴元年（318），赠封烈懿院君。

继母葛氏随夫到信安，守家助夫，生一子，名祝端。太宁二年，封葛氏信安郡君。祝瑞和弟弟齐心治衢，振兴信安。对继母关心体贴，照顾周到，如同生母。永和三年（347），将两位母亲合葬在沙湾洲上。

二世祖祝瑞公忠孝双全，孝道如此，忠行如彼，不可尚哉。战友书圣王羲之赞曰：

夺职直捣贼巢，保留人民社稷。

英气凛凛莫当，功名册载碑勒。

4. 太子少保祝元池公传

祝元池，信安世系。他继承了前辈的优秀品格，烈气豪爽，肝忠胆义，文武兼优。立志北伐，收复中原，统一中华。由于东晋内部发生大乱，成就了少数民族政权，中原被契丹占领。对东晋统治者来说，他们只想偏安江南，并没有统一中国的远大志向。征西大将军桓温要求北伐，攻打契丹，收复中原。东晋穆帝没有同意，怕他有野心，却另外派一个文官带兵北伐，这个文官是殷浩。殷浩是一个文人，不懂军事，更没有带兵打过仗。

元池公率军随殷浩远征，殷浩出兵到洛阳，阵势没有摆开，就被契丹打得大败，死伤了一万多人马。元池公英勇作战，冲锋在前，战死沙场，壮烈牺牲。穆帝赐赠忠愍。

正如北宋诗人赵扑赞词中曰：

契丹扰乱猖狂，太保兵威远扬。

为鹳为鹅整肃，神谋奇策难量。

天师未下莫驭，血战沙场命亡。

事后论功旌表，忠愍赐谥允当。

5. 定远伯祝受苍公传

祝受苍，信安世系。从小聪慧，生性豪爽，容貌伟岸，文韬武略兼具。他对东晋统治者偏安江南，中原丢失，贼寇猖狂，极为痛心。多次向穆帝请战，带兵北伐，收复中原。

公元354年，桓温统率晋军四万，征伐中原。祝受苍作为晋军一路将领，进攻长安。受苍公治军严厉，军纪严明，所到之处，秋毫无犯，老百姓十分感激，拥军慰劳。

受苍公善于用兵，战术灵活。进攻时如猛虎下山，杀声震天，敌兵闻风丧胆。退守时无影无踪，神算非常。他擅长夜战，白天让士兵休息睡足。待敌深夜熟睡时，他领军突然杀进贼营，全歼戎羌。

虽然取得了一些胜利，因为即将断粮，只好班师回朝。穆帝封赠爵位，封为定远伯。（爵位是世袭的，子孙可以继承。爵位分为公、侯、伯、子、男。受苍公为伯位，仅次于侯。）

南宋江山籍进士、学者毛居正赞曰：

进攻退守，神算非常。贼兵夜遁，清靖疆场。

策勋饮酒，诰命煌煌。伯爵荣膺，万代增光。

6. 尚德男祝自和公传

祝自和，信安世系，从小就生活在军人之家，他的军事才能和智慧，他的超群见识，他的敏锐思想，无不令人敬服。他在谢安的领导下，参加著名的淝水之战。戎羌经过长途作战，士兵厌恶战争。自和领导的晋军，为了收复中原，士气高涨，渡过淝水，像猛虎一样，向戎羌扑去。戎羌的首领符融气急败坏，想压住阵脚，但士兵像潮水般往后涌。绝大部戎羌被歼灭，乘下几个头领骑马逃命。自和公取得伟大胜利，班师回朝，封爵为尚德男。

宋江山籍诗人张恪赞曰：

> 疆场效命，建功非常。树帜夺帜，阵法精详。
>
> 一鼓作气，慑服戎羌。事后行赏，男爵是将。

7. 寿星祝天爵公父子传

祝天爵，字先修，信安世系，郎峰祝氏四世祖。生于东晋永和九年（353）正月廿四，终于南朝宋孝建二年（455）九月廿九日，享年103岁。

祝绍唐，字见虞，天爵的儿子，郎峰祝氏五世祖。生于东晋太元八年（383）三月初五，终于南朝齐建元三年（481）七月廿九，享年98岁。

父子长寿的秘诀是节俭、行善、守礼、劳作。

节俭和劳作是长寿的根本，俭者心宽，劳者自健。天爵父子是侯爵的孙辈，侯爵是世袭，家境比较富足。可是父子节衣缩食，粗茶淡饭，超然物外。

行善。善者长寿。天爵父子把节省的钱，用于建造信安祝氏宗祠，以祀祭先祖信安侯祝巡公、太子少保瑞公、忠愍元池公、定远伯受苍公和尚德男自和公。祠内陈设齐全，装饰豪华，并搭戏台。在祠内设塾堂、聚族子弟读书肄业，奋起科甲，置义田，用于私塾的开支。宗亲有困难者也给资助。

守礼。天爵父子总是以礼待人，以礼相处，以和为贵。温柔沉静，无富贵色，有慈惠心。

第二节 南北朝（420～589）
隋朝（581～618）

1. 齐太尉祝辂公传

祝辂，字殷初，生于南朝宋大明六年（462），世籍信安（衢州），是信安侯祝巡的七世孙，江山祝氏的始祖。辂公英勇威武，气壮山河，胸吞云梦，文韬武略。以经略科中士，仕为南朝萧齐国武安军同知，屡功屡升，官至镇边卫制参军政征讨副元帅。齐建武二年（495），奉齐明帝萧鸾命令，出击进攻司州的北魏军贼寇。与萧衍将军一道，发起总攻，威震贤首山谷，敢死队士兵手持长枪长戟，从两翼包抄，魏军大乱，溃不成军，生擒敌首，捷获大片土地，辂公功拜齐太尉。太尉、官名，为全国军队首领，但是齐明帝昏庸无能，偏信奸佞小人之言，不但不将敌寇首领正法，反而给释放了。辂公十分不满，拜表进谏，由于奸臣挑拨，明帝萧鸾不但未采纳谏言，反而将辂公贬至华州道上的小小屯田郎。

齐明帝死后，由太子东昏侯萧宝卷继位。他是历史上有名的荒唐皇帝，不仅昏庸无能，而且残暴不仁，嬉于女色。继位不久就诛杀始安王萧遥光、尚书令徐孝嗣、尚书仆射江祏、左将军萧坦、侍中江祀、卫尉刘暄同辅政，称为"六贵"。"六贵"被诛，齐老臣宿将没有活路，便不断起兵。永元二年（500）东昏侯派人刺杀雍州刺史萧衍事败露。萧衍起兵反叛，另立萧宝融为帝，即和帝。萧衍领兵攻进建康（南京），兵临城下之际，齐东昏侯赶忙下诏，恢复祝辂公齐太尉官职，令其赶赴都城领兵勤王。辂公虽蒙冤被贬，依旧心系朝廷，记挂齐帝国的安危。接到齐帝圣旨，便即刻领兵星夜驰援，车马刚到半途，闻报齐东昏侯萧宝卷已在战乱中被杀身亡。于是辂公只得挥师返回，南朝齐灭亡。萧衍自立为帝，改国号为南朝梁，称梁武帝。

梁朝建立后，梁武帝萧衍差使者请辂公回朝，许诺恢复原官职，辅佐梁室。辂公以一臣不事二主，回绝来使者。梁王佐三旄来招，公不出仕任，梁王萧衍大怒，派兵来取，辂公远避，越数年，才回信安，恐梁王依然没有平怒，于是避居相对偏僻的江阳（江山）西山梅泉，约公元505年。爱梅泉流清，爱骑石奇翠，随肇家在江阳城西骑石之下，梅泉之滨，过着持家教子之隐居生活，拒绝接见来访者。由此可见，祝辂公在南朝梁武帝初年隐居梅泉，至今祝氏已在梅泉繁衍生息至今一千五百余年。

祝辂公七世孙祝其岱因避武氏之诏，又迁徙至江郎山，后裔更加兴旺发达，成为江山望族，今天祝辂公后裔已达数十万之众。

2. 祝太尉忠义传

南朝陈大建十二年·章华

人之为法于天下可传于后世者，不必有奇功奇业赫奕[1]寰区，苟其行合于道，可以宜人而格[2]天，发祥于子孙，皆可志以垂不朽。若须江祝氏之祖，太尉是其人也。

太尉讳辂，字殷初，信安侯七世孙，宏业公长子。赋质颖敏，胸怀韬略，以武科铨选，仕萧齐[3]，官至太尉，忠谏不合，谢职而退。至国势危急，召复公职，公远避犹恐不息，徙于江阳。仰见景星矗月，奇石横云，山川之胜，惟西为最。遂卜宅于梅泉之滨，可自谓羲皇上人[4]，不复作尘态想矣。

夫人文氏，性情静一，秉内立业，克成厥[5]家。析子二，长曰：钟，次曰：铢，瑰琦迈俗，各因其材，授以义方。尝与语曰："吾不得忠于齐，死有余恨，尔曹当体我心，无忘南梁[6]，我愿遂矣！"嗟乎，公之勋在朝廷，既已身处事外，而尤惓惓不释于念，则其业必征诸后嗣，故其孙太平自间阎奋义击寇，奠安乡国，事闻于上，召赴授职，辞不赴，诏表以"义英男[7]"。何莫非公之精灵有以肇之，而其孙默有以体之耶！

华去公世远，勿获亲炙忠义，而其孙号称知己，得稔闻其详。预卜世世子孙，俾尔昌炽自能出其所蓄，以垂大业于廊庙，而其聚族繁衍，正未有艾。

《易》云："积善之家，必有余庆。"是知培植恒由屡世而统贯实赖一人。华故乐为公传，且赞之曰："祥发须水，望重西山。一官指敝屣，万世遗安。"

——录自《须江郎峰祝氏世谱》卷十二

【作者】章华，南朝陈吴兴人，字仲宗。家世务农，章华独好学，通经史，善属文。侯景作乱，游岭南，居罗浮山寺，专精学业。官南海太守。祯明初（587~589），上书极谏，谓后主溺于嬖宠，惑于酒色，不改弦易张，国将危亡，被杀。

【注释】[1]赫奕，声名显赫。[2]格，法式，标准。[3]萧齐，南朝齐，皇室萧姓。[4]羲皇上人，伏羲氏以前的人，比喻无忧无虑，生活闲适的人。[5]厥，其。[6]南梁，南朝梁，皇室萧姓。[7]男，封建社会爵位的第五位。

3. 义英男祝太平公传

祝太平（500~575），字舜日，江山西山梅泉人，齐太尉祝辂公的长孙，郎峰祝氏十世祖。生于南朝齐永元二年（500），从小接受良好的家庭教育，青年时"英气凌云，精通兵法"。梁武帝萧衍晚年昏庸无能，亡国于侯景之乱。侯景是北方鲜卑化的羯族人，是匈奴的后裔。侯景专门从事烧杀掳掠，十分凶残，作为梁武帝都城的建康（南京），几乎荡然无存，血流成河，人烟绝迹。侯景之乱历时五年，江南赤地千里，白骨成堆，人烟罕见。侯景的士兵多为羯胡后代，尽是穷凶极恶之徒。据历史学家统计，侯景之乱五年，江南地区人口锐减三分之二。

公元549年，侯景其中一支叛军进犯衢州龙邱（今龙游），如果龙邱城破，信安必然危在旦夕。镇守信安的官员日夜难安，遍访民间军事人才，组织乡勇抵御叛军。得知江阳梅泉的祝太平，是太尉祝辂的孙子，胸怀韬略，英气凌云。便请信安城祝氏长老带上长官亲笔书信及重金来梅泉，聘请祝太平领兵出征，抗击叛寇，拯救龙邱，保卫信安。

祝太平二话没说，击寇安邦，责无旁贷，是爷爷的遗训。答应领兵出征，并谢绝聘金，率领乡勇和义军驰援龙邱。祝太平利用侯景叛军人疲马乏，加之人地生疏，失道寡助之弱点，设计布满竹签陷阱的伏击圈，诱敌进入。当叛军进入伏击圈时，兵马掉入陷阱，被刺身亡或被捕，同时山上又乱石滚滚而下，杀得叛军人仰马翻，经过几个回合的交战，叛军首领被太平诛杀，叛军随即溃散，义军乘胜追击，一个个被灭。太平领导的义军大获全胜，龙邱得以解围，信安人心安定。

侯景在信安叛乱平定后，当地长官上报祝太平击寇安邦之功，朝廷下诏让其赴建康（南京），许诺授官领奖，太平请辞不赴，朝廷授以"义英男"爵位。南朝著名文学家章华在《祝太尉传》中称赞"（太平）自间衔旧义，击寇奠安乡国，事闻于上，召赴授职，辞不赴，诏表以'义英男'[1]。何莫非（辂）公之精灵有以肇之，而其孙默有以体之耶"。

击寇安邦，廉洁奉公，功不受禄，这是梅泉祝氏之家风矣！

【注释】[1]义英男，不是实职，是爵位，爵位分"公、侯、伯、子、男"。

4. 教授祝太和公传

祝太和，字尧天，江山梅泉人，齐太尉祝辂公的次孙，郎峰祝氏十世祖。天资聪明，好学不倦，受到良好的家教。不轻出仕，在骑石山南麓的鹿云洞，慎修避世，设立私塾，招收子弟读书，与兄祝太平从教终身，乡党以美善相推。这是郎峰祝氏第一所私立学校，祝太和是第一批教师。祝氏家风就是崇尚读书，培养人才，奋起科甲。祝太和公是郎峰祝氏家规家训的践行者，为唐、宋祝氏名门望族打下基础。

5. 首创《祝氏宗谱》的祝度衡公传

祝度衡（554～604），字子平，号横渠，江山西山梅泉人。祝辂玄孙，祝寿昌之子，郎峰祝氏十二世祖。祝度衡之父祝寿昌（527～582），字眉永，号介庵。他性静情逸，天资聪明，博古通今，才略过人，当时朝政腐败，社会凋敝，经济萧条，国力日衰。祝寿昌目睹国君昏庸，社稷腐朽没落，虽得君子之知，却无心科举从政，从而闭门著述，著有《介庵野录》遗世。

祝度衡生性聪慧，业精儒术，尊祖敬宗，孝友兄弟。为了敬孝先世功德，首创了《祝氏宗谱》，记录祝氏自晋信安侯祝巡南迁衢州以来，追溯自山东兖州、信安、梅泉历代先祖生平与不朽业绩，累代图牒，教育子孙，以传后世。是江山乃至全国较早创建家族谱牒者。祝度衡还与祝桃根等一起，组织祝族宗亲，出资出力在梅泉建造了《祝氏宗祠》和《祝将军家庙》，以奉先祖乡国贤达，这个宗祠一直以来都是梅泉祝氏祭祖敬宗之地，也是子孙读书求学的地方。由于祝氏良好的家风，使得梅泉祝氏兴旺发达，人才辈出。造就了像祝其岱，祝钦明、祝克明父子这样的文豪、名臣，还有像祝太平、祝桃根、祝奢等将军这样文武兼优的人才。祝度衡为祝氏的宗谱奠基之功勋，值得祝氏后人称颂。

6. 开府仪同三司祝桃根公传

祝桃根，字伯芝，生于南朝陈太建九年（577），江山西山梅泉人，郎峰祝氏十六世祖。桃根公出生在武略世家，不仅通于经史，胸怀韬略，熟知兵法，善于用兵。北朝隋大业初以武选授千夫长。千夫长是武官名，其麾下有兵2500人，相当于现在的团长，屡升至校尉。桃根公随同都督柏懋征战四方。隋炀帝杨广史上被认为亡国之君，昏庸之君。其实他在中国历史上有辉煌的功绩。开凿大运河，从杭州到北京，直至今天还是世界上最长的人工河。为统一南北朝，平息杨谅发动十九州兵变之乱，平息了北部突厥几十万骑兵的叛乱。桃根公追随杨广左右，发挥他的战略才华，为巩固隋炀帝统一帝国南征北战，做出卓越贡献。特别是在平定蔡通仁、罗惠方的战斗中，他带的兵个个像猛虎，英勇善战，冲入敌阵，杀敌无数。"贾勇先登，论功居最。"都督柏懋向朝廷上疏报功，授桃根公"开府仪同三司"。仪同三司是官名，管开封府的刑法，相当于现在开封府的最高法院院长。《浙江通志》卷一百七十四武功栏目、《衢州府志》《江山县志》均载桃根公的事迹。

桃根公友亲睦族，尊祖敬宗，发动族亲，出资出力建造梅泉祝氏宗祠，以奉先祖贤达，建立梅泉书院，让族宗子弟入学读书，奋起科甲。妻子江氏荣赠夫人，生一子天畴，唐贞观七年（633）中进士，授官钦巡都道御史。卒后祝桃根与夫人江氏合葬于景星山（今老虎山）下云烟洞。神位入祠庙受地方崇祀（即乡贤祠），唐朝年间大南门外立有纪念祝桃根的大牌坊。江陵诗人刘埋《赠祝开府荣归》文曰：

> 开封亦已贵，东风鸣玉珂。
>
> 忧民心自远，平贼策功多。
>
> 姓名光史册，志气壮山河。
>
> 此日归何急，三衢有烂柯。

"忧民心自远，平贼策功多。"对老百姓的关心，为老百姓服务，精忠报国，对敌英勇善战"姓名光史册，志气壮山河"，值得郎峰祝氏后人弘扬。

第三节 唐朝（618～907）

1. 武烈将军祝奢公传

祝奢，字伯宗，生于隋开皇十六年（596），江山城区西山梅泉人，郎峰祝氏十六世祖。他继承先祖武略之家风，秉性刚健，骁勇善战，德配道义。隋朝末年，天下大乱，信安地区也深受乱军扰乱，老百姓苦不堪言。祝奢遂筹集粮饷，招募地方义勇，抵御乱军，组织自保，在乱世中保全了当时信安一方百姓的安宁。唐高宗李渊称帝，祝奢被朝廷授以兵马司。

唐武德年间，高祖李渊南征北战，统一了中国，为唐盛世创造了条件。但东海县丞李子通在浙江一带拥兵自立为帝，抗拒国家统一，祝奢随同当时镇守江浙的都统李大亮，率兵讨伐李子通，屡立战功。武德四年（621），李大亮领兵渡过长江攻打丹阳（今江苏丹阳），攻克丹阳后进军溧水。李子通率领数万兵马拒绝投降，顽强抵抗。李大亮命令祝奢领一千精兵，手持长刀长戟作为前锋，攻击在杭州的李子通残部，祝奢率兵拥入贼阵，左右劈杀。面对数十倍于己的敌人，英勇善战，毫不畏惧，取级无数，遍地敌尸，不幸马倦，被李子通部将擒获，李子通许以高官厚禄，金钱美女，想收买祝奢，替其买命。祝奢大义凛然，痛斥叛贼，祝奢曰："国家必须统一，老百姓要安定，李贼你放下武器，归顺大唐，才是唯一出路。"李贼残酷折磨祝奢，后被杀害，壮烈牺牲，精忠殉国，时年26岁。李大亮闻讯后，备奏唐皇疏报其功，唐高祖十分感动，赠以武烈将军，谥号"忠献"，并钦载灵柩回乡安葬，沿途驿站以最高礼仪接灵，赐以大夫的葬礼葬于景星山。为祀精忠报国烈士祝奢，朝廷出资在祝奢墓前建祠，额曰"忠烈祠"，每年仲秋上祀日，县令率佐行香礼祀，裔子孙于每年立春入祠祀之。子孙世袭衣襟，世代祭祀。封其夫人陈氏为怀德县君，每月支俸米一硕二斛，年给布帛十端，由须江县支给。至后邑人兴建东岳行宫。凿山展基改建"忠烈祠"，迄中唐以张睢阳也并祀其祠。

祝奢有一子祝宪，祝宪成年后以奢公的军功，荫授以杭军参议，以母孤苦无依，拜表辞职不仕。唐太宗李世民十分感动，批准祝宪的请辞，并题赞曰："父忠子孝，固得也，参议常禄以尔享之。"

江山诗人柴白岩《赞武烈将军祝奢公》，诗曰：

> 贼寇扰扰，疆场告惊。
>
> 惟公豪举，起义兴兵。
>
> 穷寇力追，身殒杭城。
>
> 朝廷铭勋，武烈是旌。
>
> 乡贤崇祀，万古风清。

2. 吴江县令祝如陵公传

祝如陵（609～705），字德若，享寿97岁，江山西山梅泉人，郎峰祝氏十四世祖。唐初中举，由秀才征仕，官为吴江县令。他在任期间，正是贞观大治时期。唐太宗李世民致力于社会经济的恢复和发展，他严肃法治，令行天下，执法如山，使得政和民康，社会环境和谐安定。

祝如陵是唐太宗政策法令的执行模范，他在吴江县令任职期间，为振兴吴江，励精图治，以身作则，清正廉明，大力促进社会和谐安定，狠抓地方经济发展。在如陵公治下，出现了牛马遍野，丰衣足食，夜不闭户，路不拾遗的太平繁荣的景象。当地百姓称赞公"德比甘棠"。

祝如陵夫妻治家严谨，教子有方，夫人高氏，克勤克俭，宜室宜家，育有两个儿子，长子祝其岩，是文人庠士。次子祝其岱，是唐明经，文学家，诗人，教育家。其两个孙子，长孙祝钦明任唐国子监祭酒，三品，次孙祝克明是郡马伯。朝廷赠祝如陵为朝列大夫，银青光禄大夫，如陵公重视修身养性，退休后，乐享天伦之乐，在梅泉秀丽的环境下，活到97岁高寿。

3. 三谏武则天让位的祝廷枚公传

祝廷枚，郎峰祝氏先祖，唐初在宫中任凤阁官员，即皇帝的秘书班子成员。他才华横溢，忠贞不渝，无私无畏，是个虎胆官员。在武则天自封女皇后，敢冒生命危险，三次直谏女皇武则天，劝其让位给儿子庐陵王李显。

谏书大意是：武皇陛下，你有卓越的治国才能，高宗上元元年（674），你提出的十二条治国意见书，是一个完整的治国方略，高宗采纳，颁布诏书全国推行，出现了我国三十年盛世。但中国传统，历来后宫不得干政。妇女应遵循三从四德，夫死从子，你理应扶助儿子李显上位治国。你废掉睿宗李旦和中宗李显，改国号为周，自己称皇，违背了正统和伦理道德。你已近七十高龄，劝你让位于庐陵王李显，恢复大唐正统，请你三思！

过了一段时间，祝廷枚未见女皇回音，又先后两次上书女皇劝其让位。三谏武则天让位，真是个不怕杀头的虎胆官员。武则天惜其才，赞其敢于直言，不但没治其罪，反而提拔重用。祝廷枚为维护国家正统，不但没有感激女皇，反而辞职返家，过着平民生活。祝廷枚不是不想做官，而一心只想恢复大唐的正统。

4. 牧州通判祝其垒公传

祝其垒，字台山，江山西山梅泉人。郎峰祝氏十五世祖。以孝廉举仕牧州通判，通判，官名，唐朝在各州设置，意思是共同处理政务。地位仅次于州刺史，但却掌握裁决权，有监察州官吏的实权，号称"监州"。宋代陆游曾任镇江通判；王安石曾任舒州通判。可见他的级别很高，权力之大。

其垒公处事严明惠爱，政简刑清。每一个案件判刑，他亲自深入调查研究，冤案当场释放。对受贿赂的官员，追究责任，对轻判不公的，重新裁决。人们称他为"铁面州判"。

5. 唐明经加封银青光禄大夫祝其岱公传

祝其岱（634～729），字东山，号台峰，世居江山西山梅泉，郎峰祝氏十五世祖。性静德迈，才达古今，青年中明经科，世称唐明经。通经史、擅诗文，文有卓识，诗无邪思，气浩词严，一扫当世污秽之习，为两浙诸生钦重，声名鹊起。衢州刺史周美爱其文才，荐于朝廷，授集贤院正字，东山公辞不赴职。他亲自教授两子四孙课读，长子祝钦明进士，五经博士，官至刑部、礼部尚书，国子监祭酒。次子祝克明，进士，被英国公徐敬业选为女婿，为郡马郎，督理扬州粮饷，参知军政事，后追赠太子少保。尚忠、尚质、尚邱、尚贤四孙也均显名于朝。东山公因此被封为银青光禄大夫。朝中士大夫荐其为内翰检讨，并州府催车上道，仍辞不赴任，避而藏于江郎山下脉岭。

嗣圣元年（684），东山公应江郎地方百姓的邀请，去江郎山下脉岭讲学。后又在江郎山创办"东山书院"，神龙年间，钦明公回梅泉省亲，寻父江郎山，为改善父亲简陋的办学和著述条件，在江郎山北峰新建了"江郎书院"和北塔，许多优秀人才来书院任教，祝氏子孙和周边学子纷纷来求学，自此东山公终身隐居江郎山。"江郎书院"历代为郎峰祝氏及江山周边培养了大量人才，曾因一榜登仕40余人。而名扬四海。从此郎峰祝氏人才辈出，成就了郎峰祝氏在江山名门望族，为唐宋做出了重要贡献。

东山公一生著作颇丰，《增补万福全书》由西域人赫巴作序，《江山快音》由诗仙李白作序，两部集著遗世。还有大量单篇诗赋遗世。

自东山公隐居江郎山以来，慕名结庐于此的后人有之，慕名来访的文人墨客众矣。诗词酬唱，书画讴歌，录咏江郎山胜景的更是不胜枚举，使江郎山这一自然赋予的奇观，添加了深厚的人文蕴涵。他的后代在江郎山下繁衍生息，名人辈出，创造了"满朝祝""阁老街"的神话。

开元十七年（729），东山公逝世，享年96岁，他的道德情操，留下的诗词歌赋，家语家训，与江郎山共存。正如宋代诗人沈九如《登江郎山怀古》文曰："记得东山遗迹在，书香远镇甲东南。"其文其人，为后世所敬仰。

6. 太封君[1]东山先生传

唐嗣圣二年·周美

东山封君之表姓祝，名其岱，号台峰。由明经不赴进士，以子贵，加封银青光禄大夫，实江郎之处士也，十五世祖。巡君，家世祝国，为晋散骑侍郎。辅帝渡河留守衢州，封信安侯，以署而家衢之南门。七世祖辂君，为萧齐殿中侍郎，封太尉，齐任奸权，匡救莫纳，退而隐，肇江阳之梅泉。皇考[2]讳如陵者，以诗书为业，太宗数招不起。

东山少年英敏通达，及长，经史明奥，文章焕然，为两浙诸生钦重，声名藉甚。余刺衢郡，奇其有国士之风，因荐诸朝，简授集贤正字。东山则葛衣乌巾来请相见，辞不赴职。余因留宾于署，以导鲁嗣[3]，日谈天下事，洒如也。既而，长子钦明登第，次子克明尚英公仪宾[4]，世以为荣，而东山容色自若。及二子职擢威显，弛封东山，然亦卒无喜色。余无以量东山之胸次矣。明年，朝士大夫荐东山内翰检讨，州府催车上道，东山避而藏诸江郎山泽。求之，终不可得。

未几，武后当国，易唐为周，余无能持危，亦显身野避。途适江阳，爱其山水，寓迹于彤坦。闻东山逸在江郎山传经后学，余以顾访之。东山野服依然未改也。噫！余之不及东山者远矣，东山之教余者多矣。问之不以仕进为喜，非教我耶？其不仕于事变未彰之前者，非我不及东山耶？至若文有卓识，诗无邪思，气浩词严，一扫当世芜秽之习，则艺能又其余事，然要[5]皆平日之所守者，然也。余既敬仰其人，因次其生平，以为之传。

——录自《须江郎峰祝氏世谱》卷十二

【作者】周美，字元善，淮右六安州（今安徽六安市）人，唐武德七年（624），出任济南新城令，相国杜如晦奇其才，贞观三年（629）荐升衢州刺史。贞观七年致政。因爱须江土沃民朴，山水佳胜，遂留家。乃江山五坦周氏始祖。

【注释】[1]封君，封建社会泛指有爵位或有封地的人。[2]皇考，皇帝对先皇的称呼。有时行文庄重，对父辈也有用皇考的，这里指东山的父亲。[3]鲁嗣，鲁，愚鲁，这里谦称自己的儿子。[4]仪宾，对宗室亲王，郡王之婿的统称。[5]要，要点，重要的。

7. 东山先生传

清同治十一年·王彬

先生唐高士也。讳其岱，号台峰，别号东山。世居江阳梅泉[1]。性闲静，淹贯[2]经史。弱冠选明经[3]，以文名，弟子自远至者甚众。刺史周公元善奇其才，力荐于朝，聘三至辞不就[4]。周公知其志不可夺，益相友善，并遗子从学。未几，武后当国[5]，周公亦引退，尤服先生之识。

当唐室盛时，山林隐逸，云兴霞蔚，而世慕先生盛名，亦以高爵厚禄相期许[6]，先生卉冠草服[7]，晏如也[8]。爱江郎峰山水奇秀，结庐其下，讲经谈道至耄期[9]不倦。亲见二子四孙皆贵显，尤征[10]积善之报。其后人以江郎峰为先生游咏[11]之地，卜[12]葬于其下。

迫明季多故[13]，及国初耿逆之变[14]，数十年兵戈蹂躏，墓始失。越二百年，先生裔孙附生[15]祝敬数辈稽诸家牒，求遗墓不得，与周姓构讼[16]不已，牍几盈尺[17]。岁壬申，余宰是邑，集两造于庭[18]，委曲[19]开导，为定地立碑建亭（此处原文有注，开明寺前右边离石磅五尺，离右墙脚四丈九尺），谳[20]乃定。

噫，先生往矣！先生之风固可与江郎并寿也，顾湮没久[21]，而微有以显，隐有以彰，莫或使之[22]，若或使之[23]，谓非先生之灏气精灵[24]自能流行乎天壤而罔澌灭，岂可得耶？时方修邑志，爱为之传，俾后之学者知邑中有此隐君子云[25]。

——录自清同治《江山县志》卷十一

【作者】王彬，福建闽县人。解元，清同治十年（1871）任江山县令，主持编修同治《江山县志》。

【注释】[1]梅泉，泉名，在江山城西。[2]淹贯，知识渊博并能融会贯通。[3]弱冠选明经，二十岁左右即科第"明经"，明经，科举的科目之一。[4]聘三至辞不就，征聘多次，坚辞而不接受。[5]武后当国，武则天执政。[6]期许，希望与答应。[7]卉冠草服，穿戴着用草编织的衣帽。卉，草的总称。[8]晏如也，无所谓的样子。[9]耄期，老年。[10]征，应验。[11]游咏，游和吟唱。[12]卜，择地。[13]迫明季多故，到明代末期国事多变。季，朝代之末。[14]耿逆之变，指康熙十三年，靖南王耿精忠于福建起兵数变。[15]附生，明清时期附学生员的简称，后来亦称"秀才"。[16]构讼，造成诉讼。[17]牍几盈尺，状纸累积有一尺多高。[18]集两造于庭，召集诉讼双方当事人到衙门。两造，诉讼双方当事人，即原告和被告，庭，公堂。[19]委曲，委婉。[20]谳，判案。[21]顾，顾惜。湮没，埋没。[22]莫或使之，恐怕没有人能使他这样。[23]若或使之，假如有人能使他这样。[24]灏气精灵，灵魂弥漫于天地之间。灏，广大，无边无际。精灵，指灵魂。罔斯灭，不消失。[25]隐君子，指隐居不出仕的。

【附录】《王彬谕志书局信》启者祝东山先生，系祝公钦明之封翁，墓在江郎山麓，于周文兴先生诗句证之。国初遭耿逆之变，墓始失。其后裔检家牒与周姓构讼多年，今秋谳乃定。弟钦东山先生行谊足以风世，允为立传，载入邑志。兹寄稿一纸，深陨谫陋，希方家正之，编入志稿。

8.唐祭酒祝钦明公传

祝钦明（656～728），字文仲，号月朗，江山西山梅泉人，郎峰祝氏十六世祖。祝东山的长子，自小从父读书，家教严格。钦明天资聪慧，天性纯粹，敏而好学，才藻高华，博通五经，尤专《诗》《易》，时称五经博士。馆宾京兆，受业广众，早年科举明经，唐弘道元年（683）第进士，入朝供职。初授翰林纂修官。中宗李显为东宫太子时，长安元年（701），累迁太子率更令，兼崇文馆学士。中宗在春官，钦明兼充侍读。神龙元年（705）中宗李显即位。钦明擢拜国子祭酒，同中书门下三品，位同宰相。加位银青光禄大夫，历任刑部、礼部二尚书，兼修国史，仍旧知政事，累封鲁国公、食封三百户。神龙三年（707），中宗将亲祀南郊，钦明与国子司业郭山恽二人奏言皇后亦合助祭。为御史中丞萧至忠所劾，贬中州刺史。后入为国子祭酒。后属婚，上食禁中，中宗与群臣设宴庆贺，钦明自言能"八风舞"，帝许之。钦明体肥胖，摇头晃目，左右顾眄，帝大笑。景云初，侍御史倪若水劾奏，贬钦明为饶州刺史。

钦明是个作风正派，从政廉洁，长期与奸臣武三思，来俊臣不投合，被萧圣忠、倪若水所陷害。卒后宰相姚崇上疏为祝钦明平反。

神龙年间，钦明回江山梅泉省亲，寻父到江郎山"东山书院"，为改善父亲简陋的办学条件，在江郎山北峰下新建了"江郎书院"和北塔。他在《建江郎书院题记》诗曰：

书院从今特地开，上方秀气入楼台。

培成丹桂三千树，定有香风自后来。

建成书院奉严亲，安养亲年未老身。

"江郎书院"历代为郎峰祝氏及江山周边培养了大量人才。从此郎峰祝氏人才辈出，成就了郎峰祝氏在江山名门望族，为唐宋朝廷做出了重要贡献。

钦明生于唐显庆元年（656）丙辰正月二十一日，卒于唐开元十六年（728）七月初九，时夏，就墓饶城南郊。妻蔡氏卒于开元十二年（724）五月十八日，享年59岁，葬在廿八都相亭山下，追祭酒公同墓。生二子尚忠、尚质。尚忠在饶州，继父职，尚质在相亭守墓，为相亭派始祖。副室邓氏，系京都人，侍任之饶州。

9. 唐书中祝钦明资料

（1）《旧唐书》列传第一百三十九下，祝钦明，雍州始平人也。少通五经，兼涉众史百家之说。举明经。长安元年（701），累迁太子率更令，兼崇文馆学士。中宗在春官，钦明兼充侍读。二年，迁太子少保。中宗即位，以侍读之故，擢拜国子祭酒、同中书门下三品，加位银青光禄大夫，历刑部、礼部二尚书。兼修国史，仍旧知政事，累封鲁国公，食封三百户。寻以匡总日，为御史中丞萧志忠所劾，贬授申州刺史。久之，入为国子祭酒。

景龙三年（709），中宗将亲祀南郊，钦明与国子司业郭山恽二人奏言皇后亦合助祭。遂建议曰：（从略）

景云初，侍御史倪若水劾奏钦明及郭山恽曰："钦明等本自腐儒，素无操行，崇班列爵，实为叨忝，而涓尘莫效，谄佞为能。遂使曲台之礼，圆邱之制，百王故事，一朝坠失。所谓乱常改作，希旨病君，人之不才，遂至于此。今圣明驭历，贤良入用，惟兹小人，犹在朝列。臣请并从黜放，以肃周行。"于是左授钦明饶州刺史，后入为崇文馆学士，寻卒。

（2）《新唐书》列传第三十四：祝钦明，字文思，京兆始平人。父緤，字叔良，少通经，颇著书质诸家疑义：门人张后胤既显宦，荐于朝，诏对策高第，终无极尉。

钦明擢明经，为东台典议。永淳，无授间，又中英才杰出，业奥六经，兼崇文馆学士。中宗复位，擢国子祭酒、同中书门下三品。进礼部尚书，封鲁国公，食实封户三百。桓彦范、崔玄、袁恕已、敬晖等皆从受《周官》大义，朝廷尊之。以匡亲忌日，为御史中丞萧至忠所劾，贬申州刺史。入为国子祭酒。

景龙三年（709），中宗将亲祀南郊，钦明与国子司业郭山恽二人奏言皇后亦合助祭。遂建议曰：（从略）

初、后属婚，上食禁中，帝与群臣宴，钦明自言能"八风舞"，帝许之。钦明体肥丑，据地摇头晃目，左右顾眄，帝大笑。史部侍郎卢藏用叹曰："是举五经扫地矣！"景云初，侍御史倪若水劾奏："钦明，山恽等腐儒无行，以谄乱常改作，百王所传，一朝坠放。今圣德中兴，不宜使小人在朝，请撤离远之，以肃具臣。"乃贬钦明饶州刺史，山恽括州刺史。钦明于五经为该淹，自见坐不孝免，无以澡被，乃阿附韦氏，图再用，又坐是见逐，诸儒共羞之。后徙洪州都督，入为崇文馆学士，卒。

（编者评论）：祝钦明官至国子祭酒，刑部、礼部二尚书，同中书门下三品，位同宰相。久居要职，受武则天专制思想的影响，女人可以参政，建议祭祖皇后助祭。多么大胆又先进的建议，为封建男权思想捅了猛拳。正如名相姚崇所评价："钦明敏而好学，才藻高华，经术通明，尤专《诗》《易》。臣尝历观其所遣文集诗赋，实媲蔡邕而上掩陈寿，亦所以阐扬圣化，为国之华，未必非偏长之可取者也。况稽其生平历职，屡有治声，所举奏章言公法正，非有迎逢媚说之情。"多么崇高而公正的评价。

钦明是郎峰祝氏的骄傲，是执行郎峰祝氏家规家训的典范。廉洁从政，敢于同奸臣说不，堂堂正正做人，踏踏实实做事。才华出众，为国之华。

附：唐朝名相姚崇的江郎山之行

姚崇（651～721），本名元崇，字元之，陕州硖石（今河南陕县）人。执政武周、睿宗、玄宗三朝，与房玄龄、杜如晦、宋璟并称唐朝四大贤相，被毛泽东主席称作"大政治家、唯物论者"。

公元698年（武则天圣历元年），姚崇升任同凤阁鸾台平章事，成为宰相。公元710年（景云元年），唐睿宗继位，姚崇被征召回朝，担任兵部尚书、同中书门下三品，再次为相。公元713年（开元元年），唐玄宗李隆基发动先天政变，姚崇被任命为兵部尚书、同中书门下三品，三度为相。

公元705至710年间，唐中宗复位，姚崇被外放亳、越、常、宋等州任职。公元706年，姚崇任越州都督，时衢州之须江县属江南道越州都督府管辖，然而仍属越州的偏远之地，姚崇也一直不能亲临巡访，一次偶然的机会姚崇来到须江县，并登上了江郎山，从而让这位历史名人和江郎山结下缘分。

公元701年，姚崇任武则天朝宰相时，有须江人祝钦明担任太子李显的率更令兼崇文馆学士，负责辅导李显的学业。公元705年，武则天因神龙政变退位，李显复位为唐中宗，前朝宰相姚崇被贬，而祝钦明则被中宗提升为国子祭酒，授同中书门下三品，为事实宰相。

《旧唐书·祝钦明传》记载，公元706年，御史中丞萧至忠弹劾祝钦明为逃避服丧而隐瞒亲人死讯，有违孝道，祝钦明因此被贬为申州刺史。

这段简短的记载背后隐藏着一个惊人的秘密：祝钦明父亲祝东山，唐初宿儒，因逃避武则天征召隐居江郎山。祖父祝如陵，曾任吴江县令。祝钦明之弟祝克明，为英国公徐敬业女婿，参与了徐敬业领导的反对武则天的扬州叛乱，兵败而亡。祝钦明怕被牵连，一直隐瞒自己的真实家世，直到武则天死后。

公元706年三月，祝钦明祖父祝如陵去世，得知中宗复位、钦明为相，祝东山千里传书告知钦明，触动游子思乡之情，终于向同僚透露了自己真实身世。八月御史中丞萧至忠借此参了钦明一本，说钦明隐瞒祖父去世消息，逃避服丧。朝廷上下由此得知祝钦明真正家世，惊叹不已。中宗不忍重罚祝钦明，贬其为申州刺史，祝钦明借上任之机顺道告假还乡，服丧省亲。

祝钦明回乡探亲，从东都洛阳走隋运河至钱塘，再溯钱塘江而上至须江。路经越州都督府拜访了姚崇，姚崇尽地主之谊和故交之情陪同祝钦明回乡省亲。

姚崇和祝钦明长途跋涉，累经舟车劳顿之苦，终于来到治下的须江县，登上江郎山，见到了祝东山老先生，一番攀谈，为祝老先生赋诗一首：

> 东山野筑太无情，独看三峰自削成。
>
> 遁踪不嫌云路远，孤骞直傍斗牛横。
>
> 太阴结雾高难屈，日色还临岫转明。
>
> 到此已深巢父志，身余何用绊浮名。

姚崇在祝钦明父子陪同下游玩了江郎山，因公务繁忙，少住几日即拜别祝钦明父子家人。在江郎山的几日，姚崇与祝氏家人结下了深厚友谊。姚崇感慨钦明的思乡之情，念及与钦明的知己友情，联想自己家乡附近的林虑山王相岩传说，欣然写下一首《送祝祭酒回乡》表达离别之情：

> 林虑双童长不食，江郎仙子梦还家。
>
> 安得此身生羽翼，与君来往醉烟霞。

王相岩传说讲的是商王武丁和贤相傅说的故事，武丁少年时遵父命在林虑山一带劳作，遇到身为奴隶的傅说成为知音，武丁为王时，为排除众人的反对，故意昏睡三年，不言不食，假借先王托梦，成功启用傅说为相，成就"武丁中兴"的历史功绩。姚崇用这个传说隐喻中宗和祝钦明的君臣之谊，以及自己与祝钦明的同样的人生际遇，最是贴切。离别之时，诗人希望自己能生出双翼，经常和知音往来，同醉于江郎山烟霞之间，不舍之情表达得淋漓尽致。

姚崇也因江郎山之行与祝钦明及家人结下深厚友谊。公元710年祝钦明被贬饶州刺史，718年死于任上，姚崇特地上书唐玄宗，陈表祝钦明生前的功绩才华和正直为人，请求恢复了祝钦明生前爵位。公元715年，姚崇政事稍暇，探访太学时特地看望待召的祝钦明侄子祝尚邱，并为尚邱之父祝克明作传，褒扬祝克明不畏强权、取功报国的赤胆忠心，殷殷之情溢于言表。

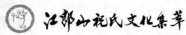
——录自《衢州报》

10. 太子少保祝克明公传

祝克明（659~678），字德仲，号月清，江山西山梅泉人，郎峰祝氏十六世祖，祝东山公的次子。早年从父口授以得其奥，耳濡目染，加之天资聪颖，精通五经，兼明韬略，勤练武功，六艺精全，是一个难得的文武全才。后游学扬州，与英国公徐敬业之子交好，引荐英国公。此时，英国公正设台武试取材，邀克明一试身手，克明骑、射、刀、钺无一不精，出类拔萃，英姿飒爽。英国公看后大悦，留克明于身边，并以长女相许。第二年克明和英国公之子同登科第。英国公向高宗皇帝请旨赐婚。仪凤三年（678）十一月，唐高宗诏赐克明与英国公长女完婚，封郡主为淑德郡主，封克明为太子少保郡马伯，督理扬州粮饷，参知军政事。并赐龙凤冠各一顶，紫锦袍各一件，以表宗室之谊。

嗣圣元年（684）三月，武则天废中宗李显为庐陵王，自僭帝位。七月英国公徐敬业在扬州起兵讨伐武则天，由浙江义乌籍文学家骆宾王起草著名的《讨武曌檄》，克明作为英国公女婿，督理扬州粮饷，自然参与其中。克明自知事危，乃事先与英国公商讨，将淑德郡主与两个年幼的儿子尚邱、尚贤送归江山梅泉老家，归里养亲，也好万一事败免受牵连。英国公檄各路诸侯起兵勤王。克明公乃先争领军誓以功报国，不幸失利，而英国公生命涂炭，克明和英国公之子保守家眷，残骑投奔山东博州刺史琅琊王兴兵讨武，因事仓促，未获成功，悉同殉国。垂拱三年（687）殉于山东，年仅29岁。公元705年，武则天病故，中宗复位，覃封昔日遇难之臣，褒赠仪宾克明为太子少保，封其原配为淑德郡主，其长子祝尚邱入太学伴读诸王，以待选用。尚贤应制举授西安教谕。

11. 仪宾月清公传

唐开元三年·姚崇

仪宾，英国公徐敬业之婿也。姓祝，名克明，字德仲，号月清，衢州须江人。父东山讳其岱，以子贵，驰封银青光禄大夫。兄月朗讳钦明，第进士，官国子祭酒。

仪宾学通五经，兼明韬略，从父东山公口授，以得其奥旨。及长，游学扬州，就英公武试，骑骁豪杰，气象凌逸，英国公爱之，遂妻以女，请诏完婚。封崇安郡马，督理扬州粮饷，知军国政事。仪宾睹武后擅政，度事必危，遂请假于英国公，以郡主与其子尚邱、尚贤归里养亲。亡何[1]，上辱房州[2]，英公檄诸，发兵勤王。仪宾乃争先领军，誓以取功报国。不幸失利，英国公涂炭，仪宾残骑投铺琅琊王[3]，期于秉钺兴复。志未遂，而身殉矣。及先帝复御皇极，覃赠避难诸臣，褒赠仪宾为太子少保，封其之配为淑德郡主。以其长子尚邱入太学，伴读诸王，以待选用。此亦仪宾忠诚之食报也。

余谬叨阁侍，政举稍暇，偶游太学，视诸子读法，讯及尚邱，追言仪宾事迹，不能无所感也。爰著为传，以为后之事君者鉴。

——录自《须江郎峰祝氏世谱》卷十二

【作者】姚崇（651~721），陕州硖石人，本名元崇，改名元之，后又避开元讳，改名崇。武后时，官阁侍郎。睿宗时为宰相，后贬职，玄宗立，复为相。

【注释】[1]亡何，即无何，不久。[2]上辱房州，上；皇上，指唐中宗李显，公元684年，武则天贬李显为庐陵王，出京居房州。[3]琅琊王，即李冲，唐太宗孙，时任博州（今属山东）刺史。

12. 淑德郡主传

淑德郡主，扬州刺史英国公徐敬业长女，克明游学扬州，与李公子声气相投，引见英国公徐敬业，公甚嘉爱之，留馆贰室，明年与李公子同登科第。英国公武试，骑骁豪杰，气象凌逸，英国公遂妻以女，请诏完婚。在扬州生二子，长子祝尚邱，次子祝尚贤。克明追随岳父起兵讨伐武则天，于公元684年将淑德郡主和两个儿子送回老家江山梅泉。在伐武则天时，英国公和克明双亡，淑德郡主强忍父夫死难带来悲痛，含辛茹苦，勤操家务，上侍老祖，下扶两幼子。26岁开始守寡，55年单守空房。她不恃尊贵，不尚华饰，矜持名节。琴棋书画，歌舞诗赋，样样都能。特别善诗，她仅遗世两首诗，足以见她的文采，才女之气质。淑德郡主七古《教子诗》文曰：

> 我本世胄深宫质，下嫁祝门妇道执。
>
> 汝父从戎干戈戢，命我避难江郎入。
>
> 下抚双雏时训饬，上侍老祖年九十。
>
> 念汝生父丧原隰，生死茫茫不相及。
>
> 人生励志应早立，汝宜经史勤时习。
>
> 莫负我身亲炊汲，汝父汝祖各饮泣。

此诗被各版《江山县志》收入艺文篇。至今读这首诗印象深刻，内涵丰富。"人生励志应早立，汝宜经史勤时习。"多么先进的教育思想，多么殷切对子女的期望。

另一首五言绝句《种兰咏》，诗文曰：

> 素有念芳志，移兰植象床。
>
> 灵根生嫩笔，笔笔吐清香。

寥寥数语，把她的高尚情操，辛勤劳作，热爱自然，高雅的气质，表现得淋漓尽致。淑德郡主怀念丈夫，建造《仪宾第》别墅。才女淑德郡主，是郎峰祝氏媳妇的典范，永远值得后代怀念。

13. 太学博士祝尚邱公传

祝尚邱（682~744），字时中，号景参，江山江郎脉岭人。东山公之孙，克明的长子，郎峰祝氏十七世祖。尚邱出生在扬州，克明追随英国公徐敬业起兵讨伐武则天，自知事危，公元684年将妻子淑德郡主和两个儿子尚邱、尚贤送回江山。万一事败免受牵连。当年尚邱三岁，尚贤一岁。外公徐敬业讨伐武则天兵败被杀，父亲克明投奔山东博州刺史琅琊王李冲，公元687年，克明与李冲起兵伐武王，未获成功身亡。

尚邱生而英俊，聪明伶俐，自小在《义方馆》读书，受祖父指画口授，在严格的家教下成长，通经史、善诗赋、博古今，遂成为大儒。制举官至太学博士，即在太学任教授。

中宗李显登上帝位，即立韦氏为皇后，韦后是一个有野心的女人，幻想有朝一日当女皇，韦后的女儿安乐公主也想当女皇，母女商量毒死中宗，登上皇位。安乐公主为皇太女，可以继皇位。利用光禄少卿杨均，准备一桌御宴，晚上与中宗一醉方休，中宗喝醉了，杨均夹一块有毒的烤饼给皇上，以解酒醉，中宗吃了中毒身亡。第二天，宫中传出中宗李显暴病身亡。引起李氏皇室的震惊，其中一个文武全才的李隆基认定韦后所为。李隆基联合御林军武官葛福顺、陈玄礼，还有挚友刘幽求、钟绍京、太子伴读祝尚邱，商议除掉韦后。其中祝尚邱建议，要向御林军官兵讲清韦后的罪行，将韦后的死党一网打尽，不留后患。在夜间进行宫廷政变，减少影响。全按尚邱策划行事。尚邱策划诛韦后有功，却没有被重用，辞职回江山阁老街。

尚邱公回江郎山后，在江郎书院任教，作诗吟赋，服侍孝敬祖父祝东山和母亲淑德郡主，建造了仪宾第和尚邱别墅，为纪念祖父祝东山、伯父钦明、父亲克明，在祖父东山读书处改建成行乐祠，安放他们的牌位祭祀。并扩充江郎山家业。

江丈人将孙女嫁给尚邱为妻，并将江氏在脉岭的花园作陪嫁。江氏生一男一女，男祝史杰，女祝淑爱。尚邱公元744年卒，享年62岁。唐宋八大家之首韩愈为尚邱写墓志。唐代著名诗人李商隐在《太学博士尚邱公赞》文曰：

> 诗礼趋庭，志高行卓。
>
> 祖训聪听，奋身国学。
>
> 唐祚再世，军机辩驳。
>
> 潜虑密谋，破舣断朴。
>
> 是惟祝公，为能先觉。

14. 西安教谕祝尚贤公传

祝尚贤，字用中，江山江郎脉岭人。东山公之孙，克明的次子，郎峰祝氏十七世祖。尚贤出生在扬州，公元684年父克明追随英国公起兵讨伐武则天，将淑德郡主和两个儿子尚邱、尚贤送回江山，当时尚贤一岁。由淑德郡主亲抚养成长，及长，就读义方馆，在江郎书院深造成才。尚贤精通经史，文学充足，斐然成章。

由应制举授西安教谕。教谕是官名，主持文庙祭祀，宣扬儒家经典和皇帝的训诫、教诲和管束所属政府官员的言行。西安是唐朝的京都，唐朝可谓中国历史上处于鼎盛时期，这种繁荣昌盛不仅仅表现在政治、经济方面，还表现在文化、科技等方面。到唐玄宗时期，文化的发展蔚为壮观，极度繁荣，驰名国外，"声教所及，唯唐为大"，"万国欢心、四夷钦化"。在诗歌方面尤为顶峰，"诗仙"李白，"诗圣"杜甫，还有白居易、李商隐、杜牧、李贺、孟浩然、王昌龄等，他们的诗歌佳作，代代传诵，流传万古。祝尚贤能西安立足，宣扬儒学经典，全凭他极高的文学才华，精辟的文学见解，极高的诗词造诣，不可能任几十年教谕。

离职后，尚贤不留在江山，而落户信安（衢州），整修祖居，重培先祖墓地，睦旧族而家，当今衢州祝氏相当一部分是尚贤公的后裔。

15. 巡都道御史祝天畴公传

祝天畴，字雨村，江山西山梅泉人，郎峰祝氏十七世祖。天资聪慧，精经史，善诗文，唐贞观七年（633）第进士。授官巡都道御史，是在京都西安的御史，御史不参与行政，专管监察、执法。祝天畴是一个严毅耿介，独正名节，作风正派，不会奉承拍马。

按照唐朝初后宫的制度，有所谓"四夫人""九嫔""二十七世妇""八十一御妻"的编制，也就是说，除皇后外，皇帝还有121位妾侍。后宫中还有上千个没有名号的宫女。这些后宫的美女，她们有父母、兄弟姐妹，都是皇亲国戚，不少人在京都为非作歹，欺民霸道，是京都的祸患。执法者很难处之。祝天畴是一个重名节的御史，纵然有犯者，必正法治之。治后有放出来，更加凶残。天畴缺乏硬的社会背景，只好辞职回家。却毫无眷恋权势之意，终日读书为乐。

祝天畴之妻程氏赠夫人，生一子名祝宏德，和谦谨慎，由廉举仕武林尉，清正廉明，深受百姓的好评。

16. 参议祝宪公传

祝宪，字观成，江山西山梅泉人，郎峰祝氏十七世祖。祝宪是武烈将军祝奢之子，父在杭城与叛贼李子通作战时，壮烈殉国。当年祝宪年仅八岁，军部授祝宪为杭军参议官职，参议是一虚职，没有实事，挂职领薪。母亲商氏明大义之人，叫祝宪辞职，理由是年幼，离不开母亲。军部批示："父忠子孝，固难得也。"郎峰祝氏的家风是诚信，不受虚职，不领不应得之薪。

商氏含辛茹苦将儿子抚养成人，祝宪娶妻后不幸亡故。祝宪生于唐武德元年（618），终于贞观十一年（637），年仅19岁，其夫人生一遗腹子祝遐年。

17. 慈善家祝义举公传

祝义举，字君起，唐武烈将军祝奢的曾孙，江山西山梅泉人，郎峰祝氏十九世祖。祝义举谦虚好学，心地善良，乐善好施。父诚实勤劳，善经营家业，母亲占氏仁爱有加，善于居室，勤俭持家，精打细算。家境渐渐富裕。义举富裕后，想帮助乡里，让他们不受冻挨饿。在西塘巷口，建造一个能贮藏千硕的粮仓。在青黄不接时救济荒民。每年以千硕发放，借者不记账，秋后还本。无还者亦不问取，还时不量数。

每年十一月朔日，清查库存，凑足1000硕，来年青黄不接继续开仓借粮，周而复始，年年如此，岁岁不变。这样义赈三四十年从未间断，隔壁邻县也有借者，沾惠者咸以善人嘉之。受惠佐赈者，上报官府，旌表朝请郎，三次表为朝请郎。君卒后，在千硕仓房，建造张仙祠，为君起公祀嗣，并塑君起公像于祠中，表示永不忘怀。

君起公卒后，继侄县尉祝燕喜，辞职将家从相亭迁江山梅泉，继义举公之志。同君起儿子祝大纲一道，继承义举。迄宋仓废，浮屠（僧侣）往来其间，僧侣杰峰，叩梅泉祝氏合族之门，募仓场并张仙祠为梵刹（即佛寺），赐额曰"海会寺"。僧侣另外在海会寺右额造龛，曰"表义祠"。注木主曰"大护法"。额"施善士祝君起祀于其间"。祠成，迎君起公牌位安放其间。祝族后裔募得土名道塘等处田50亩，入寺令僧收租，以资寺僧及昼夜香火开销。每年正月初四，裔孙前往祭祀。

君起公乐善好施的慈善义举，以善为荣，以善为乐的精神，值得郎峰祝氏后人永远纪念。

18.谱学家祝亮工公传

祝亮工（750～782），字惟臣，号栎齐，江山阁老街人，郎峰祝氏二十世祖。从小酷爱读书，精通经史，文学底蕴深厚，是江郎书院的高才生。他性格温和，不图仕进，重孝行义举，追远报本。在江郎山原东山书院（现江郎山开明寺）改建成祝氏宗祠，以奉祀郎峰始祖东山公、国子祭酒钦明公、崇安郡马伯克明公、太学博士尚邱公及历代先祖。并舍田20亩入祠，作宗祠每年香灯之资。

他仔细研究从一世祖祝巡自鲁迁衢至迁江郎（300～780），近500年20余世的历代祖牒，决定在隋朝初创祝氏谱牒的基础上，撰修一部比较完整的《郎峰祝氏宗谱》。他认为入祠祭祀先祖宣读祭文，后辈子孙直呼先祖名讳，既大不敬，也非古天子宗庙之礼制。经过深思熟虑，亮工决定尊宗法世系，编成聊书数语于首，追立字辈、编列行次，以序昭穆。从郎峰始祖东山公开始追立字辈为："积善有余庆，蕃昌远日兴，纲常惟忠孝，诗书振家声，礼乐隆光世，一世一字辈。"每代都设立排行，一个字辈中有许多人，以出生年、月、日、时辰的早迟，用数字书写排行，早者排前，迟者往后。如祝钦明、祝克明兄弟为善字辈，排行分别为善一、善二。后代遵而行之，无尊卑之分，不失亲疏之意，虽属疏远万殊，原于一本。亮工以创立这种宗谱编修的新方法，完成《郎峰祝氏宗谱》第二次编纂工作。

这样使近500年来祝氏历代先祖，世系昭然若揭，昭穆一清二楚。祭祀先祖宣读祭文只需读先祖字辈排行，这样既避免了后辈子孙直呼先祖名讳大不敬，也解决了每年宗祠祭祖时，人多官多，排序混乱的不合理现象。亮工公虽然只活了33岁，他在郎峰祝氏的家史上，却留下不可磨灭的功绩。

我国历代家谱编修，大多数遵循苏欧的家谱理论格式，认为世系、字辈、排行是宋代苏洵、欧阳修在1050年前后初创的，而郎峰祝氏二十世祖祝亮工，在唐建中元年（780）二修《郎峰祝氏宗谱》时就创立了这种家谱格式。中国的历史是名人的历史，欧阳修、苏东坡是政治家、文学家。而祝亮工既无名且早逝，故他的历史功绩只能湮没在历史的尘埃里。《郎峰祝氏宗谱》中留存有欧阳修为祝氏写的三篇诗文，其中第十卷有一篇是欧阳修为祝亮工题的像赞：

> 匿迹江郎，承祖栖遁。
>
> 泉石可娱，晨游息偃。
>
> 笑傲烟霞，登山陟巘。
>
> 手辑宗谱，穷原反本。
>
> 身外无求，萧然自远。

19. 虞、杨、江三氏三代贞节传

江郎山下脉岭，传颂着一堂三代贞节的佳话。太学博士祝尚邱之子史杰，娶虞氏为妻，是同里儒士敬素公之女，性静和顺，生二子，长子祝绍元，次子祝绍宗。祝史杰36岁早逝，虞氏比丈夫大一岁，37岁守寡。长子祝绍元科第出身，官为山西寿阳县令。绍元希望母亲虞氏到寿阳和他们一起过着丰衣足食，无忧无虑的生活，虞氏说没有出过远门，寿阳离家几千里之遥，不愿离开故土。在家与次子祝绍宗一起生活。

祝绍宗娶杨氏为妻，是虹桥指挥使植公之女，为人通达，能持家，生二子，长子祝亮工，次子祝浩工。亮工是江郎书院的高才生，精通文学，满腹文章，热心公益善事，是我国最早的谱学实践家之一。浩工胸怀韬略，熟知兵法，授江南兵马司都督将军，钦镇徽州，卒与任，葬祁门，子袭其职籍其邑而守之。天有不测风云，人有生老病死。绍宗29岁去世，杨氏和绍宗同龄，杨氏29岁守寡。

祝亮工娶江氏为妻，生一子祝志僖。灾难又一次降临他们家，祝亮工33岁病故，江氏30岁守寡。

祝氏之家，六代之传，三世之寡，唯一血脉祝志僖贤能孝顺，使她们晚年很幸福，她们贞节而终，外面无闲言。寒冬知松柏之青翠，守寡是封建社会伦理道德，在那个社会，她们是榜样，立牌坊而祀之，名人大家以诗吊之。

附：

读杨孺人三代劲节传感而吊之
范仲淹

宦后萧条事若何，朱门冷寂雪霜多。

一丛篱菊枝先萎，千古岩松节靡他。

膝下孩提心保护，堂前姑老鬓婆娑。

平生孝行难言尽，肠断今朝薤露歌。

读江孺人三代劲节传感而追吊

赵师旦

江郎山高高到天，江郎祝氏多名贤。

祝氏六世子好逑，求则得之江叔媛。

未几良人早易箦，附一孤雏励冰雪。

于今世代传芳节，节坚贞比江郎石。

20. 虞、杨、江三代劲节列传

商京

祝氏肇基脉岭，四传而生史杰，太学博士尚邱公之子也。娶虞氏，同里儒士敬素公之女。性静德和，生二子，长绍元，次绍宗，并雏而杰蚤逝。虞氏竭力守志，上承老姑，下抚二子。其事姑也，则为孝子，其诲子也，则为兹父卒。成其长子科第出身，官寿阳令。虞之任就养，虞示之曰："吾守此身，未出闺门之近，况千里之远哉。但原汝心存恬淡，毋壤家法，毋损国典，则余之受养为已多矣！"虞氏既不之寿阳，惟次子绍宗承欢膝下。绍宗娶杨氏，虹桥指挥植公之媛，幼明闺则通达大义，生亮工、浩工二子。

未几，绍宗亦蚤逝，杨嗣姑徽音，事姑惟礼教子，以义其次子浩工，喜韬略，娴技勇，随侍外祖，卫驾出猎，会天子，见其英毅，特授殿前校尉，出镇徽州，卒籍祁门。长子亮工，家居承母膝下，同事祖母一堂二寡。不轻赴宴，不重衣饰，俭于中馈，妇孝姑，慈乡间，化之俗为一变。亮工娶江氏，生一子志僖，僖在褓褓中，而亮工又卒。

且值时势流离，兵燹洊至。江竭力保孤，垂死者数次卒，自全其节难后清贫。织作供食，每嘱其子曰："汝勿自轻其身，康王有所作。祝氏六世之传，三代之寡，唯尔点血，须终身以心斯言，须臾不忘可也。"子志僖亦能立身，惟谨以成母志，卒为乡邦善士。孔子云："岁寒然后知松柏之后凋也，此微独君子然也。"妇人亦有焉，以祝门三世阃德之贤，以相其夫子，宜可以致无穷之福，而祝氏与有光矣。奈何其父子俱相继夭折，而使三妇茹荼苦节以延兹一线，不亦可悲也。虽然苟夫夭折流离，亦何以显三妇之操，况艰于前者，未必不裕于后。祝氏之后，或未可量也。余于虞也见其和而介，于杨也见其俭以光，至江而烈尤凛然，恐后世湮没而不传也，因考之著乎，简编为三代劲节传。

21. 孝子祝志僖暨三子孝友列传

祝志僖，字锡之，江山江郎脉岭人，郎峰祝氏二十一世祖，志僖是祝亮工之子。志僖幼时丧父，由母亲抚养成人。江氏30岁失去丈夫亮工，江氏给人家缝衣做鞋，以织作供全家衣食，上有婆婆和祖母，下有幼儿志僖，担子落在她一个人身上。她告诫儿子说："你不能忘记，你祖六世之传，三代之寡，惟你单传。你要争气，不要辜负娘一片期盼，你父在九天看着你，不要泯灭他在天之灵。"隔壁邻居闻之，掉下动情眼泪。

志僖十分争气，性行醇谨，辛勤劳作，好礼乐善，家贫竭力承欢，从不言愁。精打细算，家境渐宽裕，对三位老人爱之有加，使她们衣食无忧，孝顺老人终老，其疾病则请医生把脉医治，药汤必亲口尝之。曾祖母虞氏终唐兴元元年（784），享寿81岁。志僖哀痛之诚，心如刀割，并以丰礼而葬。祖母杨氏终于唐元和三年（808），享寿81岁。志僖悲痛欲绝，恨日月易老，以礼丰厚而葬。母亲江氏，终于唐元和十一年（816），享寿65岁。丧母对志僖来说，如同天塌，悲伤成瘠骨，三年未见齿牙，没有开口笑过，守墓三年尽孝。乡里称其纯孝，欲报于官以孝子表彰之。志僖哀谢不报，孝顺是儿女职责，我做得还很不够，无须表也。

志僖生四子，长子祝彰，次子祝显，三子祝明，四子祝昌。四子都以父亲为榜样，以孝为先，以礼待人，以义交友，勤劳朴素，品德高尚。长子祝彰，主持家政，对父母百般孝顺，使他们衣食无忧，寸丝不入私室，关爱弟弟。次子祝显，敬兄如父，与人交往温和正直，对父母关心备至，问寒问暖。三子祝明，博览群书，知天文识地理，游学潮州与韩愈交友，韩愈为唐宋八大家之首，十分欣赏祝明才华，称之三衢名宿之首。

郎峰祝氏崇尚百善孝为先，志僖的家史告诉我们，家贫并不可怕，只要孝礼为先，持家勤俭，家族一定能兴旺起来。

22. 孝子祝锡之暨三子孝友列传

吕求仲

孝子名志僖，字锡之，祝姓，江郎脉岭人。性行醇谨，好礼乐善，家贫竭力承欢。于母及祖母，曾祖母三代孺慈之，膝怡然色，养甘旨不匮于供，竞业守身，尝凛发肤之毁，其养生也，则爱日不已。其疾病也，则药必亲尝。及各以天年终，哀痛之诚，怛然如割。母丧，尤笃挚毁瘠骨，立三年未尝见齿，惟恨日月易迈。迫于礼制之有终焉耳，乡国称其纯孝，欲报于官以表之，锡之哀谢，谓子职之，常无可表也。生三子，长彰、次显、幼明。锡之教子必以义方，故其三子皆能成德。长子彰，字彩文，为父后掌家政，寸丝不入私室，笃爱于弟。次显，字亮文，敬兄如父，而与人尤温和正直。幼明，字耀文，秉资纯粹，博极群书，闭户潜修，训侄犹子，俗人心书愚目之，而君子以为其愚不可及也。嗟乎！以锡之之父，子兄弟，而获见用于朝，则移孝作忠，移顺事长风化，所被恺仅一人一行之善，顾世当叔季，草莽终身竞使善，勿克彰德不及著悲夫。

虽然，天亲豫顺欢洽一堂，已极人间乐事。虽超然高举遁宽屏，无闷亦不足为憾也。视彼乘权藉势凌人，傲物内鲜渊睦之，谊外多刻薄之行者，其为贤不肖，又何如哉。予适临江山闻其孝友，不禁修寸楮，以为传之。

【作者】吕求仲，南宋建炎年间，江山县令，从事郎。

23. 都督将军祝浩工公传

祝浩工，字殿臣，江山江郎脉岭人，郎峰祝氏二十世祖。父亲祝绍宗是一个博古通今的诗人，可惜英年早逝。浩工在江郎书院读书，通经史，精韬略，练武功。唐大历十年（775），招天下武士讨伐叛贼田承嗣。信安（衢州）刺史列册征试，浩工文武都优，授信义校尉，唐贞元三年（787）在作战中，浩工领导的部队屡战屡胜，功拜江南兵马司都督将军，镇守安徽徽州，卒于任职，由子袭其职。葬在徽州。

祝浩工已是都督将军了，应有钱有势，非也。浩工的母亲杨氏，在江山老家过着贫穷的生活，靠孙子祝志僖辛勤劳作，勤俭节约，勉强维持生活，没有得到将军儿子的资助。浩工是一个逆子，非也。浩工也曾请母亲去徽州，同他一起生活，但母亲杨氏知道儿子是领军打仗，生死未卜，并且她也不愿出远门。浩工清廉从政，也有妻儿，负担不轻，也不富裕。这就是郎峰祝氏的穷将军，只有精忠报国之情，没有贪腐之意，清清白白为官。

24. 宣德郎祝大纲公传

祝大纲，字维三，江山西山梅泉人，郎峰祝氏二十世祖。是慈善家祝义举的儿子，有其父必有其子，父亲的榜样是儿子的力量。大纲气禀清明，性格和顺，由秀才举仕，他辞去官职，觉得自己太年轻，不足以能为民办事，建议推荐贤者，回乡服侍父母。除了继承家业，捐出积蓄的资金，建义学，置义田，开药局，修桥铺路等等，并建造许多散仓贮藏春夏冬三季的赈灾粮。江山县令闻之，赠宣德郎。感惠者集资建祠祀之。

父子同属义士、慈善家，这是盛唐时期的社会缩影，只有国家强，家才会富裕，富了才能做慈善。当然，富而不仁的也有，但是郎峰祝氏家规家训，为富不仁子弟必受训斥，受家法的惩治。善者必受表扬奖励。

25. 三衢名宿之首祝明公传

祝明，字耀文，号季峰，江山江郎脉岭人，郎峰祝氏廿二世祖。义士祝志僖之三子。攻读江郎书院，知天文识地理，博学多才，贯通易理，被韩愈称为三衢名宿之首。

祝明游学潮州时，与潮州刺史韩愈为挚友，应邀为祝明高曾祖祝尚邱撰写墓志。韩愈是唐宋文学八大家之首，他十分称赞祝明的才华，两人论经赋诗，十分投缘。韩愈欲推荐于朝，祝明委婉辞之。

祝明回家闭门读书，教子训侄，人称书呆子，以为愚不可及也。父子兄弟，个个才华出众，仁慈孝义，地方官推荐于朝，授予官职，他们都谢绝任仕。则移忠于孝，行善事义举，改变社会风气。以一人一行之善，改变唐逐渐衰败局面，草莽终身，竟使以善。衢州诗人徐可求赞曰：

纯学进修，不至于谷。写志芸窗，潜身岩谷。

游学潮阳，昌黎刮目。伊人何欤？江郎姓祝。

26. 知州祝伯和公传

祝伯和，字昆友，江山脉岭人，郎峰祝氏廿二世祖。从小在义方馆接受启蒙教育，在江郎书院，攻通经史，学习韬略，由茂才举选江宁令，后升常州知州。知州，是官名。是唐代朝廷派各州的地方行政长官。权知（主持）州事，兼掌军事，简称"知州"，既主持州行政事务，又主持军事事务，军政一把抓，为正五品。宋范仲淹曾任杭州知州，苏轼曾任扬州知州，陆游曾任严州知州。可见祝伯和公职位也不低。常州是唐代经济发达地区，政治和军事重要州府。伯和公清正惠民，廉洁奉公，抓生产发展，促社会安定，是武则天专政时期，百姓最安居乐业的州治之一。

27. 唐著名高僧祝惟宽公传

祝惟宽，衢州信安人（今衢江区）。祝尚贤玄孙，郎峰祝氏先祖。13岁时，见杀生者，即杀动物者，尽然不忍视，恻然避之，也不忍食肉类。乃求出家做和尚，开始吃素、戒律，后参加佛寺活动，乃学得佛教的内涵，佛教的真谛。

唐贞元六年（790），开始在吴越间化缘，在各寺院参加佛事活动。贞元八年（792），到江西鄱阳，山神庙求受八戒。元贞十三年（797），进嵩山少林寺诵经，练习少林武术，学习少林医术。贞元二十一年（806），惟宽作为有功德之僧进入卫国寺，明年施功德于天宫寺。唐元和四年（809），唐宪宗皇帝李纯诏见祝惟宽于安国寺，对他的佛教理论和造诣表示敬佩，鼓励他继续努力。公元810年，问道于麟德殿。当年回到衢州杜泽明果禅寺，佛身坐化。

当年惟宽63岁，葬于灞陵西原。诏谥曰"大彻禅师"，塔号元和正真。惟宽公从事佛师30年，众度佛民百千万，看病治疗授药不计其数。每来问道者，有问必答。对答如流。门弟子殆千余人。与诗人白居易交往深矣，成为挚友，白居易还为祝惟宽写传记。

28. 西京兴善寺传法堂碑铭

唐·白居易

王城离域有佛寺，号兴善，寺之次也，有僧舍名传法堂。先是，大彻禅师晏居于是寺，说法于是堂，因名焉。

有问师之名迹，曰：号惟宽，姓祝氏，衢州信安人。祖曰安，父曰皎。生十三岁出家，二十四具戒，僧腊三十九，报年六十三终兴善寺，葬灞陵西原，诏谥曰"大彻禅师"，元和正真之塔云。

有问师之传授，曰：释迦如来欲涅槃时，以正法密印付摩诃迦叶，传至马鸣，又十二叶传至师子比邱，及二十四叶传至佛驮先那，先那传圆觉达摩，达摩传大弘可，可传锐智璨，璨传大医信传，传圆满忍，忍传无鉴能，是为六祖。能传南岳让，让传洪州道一，一谥曰"大寂"，寂即师之师。贯而次之，其传授可知矣。

有问师之道属，曰：由四祖以降，虽嗣正法，有家嫡而支派者，犹大宗小宗焉。以世族譬之，即师与西堂藏、甘泉贤，勒潭海，百岩晖，俱父事大寂，若兄弟然。章敬澄若从父兄弟，经山钦若从祖兄弟，鹤林素、华严寂若伯叔然，当山忠，东京会若伯叔祖，嵩山秀、牛头融若曾祖伯叔，推而序之，其道属可知矣。

有问师之化缘，曰：师为童男时，见杀生者恻然不忍食，退而发出家心，遂求落发于僧昙，受尸罗于僧崇，学毗尼于僧如，证大乘法于天台止观，成最上乘道于大寂道一，贞元六年（790），始行于闽越间，岁余而回心政服者百数。七年，驯猛虎于会稽，作滕家道场。八年与山神受八戒于鄱阳，作回向道场。十三年感非人于少林寺。二十一年作有为功德于卫国寺。明年施无为功德于天宫寺。元和四年（809），宪宗章武皇帝召见于安国寺。五年问法于麟德殿，其年复灵泉于不空三藏池。十二年二月晦，大说法于是堂，说讫就化。其化缘云尔。

有问师之心要，曰：师行禅演法垂三十年，度白黑众殆百千万，应病授药，安可以一说，尽其心要乎？然居易为赞善大夫时，尝四指师四问道。第一问云："既曰禅师，何故说法？"师曰："无上菩提者，被于身为律，说于口为法，行于心为禅。应用有三，其实一也。如江湖河汉，在处立名，名虽不一，水性无二。律即是法，法不离禅，云何于中妄起分别？"第二问云："既无分别，何以修心？"师曰："心本无损伤，云何要修理？无论垢与净，一切勿起念。"第三问云："垢即不可念，净无念可乎？"师曰："如人眼睛上，一物不可住，金屑虽珍贵，在眼亦为病。"第四问云："无修无念，亦何异于凡夫耶？"师曰："凡夫无明，二乘执著，离此二病，是名贞修。贞修者，不得勤，不得妄。勤即近执著，妄即落无明。"其心要云尔。

师之徒殆千余，达者三十九人，其入室受道者有义崇，有圆镜，以先师常辱与予言，知子尝醍醐嗅詹卜者有日矣，师既殁后，予出守南宾郡，远托撰述，迨今而成。呜呼！斯文岂直起师教，慰门弟子心哉！抑且志吾受然灯记，记灵山会于将来世，故其文不避繁。铭曰：

> 佛以一印付迦叶，
> 至师五十有九叶，
> 故名师堂为传法。

——选自白居易《白氏长庆集》卷四十一

29. 唐高僧祝文质公传

祝文质，僧名释文质，俗姓祝氏。尚贤之裔孙。衢州信安人，郎峰祝氏先祖。其叔为祝惟宽，是唐高僧，学通多本经论，惟宽被诏入长安正大兴善寺，重诏入内道场，兼请受菩萨戒。文质随叔惟宽入兴善寺，15岁诵法华、华严、维摩等经，23岁受戒，七日诵周戒本，二夏便讲分律，27岁讲通俱备，40年中精晓诸大经论，是一个得道高僧。后约束大悲禹迹二禅师参问心要，即博览经书，经学渊博，归诸暨法乐寺领徒。由于文质讲经通俗易懂，听法者数以千万。后往永嘉县钟会昌寺之传经，隐居乐成县大芙蓉山。太守韦君累请不出，强置于揭出州开元寺居。建造大佛殿并讲堂房廊形像。并写藏教，无不备焉。越州廉使沈贰卿命住后山院，本宁贲禅师旧化之地，文质公唯居草庵而止。咸通二年（861）十月十四日逝世，十五日端坐而化，享年84岁，从事佛教62年，肉身藏于云谷塔，越州刺史段式为其写行录。

30. 大司马祝纪德公传

祝纪德（849～897），字仁山，江山江郎脉岭人。郎峰祝氏二十四世祖。在江郎书院攻读，英贯韬略，精于兵法，屡官大司马，谥"献武"。唐僖宗即位不久，咸通十四年（873），河南、山东一带水旱灾害严重。乾符元年（874）底，私盐贩濮州（河南范县）人，王仙芝领导农民几千人，在长垣（河南长垣）起义，自称"天补均平大将军兼海内诸豪都统"。公元875年六月，王仙芝率领起义军，攻下濮州、郓州（山东东平）、曹州（山东曹县）等地。王仙芝幻想弄个官当，派人与唐王朝讨价还价。由于王仙芝的叛变行为，引起起义军内部大多数人的不满，军心涣散。

纪德公奉命钦同大将曾元裕，领军讨贼王仙芝，维护唐帝国安危。纪德公熟知兵法，在湖北黄梅岭伏击王仙芝部。黄梅岭地势险峻，森林茂盛，适合打伏击战。王仙芝部进入伏击圈时，顿时杀声震天，唐军像猛虎下山，起义军乱成一团，王仙芝被杀死，全歼了王仙芝起义军。

纪德公报捷安民，功拜征讨副将，兼督理粮饷。乾符五年（878），纪德公奉命镇守信州（江西上饶），军纪严明，受军民的拥护，镇守三年无失。中和元年（881），僖宗诏天下武装部队，讨伐贼寇黄巢，以保国安。出征前，诸军在长安阅兵比武，评出优胜之师。纪德公带领的军队，军纪严明，步伐整齐，英气俊烈，威武凛凛，操演胜出。僖宗赠翎羽宝剑，加官统前营兵马上将军。征讨寇乱，屡战屡胜，保以国安。景福元年（892）领兵马镇守寿州（安徽寿县）。功封纪德公为大司马，谥"献武"，当朝一品。入寿州名宦。乾宁四年（897）逝世，享年50岁。寿州军民建祠庙祀之。诗人杨复光写《谒祝献武公祠》七律诗颂之：

> 濮贼干戈未少停，碣山辟盗复闻腥。
>
> 黄梅岭上军声壮，白刃场中杀气冥。
>
> 南北两淮无片土，寿春一郡有藩屏。
>
> 千秋献武遗祠庙，此日何人效武灵。

这首诗充分讴歌纪德公的军事才华，精忠报国的情操。"军声壮"和"杀气冥"。说明纪德公的部队杀敌气壮山河，战无不胜。同时，也歌颂了纪德公，治军严明，品德高尚。两淮无片土，没有私利和贪污；一郡有藩屏，只留下寿州民安太平的屏障。

第四节 五代（907～960）

1. 南阳令祝联芳公

祝联芳，字季庭，号思九，江山江郎人，郎峰祝氏二十五世祖。才优德高，由乡贡第进士，历官南阳令。庄宗李存勖建立后唐，使混乱的北方地区得以统一。但此时外有梁军强敌，内有隐忧，民心浮动，军心不稳。唯有河南南阳县在祝联芳迁宰斯土，端严俊伟，使该县咸和，安居乐业，兵民安于内，贼寇畏于外，生产发展，社会安定，南阳人爱之如父母。正是一派政通人和，泽被生民。

由于劳累过度，疾卒于南阳署任，百姓咸哀，如丧父母。后唐战事频繁，中兴干戈，道路不通，祝联芳灵柩无法回归故里，葬于城南之南班山之阴，墓地地势开阔，其山则遥映以峥嵘，其水则近环而潆洄，其壤坦平，其宅锦密。

祝联芳配柴氏，生二子，长子祝滉，武尉将军；次子祝涧，慈善家。

2. 武烈将军祝永福公传

祝永福，字介兹，江山江郎人，郎峰祝氏二十五世祖。由武略选任信安（衢州）协镇校尉，因镇守无失，功拜徐州府仪同三司，在镇守徐州，战胜贼寇，军功升武康将军。调驻边防陕西邠州，协镇邠州所属郡县。

后晋高祖石敬瑭是契丹首领耶律德光扶植起来的"儿皇帝"，称契丹首领耶律德光是"父皇帝"。每年向契丹供20万金帛。从中原到契丹，一年到头满载玩好珍异，金银珠宝的车辆络绎不绝，后晋国库殚竭。并且连年水旱和蝗虫灾害接连不断。黄河在滑州（河南）决口，东泻千里，百姓扶老携幼逃难。

灾难生盗贼，各州盗贼兴风作浪。永福公所在的邠州各郡县治安恶化。永福公领兵幽州剿匪，阵战数十会合，盗守不出，围而攻之。但军队断炊，后晋又不发运军粮。永福公鼓励官兵挖野菜，坚持围剿盗贼。战斗中永福，战死沙场。后晋开运三年（946），诏赠武烈将军。葬邠州城南郊。妻陶氏荣赠夫人，生三子，长子祝上携，特封怀安伯；次子祝上撵；三次祝上操授徽州（安徽）留守司。

3. 义官祝远承和他的三子贵、富、华公传

祝远承，字子烈，号武祚，江山江郎人，郎峰祝氏二十五世祖。江山是五代吴越国的治域，社会安定。远承公是一个慈善家，他是大司马纪德公的儿子，家庭比较富裕。远承公性情温淳，行为峻洁，慷慨乐施。赴京考进士未第，回乡边持家边着手慈善事业。凡乡里邻居孤寡，娶不上老婆，怕绝后，远承公则助金钱，让光棍成家。有的家里穷，死了人无钱安葬者，远承公则捐资以葬之，落土为安。春夏之接，青黄不接，远

承公开仓接济贫困户以粮，不索票据，秋收后有者则还本，无者不取，免之。冬天施以棉衣、棉被。路上乞讨者亦给粮食、衣被。行善30多年如一日，从不间断，州县官员闻之，欲荐于朝廷任职，远承公已逝去，终于后晋天福五年（940），享年63岁。江山令钦赠义官。配吴氏，赠孺人，生三子，长子祝贵、次子祝富、三子祝华。

远承公的三个儿子，对父亲的善行义举看在眼里，记在心上，为亲的义官之额而自豪，决心以父为榜样，做一个对社会、对家族有用的人。贵、富、华都是江郎书院的高才生，文学功底深厚，能诗善文，平时穿儒服，见人作揖问候，彬彬有礼。他们不图仕进，因此不去参加科考。

在义方馆塾校当教授。增添课桌，增加书籍，自己修理校舍。凡是祝族子弟，不管贫富，都动员来校学习，一心一意，培养人才。他们不收学费，不拿工资。费用由祝氏义学和义田中支付。他们教育的学生，个个勤奋好学，知书达理，不少人中秀才，第进士，在朝廷任职。宰相吕蒙正，赴闽巡视时，访问过义方馆，写下《义方馆记》《题义方馆》两篇遗作，一个名相，文学大家，都对三位教师惊叹不已，可见他们的教学水平之高。录吕蒙正《题义方馆》贵、富、华公教子之所，诗曰：

> 偶来脉岭下，望见数椽屋。
>
> 入屋见童冠，方知家有塾。
>
> 塾名义方馆，主人家姓祝。
>
> 主人出相见，三昆如韫玉。
>
> 童冠尽超卓，纯学不志谷。
>
> 凤至河图出，冈非瑚琏属。

4. 义官祝远承公传

甘楷

义官姓祝，名远承，字子烈，号武祚，衢州江邑之郎峰人，大司马献武公之季子也。情性温淳，行谊峻洁，慷慨乐施。与楷赴京试，道出江获与交焉。胡深悉其生平，怜人之懦，恤人之穷，不以物为已有，不以善而自伐。凡乡党邻里之孤寡，则以周急，恐后有世将绝，而不能娶者，则助金以娶。无所归而莫殡者，则捐资以葬。递年春夏之交，启廪假贷，不索票约，秋天有还则收，无偿不取。冬月施棉以衣乡之寒者，即行道乞人亦无不蒙惠，力行至三十余年矣。州县高其谊方欲荐之于朝，而义士却尘长往。

乡之老幼顿是哀泣，如丧考妣，乃册录其义，举报邑侯，详闻，旌赠宜德义官，以表其生平好义之绩。楷适以老致仕念公子之信义，不惮迂涂以访故人，则已惜别经年矣。悲慕无既缘。述公子所行之大义，以副后世为祝义官传云。

5. 推官祝远继公传

祝远继，字子志，号纯菴庵，江山江郎人，郎峰祝氏二十五世祖。五代后梁，由明经登唐光化二年（899）授太常博士。太常博士是官名，掌管祀乐社稷宗庙礼仪。设太常寺，相当于现在民政部。后迁钦州、钦州推官。推官、官名，唐代节度使、观察使、团结使、防御史之属官。五代时期，各州、府设置推官，专管一府的刑狱，俗称刑厅。祝远继为官正派，执法严厉，办事公正，不为权贵所挠，不为奸臣所蠹。民情得伸，民冤得诉，土豪得惩。百姓为远继歌功颂德，亳州百姓称远继"民之泰山"，百姓的依靠，入钦州名宦。

其妻谢氏荣赠宜人，生二子，长子佳福，次子佳禄。佳禄为太医院院判。佳福承母命带弟去看父亲时，弟佳禄路途被贼寇劫走，佳福在地上求哭两天一夜，口流鲜血，贼寇被感动，放了佳禄。这是兄弟情深谊重一段少年时的故事。

6. 郡马伯祝附凤公传

祝附凤，江山江郎人，郎峰祝氏二十六世祖。从小精灵，作赋吟诗皆韵事，静气迎人。父亲是后唐守洛阳的将军。附凤在太学就读，精于诗文，能歌善舞，琴棋书画，样样精通，一表人才。唐王十分喜欢附凤，就将王姬许配给他。

祝附凤荣宗耀祖，但五代十国是中国历史上的乱世，宫内弄权互斗，腐败不堪；时局不稳，附凤上诏同郡主归家完婚。并经洛阳军营内，拜见父亲，请示回家，王姬跟随附凤，同见父亲，将军十分喜欢，表示祝贺，同意他们回老家。军营不许久留，与王姬历经千辛万苦，回到江山，办完婚事，在江郎书院吟诗作赋，教授后学。

宋名相范仲淹作《调寄醇江月·赞附凤公》词曰：

江郎凝秀，正灵钟，豪杰附凤尤绝。作赋岭诗皆韵事，静气迎人怡悦。从父入宫，德王欢喜，许绾姻缘结。王姬下嫁，恩荣辉耀门阑。

待看势宦弄权，诏同郡主归家劲节。省父洛阳军营内，未可久停车辙。父能尽忠，子能守孝，满腔苌宏[1]血。而今播笃，垂绅龙帔凤缬。

【注释】[1]苌宏：周室之忠臣也。

7. 太医院院判祝佳禄公传

祝佳禄，字若慎，江山江郎人，郎峰祝氏二十六世祖。敦孝道事，兄如父亲，在江郎书院攻读儒学，并研究医术，精通古代医书。游学松江，得知五代吴越国秦驸马延公，调理养病，药汤不见效。佳禄为驸马博脉治病，开具药方调理，吃药后见效快，秦驸马恢复元气，入宫处理政事，秦驸马将佳禄公提拔为太医院院判，为皇宫君臣，姬妃调养治病，他医术高明，特别疑难杂症，有独到见解的医疗手段。个个隆礼以敬之。院判相当于太医院副院长级，为正五品官员待遇。佳禄公成为吴越国的名医。

8. 延平刺史祝嘉璞公传

祝嘉璞，字上玉，江山西山梅泉人，郎峰祝氏二十六世祖。嘉璞从小聪慧，上进好学，由乡荐出仕，任福建延平（南平）刺史。他任职期间，正处在五代十国，八姓十三君的混乱年代。战乱频繁，天灾人祸，民不聊生。但嘉璞在延平任职时，政治清明，关心百姓疾苦，社会安定。他提出了一系列发展生产，改善民生，压缩开支，倡导官仕清廉从政，严惩贪污官吏。当地民风淳朴，百姓支持刺史的措施。在国家混乱中，延平却风平浪静，人民安居乐业，是世外桃源。嘉璞还建义学，置义田，热心选拔优秀人才，推荐于朝。

嘉璞在延平刺史任上十多年，告老还乡时，仅带一仆，肩负一包袱，包袱中几件旧衣服和书，还有路上吃的干粮。一仆一包，就是他全部家产，一生的财富。真正是一身正气，两袖清风。官仕和百姓沿街设宴饯行，涕泣如雨挽留，嘉璞鞠躬致谢，叶落归根。延平人民在郡城建祠祀之，立碑刻石颂其德。他的清廉从政的精神激励祝氏后人，写楹联一对颂之：

上联：两袖清风无愧百姓公仆本色　　下联：一身正气堪为祝氏后代楷模

横批：厚德长存

9. 德州同知祝荣公传

祝荣，字华甫，江山江郎人，郎峰祝氏二十六世祖。祝荣由明经任德州同知。同知，官名，辽开始同知州事，每府或州设同知一员。为知府、知州的佐官，分掌督粮、捕盗、海防、江防、水利等事，分驻指定地点，后来政权厅一级的长官亦称为同知，为正五品官。祝荣严以律己，宽以驭民。他领导的义军纪律严明，盗贼畏之，社会安定。兴修水利，发展粮食生产。他在德州同知十多年，告老还乡时，沿途百姓饯行送别，涕泣如雨，载德不忘。其妻席氏荣封宜人，生一子祖昱。

祖昱公进京读国学，与诸官员交往，无阿无媚，不刚不柔，考满后任上舍郎。

10. 洞庭校尉祝上援公传

祝上援，字公应，江山江郎人，郎峰祝氏二十六世祖。由秀才举任太平县主簿。主簿，官名，汉代开始设置，主管文书、印鉴的官吏，助理官之首。参与机要，是县令的助理。上援公佐政不阿，办事公正，廉洁从政。调升为洞庭湖水口盘诘校尉。校尉是军职之称，略次于将军，随职务冠以名号。盘诘校尉，就是盘查、处理洞庭湖水上纠纷。上援公在处理水上案件中，公正执法。如湖霸强要渔民缴保护费，上援公对渔霸严厉打击，保护渔民。得到渔民的尊敬。有的渔民送鱼送物，他都一一谢绝，他说："朝廷派我执法，自己违法，对不起朝廷法度，对不起自己的良心。"上援妻子荣封宜人，生二子，长子岳年，提督军门，次子嵩年。

11. 中尉祝以诚公传

祝以诚，又名世善，字释如，江山江郎人，郎峰祝氏二十六世祖。以诚在江郎书院读书时，文学精纯，精研兵法。五代后周第进士，周世宗柴荣皇帝设琼林宴，为第进士者庆贺，诏开府府尹王朴陪宴。王朴见以诚公貌端庄，一表人才，彬彬有礼。在交谈中见以诚公知识渊博，精于韬略，就钦以诚留在王府，授官中尉，任京都侍御指挥使，相当于现在北京卫戍司令。并将女儿许配以诚公，周世宗敕诏完婚。敕曰："尔少女年逾二十，礼宜有家，而侍御使祝世善年将三十，亦宜有室，今联钦为作伐，赐谕匹偶。"

以诚治军严厉，守京无失。周世宗柴荣南征北战，突然患重病，英年早逝。由赵匡胤掌握军权，建立北宋。祝以诚谢职，带着妻儿落户湖北江陵，王氏荣赠恭人，生二子，长子祝惟精，次子祝惟礼，在江陵繁衍生息，成为郎峰祝氏外迁一个支派。

12. 主簿祝有斐公传

祝有斐，字君德，江山江郎人，郎峰祝氏二十六世祖。吴越国建德（浙江建德）主簿。有斐由秀才举仕，在江郎书院就读，才学兼优。主簿是县里主管文书和印鉴，乃助理官员之首，参与机要，总领县事。有斐在建德工作卓有成效，深受县令的信任和百姓的爱戴，就落户建德南门，繁衍生息。

直至元朝至元初年，有斐的后裔祝锡祺，在福建任监察御史，升为浙江巡按，路过江山，亲往郎峰祝氏大宗祠祭祀，认祖归宗，载入世谱，以示不忘。

13. 提督军门祝岳年公传

祝岳年，字若山，江山江郎人，郎峰祝氏二十七世祖。是洞庭校尉祝上援的长子。岳年继承家父的武功，在江郎书院边读书边习武，智勇兼备，由武秀才举仕秦州都理，州里的武官，相当于府军区司令。由于治军严厉，军纪严谨。升为潼关都阃府，都阃是军官名，守护潼关的将军，潼关是边防要塞，兵家必争之地，如果潼关失守，直接威胁京都长安。岳年治军有方，军纪如山，军队战斗力很强，驻守潼关无失，提升为提督军门。提督军门，武官名，提督就是领导和监督之通称，为地方的高级军官，从一品。岳年公精于箭术，百步穿杨，百发百中，征战沙场，大显军威，为官兵所服之。绩登金殿，受到皇帝的诏见。

江山诗人黄大谋以《蝶恋花·赞》诵之，词曰：

精通武艺世罕见，征聘朝廷预备亲征战。效命沙场穿杨箭，表功论绩登金殿。

英气凛凛膺宠眷，提督军门诏诰题黄绢。仕宦归来荣郡县，良材共美邦家彦。

14. 都阃将军祝有年公传

祝有年，字如龄，江山江郎人，郎峰祝氏二十七世祖。在江郎书院读书，文学和韬略兼优。有年公和驸马伯延年公是兄弟，两人都在后汉任职。因战事多，有危险，有年公被安贞公主辇归江山。有年公听说弟弟延年带兵进攻后周郭威，恢复汉政权，就带兵驰骋京都，策勇助阵。经过宣州，受到盗寇袭击，被迫应战。这时后周郭威领军消灭这股盗寇，两军夹击，很快歼灭盗寇。郭威邀请有年公到军营叙情，授有年公为都阃将军。

有年公告诉郭威，听说弟弟恢复后汉政权，带兵进攻后周郭威。郭威告诉有年，我就是后周皇帝郭威，你弟弟被禁在后宫，很安全，郭威允许兄弟相聚，第二年有年公向郭威请辞，与延年和安贞公主三人同时回江山，在江郎山下阁老街，建造驸马府，他们兄弟都住在驸马府内，和谐安逸地度过晚年。

15. 作者祝万年公传

祝万年，字鲁眉，江山江郎人，郎峰祝氏二十七世祖。万年是江郎书院高才生，勤奋好学，博览群书，特别嗜古唐诗。唐代是我国古典诗歌发展的全盛时期，是我国文学宝库中的一颗灿烂的明珠，唐代诗人特别多，如李白、杜甫、白居易、李商隐、杜牧、李贺、孟浩然、王昌龄等许多著名诗人。这些诗人和诗作，有的揭露了社会的阴暗面，歌颂正义战争，抒发爱国思想；有的描绘祖国山河的秀丽多娇；还有抒写个人的抱负和遭遇，诉说朋友欢聚和离别，人生的悲欢。

万年公闭门精心研究唐诗，经过多年的努力，著有《唐诗讲义》遗世，此书备注了唐代著名诗歌的作者简历、时代背景，诗句的注释，诗篇的特点，对于学习、研究唐诗起了很大的作用。

16. 安世驸马伯祝延年公传

祝延年，字长龄，江山江郎人，郎峰祝氏二十七世祖。气冠英豪，才备韬略，熟知兵法，游学河北邰州。结识天雄军节度使郭威，两人常议攻略。祝延年建议破贼申言为上策，然后班师征讨上为嘉纳。郭威赐公为制置将军。随郭威三战皆捷，诛贼景云。

后晋开运四年（947），郭威和延年帮助后晋将领刘知远建立了后汉政权，班师回朝。开封张灯结彩，一派节日欢庆景象。高祖刘知远宴请郭威、延年于京城五凤楼。李氏皇后见延年貌相丰神，知书达理，用兵如神，将太子刘承祐长女婚配延年，郭威主婚于武英殿，公元948年太子刘承祐登基，称为隐帝，年号为乾祐。封长女为安贞公主，延年为安世驸马伯，这是郎峰祝氏唯一被皇帝招为女婿的驸马伯。诏封延年公督理武安军务，同平章事，知国政事，位同宰相。延年公与郭威、史宏肇等有功之臣，秉忠协理朝政。郭威任枢密院副使，掌控军权。乾祐三年（950），郭威领重兵坐镇河北，任邺都（今大名）留守和天雄军节度使。隐帝刘承祐觉察郭威、史宏肇有奸弄朝政，有坏党纲野心。忽诏延年诛戮郭威、史宏肇等有功之臣。延年再三叩请，力谏保免，不要用兵，以和为贵。

郭威在邺都闻知，怒举兵进攻开封。延年领军御战，被郭威生擒，因知驸马伯忠良，认为侄婿，不杀延年。隐帝刘承祐被部下杀害，将士拥郭威做皇帝，改国号为周，史称后周。延年被软禁在后宫，弟有年来访，郭威获准兄弟相会。公元951年，延年携安贞公主，弟有年回到江山，在阁老街建造驸马府别墅，并有后花园，与元配虞氏、安贞公主一起生活，虞氏生一子，名衍昌，三岁时，虞氏得病去世，由安贞公主养大，安贞公主未育。

宋端拱二年（989）七月初六延年公逝世，享年61岁。葬廿八都相亭寺，安贞公主居中，驸马伯居左，夫人虞氏居右，三人同墓。

关于驸马伯祝延年公的一生，江山籍诗人，吏部尚书毛恺赞曰：

> 逐鹿中原，夺帜建功。
> 英雄五代，齐全汉朝。

17. 安贞公主传

安贞公主，刘氏，是后汉隐帝刘承祐的长女。貌若天仙，知书达理，才华横溢。后汉李氏皇后亲自许配给祝延年为妻，由后周太祖郭威主婚。公元951年同丈夫一起回江山，生活在阁老街驸马府，安贞公主虽身份高贵，没有嫌弃延年公前妻虞氏，却亲如姐妹，共同持家。她衣着简朴，不尚华丽，不尚装饰，没有公主之傲气。一生没有生育，虞氏生一子，名衍昌，三岁时，虞氏得病去世。由安贞公主抚养成人。

安贞公主对衍昌像亲生儿子一样，疼爱有加。在安贞公主的精心抚养和教育下，衍昌博览群书，精于韬略，熟知兵法，成长为指挥千军万马的武略将军，镇守福建汀州、漳州、泉州，政通人和，深得民心。为报恩安贞公主，衍昌守墓祭祀三年，置田供奉。

安贞公主是知书达理的女性，她虽出身高贵，严守封建社会女性伦理道德，所谓三从四德，三从：即未嫁从父，既嫁从夫，夫死从子；四德，即孝、悌、忠、信。没有因出身高贵，而嫌忌虞氏，没有因不是亲子，而放弃对衍昌的教育。她以女性特有的品质，勤俭持家，和睦相处，育子成才。

18. 武略将军祝衍昌公传

祝衍昌，字帝文，江山江郎人，郎峰祝氏二十八世祖。驸马伯祝延年的儿子，生母虞氏早逝，三岁时由安贞公主抚育。安贞公主是一个知书达理的女性，把衍生当作亲生儿子，给予无微不至的关爱，耐心细致的照顾，良好品德的教育，使衍昌成长为才兼文武，忠肝义胆，名扬千秋的国家栋梁。

祝衍昌长大后，像生母一样孝顺，竭力报答安贞公主养育之恩，安贞公主卒后，衍昌守墓三年尽孝，并置田供奉。宋太宗为统一中国，派大将吴容率军入闽，征讨叛贼，到江山仙霞关时，受到吴越国守闽军队的顽强抵抗，莫能越。吴容私访民间，得知驸马伯延年公的儿子祝衍昌，精于韬略，熟知兵法，又熟识仙霞关一带地形，如今在相亭寺守墓。决定邀请他带兵，突破仙霞关之险。吴容说："你是驸马伯的儿子，才兼文武，请你统帅宋军入闽，统一国家。"衍昌公认为天下将治，国家应该统一，精忠报国是郎峰祝氏的家训。同意统率宋军入闽，他绕道仙霞关，插入吴越国守兵后面，突然出击，势如破竹，平定闽省，功拜武略将军。镇守汀州、漳州、泉州、甘州诸地。在衍昌的治理下，各州政通人和，社会安定，肃清匪患，生产发展，兵民都颂衍昌公的功德。后告老回家养老，终于宋大中祥符元年（1008），享年53岁，入忠孝祠。

南宋诗人刘基《调寄风入松·赞衍昌公》，词曰：

干旌孑孑叩松关，访贤来此间。茅庐贮蓄经纶大，谈笑下，克济时艰。奇策神谋莫测，献功奏捷谁攀。

煌煌诰命自天颁，武略将军衔。垂绅搢笏金阶，上称臣，列职冠朝。班功勋铭竹帛，声名播厥煙寰。

19. 总把校尉祝圆公传

祝圆，字豹使，江山江郎人，郎峰祝氏二十八世祖。祝圆才贯武略，气盖英豪，忧国忧民，精忠报国，是五代十国中吴越国的总把校尉，镇守京都杭州。

吴越国是一个小国，地域范围为整个浙江省，以及江苏省和福建省的一部分。后梁朱温灭唐梁之后，国王钱镠为了保存实力，牵制吴国，主动向朱温表示祝贺，甘愿称臣，朱温高兴之余封钱镠为吴越国王。

祝圆治军有方，官兵军纪严明，边防稳固，社会安定，深得钱王的信任，纪功录绩，封为总把校尉。总把就是统领之意，军队由祝圆统领。有这样一个故事，钱王半夜进京（临安）北门，官兵不认识他，又没有令牌凭据，守城官兵不放他进城，钱王急了，大喊道："我是大王派出城的，现在有急事要进去。"守城官兵不予理睬。钱王只好从北门绕到南门，守门将领是钱王亲信，见是国王忙开门让他进去。第二天，钱王不但没有责罚北门官兵，还给予表扬奖励，首领被封为大将军。这故事说明钱王是个明主，祝圆军令如山，纪律严明。

历史上五代十国是乱世时代，群雄称霸，割据一方。唯有吴越国社会安定，经济发展，人民安居乐业，也是浙江历史上最好的时代之一。这里也有祝圆总把校尉的一份功绩。圆公为国尽忠，谢职荣归后，尊祖敬宗，发起整修祖祠、祖墓，续修谱牒，功德无量。妻杨氏荣封院君，生二子，长子邦泰，都御史。次子邦正，征仕郎。

20. 豹使公传

范仲淹

今夫治国本于齐家，齐家本于修身，修身本于正心，正心本于诚意，自古大人之学未有不由乎此者。若晋之总把校尉，姓祝讳圆，字豹使，予尝心焉企[1]之迹，其为人，才兼文武，心存忠义。仕吴越钱镠王，其佐上驭下，有严有翼，无戕无虐，曾慰中外之望。至谢职荣归，尤能修先祖之遗牒，式[2]后嗣之典型，人鲜不谓其入则齐家，出则国治矣。而予则谓犹未深知豹使公也。盖公由诚意以正心，由正心以修身为已外耳。

予虽不获见公面，而追慕公行，因书此以明公之可荣世并可寿世云。

——录自《须江郎峰祝氏世谱》卷十二

【作者】范仲淹（989～1052），字希文，苏州吴县人。北宋杰出的思想家、政治家、文学家。北宋庆历三年（1043），授知政事，主持庆历改革，因守旧派阻挠而未果。次年罢政，自请外任，历知邓州、杭州、青州。著有《范文正公集》。

【注释】[1]企，望、仰慕。[2]式，效法。

21. 刑科吉士祝霈公传

祝霈，字雨苍，江山江郎人，郎峰祝氏二十八世祖。五代后周显德二年（955）第进士，授官刑科吉士。刑科吉士，官名，主管法律、刑狱等事务。祝霈在任职期间，执法如山，人称"铁面法官"。不管皇亲国戚，还是平民百姓，在法律面前人人平等。周世宗、柴荣还命祝霈等刑科群臣编订《大周刑统》，制订新法律，颁布施行。

祝霈刑清法正，侵犯了权奸孙延希的利益，两人意见不合，被陷害谪为攸州兵马指挥，镇守攸州，赴任不久，周世宗柴荣逝世，便辞职持家教子。落户攸州东门。

祝霈在攸州繁衍生息，成为郎峰祝氏的一支派系。古晋诗人窦宝赞曰：

奉命资刑政，祥心见太和。

万方霑治化，甘露胜恩波。

如此高的评价，实在也是郎峰祝氏之荣。

22. 淮安将军祝霈公传

祝霈，字若霖，忠字辈行二十一，江山江郎人，郎峰祝氏二十八世祖。在江郎书院读书，聪明好学，精于兵法，在兄祝霈带领下，进入五代后周军界，跟随世宗柴荣南征北战，三次出征。第一次出征后蜀，收复甘肃四州，即秦、凤、成、阶。柴荣下令免征杂税，废除了后蜀暴政，当地百姓欢天喜地。第二次出征，一直攻到长江边，直取扬州。第三次出征南唐，夺取江淮一带大片土地。

祝霈以军功累官淮安将军，调镇镇守江西抚州，因劳累过度，卒于任署。由子祝麟蕃袭职，落籍抚州，自成一派。

古吴诗人曹彬以《踏莎行·赞霈公》，词曰：

备极才能，精神锻炼，奋勇前往助征战。疆场效命真堪夸，出入三军风色变。

奏绩表旌，论功抢选，淮安将军登金殿。诏语煌煌望门来，奇情奇事曾罕见。

23. 擒盗英雄祝忠振公传

祝忠振，字玉女，江山江郎人，郎峰祝氏二十八世祖。忠振公胆大心细，仁义兼施，见义勇为。一伙强盗经常扰乱江郎一带，抢劫牛羊，掳掠妇女，遭害百姓无数。一日，这伙强盗来到忠振公所在地，忠振公迎上前去，牵着牛羊，对盗首说："今天牛羊都在山上吃草，妇女们都逃走了，明天来，每人一头牛，一只羊，一妇女，并设午宴招待你们。"盗首信以为真，高兴地走了。第二天中午，忠振公了了数桌酒席，牛羊满地，妇女们涂脂抹粉，打扮得漂漂亮亮等在那里。盗首见桌上摆满美酒佳肴，觉得忠振公很真情守信，等盗伙坐定，忠振公先喝了一杯酒，大声说："牛羊美女都为你们准备好了，诸位放心吃吧，一醉方休。"盗匪们喝了酒，一个个七孔流血，昏倒在地，盗首被村民生擒，当场杀死。村民、妇女们都感谢忠振公救命之恩。

24. 都御史太中丞祝邦泰公传

祝邦泰，字彦卿，郎峰祝氏二十九世祖。从小聪颖，德行兼优。北宋淳化二年（991）第进士，授吴越国武肃王，协助钱镠王治国，吴越国是五代十国中较小的王国，领地浙江全省，江苏和福建的一部分。钱镠虽然是一个小国的君主，但是他谦虚谨慎，知错必改；睡敬枕，严治军，发展农业，兴修水利；身为国王，事必躬亲。他不用奸臣，重用忠良祝圆、祝邦泰、祝历等。祝圆、祝历掌握军权，祝邦泰管社会治安。

祝邦泰任都御史大中丞，京都监察总管，相当于公安部部长。他持危扶颠，护国保民，五代天下纷乱，惟有吴越国社会安定，人民安居乐业。

吴越国老百姓称祝邦泰曰："御史之德，施我不浅；御史之功，砥国不轻。功兮，德兮，万年永称。"

祝邦泰能得老百姓如此爱戴，是因为他秉公执法，清正廉洁，爱民如子，执政为民，值得后代学习。

25. 作者祝际僖公传

祝际僖，字泰来，江山江郎人，郎峰祝氏二十九世祖。际僖从小喜欢读书，在江郎书院刻苦就读，钻研经史。乡荐选试登明经。他不图仕进，乐于教书育才。在江郎书院当教授，特别重视对五代十国、八姓十三君混乱历史的研究，并著有《后五代本纪》一书遗世。对宋代皇帝吸取五代历史教训，统一中国具有重要参考价值。江郎书院是一个读书著作的宝地，祝氏的许多作者，都来自江郎书院。

第五节 宋朝（960～1279）

1. 监察御史祝元臣公传

祝元臣，字助国，江山阁老街人，郎峰祝氏二十九世祖。祝元臣在江郎书院攻读，精于经史，宋雍熙二年（985）登省元时，年龄还不到20岁，准备参加进士及第会试。奸臣见其一表人才，提出要他在皇宫招亲。元臣公家里已定了亲，谢绝奸臣而名落榜外，回归江山。闭门读书，隐居30年后。礼部有人提起祝元臣当年是省元，为什么没有参加进士会试，没有授官，元臣已近50岁，授青州知州。政廉刑清，屡官江西道监察御史。即管江西省监察、治安等，元臣公除奸肃贪，严格治警，执法如山，秉公明决，江西省政简刑清，治安很快好转，得到宋真宗的高度赞许。声名大振。南塘理学家徐存写《调寄离亭燕·赞元臣公》。其妻万氏荣赠淑人，生一子，名淑范，太学生，书法家，善草书。

2. 翰林侍读祝之贞公传

祝之贞，江山江郎人，郎峰祝氏二十九世祖。宋太宗时期第进士。举考成绩为进士之首，才华出众，授翰林侍读。翰林侍读是官名，翰林院是文人荟萃之地，起草皇帝的诏书，批答文稿，专掌由皇帝直接发布的密令，号称"内相"。为亲近皇帝的顾问官。诗人班平写诗赞曰：

名登进士首，重出身备列。
翰苑笔花生，春时临顾问。
吐属鲜新玉，堂雅望掌握。
丝纶模此遗，范垂示后人。

3. 兵部郎中祝牧公传

祝牧，江山阁老街人，郎峰祝氏三十世祖。祝牧从小聪明过人，是江郎书院的高才生，精于武略。宋太宗时期第进士。授官为兵部郎中。兵部，官署名，为尚书省六部之一，主管中央及地方武官的选用、考核，以及兵籍、军械、军令等事务。下设四司，兵部司、职方司、驾部司、库部司。司长即郎中。祝牧是兵部司郎中，研究作战的参谋。

祝牧曾参与宋太宗赵光义的进攻北汉。四路出兵，分攻太原，把太原城围得水泄不通。围而不攻，阻截打援，北汉求契丹救援，打败援兵契丹。断绝太原城内一切物资供应，双方苦战了两个月，北汉指挥使郭万超潜行出城，投奔宋营，北汉亡，至此，所谓五代十国的割据局面全部结束。有诗人赞曰：

潜心儒术，兼娴之韬。

身登进士，蹑足金鳌。

朝廷征聘，束帛干旄。

献策备用，列职兵曹。

经文纬武，命世之豪。

4. 节度使祝彪公传

祝彪，字虎臣，江山西山梅泉人，郎峰祝氏三十世祖。祝彪性刚气直，勇精武艺。其叔祝琬早逝，留下年轻貌美的妻子刘氏和两个幼子。地方上有恶少，垂涎刘氏美色，三番五次派人上门，逼迫刘氏改嫁为妾。刘氏不想改嫁，清白守节，一心把两幼子抚养成人，为祝琬留下血脉香火。恶少常常深夜敲门扰乱，刘氏含恨吞铁自尽。祝彪获悉后十分气愤，冲进恶少家中，割下恶少之头，为婶复仇。然后手持恶少首级到县衙自首。因此获罪充军蕃边。

卫都节度使见祝彪相貌魁梧，性格豪爽，精通武艺，为婶复仇自首，是仗义之士。不但不拿他当犯人看待，反而留在身边协助自己，操练士兵。越数年，西夏出兵三万之众，侵犯大宋延州（现延安）西北，直逼西北重镇延州。宋兴师伐戎，卫都节度使以祝彪为先锋，攻打入侵之敌。祝彪智勇双全，用兵如神，大胜西夏敌寇，战后论功行赏，祝彪功绩第一，授本卫都统将军，后屡官至节度使。节度使是官名，北宋初期，皇帝收回兵权，节度使将帅大臣，是一种荣衔，无实权，有很高的待遇。后告老荣归故里，邻里十分惊奇，回归的不是释放的罪犯，而是当了将军的大官。

5. 巡城御史祝夔公传

祝夔，字敬庵，江山阁老街人，郎峰祝氏三十世祖。生性颖敏，在江郎书院潜心理学，宋天圣元年（1023）第进士，官授翰林检校书郎。翰林院是文人荟萃之地，宋代主要职掌为起草皇帝诏旨。祝夔的工作是皇帝诏旨最后校对，检查。这一任职既机密，又责任重大。屡官朝请大夫中丞巡城御史。主要职责是京都的治安。这是一个十分重要，又是得罪君臣的工作。京都是政治、经济中心，皇亲国戚施威之地。祝夔执法森严，不徇私情，王子庶民同样尺度，以法律为准绳，以事实为依据，嘉忠直问。同朝官臣均服。

妻周氏荣赠夫人，生二子，长子祝津，太常少卿。次子祝湘，制置使，都是官宦。

6. 作者祝穆公传

祝穆，字帝容，江山阁老街人，郎峰祝氏三十世祖。祝穆从小聪敏好学，和堂弟祝士让，南塘徐存三人，从师龟山杨时。杨时福建将乐人，北宋著名理学家，官至龙图阁直学士。晚年隐居龟山，学者称"龟山先生"，朱熹之宗师。学成后，潜迹江郎书院，边教学边创作，他是江郎书院名师。祝穆博览群书，把深奥的理学，深入浅出，讲得通俗易懂。学生喜欢听他的课，他教的学生中一榜登仕者众矣。

他把讲的理学，编成一本集著《读书深山集》遗世。

7. 作者祝士让公传

祝士让，字谦实，江山阁老街人，郎峰祝氏三十世祖。士让公和堂兄祝穆，南塘徐存都从师龟山杨时门下。学成后，登北宋天圣年间贡生。在游学牧州时，与大政治家、文学家范仲淹同台讲学论道。范仲淹十分赞赏士让的才华，两人甚相契合。士让公接受范仲淹邀请，在西宾执经授业。范仲淹是北宋著名的政治家、军事家、文学家。祝士让能受到范公的赞赏与邀请，反映士让公的文学水平之高。

范仲淹离开牧州后，士让也辞归江山，闭门著书立说，著有《三碧集》遗世。其妻商氏荣赠孺人。生一子，名叫齐。

8. 百岁寿翁祝胜金公传

祝胜金，字惟德，江山阁老街人，郎峰祝氏三十世祖。是一个仁义存心、忠厚传家、勤劳持家、和睦相处之人。他是族长，古代的氏族传统，辈分高，年纪大，威望高者，公推为族长。族长有权执行族规、族训。对不符合礼制，作风败坏，有盗窃行为，族长要训诫。他非常关心邻里之间的和谐相处，各家有什么困难，他都去问一问，深受族人爱戴。

胜金公活到102岁，五世同堂，朝廷赐封齿德郎，特立百岁牌坊颂之。

9. 敦武校尉祝开金公传

祝开金，字乐宗，江山阁老街人，郎峰祝氏三十世祖。开金就读江郎书院，才学过人，精于韬略，熟知兵法，秉性忠孝。游学山东，结识北宋伐辽大将军张齐贤，两人论道谈经，治军布阵，相处得十分融洽。在谈论如何讨伐辽军时，祝开金向张将军献了伐辽之策，大将军依策实施，取得伐辽战役大胜。齐贤将军在代州授开金公为敦武校尉，领兵镇守河北道口。在与辽贼对阵时，奋勇杀敌，大败辽军。未几，诏调开金公镇守虎口，镇守之所，坚不可摧，无寸土丢失。告老辞退回乡，军民挥泪相送。

其妻周氏荣封宜人，生一子，名鸿道，武略军功，屡官威武军参将。

10. 教授祝振金公传

祝振金，字玉和，江山阁老街人，郎峰祝氏三十世祖。振金就读江郎书院，博览群书，知识渊博，谈经论道，领乡荐科甲，授宁波府教授。教授是学官名，汉、唐置博士。宋代，诸路州军立学，置教授，用经术行义教育诸生，并掌管课试之事。宁波府历代文化发达，人才辈出，在宁波府任教授，不是易事。但以振金公的才学知识，当然有能力任宁波府教授。

在振金公的教授下，宁波府文艺振兴，文风大振，民俗以善，取得很好的教育效果。至老辞归，士民依依不舍。其妻元配刘氏荣封孺人，生一子，名鸿达，擅长诗词。

11. 光禄少卿祝邦瑚公传

祝邦瑚，字夏玉，江山阁老街人，郎峰祝氏三十世祖。邦瑚为人刚直，乐行善事，出资置义田。每年田租收入，一半给祝氏宗祠开支，一半济助族中艰苦度日，孤独老人。给粮给衣，修房建房，修桥铺路。乡里皆称邦瑚为善士，报县令赠为"善人"。

善人有善报，在邦瑚的教育下，孙子祝敬第进士，广东学政，一代名人。妻子毛氏荣赠安人。宋哲宗赠邦瑚公为光禄少卿，这是无专职的散官，实际是一种荣誉。

12. 西安刺史祝士京公传

祝士京，字近君，江山阁老街人，郎峰祝氏三十世祖。士京就读江郎书院，精通经史，行德兼优。在家以孝待父母，出外则以仁为政事。母亲重病逝世，父亲一病不起，命妻席氏代守母灵，日夜守护在父亲病床，请医生治疗，药汤亲口先尝。未能挽救父亲，士京泣血三年守墓，未见笑容，孝守完毕。

士京试举考仕，授宜黄县令，由于以仁义从政，清廉刑清，生产发展，社会安定。士京公以政绩荣升西安府刺史。西安是唐代的京都，政治和经济中心，外商云集，治安难度大。士京公离开宜黄县时，士民前来送行，欲留不得，泣送盈野，如丧考妣。士京公脱下靴，脱下礼帽，向送别的士民致敬，表示永记在心。

士京公任西安府刺史时，以仁义对待官吏，以清廉形象服务百姓，处处以身作则，既严厉执法，惩治贪腐，又重视市容，发展商业，繁荣经济，恢复大唐时期盛世景象，士京公其功绩入西安名宦。其妻席氏荣赠恭人。

13. 通议大夫祝善教公传

祝善教，字师德，江山阁老街人，郎峰祝氏三十世祖。是都御史大中丞祝邦泰之子。善教公秉性和煦，居家孝友，好学进取。父邦泰公曲意将儿子留在江山，因为江郎书院是江山名校，师资水平高，学习环境好。善教公在江郎书院学成后，留在书院当教授，著书立说，但未见著作遗世。善教生一子，名祝程。在他的教育下，博学多才，名登金榜，授河东宣抚使，二品官。北宋天圣年间，因子贤，善教公被封为通议大夫。妻子赵氏荣封淑人。

祝善教继承郎峰祝氏的礼乐传世，耕读传家，文章报国，永振书香的传统，是江郎书院一名品学兼优的学生，又是一位博学多才的教授，诗人夏时有诗颂之。

14. 广西副使祝丕振公传

祝丕振，字仲伟，江山阁老街人，郎峰祝氏三十世祖。丕振从小聪敏过人，就读于江郎书院，精于文学。登乡荐举人，屡官广西副使，管广西的治安。广西是我国边疆地区少数民族聚居之地，社会治安很乱。丕振公任职后，清廉从政，治军严明，执法如山。特别对少数民族，采取感召、软化的政策，加强宣传工作，加强对大宋帝国的认同感。贯彻大宋对知识分子宽容的政策，不杀知识分子，实行文治政府。并大力发展经济，兴修水利，发展农业生产，严抓社会治安，使民众生活改善，社会安定，人民拥护政府。丕振公在广西的工作，军民均服。

15. 河东宣抚使祝程公传

祝程，字仲恩，号云峰。江山阁老街人，郎峰祝氏三十一世祖，生而颖异，一表人才，德优才俊，北宋大中祥符七年（1014）第进士。入翰林院，历职朝议大夫，二品官。国史院侍读学士，参与国史编写。北宋乾兴元年（1022）钦授河东宣抚使。宣抚使，官名，隋炀帝时设安抚大使，为行军主帅的兼职。唐代派大臣巡视经过战争或受灾地区，以安社会秩序，称安抚使。宋代改置为一路的军民长官，多带经略使，马步军都总管兼衔，有节制兵马，赏罚官史，发布命令，督理刑狱，稽察钱谷兵器等的权力。以二品以上大臣充任，时称安抚大使，得兼宣抚使。

祝程任何东宣抚使期间，发展教育，选拔人才。发展农业，兴修水利。治军治警，严明纪律。督理粮饷，严惩贪官。理繁治剧，明正直贤。保举民勤，兵和致仕。士民建祠祀之，入河东名宦。

16. 奉直大夫祝天福公传

祝天福，字季庆，江山阁老街人，郎峰祝氏三十一世祖。宰相祝臣的父亲。天福公学识渊博，才思敏捷，文学精通，气壮山河。隐居江郎，耕读传家，不去做官。天福公抛弃功名，不求富贵，超然脱俗，游乎尘世之外。一个普通农民，然为匹夫，却培养出一个任宰相的儿子，这不能不说江郎山的人杰地灵。

天福公儿子做了大官，却谦虚谨慎，对亲戚以礼相待，对子孙慈祥以教。对有困难的乡党朋友，伸手相助，不求回报。对横逆之徒，动之以情，晓之以理。修宗祠，置祀田，办私塾，他总慷慨解囊。

天福公品行高尚，胸怀宽广，气量宏大。给祝臣以榜样。儿子为官清廉，上佐圣明，下扶同事。天福公以子贵，赐封朝议大夫，加赠奉直大夫。

唐宋八大家之一苏轼，与祝臣同朝为官，任礼部尚书。他为天福公写传记，题为《太封君季庆公传》传曰："然为匹夫，使其子为宰相，其易能之乎？曰：'亦易能也。'"

17. 太封君季庆公传

苏轼

今有人焉，载籍[1]极博，倚马能文，气夺沧溟，笔投造化，其易能[2]之乎？曰："易能。"今有人焉，敝屣功名，尘垢富贵，超然高举，游乎方外，其易能之乎？曰："易能。"然则，身虽不显而誉彰于一时，不出户庭而名秩乎天下，身为匹夫，使其子为宰相，其易能之乎？曰："亦易能也。"然则，孝于亲，慈于子，睦于族，任恤于乡党朋友，教思所及，不言而化，横逆不校，从容以和，其人易能之乎？曰："是难能之矣！"

夫博学能文，质之所裕也。游心物外，性之所成也。使其子致身通显，时之所为也。若乃非有所积于中，则其德必不裕；非观于物者达，则其量必不宏。德不裕，不能以孝慈，量不宏，不足以化物。是以优于文者，或绌于行；遗于大者，或争于小；得于时者，或损于已，故三者曰："易能。"而德之于量，则其难之。曰："然则，相国微之之父季庆先生其人有焉矣。"

公少长于文，为文必与道俱，其与富贵功名，盖取之裕如也。然而超思高举，志在烟霞之外，是以其身不显，及夫式谷[3]于家，遗经其子，逢时遇会，卒能使其子云霞瀚，上佐圣明。其事亲也，戏渝[4]如小儿，二亲顺之，以忘其老，然戏而不逾于礼也。其于族之贫者，必多方以给之，然给之而不穷也。教人也，详词而不费，以已恕人，故人化之。或有唾公而者，亦不恤也。是其人为人所难能者乎！曰："其有是欤？是不可以不传也。"即书其言以为传。

公祝姓，名天福，字季庆，衢之须江人。以子贵驰封中宪大夫，加赠太傅奉直大夫。相国微之之考也。

——录自《须江郎峰祝氏世谱》卷十二

【作者】苏轼（1037～1101），字子瞻，号东坡居士，四川眉山人（今四川）。嘉祐二年（1057）进士，曾官礼部尚书，翰林学士等职。北宋著名文学家、书画家。为唐宋八大家之一。著有《东坡全集》《东坡乐府》等遗世。

【注释】[1]载籍，书籍，常以形容人学识广博。[2]易能，容易做到。[3]式谷，谓以善道教子，使之为善。[4]戏渝，即戏豫，戏如意安逸。

18. 广东学政祝敩公传

祝敩，字乐宗，号介和，江山阁老街人，郎峰祝氏三十一世祖。宋绍圣元年（1094）第进士，授宏文编修郎。后历职国史修撰，专修国史，隶属于翰林院，要求经史水平高，对历史有深入的研究，文采优美，楷书秀丽。史馆官员四人，掌修国史。北宋建中靖国元年（1101），被召在集贤殿同赵挺之讲易经，集贤殿是始于唐代的集殿书院，以宰相一人掌理秘书图籍等事。由宰相充任领导，进行贤者讲学。赵挺之题公文学兼优，德才兼备，宋徽宗钦命祝敩为广东学政，世称"宗师"。郎峰祝氏出八大宗师，有"天下宗师"之美称。太子少傅祝敔，在任广东学政期间，广交朋友，发掘人才，汇取士予悉成国器，研究每年考进士的试题，编著《选集考卷为介和正宗》一书闻世，为考进士指南之书，卒于宋宣和三年（1121），享年67岁。太学生徐应镳赞曰："学海文山，隆为国器，甄拔真才，不怀宠利。"

19. 宰相祝臣公传

祝臣，字微之，号与守，江山阁老街人，郎峰祝氏三十二世祖。潜心理学，精于韬略，熟知兵法。北宋嘉祐六年（1061）第进士，授秘书郎，掌管国书经籍的收藏管理事务。平章事文彦博，见祝臣才华出众，为人贤良，德才兼备，提祝臣左宣管刑司，升至礼部员外郎，仍兼翰林校理。左宣管刑司，官名，即参与议国事。礼部员外郎，礼部副职，管典章法度，典礼祭祀，科举考试。北宋元丰六年（1083），钦命祝臣为江南学政，也称"宗师"。专管江南教育，科举考试，选拔优秀人才。当任学政时汇集名士意见，上疏请罢青苗诸法，被宰相王安石贬官任临川县尉。因母亲病重，请假服侍母亲，假满后，调任乐安县尉。北宋名相欧阳修提议，祝臣文学渊博，德才兼备，改任荆州教授。

公元1085年，宋神宗病故，太子赵煦即位。年仅10岁的宋哲宗，由祖母高太后临朝执政。高太后一向反对王安石新法，她一临朝，就废除青苗诸法，把反对新法最激烈的司马光提拔任宰相。祝臣冤案昭雪，任太常卿。又迁户部侍郎，主管全国土地、户籍、税赋、财政。祝臣任职期间，论事公正，清廉勤政，严斥嬖佞。高级将领吕大防请诏，祝臣监镇边防军政事，秩加兵部尚书，督理军队粮饷。公元1086年宰相司马光逝世，由范仲淹的次子范纯仁任宰相。尽管范纯仁竭尽职守，尽职尽责，还是被官员们攻击，说范结党营私。元祐四年（1089）范纯仁主动罢相，出任地方官。从公元1089年至1093年，高太后诏命祝臣任宰相。元祐八年（1093）祝臣主动让位，范纯仁复相。祝臣在摄相期间，进贤黜邪，政局稳定，金兵不敢入侵。每当朝厅议政，朝官们曰："祝宰相当朝，国将复太宗（赵匡胤）之治。"

北宋绍圣元年（1094），祝臣受宰相范纯仁令带军出征，在河北大败金兀术，金兵溃不成军，收复失地500里。加封祝臣为太子少保，仍兼兵部尚书、都督征讨大元帅。公元1095年，金兵投降，贼请诏盟，祝臣班师回朝。拜少师上柱国宣国公。少师上柱国是军队最高统帅，宣国公相当亲王。

北宋绍圣四年（1097）十月十一日，祝臣卒于台阁，享寿72岁。宋哲宗亲临追吊，并御赠白马送灵柩荣归安葬，葬在羊廓庵。元配占氏荣封夫人，祝臣谥"文忠"。臣公生四子允闻、允初、允美、允哲，都是名声显赫的大臣。

祝臣是否任过宰相，历史书上没有记载，但共有六个方面，可以作为佐证。

一、祝氏宗祠匾额"兄弟宰相"，由南宋枢密使文天祥题。文天祥是南宋爱国名相，对宋朝历史很了解，故"兄弟宰相"应是真实的。

二、清太子太傅陈元龙为祝氏宗祠题的上联：经国有文章，兄宰相，弟宰相，宣化分猷治绩直同周召。

三、宋江山籍进士诗人张恢诗："赠少师臣公平章常公同朝摄相。"诗文：

> 世籍郎峰始太唐，荣章并锡辅君王。
> 箕裘继述家声振，印绶联绵国运昌。
> 鹓鸷齐飞扬浙水，埙篪并奏冠江阳。
> 一门竞毓芝兴茂，昆季同登作栋梁。

诗中：辅君王，作栋梁，国运昌，同朝摄相。不仅指出祝常、祝臣任宰相，而政绩突出。

四、苏轼，即苏东坡为祝臣父亲祝天福写《太封君季庆公传》中，其子为宰相。季庆，即天福，祝臣的父亲。苏东坡与祝臣同朝为官，苏轼说："祝臣为宰相。"这是铁证。

五、祝臣在《郎峰祝氏世谱叙》中说："身叨琼林之宴，简宰执之，任过。"其意我亲临琼林宴，宰相我当过，执行宰相的职责。

六、郎峰祝氏世谱九卷，关于祝臣事迹中写道："引君当道，进贤黜邪，部卿均服。每相谓于朝房（议政厅），曰：'祝宰相当国，将复太祖（赵匡胤）之治。'"

综上所述：祝常、祝臣兄弟任过宰相是事实。

20. 宰相祝常公传

祝常，字履中，雁名昌言，江山阁老街人，郎峰祝氏三十二世祖。祝程的次子、才擅理学，气贯山河，北宋嘉祐八年（1063）第进士。授翰林校尉。祝常并不满足现任官职，励志深造，师从理学家胡瑗门下，刻苦攻读，理学精而正焉。宋熙宁中期王安石著《三经新义》，诏授编校郎，赐祝常任此职，王安石是当朝宰相，看中祝常的才华，因祝常反对王安石变法，拒绝诏聘，被贬平阳令，宋名相文彦博得知此事，题祝常清慎贤良，道德通明，擢大理寺少卿。掌管刑狱，处理重大的司法案件。

北宋熙宁年间，祝常上书神宗皇帝《请罢新法疏》，文中写道："亲见民情憔悴，度日如年，青苗之累，怨气腾云。"祝常再次降为光禄寺丞，专管皇室祭品、膳食及招待酒宴等，属宫中勤杂之官。宋名相陈升之再三向皇帝陈述祝常的才华，才得以重用，授广东经略大制参，广东科举取士之官。祝常在广东任职期间，汇受请罢青苗法民状万余张上奏。再次被贬，为建宁教谕，相当县教育局局长。祝常在建宁任职时，每日与学者讨论经义。著书立说，完成了著作《清高集》，由理学家杨时写序。

公元1085年，宋神宗病亡，由刚年十岁的太子赵煦即位，就是宋哲宗，由祖母高太后临朝，即罢新法，她一向反对王安石新法，提拔反对新法的司马光为宰相。司马光非常看重祝常的才略，钦复大理寺少卿之职。同时，将奸臣章惇等党奸邪僻，蠹国害民之徒，清除出宫。元祐元年（1086），高太后考查祝常的素行忠诚，特授资政殿大中丞兼吏部尚书。资政殿大中丞，即宰相办公室主任，吏部尚书主管全国官吏的任免、考核、升降、调动等职。公元1087年祝常封为太子少保，辅导小皇帝赵煦。公元

1088年祝常入阁拜平章事，平章事参与朝政，北宋平章事专授以年高望重之大臣，权力在宰相之上。司马光于1086年逝世，由范仲淹的次子范纯仁任宰相。1089年范纯仁主动要求罢相，出任地方官，直到1093年才回京复相。从1089年至1092年这期间，由祝常任平章事，由弟祝臣任宰相，故有兄弟宰相之称。

这五年，北宋政局稳定，文人治阁，金不敢犯，生产发展，人称恢复太祖之治。1094年，哲宗亲政，任命奸臣章惇为宰相，蔡京为户部尚书，北宋开启走向灭亡之路。

祝常于元祐七年（1092）二月初十逝世，享年81岁，赠鲁国公谥"文正"。其元配徐氏封贤劲太君，生三子，文僕、学宪、学高。

21. 作家祝顾言传

祝顾言，字行之，江山阁老街人。郎峰程氏三十二世祖，祝程的四子。从小品学兼优，聪颖友善，精于诗赋。北宋治平元年（1064）参加礼部进士考试，第省元，省元即进士也。

参加宴会后，对奸臣宰相章惇痛斥，骂章惇贪腐无能，卖国求荣。不赴任，回江郎山隐居，继续吟诗作赋，完成著作《卧石文集》。

卒于北宋元符二年（1099），享年82岁。

22. 枢密院指挥使祝敞公传

祝敞，字正五，江山阁老街人，郎峰祝氏三十二世。北宋宣和四年（1122）会试登举人。授官讲士，升东宫洗马，屡官授枢密院指挥使。枢密院使，官名，唐代宗永泰元年（765），以宦官充枢密使，掌宫中枢机密，并传达皇帝诏旨。宋代沿袭而略加变通，枢密院与中书省号称"二府"，以枢密使为枢密院长官，与中书省的同平章事等合称"宰执"。祝敞与宰相同品，权力相当。

公元1126年底，金兵将开封团团围住。宋钦宗带上几个大臣，亲赴金营，交上投降表。金兵提出废除钦宗帝号，另立国君。公元1127年春天，金兵把二帝关押至金营。随后，把二帝、太后、皇后、妃子、公主、驸马、亲王大臣等共3000多人装上囚车，运送五谷城当金国的奴隶。

朝中大臣，只有祝敞愚忠皇上，披发赤足陪随二帝北上，一路上泣涕从君，破口大骂金贼。千里沙漠一臣二主作亲眷，此时惨不堪言。一路上，饥寒交迫，皇后妃子、公主、宫女、仆从等都冻死、饿死在途中不少。祝敞也被金兵抽打，血流沙漠，折磨至半死不活，而后撞石自尽。民众不忍忠臣遗骨轻弃，收拾敞公尸体、佩玉埋在沙漠之中。

祝敞精忠报国，为国捐躯，这是郎峰祝氏精忠报国家训之精华所在。元末明初著名政治家、文学家、思想家宋濂在《读祝敞祝光煜忠孝合传有感》诗赞祝敞父子曰：

古往今来如过电，愚忠愚孝令人美。

子名光煜父名敞，读之感叹神无倦。

忆昔宋室都梁汴，金寇时来惊征战。

掳掠二帝向北行，忠臣祝敞随后殿。

万里从君天漠北，一臣二主作亲眷。

此时惨淡不堪言，黄沙漠漠捣素练。

挞之流血不许随，傈极困苦经磨炼。

两目昏花血泪飞，精忠报主殒沙甸。

23. 尚义祝将翔公传

祝将翔，字羽挽，江山阁老街人，郎峰祝氏三十二世祖。太学生，不恋仕途，回乡务农。他慷慨尚义，时值荒年，江山大旱，将翔公带头捐赈灾粮。农历五月份，青黄不接，将翔把全部余粮捐给灾民，接济仓匮乏，还把良田典当，籴粮救活灾民。

这就是郎峰祝氏善行义举的家风，一个太学生，回家务农，把良田典当，买进粮食救济灾民，是何等的义举，有几人能如此慷慨解囊？把贫民的生命放在第一，把邻里的灾难当作自己的灾难。视田产、财粮是身外之物，救人第一，生命至上，有人有世界。将翔公的德行，是执行郎峰祝氏家训的典范。邑侯上报其事迹，旌表尚义郎。妻王氏生三子，长子文豹，以武科授建昌参军府，次子文彪，三子熊，三子都有尚好表现。

24. 都统将军祝慎言公传

祝慎言，字谨之，江山阁老街人，郎峰祝氏三十二世祖。河东宣抚使祝程的第八个儿子，性耿气侠，德行兼优。北宋宝元二年（1039）中武举人，授武翊卫兵马指挥，押运军粮饷至陕西延安，支援在陕西主战的韩琦将军。当军粮饷运到延安时，韩将军见到慎言公豪勇无比，又熟知兵法，精韬略，留慎言公一起征讨西夏军李元昊部。

北宋宝元元年（1038）十月，李元昊称皇，建立西夏政权，要求宋朝承认西夏国，册封皇号。宋仁宗感到西夏是大宋的威胁，备兵征讨西夏。宝元二年（1039）十一月，李元昊却先发制人，率兵两万入侵保安（今志丹县），围攻承平寨（延安西北），并攻打宋朝的边防重镇延安。延安交战，宋军损失严重，震动皇宫，宋仁宗忧心忡忡，决定起用名将韩琦为统帅，慎言公领军当先锋。慎言公用兵精明，以骑兵冲在前，高呼保卫大宋，歼灭戎羌，杀声震天，西夏军闻风丧胆，全军溃败。慎言公旗开得胜，收复失地，功拜武烈将军，留守山东。

北宋皇祐四年（1052），钦命领兵征讨叛贼侬智高，又获大胜，功拜都统将军，留守河北。河北是中原的核心，战略要地，历来是兵家必争之地。慎言公没有辜负宋仁宗的重任，坚守河北，定国功高，安邦业峻。

北宋治平二年（1065），慎言公因劳累过度，卒于河北官署。灵柩运回江山安葬，享年41岁，诗人王进志其墓。

钦州太守祝梦良公赞曰：（调寄·踏莎行）

才全文武，事明退进，我公当年挂将印。兵机阵法极精详，姓字播扬山海震。

定国功高，安邦业峻，都统将军官阶晋。乃心罔不在王延，致君常欲如尧舜。

25. 湖南都察院御史祝咨谋公传

祝咨谋，字若丝，号贻庵，江山阁老街人，郎峰祝氏三十一世祖。北宋大观三年（1109）第进士，精通经史，熟知兵法。官至亚中大夫，湖南都察院参知军政事。历代都有都察院，最高长官为都察御史。巡视省、州、县，考察官员政绩，是否结党营私，贪污腐败，欺压百姓。都察院是巡视监察、弹劾官员的机关。祝咨谋秉公执法，深入百姓，调查官吏，贪官污吏畏之。

宋徽宗让蔡京当宰相，童贯枢密使，掌握军政大权，这给北宋灭亡埋下祸患。两奸臣提出联金抗辽，辽国灭，金兵大举进攻北宋，兵分两路，东路军出燕山（今北京）。西路军出云中（今大同），在太原遭到宋军顽强抵抗。

咨谋公授命策伐金军，星夜驰骋，直奔中原，安营对阵金寇。他足智多谋，冲锋在前，奋勇杀敌。击溃金军三百里，奉诏镇守汛地，即黄河沿岸。金军向北逃窜。宰相蔡攸（蔡京的儿子），一心与金军议和。因此，咨谋公大胜不但没有受到嘉奖，反而受到蔡攸的陷害。精忠报国良将，反被陷害通敌。祝咨谋一气之下，解甲归田。赵若愚以诗《表都察院祝咨谋》曰：

当年察院祝咨谋，奉诏兴师拟雪雠。

立帜义兵多勇往，纶巾儒将尽风流。

中原恢复期堪待，奸恶横行志转休。

自古忠良空寄恨，杜鹃啼破夕阳秋。

26. 山东学政祝绅公传

祝绅，字摺之，又名伸言，江山阁老街人，祝程的三子，郎峰祝氏三十二世祖，从师理学家赵清献，得其精华。北宋庆历六年（1046）对策殿堂，接受仁宗皇帝的面试，第进士，由秘书郎提督山东学政。学政世称"宗师"。博学多才，诗文兼优的人才能出任。山东是儒家学说诞生地，孔子的故里。入选的人更须是儒学大家。

祝绅在山东，题辑孔子庙堂，研究孔子学说，宣扬孔孟之道，拔优取士，选拔优秀人才，进入国家治理层。他为人正直，不受礼，不徇情，秉公办事，在选拔人才时，不论贫贱富贵，唯才是举。深得山东军民颂之。学政届满，复命特简内秘书丞，担任日讲官。给大臣官员讲儒学，孔孟之道。北宋是出大家的时代，给那些官宦大家讲课，不是易事。他知识渊博，才略过人，却不耻下问，谦虚谨慎，深得群臣尊重。卒于宋绍圣三年（1096），享年70岁。妻子周氏荣封淑人，生二子，长子祝琛，官刑科吉士，次子祝学求，官枢密院都事。

27. 都察院都事祝桂芳公传

祝桂芳，江山阁老街人，郎峰祝氏三十二世祖。才学兼优，资性明敏，以才干辟征浙江省都察院都事，汉朝以来历代都有御史台，北宋在各省设都察院，巡视州县、考察官吏，是浙江省最高监察、弹劾机关。

祝桂芳虽工作十分繁忙，但工作踏实，经常深入民间，调查研究。他秉公执法，不徇私情，每一案件都要办实，力求办成铁案。祝桂芬在浙江省巡视期间，官服之，民拥之。是优秀的都事。

28. 司训祝桂芬公传

祝桂芬，字伯馨，江山阁老街人，郎峰祝氏三十二世祖。由举人授山阴司训，司训就是训导，各县都设立，管理教育，论道宗圣，讲学启贤。桂芬常以渊博的知识，联系当地的实际，官吏和儒林们都敬佩，听从桂芬的赐教。

山阴是一个人才荟萃之地，在山阴讲学，没有渊博的知识，很难立足，桂芬的讲学，官吏、儒士、士民皆服，入山阴名宦。

29. 国之善士祝鸿绩公传

祝鸿绩，字其凝，江山阁老街人，郎峰祝氏三十一世祖。就读江郎书院，德行兼优，学成后在家务农。勤劳致富，家财日增。始做善事，借钱不立票据，还钱不检点。借粮不记数，秋后有者还，无者免。邻里困难，进门送钱物。近年关，对穷困户送去衣服、米、肉等年货。声名闻遍邑州，州府监察御史闻之，到江邑考核调查，百姓纷纷称善。御史擢奏举以任职，鸿绩公辞不赴任。州府以"国之善士"匾额表之。邻里见之，感到鼓舞，参与善事。

30. 威军参府将祝鸿道公传

祝鸿道，字致闲，江山阁老街人，郎峰祝氏三十一世祖。鸿道公就读江郎书院，精于韬略，乡荐以武略授军官。宋仁宗亲政，处于"内忧""外患"之际。"内忧"是宋仁宗不立皇后专宠尚氏、杨氏等人，终日酒色，钟鼓弦乐之声，昼夜不断，闻于宫外，政事渐疏。百官群臣以国事为忧，纷纷上疏，要求整肃后宫。景祐元年（1034），立前勋臣曹彬的孙女曹氏为皇后，后宫才平息。"外患"是西邻元昊称帝，建立西夏政权，要求大宋承认西夏国，册封帝号，打探宋朝动静。宋仁宗觉得西夏政权是祸患和威胁，备兵征讨，鸿道公参加征讨西夏战斗，在韩琦将军的领导下，屡战屡胜，得以收复陕西延安一带失地。屡官为威军参将。妻子樊氏荣封宜人，生一子，名叫祝阳。因父鸿道卒于任职，千里接柩归葬，但未送终而为恨，作有悲赋遗世，读之无不流泪。

31. 孝子祝树恺公传

祝树恺，字尔康，江山阁老街人，郎峰祝氏三十二世祖。树恺生性纯孝，大义裁度，江郎时来盗寇扰乱。树恺背母亲而避难，母亲年纪较大，逃不快，易被盗寇劫走，有生命危险，故弃下妻儿，背母而逃。盗寇亦感孝顺，未到他家抢劫。

母亲逝世，树恺悲痛欲绝，殡葬事料理得风风光光，守墓三年尽孝。县官闻之，请旌表彰之，树恺辞之曰："服劳奉养，子职之常，何敢当旌。"邑官以"孝思"匾额，挂在树恺堂上，亲朋邻里见之，都以其为榜样，孝顺成风，代代传之。郎峰祝氏家规家训之核心，就是忠、孝、礼、义。

32. 大使郎祝应乾公传

祝应乾，字易初，江山阁老街人，郎峰祝氏三十一世祖。应乾从小聪敏，就读江郎书院。后因父祝昌期在鸿胪寺任职，随父在皇宫，将儿子送到太学院攻读，太学期满，授官镇江税务大使郎。宋代镇江是重镇，经济发达，又是物流中心，是税收大户。必须选能力强，廉洁奉公，不徇私情，有魄力的官员担任。

应乾公在镇江任职期间，廉洁奉公，利国通商，照章收税，公正无私。不徇私情，不贪赃枉法，严惩逃税漏税，税金应收尽收，并公布于众。既顾及国家利益，同时从实际出发，保护纳税人的合法利益。对天灾人祸，依法上报减免。深得民商欢颂。

告老还乡，犹记尊祖敬宗，独自出资建兴十公祠祀之，即兴字辈福德、立德、纪德、应德、敦德等十位先祖。以春分时节为本房敬奉祀事，乡里称孝。其妻沈氏荣赠安人，生二子，长子将翱；次子将翔，太学生，义士，慈善家。

33. 广西学政祝奇公传

祝奇，字正文，号屏斋，江山阁老街人，郎峰祝氏三十二世祖。北宋宣和元年（1119）第进士，授翰林编校，经史书籍编校工作。后升广西道学政，世称"宗师"。发展教育，选拔优秀人才。任期满后，调福建乡闱副主试，负责省会试。复命会议军国要务，与蔡京、童贯等奸臣势同水火，争议不休，被派出使封日本国皇典仪，宣和七年（1125）三月典仪结束，明年靖康改元。祝奇辞番登船回国，风浪大而搁置登船。直至南宋建炎元年（1127）九月始登宁波府。赴杭州见皇帝，复命赐黄门侍郎。黄门侍郎，官名，西汉时郎官给事于黄闼内的，其职为侍从皇帝，传达诏命。南北朝以来掌管机密文件，是皇帝的顾问，职位日渐重要。南宋绍兴元年（1131）为军国要务与奸贼秦桧互相结奏，被贬崖州刺史。终日与会学者、官员，讲学、教授、授业，揭露秦桧等奸贼的罪行。至公元1139年，仆射赵鼎之题复翰林日讲官，明年又封荣禄大夫，任东宫于宝章阁，卒于任署，赠太子太傅。祝奇谨遵郎峰祝氏精忠报国家规家训，是敢于与奸臣斗争的忠臣良将，是祝氏后裔的模范和榜样。

34. 威武军节度使祝应言公传

祝应言，字既昌，号禹闻，河东宣抚使祝程长子，江山阁老街人，郎峰祝氏三十二世祖。在父亲的严教下，博览群书，博爱行义，才华横溢，一表人才。北宋天圣六年（1028）第进士，入贤集校理。诏举贤良方正直言极谏，即推选表现特殊优秀人才，授予官职，选拔人才之官臣。宰相吕夷简爱其才，将女儿许配给祝应言，吕相之女婿，郎峰祝氏之荣耀。

北宋明道元年（1032）钦授黄门待制，官名，西汉时郎官给事于黄闱（宫门）之内的，称为黄门待制或黄门侍郎，其职为侍从皇帝，传达诏命，即皇帝秘书。屡官至威武军节度使。北宋时皇帝收回兵权，威武军节度使专作将帅大臣和宗室勋戚的荣衔，一般不赴任，即使赴任也无实权。

但祝应言仍坚持在位肃宪正风，端化善俗，军民食德，文武职员莫不钦其官守。后以疾致准，荣归故里。

35. 皇宫中的江郎美女

江郎山的文脉和秀山丽水，孕育了知书达理、貌美如花的郎峰祝氏女儿，在宋朝曾有两位郎峰女儿被选中，与皇家联姻成国戚。二十八世祝光煃的长女祝和凤，三十二世祝征言的女儿祝学似，她俩都貌似天仙，秀若芝兰，肌肤如玉，削肩细腰，长挑身材，瓜子脸儿，俊眼秀眉，文采精华，观之可亲，见之忘俗。一个身材轻盈，脱俗清雅，娇艳欲滴，一个身材修长，曼妙纤细，温柔绰约。一头丝缎般的黑发，一双如月眼睛，娇羞含情，宛如仙女。她们诗词曲赋，文采出众，能歌善舞，琴棋书画，样样都会。

祝光煃在岳州任府史，祝和凤随父住在府内，被前来视察的襄王宋贞宗赵恒看中，嫁给襄王赵恒的三子赵祇。赵祇早逝，追封昌王，王妃和凤姑命薄，无后，早年守寡，虽然享尽荣华富贵，却在皇宫独守空房。

祝征言在宫中任长史，佐侍商王赵元份，竭忠尽诚，深得商王信任，见祝征言之女祝学似知书达理、貌美如花，遂联姻祝家，将祝学似许配给商王儿子濮王赵允让。祝学似当上王妃，生一子赵潞，宋英宗封赵潞为昭王，学似在皇宫享尽荣华富贵，也为郎峰祝氏增光添彩。宋熙宁五年（1072）七月十一日祝征言病故，昭王赵潞陪母亲学似姑回江郎阁老街参加外公葬礼。船经停江山歇息，全城沸腾，人人都想一睹王妃学似姑和儿子昭王赵潞的风采。

36. 平西将军祝人宏公传

祝人宏，字道充，江山阁老街人，郎峰祝氏三十二世祖。人宏公聪颖好学，精于韬略，熟知兵法，第武进士。率宋军与金兵交战，屡胜金寇，升平西将军。镇守汉口、荆州等地，他以精忠报国为己任，严肃军纪，加强军队训练，守防坚固，军民安定，深得朝廷信任和百姓的爱戴。卒于署任，葬湖北汉口渭沙洲。

37. 宣德郎祝肇庭公传

祝肇庭，字开宇，江山阁老街人，郎峰祝氏三十一世祖。肇庭公心正意诚，家族和睦。全家六世同堂，一百余人口，均互相怡爱，欢聚一堂。肇庭享寿103岁，县令表旌宣德郎。小儿子文烺才一周岁，夫人张氏病故。邻里劝肇庭公续娶，肇庭公怕后母对两个儿子不好，而坚决拒绝。

肇庭的长寿祕诀，心正意诚，家族和睦。古代对老人也照顾周到，每月俸米十斛。可见，尊老敬老，是中华民族的优良传统。

38. 王府佥事祝鲲公传

祝鲲，字海伯，江山阁老街人，郎峰祝氏三十二世祖。祝鲲，聪明伶俐，头脑灵活，办事精干。由国学举选任王府佥事。佥事，官名，全称"王府签书判官厅公事"。其职务为协理王府政事，总管文牍。各地、各行政部门，王府各官臣用竹片写成上奏的疏、敕、文件，先看过，交佥事分类管理。后升为光禄主管，光禄主管，官名。专管皇室祭品、膳食及招待酒宴之官。皇室物资，应有尽有，事情烦杂，应接不暇。祝鲲任光禄主管，廉洁奉公，不贪不占。物资进出，严格按规章制度执行。管理物资，账目清楚。由于工作出色，深得皇帝的信任，一直至老退休。其妻李氏赠安人，生一子，名祝兆祥。

39. 礼部主事祝尚公公传

祝尚公，字左玉，江山阁老街人，郎峰祝氏三十二世祖。尚公聪明能干，就读江郎书院，善诗文，精于经史，以乡进士，授祥符县教谕。专管兴办书院、私塾，培养人才，改善办学条件，尚公工作出色，深受百姓欢迎。

值太后六十大寿，诏告天下，为太后六十大寿作颂词。全国文武百官，文人墨客，纷纷呈上颂词。千万颂词中，有的吹捧太夸张，脱离实际；有的词句华丽，但不得体；唯有尚公呈的诗文颂词，颂扬最为得体，且切实际，深得皇上肯定和皇太后喜爱。皇上高兴，授尚公礼部主事。礼部主事，官名，礼部，官署名，主管典章法度、典礼、祭祀、学校、科举和接待各方宾客等事务。下设四部，礼部、祠部、膳部、主客四部。尚公任礼部主事，清正廉洁，待人接物重礼仪、讲信义，工作有条不紊，大方得体，深得上下尊敬。

40. 转运使祝尚侯公传

祝尚侯，字右玉，江山阁老街人，郎峰祝氏三十二世祖。在江郎书院就读，经史文学精兼优，由经义科以春秋首选，授汉阳判官。判官，官名，宋代于各州府都设置，是地方长官的僚属，佐理政事，参与审理案件，职位略低于副使。

后升为河梁转运使。转运使，官名。宋初改置专职的都转运使，掌管一路或数路财富，监察地方官吏行政的权力。兼理治安、钱粮及巡察军事，是州府县的监督主官。

尚侯公在转运使任职间，廉洁奉公，洁身自好，坚守职责。对贪腐的官吏，严惩不贷。卒于任职，兵民悲痛欲绝，如丧考妣。

41. 长史祝征言公传

祝征言，字信之，郎峰祝氏三十二世祖。祝程的五子，由太学生考取庆历五年（1045）举人，授命长史。长史，官名，秦国开始设长史官，亦即丞相府中内务主官，相当于丞相府中之秘书长，亦可统兵作战，称为将兵长史。唐宋继承此官职。

征言公竭忠尽职，陈善闭邪。商王敬信，非常信任征言。征言公之女祝学似，貌似芙蓉，秀如蕙兰，琴棋书画，样样精通，被商王五子赵允让看中，因而联国戚，与允让完婚，生一子赵潞，英宗赵曙继承皇位，封郎峰祝氏的外孙赵潞为昭王。

熙宁五年（1072）征言公病逝，享年53岁，外孙昭王赵潞亲临江郎祭奠。

42. 翰林博士祝良骅公传

祝良骅，字穆三，江山阁老街人，郎峰祝氏三十一世祖。在江郎书院攻读古训，乡举选入太学院学习，秩满后，授太学院国学教司，屡官翰林五经博士。

翰林，官署名。本谓文翰荟萃之所在，文翰人士之多若林。翰林五经博士，就是国学院教授。宋代国学院（太学）招收三品以上君臣子弟。良骅公教孔子和孟子的论述和他们的学术思想，即所谓孔孟之道。同时教儒家诸派的学术思想，及他们在历史的贡献。可见，良骅公的五经水平之高，五经博士在唐代是三品。到宋代是都属教授官，最高水平的学术教授官，品位不一。

其妻张氏赠宜人，生一子，名祝人尚，江郎书院名教授。

43. 太学博士祝维公传

祝维，字向中，号方光，江山阁老街人，郎峰祝氏三十一世祖。祝维德性谦和，文学渊博，是江郎书院的高才生，由明经不赴考进士。由于书院校舍所限，他出资扩建江郎书院，粉刷旧墙屋，添建了新书房20余间，列前后左右。祝维博学多才，他主持江郎书院，名闻四方，朋友相约，求学者如鱼如鲫，他和学子终日谈学论道，曾有一科登第者有30余人的辉煌业绩。江郎书院更是名声大噪，他是江郎书院名师、功臣，书院勒碑记之，因孙显荣膺太学博士。

其妻钱氏荣赠安人，生二子，长子，驰封正奉大夫，次子庆诞。贺旬两子，长彦圣，巡道御史。次彦中，进士、工部侍郎，都是大宋栋梁。这是和祝维的教育培养分不开的。祝维生宋咸平三年（1000），终后，葬保安石鼓山底猛虎跳江。

44. 武威将军祝鲁公传

祝鲁，字积唯，江山阁老街人，郎峰祝氏三十一世祖。祝鲁就读江郎书院，术精兵法，由武试考策略中式，授信义校尉。随从大将军韩琦出征陕西，率兵攻打侵占宋朝国土的西夏皇朝。祝鲁领导宋军，斗志昂扬，杀声震天，旗开得胜，收复了失地。庆历元年（1041）功升都尉。都尉，官名，职位略低于将军，四品的武职官员。

宋军稍获胜利，宋仁宗以为西夏元昊惧怕宋，又派人潜入西夏，挑动西夏内部自相残杀，以获渔人之利。此举使西夏皇帝元昊非常恼怒，庆历二年（1042）九月，再次大规模出兵侵宋。宋仁宗轻敌，没有调韩琦大将出征，只命镇戎军守将葛怀敏率兵抵御，在定川被西夏军围攻，阵乱溃败，守陕西部队也没有出兵援助葛怀敏。致使死伤兵士9400余人，战马600余匹，居民遭掳，宋军大败。宋仁宗只好派宰相富弼、祝鲁等与西夏议和，祝鲁义正词严，侃侃不屈，宋与西夏最终达成和议。祝鲁欲辞职回乡，经富弼挽留，守边卫成，提升为武威将军。祝鲁治军严厉，斗志昂扬，守边数年无失，至老辞归。

妻子叶氏荣赠宜人，生三子，康民、康物、康阜。

45. 枢密院录事祝良骥公传

祝良骥，字德称，江山阁老街人，郎峰祝氏三十一世祖。由茂才举考，授转运使，官名。唐设水陆发运使。管理洛阳、长安粮食运输事务。宋改置专职的转运使，掌一路或数路的财赋，并有督察地方官吏的权力。良骥办事正直，秉公执法，廉洁奉公，得到宋仁宗皇帝的赏识，提升为枢密院录事。掌中枢机密，并传达皇帝诏旨，协助宰相管理军政，也参与朝政。宋朝沿袭而略加变通，枢密院与中书省号称"二府"。枢密院长官、平章事、宰相等合作"宰执"。

46. 制置使祝相公传

祝相，字子熊，江山阁老街人，郎峰祝氏三十一世祖。祝相应乡试与祝津同登举人榜，授瀛州推官。推官，官名，宋代各州、府设推官一人，专管一府刑狱，俗称刑厅。祝相任推官期间，政清廉洁，秉公执法，不徇私情，不收礼，不受宴请。每个案件都深入调查，力求办成铁案。祝相德行兼优，政绩突出，升为苏州、松江、常州的制置使。制置使，官名，宋代在用兵前后为控制地方秩序，或为捍卫疆土，负责边防军事而建置的官职。宋代制置使多兼任经略使和安抚大使，以统兵官充任，钦任资望特高的称制置大使。祝相是以将军身份，控制三州的政治、经济、军事权。相公痛恨恶劣的陋规，兴复利民的新规，政通人和，军民十分拥护。

诗人钱升著有《书祝子熊公传后》，诗曰：

> **明月太湖水，清风扬子江。**
>
> **夜看名宦传，寒意入纱窗。**

寥寥数语，写出了祝相的清廉、勤政，受到百姓爱戴。同太湖水一样清明，扬子江一样的清风，深夜还读祝相名宦传，不怕寒意入室。

祝相是情操高尚，淡泊名利，在世谱祝相传记中，没有提是常州名宦。在诗人钱升的诗里知道他是常州名宦。

47. 州判祝师范公传

祝师范，字道光，江山阁老街人，郎峰祝氏三十二世祖。聪明伶俐，进太学院学习，秩满后，职选州判。州判是官名，宋代各州府都设置判官，职位略低于副使，是地方长官的僚属，佐理刑狱政事。师范公性情纯笃，不恋仕进，热心公益善举，辞官回家，号召宗亲置义田兴学校，整祖墓修宗祠以祀祖先，热衷公益事业。

其妻姜氏赠宜人，恩爱一生，无子。侧室（妾）邓氏，生一子，名祝家臻，继承父业，为江郎书院置义田，扩大书院设施，参与郎峰世谱编辑工作，也是一名义士。

48. 吏部郎中祝师说公传

祝师说，字道传，江山阁老街人，郎峰祝氏三十二世祖。南宋建炎二年（1128）第进士，由内阁中书，屡官至吏部郎中。吏部，官署名，主管全国官吏的任免、考课、升降、调动等事务，长官为吏部尚书。下设吏部、司封、司勋、考功四司。司的长官为郎中。师说公是吏部司的长官，负责全国官吏的任免，权力很大。后摄黄门侍郎，官名，是内宫的郎官，皇帝近侍之臣，传达诏令，协助皇帝处理朝廷事务，明清时期为从二品官员。

师说公在任职时，发现宰相秦桧通番叛国，上奏《谏用兵书》，揭露了宰相韩侂胄等人的误国鄙夫的罪行，揭露宰相秦桧通番叛国、陷害忠良的罪行，建议用兵伐金。师说公的大义直言、精忠报国的精神，反而被谪贬广东，未几，气死于广州。

秦桧是臭名昭著的奸臣，陷害忠良岳飞父子。在美丽的西子湖畔，在肃穆的岳王墓前，人们可以看到被反缚双手，跪在墓前的四个铸铁罪人，他们就是永世受人唾骂的秦桧、王氏、万俟卨、张俊。

师说公不惧权贵，疾恶如仇，精忠报国，他的爱国情怀和崇高气质永远是祝氏后人的学习的榜样。卒后，韩世忠元帅以诗寄吊。

其妻周氏赠夫人，生二子，长子家成，进京考试，写诗骂秦桧，辞归。次子家春，大理评事，直道奸臣万俟卨的罪行，解职而归。

49. 直阁修书郎祝嘉言公传

祝嘉言,字孔彰,江山阁老街人,郎峰祝氏三十二世祖。祝程的六子。祝嘉言从小聪颖。爱好书法,楷、行、隶、篆各种字体都熟,精于楷书,是宋代不知名的书法家。由举人召入内阁授中书舍人。官名,西晋初期设置,主管文书,职位低于中书侍郎,宋代中书舍人主管中书六房(吏、户、礼、兵、刑、工),承办各类文书,起草中书六房的有关律令,唐代大诗人杜牧任此职。入此职者,不但文通还必须楷书优美。

祝嘉言的楷书优美,后由太学士余靖推荐,授直阁修书郎,主管史馆事,下有属官会史,编写国史等。

嘉言公还深入研究孝经,著有《注孝经直解》遗世。

50. 山东学政祝允闻公传

祝允闻,字颜卿,号聪庵,江山阁老街人,郎峰祝氏三十三世祖。宰相祝臣的长子。生性聪颖,天才卓越。执法剔奸弊,持戟正劈邪,浩然正气,经文纬武,势不可挡。北宋元丰二年(1079)第进士,授国史书郎,隶属翰林院,撰修国史。通鉴臣司马温,命允闻公写篇通鉴,允闻挥笔立就,各臻其妙,文章之优美,立意之新颖,使司马温十分敬佩,温公嘉之。

北宋元祐二年(1087),允闻公授山东学政。在任职期间,敬谒孔庙,拨款修理礼器。在山东省应举试时,面试考生,不拘一格,从中选拔优秀人才,他不徇私情,秉公选才,深得山东民众拥之。山东学政任职期满,调任国子司业,国学教授,屡升大理寺正卿,掌管刑狱案件审理。允闻公任职时,立案调查宰相章惇欺君之罪。章惇和蔡京钻营官掖,倚恃妖姬刘婕好,以美色勾引宋哲宗,哲宗耽恋美人,无心政务。并废除端庄有礼、助皇兴国的孟后,立妖妇刘婕好为皇后,后来哲宗,悔曰:"章惇误我。"允闻判章惇有罪入狱。

北宋建中靖国元年(1101),允闻公授部卿会议军国事,参知临江等军政事,授兵部郎中,即兵部副职,镇守边疆。允闻公熟知兵法,经文纬武,善谋略,军队粮饷充足,兵强马壮,金寇畏之不敢迎战,边疆安之。

北宋政和五年(1115),哲宗亲自召见允闻公,仍授大理寺正卿。童贯率宋军15万,从京师出发征讨西夏(辽),连吃两场败仗,折兵10万。他许诺每年付金20万两银子,30万匹丝帛,勾结金军攻西夏。金军首领知童贯军队不堪一击,领军攻下燕云十六州后,立即又进攻北宋,围攻京城开封。童贯谎报军情,说大胜辽军,把金军攻下燕云十六州,说成自己的战绩。公元1116年,允闻公查清童贯罪状,劾判奸臣童贯有罪。因为童贯的死党蔡京为宰相把持朝政,童贯免遭一劫。而允闻公却被贬汀州邮司,管理邮政工作。

北宋宣和元年(1119),大臣郑居中题授允闻广东学政兼大理正卿。允闻公以卓越的政绩,三年任期满后,因疾请辞回故里,卒于北宋宣和七年(1125),享年67

岁，封正奉大夫，诗人赵铠以诗追悼。

明朝书画大家唐寅（唐伯虎）诗赞曰：

> 学问充优，连城无价。
>
> 赴宴琼林，李杜流亚。
>
> 奔走庙堂，忠勤夙夜。
>
> 视学山东，时雨点化。
>
> 取士拔优，全无虚假。
>
> 德醇政清，被乎上下。

这是多么高的评价，"李杜流亚"，超越李白、杜甫，当然有些夸张。"德醇政清"，道德高尚，清廉从政，允闻公是郎峰祝氏的一代才子，戟正劈邪，浩然正气，永远值得后人学习。

51. 袁州知州祝允初公传

祝允初，字元卿，江山阁老街人，郎峰祝氏三十三世祖。宰相祝臣的次子。允初就读江郎书院，刻苦学习，精于经史，性刚才杰。由荫举入太学，伴读王子，期满后参加礼部考试第一名，即省元，实际等同进士。授绩溪县令，他执政为民，社会安定，生产发展，政通人和，德声载道。因政绩卓异，升为袁州知州。

任职袁州，政清人和，百姓安居乐业。适逢皇帝宠爱的姬妾经过袁州，苛刻要求州府官员跪地守候，并要礼乐迎送，还要赠送当地土特产。允初公为人正直，不会溜须拍马。他知照领班，只能按规制执行。而被贬职辞退归故里，袁州士民劝公留下，设宴饯行，泣泪相送，如丧考妣。乡民立去思碑祀之，入袁州名宦。

允初公回故里后，逸居林下，享天伦之乐。他修祠宇，整坟茔，置祀田。置义田，行善事，为祖宗增光。

明代诗人王泮赞曰：

> 治绩弦歌在，袁州诵政声。
>
> 勋名超卓鲁，学术继周程。
>
> 自昔标青史，于今作典型。
>
> 古碑苔藓驳，犹认祝元卿。

"自昔标青史，于今作典型。"不威皇权，不跪地守候，正直做人，何等威严。

52. 都阃将军祝允治公传

祝允治，字舜卿，江山阁老街，郎峰祝氏三十三世祖。允治公就读江郎书院，精于武略，熟知兵法，智勇双全。由武举人授河北武信校尉，在副元帅宗泽领导下，允治公英勇善战，多次领军与金寇交战，屡战屡胜，收复失地。允治公治军严谨，军纪严明，士气高昂，对百姓丝毫无犯，是一支战斗力很强的队伍。与金寇交战，吃尽苦头的金兵，把允治公的部队，也称"岳家军"，宗泽提升允治公为都阃将军，督理征讨前营军务。

金寇南侵，岳飞率7000名将士渡过黄河，汇合允治公军队，抗击金寇。数万金兵冲杀过来，宋军将士在岳飞元帅的指挥下，士气高涨，毫无惧色，杀声震天，高举大刀、长矛，冲进敌阵，打败金贼，杀敌无数，这一仗宋军取得了辉煌的胜利。允治公随从岳元帅讨金寇，功绩甚多。岳飞被秦桧陷害，朝廷十二道金牌，令岳飞班师回京遇害。允治公奉调镇守朱仙镇，抗击金寇，未几，疾卒于营署。

53. 武翊卫大制参祝允哲公传

祝允哲，字明卿，江山阁老街人，郎峰祝氏三十三世祖。允哲公就读江郎书院，他敏而好学，学识渊博，文武双全，德无瑕疵。他气贯云霄，一心精忠报国。北宋元符三年（1100）第进士，授龙图阁中书郎，相当于皇帝秘书，起草诏令、政令等。屡官至武翊卫大制参，督理江广军务。与岳飞并肩抗金，两人结下深厚友谊。靖康二年（1127），金兵攻进洛阳，北宋灭亡，徽宗和钦宗二帝被劫掳，押往金寇首都五国城。南宋建炎元年（1127），允哲公和韩世忠将军商议，屯军宣威，营救徽钦二帝，若营救成功，立即送二帝往南宋京都杭州。因驻防接应未能与金贼交锋灭寇，营救未成。

南宋绍兴元年（1131），允哲公拜见皇帝宋高宗赵构，上奏请诛金贼间谍秦桧，反被贬潮州推官，主管潮州刑狱，俗称刑厅。允哲公秉公执法，公正无私，律严刑清。清查冤假错案，一律平反。每一个案件都深入调查，掌握证据，据实办案。同时，揭露秦桧通金叛国，陷害忠良的罪行。

南宋绍兴十一年（1141），吏部尚书陈旦，题允哲公才品端伟，德行兼优，敢于直言。诏允哲公到京都杭州，恢复武翊卫大制参督理江广军务原职。到杭州时，得知岳飞父子被十二道金牌诏回，关押在大理寺。满朝文武百官敢怒而不敢言，而允哲公立即上《乞保良将疏》，愿以全家70余口性命，保岳飞父子出狱，让岳飞父子出征，若岳飞能立功，则赦臣全家无罪；若岳飞败绩，则诛臣家70口，臣亦快然无憾。

南宋绍兴十二年（1142），允哲公乘船赴任，督理江广军务，船到浙江富阳，闻岳飞父子被秦桧杀害，恸然而晕倒，未几，卒于富阳。

秦桧派使凭吊，使者问："太制参临终有何言？"守灵柩者答曰："制参临终眼睛开着，死不瞑目。"奉命大葬富阳白升山。富阳县令云中龙，为允哲公墓其志。志曰："明卿祝公，衢州江山郎峰人也。由进士历官制参。与陈太宰以德相善，与岳少保以忠相尚。秉正嫉邪，志图恢复。少保冤死，公亦死之。夫以少保之忠，制参之义，而君仇终不能报，权奸终不能除，君子未尝不太息而深恨之。然大丈夫之心志，尝以不得其死为羞，而成功非所论焉。少保、制参之死，固足以光日月而壮山河。"高度评价了岳飞与祝允哲公精忠报国、大义凛然的英雄气概，与日月同辉，与山河永存。

清诗人汪铺《过白升山吊祝制参》，诗曰：

富阳江上水潺潺，不尽东流未肯还。

剩有制参遗墓在，今人凭吊白升山。

诗文虽然数语，允哲公的功绩像富阳江的水一样，说不完，道不尽。人们怀念他，凭吊他。

54. 儒林郎祝世庆公传

祝世庆，字君一，江山阁老街人，郎峰祝氏三十三世祖。

世庆公是一个孝义之人，和睦之家，邻里融洽相处。父亲生了重病，求遍江山名医来看病，汤药必亲口尝之，才能让父亲喝。但病情未见好转，还日益严重。听闻福建福州有神医，能治好父亲的病。从江山到福州，千里之遥，路途险峻，盗寇横行，凶多吉少，家人和亲朋都劝他不要去。世庆公曰："父是天，有天才有世界，天塌了，怎么生活，刀山火海也要闯。"他来回数十天，路上历尽千难万险，找到神医，取回了药。服药后，父亲病情仍越来越重。父病故，悲痛欲绝，守墓三年尽孝。继母病了，嘱弟守候床前照顾继母，自己外出请医求药，继母去世，泣不成声，守墓三年尽孝。邑令闻之，赠儒林郎匾额，挂在堂上以表之。其妻毛氏荣赠孺人。

55. 孝子祝光煜公传

祝光煜，字亮元，江山阁老街人，郎峰祝氏三十三世祖。光煜是祝敞公的独子，敞公随二帝北行，被金寇鞭挞捶击，血流千里，骂金寇不绝口，惫不能行，道旁自殒而死。光煜闻父遇难，欲挥刀赴金，夺父以归。光煜公告别母亲，准备财物，急促出发。从江山到五国城，几千里之遥，路途险峻，千里沙漠。历尽千难万险，深涉五国城，拜见二帝，二帝痛哭感之，不知敞公失在何地。光煜白天号于城市，查问父讯，夜泣于野外，历三月余。遇一道士，道士曰："最初我和你父同侍二帝，已失于芦州。"

光煜掉身南返，赶到芦州，遍道泣访，得老僧达那老人告之葬地，碑上写有"宋忠臣祝敞之墓"，坟里藏有块佩玉，光煜跟随老僧寻到父墓，挖出了玉佩，呼天号地，跪地不起。老僧连连称曰："父忠子孝，忠孝双全。"

光煜誓死要将父遗骨归葬，芦州贤者，闻之资助，沿途官臣和百姓都纷纷前来凭吊，州县令都亲自扶灵致哀，呼之忠臣回归。母念激切，先成暴死。光煜双亲皆失，连恸七日，加之路途艰辛过度，亦至亡故。呜呼！父精忠亡于国，子孝死于亲，父子忠孝双全，旌表光煜孝子。

56. 孝子光煜公传

南宋·徐存

郎峰有孝子光煜者，姓祝，字亮元，生性纯笃，质直寡文。其父正五公讳敞，由宣和乡荐，累官讲士，除东宫洗马[1]。靖康难作，二帝北行，敞披发跣足，流涕以从。煜闻父难，欲挥刀赴金敌，夺父以归，众力阻之，乃止。归告其母，誓以寻父。侧身投北，穷迹塞外，深涉五国城，朝于二帝，然卒不知其父所在。乃昼号于市，夜泣于野。历三月余，遇一人南冠[2]，过而告之曰："初、汝父同我侍二帝，已相失于芦州矣。"煜急请其详，其人杳然而云。因掉身南返，至于芦境，遍道泣访，得老僧达那上人，告以葬所。

盖敞之从二帝也，骂金寇不绝口，金寇拖曳捶击，惫不能行，故与帝失。既无所之，乃即道旁自殒以死。僧感其忠，为之募棺以葬，又藏其所佩之璧，题于圹中，曰："宋忠臣祝敞之墓。"光煜启圹出璧，呼号顿绝。然父骨虽得，而未能图归。芦之贤者，闻而来赙[3]，助以资用，始得扶父灵反葬故土。熟知母念激切，先成暴卒。煜以不见二人为恨，连坳七日，兼以跋涉艰辛，亦至决绝。

嗟乎，谚有之曰"情极必神，思极必明"，其信然者欤？夫南冠之指，老僧之遇，人也，而非神也。然非诚至所感，蓄极之所通，则亦安得若人而指之？遇出于不期，言闻于意外，其间殆有神行而为之合焉。然在煜也，当其时亦意中事耳，抑予于祝敞父子有深感焉。盖臣之事君，犹子之事父，做事亲孝，则忠可移于君，而兹之父死于国，子死于亲，是其至性焉哉，抑亦敞之能以忠教孝也！求忠臣者，必于孝子之门。予曰："求孝子者，亦必于忠臣之门矣。其行烈若比，悲夫！"

【作者】徐存，字诚叟，号逸平，江山人。朱熹曾登门求教，著名理学家。师事理学家杨时。南宋初，拒绝秦桧多次征召，隐居江山南塘，设书院讲学。朱熹多次造访求教。著作有《六经讲义》《书籍义》《中庸解》《论语解》《孟子解》等，均已失传。存有《潜心室铭》。

【注释】[1]除东宫洗马，除，任命。东宫洗马，官名，为太子的属官。[2]南冠，道士。[3]赙，以财物助人办丧事。

57.巡道御史祝学礼公传

祝学礼，字再庭，江山阁老街人，郎峰祝氏三十三世祖。河东宣抚使祝程的孙子，长史祝征言的三子。因为学礼的姐姐祝学似嫁给濮安懿王，学礼是王亲国戚。北宋绍圣三年（1096）入太学读书，秩满后，特授巡道御史。巡道御史，官名。仅次于宰相的朝官之一，主要职务为督察、执法、不参与行政事务。在执法中，见奸臣章惇的家丁，为非作歹，扰乱市政，抢劫财物，调戏妇女，殴打无辜百姓。许多官员慑于章惇的权威，敢怒不敢言。学礼公严厉执法，查清事实，执行杖刑。章惇告诉奸臣宰相蔡京，家丁被巡道御史杖刑，蔡京曰："学礼是濮王的小舅子，皇亲国戚。"未几，学礼公被革职，濮王以佐自己的王室，授学礼为治中。治中、官名。濮王的助理，主管濮王府的财务、粮食、生活、书籍。

学礼公的执法如山，不畏权贵，克代天工，值得后人学习。

58. 江郎书院名师祝珙公传

祝珙，字象文，原名学琴，江山阁老街人，郎峰祝氏三十三世祖。祝珙与南塘徐存同师龟山杨时先生，杨时是北宋著名的理学家。祝珙刻苦攻读，学得杨的精华，精于理学。北宋元祐三年（1088）第李常宁榜进士，他不恋官仕，回归主持江郎书院当教授，终日不倦。名相白时中巡闽经江郎书院，称赞江郎书院人才济济，劝祝珙出仕佐政，被婉拒之。四方来江郎书院求学者百余人，曾有一榜登士者四十余人的辉煌业绩。可见，当时江郎书院教学质量之优，文化之盛，人才出众。当然也是有祝珙等一批优秀教授，辛勤耕耘，无私奉献的结果。

但是，江山县修志者误认祝珙是外地来江游士，县志没有登祝珙的事迹，江山文人周礼、柴卫、徐荣都有诗颂之。诗人柴卫写墓志。理学家徐存赞曰：

文章典雅，心意开豁。

黄甲蜚声，圭璋特达。

59. 卫都指挥祝学点公传

祝学点，字圣与，江山阁老街人，郎峰祝氏三十三世祖。学点就读江郎书院，钻研武略，熟读兵法，早晚练功，夏练酷暑，冬练九寒。北宋熙宁五年（1072）第武进士，屡官知武都指挥，是宋神宗的军事顾问，宋神宗登基后，立志统一中国，进行两次大的军事行动。

第一次，交趾军（越南北方）不断向宋朝广西边境进行劫掠，熙宁九年（1076）九月，交趾军出动六万人，进攻广西扶绥，兵分两路向宋边疆广西大举推进。学点公建议任命郭逵为安南道行都总署，率军到广西前线迎战。学点公任军事顾问，跟随前行。邕州已被交趾军占领，军民被杀害达五万人。交趾军骑大象作前锋。宋军持强弩猛射，以长刀砍象鼻，象受惊向后回奔，反而殃及敌军，交趾军大败溃退，收复失地。交趾王李乾德眼看宋军兵临城下，赶忙奉表乞降。学点公旗开得胜，授卫都指挥使。元朝诗人萨都刺赞曰：

素具安邦志，怀才进士身。

指挥征大用，惟惬任劳臣。

野寨夏思切，天朝顾问新。

万方沾治化，恩泽胜三春。

60. 治家典范祝文仆公传

祝文仆，字景有，又名学泗，江山阁老街人，郎峰祝氏三十三世祖。宰相祝常的长子。文仆就读江郎书院，品学兼优，性敦孝友，素崇节俭，宋仁宗三次授官，文仆辞任。同弟祝宝两人志洽齐家，聚首六百余口，五代同堂。要治好这样一个大家族，并非易事。文仆建立《治家格目训》，以规治家。五世其昌，恭和谦让。其子弟或在外求学，或任官职，或在家务农，各尽其才，各得其所。男婚女嫁，不失其时。内外尊卑，克循其序，冠裳济美，欢气盈庭。

文仆其妻蔡氏，生四子，长子裕民，江西观风察俗使。次子保民，都佥事。三子惠民，春官司正，四子泽民，敦武校尉。四子都成才。

附：文仆《治家格目训》

仆奉诸父兄命掌家务，公慎就业懔如也。其田邸舍所收，及诸父兄弟任有官者，之俸禄解回，皆聚之一库，簿号出入。如有苟费私曲，希诸辈明以责之。不可含容。但不详闺内语言，声闻于堂，以辨是非。

凡食设广席，长幼以次坐，共而饮食，妇于厨内，列席亦如之。凡衣以冬夏计口，别其大小授之布葛。如当丧，则裘当帛则帛。婚姻丧葬之事，皆依礼素分，凡诸子弟所理之事必诚，以掌之。如各所习业必笃以成之。惟愿一家六百余人，其长幼尊卑，共相敬爱，以勤俭恭恕为怀，庶无负诸父兄之命，仆也。

61. 进士祝宝公传

祝宝，字惟善，又名学洙，江山阁老街人，郎峰祝氏三十三世祖。是河东宣抚使祝程的孙子，威武军节度使祝应言的次子。祝宝从小聪敏，孝友成性，心直敢言，一身正气。北宋嘉祐二年（1057）第进士。在殿试时，祝宝揭露时弊，指出国家正处在"内忧"和"外患"之时，"内忧"是宋仁宗酒色度日，政事渐疏，祝宝要求整肃后宫，确立皇后。"外患"是西邻元昊建立西夏国，威胁西域的安全，应尽快练兵打仗，消灭西夏，否则后患无穷。祝宝在殿试的对策伏阙，受到奸臣的训斥，被谪回复读。

祝宝认为当下是蠹国之天下，贤良忌用，怒而辞归。和兄文仆治理六百余口之家，他们精心持家，严肃家风，整顿家纪。这个五代同堂，八房共聚，六百人口之家，和和顺顺，五世其昌。

62. 太学博士祝学孔公传

祝学孔，字时将，江山阁老街人，郎峰祝氏三十三世祖。学孔是河东宣抚使祝程的长孙，是威武军节度使祝应言的长子。从小聪颖，就读江郎书院，精于经史，德行兼优，后转入太学读书。太学是古代学校名，即国学。宋代设置国子、太学两门。进国学读书的学子是有条件的，该校只招三品以上官僚子弟，其祖父祝程是二品，当然能入学。学孔公太学秩满后，获得太学博士，是高级学术官，在国学院里的教授，相当于现在北京大学教授，是一代名师。

其妻朱氏荣赠宜人，生三子，宜中、其中、齐子。南宋理学家国史编校江山长台人柴禹声为祝学孔写传记，以颂之功德，世谱未查到。

63.监察御史祝学宪公传

祝学宪，字景廉，江山阁老街人，郎峰祝氏三十三世祖。宰相祝常的次子。就读江郎书院，品学兼优，北宋治平元年（1064）登经魁，即举人，授监察御史。官名，是封建国家检察机关，历代相治不改，主要职务为督察、执法，不参与行政。学宪公任监察御史，秉公办事，不徇私情，清廉从政，执法严明。他不受礼物，不受贿赂，总是深入调查，以事实为依据，以法律为准绳，尽可能把每个案件都办成铁案。

元配方氏荣赠恭人，生三子，长子康民，征仕郎；次子保民，都金事；三子济民。副室殷氏荣赠安人，生二子，长子安民，次子哲民。

64.枢密院都事祝学求公传

祝学求，字艺如，江山阁老街人，郎峰祝氏三十三世祖。河东宣抚使祝程的孙子，山东学政祝绅的次子。求学江郎书院，文治武功，德才兼优。后入太学，秩满后，授仕宦冀州推官。推官，官名，唐代开始设置，名有差异。节度使、观察使、防御使等之属官。

到宋朝，各州、府皆置有推官，正七品。专管一府的刑狱，俗称刑厅。学求公任冀州推官，政清刑明，不徇私情，不收贿赂，深入调查研究，以事实为依据，使罪犯心服口服，清查冤案，一律平反。由于工作出色，升至枢密院都事。官名，枢密院，是管理军事机密、边防、民兵、军马及对外交涉。学求公枢密院都事，相当于现在中央军委委员。奉命领兵讨伐金、戎羌，都战而胜之。后来奸臣蔡京、童贯掌握军权，学求辞退回江。

65.枢密院都事祝学雍公传

祝学雍，字简若，江山阁老街人，郎峰祝氏三十三世祖。祝程的孙子，学习刻苦，精于韬略，善于外交，北宋元丰七年（1084）登举人，屡迁官至河北行台司，代表中央政府的机构，分别执掌省行政、军事及检察权。学雍公领命出使金国，相当于现在大使，不卑不亢，不辱使命。宣传以和为贵的儒学思想，对金国图谋进犯论调，义正词严辩驳，至金臣哑口无言。尽力避免战争、伤害百姓、消耗国力。所以，在宋神宗的期间，宋金两国还是相对和平相处的。后来，回朝复命，任枢密院都事。

学雍公卒后，诗人熊可量，周任诸公以诗追悼。

元配徐氏生五子：乘龙、中龙、元龙、起龙、见龙。副室马氏生四子：文龙、攀龙、云龙、飞龙。人称祝氏"九龙"。

祝乘龙，字帝六，庠士。任教家塾，崇尚儒学，宣讲孔孟之道，平时穿儒服戴儒帽，待人彬彬有礼。

祝中龙，字在云，拔贡，授儒林郎。任教家塾，崇尚儒学，宣讲孔孟之道，平时穿儒服戴儒帽，待人彬彬有礼，热心善事义举。

祝元龙，字海君，擅长文学，书法工整，诗词优美。宣讲孔孟之道，平时穿儒服，戴儒帽，彬彬有礼。

祝文龙，字云会，庠士，在江郎书院讲学，传儒学，重儒林。

祝攀龙，字附夫，太学生，授承议郎。仅次于节度使的官员。

祝云龙，字应从，庠士。才学兼优，在本县讲学，授儒林郎。

祝起龙，字御天，举人。文优行端，学而不倦，诗人，多篇诗词遗世。

祝见龙，字在田，庠士，宣传孔孟之道。

祝飞龙，字在天，庠士，才学兼优，诗人。

九龙名震一时，为郎峰祝氏三十四世祖，兄弟九人，皆才学兼优，宣讲孔孟之道，激励后学，穿儒服，戴儒冠，彬彬有礼。皆诗文优美，书法工整，乐做善事。遗有兄弟行乐图，进士礼部户部尚书江山诗人毛晃以诗赞之，这说明当时郎峰祝氏崇尚儒学，尊师重教，普及教育，人才辈出。

66. 刑科吉士祝琛公传

祝琛，字玉和，又名学樊，江山阁老街人，郎峰祝氏三十三世祖。

祝琛就读江郎书院，潜心研究理学。北宋熙宁八年（1075）乡荐举秀才，授吴江教谕，即管教育的官。他大力宣传儒学，积极办书院、义学、私塾，使吴江县成为人才辈出之地。元丰五年（1082）登黄裳榜进士，授职刑科吉士。刑部是尚书六部之一，下设刑部、都部、比部、司门四司。祝琛是刑部吉士，负责法律、刑狱等事务。祝琛清正廉洁，抓法律宣传，法律监督，使官民都懂法、守法。对管辖案件，特别是重大案件，亲自听汇报，看案卷，查事实，主持公道不枉法。为官以廉明著称，在江山他的事迹广为流传。《江山县志》第八卷，恩荣志·仕籍篇，祝琛以廉史称，恰如其分。因劳累过度，祝琛公于元祐元年（1086）卒于署任，享年48岁，灵柩运回家乡安葬。

67. 中书舍人祝学颙公传

祝学颙，字子仪，江山阁老街人，郎峰祝氏三十三世祖。学颙公是河东宣抚使祝程的孙子，就读江郎书院，品学兼优，擅长诗词，精于楷书艺术。由仕宦荐授中书舍人。中书舍人是官名，西晋初期设置，主管文书。宋朝主管中书六房，即吏部、户部、礼部、兵部、刑部、工部，中书舍人承办六部各类文书。起草有关诏书、文告、命令等事务，不能有错误、疏忽。属朝廷机密，是皇宫机要人员，有时代替宰相职责。

由此可见，学颙公不仅文采优美，诗词歌赋精通，更重要的是书法了得。否则，不可能进入中书舍人。学颙公工作极端负责，细致耐心，一丝不苟，是江郎的才子。

学颖公生于北宋皇祐二年（1050），终于大观四年（1110），享年60岁。妻子王氏荣赠宜人，生二子，忠阶、忠相。

68. 太常寺博士祝学会公传

祝学会，字唯一，江山阁老街人，郎峰祝氏三十三世祖。学会就读于江郎书院，诗词歌赋，文学优异。他是长史祝征言的长子，濮安懿王的亲舅子，进入太学深造。秩满后，被太常寺选拔为优秀青年，就博士受业，经过严格的考核，学会公授太常寺博士。博士是学术官，教授太常寺子弟。

学会公知识渊博，通今博古，擅长诗词。他工作认真负责，对学生的学业关心辅导，品行以身作则，以身教重于言教，深受学生的爱戴。

学会公生于北宋庆历五年（1045），终于北宋大观二年（1108），享年63岁。妻子江氏荣封安人。生五子，宏中、咨中、时中、贤中、广中。

69. 王府供事祝学端公传

祝学端，字仲方，江山阁老街人，郎峰祝氏三十三世祖。学端公是长史祝征言的次子。就读江郎书院，文学优秀，善于诗词，因为是濮安懿王的小舅子，进入王府任供事。供事是王府雇员，是王宫的正式编制，服务数年可补为低级官吏。

学端公在王府虽做勤杂事，但工作认真负责，想得周全，做得完满。升级为中奉大夫。与赵挺之结为契友。大观元年（1107），辞职回归。

学端生于北宋皇祐四年（1052），终于南宋绍兴三年（1133），享年81岁，妻程氏荣封恭人。生三子，克中、尚中、裁中。

70. 闺秀祝辰姑和祝天益公传

祝辰姑，江郎女，其养弟祝天益，字君盈，郎峰祝氏三十三世祖。生母毛氏产辰姑，数年后病故。父继娶唐氏、王氏，唐氏生一子，名祝天益，产后月余，父亲和两继母都相继病故。留下辰姑和天益，辰姑年仅16，弟弟出生数月，姐孤弟幼，家门冷淡。天益嗷嗷待哺，辰姑抱弟哀哭，向天许愿，速赐女身乳汁，延接吾门香火。天心仁爱，即降乳汁如涌泉，保抱提携，珍爱惜钟，荫抚养乐。这里有神话色彩。应该是宗亲乡邻相助，送来新鲜的牛羊乳、粮食和衣服，或者有乳汁的妇女相助。

辰姑千辛万苦把弟天益养大成人，建房，娶妻。辰姑终生未嫁，这时已满头银发。天益勤俭持家，辛勤致富，把姐当母，孝顺有加。

天益生了七子，又孙十九，皆成才，子孙满堂，其乐融融。辰姑年63岁而终，节孝两全。

君不见，古来生女多向外，父母谁来供养？又不见，古来兄弟姐妹为财产，视为仇敌，骨肉相残。祝辰姑一个弱女子，保弟护家，能识大体明大义。勋名直超巾帼，奇人奇事，谁能相比！江郎三石，巍巍插天，辰姑节孝，代代相传。

71. 闺秀辰姑节孝传

青田叶瑞

扶誉清淑之气，钟于奇男儿，亦钟于奇女子，若祝氏闺秀辰姑即其人也。姑父讳成，字圣集，邑庠士，生母毛氏，产姑数载遂故。继母唐氏、王氏，唐氏产弟，名天益，仅月余染产病亡，不数月父与王母又相继归焉。

姑年十六，痛父母遗此血孤，招媪乳荫，日夜呱泣，不仅不食其乳，且不受其怀抱，姑不得已，抱弟仰天祷告，曰："父若有灵，天生乳汁"。祷毕，乳即泉涌。弟顿以养，及弟成立婚娶如礼，姑年已近四旬矣。

同房诸伯母，嘱天益为姑择配，姑闻之，从容谓弟曰："吾得见汝生男育女，吾可告无罪于父母矣。且两鬓将白，生则顿弟衣食，死则随父祭享，吾复何求而何适哉！"诗有之，不识，不知，顺帝之，则其即辰姑之，谓与厥后，弟生七子，子登士版十九孙，孙游校序，非辰姑养育之功，何由致此。享年63岁，全天而终，卜葬大丰圳，弟墓居左，弟妇葬右，若品字然，示与姑同享，不替礼也，亦宜也。

夫辰姑闺门弱质耳，而能识大体，明大义，至诚感神，为父母绵一线之传，其事奇，其人奇，其全受全归，尤超巾帼中为千古之一人者，爰据事直书，俟后来观风者采。

72. 难兄难弟祝咸平、咸隽公传

祝咸平，字靖国，其弟咸隽，字翰国，江山阁老街人，郎峰祝氏三十四世祖。父母早亡，留下咸平、咸隽兄弟俩，咸平公修身行孝，尽力教弟，节守奉养。节省开支，送弟咸隽进江郎书院读书，弟弟也很争气，乡榜第一，登举人。授都昌县令。感忠之恩，政清廉洁，兴办书院，发展生产，深受都昌士民的爱戴。闻兄咸平有疾，病情较重，立即辞职回家，请医看病，抓药治疗。日夜守候床前。乡里君子曰"难兄难弟"。

73. 神童祝咸隆公传

祝咸隆，字栋士，江山阁老街人，郎峰祝氏三十四世祖。咸隆公颖悟非常，从小熟读唐诗，背诵宋词。11岁作诗吟词，韵律规范，字句优美，立意新颖，深受江郎书院名家的好评。12岁游泮州县，参与诗会及各类诗词比赛时，皆能夺魁。士者称为"神童"。英年早逝，其妻周氏荣封贞节孺人，生遗腹子，名灼赖。

74. 江郎书院名师祝文颂公传

祝文颂，字德一，江山阁老街人，郎峰祝氏三十四世祖。文颂公就读江郎书院，笃心好学，擅长诗赋，精于经史，名噪江郎。秩满后，留在江郎书院当教授。

由于文颂公知识渊博，通今博古，他的讲课循循善诱，深得受业者的崇拜。他授业不分贫富，有教无类，受业数以百计。子弟中成才赴仕者众矣。他的学生如江山凤林的周章，宋乾道八年（1172）第进士，历官参知政事，封为开国男。男是爵位。长台的柴椿年，宋淳熙五年（1178）第进士，官为新昌军金枢密编修。

州刺史和县令以文学优，多次推荐文颂公做官，封仕，他不图仕进，都被辞不赴。妻子梅氏，生一子，良丰。

75. 学录舍人祝学宓公传

祝学宓，字子谦，江山阁老街人，郎峰祝氏三十三世祖。是河东宣抚使祝程的孙子。就读江郎书院，品行兼优，精于文学，由艺文举选为国子学录。封建王朝的教育管理机构和最高学府，叫国子监，简称"国学"。教育三品以上的官僚子弟，是贵族学校。学宓公在国子监中管理学籍。他工作认真，使每个国子都建立档案，记录他们的学业，品德行为，家族背景和特长，将来秩满后，作授官职的依据。

学宓公生于北宋至和元年（1054），终于北宋宣和五年（1123），享年69岁。其妻程氏荣赠安人，生五子，忠猷、忠慇、忠谆、忠嗣、忠烈。

76. 大理寺司务祝学长公传

祝学长，字子修，江山阁老街人，郎峰祝氏三十三世祖。是河东宣抚使祝程的孙子。就读江郎书院，文学优异，研习法学，由文学优秀举选授大理寺司务。大理寺，掌管刑狱的官府。秦、汉开始设置，到宋朝大理寺，刑部、都察院为三法司，会同处理重大的司法案件。学长公是法官，根据律法、犯罪的轻重，判定刑狱时间的长短。学长公深入实际，调查研究，对案件的疑点进行核实，避免冤假错案，经得起历史的考验。

学长公为政清廉，秉公执法，不徇私情，不收礼，不受贿。其妻周氏荣赠安人，生三子，忠治、忠义、忠任。

77. 县令祝学伋公传

祝学伋，字达宗，江山阁老街人，郎峰祝氏三十三世祖。河东宣抚使祝程的孙子。由例贡授新平县令。例贡是不由考选而通过纳捐取得的贡生称例贡，不算正途。但进士是经过殿试的，没有经过乡试，省试。虽然是进士，但属例贡进士。

学伋公在任职新平县令时，政清廉洁，执法严厉，社会安定。同时，他积极修学官，开设书院，把江郎书院一套办学经验，搬到新平县，设义学、置义田，在青年中奋起科甲。他倡导开河道，兴修水利，发展农业，有粮才能安居。铺路建桥。有功德于民，民拥之，颂之，入新平县名宦。立碑祀之。

其妻元配郑氏荣赠宜人，继娶席氏也荣赠宜人。

78. 户部司务祝学冉公传

祝学冉，字德如，江山阁老街人，郎峰祝氏三十三世祖。河东宣抚使祝程的孙子。就读江郎书院，学习成绩优异，由举荐选授太常典史，太常，官名，秦朝开始设置，为九卿之一，掌管礼乐社稷宗庙礼仪，学冉公管皇帝祭祖，祭祖礼仪庄严肃穆，程序复杂。学冉公工作认真细心，数年无失，提升为户部司务。北宋户部掌管全国土地、户籍、赋税、财政收支等事务。下设户部、度支、金部、仓部四司。学冉公是户部司务，负责全国户籍、人口统计、外籍人口的管理工作，这里有很强的政策性和朝廷机密之事。

学冉公德行兼优，廉洁奉公，工作勤恳。其妻严氏荣封孺人，生一子，中则。生于北宋政和五年（1115），终于南宋绍熙元年（1190），享年75岁。

79. 中书舍人祝学赤公传

祝学赤，字炳若，江山阁老街人，郎峰祝氏三十三世祖。学赤是河东宣抚使祝程的孙子，就读江郎书院，品学兼优，送太学深造，太学部试时考第一名。授官中书舍人。中书舍人，官名，西晋初期设置，是中书省的属官，主管文书工作，皇帝的诏书、命令都由中书舍人起草，发出。是皇帝的机要秘书。到了北宋，中书省承办六部文书，吏部、户部、礼部、兵部、刑部、工部都属中书舍人承办，起草有关诏令、文告、命令等事务。一般中书舍人20人左右，工作十分繁忙。学赤公严守机密，廉洁奉公，秉公办事，工作出色。

中书舍人要求文字功底深，楷书工整优美。唐代大诗人杜牧任中书舍人，《新唐书·百官志》："文书诏令，则中书舍人掌之。"可见学赤公除才华出众外，书法也是很有功底的。

80. 工部尚书祝配元公传

祝配元，字乾始，江山阁老街人，郎峰祝氏三十三世祖。由易经省会试夺魁，省元中科，初授会昌令。在会昌任职期间，治理水患，兴修水利，发展农业生产，依法治政，秉公执法，惩办贪污，政通人和。配元公政绩显著，因精于工科，提升为工部侍郎。工部长官为尚书，侍郎为副长官，正三品。工部为管理全国工程事务的机关。凡全国之土木、水利工程，机器制造工程（包括军器、军火、军用器物等），矿冶、纺织等官办工业无不综理,并主管一部分金融货币和统一度量衡等事务。配元公秉公守法,为政清廉,不徇私情,管理规范,凡工程建设项目,都重视质量,节约开支,加强经济核算,为国节俭。擢升为工部尚书。君子为公,受到北宋皇室的称赞,有古大臣之风范。西安诗人孔献夫赞曰:

> 家学溯渊源,王朝诰命喧。
> 尚书称掌握,工部列星垣。
> 启沃君心正,承宣相国恩。
> 上方新制造,娓娓达名言。

81. 兵部郎中祝鸣球公传

祝鸣球,字玉香,江山阁老街人,郎峰祝氏三十三世祖。鸣球公聪敏好学,就读江郎书院,文武双全。殿试第进士,授官工部主事,负责修理太庙。鸣球公廉洁从政,不徇私情,提调得宜,按时完工,质量优,提升为兵部郎中。兵部是主管中央及地方武官的选用、考查,以及兵籍、军械、军令等事务。兵部郎中,其职位仅次于兵部尚书、侍郎,主管武官的阶品,将官的调令差遣。鸣球公为政清廉,为人正直。发现奸臣童贯率领15万大军,进攻辽国,克扣军粮,连吃败仗。原因是童贯把军队粮饷,私自运回家里,却让官兵去抢劫老百姓的财物,这样的军队还能打胜仗吗?并且还虚报他收复了燕云十六州,向朝廷邀功。鸣球公上奏列举童贯罪状,反被倒打一耙,被奸臣贬为定海令。正值母亲生病,一气之下辞职回家。

其妻徐氏荣封淑人,生二子,廷铿、廷铨。

82. 高州名宦祝瑗公传

祝瑗,字如玉,江山阁老街人,郎峰祝氏三十三世祖。瑗公就读江郎书院,文采出众,精于经史。由明经授高州教谕。瑗公任高州教谕,兴文重教,重视学校建设,关注教师设置与选用质量,提高教育水平。他根据江郎书院的办学经验,在高州发动民间筹集资金,建义学,办书院。形成重教尚学的新风尚,为国家培养大量高质量的有用人才。

瑗公为高州做出的贡献,深受士民尊敬与爱戴,入高州名宦,立碑颂之。其妻周氏荣封安人,生一子,名銮,品学兼优,成为江郎书院的名师,平时吟诗作赋,著有《卧石先生集》行世。

83. 参军府祝文豹公传

祝文豹,字虎文,江山阁老街人,郎峰祝氏三十三世祖。文豹公就读江郎书院,文艺兼优,精于韬略,熟知兵法,以武举人任延康总阃尉。文豹公追随岳飞元帅,抗击金寇，献计献策，屡建战功，升为建昌参军府。

文豹公在建昌惩盗寇，抓治安，诛奸贪，使建昌社会安定，民众安居乐业。在建昌十几年，以疾告归。沿途百姓，挽留不舍，官仕设宴招待，士民立碑颂之德，示以不忘。

其妻周氏荣封淑人，生一子，名行。

84. 宣义郎祝则敏公传

祝则敏，字有功，江山阁老街人，郎峰祝氏三十三世祖。则敏公聪明伶俐，见事高明，轻财重义，见义勇为。有一天，他在峡口庄收租，一伙盗贼入侵该村，为了村民的利益和安全，与盗首商谈，许诺三日内筹集三百两黄金，换盗贼以后不要扰乱百姓，让村民过安定的生活。同时，盗贼有三百两黄金为本，不要以盗为业，做点生意也可以过上好日子。第二天，该村族老告诉则敏公曰："盗心贪得无厌，用钱未必能平盗贼入侵。"则敏公觉得族老说得有理，立即进县报案。县令派兵装扮成村民的样子，埋伏在村里。越数日，盗贼未拿到黄金，人数倍增，拥入村庄抢劫，被官兵围而擒之，送县府法办，盗首诛之。县令表彰则敏公擒盗有功，赠匾"宣义郎"。

85. 作者祝有然公传

祝有然，字燕生，江山阁老街人，郎峰祝氏三十三世祖。在义方馆启蒙教育，就读江郎书院，文学兼优，善经史，长诗赋，是一名德才兼备的青年。北宋绍圣二年（1095）登解元。解元，唐代参加进士考试的人，由地方解送入试者。后来历代沿称，乡试得中，为发解，乡试第一名为解元，唐伯虎也是科送中了解元。有然公中解元后，却不恋仕途，而回乡关门闭户读书，著书立述。著有《鼎字集》行世。

妻子周氏生二子，长子化龙，次子仕龙。化龙第进士，广昌推官。

86. 信武校尉祝家孕公传

祝家孕，字克生，江山阁老街人，郎峰祝氏三十三世祖。家孕公学有专长，在江郎书院读书时，就熟读兵法，精研韬略。其父为平西将军祝人宏，镇守武汉、荆州等地。家孕公受父亲的教育和影响，立志参军保国，以父职授信武校尉，领军镇守池州。家孕公军队，军纪严明，军令如山，对百姓秋毫无犯，深得百姓的拥护。池州城池安固，百姓安居乐业，民歌其功，军民敬之。

其妻周氏赠安人，生二子。

87. 义士祝渐公传

祝渐，字梦蛮，江山阁老街人，郎峰祝氏三十三世祖。渐公就读江郎书院，孝义心善，人品和文学兼优。以文进太学深造，学成后却不愿做官，回乡务农，家境富裕。正值大旱之年，农民颗粒无收，不少平民百姓，饥寒交迫，饿死在家，也有人外出讨饭，流落他乡。

渐公掏空家底捐粟三千硕，请县令开仓赈灾救民。在渐公的影响下，赈灾义举蓬勃展开，互相帮助，生产自给。度过大旱之年。县主建尚义牌坊，表彰祝渐的善行义举。

88. 乡荐魁士祝家成公传

祝家成，字美斋，江山阁老街人，郎峰祝氏三十三世祖。家成公为人正直，疾恶如仇，就读江郎书院，刻苦学习，尤善诗赋。南宋绍兴七年（1137），领乡荐以诗夺魁，进京举考，闻奸相秦桧，横行霸道，迫害忠良，怒火中烧。在殿试时，作诗讽刺秦桧。诗意是，秦桧奸相，纸包不住火，欺骗不能长久，最终罪行必将暴露无遗。

秦桧召见了家成公，欲收买他，许以宫中任职和优厚待遇，家成公疾言厉色，勃然拒绝。正直之士，皆赞公勇敢无畏之士。家成公回家务农，逍遥自在。

89. 惠州知州祝家祚公传

祝家祚，字克承，江山阁老街人，郎峰祝氏三十三世祖。就读江郎书院时，德才兼备，勤奋好学，学识渊博。由秀才授惠州知州，参知军事。就是惠州刺史兼军队领导。家祚公政简刑清，清正廉洁，秉公执法，惩恶扬善。建学校办书院，重教尚学。兴修水利，发展农业。发展经济，减轻税负。同时，他军纪严明，军民团结，战斗力强，寇不敢犯。惠州成为一片乐土，人民安居乐业。其妻唐氏赠安人。

90. 都察院金事祝濠公传

祝濠，字殷书，江山阁老街人，郎峰祝氏三十三世祖。在江郎书院读书时，品行兼优，学习刻苦，能文善诗，精于法学，博通典籍，由茂才考授河南都察院金事。都察院，官署名，最高的监察、弹劾及建议机关。巡按州县，考察弹劾官吏，参与处理重大案件。

祝濠公清廉勤政，秉公执法，巡视认真，深入民间，调查取证，惩治腐败，严惩贪官污吏。官民对濠公有很高的评价。

91. 福建监察御史祝柔中公传

祝柔中，字公远，号涵川，江山阁老街人，郎峰祝氏三十四世祖。柔中公是河东宣抚使祝程的曾孙，祝宝的儿子。德行兼优，精于经史，擅长诗赋。北宋元符二年（1099）第进士。入侍东宫日讲官，为太子讲课，是太子的属官。历迁吏部郎中，吏部主管全国官吏的任免、考课、升降、调去等事务。下设四司，司的长官为郎中。柔中公刚正不阿，秉公执法，清廉勤政。

奸臣宰相蔡京视柔中公为眼中钉，肉中刺，一心打压柔中，题贬县令。吏部尚书何执中爱公正直，有才能，题钦授福建监察御史，左参议事。监察御史主管福建省治安，巡视贪污腐败之官，弹劾官吏，左参议事略低于右参议事，参与福建议政、决策。柔中公执法严厉，奸邪畏之，清除蔡京和童贯伸向福建的爪牙，军民拥之。直至老而荣归。

卒于南宋绍兴十二年（1142），享年72岁，苏州诗人黄公度写墓志。其妻毛氏荣封淑人，生二子，天性，天怀。

92. 转运使祝和中公传

祝和中，字公介，江山阁老乡街人，郎峰祝氏三十四世祖。他敏而好学，南宋绍兴元年（1131）领乡荐举试，中秀才，授官荆襄转运使。转运使，官名，唐开始设置水陆发运使，管理洛阳、长安间粮食运输事务。宋朝置专职的转运使，掌管一路或数路的财赋运输，并有督察地方官吏的权力。和中公管荆州到襄阳这段水陆运输财富的安全。和中公清廉从政，严厉执法，对贪腐国粮、国赋的官员，严惩不贷。军民颂之。

其妻沈氏荣赠安人。继娶李氏、赵氏也荣赠安人。

93. "烂柯山下无虚士"——北宋围棋国手祝不疑

衢州的烂柯山是天下闻名的围棋仙地，三衢大地历史上也不乏围棋高手，北宋的祝不疑，即是其中最杰出的代表。

祝不疑（倚），字中立，声字辈，祖父祝阳，为庠生，曾祖祝鸿道，以军功任威武军参将，卒于任上。在家侍奉母亲的祝阳不忍父亲埋骨他乡，不远千里到京都汴梁接回江郎山安葬。又写了一篇《悲薄赋》，以自责作为人子没能亲自给父亲送终，言辞恳切极尽哀思，当时看过的人没有不流泪的。祝不疑的父亲祝日校是个天才，《郎峰祝氏世谱》记述"生而颖异，五岁能诗，敏悟非常，时以神童称之"，年方十二就参加州学考试成为庠士，而且每次考试都是冠军。可惜天妒英才，这位神童在新婚没多久便意外去世，留下19岁的妻子吴氏和遗腹子不疑。吴氏恪守妇道，守节终身"不戴饰不锦衣，不赴宴席，非公事不出堂"，一直到年越古稀全节而终，乡绅均敬其忠贞，赠以"贞节"匾额挂于门上。

吴氏当祝不疑掌上明珠，虽孤儿寡母，但家族有完善的帮扶和教育机制，祝不疑儿时便在祝氏的私塾"义方馆"接受启蒙教育，稍大又入江郎书院深造。他和父亲一样天生聪慧，未及弱冠就进入州学，成为庠生。《郎峰祝氏世谱》说他"文艺兼优长于棋"，就是说他不但文采好，琴棋书画样样精通，而最厉害的则是围棋。

早在孩提时期，祝不疑就随长辈去烂柯山祭扫一世祖信安侯祝巡陵墓。听长辈讲述石梁围棋圣地的传说故事，从此他就深深喜欢上了围棋。他聪敏过人，有着惊人的天赋，平时对前辈留下的棋谱典籍加以融会贯通，棋艺突飞猛进。几年之中，三衢一带的许多围棋名家，纷纷败在他的手下，成了名震一方的少年天才棋手。而让祝不疑一战成名的，则是他和当时的围棋顶尖高手刘仲甫的一次对弈，战胜刘仲甫，名震全国。

这件围棋界的轶事，被记载在宋人何薳著的《春诸纪闻》中。何薳，字子远，福建省浦城县人。何薳比祝不疑稍小几岁，他是祝家外甥，每次出入浦城均要在江郎山下的母舅家留宿。何薳在《春诸纪闻》中对祝不疑的评价很高："近世士大夫棋，无出三衢祝不疑之右者。"有趣的是他把祝不疑原来的名字"不倚"写成了"不疑"，后人也就只知"不疑"而不知"不倚"了。

祝不疑虽然棋艺超绝，但从小接受的是郎峰祝氏正统理学教育，他的志向没有局限于专门陪皇帝下棋娱乐的"棋侍招"这种小官。当年，祝不疑和堂叔祝学礼等同时考入太学，而祝敔则在殿试中高中进士，后任太子少傅广东学政。祝不疑成绩优异，直接被授以"太常寺丞"。太常寺是掌管陵庙群祀、礼乐仪制、天文术数和衣冠之属，以及与礼乐仪制有关的乐制和历算的机构。一般设有：太常寺卿一人，正三品；太常寺少卿二人，正四品上，掌礼乐、郊庙、社稷之事；太常寺丞二人，从五品，掌判寺事。祝不疑在这个位置上尽心尽责，做事周密谨慎，为官刚正清廉，政绩显著，被升任吏部主事。

94. 诗人祝毅中公传

祝毅中，字次宏，江山阁老街人，郎峰祝氏三十四世祖。毅中公就读江郎书院，文才出众，擅长诗赋。名列邑郡之首，在各场诗会中，纷纷夺魁。不图仕进，不参加科考，热衷于诗词歌赋，他把所作诗赋，汇编集成《赤峦舒吟集》行世，广被江山诗人传颂，对江郎书院受业者有较大的影响。

其妻蒋氏，生四子，攀桂、折桂、振桂、持桂。

95. 顺孙祝镀公传

祝镀，字饰金，江山阁老街人，郎峰祝氏三十四世祖。镀公幼年失去父母，祖父早亡，由祖母含辛茹苦养大，并成家立业。镀公从小顺孝，听祖母的话，忠厚诚实。长大后，一心要报祖母恩。

平时，每天一早要到祖母床前问候、请安，然后，端上洗脸水，冲好茶。晚上端上洗脚水，给祖母洗脚。并交代媳妇，每天问候祖母，十分尊重祖母，特意烧制老人家喜欢吃的菜。寒冬腊月，要用暖壶把祖母被窝暖热。

祖母病了，请医生诊疗抓药，药汤终要亲口尝一下，才端给祖母喝。祖母寿终，痛切罔极，丧事办得风风光光，守墓三年尽孝。

监察御史熊渭闻之，亲自来江山江郎调查，十分感动，见镀公出自内心，表以顺孙，建牌坊表之。

96. 劲节上将军祝旌祖公传

祝旌祖，字荣先，江山阁老街人，郎峰祝氏三十四世祖。旌祖公才通韬略，文武双全，气贯长虹，以武举人初授信义校尉，驻防浙江台州。他军纪严明，防地稳固如山，社会安定，台州军民拥之。功封都统将军，奉命调防抗金前线，镇守朱仙镇。和岳元帅一起，会商破金寇良策。当几万金兵冲杀过来，旌祖公毫无惧色，按破敌之策，战马长枪威风凛凛，率领官兵，杀声震天，像猛虎下山，势不可挡，冲进敌群。这一仗，宋军在岳飞元帅率领下，旌祖公作为岳飞的协军，取得了辉煌的胜利。

绍兴十一年（1141），金兵毁约，调集大队骑兵，金兀术亲自指挥，分四路向宋军大举进攻。宋高宗急令各路宋军英勇抵抗，旌祖公得到命令，向官兵传授破敌骑兵之策，手持麻札刀，不要仰视，低头只管砍马足，马足被砍，金寇骑兵乱成一团，金军全面溃败。旌祖公带领的宋军，取得胜利。

南宋绍兴十二年（1142）四月，宋高宗十二道金牌召岳飞回京，解除了他的兵权，投进监狱。旌祖公授命移军镇守边城，金贼围城，与敌激战十余回合，救兵不至，闭城死守，战死沙场，精忠报国，赠劲节上将军。

旌祖公次子九廷，生性纯孝，得知父精忠报国，战死沙场，遗骨他乡。告母曰："父骨抛弃他乡，心曷能安？此去不得父骨，必不归家。"赴北千里访求，哀痛万状，历尽艰辛，得一老兵指引，掘开父塚奉骨骸，回乡安葬在万青山。人称一门忠孝。

97. 持家能人祝骐公传

祝骐，字伯龙，江山阁老街人，郎峰祝氏三十四世祖。骐公性情庄重，忠孝礼义，聪明能干，品学兼优，不图仕进，不赴科举。温文儒雅，一心持家，兄弟四人，怡怡一堂。齐家有二百余口，四代同堂，男主外，妇主内。各循其序。收入一律由骐公总管，账目公开，丝毫不进私室。兄弟间以情相待，和和顺顺。婆媳间互相尊重，笑脸相迎，和睦相处。全家四代欢聚一堂，均各得其行，乡国称善。

其妻朱氏，生四子，孙顺、孙贤、孙肖、孙谋。

98. 太学博士祝恕可公传

祝恕可，字近仁，江山阁老街人，郎峰祝氏三十四世祖。由乡贡士初授宁安县丞，恕可公在县任职时，清廉勤政，秉公执法，无论官士和百姓，他都广交朋友，了解民意，切切实实为民办事，为民解忧。兴修水利，发展农业生产，深得官民的称赞。朝廷提拔恕可公为福建主考官，他在福建任职时，大兴重教尚学之风，大力培养人才。他秉公执法，不徇私情，考试公平、公正。把最优秀的青年送去殿试，登第授仕。因为恕可公所荐元魁，理得正宗，擢太学博士，进国学院当任教授。

妻子周氏荣赠宜人，生二子，世璞、世琦。

99. 作者祝堂公传

祝堂，字伯升，江山阁老街人，郎峰祝氏三十四世祖。堂公就读江郎书院，文学优异，心性温和，才学超群。他不图仕进，不参加科甲举试。他崇尚读书，志气高尚，精心励志，学识渊博，闭门著述。有《骐石草堂文集》遗世。

100. 江郎书院名师祝忠弼公传

祝忠弼，字元卿，江山阁老街人，郎峰祝氏三十四世祖。山东学政祝绅的孙子。他聪明伶俐，在义方馆接受启蒙教育，继而读书江郎书院，专研经史，擅长诗赋。忠弼公游学山东，谒拜孔子墓，叹曰："今日奸臣秦桧当相，非昔可比，国力衰矣，必须培养人才。"他不图仕进，不去科考，回到江山后，潜入江郎书院，以翼后学，育才兴国。

忠弼公为人正直，知识渊博，从学者众多。他以儒学为主讲内容，宣扬孔孟之道。他竭力传授精忠爱国，为官做忠良的思想，揭露奸臣秦桧，祸国殃民。大力宣扬岳飞精忠报国的精神，唤起学生爱国情怀。从学者登仕很多，是江郎书院的一位名师。

101. 定远将军祝忠旌公传

祝忠旌，字伯钦，江山阁老街人，郎峰祝氏三十四世祖。是枢密院都事祝学求的儿子。从小习武，品学兼优，熟知兵法，精于韬略，由武举人发迹，从岳飞抗金。公元1126年，金兵大举入侵中原，岳飞开始了他抗击金军、保家卫国的戎马生涯。学求公把儿子忠旌安排在岳家军中，与岳飞并肩抗金。忠旌公在岳飞的领导下，与副元帅宗泽一起，救援被金军围困的开封。宋军英勇善战，多次打败金军。金兵南侵，岳飞等七千将士渡过黄河，抗击金兵，到了新乡，一见几万金兵冲杀过来，忠旌公毫无惧色，举起长矛大喊杀声，冲进敌阵，宋军将士受了岳飞的鼓舞，勇气倍增，这一仗，宋军取得了辉煌的胜利。忠旌公屡建军功，功升定远将军，镇守战略要地柳州。忠旌公治军严厉，士气高涨，对百姓丝毫无犯，守柳无失，民拥之。

其妻洪氏荣赠恭人，生一子，钖荣。

102. 江西观风察俗使祝裕民公传

祝裕民，字在仁，江山阁老街人，郎峰祝氏三十四世祖。平章事祝常的孙子。读书于江郎书院，才学兼优，精于法学，北宋绍圣四年（1097）第进士。宋哲宗召见，并面试于龙图阁，皇帝赵煦赠尚方宝剑，钦授江西观风察俗使，有皇帝的尚方宝剑，对贪官污吏不必上疏，先斩后奏。奸臣宰相蔡京在江西的羽党爪牙，无恶不作，贪污腐败，陷害忠臣，欺压百姓，强奸良妇。被裕民公斩首示众，惊动京城，奸臣蔡京令裕民公贬官为民，回家务农，提督张邦昌以民本保留。未几，奸臣蔡京罪行败露，宋哲宗召见裕民公，提升更高的职位，裕民公因疾告辞，回家养老，传教后学，培养下一代。

裕民公生于北宋至和二年（1055），终于宣和四年（1122），享年68岁，天水诗人赵鼎写墓志。

刑科给士祝梦良公赞曰：

> 惟公廉明，冰清玉洁。
>
> 惟公正直，山笔岳峙。

103. 舞蹈家祝惟中公传

祝惟中，字帝庸，江山阁老街人，郎峰祝氏三十四世祖。惟中公就读江郎书院，品学兼优，送太学深造，不赴坐监。组织子弟百余人，教他们舞蹈，让他们活泼、快乐、健康地成长。他以动物形为范本，排演孔雀舞、骑马舞、猴舞、惟妙惟肖、乐与嬉戏，正派练舞，无色情之邪。老婆钱氏反对教舞，认为会把这些子弟带坏的。惟中公曰："非也，欲养其活泼之天机。"后来，这些人学习优异，登第登仕者都循规蹈矩。惟中公名声大振，家业大振。

104. 外翰祝绍祖公传

祝绍祖，字克绳，江山阁老街人，郎峰祝氏三十四世祖。绍祖公是江郎书院高才生，品学兼优，南宋绍兴十三年（1143），乡荐举人，授职寿昌县教谕。兴义学、办书院、置义田，奋起科甲。官职为处州州知。绍祖公崇尚儒学，践行孔孟之道。凡有求见者，必正衣冠，以礼相待。凡临朝施政，必要求官员朝服整齐，彬彬有礼，以和为贵，以理服人。没有官架子，亲民为民。绍祖公承大祭时，礼帽朝衣，端庄出祭，任何朝政出席，必以外翰，民感德化，士之佩服。

其妻姜氏荣赠孺人。生三子，九和、九龄、九功。

105. 太常卿祝无欺公传

祝无欺，字长公，江山阁老街人，郎峰祝氏三十四世祖。无欺公就读江郎书院，经史兼优，精于法学。由乡荐举人授中书舍人，官名，西晋初期开始设置，是中书省的属官，主管文书，从起草皇帝诏令，参与朝廷机密到决断政务。到了南宋，中书舍人不仅起草皇帝的诏令，同时管六部（史、户、礼、兵、刑、工），承办各类文书，起草有关诏令。无欺公不仅文学功底深厚，楷书优美，是不知名的书法家。唐代大诗人杜牧也曾任中书舍人。无欺公历任光禄少卿，光禄寺，设卿和少卿，兼管皇室膳食帐幕，皇室祭品，招待酒宴之官。无欺公工作负责，无差错，皇室人员皆满意。

高宗（赵构），建立南宋，无欺公任太常卿，掌管礼乐社稷宗庙礼仪。这时秦桧当宰相，深知秦桧陷害忠良，恐遭其害，辞职回江山，安度晚年。

106. 工科给士祝之善公传

祝之善，字长仁，江山西山梅泉人，郎峰祝氏三十四世祖。之善公品学兼优，第进士，授工科给士。在督造战船时，发现奸臣韩侂胄贪污军费，插手造战船事务，行贿工部官员，推荐劣质材料，贪污腐败，遂将韩侂胄告上刑部，之善公被谪为浙江浦江尉。

之善公到浦江任职，开办书院，把优秀青年吸引到书院读书，奋起科甲。浦江学士纷纷来求学。之善公亲自讲授，门者数百人，俯仰乐道，生活过得很充实，不觉已过十余年，以疾告归。登仕者纷纷前来送行。未登仕者追随到江山梅泉，负笈相从，继续请之善公讲授，后悉成材，在各庙廊为官。

107. 作者祝耀祖公传

祝耀祖，字子贤，江山阁老街人，郎峰祝氏三十四世祖。耀祖纯心好学，从师南塘理学家徐存先生，得其正传，南宋绍兴癸酉年（1153）登明经，没有参加殿试，奸臣秦桧多次征召徐存与耀祖，赴京任职，遭到师生的拒绝。耀祖公潜入江郎书院教授，由于知识渊博，耐心引导，晓之以理，动之以情，言传身教，受业者成名众多。耀祖公边教授边创作，著有《初学必读文集》行世。

其妻郑氏荣赠孺人，生二子，九成、九如。

108. 作者祝希祖公传

祝希祖，字赞先，江山阁老街人，郎峰祝氏三十四世祖。希祖公读书江郎书院，品学兼优，精于文学。笃志芸窗，不赴任职，好拟古作，名列郡首。闭门揣摩，著书论述，完成《鼎石草堂文稿》一书行世。影响很大，士林传诵，夸其才学。

妻其赵氏，生二子，敦诗、敦礼。

109. 都尉祝尚宾公传

祝尚宾，字位西，江山阁老街人，郎峰祝氏三十四世祖。尚宾就读江郎书院，德才兼备，擅长韬略，熟知兵法。以武举人任威武军指挥使，治军严厉，军纪如铁，官升都尉。官名，战国时开始设置的武官。职位略低于将军。尚宾公属国都尉，是实职武官，带兵打仗。驻防荆州，荆州是南宋的战略要地，粮赋之乡，守住荆州，就守住南宋的粮仓和国库。

尚宾在荆州任职时，政清身廉，军政严肃，社会安定，金寇不敢来犯。民皆乐业，歌颂公德，立碑祀之。

其妻子氏荣赠安人，生七子，尔振、尔挺、尔授、尔撲、尔接、尔捷、尔持。

110. 春官司正祝惠民公传

祝惠民，字在养，江山阁老街人，郎峰祝氏三十四世祖，宰相祝常的孙子。就读江郎书院，品学兼优，精于天文，深入研究东山公的《增补万福全书》。由茂才经魁举人，授天监官，观察天象，推算历书，授天监博士，即天文学家。北宋出了伟大的科学家、政治家沈括（1031~1095），他执掌天监司，观测天象，推算历书，并写成三部著作《浑天仪》《浮漏议》《景表议》，是中国天文史上的重要文献。

惠民公进入天监司工作，他继承沈括的学说，成为天监博士。历官至春官司正，春官就是礼部，礼部下设四司，惠民公主管典章法度，观测天象，推算历书。是郎峰祝氏的一个奇才，为中国天文学做出了贡献。

其妻周氏荣赠宜人，生二子，樵子、橱子。

111. 乡勇士祝光祖公传

祝光祖，字显公，江山阁老街人，郎峰祝氏三十四世祖。性耿行介，崇正黜邪。乡村有一霸，名叫滑胥，巧佞惑众，主宰乡间十余任，乡权政颠倒，酷刑无辜百姓无数，掠夺财物，强奸妇女，无恶不作。百姓怒不敢言。莫奈光祖公挺身而出，陈其罪状上告县令，经审查滑胥罪大恶极，处以极刑，示众游街，身带枷刑。光祖公正衣冠，请至县现场看，滑胥任木架骄傲，抬头怒众。光祖公前去攀枷压首，凡受害者之民，争啖其肉血。光祖公受到嘉奖，公把奖金发给受害者。

112. 孝廉祝贤中公传

祝贤中，字希圣，江山阁老街人，郎峰祝氏三十四世祖。贤中公孝顺母亲，传遍江郎大地。母亲眼疾，求医敷药，不见有效，泣跪求天保祐母亲平安，眼疾快好。每天用口吮眼中之恶浊，用药调敷。每天如此，数月后，母眼疾除，复明见物，乡里都为贤中公孝母事迹感动，县令闻之，来乡里调查，人人称颂，赠匾以"孝廉"。并授官职，贤中公以母亲年迈，辞之不赴。

113. 一门同榜三进士祝凤池、祝鳌池、祝化龙公传

祝凤池，字麟友，江山阁老街人，郎峰祝氏三十四世祖。北宋元符二年（1099）祝凤池与弟祝鳌池、祝化龙，三兄弟同榜进士及第，当时人们称郎峰三桂联芳，也称祝氏

三桂，轰动整个江山，极大激励江山青少年奋发有为。考取功名，奋起科甲。

凤池公进士及第后，任国子监助教。国子监是宋皇室的最高学府，简称"国学"。招收三品以上的官僚子弟。国子监的教授都从翰林院官员及进士中选拔，具有真才实学，是品学兼优的拔尖人士。北宋政和三年（1113），凤池公官至江西学政，俗称"宗师"，是省教育行政官员，是郎峰祝氏宋代八大宗师之一。宋朝是中国历史上最好的时代之一，"不杀文人"的祖训赋予那个朝代至大至刚的儒者气象。王安石、范仲淹、刘彦博、赵若愚、司马光、吕光著、吕大防、刘挚、苏东坡、苏辙、程颐、黄庭坚、范纯仁……宋皇室执政一片清明，忠直敢言之士，得到提拔和重用。但奸臣蔡京当宰相，童贯官至枢密院，掌握兵权。把正人君子几乎称"奸党"，清洗出皇宫。流落天涯海角，使北宋走向灭亡之路。学政三年一任，凤池公任职满后，复命为奸党立碑而作赋，因赋中痛斥奸臣蔡京，而被贬官，回江郎书院任教，是江郎书院的名师。

祝鳌池，字龙友，江山阁老街人，郎峰祝氏三十四世祖，北宋元符二年（1099）和兄祝凤池、弟祝化龙同榜进士及第后，任无锡令，无锡是北宋的商业重镇，税赋交纳最多的地区之一，税赋重，催甚严，抗税者严惩。鳌池公不忍酷迫，商者和百姓苦不堪言。

鳌池公多次向税务官反映，减低税率，涵养税源，繁荣商业，才能增加税收，让民安居乐业。鳌池公的建议不但没有被采纳，反而受到责难，一气之下，鳌池公挂官回归，回江郎书院任教。

祝化龙，字海君，江山阁老街人，郎峰祝氏三十四世。北宋元符二年（1099）与兄凤池、鳌池同登进士第，初任广昌州尉。因工作出色，廉明政清，军民拥之。仍会试后升推官。

州、府皆设置推官一名，正七品，专管一州的刑狱，俗称刑厅。刑厅也是一个腐败场所，有的无罪判刑，有罪通过行贿而释放。化龙公清介正直，奸徒畏之。不冤枉一个好人，也不放走一个奸徒。社会治安有极大的好转，百姓拥之。

114. 敦武校尉祝大纲公传

祝大纲，字顺六，江山阁老街人，郎峰祝氏三十四世祖。大纲公就读江郎书院，精于韬略，熟知兵法，随父都阃将军允治公，佐助讨金寇于朱仙镇，屡建战功，授敦武校尉。接命令讨金寇左营把总，领兵勇猛无比，用大刀砍金寇马足，乘胜追击，不幸父允治公病故沙场，大纲公闻岳飞父子被秦桧杀害。辞职，将父亲灵柩归葬。多次征召，不出仕。

其妻万氏荣赠宜人，生二子，长子国安，太学生，慈善家。次子国望。

115. 中顺大夫祝大成公传

祝大成，字振六，江山阁老街人，郎峰祝氏三十四世祖。大成公就读江郎书院，品学兼优，擅长诗词。登乡进士，即举人，不赴仕，潜身江郎书院，讲学论道。大成公知识渊博，通今博古，受业者众矣。

其妻周氏荣赠恭人，生一子，名梦良，第进士，官为刑科给士，钦州太守。因子显贵，大成公覃封中顺大夫。

终于宋淳熙十年（1183），享年66岁。与恭人合葬鹃胫垅，清康熙年间，青山头郑姓侵公墓，毁碑。宅房士将郑告上法庭，至署府衢州刺史现场查看，训斥郑氏，追碑加固墓，并加府印山册图。这是一段后话。

116. 凤翔知府祝大任公传

祝大任，字钖六，江山阁老街人，郎峰祝氏三十四世祖。大任公就读江郎书院，精于经史，从容豪爽，尊师重道，才品伟卓。赵鼎特题钦巡钱江水陆都尉，这是十分重要的职位，确保钱塘江水运的安全，确保杭州京都粮饷的供应，主要从钱塘江运进，都尉就是督查水陆粮饷的运入，严防途中劫粮抢饷。由于工作负责，粮饷运输无失。升官兵部军器司主事，负责兵器制造和供应。因参与保岳飞，反对奸臣秦桧陷害忠良，谪九江理问。

南宋绍兴十五年（1145），吏部考贤，特升凤翔同知，即凤翔府刺史。大任公在凤翔兴书院，抓治安，兴商兴市，加强市政建设，兴修水利，发展农业，士民安居乐业。大任公清廉从政，一身正气，在凤翔刺史十七年，入凤翔名宦，立碑建祠祀之。

其妻杨氏荣封恭人，生二子，长子梦云，儒林郎。次子梦熊，河南督学副使。

大任公还是一个诗人，有多篇诗作遗世，有《官舍闲吟》《吊精忠岳元帅》《送韩元帅西征》《朝议大夫天福公赞》。

117. 治中祝大义公传

祝大义，字敬六，江山阁老街人，郎峰祝氏三十四世祖。大义公就读江郎书院，品学兼优，进入太学深造，秩满后，授官临安（杭州）治中，临安是南宋的京都，治中，为州刺史的助理，主管社会治安，督捕执法。大义公执法严厉，政清廉洁，不徇私情，不怕权奸，秉公办事。邪侈之徒畏之，不敢犯罪。就是秦桧的党羽亦稍收敛劣迹。军民十分拥护大义公的执法如山，社会安之。

其妻元配毛氏荣赠恭人，生一子，梦诜，官太常博士。继娶吴氏荣赠恭人，生一子，梦举，官大理寺评事。皆为朝廷大臣。

118. 太常博士祝梦诜公传

祝梦诜，字介夫，江山阁老街人，郎峰祝氏三十五世祖。在京城入太学院读书，学成后考授太常博士，官名，高级学术官，由太常寺选拔优秀青年，就博士受业，其他各郡国亦选派人才。至一定年限，经过考核，一般可在郡国任文学职务，优异者可授中央及地方行政官，以授经史学为主，是提倡儒术的一种措施。梦诜公能在太学任教授，可见他的才学之高，在任教时，以博学多才，贤良正派，深受太学生的爱戴。培养了不少国家人才，退休后，敦睦宗族，传播儒学。

119. 建昌通判祝梦祥公传

祝梦祥，字硕夫，江山阁老街人，郎峰祝氏三十五世祖，肄业江郎书院，文捷行优，英年游学，以贤良举选授兵部架阁郎。兵部主管中央及地方武官的选用、考查，以及兵籍、军械、军令等事务。朝廷重要部门。屡迁建昌通判。通判，官名，宋代初期在各州、府设置，意思是共同处理政务。地位仅次于州、府长官，但掌握裁可，连署州、府公事和监察官吏的实权，号称"监州"。宋代陆游曾任镇江通判，王安石任舒州通判。梦祥公任建昌通判期间，能协调各部门工作，和谐相处，政清廉明，得官民的拥之。

后来梦祥公升转运使，掌一路或数路财赋运输，有督察地方官吏的权力，并兼理边防、治安、钱粮及巡察等事，成为州府以上的行政长官。梦祥公负责督理粮饷转运使。在任期间不劳兵、不扰民，雇用民工，发给工资，合理支付劳务费，清清白白，德声载道。

120. 刑科给士祝梦良公传

祝梦良，字元夫，江山阁老街人，郎峰祝氏三十五世祖。聪颖好学，学唯师古，仕不屈身。南宋淳熙十年（1183）登举人，授广昌教谕。任职期满，辞去教谕职务，拜理学家柴南溪先生，攻读理学，理深业精。南宋嘉定元年（1208）第进士，由宝章参修郎，选迁刑科给士。

刑科给士，朝廷最高一级监审诸大案的法官，监审叛国通番案，审史弥远弄权案，史弥远勾结杨皇后，打死韩侂胄后，把诛杀韩侂胄的头送到金营，宋金达成和议。嘉定元年（1208），史弥远任右丞相兼枢密使，大权独揽。史弥远的党羽控制了从中央到地方军政大权，心狠手辣，贪得无厌，竟把受贿的财物在家展示，让客人参观。朝野上下无不痛恨，传有"满朝朱紫贵，尽是四明人"。史弥远是四明山人。梦良公被史弥远奸臣谪出任钦州太守。

梦良公任钦州太守期间，清理史弥远的奸党爪牙，治理社会治安，减轻百姓税赋，发展生产，建设市镇。政简刑清，民康官暇，公在署好学不倦。士民建祠祀之，入钦州名宦。

121. 龙图阁待制谥献烈祝梦熊公传

祝梦熊，字谓夫，江山阁老街人，郎峰祝氏三十五世祖。秉性忠贞，志饬纲纪，常识超群，一身正气，两袖清风。南宋嘉泰二年（1202）第进士，授资贤校书郎，经史校对工作。后升河南道督学副使，督查河南、兴学、科举考试、选拔人才的情况。任期满后，升御史中丞。上书皇帝《黜奸荐贤疏》，这是申讨奸贼韩侂胄的檄文，反对"伪学"的一面旗帜。

韩侂胄的母亲是吴皇后的妹妹，扶助宋宁宗称帝，被封为豫国公。韩侂胄把宰相赵汝愚谪贬，理由是赵汝愚与皇帝同姓，与宗庙社稷不利，韩侂胄不断迫害，赵汝愚死于衡阳。理学家朱熹上奏宁宗，说韩侂胄为人奸诈，不可重用。韩侂胄干脆将五十九位知名学者斥为"伪学"，下诏禁止"伪学"。把朱熹、赵汝愚、彭龟年、王希、周必大等，清除出京城，把媚附韩党者升为大官，把持朝政。

梦熊公在上书皇帝《黜奸荐贤疏》中指出，韩侂胄庸恶鄙夫，专制朝廷，目不识圣贤之书，胸不存忠爱之念，结连小人，残害正士。又曰："伪学自剿自丧，以怀天下人心于无已也，人心既怀，视好修为召祸，以邪媚为善，图则天下亦谁与陛下同心国事。"又曰："请朱云之剑而斩奸臣之首，痛哭流涕不得不言，以取速死者。"梦熊公对韩奸的祸害，一针见血，直指要害，这是何等气魄，何等为国敢言，把性命置之度外，无所畏惧。又曰："乞陛下图察，臣熊具棺待命之至。"揭露奸臣，视死如归。梦熊公被韩侂胄罢贬知武夷山冲，在职期间，除政务外，聚士讲学，宣传儒学，揭露韩奸贼罪行。又被谪黄岩尉，未几，金军贼寇犯境，梦熊率义勇抗之，战死沙场，以身殉国。宁宗赠龙图阁待制，谥"献烈"。崇祀黄岩名宦。诗人曹明卿、赵铿均有诗致吊。

梦熊公生宋绍兴七年（1137）十二月，卒宋嘉定二年（1209）七月十九日，享年72岁，葬西巡（衢州）赤塘山，一代名宦陨落。

122.大理寺评事祝梦举公传

祝梦举，字贤夫，江山阁老街人，郎峰祝氏三十五世祖。就读江郎书院，精于理学，刚正不阿。梦举公于南宋淳熙十三年（1186）登举人，授官大理寺评事。大理寺，掌管刑狱的官府，始设置秦、汉廷尉，掌刑辟。隋置大理寺卿、少卿。宋代沿置。梦举公持论不阿，严正执法。深入狱中了解案情，得知犯者是反对奸臣韩侂胄的志士，释放志士，改判无罪。梦举公与郑升之相契直斥奸徒韩党。受韩党排斥，退而江郎书院教授，栽就后学。梦举公知识渊博，深入浅出，并且联系官场实际，痛击时弊，学生喜欢听梦举公的课。如赵希瀞、毛节、毛宗亮等，三人都第进士，授予官职，是江山的名人，皆为梦举公的门下。

123.乡荐祝梦兰公传

祝梦兰，字德馨，江山阁老街人，郎峰祝氏三十五世祖。梦兰公师从南塘徐存，南宋理学家，拒绝秦桧多次征召，隐居江山南塘，设书院讲学。梦兰公精于理学，领乡荐赴京城（杭州）会试，宰相秦桧闻名是徐存的学生，要召见梦兰公，相见时，秦桧命题写诗词一首，以学赏梦兰公的才华。词以讽刺，秦桧是金寇间谍，陷害忠良，绝无好下场。词刺痛奸臣内心，派人阻止梦兰公进试场。梦兰公愤而回到南塘，与师一同讲学论道，不知不觉人老矣。有其师必有其生，徐存拒绝秦桧多次征召，梦兰公以诗痛斥秦桧，有异工同曲之妙。

其妻谢氏例赠孺人，生二子，应光，应麟。

124. 痛骂奸臣贾似道的考生祝进文公传

祝进文，字志达，江山阁老街人，郎峰祝氏三十七世祖。由举人进京考进士，他作了一首长诗，讥笑奸臣贾似道。

贾似道，浙江天台人，他少年时整天游荡赌博，不思上进，后来靠父亲的关系，荫补为嘉兴司仓。他的姐姐做了宋理宗的贵妃后，贾似道开始官运亨通，一两年由正九品升为六品军器监，并于嘉熙二年（1238）中进士，任命贾似道为右丞相兼枢密使，带领宋军抗击蒙军忽必烈之部。贾似道眼看形势紧张，忽必烈攻城越来越猛，偷偷地派了一个亲信到蒙古大营去求和，只要蒙古退兵，宋朝就愿进贡银绢，给忽必烈官位。正巧蒙古一些贵族正准备立弟弟阿里不寿做大汗，就答应了贾似道的请求，订下了秘密协定，回蒙古争夺汗位去了。

贾似道回到京城临安，吹嘘各路宋军大获全胜。宋理宗特地下诏书，封爵晋官，封为宰相，一手把持了政权。

贾似道召见写长诗骂他的考生祝进文，祝公曰："不识时务，靠姐姐贵姬升官，不懂朝纲，谎报军情，罪大恶极。"贾似道怒骂祝公，拒之入仕，进文公命仆束装，飘然而归，在江郎书院任教，是江郎书院一位名师。诗人郑一鹏赞曰：

> 明经雅望，具济世才。
>
> 读书孝道，江郎山隈。
>
> 振兴后学，佳树栽培。

125. 宝章阁修撰祝徐椿公传

祝徐椿，字永之，江山阁老街人，郎峰祝氏三十六世祖。生性聪明，才艺卓越，南宋绍熙元年（1190）第进士，授春坊书郎，礼部秘书。屡迁黄门侍郎，其职为侍从皇帝左右，传达诏命。南朝以来因掌管机密文件，实为皇帝顾问，职位日渐重要。南宋庆元元年（1195），徐椿公怒斥奸臣韩侂胄，被贬官南丰县令，韩侂胄是吴皇后妹妹的儿子，皇后的外甥，并扶宋宁宗登位有功，被封为豫国公，任平章军国事，独霸朝廷。把大批知名学者朱熹、赵汝愚、苏轼等打入"伪学"。清除出京城杭州，这就是南宋历史上有名的"庆元党禁"。

由于反对韩侂胄，徐椿公被贬官，公在八年县令期间，执法严厉，社会安定，生产发展，军民拥之。南宋嘉泰三年（1203），名臣陈自强提议公文学正宗，任玉堂对策。徐椿公上书皇帝，金军逼近，领军讨伐金贼，遭韩贼反对。韩认为国之粮饷不足，不能急图伐金。其实韩早已勾结秦桧，主张与金议和。徐椿公再次被谏贬韶州推官，正七品，专管一府刑狱。徐椿公执法公正，刑清政廉，因劳累过度，卒于南宋开禧三年（1207）任署，年仅49岁。韩侂胄罪恶败露，被处极刑。

徐椿公冤案昭雪，赠宝章阁修撰，恢复名誉，灵柩运归江山安葬。

126. 鄱阳名宦祝国佩公传

祝国佩，字玉夫，江山阁老街人，郎峰祝氏三十五世祖。国佩公就读江郎书院，品学兼优，由明经初授兴化县教谕，在兴化建书院，奋起科甲，鼓励青年求学。国佩公在兴化县功绩卓著，提升鄱阳推官。在鄱阳严厉执法，严惩秦桧党羽，整顿社会治安。同时，兴办书院，发展教育。兴市政、增商业、修水利，发展农业，让鄱阳人民安居乐业。士民立碑祀之，入鄱阳名宦。

127. 太学生祝国贤公传

祝国贤，字圣夫，江山阁老街人，郎峰祝氏三十五世祖。就读江郎书院，品学兼优，例补国学（太学）凛修，秩满后，回归江郎。正值宰相祝臣的墓庵发生火灾，商议重建。国贤公独力承当重建费用，并亲自设计，落成后，仍令仆居守陵前。又捐资建造宰相祝臣、祝常二公的纪念牌坊，屏立在祝祠家庙前，非常雄伟壮观。又在祝氏宗祠后寝增设祝臣、祝常的追远祠，立兄弟宰相的牌位。

国贤公善于做公益事业。不出仕，因为秦桧当道，出仕必遭陷害。故为家乡前辈办点实事，让后人永远怀念兄弟宰相的功绩。

128. 太尉祝维麟公传

祝维麟，字玉书，江山阁老街人，郎峰祝氏三十五世祖。维麟公就读江郎书院，精于韬略，熟知兵法。他刻苦练功，夏练三伏，冬练三九，以大刀见长。由武略登武进士。在中原和韩世忠将军一样，是一支抗金队伍。维麟公在山东抗击金寇，他带领的军队，军纪严明，英勇善战，以大刀劈金贼马脚，屡建战功，以军功官至太尉。

太尉，官名，秦始设置，是辅佐皇帝的最高武官。到宋徽宗时，定为武官官阶的最高一级，一般常用作武官的尊称，并无实权。《水浒传》第十回："我因恶了高太尉，生事陷害，受了一场官司。"说明太尉实权还是很大。维麟公镇守山东济南府。太尉治军严厉，战斗力强，金寇不敢犯济南，社会安定。后来，维麟公和胞侄落户济南，是郎峰祝氏在济南的一支派系。

129. 兵部侍郎祝时可公传

祝时可，字且然，江山阁老街人，郎峰祝氏三十五世祖。耿直不挠，忠诚不磨，由举人官济德令，一日，白天时可公在县署考查政务，听取审判罪犯汇报，这夜与弟际可、子有性，俯仰讲学。忽闻金寇围城，救兵不至，武官投降金兵，祝时可与弟际可，子有性，商议怎么办？摆在面前两条路，一是投降当俘虏，最终受金兵折磨致死。二是三人投井或焚火自尽。三人决定焚火官署，在烈火中永生，以报答君恩。事后大臣上书皇帝，祝时可诏赠为中正大夫，兵部侍郎。弟际可诏封征仕郎。国子监正。子祝有性诏封儒仕郎，太学博士。真是自然烈火焚身，抱头殒命，却从容欢悦。史册流芳千载，尚见丹心碧血，报国精忠。奉亲纯孝，万代传颂。

130. 荆州抄关使祝思训公传

祝思训，字若愚，江山阁老街人，郎峰祝氏三十四世祖。博览群书，由省元，礼部考进士第一名，授九江理问。理问，官名。掌勘核刑名，调查犯罪的案件，查明事实，确定量刑。思训谨慎明晰，件件事实清楚。后升为荆州抄关使，是一个水陆税务官。依法征税，不徇私情，秉公执法，廉洁奉公。但是，执法灵活，查明确无法纳税户，也给减免，民商感恩戴德。思训卒于任署，士民悲痛欲绝，如丧考妣，排长队送灵柩。

思训小妾任宠山氏，年仅21岁。漂亮优雅，有奴婢说："妾太年轻，有姿色如花，一定改嫁。或勾引小男孩。"小妾听了，自刺其容，誓不改嫁。全节而终，享年80余岁，邻里敬之。

131. 太学生祝庆圣公传

祝庆圣，字贤希，江山阁老街人，郎峰祝氏三十六世祖。太学生庆圣公，人品端正，文学优秀，楷书优美，被奸臣宰相贾似道雇为善书者，私立法庭的录事。贾似道，少年时整天游荡赌博，不思上进。他的姐姐做了宋理宗的贵妃后，一步登天，任宰相十五年。宋理宗派他上汉阳前线督战，他瞒着朝廷，派亲信向忽必烈求和，要求蒙古退兵，宋朝给忽必烈封官，并奉上金银财宝。贾似道回到临安（杭州），大吹打了大胜仗、蒙古忽必烈已退兵，并清除知情者，排斥异己。

为了捞取金钱，贾似道私立法庭，只要有金钱，什么官司都能赢。庆圣公在贾似道私庭做录事，不可告人的事不录，背后是金钱的交易。常不展笔，隐瞒谎报。平章事来查，庆圣公无法回答，决定辞职而归，不当私庭录事。多么高尚的情操，诗人周积述其事迹，以诗赞之。

132. 参戎祝熙煌公传

祝熙煌，字光华，江山阁老街人，郎峰祝氏三十五世祖。才杰行孝，以武科中武举人。因双亲身体欠佳，告退克尽孝道，当担一个儿子责任，当父母病情好转，初授河口信义校尉，镇守河口防务。后升福州府协镇参戎就是副将，比将军低一点。

祝熙煌，治军严厉，肃正行伍，严谨讯防，民感军服。福州是海防重府，攻守征战，用命疆场，风云色变，出正入奇。今之参戎，犹如昔之太公，太公即刺史。入福州名宦。

133. 孝子祝九廷公传

祝九廷，字帝举，江山阁老街人，郎峰祝氏三十五世祖。九廷为都统将军祝旌祖的次子。南宋绍兴十一年（1141）诏岳飞班师后，旌祖公移师镇边域，抗击金贼，兵疲矢穷，壮烈牺牲。

九廷纯孝尊长，得知父亲战死沙场，告诉母亲曰："父骨抛弃他乡，心曷能已。此云不得父骨，必不归家。"母亲再三叮嘱，路千里迢迢，一定平安回来。九廷望北访求，历尽饥寒交迫，兵荒马乱，哀痛万状。九廷得到一个老战士指点，掘开父塚，奉骨骸而归。世称一门忠孝，县令旌表孝子。

134. 作者祝默识公传

祝默识，字惹愚，郎峰祝氏三十六世祖。从小聪慧，勤奋读书，博览群书，文质彬彬，音容和雅。研究古人著作，诸子百家，孔子、孟子、老子都深入研究。在此基础上，写了《诸家伟人经纶录》遗世，并集族孝字以下族子弟，把他们先进事迹，书成集册，遗于后世。

135. 荆州抄关使祝正春公传

祝正春，字融和，江山阁老街人，郎峰祝氏三十七世祖。南宋由太学士，举贤良选任广西道粮储使，主管全省粮食储备、拨运。后升荆州抄关使。工作十分繁忙，查缉私、偷税逃税、走私贩卖毒品，护国通商。有古纯吏之风，即政清廉洁，不收礼，不受贿赂，是作风正派的关税官员。

诗人郑一鹏赞曰：

> 荆州司税务，商贾弊除刚。
> 克承祖武志，循良见一斑。
> 正供资国用，清风性自闲。

136. 中书郎祝中行公传

祝中行，字性望，江山阁老街人，郎峰祝氏三十四世祖。中行公就读江郎书院，善于诗赋，由庠例补太学，礼部试考，以诗优选入内阁中书郎，官名，是皇帝的秘书班子，起草诏令、命令、军令、掌管机密。因与奸相秦桧不合，常被恶意中伤，找事冤枉中行公，公搁笔不书，辞职回归。在家办私塾，招收族中子弟，奋起科甲，与挚友吟诗作赋，一唱一和，汇集诗作《柏后集》行世。

137. 太学生祝廷铨公传

祝廷铨，字衡三，江山阁老街人，郎峰祝氏三十四世祖。廷铨公就读江郎书院，品学兼优。父祝鸣球兵部郎中，因劾奸臣克扣军粮，而贬官定海令。廷铨公随父到京都，进太学深造，伴读王子，知父亲将赴定海任职。廷铨公披刀潜入奸臣住宅，叩门时，被奸臣的门卫抓住。告上刑部，受审时，廷铨公揭露奸臣贪污腐败，陷害忠良的罪行，句句在理，刑部尚书认为廷铨公正直，当场释放。

廷铨公归家，正值父母忧愁不起，廷铨公安慰父母，从此不赴仕，乡里均称父忠子孝，忠孝双全。

138. 监察御史祝祖芳公传

祝祖芳，字克绳，江山阁老街人，郎峰祝氏三十五世祖。祖芳公就读江郎书院，为人正直，品学兼优，精理学，乡荐举人，初授鄞县令。他廉洁爱民，惩治贪官污吏，重视教育，培养人才，重农桑修水利，关心民众疾苦，确保一方太平。由于政绩卓异，升至监察御史。

监察御史是官名，是监察州县地方长官，监察一道和几道官吏的责任。祖芳公曾监察湖南、湖北、广东、广西等省、州县官员的职责。查办欺压百姓的贪官污吏，腐败失职的官僚。他办事不徇私情，不受贿赂，不受宴请，作为皇帝的法杖，不刚不柔，克尽臣节。有儒家风范，世之豪杰，贪官畏之，清官敬之，百姓赞之。

其妻毛氏荣封夫人，生一子，名元标。

139. 都御史佥事祝其和公传

祝其和，字致中，江山阁老街人，郎峰祝氏三十五世祖。其和公就读江郎书院，精于理学，以孝道称之。举孝廉任河南都御史佥事。佥事，官名，全称"签书判官厅公事"。为宋代各州幕职，协助州长官处理政务及文书案牍。其和公为官清慎明勤，士称为良吏。他十分重视群众的反映，深入调查民意，不浮在州县官吏的汇报，不徇私情，不受礼，不受宴请，规规矩矩，至老告归。

其妻徐氏荣封恭人，生一子，名添有。

140. 作者祝世荣公传

祝世荣，字仁则，江山阁老街人，郎峰祝氏三十六世祖。世荣公就读江郎书院，爱好诗赋，专门研究唐诗。世荣公不赴仕，纯心好学，关门著书。世荣公对唐朝诗人李白、杜甫、白居易、王维、孟浩然、王昌龄、李商隐等名家，都加以研究，重点研究诗中引用的典故之源。著有《唐诗直解古文衍约》行世，对读者理解唐诗，起了重要作用。是研究唐诗的一代儒学家、诗人、学者。

141. 太常博士祝景星公传

祝景星，字拱辰，江山阁老街人，郎峰祝氏三十四世祖。景星公就读江郎书院，博览群书，品学兼优。是拔贡生。拔贡是科举制度中贡入国子监的生员之一种。每几年由各省保送品学兼优的生员入京，作为拔贡，经过朝廷考试合格，授太常博士。

教授太常寺的子弟，景星公知识渊博，教学水平高。

142. 太学生祝槚公传

祝槚，字隆三，江山阁老街人，郎峰祝氏三十五世祖。槚公就读江郎书院，品学兼优，赴太学深造，是太学生。秩满后，槚公伴读王子，教王子以经史，传儒学，讲孔孟之道。被奸臣宰相韩侂胄诬为"伪学"。槚公怒斥韩侂胄陷害忠良，排斥文人学者，把赵汝愚、朱熹、欧阳修、范仲淹等统统赶出京城。槚公辞职回江，乡邻学者称公为正人君子。江山诗人夏钖以诗颂之。

143. 省元祝孙荣公传

祝孙荣，字子华，江山江郎人，郎峰祝氏三十五世祖。就读江郎书院，品学兼优。资质纯粹，广游访善，后从师理学家魏鹤山先生，得其正传。乡荐举选登省元，宋制，礼部试第一名称省元。礼部属尚书省，故省元。孙荣公没有参加殿试。正当宋末元初时，视世浇漓，潜入江郎书院当教授。由于知识渊博，精于理学，深受学生的爱戴。孙荣公文才卓超，斯文大振，著有《台碧草堂集》遗世。

其妻元配程氏荣赠孺人，生一子，名光我。继娶孙氏荣赠孺人，无子。

144. 辰州分司祝天埴公传

祝天埴，字君培，江山阁老街人，郎峰祝氏三十三世祖。天埴就读江郎书院，品学兼优，由举仕任辰州分司，在辰州任职，严以律己，清正廉洁，利民惠商，政通人和，人民安居乐业。仕后在该州落籍，为郎峰祝氏沅陵的一支派系。

145. 太学上舍祝天伦公传

祝天伦，字君为，江山阁老街人，郎峰祝氏三十三世祖。就读江郎书院，品学兼优，送太学深造，不赴仕。有义勇之才，武艺高强，无妄为之事。到浦城访友，见一盗贼掠良家闺女。天伦公大声呼叫："住手，光天化日之下，掠良家闺女。"盗贼持刀，凶狠地说"别管闲事，与你何干？当心你的脑袋"。说时迟那时快，刀已在天伦公面前晃来晃去，天伦公一飞腿，刀在天空旋转，把盗贼掀倒在地，一脚踩在盗贼头部，另一个盗贼拔腿就逃。

天伦公将闺女送回家，女子父母为报救命之恩，欲将女儿许配给天伦公，拒之曰："我以武登仕，志未愿达，就入太学，等录上舍，尚不娶妻。"

146. 太学博士祝天增公传

祝天增，字君裕，江山阁老街人，郎峰祝氏三十三世祖。天增公就读江郎书院，精于经史，诗词优美，因父是祝奇，黄门侍郎，进京深造，到坐国子监。南宋绍兴二年（1132），领乡荐复太学博士，太学博士，太学任教授，太学需三品以上官僚子弟才能入太学。迁延平推官，福建南平刑狱官，即在南平专管一府刑狱，执法严厉，治察严肃，不徇私情，不受贿，不受宴，秉公执法，势豪不敢妄为。

147. 省元祝思晫公传

祝思晫，字丹丽，江山阁老街人，郎峰祝氏三十四世祖。思晫公就读江郎书院，性聪质敏，才贯古今，乡荐举试省元，礼部考试第一名，没有参加殿试。仍回到江郎书院，聚徒论道。当任江郎书院教授，思晫公知识渊博，引证典故，深入浅出，远道来就学者众矣。思晫公把平时的故典引句，汇成集，著有《广与集》行世，为后学者必读之书，影响很大。

148. 大理寺评事祝家春公传

祝家春，字长和，江山阁老街人，郎峰祝氏三十三世祖。其父祝师说黄门侍郎，例入太学部试，由胄贡第进士，胄贡是贵族子弟保送考进士。授大理寺评事，大理寺，掌管刑狱的官府，秦、汉置廷尉，掌刑辟。隋朝后，置大理寺卿，少卿。历代沿置。大理寺评事，就是现代大法官。

家春公从政清廉，办案公正，不徇私情，深入实际，调查研究，使每一个案件办成铁案。但由于奸臣横行，是非颠倒，陷害忠良。家春公辞职而归。其妻严氏赠孺人，生一子，名伯钦，太常丞。三代为官，清廉从政，一身正气。

149. 太常丞祝伯钦公传

祝伯钦，字子恭，江山阁老街人，郎峰祝氏三十三世祖。由太学应试，登南宋绍兴二十三年（1153）举人，授国子教习。即太学见习教授，见习期满后，升太常丞。掌礼乐社稷宗庙礼仪。伯钦公作风正派，敢于直言。公痛斥秦桧的舅子王焕之，以秦桧的名义，到处横行霸道，掳掠财物，残害良家妇女。并诉之以状告王焕之。被奸臣宰相秦桧辞退。

伯钦公对此不后悔，觉得很自豪。其妻何氏赠恭人，生四子，其倬、其仪、其仁、其俊。

150. 吕州太守祝思京公传

祝思京，字觐君，江山阁老街人，郎峰祝氏三十四世祖。思京公就读江郎书院，品学兼优，领乡荐应科举，集贤馆，由宝章书郎，屡官吕州太守。思京公为官清廉，兴办书院，兴市引商，纳税为民。兴修水利，发展农业。严惩贪官，关心民生。有一年吕州大旱，思京带领官员到礼部，要求发放赈灾粮、赈灾款，不许以状叩阙，礼部商议思京公越权，吏部下令免去思京公太守职务。吕州士民洒泪告别，建祠祀之。

151. 善士祝思赞公传

祝思赞，字支山，江山阁老街人，郎峰祝氏三十四世祖。勤劳致富，志宏量宽。附近七个县有他田地，可以收租，家中财帛很多。思赞公慷慨行善，修理祠堂，重刊谱版，置义田，供学者用，设置孤寡租，救济孤寡老人。所有他能做的善事，尽力去做，善事一桩一桩。乡里都称其善。

152. 处士祝思恭公传

祝思恭，字子让，江山阁老街人，郎峰祝氏三十四世祖。思恭公从师龟山杨时先生，与南塘徐存是同学，得到伊洛真谛，即理学之传。授教江郎书院，公知识渊博，以理学为支撑，讲课引典释故，受业者众矣。祝氏子弟列仕者六十余人。四方受业者约有数百人。南宋名相李邦彦，巡闽经过江郎书院，思恭公避而不见，怕李举仕授职。词作者朱晦庵（即朱熹）来访，与思恭两相契合，朱晦庵并为书院墙壁上题词。人称江郎书院名师矣。

153. 巡兵副使祝思问公传

祝思问，字释疑，江山阁老街人，郎峰祝氏三十四世祖，思问公就读江郎书院，品学兼优，精于韬略。北宋致和五年（1115）第进士，官至巡兵副使，监督发运粮饷济岳飞兵营。闻朝廷突诏岳飞元帅班师回朝，秦桧要与金兀术议和，深知岳飞要被奸臣所害。恐自己也被奸臣秦桧陷害，即刻弃官回江山老家，又怕权奸秦桧来江取之，就又躲避至福建浦城。

葬福建浦城太莱坑。妻王氏赠恭人。

154. 名师祝人尚公传

祝人尚，字公卓，江山江郎人，郎峰祝氏三十二世祖。人尚就读江郎书院，品学兼优，精于经史，擅长诗词，明经应举荐考进士，辞不参加，授教江郎书院。由于人尚公知识渊博，深入浅出，受业者数百人。外籍人士众矣。他教的学生中，第登科举者，做官仕者百余人。

人尚公关心族之子弟困难，自己掏钱为子弟成才付出。外地受业者，为他们安排好膳宿，使他们能安心学业。

其妻李氏赠孺人，生二子，长子名祝濠，都察院吉金事，次子祝潮，英年早逝。

155. 集贤讲士祝文公传

祝文，字焕章，江山江郎人，郎峰祝氏三十七世祖。文公爱好读书，学而不倦，精于儒学，习春秋明意义。由庠士选集贤馆，授官东宫洗马，日讲经义。东宫洗马，官名，是太子专属官，为太子服务，文公为太子讲经义，讲儒学，孔孟之道。为太子讲课，做太子的老师。若没有渊博的知识、独到的见解，是难以胜任这项官职的。太子即位后，便成为皇帝的老师。后来，祝文公得了忧郁症，辞职回归，征召不赴。

其妻徐氏赠安人，生一子，名千十。

钱塘诗人费士桂赞曰：

> 集贤讲士，至德芳馨。
>
> 东宫洗马，汗墨洗青。
>
> 歌公恩泽，岳峙渊渟。

156. 内阁中书祝天怀公传

祝天怀，字德初，江山阁老街人，郎峰祝氏三十五世祖。天怀公就读江郎书院，精于经史，书写一手优美的楷书，是书法家。乡荐登举人，授内阁中书。又称中书舍人。官名，西晋初期设置，是中书省的属官，主管文书，实权很大，从起草皇帝的诏令，参与机密到决断政务。到了宋代中书范围扩大，成为中书六房，把六部（吏、户、礼、兵、刑、工）的有关诏令，承各类文书，都属中书舍人。唐代大诗人杜牧，曾是中书舍人。《新塘书·百官志》："（翰林院）文书诏令，则中书舍人掌之。天怀公文学功底深厚，楷书秀丽，是中书舍人中的姣姣者。以老至归。"

157. 名师祝始振公传

祝始振，字郎公，江山阁老街人。初由明经不仕，潜入江郎书院当教授，他知识渊博，性静情逸，好学不倦，希圣希贤。听他讲课的学生如赶市，成器做官仕者，达九十余人。他的学生任仕者，品德高尚，无贪官者，稽古爱民。到一个地方为官，那里就改变面貌。

始振公是一个诗人，他的诗作内涵丰富，诗句优美，朗朗上口。他也是一个作者，有书遗世。"始振公是一位不朽者哉，感兴若是耶，嗟乎！孔孟失位矣，道烈于今。""孔孟失位，多么高的评价。"

158. 郎公传

彭维城

传者，传其名于后世也。夫名传后世，非义袭所能得，亦非色取所能改，必其德之所积者厚，而后其流以光气之所养者，纯而后其芳以远。虽不遇于时，遁世特立，而人亦不能忘之。

若祝始振，字郎公，其人是也。郎公去世三十余年矣，吾尝诵其诗，知其性静情逸，读其书，知其希圣希贤。初由明经居宾师，不屈于世态，归与子弟讲学于江郎书院，负笈就业者如归市，裁成器而达廊庙者，九十余人。稽古爱民，悉无愧于郎公之授受是。可见，郎公教思之广矣。年老益壮，好学不倦，遗籍至今，令读者晓然远慕，畅然遐思。

郎公诚不朽也哉，乃或者谓郎公，辛艰于遇得以优游。卒业砥砺群英，使其得时而驾。敷政不暇，则亦安能以师道尊使后人。感兴若是耶，嗟乎！孔孟失位矣，道烈于今。若郎公之训，迪群伦化，被后学正，所谓积厚而流光，养纯而芳远者也。夫岂不足以名传，于是乎，书。

159. 尚义郎祝君翼公传

祝君翼，江山阁老街人。君翼公是江郎书院的学生，品学兼优，家境富裕，爱做慈善事业。邻里有困难，他都伸手相助，修宗祠，修江郎书院，他都慷慨解囊。

公元1273年，元军在伯颜率领下，二十万大军向江南推进，1275年正月宋皇朝逃离京城杭州。宰相文天祥，举兵反元，在江西上饶，宋军粮饷断绝。君翼公得知上饶文天祥的军队遇到困难，以家积黄粟五百硕，白金五千镒，馈济营饷，以敷国用。军民齐心抗元军。但无力回天。

宋端宗特颁诰旌君翼公为尚义郎。

第六节 元朝（1206～1368）

1. 诗人山曜公传

祝君翔，字鹏举，号山曜，江山阁老街人，郎峰祝氏三十八世祖。是明经祝进文的长子。君翔公从小聪慧，受良好的教育，文学超群，诗词优美，由乡进士不仕，与堂弟山卧、山卓诸公，栖迟江郎书院，边教书边创作。朝廷官员九次诏书飞领，以父母老年多病为由，固执辞之。兄弟三人整天吟诗作赋，互相唱和。君翔公是多产的作者，著有《太原郎峰渊源辩》《读书江郎书院怀古》《象牙峰诗勉诸子励志》等篇遗世。还有《三峰文集》《高士集》《古文直解注》集著遗世。诗人毛恺、周文兴、龚宗传、张濬等，赞词颂高隐君子君翔公。

山曜公是郎峰祝氏宗谱修纂者之一，世传谱牒，写谱序言，考文征献，参与文献讨论和定稿。

明吏部尚书毛恺赞曰"峻洁直超壮海，清高克绍东山"，诗人龚宗传赞曰："志士博古今，名贤口诵圣。通则经尤裕，致君于尧舜。"

在他的教育下，儿子祝起龙好学不倦，高卧江郎书院，吟诗作赋，著有《切目小题》集著遗世。

山曜公是优秀的诗人，文学家，不仅在江山知名度极高，在元初诗学界知名度也很高。

2. 诗人祝吟公传

祝吟，字恩如，号山卧，江山阁老街人，郎峰祝氏三十八世祖。从小聪敏，博览群书，才艺兼优。隐居不出任官职，栖迟江郎书院，与兄山曜、弟山卓，三人一唱一和，吟诗作赋，陶然而自适，壮丽雄伟的江郎山，激发诗人的灵感，祝吟诗词优美，别具新意。他的作品都收集到集著《三峰文集》中。同时任江郎书院教授，边教学边创作。山卧公积极参与郎峰祝氏宗谱编辑。正如文人周文兴赞曰："从此，心花争放，意蕊频开，世传谱牒。考文征献，共修纂，讨论好。集著三峰高，朝廷征召，谢却干旌过了。"

3. 诗人祝充公传

祝充，字子宏，号山卓，郎峰祝氏三十八世祖。生性聪敏，从小跟从兄山曜学习，得其真传。既得奥旨，高尚其志，隐居江郎书院，不应试，不赴任。与兄山曜、山卧吟诗作赋，三兄弟一唱一和，一堂聚处，以乐天伦。当时人称"祝氏三隐居子"。祝充对唐宋八大家之一韩愈，有深入的研究，是著名的韩学家，山卓著有《韩昌黎集注》遗世。祝充是江郎书院教授，同时修纂郎峰祝氏宗谱，考文征献，共讨论、共编辑。

4. 主簿祝嘉梁公传

祝嘉梁，字次谷，江山阁老街人，郎峰祝氏三十八世祖。由吏材任南康县主簿。元朝县设主簿一人，主管文书簿籍和印章的官吏。嘉梁任主簿多年，清慎且勤，为官一任，两袖清风。听说要提升，觉得自己年纪大了，辞职告归。一身治装，一担经书，治装即工作服。如此清廉，县军民钦之。

5. 孝子祝谓武公传

祝谓武，字亦若，江山江郎人，郎峰祝氏三十九世祖。公住的村庄常有寇盗扰搔，听到寇盗来时，民众纷纷拖儿带女，上山躲避。一天寇盗来扰，祝谓武背母而逃，弃妻子和儿子，因奔避仓皇，不知儿子的去向，妻泣求谓武寻救儿子。责怪谓武不顾妻儿，负母而逃。谓武曰："岂有弃母之理。"寇盗退之，儿子回到家里，乡邻遭盗殃者甚多，惟有谓武家安全无恙，村民都说诚孝所报，真是善有善报。

据查，寇盗看到一个小孩子，没有大人在身边，听小孩子说父背母而逃，而由此感动，因而没有伤害小孩，放他回家。明诗人郑瑠，赋诗《祝亦若遇盗负母行》八首。

6. 都阃将军祝虓公传

祝虓，郎峰祝氏三十九世祖。从小习武，文武兼优，精于兵法。元初中武举人，带兵镇守江山仕阳地方。仕阳是江山与常山交界处，历来兵匪横行，老百姓常遭抢劫，苦不堪言。祝虓带兵威武，军纪严明，对老百姓丝毫无犯，得到军民的拥之。祝虓以夜战见长，当贼兵夜遁时，带兵冲进敌阵，全歼兵匪。以功论奖，授都阃将军。

清江山张村状元黄瑞赞曰：

> 王命特简，神武威扬。
>
> 贼兵夜遁，声震疆场。
>
> 都阃重任，邦家有光。
>
> 将军旌赠，诏诰煌煌。

7. 守府祝德兴公传

祝德兴，字在明，江山江郎人，郎峰祝氏四十世祖。元朝年间，德兴公从小习武，勇舞双剑，气象方刚。一天适寓到玉山县夏家地方。贼寇寄书夏翁，曰："当晚必娶你女儿为妻，如有违抗，杀你全家。"夏翁十分恐惧，德兴公安慰曰："不要怕，到晚上你们在房内，我一个人独立门口。"晚上，贼首到夏家门前，大声叫喊，把你女儿交出来，免你全家死罪，否则，诛灭全家。

德兴公与贼寇交锋，则见双剑飞舞，上来一个杀一个，上来两个凑一双。贼首推随从上，个个东躲西藏。德兴公眼都杀红了，杀贼十余人，贼逃。夏翁闭门摆酒席，感谢德兴公勇士救命之恩，并以女儿相许。德兴公曰："非父命不敢从。"回到江山，隐去此事。越数日，夏翁来江山会见德兴公的父亲，凭妁以定婚期。

此事在江山传开了，县令聘德兴公与徐仲同攻贼寇金曾三，此寇在江山作恶多年，屡擒无获。祝、徐二公联手，直捣贼巢，生擒贼首金曾三，为民除害。徐仲授江山县尹，德兴公擢衢州协守府。任职二十余年，匪贼听德兴公之名，闻名丧胆，不敢犯事，民赖以安。

8. 兄长如父祝光壁公传

祝光壁，字国珍，江山阁老街人，郎峰祝氏三十八世祖。光壁公年少时父母双亡，家境较富裕，弟弟由乳娘抚养。待弟弟长大成年后，光壁公邀请弟弟回家，共享家产遗业。弟弟坚决不归，放弃遗产。光壁公多次亲自登门劝导，并跪在乳娘家门，弟不答应回家，决不起来，跪泣数日，哀极流血。乳娘提出以田产数亩，赎回弟弟。光壁公满口答应，只要弟弟回家，什么条件都可以商量。光壁公牵着弟弟回家，血浓于水，兄弟同序雁行，影印不离，共同持家致富。光壁公为弟弟建房娶妻，终身式好，乡里人人称赞。

郎峰祝氏家规中曰："父丧弟幼，教读为婚，悉分内事，不以功自伐，不骄泰自尊。"光壁公实践了郎峰祝氏的家规家训。有些兄弟为遗产反目成仇，兄为独吞遗产，将弟赶出家门，甚至互相残杀。光壁公的高尚德行，值得后人学习。

9. 善士祝在半公传

祝在半，字德厚，江山江郎人，郎峰祝氏三十九世祖。在半公为人忠厚，常做善事，帮助有困难的邻里。一天，有事前往石门，途中拾到一包裹，打开视之，内藏白金三百两。这是一笔可观的数目。在半公想，丢钱的人一定很着急，坐在原地等失主，直至晚间，失主才到失钱之处。在半公问了一下，钱数多少，包裹什么颜色，对答一一正确，当面清点，如数还给失主。失主感谢再三，并给白金致谢，公勿取。钱是身外之物，名声高于一切。

10. 作者祝起龙公传

祝起龙，字云从，江山阁老街人，郎峰祝氏三十九世祖。就读江郎书院，生性聪敏，好学不倦。高卧江郎书院，不赴考，不任职。在江郎书院聚徒讲道，受业者众矣。边讲学边创作，著有《切目小题》一书行世。此书对后学者影响很大。

终于元延祐四年（1317），享年54岁，葬西山。

11. 都使司祝亨衢公传

祝亨衢，字道用，江山阁老街人，郎峰祝氏四十二世祖。就读江郎书院，精于韬略，由武举人授信义校尉，任渔梁府守府，专管社会治安，执法严厉，肃清当地匪患有功，任浦城都使司。亨衢公带领义勇军加强操练，操武勇锐，营汛严谨，寇盗畏不敢犯，民籍无恙。

葬相亭溪口山，其妻陶氏荣赠恭人，生一子，富三。

12. 县尹祝极公传

祝极，字元泰，江山阁老街人，郎峰祝氏四十一世祖。祝极，就读江郎书院，品学兼优，由明经授桐乡教谕。极公办书院，聚人才，奋科甲。升大治县尹。极公清正廉明，正直勤政，为民办实事。兴修水利，发展农业。引商纳税，建设市政。由于和掌印的蒙古人不合，告老荣归。

士民涕泣远送，勒碑以祀公之德，入大治名宦。其妻徐氏荣赠安人，生二子，祥明，祥吉。

13. 孝子祝华栋公传

祝华栋，字隆吉，江山江郎人，郎峰祝氏三十八世祖。华栋从幼失去母亲，由婶抚养成人。如何报答婶婶的养育之恩，这是华栋经常思考的事。婶婶病了，华栋到处求医采药，江山名医都来看过，婶婶逝世。华栋泣血三年，以泪洗面，早上和晚上都要去坟前祭拜，培土。

父亲染病卧床不起，华栋公到千里以外，求医抓药，只要听说那里有神医，他就去求医，为父求医看病，药汤必自己先尝。有人说病人的粪便臭的程度，可知病的安危，华栋亲口尝父的大便。

邻里都称华栋是孝子，县令以匾额赠"孝子"。

14. 作者祝士彬公传

祝士彬，字得中，江山阁老街人，郎峰祝氏四十世祖。士彬公就读江郎书院，素抱青云之志。宋末赴京考拔贡，宋已灭，元朝忽必烈统治，士彬反对羌戎皇帝，潜回江郎书院，不赴仕，不赴试。在江郎书院边教授边创作。士彬公以唐诗解释为主攻方向，对著名诗人李白、杜甫、白居易、杜牧、王维、岑参、王昌龄等的主要诗篇一一做了注释，著有《唐诗释意》行世，对后学者影响很大。

其妻毛氏，生一子，名廷芳。

第七节 明朝（1368～1644）

1. 苏州刺史祝宗善公传

祝宗善，字元长，进士。江山竹下人，成性明敏，博览群书，擅长诗赋。明朝初任江山县教谕。三年任职期满后，进京（南京）考进士，住南京鸡鸣寺。一天，明太祖朱元璋，穿微服游鸡鸣寺，触景生情，吟诗二句："阵阵细雨洒斑竹，轻轻微风吹落花。"朱元璋讨饭出身，文学功底欠佳，苦无续句。适逢一书生祝善宗也在游览，长揖为之代续："独倚栏干闲眺望，乾坤都属帝王家。"明太祖大喜，询知乃进京会试之进士，江山人，名叫祝宗善。翌日明太祖诏见宗善公赐进士，授苏州太守。从五品，亦可谓诗坛一佳话。

宗善公任苏州刺史，刑清政廉，严厉执法，触犯了一些官员的利益，遭诬告。说太守贪污腐败，被收押，遭板坐三法，严刑拷打。宗善公再三申诉，清廉无贪，钦差会审，决定抄家搜查。夫人柴氏志量高大，启户请搜，家中唯有琴书数件。定为叛贼冤陷，钦差大臣信其无辜，无罪释放，恢复原职。钦差大臣们连连赞曰："清廉！清廉！"

从宗善公的事件中，可知郎峰祝氏家规之严，家训之实，个个忠良廉臣。

2. 大同指挥使祝大用公传

祝大用，苏州太宗祝宗善的长子。从小跟随父亲学文吟诗，博览群书，精于兵法，武以双剑，明成祖朱棣授公大同指挥使。明成祖为迁都北京，消灭北方的威胁，五次亲自出征，击败鞑靼和瓦剌。

每次出征大用公随之，在一次战斗中，大将顾夔龙在上报军功中写道："左营校尉官祝大用，单骑潜伏，要截贼阵，双剑锐利，斩级无数。击散寇伍，贼以败灭。此一战也，大用功可第一。臣查大同指挥使员阙，大用才足，当之乞陛下察其可否，臣未敢擅便。"

大将顾夔龙在文中建议，在大同指挥使缺，乞陛下任命祝大用为大同指挥使一职。

《江山县志》卷九，《人物志》："勇武一章，祝大用，宗善之子，有武略，立战功。累官大同指挥使。"

3. 慈善家祝化公传

祝化，字霖苍，郎峰祝氏西安厚川人（今衢州柯城）。四举明经行修，即四次考入举人，授官不赴任，在家务农。化公乐善好施，邻里有困难，伸手相助，不求回报。明朝正统和景泰年间，即公元1436年至1450年间，京城两次岁荒，天大旱，颗粒无收。祝化前后赈灾粟三千一百石，这是三十多万斤的粮食，通过衢江用船运到杭州，再经大运河运至北京。漕臣王竑上书明代宗皇帝朱祁钰，授祝化为光禄署丞，正九品官，又敕授承事郎，赐驿归里，以荣寿终。

——录自《衢州历史文献集成》

4. 刑部主事祝品公传

祝品，字公叙，郎峰祝氏龙游县立德乡人。品公9岁选为龙游县有名的学者。明武宗正德九年（1514）第进士，授刑部主事。刑部属尚书六部之一，主管法律、刑狱等事务。明武宗朱厚照，受到"八虎"的蛊惑，沉湎于玩乐，在西部的豹房和宣府打猎，玩宫女。"八虎"是指八个太监，包括刘瑾、马永成、高风等人。武宗皇帝长久不到朝廷闻政，日游西苑。祝品公与同仕应大猷、田登等上书切谏，请明武宗皇帝回京上朝，治理国事。祝品被太监刘瑾逮捕入狱。这一事件震动京师，祝品等七人被称为"七义士"。由于宫廷正直官臣的压力，祝品被释放无罪。升为广东提学副使，巡视海道，风裁屹立。贼啸聚的兜南山，郡县莫能擒贼，祝品派兵征讨，贼相继投降。新建伯王守仁十分器重祝品，晋升福建左参政。子祝尔介，进士，太和县知，次子祝尔庆，举人，凤阳府同知，都很有出息。

——录自《衢州历史文献集成》

5. 都使司祝仲安公传

祝仲安，字道川，又名亨衢，郎峰祝氏四十二世祖。自幼聪敏，卓越出众，精于武略。由武举选授信义校尉，职任渔梁守府，历迁浦城都使司。操武勇锐，治军严厉。浦城是一个山城，匪患严重，常来城区抢劫。仲安公营汛谨严，寇盗畏不敢犯。百姓安居无恙，深得民心。其子祝从高落实浦城，繁衍生息。仲安成为郎峰祝氏资圣派的始祖。

仲安作风正直，公正办事，廉洁奉公，救孤恤贫，乐行善事。这些优秀品行，成为资圣派的遗风。

6. 工部员外郎祝贞公传

祝贞，字师忠，号西冈，江山城区人。由人才举选，明太祖朱元璋授祝贞公为工部主事，后升都水司督治黄河。祝贞带领一万多民工，筑堤填垫，风雨淋漓，久经数月，日夜奋战，堵塞溃漏，疏通河道。使十里黄河船舟通航，堤坚水畅。

祝贞守身如洁，莅事惟勤，廉洁奉公。他十分关爱民工，对待民工，亲如家人，工资按时足额发放，膳宿安顿如家。农忙春耕时，上书皇帝《悯时农忙疏》，让民工回家耕种，不误农时。疏曰："臣间尝窃想，国以民为本，民以食为天。值届春半，正在播种之秋，敢乞陛下圣德圣仁，展节用爱民之恩，廑使民以时之念，敕示章程，暂停河工，释彼归农，使民工得尽力于南亩，老幼获饱暖于昼夜。"傍河之民，咸怀其德，无不颂之。因治黄河有功，明太祖赐一笔养老金，回江永乐。

祝贞用这笔巨额养老金，在江山西冈建造书院，命名西冈书院。明代画家、诗人钱谷写了五律诗，题目《题西冈书院》，诗文曰：

> 书院临西浦，西冈得美名。
>
> 治河前报最，筑室此经营。
>
> 坐爱鳌峰碧，行看鹿水清。
>
> 栽培佳子弟，奕世绍簪缨。

明永乐年间，明成祖朱棣复命祝贞公回京，督理漕务。从水路运输物资供应京城或军需。因年老体衰，劳累过度，卒于京师。赠工部员外郎，灵柩归江安葬。祝贞公的功绩，勋业在朝廷，德泽在人心。勒石碑曰："传哉师忠，名重望降，德流河济。"

7. 信义校尉祝有德公传

祝有德，字奖之，江山江郎人，郎峰祝氏四十一世祖。有德公从小习武，武艺高强，好勇尚义。元军残部陈友谅的一支兵匪，横行乡里，抢劫财物，残害妇女，无恶不作。有德公组织乡里勇士，用大刀和长矛伏击陈匪。赖有德的谋略，贼退居他县，不敢来犯。州县令闻之，征有德公为信义校尉，领兵驻防仙霞关，确保江山南大门的安全。有德公加强队伍的训练，士气高昂，匪不敢来犯，多年驻防无失。

8. 护谱义士祝维城公传

祝维城，字翰侯，江山阁老街人，郎峰祝氏四十三世祖。维城公志切惇本，行能守信，平时喜欢读谱，宣讲先辈的事迹，满朝祝，兄弟宰相，讲得生动有趣，乡里祝氏子弟常请他讲故事。他爱谱如命，不准家人乱动，用樟木专柜装好，放在阁楼上。

当年，正当元兵残部陈有谅匪，以及朱元璋领导的明军在江山交战，兵荒马乱，抢劫财物。维城公怕郎峰祝氏世谱被劫，抱世谱躲在江郎岩洞里，藏了五天，兵退，他才跟跟跄跄地抱谱回家。家人到处寻找，以为被匪劫走，杀害了。维城公饿了五天，家人既惊喜又生气。维城公护世谱的事传开了，赞他是护谱义士。

9. 武安将军祝梁公传

祝梁，字栋臣，江山阁老街人，郎峰祝氏四十二世祖。梁公就读江郎书院，品学兼优，精于韬略，熟知兵法。梁公十分痛恨元朝忽必烈的统治，梁公称元朝为羌戎之治，决心佐助朱元璋建立明朝。元朝即将灭亡，残部陈友谅号称六十万大军，企图在南京称帝。朱元璋率部追杀陈友谅部。梁公参加了追击陈残部，攻下洪都（南昌）后，陈友谅退到鄱阳湖，双方激战鄱阳湖。陈友谅尽以十数米高的大船为战舰，一艘接一艘，连成一体，绵延几十里，远远望去如山如林。朱元璋分兵十一支迎战，双方一天交战几十回合，战斗成拉锯战。

梁公熟知兵法，提出火攻，立即被朱元璋采纳。用芦苇加工装成火药，梁公负责组织一支"赶死队"，冲锋在前。恰好有如神助，刮起一股东北风，风大，直吹向陈友谅阵营，装有芦苇火药的小船，靠近陈友谅船，纵火大烧陈友谅战舰，陈有谅大船火光冲天，一艘接一艘起火，士兵乱成一团。梁公佐战建功，名通北阙，诰授皇封，特赠武安将军。调镇守兴国县，全家落户兴国县，成为郎峰祝氏的一支派系。

10. 平西将军祝升堂公传

祝升堂，从小习武，十八般武艺，样样精通。精于韬略，熟知兵法。朱元璋击败元将陈友谅后，回师南京，路过江山，升堂公应征入伍。因武艺高强，也知兵法，深得朱元璋的器重。命公随徐达将军，西征太原，消灭元军残部。元将扩廓在雁门关一带，袭击明朝军队。一天，扩廓又亲率军出雁门关，欲偷袭大都之明守军，徐达带兵进攻太原，命升堂公伏击回师的扩廓残部，闻声攻太原，扩廓班师回救，半夜被升堂公领导军伏击，全歼残部，扩廓骑马逃走。元顺帝组织几次反攻，无力回天，整个北方基本安定，尽入朱元璋版图，升堂以军功授平西将军。进士江山诗人张恢赞曰：

小丑跳强梁，王朝策命扬。

谁能精武备，应用战疆场。

奉诏班师去，成功奏捷长。

平西将军职，共美祝升堂。

11. 广西道观风察俗使祝宁公传

祝宁，江山镇安人，明洪武年间拔贡生。拔贡生，就是学政官考选，品学兼优的生员，保送入京，作为拔贡生，经过朝考合格，可以充任京官、知县和教职。宁公初授义乌县令。宁公在义乌以清廉著称，严厉治仕，严惩贪官污吏，贪官闻风丧胆，社会风气大改观。同时，发展教育，兴办书院，私塾，奋起科甲，尊师重教成为义乌的民风，至今义乌乃是教授县。

由于宁公在义乌的政绩卓著，提升为广西道观风察俗使，朱元璋赐宝剑，人称上方宝剑，见贪官可以先斩后奏。广西是边疆地区，又是少数民族聚居之地，州县官员天高皇帝远，贪官污吏突显。宁公廉洁从政，为官正派，不徇私情，不受贿赂，不受宴请，人称铁面御使。州县官员清除贪官，提拔清官。做民族和谐工作，实行少数民族自选官员。广西社会风气迅速好转，人民安居乐业。

诗人孔传纶赞曰：

初授义乌县令，继升广西巡道。

观风察俗善否？文采点染风藻。

势豪土恶剪除，举世共游大造。

慈祥惠爱度量，正真公平怀抱。

至今缅怀流风，共钦公为国宝。

"国宝"多么高的评价。

12. 遂昌县训导祝长春公传

祝长春，字景和，江山江郎人，郎峰祝氏四十三世祖。长春公刻苦学习，闭门读书。明朝正统以文学举选，授遂昌县训导。长春公在任训导时，清廉从政，努力工作。宣传儒家学说，孔孟之道，宣化圣言。自己穿儒服，戴儒帽，言风雅俗美。兴办书院，奋起科甲，深受学者的欢迎，卒于任署，入遂昌县名宦。

13. 定远将军祝犏公传

祝犏，江山江郎人，从小习武，以武科中武举人。跟随朱棣北征沙漠，当时适逢大雪，将领们都提议等雪停了再进军，只有祝犏提出乘大雪奔袭元军残部乃儿不花。元军因大雪都躲在军营里，根本想不到朱棣率兵进攻。在犏公的指挥下，全歼乃儿不花残部。犏公多次领兵出征，屡战屡胜。以战功封定远将军。威名大振。

江山诗人徐日癸赞曰：

> 身通孙吴兵法，步伐整齐无差。
> 用命疆场夺帜，慑伏戎羌堪夸。
> 定远将军重职，声名远播天涯。
> 诰命直来北厥，恩沾赤简乌纱。
> 至今谈公盛事，江郎犹护彩霞。

14. 武略将军祝忠裔公传

祝忠裔，江山江郎人，从小习武，武艺高强，以武科得到朱元璋的信任，朱皇帝征服陈友谅后，挥师南京，路过江山，忠裔公随朱皇帝到南京。命忠裔公带兵北伐中原，歼灭元军残部张士诚营。到了中原，忠裔公利用张士诚骄横之师，一定会长驱直入。忠裔公诱敌深入，在险要处设下埋伏，等张士诚进入伏击圈后，歼灭之。以战功升武略将军。忠裔公的谋路，是战胜张士诚部的关键。

明广东布政使、进士，江山诗人徐霈赞曰：

> 素有安邦志，怀才发轫新。
> 明良隆策命，忧患见劳臣。
> 职重将军寄，身精武略人。
> 疆场多胜迹，诏诰沐皇仁。

15. 司禋祝凤卫公传

祝凤卫，字助公，郎峰祝氏世祖。孝友成性，经术通明，尤精礼教。由明太学生授国子学录，历任南畿祠祭郎，任礼部大司禋。以礼部所属中祠部为司禋，祠部郎中亦称司禋大夫。主管典章、典礼、祭祀。凤卫公任职中立身端严，与人和乐，而尤克谨细行，处事不为是非妄从人意，独立思考，持心清正。在主祭中，言行谨慎，但与礼部尚书不合，反对奸臣腐官，辞职回家。

回江后，每天召集旧友和新朋，讨论古礼，意欲振兴江山礼教，培养后代。凤卫公断言，人有礼则安，无礼则危。顾三代以下，礼教既衰，这是十分危险的。他著书立说，著有《释礼之稿》。

讲礼之暇，纂修族谱，以昭本源。祖坟毁坏而残塌者，凤卫公掏钱修复。倡议族人整修家庙，以此倡导礼教，表达仁孝之志，报本之诚。凤卫公在江山德望很高，朝廷将复用先生，而先生已寿终矣。

明江山显学训导施幼学写《公助先生传》，传曰："先生有'梅福之冠，陶潜之菊'。"梅福、陶潜、姚勉称为宜丰三大先贤。明江山教谕潘士英为公写《祝司禋墓志》，志曰："浙东上游，山水多奇，而江邑郎峰鼎峙，须水逶流，尤地灵人杰，为国之桢。如大司禋祝君。"

16. 公助先生传

明万历·施幼学

先生经术通明，尤精礼教，初由太学表率晋秩司禋[1]。值当道者有炙手之势，奔竞者悉阿奉焉。故贵溪椒山诸贤相继诛戮，先生亦以正直不容，然介石知几[2]退居家塾，日与后学讨论古礼，放其身于事外，置理乱于不知，终身焉矣。

噫！自阿套而后，当时以信事死者，先后相望，其义烈忠贞，激昂慷慨，岂不与日月争光而使鬼神涕泣，先生独不言而退，以视诸诤巨风节，得无少逊乎？然位卑言高，且不足以必君之听，则洁身而退，默足以容[3]，未始非君子明哲之道也。梅福之冠[4]，陶潜之菊，先生盖有以自处矣。

谢事家居，讲礼之暇，纂修族乘，以昭本源。祖茔湮毁而残塌者，则整固之。复倡族人整修家庙，此又其仁孝之志，报本之诚表见于家居之日者也。先生虽家居而德望日显。迨东楼既倾，朝廷将复引用，而先生已寿终矣。诏复先生旧秩。

学居先生邻右，得详先生之行，用敬述之。先生讳凤卫，字公助，予邑郎峰人也。

——录自《须江郎峰祝氏世谱》卷十二

【作者】施幼学，江山人，住江山城关北门，江山县学训导，曾署长兴县事，祀名宦。

【注释】[1]司禋，官署名。龙朔二年（662）政六部所属各司名称，以礼部所属中祠部为司禋，祠部郎中亦改称禋大夫。[2]介石知几，谓操守坚贞，预知先机。[3]默足以容，明哲保身。[4]梅福之冠，陶潜之菊，梅福，名子真，西汉末年南昌尉，后弃官隐居宜丰逍遥道院，与诗人陶潜、南宋状元姚勉并称为宜丰三大先贤。

17. 大使祝天民公传

祝天民，字东涧，江山江郎人。司禋祝凤卫的长子，随父至京都南京，由吏材授官陕西粮储道使司。管理陕西国粮的储备，为政清平，性情耿直，言无避忌，直言不讳。府县官吏畏之。御史欲陷害他。却好有到新疆和甸采玉盒的任务。忌公者推荐祝天民去办此事。陕西到新疆涉万里，路途辛苦险峻，盗贼抢劫。还要私自补贴白金三十万两，这样的差使一般人是不干的。有官员曰："这是王事，你独贤劳也。"天民公曰："皇帝命令，义所当然。"

玉盒采购成后，皇帝欲提升高官，天民公觉得忠直之官难容于世，决定辞职回家。回到家里，房屋破旧，因地贫瘠，粗食粗衣，经几年的辛勤劳动，家境稍宽裕。邻里说："有官不做，在田里辛苦，活该。"天民曰："官很难做，做大官必骄横，贪污腐败。对不起百姓。做小官，不贪污，则不信。还是向自然要财富，勤劳所得，天经地义。"百姓高度评价天民公，正直，正派。

18. 大使天民公传

明万历·璩一桂

大使姓祝，名天民，字东涧，祀祭郎公助先生之冢子[1]。侍你谅，由吏材[2]起居，仕陕西粮储道使司。为政清平，性情耿介，言无避忌，行不诡随。府县畏其酸辛，宪台忌其棱角，心欲害之，然素以能员闻。会上有采制玉盒之旨，忌公者遂交荐之，得谕旨使行。或谓公曰："莫非王事，而君独贤劳也"。公曰："君令臣钦，义所当然"。竟不辞而领价[3]行矣。

此一役也，跋涉万里，辛苦逾年，尽竭私财，以供官费，计赔白金三十万而功始报成。玉盒既进，朝廷方欲以功加秩，公知忠直难容于世也，遂请告归。

至家，四壁萧然，卒无愠色，自垦硗瘠[4]，率家众耕焉。粝食布衣[5]，躬履畎田[6]，数年家食稍裕。或问之曰："公以稼穑裕家，何如稍透迤于朝，得以安享天禄耶？"公喟然答曰："为官之取利也，居上必骄，为下必倍。若居上不骄，则不得利。骄而利焉，是剥于民也。为下不倍，则不能利。倍而利焉，是侵于君也。其久君损民，皆不忍为，惟以天地自然之利利之也，可。"

予闻其言而叹曰："此居易俟命之君子也。《中庸》曰：在上位，不陵[7]下。在下位，不援[8]上。正己而不求于人，则无怨，上不怒天，下不尤人。"大使企而及之。

——录自《须江郎峰祝氏世谱》卷十二

【作者】璩一桂，江山县城关南门人。

【注释】[1]冢子，长子，大儿子。[2]吏材，为政的才干。[3]价，读jie，旧称供役使的人。[4]硗瘠，坚硬瘦瘠的土地。[5]粝，糙米，[6]畎田，田间的小沟和田中的高处，句意是亲自务农。[7]陵，陵驾。[8]援，攀扶。

19. 善士祝西喜父子传

祝西喜，字焕卿，又名尧光，福建浦城人，郎峰祝氏四十二世祖。其子祝士标。他们是祝仲安的后代，仲安公为武举人，授信义校尉，镇守浦城，后落户浦城，成为郎峰祝氏的一个支派系。

西喜公父子，为人忠厚，淡于世务，不赴官仕，在家务农。有薄田数顷，仅仅自给自足，稍有积余，则以救助孤寡者，恤盆贫困户，而且不求回报。得到乡里的好评。

西喜父子，资助一个名叫陈梦雷的青年，陈梦雷进京殿试，家境困难，在邦衽遇见西喜，聊天中得知梦雷进京殿试钱不够。西喜公请到家中，以鸡肉设宴招待，住了数日，赠以金钱。梦雷在外颠簸数十年，至老回归，路经浦城，再拜访西喜、士标父子，他们都已去世，士标公的儿子祝启有接待梦雷。梦雷公祭拜了西喜、士标的坟地，感谢他们的资助。并写了《西喜公父子传》遗世，让人们知道这两位善士，郎峰祝氏的家规家训以善为荣，西喜公父子继承了家训。

20. 西喜公父子传

三山 陈梦雷

处士曰：西喜祝君，讳尧光，字焕卿。慷慨有大节，而笃于慈孝。其先本须江郎峰人也，郎峰祝东山四十二世孙。讳仲安者，由武举来镇柘浦。其子从高，因家焉，从高之孙曰，明，字子亮，行福一。生顼，字君重。君重生景，字宏秀。宏秀生镜，镜生汉，汉生应龙，字廷见。廷见生尧光，尧光生世名，字士标。

累世忠厚，为乡评所许。西喜公，淡于世务，随分自安，薄田数顷，仅取自给。稍有盈余，则以救孤恤贫为心。而士标君，继之有善。不忘予昔经柘浦，适缺资用，遇君于村庄，萍踪适合耳。君慨然发囊金以赠，且信宿其家，陈鸡黍，为予数阴晴，鸡犬示以回家风味，予少时气傲，虽感其德，亦目为田丈夫已耳。乃宦途颠沛，历数十年，侧足干戈，窜流关外，幽思困厄，不欲聊生，欲求优游，陇亩为田家者，流享耕凿之安，于一日而不可得。回忆曩，曰："丈人之赠金，实以阴讽，而惜予之，不喻其旨也。迩蒙天宥幸得归田，复过柘浦，再访其家，则士标翁作古人久矣。"翁子名启有，欣然相接，慰劳殷勤，予益感昔之情，因询其祖父之生平，欲为作传，以志不朽。其子曰："草莽之人，无足述也。"但承祖以来，有坟庵数区，祭田数顷。迩经颠沛，几不克保我先祖先岩，殚力图维以存之，用克无废先祀今幸。

升平欲纪其事，而未暇云，予日祀田之典著于支公，家礼是一家之私，亦士标翁仁教不忘志也。因为记之，且传其人，子亮公坟菴在西山，顼公、景公坟庵俱在峰下湖。顼公之姚李氏，坟庵黄村羊栏头。钦公葬资圣墩头，镜公葬资圣黄村吴家坞。以上各公祭田俱落吴家坞山、源葛山等处，共租二十二硕。另镜二公资圣寺立有神主，永为祭享。西喜公之终也，士标翁亦以江邑之田杨梅垄，租二十四硕，立为西喜公户，籍于江邑以为祀田，垂后子启公有克守之，士标公于是乎有子。

21. 诗人祝年公传

祝年，字少见，江山城区人。祝年公是东溪书院教授。东溪书院是明朝徐霈先生筹建。徐霈，字孔霖，号东溪，任东粤左藩，因疾归，筑东溪书舍，即东溪书院。集十余贤者讲学。著有《东溪文集》遗世。徐霈邀请祝年公赴东溪书院任教，还有徐世等群贤十余人，成立《玉堂茂春》诗社，交相唱和，各成其律，风格各异，彼此质疑。少溪徐世公曰："艺文我无少见公熟，少见最精，无日不诗，诗稿堆积如山，那能不胜我焉！"少见公逝世后，徐世出资，将祝年诗稿三百篇汇集出版，名为《启后正宗集》，由江山诗人赵洙写序。

江山诗人郑世熙七言律《赠少见祝生生》诗曰：

　　　　相逢少见客东溪，十丈由来气吐霓。
　　　　问字满门无俗士，谈经深夜有窗鸡。
　　　　升堂待我三隅反，入室期君一指迷。
　　　　光霁襟怀谁得似，鳌峰顶上自留题。

22. 明朝四大才子之一祝允明传

祝允明（1460～1526），字希哲，生于山西太原，明代著名书法家。因相貌奇特，而自嘲丑陋，又因右手有枝生手指，故自号枝山，世人称为"祝京兆"。祖籍长洲人（今江苏吴县）。祝允明祖父祝颢，字惟清。明正统四年（1439）己未进士。内侍传旨试能文者四人，灏与焉，入掖门，知欲令教小内竖也，不试而出，由给事中历任山西左参政。父仁斋，母徐氏，为明兵部尚书，华盖殿大学士，封武功伯徐有祯之女。子续，正德中进士，仕至广西左布政使。

祝允明自幼聪慧，少年成名，视为神童。5岁作径尺字，9岁能诗，稍长，博览群籍，文章有奇气，当筵疾书，思若涌泉。尤工书法，篆、楷、行、草皆精，名动海内，求文求书者接踵而来。善新声，好音律，曲艺，多才多艺，才华横溢。名动海内。与文征明、王宠为明代书法家代表，作品名列史册。楷书早年精谨，师法赵孟頫、褚遂良，并从欧、虞而直追"二王"。草书师法李邕、黄庭坚、米芾，功力深厚，晚年尤重变化，风骨烂漫。北京大学教授、引碑入草开创者的李志敏评价："祝枝山的狂草，骨力弱于旭、素，但在宋人影响下，又自成一格。"其代表作有《太湖诗卷》《箜篌引》《赤壁赋》等。所书"六体书诗赋卷""草书杜甫诗卷""古诗十九首""草书唐人诗卷"及"草书诗翰卷"等皆为传世墨宝。允明好酒色六博，善新声，求文及书者踵至，多赂妓掩得之。恶礼法士，亦不问生产，有所入，辄召客豪饮，费尽乃已，或分与持去，不留一钱。晚益困，每出，追呼索逋者相随于后，允明益自喜。所著有《诗文集》六十卷，其他杂著百余卷。

祝允明与唐寅、文征明、徐祯卿，合称"吴中四才子"。成为明代杰出的文学家、书法家。其性格豪爽，为人耿直，并重人情。为官清廉，刚正不阿，有政声，得民心。恶理法士，与当时重理学的社会潮流相左，为官场文士所忌，仕途不顺，久久会试不第。55岁才被吏部"谒选"去南疆惠州荒凉之地任兴宁知县，捕戮盗魁三十余，邑以无警。62岁暮年才迁应天府（今南京）通判，不久即病谢归，嘉靖五年丙戌（1526）67岁，为外祖父中书舍人徐有祯修建旧居。命名"怀星堂"，同年八月中秋后一天，写《怀星堂记》。完成《怀星堂集》三十卷。嘉靖五年十二月二十七日病逝，享年67岁。

迄今，五百余年来，祝允明文名不衰，被历代所尊重，成为我国家喻户晓的明代最杰出的文坛名人。

第八节 清朝（1616～1911）

1. 诗人祝甡公传

祝甡，字鹿瞻，号苹野，江山秀峰人。衢州府学廪膳生，即公费生。从小陪颖，精于诗词，与任台湾镇总兵柴大纪挚友，两人爱谈天下事，议论风生，意气自豪。清同治版修谱是郎峰祝氏世谱的主编之一，为提高谱的知名度，请柴大纪为郎峰祝氏修谱写序。

祝鹿瞻在清同治版郎峰祝氏世谱中有三篇文章，《续修世谱叙》，这是一篇论文。文中写道："春秋为史笔之祖，其间褒贬讥刺则史体也，而谱制因之，顾史成于司马迁、司马光。谱成于欧阳修、苏东坡。"又曰："史所以详国政，而谱则祇载家事。"他对史与谱的分析十分深刻。

祝鹿瞻在《郎峰祝氏世谱》卷十四，遗存两首诗。《游江郎山怀始祖东山公》《怀思训公任宠山氏刺客歌》，两首诗优美、流畅，是郎峰祝氏的一代才子。

2. 内阁侍读祝光国公传

祝光国，福建浦城人，郎峰祝氏的一个支派。光国公从小聪慧，刻苦学习，德践修义方，以国学为伴，入太学。秩满后，由于知识渊博，德行高尚，赠朝仪大夫，正四品。授官为内阁侍读。宋太平兴国中期，设置翰林院侍读，即翰林院侍读之官。翰林院侍读是较高级的翰林官。光国公为政清廉，勤于朝政，谦虚谨慎，受到清朝仁宗皇帝的器重，赠奉政大夫、奉直大夫。他培养一个杰出的儿子祝春熙，是内阁典籍中书，文渊阁检阅，国史馆分校。

其妻陈氏晋封为太宜人。

3. 内阁中书祝春熙公传

祝春熙，字云帆，福建浦城人，属郎峰祝氏资圣派系。清嘉庆年间授官内阁中书，掌管勘对本章，检校签票，为皇帝的文稿核对之官，正六品。后升为侍读文渊阁检阅加五级，掌管《四库全书》的排次清厘等事。春熙公最后任国史馆分校，相当礼部侍郎，为从二品。管国史的整理和编辑。

春熙公为人忠厚，谨慎行事，廉洁奉公，鞠躬尽瘁。他博览群书，精通经史，文学功底深厚，能诗善文，对国史馆分校之职，才堪称职。受到仁宗皇帝的嘉奖，授奉政大夫加五级。

春熙公是个慈善家，行善积德，他集资重修仙霞岭。仙霞岭是闽浙之交，原崇山峻岭，悬崖峭壁。春熙公集资两千两白金，花了三年时间，铺石阶三百六十级，长二十余里，二十八曲。仙霞古道是古丝绸之路。春熙公为锦绣江山，千年古道，做出重要贡献。岭顶还建三个凉亭，曰：喜仙亭、迎仙亭、集仙亭，为途旅憩息之所，受到官员、商人、旅行者、老百姓的赞许，勒石祀之，以垂不朽。

4. 名师祝朝熙公传

祝朝熙，字绩臣，号敬庵，福建浦城官路人。自幼聪敏，卓越超群，崭露头角，邻里名仕都说祝氏出人才。10岁，从师孝廉徐炳书门下，求学数年，学业日进。师徐炳书捍中该生长大有出息，将长女许配给朝熙公。公15岁，生母去世，对待继母如生母，十分孝敬，人无闲言。兄弟之间亲密和顺，和睦相处。少年试文场，一举夺冠。钻研经史，刻苦自励，诸子百家之书无所不览，学识渊博。寻补廪膳生员，屡不得志，朝熙公亦不以此争得失。

清咸丰丁巳（1857），以明经会试中录取为贡士，从事乡村教师工作。在金章二松馆任教十几年，在真西山故里任教十几年，因为教学出色，学生登科甲，授官仕很众，名气越来越大，一时文人哲士纷纷拜读门下。自觉束发读书，受业承雅轩，追随师后，坐春风、沐化雨。师头发花白，岿然灵光，精力旺盛。绩臣公品行高尚，不攀权贵，扶助弱者，不义之财勿受。

晚年，闲居紫阳精舍，焚香月夜，品赏茗茶，或弹围棋，敲诗适志，检书忘言。文章幽雅，诗赋工正，卓然有唐李白之风范。惜乎，年73而终，前来追悼的人士云众，赠挽联云："冰渊易箦，寿峙尼山，桃李盈门，悲流泗水。"

5. 续谱功臣祝荣栋公传

祝荣栋，字月仙，江山江郎人。清雍正七年（1729），进行一次郎峰祝氏世谱续修，荣栋公是核心人物之一。荣栋的父亲为了救谱，兵荒马乱时，抢宗谱走攀岩陡磴、昼伏夜行，断粮五日，濒死救宗谱。荣栋受父亲感召，领导了雍正七年修谱，参加主要人物有鹿瞻公、荣泉公（江西沙溪）等人。在江郎祝氏大宗祠会族商议，各出裁稿，溯本清源，分派整理。明白续所当续，补所当补，汇辑成章，付梓校刷。由于荣栋公的辛勤工作，热心续谱，才有1600年郎峰祝氏的历史渊源。

荣栋公是一个知名学者和诗人，他在《郎峰祝氏世谱》十四卷中，有五言绝句《游江郎山》、五律《自感》二首、七言律《游江郎山有感》等四篇诗作遗世。

录他的五言绝句《游江郎山》：

> 郎峰万仞高，登临气自豪。
>
> 青云腾足下，颖向龙门跳。

6. 盐运司运副祝凤喈公传

祝凤喈，福建浦城人，郎峰祝氏一个支派。凤喈公授清浙江盐运司运副。盐运司，官名，清代在产盐各省都设转盐运使司，其长官称为盐运使，其下设有运同、运副、运判、提举等官。浙江是海盐主产地之一，盐是朝廷专管的商品，人人都需要，关系到国计民生，因此盐运使也责任重大。

盐业也是产生贪污腐败的行业，也有偷偷私卖给盐贩，以次充好，高价出售的现象。凤喈公对这些扰乱市场的行为，都坚决查处，严惩不贷。确保盐业统一由朝廷供应，保证民生和社会安定。

清仁宗在任命祝凤喈公曰："区画精详，才犹敏练，摘奸厘弊，亦充军国之需，恤灶通商，克佐牢盆之利。"这是对凤喈高度评价。

7. 祝徐氏母子独立捐修浦城城墙和南浦桥传记

浦城县的旧城墙每块砖上刻有"嘉庆拾伍年""祝徐氏捐修全城"字迹，引起了游客的好奇、猜测。经多方查证，一段尘封的祝氏家族义举历史呈现在人们的眼前。

祝徐氏，浦城城关人，生于乾隆十四年（1749），19岁出嫁，次年夫亡，孀居三年，再嫁祝乾封，另冠夫姓称祝徐氏，她因独立捐修浦城城墙而名垂青史。浦城祝家，始自明初任浦城渔梁防守都司而落籍官路资圣的郎峰祝氏先祖仲安公。祝乾封曾祖芝园公官汀州协镇移居县城，生瑞生、作庵二子，祝荣封父言如公是作庵公之子。祝家慷慨好施，德善持家，家资丰巨。言如公生三子，长荣封，次乾封，三帝封。荣封先于乾隆五十八年（1793）病故。嘉庆二年（1797），乾封、帝封、遵其兄荣封生前遗愿，将荣封部分遗产，银5000两，租谷1984石4斗捐赠给福州鳌峰书院，以充膏火银。嘉庆三年（1798），祝乾封、祝帝封兄弟，又将荣封所遗产业"计房屋22座，店屋10座，每岁入租银513两，租钱70千文，归南浦书院拓充经费"。祝徐氏丈夫祝乾封死后，祝徐氏再寡。嘉庆五年（1800）六月，浦城暴雨，发生特大洪灾，筑于元至正二十三年（1363）的城墙，东、南、西三面被洪水冲毁，致"人丁遭漂没者也以万计"。大灾过后，官民欲修城墙未果。京官祖之望［乾隆四十三年（1778）进士，官至刑部尚书、吏部尚书］回到浦城，目睹这一状况感到很焦急，召集乡绅众谋捐款修复城墙。与祖之望有戚谊之交的祝徐氏，将丈夫祝乾封所留遗产剩一部分给三个儿子购置田产外，捐出五万多两白银，独自承担了修复城墙的全部费用。祝昌泰为总理，其兄昌时、昌祺以及祝徐氏之侄徐芬任为帮办。历时三载，备极劳瘁，高质量高标准地完成了这项工程。建成后的城墙长1600丈、高2.4丈，址厚2.5丈，顶宽1.8丈，绵延十多里，屹立在南浦溪畔。让人耳目一新的是每块城墙砖上全都刻有"嘉庆拾伍年""祝徐氏捐修全城"的字迹。祝徐氏为修全城，倾尽资财，城墙将竣，人已病倒。临终时，嘱咐三个儿子说："我死后，尔等应努力从公，慎勿以我名字闻于官。"

因此，后世只知她的姓氏而不知她的名字。祝徐氏的义举不仅受到当地人的交口称赞，闽浙总督汪志伊撰文表彰，此事更惊动了朝廷，嘉庆帝闻之，赐赠"深明大义"御匾。事载光绪《浦城县志》。

祝昌泰，字躬瞻，号东岩，祝徐氏三子。家资富厚，乐善好施，与从弟昌瑞同继伯父荣封为嗣。为发展地方的文化教育事业，嘉庆三年（1798）将巨额家产捐给省城的鳌峰书院和浦城的南浦书院，促进了清代福建书院教育的发展。清嘉庆五年（1800），河水暴涨，冲塌县治城墙，生母徐氏独资捐筑全城，祖之望任督办，昌泰为总理，其兄昌时、昌祺为帮办。经营三年，备极劳瘁，工竣，以知府尽先补用。制军汪志伊亲勘城工时，提出重建南浦浮桥，章程筹定后，悬示三个月，无人应捐。祝徐氏对她的儿子说：我捐修全城，无力再捐建此桥，你们要勉力以承我志。三子祝昌泰遵奉母意，担负起独捐南浦浮桥的重任，共费银二万两。并且还独力捐建浦城文昌阁。昌泰尤其留心文献，与梁章巨搜集浦城先辈遗书，共十四种，特构留香室，捐资刊刻。又在越王山麓建二有堂，在梦笔山建宝宋亭。晚年志向更加好古。汇刻格言书一种，与门生校勘。素性慷慨好施，修县志、建义仓，皆为首倡。岁歉减价平粜，或捐谷赈饥。他平生无他嗜好，暇则涉猎文史，著有《留香室诗钞》《留香墨林》《留香别集》等著述十八种，称为《浦城遗书》。

第九节 外迁支派人物传

一、江西德兴暖水宗派名人传

1. 暖水祝氏始祖祝约公传

祝约，字仲礼，行三，郎峰祝氏十六世祖钦明公的远孙，祖祝昌。父祝俱生四子：经、纶、约、绦，约公官银青光禄大夫，池州司马，淮南节度使。南唐末年避乱由江山徙居德兴暖水，繁衍生息。约公生三子：长行谋、次行达、季行可，三子皆仕。行谋、行可皆外迁，唯次子行达居暖水，生三子，长延年徙德兴县市，次延龄迁婺源辈口漱溪，孙辈祝承俊迁徽州歙县望京门。三子延称居暖水，生六子，其中五子徙万年石塘，唯六子令忠留暖水，生四子八孙三十曾孙。从此暖水人丁兴旺发达，明初还建造了城墙。据传此时暖水祝氏有城内二千，城外八百户，人口过万。同时外迁的暖水后裔也兴旺发达，特别是徽州宗祝承俊孙辈，祝象器生四子，祝景先生八子。后代亦是兴旺发达，后裔遍徙浙闽赣及湖北等地。据不完全统计，如今暖水宗祝氏后裔有十几万之多。

2. 徽商先贤祝象器、祝景先兄弟传

祝象器、祝景先兄弟，宋徽州歙县望京门人。两兄弟的祖父祝承俊，是婺源潋溪祝延龄之孙，从潋溪迁歙望京门。先世婺源潋溪祝延龄，是江山迁德兴暖水始祖约公之孙。祝象器宋朝登儒科，为太学博士，祝家世以资力富裕，家财万贯，乐善好施，名闻州郡。生业几有郡城之半，时称其家为祝半州。

3. 朱熹外祖祝确公传

祝确，字永叔，宋徽州歙县望京门人。父祝景先，生有八子，祝确为老二。祝确淳厚孝友，父母卒，庐墓守之；兄弟先后死于熙河，徒步万里以归其丧。笃于亲旧，好施与，人多高其行谊。祝确笃信佛法，家族世以货力顺善闻于州乡，其邸肆生业几有郡城之半，因号"半州祝家"，祝确有一独生女五娘，嫁婺源朱松，生下朱熹，是朱熹的外祖父，朱家经济不宽裕，朱熹年少时多受外祖父家接济。方腊之乱时，祝氏家业被焚荡，祝确因而家道中落。

4. 张祝学派代表祝泌公传

祝泌，字子泾，南宋哲学家。南宋饶州德兴暖水人，咸淳十年（1274）甲戌科王龙泽榜进士，官饶州路三司提干。以精《周易》闻于世，又学皇极数（即上古帝王所施政教，得其正中，可为法试之学），受命编修王易，书成告归。宋孝宗御书"观物楼"匾额，自称"观物老人"。元世祖忽必烈慕祝泌盛名，几番派人央请并许以高官厚禄，要其参与创建"阴阳学"机构。但心怀故国的祝泌丝毫不为所动，以"家中父母垂暮，为人子者安敢不顾，况乎余素奉天道，岂能违天行事"为由，拒绝从元，以老辞退隐回暖水。著有《皇极经世书钤》《皇极元元集》《观物编解》《祝氏秘钤革象新书》等。在古暖水城图上，标有泌公祠的祠宇即为祝泌子孙为铭记先人功德而建。

祝泌与张行成等人创立了张祝学派，该学派以继承和发展邵雍先天象数学为主的学派。张祝学派认为"祖道钧元，是极也，先高厚而肇始，运万有而不遗。推其动静，得两仪之本，沿其始交，得四象之元，循其变化，识其封位之分"。

他们以研究《先天图》为主，尤重"象""数"二图，认为"天地万物之理，尽在其中"。又谓"理者，太虚之实义；数者，太虚之定分。末形之初，因理而有数，因数而有象即形之后，因象以推数，因数以知理"。此派对于传播先天象数学具有重

大作用，致使此学没有失传。元世祖时访求通先天象数学者，此派弟子傅立（祝泌外甥）等以书奉上，使此派学说绵绵不断地传播下来。

5. "樟隐老人"祝穆公传

祝穆，字和甫，初名丙，曾祖祝确为郎峰祝氏唐末迁江西德兴始祖约公的十世孙，祝确籍新安婺源（今江西婺源）人，为朱熹的外祖父，穆父康国是朱熹表弟，跟随熹母祝氏居崇安（福建）。与弟癸同受业于朱子。宰执程元凤、蔡杭录所著书以进，后被荐为迪功郎，为兴化军涵江书院山长。

祝穆少年丧父，读书于朱熹家塾。20岁，朱熹命黄干为他举行冠礼。乾道初，祝穆与其弟一起随朱熹到建阳云谷晦庵就读，受黄干、蔡元定教诲。他嗜书，手不释卷，于书无所不读。青年时，往来于吴、越、荆、楚之间，所到必登高探幽，临水揽胜，遍访民情风俗，这为他晚年著述积累丰富资料和感性知识。晚年卜居建阳县麻沙水南，名其庐"南溪樟隐"，集朱熹生前手迹，扁于厅堂楣额。在厅右小屋取朱熹生前所书"岁寒"二大字，以表古樟之雅。与隐庐相对，又筑小楼四楹，取张南轩所书"藏书楼"三大字，揭扁楼上。在这优美舒适的环境，开始他晚年的著作生涯。凡经、史、子、集，稗官野史，金石刻，列郡志，"有可采撷，辄抄录"。祝穆善于写文章，"下笔顷刻数百言"。在麻沙水南隐居期间撰成两部文献性巨著，一是类书《事文类聚》一百七十卷；一是综合性地理志《方舆胜览》七十卷。

他不仅自编书籍，而且自家刻书发行。南宋嘉熙二年（1238），有市侩之徒将祝穆《方舆胜览》自刻本改名《节略舆地纪胜》翻刻。祝穆上诉保护版权，官府下令"追人、毁板"。这时祝穆经过几年编纂，雕版费用，据称"浩瀚"。南宋咸淳二年（1266），福建转运司为保护祝穆《方舆胜览》不被其他书坊仿刻，下的榜文有"榜下麻沙、书坊、长坪、熊屯刊书籍等处张挂晓示"等语。1238年，建阳祝太傅宅刻印祝穆《新编方舆胜览》自刻本改名《节略舆地纪胜》翻刻。祝穆上诉保护版权，官府下令"追人、毁板"。1238年，建阳祝太傅宅刻印祝穆《新编方舆胜览》七十卷。书首印有两浙转运司、福建路转运司榜文，禁止翻印。这是现存最早的保护版权的文告。祝穆不仅是刻书家也是藏书家。其家境不算富裕，却仍节省开支，购聚书籍，建筑小书楼以为藏书之处。《方舆胜览》形胜、土产、山川、学馆、堂院、亭台、楼阁、轩榭、馆驿、桥梁、寺观、祠墓、古迹、名官、人。大概成书于南宋理宗嘉熙三年（1239），全书共七十卷。主要记载南宋十七路所属的府州等地的郡名、风俗、物、题咏等，内容十分丰富全面，对于了解南宋时期江南各地的经济、文化、风俗、民情、山川、土产等有着极大的帮助。祝穆于理宗宝祐四年（1256）十一月撰成《南溪樟隐记》，这是一篇脍炙人口的散文。当年逝世，谥"文修"。著《古今事文类聚》前后续别四集、《方舆胜览》七十卷，今存。《闽中理学渊源考》卷一〇有传。

祝穆之子祝洙，字安道，人称祝太傅。理宗宝祐四年（1256）进士，于咸淳初转从政郎，监行在文思院。父子两代人勤于著书、刻书、藏书、护权。祝洙于咸淳二年

（1266）又刊行增补重订本对《方舆胜览》重新增订，并要求政府提供保护，杜绝其他书坊私刻。尝注《四书集说附录》，宰执取其书呈览，授太学博士。

6. 兴化知军祝洙公传

祝洙，字宗道，一作安道，建宁府建阳县永忠里（今童游里）人，祖籍歙县，祝穆子。宝祐四年（1256）丙辰科文天祥榜第四甲第一百零三名进士，兴化军涵江书院山长，兴化军知军，迪功郎。注《四书集说附录》。

7. 尚宝寺卿祝世禄公传

祝世禄（1539～1610），字延之，号世功。江西德兴暖水人，明万历十七年（1589）进士。曾任休宁知县，后选考为南科给事中，官至南尚宝寺寺卿。世禄少家贫，19岁始受书，后耿定讲学东南，祝世禄从之游，与潘去华、王德孺同为耿门高弟。祝世禄工诗，擅草书。著有《祝子小言》《环碧斋小言》《环碧斋诗集》等，均载于《四库总目》传世。

在祝世禄任休宁县令时，有个让人传诵的故事，是休宁有兄弟二人互相告状，历经十余年互为仇人。祝世禄采取的办法是，将两兄弟关在一起，命令他们早晚都同起同卧，朝夕相处，久而久之，这两兄弟和好如初了，此事在当时还传为佳话。

从祝世禄的书法可以看出其人坦荡大方，开一代书风，看了他的书法真迹，无不震撼。其书和传统的二王有很大的区别，笔墨酣厚，下笔沉着痛快，拙朴自然，中锋用笔，沉着敦重；全篇布局，穿插避让，特别是其擅用枯笔，墨呈五色。祝字毫无搔首弄姿之感，犹如大将军提刀沙场冲杀，勇往直前而又首尾相顾。

他交了许多的朋友，而许多朋友也得到了他的帮助。在他的朋友中，最有意思的是他竟然和西方传教士利玛窦有较深的友谊。利玛窦可以说是最早给中国带来西方科学的人，他开启了晚明士大夫学习西学的风气。利玛窦撰写的《天主实录》以及和徐光启等人翻译的欧几里得《几何原本》等书，给中国带来了许多先进的科学知识和哲学思想，为此祝世禄和这样的人交往，可见他的思想是多么的开明开放。这反映在他的书法成就上就可以看出他不媚俗，不迎合，有自己的美学思想。可惜的是由于祝世禄的书法作品传世不多，影响到了他对后世书法的贡献，以致明之后他的书法名声不大，让人惋惜。

8. 给事中祝径公传

祝径，字直夫，德兴在市人，祝澜从子。天顺十年（1466）甲午举人，成化二十年（1484）甲辰李旻榜第二榜六十名进士，初授给事中，两奉使藩，封馈遣数百金，不受，人服其廉，以直谏不阿闻于世。初祝澜为给事中，以忠谏死，径复为给事中，世称两黄门。历官河南参政，查巨盈库藏，掘发地中，旧无稽查者，斥滑吏之说，一一籍之。后督建汝王府第内侍贪酷害民，径缉之，从官敛迹。修黄河，穿地筑堤，通徐州、吕梁二洪有功，两台荐于朝，将大用，未果卒于官。墓在文明门内学宫之左。

9. 兵科给事中祝澜公传

祝澜，字有本，德兴在市（今银城）人，天顺三年（1459）己卯科举人，成化五年（1469）己丑科张升榜第三榜一百三十四名进士，授兵科给事中。刚直敢言，初论彗星之变，继论尚书王竑、李秉、都御史韩雍、高明，皆人望，不宜闲处。及当时急务十余条，言皆剀切。时武靖侯赵辅典兵，澜力陈其不可。夜草奏指摘宫闱，灯忽爆灭至再，家人虑不测，劝止。澜弗然，竟上之，廷杖得不死。谪安州判，寻迁国子监丞。又以庙议再谪云南广西府经历。澜慷慨尚气节，不以生死为意，后其庙议已行。初聘舒氏女，何氏女双盲，父母欲改适，澜不可，竟娶盲女，乃至无后，亦无怨意。终身居官清廉，囊无余金，心尽青天白日云。

10. 太仆寺少卿祝孟献公传

祝孟献，字丕文，德兴暖水人。洪武间由御史张宣荐任太仆寺少卿，掌马政有区画，时上元江宁有抵法徙云南者数千家，已就道，献力奏免，民德之。后奉使朝鲜，渡鸭绿江遇风浪，舟几覆，献曰："死则可矣，如君命何？"须臾风息。至其国，遗以金带，辞弗获，回至江边解其带还之。

11. 汉州知州祝文冕公传

祝文冕，字宗周，德兴在市人，嘉靖四年（1525）举人，五年丙戌科龚用卿榜三榜五十八名进士，官章邱县县令，升汉州知州，转泯府左长史，晋阶四品至仕。（考籍直隶密云后卫）

12. 武略将军祝宜勉公传

祝宜勉，德兴人，与侄用和率义兵保乡闾，明初归附，授雄翼百户。用和卒，代领军事，从征余杭，有功升武略将军。洪武元年（1368）调镇绍兴昌国。奉命讨蓝秀山贼，战死。子德威袭职升万州卫千户世袭。

13. 浙江按察使司佥事祝自明公传

祝自明，字积德，德兴二十都人，洪武三年（1370）庚戌科举人，洪武间进士，官浙江按察使司佥事。御试蜘蛛诗称旨，特赐进士。诗云："百尺游丝起，循檐布大纲。左旋施万目，中立镇群方。隐显身无击，经纶志莫量。分明张宪纲，蜂蝶勿癫狂。"

14. 鄜州知州祝文彬公传

祝文彬，字仍野，号苾庵，德兴二十都人，康熙三十三年（1694）甲戌科胡任兴榜三榜七十二名进士，官陕西中部县知县，鄜州知州。因不满苛赋苦民，从军西征。幕府推其才，凯旋时应补选，彬谢归。归乡时两袖清风，惟图书数卷而已。高安朱文端雅重彬，尝语僚佐曰："近世才高守洁无逾此公者。"彬学问淹贯，工诗、古文、辞，尤精于经学，著有《易经纂要》《左传分国学庸集解》等。

15. 都匀知县祝煜燔公传

祝煜燔，字耀天，号南阶，德兴二十都人，乾隆四十三年（1778）戊戌科戴衢亨榜第三榜八十一名进士，官贵州都匀知县，调署安化婺川三县。为官廉谨，与署吏同甘苦，人乐为用，登上考题署遵义兼台拱同知，以母老不就，上宪慰留之，燔曰："事君日长，事亲日短，遂归终养。"著《四书集解》《环溪稿》。

二、江西铅山石塘祝氏名人传

1. 迁铅山祝氏始祖祝仁霸公传

祝仁霸，字德卿，铅山人。为北宋景德年间司户参军。宋庆历壬午年间由江山迁居铅山石塘镇。生五子世昌、世康、世良、世异、世善。其中世昌、世康定居石塘，世昌开石塘下村七甲族、宜房族和五房族，世康开石塘上村六甲族，八甲族及官仓衙族，港沿八甲族与樟树弄族。世良返浙江江山。世异开六都虹桥族。世善则携母亲徙居篁碧（旧称黄柏村）开篁碧族。后来，又从上述几地分流衍生出南芜族，斜岭族，象鼻湾族等。在铅山日渐崛起。

2. 贵州刺史祝可久公传

祝可久，字德父，铅山石塘镇人，为北宋司户参军祝仁霸（字德卿）之曾孙。性本忠厚，慷慨好施，素为乡邻敬重。可久少年远志，青年而立，追随南宋抗金名将刘子羽南征北战，破方腊、抗金贼，立功边陲，官拜武功大夫，任贵州刺史。

祝可久与刘鞈、刘子羽父子

祝可久父亲祝佑，是江山迁铅山石塘始祖仁霸公之孙，名重乡里，德为人尊。少游学于崇安，学成，居吉水县尉，无心官宦，立志育人。宣和元年（1119），祝佑复归乡野，继承祖志，扩祖公之家塾，广授经典。一时声名鹊起，名士沓来。资政殿大学士刘鞈，少年起就与祝佑是知交好友，听闻祝佑治学授徒，由金陵而至石塘，并为后生亲授子史。身为朝廷大员的刘鞈亲临石塘，并为祝佑的乡塾的学生教授文化。在这期间，刘鞈还看上了胸有大志的祝可久，继而又将自己的女儿许配祝可久为妻，这样和祝佑不但是好友还成了儿女亲家。而刘子羽是刘韐长子，祝可久就成为刘子羽的妹夫。

刘韐是福建崇安五里夫府前村人，北宋末年大臣，资政殿大学士，还是一位在宋史上有名的将领，民族英雄岳飞，便是因为刘韐见其器宇轩昂、胸有大志而招入军营的。

祝可久与隆教书院

祝可久父亲过世，他回乡守制庐墓三年，服除后无心官场，想为家乡办些实事。于是，他想到了教育，他认为，只有教育才是国家发展的基础，只有良好的教育才能培养出杰出的人才。在这一思想的支配下，祝可久做出辞官隐居家乡兴教办学的决定。宋朝绍熙四年（1193），祝可久回到了石塘家乡，与弟祝可大一起，共同努力，将祖上的家塾，扩建修葺成铅山最早最具规模的隆教书院。书院分诚斋、深斋、醇斋、畏斋、定斋、应斋，以先贤哲学、诸子百家及文韬武略来教育当地乡族子弟。为扩大影响，祝可久利用了自己和岳父的社会影响，先后请来一大批当时的文化名流到隆教授课，其中名望极大的崇安五夫刘子翚、刘子羽、刘勉之、胡宪等全部在隆教书院担任过老师。再以后，退隐到铅山。辛弃疾和一代名儒朱熹也都缘于对祝可久的敬仰，相继到了隆教书院客串任职授课。

祝可久不但推动了整个石塘的文化发展，而且，缘于祝可久，在南宋时期，石塘成了大批宋代文人贤士的集聚地，甚至促成了铅山文化史上最有名的第一次"鹅湖之会"。

祝可久与朱熹

据朱子传述，宋绍兴十六年丙寅（1146）朱松病危时，将十四岁的朱熹托孤于好友刘子羽，认刘子羽为义父，那么，朱熹应该尊祝可久为姑父。根据朱熹、刘子羽、崇安五夫、祝可久的相互关系，推断出的结论是：一是祝可久创办的隆教书院曾经延请过刘子羽前来讲学，而作为刘子羽的义子，朱熹也曾随义父来过石塘，并在隆教书院受过教育；二是祝可久、刘子羽以及五夫里其他几位学士也都是在刘韐的直接教育下成长起来的，治学方向基本相同；三是祝可久自青年以来，始终严格遵循礼制，秉承儒家先贤经典治学修身。通过这些联系，那就几乎可以肯定，最少朱熹年青时代的求学方向也应该是和祝可久他们一致的。而朱熹与祝可久大量相同的理论和思想体系进一步表明，朱熹后来的治学与他推崇的理念确实曾经受过祝可久的较大影响，如绍兴二十三年（1153），朱熹在福建同安提出的"敦礼义、厚风俗、劾吏奸、恤民隐"治县法则，竟与祝可久在正式创办隆教书院时提出的"尚礼守义、忠君厚民"的教育方针如出一辙。而祝可久后半生将所有心血尽倾注于办学和完善乡村和宗族礼制这些事务之上，这不正合乎了朱熹后来提出的义理之学的理念吗？

祝可久与辛弃疾

辛弃疾对祝可久的一生十分敬仰与尊崇，在辛翁的心目中，祝可久不但文武双全，更可贵的是，在祝可久身上，一直有着同时代人最缺乏的高尚的爱国情怀和高风亮节的气概。也因此，绍兴戊午年，应祝可久相邀，辛弃疾专门赴石塘祝家，为石塘祝氏重修族谱撰写了谱序。

祝可久终，刘子翚书墓志铭。

3. 工部主事祝秉章公传

祝秉章，铅山人。光绪十三年（1887）前后有记录在世，咸丰九年（1859）三榜三十五名进士，历官户部福建清吏司主事、工部主事，加一级记录十次，诰封通议大夫。

三、浙江丽水括苍宗祝氏名人传

1. 以身殉国——盂县主簿祝公明（子祝陶）公传

祝公明（？～1127），北宋丽水县官桥人。官授河北太原府盂县（今山西曲阳县东北）主簿（掌管文书的佐吏）。靖康元年（1126）秋，金兵南侵，真定（今河北正定）等重镇相继失守，太原数十万军民顽强抵抗，坚持了250余日，外援不至，城中断粮，死伤十之八九，太原陷落。接着金兵侵犯河东各州县。当金兵前来攻打盂县时，县令惊慌失措，弃官逃跑。主簿祝公明临危不惧，自告奋勇主持军政事务，召集全城保甲兵卒，晓以大义，齐心守卫城池一年有余。最后，因粮草断绝，没有救兵，城被攻陷。祝公明不屈而死。

南宋建炎（1127～1130）初年，朝廷为旌表忠烈节义、以身殉国的祝公明，特谥"义烈"。同时，在丽水县城樨山儒学南敕建忠节祠，供奉祝公明、姜绶、章云就、詹友等四位忠烈守节之士及靖康、建炎年间的死难者。建炎中，又赠祝公明承事郎。

祝公明的儿子祝陶，官授唐州（今河南唐河县）司户参军，掌户籍、赋税、仓库交纳等事务。中原失守，祝陶也战死在官所。

2. 情系桑梓——武义教谕祝大朋公传

祝公亮（1294～1375），字公亮，原名大明，因避国讳，遂改大朋，括苍祝氏十四世孙丽水县官桥人。祝公亮容貌凝重，人望而畏服。勇于为学，博览古今典籍。元延祐（1314～1320）初，受荐为武义县儒学教谕。时值该县闹饥荒，祝公亮捐出粮食，济赈饥民。后升任吉林层山镇巡检。

这一带百姓有喜欢攻击别人的短处、揭发别人隐私的习气，妇女儿童都熟谙法律，如公门老胥吏。祝公亮来到这里，召集当地有名望的老者来到官衙，对他们说："一个地方良好的乡风民俗，在于邻里街坊之间能够真诚相待，遇事有忠厚长者之风，而你们这里邻里街坊之间不能宽容对方过失，对他人刻薄寡恩，一味设陷阱相互倾轧。乡风败坏到这个地步，还有比这更坏的吗？这主要是你们这些人不能教诲晚辈之过，我真为你们感到羞耻。"于是"父兄训其子弟，始为纯笃，奸妄贴息"，乡风大改。后来祝公亮因服侍年迈双亲，辞官回乡。

不久，当局因爱惜祝公亮执政的才能，又起用他为台州杜渎盐场管勾。当地盐税本来就很苛重，盐库又濒临海边，海潮暴涨时，库盐受浸，每年损失以千万计。盐民变卖家产也不足以交纳官税，于是结伴逃往他乡。以前的官吏对此毫无办法。祝公亮将情况上奏朝廷，请求减免盐税，朝廷下诏减免杜渎盐场税额三分之一，并免除了章安、牛头等地盐场的税收，百姓生活得以安宁。不久祝公亮转任处州司狱，后改任永嘉盐场司丞。一年后，盐课收入成倍增长，都转运司认为他很有才能，命他监管邻县的五个盐场。

至正十二年（1352），龙泉境内发生山民作乱，江浙行省命他任处州录事，跟随处州路总管平定民乱。后授从仕郎、潭州路录事，不久辟为掾吏。屡受丞相之命，佐助将军幕府，多出奇谋，后因与大将军不和，弃官回家。

至正十八年（1358），朝廷使者巡察江南，赞赏他的劳绩，按照定制擢升承制郎、处州路总管府经历。祝公亮捐资，帮助处州守臣石抹宜孙修筑处州城。至正十九年（1359），朱元璋义军在耿再成、胡大海率领下出兵樊岭，一举打败驻守樊岭的陈仲真所部元军。陈仲真率兵逃遁，路过官桥村。祝公亮非常愤怒，与任桐山（今属福建省福鼎市）巡检的儿子祝岳，带兵挡道，并向逃兵高呼："朝廷供养你们，就是为了能在国难的时候用得上，现在敌人来了，你们不战而逃，要干什么？赶快返回抗敌吧！"逃兵不听，还刺死了祝岳，处州城被义军攻破，祝公亮从此无意仕途，筑别业以居。他穿上隐士的服装，与朋友游览山水，赋诗为乐。所作诗为《樵隐集》若干卷（收入《元史·艺文志》）。这样过了17年，洪武八年（1375）正月四日卒，享年82岁。

祝公亮家乡官桥，东临太平港，因此地有一座官府建造的木桥，故以桥名村。太平港水流湍急，发洪水时常常淹没或冲毁木桥，百姓通行不便。祝公亮造舟以济，并捐出一部分田地，作操渡者生活和修缮渡船之资。他还创立义庄，使族人颐养天年；建学校，以教化乡间子弟。

祝公亮娶宋户部侍郎林觉（字大任）的孙女为妻，卒后合葬良山。生三子，长子祝嵩，松阳主簿；次子祝岑，即祝彦芳，莱州通判；三子祝岳，桐山镇巡检。孙八人，长孙祝铁任黄坡县主簿；三孙祝金任浦江教谕；七孙祝钟任泗州判官。

宋濂为他撰写了《元故处州路总管府经历祝府君墓铭》，收入《宋学士文集》。

3. 单身降贼——莱州通判祝岑公传

祝岑，字彦芳，祝公亮之子。娶元代处州路总管、项棣孙长女为妻。"仕都邑二十年，以政事称。"至正十三年（1353），青田农民吴德祥起义，官兵前去围剿，屡战屡败。至正十五年（1355）十月，青田县尹叶琛为吴德祥劫持。十六年四月，祝彦芳领岳父项棣孙之命，只身前往吴德祥山寨，劝说吴德祥，吴放还叶琛。洪武初，彦芳任安乐同知。洪武七年（1374），因受案件牵连被贬谪凤阳服役，不久，遇赦官复原职。后累官至山东莱州通判。70岁辞官卸任回归故里。明太祖时期，酷刑重典治贪，这一时代的官吏，很少有能够做到三年任满的。而祝彦芳连任十五年，最后体面退休，这在当时成了一件极其稀有的事，明代著名文学家、思想家台州人方孝孺，为他写了《送祝彦芳致仕还家序》相赠。

4. 丽水名宦——浦江教谕祝金公传

祝金（1335~1423），字廷心，号蒙山处士，又号万竹山人，祝彦芳长子，丽水县官桥人。少时资性纯厚，9岁通《小学》、论《孟子》，立志于学，读诸子百家、经史子集。18岁时，不远数百里，投拜浦江宋濂门下，宋太史甚嘉与之。过了四年，学业始成，回归家乡。洪武七年（1374），其父祝彦芳与郡守郁斌（临安人）因案坐累，两人谪役凤阳。祝金即从故里携带盘缠衣物赶往凤阳代受劳役。第二年，疫疠大作，死者相枕。郁斌没有子弟在身边，临终，将身后之事托付给祝金。郁斌去世后，祝金把他的遗骨送到他的家乡安葬。不久，祝彦芳也染上疫疾，祝金白天奉汤药，夜里洒泪悲哀，对天乞求以身代父，天天如此祷告。有一天半夜，祝彦芳忽然大呼："金何在？"于是昏厥，继而又苏醒过来，不久康复，人们都说是祝金的孝诚所至。很快，祝彦芳遇朝廷赦令官复原职。后来，祝彦芳年老致仕回家，一病不起。祝金遍求良医，调剂膳馐，侍寝左右，衣不解带，七年如一日。祝彦芳病故，祝金因悲伤过度，四日未进食。祝金对兄弟极友爱，其弟要分居，祝金让他自己选择庐室田园。乡里有豪强假造虚词肆意诬陷别人，祝金以正言反复导谕之，其人得以改化。郡邑两次举荐他出仕，均不就，筑室白溪山中，自号"蒙山处士"。朝廷征召他出仕，他以疾固辞。建文元年（1399），处州郡守刘仲廉、邑令周又玄屡次登门造访，请祝金任教丽水邑庠，出任处州府儒学训导。他在所住的楼房周围种植竹子万竿，于是更号为"万竹山人"。他端居讲堂，严矩度，勤训诲，解惑析疑，隆冬盛暑弗懈。由是人才辈出，盛于以往。后改任浦江教谕。该县城在大江之北，学舍十分破烂，已到不可居住的地步。他重修了学舍。教育之方法，比在丽水任教授时更为严格。他的学问操守深受时人敬重，各地争聘他为乡试的考试官。他先后主持过四川、河南、江西、福建乡试，皆称因他选得人才。所著诗文《吟凝集》等若干卷。卒于永乐二十一年（1423），享年79。后祀于丽水名宦祠。

5. 大孝感天——祝大昌祝昆父子传

祝大昌（1303~1360），字公荣，祝公亮的胞弟。《元史》载："公荣孝友出于天性。母卒，殡殓奠袝之礼，悉遵古制。灶突失火，大昌力不能救，乃伏棺上悲号，且曰：天乎，吾母在，乞祐之！不然，我必与母俱焚，誓不独存也。其火忽自灭。乡里称奇。"

祝大昌风仪伟岸。他善于谈论历代治国得失，了如指掌，听者忘倦。对待贤哲长者，未尝有毫毛亵慢意。平时乐善好施，助人为乐。"旧贫窭者周之，死而不能棺者给之，或丁岁俭下粟估粜之。"因青田盗寇在水上阻截运盐船，盐不能运到丽水，百姓没有盐吃，祝大昌将自家所储备的食盐，分赠给街坊邻里，民皆德之。

元代，因四方用兵，各省军事长官大多破格招募豪杰。平民中常有轻易当上将帅的。当局听说祝大昌有才干，送来征召文书，大昌笑而辞之。江浙中书行省左丞相聘请他任处州路儒学教授，亦推辞不赴任。于是，筑室于南野而隐居。至正二十年（1360）正月初一日卒，享年58岁。葬于武川（今联城镇武村）莲花坟。宋濂为他撰《元故孝友祝公荣甫墓表》，收入《四库全书·明文衡卷九十一》。

祝昆，祝公荣次子，幼年时随母亲陈氏躲避战乱至官桥村南山中，突然与乱兵相遇。母亲自投绝涧，祝昆悲痛不已，也跟随跳下。乱兵过后，乡亲发现祝昆挂在悬崖的一棵大树上，因此得救。母亲陈氏也得到当地村民及时救治，很快康复了。后人在祝昆母子投崖处的崖壁上，阴刻正书"烈孝崖"三字，后来没于苔藓，道光二十年（1840）樵人搜剔而出，位于今官桥村西南五公里处西林崖，至今保存完好。祝昆的孝行在处州广泛流传。洪武七年（1374），明太祖诏举民间孝廉之士，祝昆奉旨随同州县官员至京师，以举孝廉任潜山知县。后以莱州府通判辞官回乡。

6. 耿直善谏——中大夫祝亚公传

祝亚，丽水官桥人。北宋元丰八年（1085）及进士第。授闽县（今福州市）知县，期间，不畏惧强权，敢于打击骄横跋扈、胡作非为的豪强。大观中（1107~1110）被召为太常卿，掌管宗庙礼仪，并兼掌选试博士，为司祭祀礼乐之官。由于他对宗庙礼仪和祭祀等工作非常娴熟，并认真履职，从未出现过差错。在殿试时，议论详尽而切要，得到皇上的嘉奖。官至中大夫，中大夫是文散官，专掌议论。

7. 亲政爱民——分水县令祝粹公传

祝粹，字子充，丽水官桥人。北宋元祐三年（1088）进士。为严州分水县令，他在任上处处为民着想，为民办了许多实事，政绩突出，深受民众爱戴。许多老百姓生了孩子，常用祝粹的姓起名。

在北宋朝廷激烈的党争中，祝粹被列入元祐党禁名单，坐累罢官。元祐八年（1093），重行新法，祝粹才重新得到起用，终为宣教郎。

8. 为民请命——滁州知州祝永之公传

祝永之，字樗年，宋代丽水官桥人，以世赏授和州（今安徽和县）尉，为州武官之长。靖康初（1126）金人进犯和州，知州及其他官员都各自逃命，祝永之毅然独担重任，带领兵民守城，州人就推祝为永州守。绍兴九年（1139），以左通直郎任无为知军[1]。绍兴十年（1140），祝永之因受杨沂中军溃事牵连被贬秩三等。绍兴十年（1141）八月，金军派奸细谎报有敌骑数百屯柳子镇，淮北宣抚副使杨沂中轻信，并欲击之，部下进谏认为不可轻出，杨未听，率领步兵到泗州屯扎，留统领官以骑兵千人守宿州。夜，杨沂中带领骑兵五千袭柳子镇，扑了个空。金军以重兵伏其归路，杨知中计，队伍被打得落花流水，溃不成军。杨自顾逃命，与守宿州的统领官失去联系。金军在柳子镇伏击后，进犯宿州，杨沂中的留守部将守城失利，金军入城，屠杀居民无数。杨部残兵由淮河上下数百里间溃退，死亡者甚众。

宿州失守，无为、和州一带便成危地，金军随时将渡淮犯境。祝永之为无为父母官，担忧金军侵犯，向朝廷请求将无为军官署移至长江以南。但朝廷下诏"不得越境"（江南为繁昌、铜陵二县）。不久，祝永之以书函送交朝廷，说两淮百姓，才回乡恢复生产，如果不移治管理，民众惶惶不安，不知所向。枢密院认为祝永之所言是蛊惑众听，就将他"贬秩三等"。

绍兴十三年（1143），祝允之复职，以朝议大夫出任滁州（今安徽滁州）知州，在任三年。

【注释】[1]"军"为州县一级的行政单位。北宋太平兴国三年（978）置无为军，领巢县、庐江二县。

9.官场清流——卫尉少卿祝廷公传

祝庭，字邦直，北宋丽水官桥人，生卒年不详。自幼聪慧，十四岁进入当时最高学府太学学习。北宋绍圣四年（1097）及进士第，多次被朝廷派出去担当使节，他思维敏捷，办事精干，在当时有一定声望。官至中大夫卫尉少卿。祝庭的儿子祝镒，荐辟贤良方正。

10.医学名家——针灸家祝定公传

祝定，字伯静，丽水人，以医术闻名。明洪武（1368～1398）初年，授本府医学提领转正科。注《窦太师标幽赋》（道家医经），为医家所推崇。

《窦太师标幽赋》，是一篇影响较大的针灸歌赋，全名《针经标幽赋》。金元间窦默（1196～1280）撰。学习针灸的人，鲜有不知道《标幽赋》的，短短的79句赋文，1318字，却先后有元代王开、王国瑞，明代祝定、徐凤、高武、杨继洲、吴昆等诸多针灸名家为此赋作注，为《针灸大成》等书所收载，足见此赋的学术价值和地位。而祝定为《窦太师标幽赋》所做的注解是各位名医家中的精品。

11.刑部主事祝萃公传

祝萃（1452～1518），浙江海宁人，字维贞，号虚斋。明成化甲辰（1484）进士，授刑部主事，后改工部，协助侍郎徐贯治理吴中水利。祝萃乘坐小船，来往于河渠之间，探析原委，分析对策，制定疏浚方案。组织20万民工大规模施工，将积水导入江、湖、河、海，终于治理成功，解决了困扰吴中90余年的泥沙沉积、河道淤塞等问题，苏松一带免除水患，上百万人民生活得以安定。以功进员外郎。徐贯称："这次疏浚河道，祝萃之功多焉。"祝萃后两度上疏《请亲礼儒臣疏》，未得回应。于是乞养，归杜门讲授。弘治十八年（1505）中进士、后任宜城知县的海盐吴昂（字德翼，号南溪）少年时贫困，读不起书，听说祝萃以员外郎居家教授，乃短褐草鞋，负书至其门，就河濯足以进。祝欲试之，曰书舍已满，惟空一牛屋，昂欣然解衣洒扫后居之，日夜吟诵不辍。冬夜二败絮袍难御寒，跳跃暖身再苦读。岁暮归，祝嘉其志，赠予米布，嘱明岁再来。

正德七年（1512），祝萃又任陕西提学副使，转任广东左参政。他上疏《请保全大臣名节》，仍未得回应。再乞归，不待报而去。

祝萃为人友爱，为官清廉。年轻时和一批朋友北上，同行中有人患狐臭的，其他同伴都对他敬而远之，唯独祝萃仍旧与之谈笑风生，和他同睡一室。在刚刚赴任工部时，有人用大量金块来贿赂工部人员。祝萃坚决拒绝了。后来东窗事发，接受金块的都被查处，而祝萃清者自清。祝萃后来被供侍在海宁的乡贤祠。

祝萃的事迹在《浙江通志》《海宁州志稿·名臣传》《明史·河渠志》以及邑人谈迁《海昌外志》等著作中都有所载。《海宁州志稿》称其"博洽多闻，虽象纬数学山经地志医卜诸书无不旁究"。著有《虚斋先生遗集》十卷（或《嘉义堂集》）、《礼经私录》《古文集成》等。

12. 南丰知县祝继皋公传

祝继皋（1486～1542），浙江海宁人，字师谟。三五公十二世孙，祝萃子，属三安宗之静安支。嘉靖癸未（1523）进士。授江西南丰（今江西南丰县）知县。《建昌府志·名宦传》称其："居官廉洁，行火箸法，派征简便，永为江右令。则南丰民世祠之。"祝继皋在任县令期间，稽所费若干金，所灌若干田，随田多寡而出费，采取按田亩摊派、另雇民夫的方法，兴修了九陂等一些水利工程。这是明中期特别是一条鞭法推行后比较盛行的兴修水利形式。

13. 繁昌知县祝继英公传

祝继英（1478～1553），字师尧，号西河，浙江海宁人。三五公十二世孙，属三安宗之静安支。授三礼，学经术，独邃。当时海宁督学刘瑞认为祝家有人刊刻了不合理学的文章而要追究，祝继英不堪忍受压力，游学到北京的国子监。正德己卯（1519）在顺天（今北京）中举人。嘉靖年间，授安徽繁昌知县。为官期间，服食诸用取给于家，毫不烦民，日饮江水而已居六年。后调广东石城，因年老而未赴任。据传祝继英好酒，并且量大无比，人家只看他在喝酒，但从未见他喝醉过。

14. 弋阳知县祝继伦公传

祝继伦（1494～1546），字师圣，号染溪，浙江海宁人。三五公十二世孙，属三安宗之适安支。嘉靖壬午（1522）举人，任江西弋阳知县。由于弋阳是江浙要会，使檄交驰，接待任务繁重。祝继伦痛自节省以供庖廪，民间的各种赋税征派一律公开。他还在当地实学修，发展教育。当地有个叫谢叠的乡绅，从一个山祠中购买了一块黄潭石，上面刊刻板文，记载祝继伦的事迹。嘉靖庚子（1540），发生天灾，引起民变。弋阳有个叫东窑的地方，民变不能平定。当时郡守以下慌慌无策，祝继伦积粟治兵，单车叩垒，不到一个月就解决了事端。而这时上级还要以吏事相绳，对他进行刁难。祝继伦失望之余，弃官回家。

15. 太仆寺丞祝继龙公传

祝继龙（1484～1552），字师允，号乐有，浙江海宁人。三五公十二世孙，属三安宗之静安支。正德八年（1513）中举人。嘉靖年间授饶州（今江西鄱阳县）推官，后调任徽州。《海宁县志·循吏传》称徽饶富而侈，（继龙）礼禁其奢，徽尚气喜争，祝继龙法禁其强。在饶州，他曾捕治豪右姚甲，有明允之褒。后任太仆寺丞，升任贵州程蕃知府，因年老不赴乞归。

16. 汝宁知府祝世廉公传

祝世廉（1519～1562）。字子隅，号存溪，浙江海宁人。三五公十三世孙，属三安宗之适安支。嘉靖癸丑（1553）进士。授刑部湖广清吏司主事；历任广东司员外、贵州司郎中。明成化七年（1471）后，政府明确制定了恤刑制度，祝世廉奉赦担任恤刑南直，虑囚江南，平反甚多。升任汝宁（府治在今河南省驻马店市汝南县，当时为河南八府之一）太守。当时汝宁伊藩肆虐，民苦之，朝遣重臣往悉，嘱世廉力取渠恶。祝世廉在置重典余，决罚有差，恩法两全，能声甚著。公元1562年，祝世廉在入朝觐见皇帝述职的路途中不幸感染风寒去世。死后以子（以虚）贵，封赠中宁大夫、通议大夫、南京工部左侍郎。

17. 浔州知州祝世乔公传

祝世乔（1516～1586），字子迁，号槐门，浙江海宁人。三五公十三世孙，属三安宗之静安支。隆庆戊辰（1568）进士，授福建莆田知县。时值倭寇骚扰，闾里萧然。这时军队的粮饷拨付稍有迟缓，引发兵变。众人都目瞪口呆，祝世乔挺身而出,说："我早已发牒请求拨付你们的粮饷，你们为何还要叛乱啊？"与其说理，以德服人，平息了兵变。之后升任刑部四川清吏司主事，再任刑部员外郎、郎中。当时轻罪可以取保候审，有人提出要收监。祝世乔力执不可，曰："部无官量审，行是累累皆庚死矣。"当时有权势的太监，推刃同气巨珰力请不为摇。在任刑部员外郎时，祝世乔不畏权贵，依法打击了一个有豪强背景的、被称为十八党的流氓黑社会组织。史载："闻诸豪骈死，道路称快。"当时苏州、松江的官员请求对拖欠赋税较多者实行大辟死刑，在朝廷的讨论中，祝世乔力言不可。后来，祝世乔又出任浔州（今广西桂平）太守。

18. 工部右侍郎加南京府尹祝以豳公传

祝以豳（1551~1632），字耳刘，号惺存，又号灵苑山人，浙江海宁人。三五公十四世孙，属三安宗之适安支。万历十四年（1586）进士。先任随州（今湖北省随州市）知州，五年后转任兵部武选司员外郎。正值日本侵略朝鲜，朝鲜派使臣向明朝廷求救。日本入侵朝鲜后很快攻克平壤。明朝派遣两支军队入朝，副总兵祖承训贪功冒进，不等各路兵马到来，仅率兵五千渡过鸭绿江，向平壤开进，结果在平壤外围中日军埋伏，损失过半，以致全辽丧气，寇势嚣张。明朝朝廷中主和派趁势发难，在万历皇帝授权下，大司马、兵部尚书石星派嘉兴人沈惟敬前往探查，和日军谈判，主张派使臣向日本议和。沈到达平壤后，日本将领小西行长对沈毕恭毕敬，欺骗说"望天朝不要发兵，不日将退出平壤"，沈惟敬回去报告，石星听信其言，主张招抚议和。在朝廷的讨论中，祝以豳坚决反对议和，指出："日本掠敌朝鲜属国，今以朝鲜急而遣招抚，是弃朝鲜也。"又认为："东藩已折于日本，势必及我朝。"万历皇帝接受了主战派主张，从全国调集精兵四万人，决定赴朝鲜对日本开战。这时，道路阻梗，无一人敢出塞渡鸭绿江而东，祝以豳又奏请前往辽东，向朝鲜君臣和中国从征将士传达朝廷赦谕，散帑金三十万鼓动之，这一举措振奋了军心，也树立了明朝国威。从辽东回来后，他随即赶赴山东、浙江、直隶等省份，催赶征调官兵。

由于自幼体弱，加上舟车劳顿，以及思念老母等原因，祝以豳病倒了，不得不上疏奏请回籍调理并侍奉母亲。居家三年后，祝以豳被以原职补授兵部车架司员外郎，升广东按察司金事。境内瑶、壮等少数民族地区不宁，他虑险犯瘴，深入七百余里，到民间切实解决问题，促进了民族团结。之后祝以豳乞终母养，还山十六年。复出，历任江西按察使金事、江西布政司左参议，罢建武桥税，商民永利，字民恤商，裁制藩府。后任广东按察司副使。第二次任职广东，祝以豳已年过七十，距第一次任职广东已经过去了二十三年。第二年，祝以豳奉诏升任南京光禄寺少卿应天府尹，即将离开广东之际，适红毛夷攻香山，粤人谓公可以解任矣。祝以豳说："均王事也，尚谁诿？"他率领当地军队，在炎炎六月，与荷兰人展开海战，溺杀千，缴获了荷兰人的大炮等先进武器，又俘获十余名荷兰人，押解回来，为研究制造先进的武器做准备。而归功制府胡应台，爵赏勿公及也。即便后来有人纷纷向给事中黄承昊说明祝以豳的功劳，他也是谦不自居。

等到祝以豳虚岁78的时候，祝以豳才到南京赴任。当时太监势力强大，内守备太监刘敬等建造侍奉太监的祠堂，谕上江二令制盈丈匾额来祝贺他们，想要把祝以豳的名字也列上去，祝不许，触怒了太监。正好有大理卿董光宏上疏请归养，皇帝批准后，太监在批文末尾做手脚，批示祝以豳以工部左侍郎致仕，致仕就是退休。这个批示显然不合典制，因为他当时已是工部右侍郎加南京府尹，但是祝以豳不吵不闹，怡然归杜门。

祝以豳为官清廉，不阿权贵。当时各地贿赂盛行，祝以豳却能绝苞苴，虽闷闷无推毂者，却为后代树立了清正廉洁的典范。

退休后，祝以豳刻印了自己所著《诒美堂集》行世，在袁花建造了万古楼（地址在今袁花镇东一华里许），用于藏书，里称"赐书堂"，和当时海宁的马宣教等一起，成为海宁和中国历史上著名的藏书家。查慎行《人海记》云："藏书之厄如吾乡祝侍郎耳刘之万古楼，武原骆侍郎骎曾，非流散则灰烬。"

《浙江通志·名臣传》《海宁州志稿》、谈迁纂修的《海昌外志》等均载有祝以豳事迹。2008年出版的《影响中国的海宁人》一书，选取海宁88位历史名人，也将祝以豳收录其中。

19. 刑部郎中祝以庭公传

祝以庭（1551～1600），字闻征，号心斋，浙江海宁人。三五公十四世孙，属三安宗之静安支。自幼聪颖，七岁入塾，见几上有古战场文，读一过辄成诵，令塾师大奇之。万历己丑（1589）中进士。授祁门（今安徽省祁门县）知县。赴任时，适逢祁门大旱。他徒步在赤日中祈雨。后在当地构筑圩坝，兴修水利，防止旱涝灾害。祁门人将其祠诸坝上，他的衙门用度中，取办里甲一切摒绝，司法公正，平反冤狱。万历丙申（1596）升任南京刑部广东清吏司主事，随即又升任云南司郎中。家谱称其被"崇祠乡贤"，可能是明末海宁知县在乡贤祠中增加16人供奉中的一个。

20. 南丰知县祝以真公传

祝以真（1561～1645），字祐征，号元岳，浙江海宁人。三五公十四世孙，属三安宗之静安支。幼有神童之称。万历戊午（1618）中举人。授河南府嵩县（今河南省嵩县）县学教谕，升江西建昌府南丰县知县。在南丰，他裁马户之役，抑豪右之横，并修缮城池，做好兵备，使流寇不敢入境。退休回家后，乙酉闻南都亡，痛哭不食，旋卒，年85。祝以真同时也是一名学者，著有《四书近说》十九卷、《四书眼》三卷和《学庸要》二卷。

21. 大理寺评事祝守簪公传

祝守簪（1584～1634），字士奕，号八宁，浙江海宁人。三五公十五世孙，属三安宗之静安支。恩贡生。光禄寺良酝署署丞、转中书、升大理寺左评事。曾当廷斥责当时大红大紫的太监魏忠贤，当时朝廷上的大臣们耳目俱为色壮。他曾与魏忠贤的侄子魏良卿共事。魏良卿很重视祝守簪，多方请定交，祝守簪坚谢不应。他又曾奉命出使朵颜三部。回来后转任大理寺评事，宁远请饷，奉使难其人，守簪慨然请行。既出塞，按行诸险恶，辄赋诗纪之。回来后，他力谋去职归家。祝守簪去世后，其子祝渊请董其昌撰写的墓志铭，所记载他的事迹后被择要收入《海宁县志·义行传》。

22. 仗义为刘宗周辩护的祝渊公传

祝渊（1611~1645），字月隐，号开美，浙江海宁人。三五公十六世孙，属三安宗之静安支。崇祯六年（1633）举人。崇祯十五年（1642）去北京参加会试，适逢都御史刘宗周遭削籍。祝渊仗义上疏，为素不相识的刘宗周辩护。《明实录》记载："贡士祝渊奏宽宗周，下渊于刑部狱。"谈迁《海昌外志》记载："被取消考试资格押解回家，又被捕下狱。"崇祯甲申（1644）三月出狱。他以门生之礼拜见刘宗周，成为刘的门生。尝有过，闭门长跪，流涕自挞。第二年，杭州失守，祝渊抱病急迁母葬后，自缢而死。谈迁所记甚为详细，又是祝渊同乡，且年代相近，可信度应该较高。

祝渊工书法。宗王羲之。兼工小篆。楷法秀劲有致，颇似董其昌。他与陈章侯（老莲）常有诗文翰墨来往。祝渊著有《祝子遗书》四卷附录一卷（陈确编辑并作序的版本，后祝廷锡再加搜集补充，1817年知非楼刻本为六卷加首末各一卷凡八卷）《月隐遗稿钞》一卷、《月隐先生遗集》四卷及外编二卷。另有《吴太常殉节实录》一卷、《心意问答注》一卷、《师说》二卷、《日省编》一卷，并编修有《海昌祝氏宗谱》。其事迹见于《明史·列传》。邑人谈迁亦有其传记。

23. 篆刻名家祝翼良、祝潜公传

祝翼良（1662~1740），字汉师，浙江海宁人。三五公十七世孙，属三安宗之适安支。《海宁县志·方技传》称其幼不读书而务农，有从兄兼山以篆刻名，他要求向之学习，逾年而大小篆字靡不辨识，又一年而仿古摹刻尽得其传。不过海昌祝氏族谱清代修撰者之一的祝咸章认为县志此说有误，批注说：祝翼良自幼读书能文章，只不过长大后放弃科举而专攻篆刻，初阳山人称其登文氏之堂而入其室。他曾经游京师公卿间，题赠盈帙，世但知其精六书，而未得其平生也。又曾与姐夫查觐周一起，训导不肯读书的从孙祝诠，之后祝诠发奋读书，高中举人。

祝翼良尝自刻一印云："百八峰间祝垫老行十八，名翼良，字汉师，自号识字农、有发头陀、澹道人。"计有二十八字。据《广印人传》，康熙、雍正间与兄祝潜均以篆、籀名于世。他著有《翼良印谱》一书，又杂取字之有关"汉师"二字者，更仿古各为百印，名《自娱集印谱》。

祝潜（1631~1702），原名祝翼铭，字兼山，又字缄三，号初阳山人，又号梧冈老人、硕果老人、野亭长。三五公十七世孙，属三安宗之静安支。少有孝行，为当时桐乡名士张杨园所看重。家贫鳏居，以篆刻闻名。海昌祝氏家谱的修撰者之一祝咸章称其："擅诗词，工六书，凡秦汉金石之文无不精辨，其篆刻古秀圆劲，章法混成。"不过他很看重自己的作品，若非其人，虽重酬不肯作。祝潜曾经在吕留良等处游玩。吕寄嘉善柯寓匏书有云："冻石因兼山未到，故不曾动笔，此必须兼山奏刀方不失笔意……"吕留良有《喜祝生潜过》一诗。祝潜刻有朱彝尊为之撰写后记的《初阳印谱》行世，另著有《初阳砚谱》等。

24. 工部员外郎祝翼权公传

祝翼权（1545～1708），字端辰，号斗严，浙江海宁人。三五公十七世孙，属三安宗之静安支。康熙癸丑（1673）进士。授晋江（今福建晋江市）知县。这一年，自吴三桂在云南起兵开始，尚可喜在广东、耿仲明在福建，相继发生叛乱。由于战乱，福建百姓困顿，清朝军队还要以势相凌，祝翼权一意扶绥，不避强御，邑赖以宁。升任工部营缮清吏司主事，行事廉洁而谨慎。康熙皇帝到各地巡视路过通州，深嘉予之。三年后升迁为工部员外郎，因母老乞归，回到袁花。

祝翼权还在当时享有作文方面的声誉，所刊《程墨辨存》诸集，海内宗之。其室名"果思堂""了园"。《海宁州志稿·艺文志》载其所著《了园诗存》八卷、《果思堂文集》二卷之书目。

祝翼权之子祝秉真工书画，秉真之子祝纶，则通医术济人有义声。

25. 黔阳知州祝橹良公传

祝橹良（1737～1801），字东毓，号呆林，浙江海宁人。三五公十七世孙，属太六后角里支。乾隆丁酉（1777）举人。但之后四次参加会试都未考中进士。于是认为是不可强也，就四库馆誊录。之后担任贵州嘛哈、绥阳、天柱等县的知县，俱有廉声。后又历任湄潭、黄平、龙泉、余庆等地。在绥阳的时候，县有狡猾蠹民，公绳以法，发其隐而遣之，民以安。其内侄崔熙春所撰的传记中称其在贵州为官十余年，任州牧者二，邑令者五。但家谱支系表中仅载其任天柱县知县，后署嘛哈州知州。祝橹良于1801年卒于黔阳官舍，崔参与了祝橹良的丧事，相关记载还是可靠的。所以估计祝橹良另一个任州牧的地方应该是黔阳。

祝橹良工于翰墨，尤喜为诗，晚年自录其诗为《泊橹山人藁》。

26. 平阳知府祝增公传

祝增（1658～1718），字任庵，号喻存，浙江海宁人。三五公十八世孙，属三安宗之静安支。康熙丁巳（1677）乡荐任鸡泽县（今河北省鸡泽县）知县。

当时鸡泽县境内水患横行，祸及邻县。祝增主持开凿两条支流，使水道南下。鸡泽及邻近县市均受其惠。后祝增调任湖广临湘县（今湖南临湘市，属岳阳市）知县，在当地设立育婴田，打击溺死女婴的恶俗。湘江城陵矶险恶，经常撞翻行船，他悬赏救活无数。后祝增再补山东郓城知县，出冤杀之罪而坐其旁证者。河决邢家庄，堵筑屡溃，祝增连续站在决口处六日指挥，卒得定。他又在境内修治刘忠宣所治两条水渠的古道，修成后百姓称之为祝公渠。境内有杨步月等为乱，祝增单骑往抚，擒获首领，杀死三人。时河东频患小蠢，遂膺荐为平阳守，平阳闹事的人听说祝增要来，咸闻风解散。他升任平阳府知府兼领河东兵备道，任职五年，兵民协和，后被当地列入功德祠世代侍奉。他转运军需，安集河南难民，尤宣力施惠之大者也。

祝增也是一名学者，其室名"躬厚堂"。他著有《春秋质疑》十卷，以及《墨林类篡》《躬厚堂诗集》等。

27. 仁化知县祝安国公传

祝安国（1665～1715），字济叔，号遂亭，浙江海宁人。三五公十八世孙，属三安宗之静安支。康熙癸未（1703）进士。授仁化（今广东省韶关市仁化县）知县。当地有一个矿场，里面人员复杂，"民之亡命者匿其中"。祝安国仅仅带了几个随从，策数骑入山中，约法四境以安。他曾经访获当地的一个强盗首领，跟他说："你犯的罪当死，若能帮助捕获其余盗匪，我将免去你的死罪。"强盗首领感激受命，当地匪盗之风一下子偃旗息鼓。他又在当地兴办教育，设立义塾，使得风气稍开。后来，祝安国中了炎瘴，不幸病逝。

28. 内阁中书祝维诰公传

祝维诰（1697～1766）字宣臣，号豫堂，浙江海宁人。三五公十九世孙，属三安宗之静安支。工诗擅书，但到了33岁也未能考中举人。于是游历京师。乾隆元年（1736），以诸生举博学鸿词，部驳不与试。三年后中顺天试乾隆戊午（1738）科举人。后授内阁中书，几年后升内阁典籍。祝维诰清才渊雅，诗文皆得家法。在京师时，由于诗文出色，一时名噪，王公巨卿所至器重。与钱载、万光泰等交最契，时相唱和。公卿皆为延玉。诗清格高古，尤工乐府。尝随扈滦河、辽海间，其风景数见于诗，李锴、沈德潜、全祖望等亟赏之。淳郡王礼为上宾。

祝维诰著有《绿溪诗稿》十二卷、词赋古文若干卷。关于《绿溪诗稿》，宗谱"杂志"卷还载有一段轶闻：此稿原为四本十二卷，但不知何时散失，之后各选本只采得其中四卷传世，嘉庆乙丑（1805），松江少司寇王昶自旧物中拾得旧藏《绿溪诗稿》十卷，却是40多年前他与祝维诰同官京师时，祝维诰交与他作序的，不知何故两人均把此事忘掉了。王昶乃加上小序，将此旧稿送还祝维诰的孙子祝升恒，于是《绿溪诗稿》乃失而复得。

29. 元江知府祝宏公传

祝宏（1683～1742）字皋衷，号松崖，浙江海宁人。三五公十九世孙，属三安宗之静安支。由禾曲知州升元江（今云南元江县及附近地区）知府。时有土匪作乱。衙门讨论要主动出兵打击。祝宏认为若主动出兵，兵少则势单力薄，多则花费巨大，而且土匪在山中以逸待劳，必占优势，他主张应该智取。于是募集有胆略的土人设计擒获常宝，平定了土匪之乱。之后升任云南粮储道。遇上思茅、普洱以及元江下属的五个司告警，一个当地土司首领方国巨逃入元江五司。祝宏觉察方并非叛乱，于是以夷攻夷，方及其手下争先破贼，贼渠杨昌奉以众降宏。祝宏前往安抚，率数十骑入不毛，滇人壮之。《海宁县志·循吏传》称其"旋罢官，卒于滇"，但未得其详，《海宁州志稿·循吏传》在其弟祝宣传下，提及祝宏涉及的是以父帑解职案。

30. 出版家祝洤公传

祝洤（1702～1759），初名游龙，字贻孙，号人斋，浙江海宁人。三五公十九世孙，属三安宗之适安支。幼不足岁而孤，在母亲吴氏的督导下读书。乾隆丙辰（1736）中举人。曾在乡里授课，又交游广阔，燕齐江闽滇粤凡明贤者宿所至必交。乾隆丙子（1756），两浙大饥，饿殍载道，而当事不以上闻。祝洤前往拜访海宁督学雷鋐，对他说："民事不关学政，然公受知遇，不当仅以职守为报称，且民命倒悬，公忍无言乎？"雷当即嘱咐他代为起草奏词。雷将实情上报后，赈恤之典随下。

他本张履祥《备忘录》而增删之，编撰刊刻《淑艾录》，凡三百九十五条，仿朱子《近思录》例，分十四门，持论纯正。而其后序则有门户之见。祝洤还受进士陈道之邀去江西，编撰经籍注解。根据相关记载，他当时所编可能就是《下学编》。在该书中，祝洤认为蔡氏所纂《朱子近思续录》及近代《朱子近思续录》《朱子文语纂》《朱子节要》诸书皆为未善，所以掇取文集、语类，分十四门编次之，门为一卷，凡六百九十二条。其去取颇有苦心，不过多有窜易原文之处。虽所改之处皆注其下曰原作某句，但还是引起当时和后来理学经学研究者的争论不休。《四库全书总目提要》介绍了其《淑艾录》和《下学编》。

在江西编书的工作完成后，陈道的儿子陈守诚要赴任金衢观察，陈嘱祝洤同行，祝洤在路途上中暑，抵里而殁，死时虚龄58岁。

除了《淑艾录》十四卷和《下学编》十四卷，祝洤的其他著作还有《日新书屋稿》《祝人斋先生集》（二卷）、《礼记读本》《礼记诸说异同》《说礼粹言》《朱子全书辑要》《井辨录》《删定隐符》（一卷）、《考索集》等。

31. 永宁知县祝万年公传

祝万年（1740～1797），字祥发，号士希，浙江海宁人。三五公二十世孙，属三安宗之静安支。乾隆甲辰（1784）进士。历署四川永宁巫山等县事，旋即实授永宁知县。嘉庆丁巳（1797）逝于任上。

祝万年平生洁己自好，除二三知己唱酬外，落落无与为偶。据道光写本《海昌人物事略》，没有考中举人走上仕宦之途前，他所居住的房子被命名为"立诚堂"，老屋数椽，仅蔽风雨，他靠开馆课徒为生，岁日子清淡，也不以为意，早晚与祝坤、祝振等家庭成员唱和，自相诗友。当官后仍不失书生态，不染官场习气。回到家里的时候他还是囊中羞涩，子孙依旧食贫。

祝万年著有《芥舟诗稿》七卷。

32. 诗人、书法家祝德麟公传

祝德麟（1742～1798），字趾堂，又字芷塘，号正塘，浙江海宁人。三五公二十一世孙，属三安宗之静安支。曾为山阴（今绍兴）蕺山书院山长。乾隆癸未（1763）进士。授翰林院庶吉士、编修，官至提督陕西学政，升湖广道监察御史，掌礼科给事中。乾隆五十五年（1790）以言事不合黜归，主讲云间书院。因为当时故居尚未修缮，祝德麟携家眷住在书院，一住就是八年。八年后的冬天，他打算回家扫墓，因病不能出发，继而逝于书院。

祝德麟工诗，以性灵为主，而顺应当时的学术风气，在考据方面也有很深的造诣。他借用祝萃为父祝淇所建悦亲楼室名，著有《悦亲楼诗集》三十卷及《外集》二卷（嘉庆二年姑苏刻本作《悦亲楼诗集》）、《赓云初集》四卷、《离骚草木疏辨证》四卷。祝德麟诗歌在清代诗歌中占有一定地位。他还另著有《重编淮海先生（秦观）年谱节要》。《清史稿·志一百二十三·艺文四》载其《悦亲楼诗钞》书目。

祝德麟同时也是一名书法大家。李放纂《皇清书史》引《木叶庵法书记》称其："所作真行书笔迹清润，类其诗格。"

33. 翰林院庶吉士祝坤公传

祝堃（1742～1823）。字厚臣，号简田，又号拙余，浙江海宁人。三五公二十一世孙，属三安宗之静安支。祝勋之子。少时随父在京，所以占籍北京大兴。乾隆乙酉（1765）选拔贡生中顺天解元，丙申（1776）天津召试授内阁中书。乾隆辛丑（1781）中进士，改翰林院庶吉士。特旨授编修、文源阁校理。己酉（1789）会试，祝坤担任同考官。当时他方负盛名，绝苞苴，严请谒，人莫敢干以私。考卷中有人文辞华丽者，他人眩其才，祝坤认为他少实践之学，主张剔除之。主管官员怒其憨直，思中伤之。考试结束后，祝坤被以翰林罢官。回乡后，他在敷文书院讲习，以提携后进为己任。对于自己家族中贫不能读者设义塾于亲仁堂以收之。他在北京的时候，放得一个变更了姓名的族叔，嘱咐族弟叫他保举为到秦中任职，但刚补官就死在衙署，遗留下尚还幼小的儿子女儿各一名，他帮助抚养，为之造屋，直到安排好他们的婚嫁之事。

祝坤的著作有一部分因为其子崧三往汴梁赴任河南巡检时，装箱携带准备付印，不想崧三死于任上，他所携带的父亲遗稿也散失无存。唯独《海粟斋诗钞》十二卷藏在家中，得以保存。另外还有《花溪社草》则是他年轻时与袁花查家的同好投赠所作。

34. 清代名医祝源公传

祝源（1809~1875），字复初，号春渠，浙江海宁人。三五公二十一世孙，属太六后用里支。系当时地方名医。《海宁县志·艺术传》载其事迹。祝源始习举子业，旋弃去，肆力岐黄，慨然以济世为心，据苏步青主编《浙江古今人物大辞典》记载，他弃儒从医的原因是，母劳作多疾，故业医以养亲济人。祝源通过自学历代医学名著，切脉辩证最精细，一时称良医焉。闲暇时，他亦好吟咏，雅近唐音。其著作有《楞香诗草》（或作《楞香馆吟草》）、《自讼日钞》《伤寒笺注》《杂症汇粹》《人身谱名方歌》《括集论》（或作《歌云集论》）。

35. "祝裕隆"创始人祝凤辉公传

祝凤辉（1781~1836），字华庭，号丹山，浙江海宁人。三五公二十一世孙，属百六提领派长安分支。他于乾隆五十四年（1789）自海宁长安镇迁往兰溪。后来《兰溪祝氏宗谱》将其父亲祝球（1743~1820，字树琪，号皂岩，贡生）奉为兰溪宗始迁祖。其后代在兰溪创办了祝裕隆布庄，聘任徽商主事，建立了现代首席执行官制度的雏形，因质量可靠、价格公道、童叟无欺，迅速发展，在兰溪、金华、龙游等地开设了多家分号。海昌宗谱长安支表载明他是"诰授奉政大夫""晋封中议大夫""叠晋通奉大夫"，但未载明这些封号如何而来，以及他为何原因迁往兰溪。不过从这些封号，以及其子祝志荣（考名世荣，字元宰，号柳溪，1809年生）与张之洞相识，七十大寿时张还来信祝贺等情况来看，兰溪金华等地的民间传说，称祝裕隆布庄的创始人自海宁地主家逃难来到兰溪应属无稽。

36. 直隶州知州祝宝森公传

祝宝森（1827~1885），字玉书，号韵梅，又号贻生，浙江海宁人。祝志立之子，静安支二十三世。庠生。以县丞分河南历署山阳清河外南县丞兼署阜宁县羊寨司巡检，升知县，改江苏并保补缺。后以直隶州知州职位在江苏任职，曾先后在江苏江北粮台、江苏省赋役全书局、海运沪局省局以及溧阳厘务坛坛溧丝捐局等处任职。由于不断劳顿，不幸患病而去世。去世时虚龄59岁。

后世得知祝宝森是因其辑刻的《寿世汇编》五种。1932年版《海昌祝氏宗谱》记载，祝宝森"性好善，以乡僻猝病觅医难"，而依照《普济应验》一书："汇集灵验简便诸方，斟酌增益，以达生福，遂生三集，名曰《寿世汇编》，刻板印送。凡得其方者咸称便焉。"或因其《寿世汇编》编辑者署名之故，后世但知其名为祝韵梅，号连理薇馆主人。《寿世汇编》五种（一作《辑增普济应验良方》十二卷）初刻于光绪二年（1876），包含子目有：①普治应验良方八卷，（清）德轩氏编；②达生编一卷，（清）亟斋居士编；③福幼编一卷，（清）庄在田编；④遂生编一卷，（清）

庄在田编；⑤时疫白喉捷要一卷，（清）张绍修撰。该书后来成为重要的中医典籍，《浙北医学史略》提及祝韵梅，《浙江古今人物大辞典》收录祝韵梅词条。但说他是同治、光绪年间名医，应误。

37. 海昌书画艺术名人录

藏书家

祝以豳。（上文已作介绍，仅列其名。下同。）

祝炯文（1600～1645），字光侯。三五公十六世孙，属三安宗之静安支。廪生。天资俊朗，为文顷刻万言，光焰惊人。收藏图书甲于一方。性格憨直，语不合必面折之。

祝廷锡（1864～?），字心梅，号小雅，后改名祝家铭，晚号俟庐老人。三五公二十五世孙，属三安宗之静安支。先辈由海宁旧仓迁嘉兴新篁，他再迁嘉兴竹林庙南。1900年与敖嘉熊、唐纪勋等创办竹林启蒙书塾和竹林学稼公社，并在嘉兴加入竞争体育会，鼓吹宣传抵制美货。辛亥革命后，以读书自娱，室名"知非楼"，藏书3万卷。嘉兴图书馆收藏有其《藏书志》稿本27册，是19世纪末20世纪初嘉兴重要的藏书家。著有《纳翁随笔》《知非楼杂缀》《知非楼文稿》《明诗家姓氏韵编》《竹林八圩志》《竹里诗萃续编》等。祝廷锡还编修了1932年版《海昌祝氏宗谱》六卷，对光绪年间版本进行了增补。此外，他还整理了海昌祝氏先人的一些遗稿遗集。

祝庚辉，原名祝懋曾字双林，号静山。支系及生卒年待考。自海宁移居仁和（今杭州余杭区）。清代学者、藏书家。《两浙輶轩录》称其："续学敦气谊，有经济才。藏书最富，吟诵不啜。"著有《香岩吟草》。1981年中华书局出版的吴晗《江浙藏书家史略》收录祝庚辉和祝以豳两名祝姓人氏。

书画和篆刻名人

祝守熙（1606～1632），字辑季，号穉毁。《海宁历史人物名录》载："号辑李，又号纯玉居士。三五公十五世孙，属三安宗之适安支。书法家。鼓琴、陆博、蹴鞠、舞剑等无所不精。最工书法，出入褚河南、米襄阳两家，作大小字皆可爱。可惜英年早逝，死时仅虚龄26。"

祝守箴（1584～1634），字士韦。三五公十五世孙，属三安宗之静安支。书法家。明万历十四年（1612）副榜。读书通览古今。后因屡试不第，改以著作为事。只要听说某人有奇书，他必然要借而手录之，到老不间断。擅书法，但不求甚工。祝守箴著有《明镜录》，另《皇明史略》百余卷未成而卒。

祝文球（1630～1679），字雍来。三五公十六世孙，属三安宗之适安支。诗人、书法家。康熙十四年（1675）举人。精于古学，以书法著名。谈迁《海昌备志》有其记载。

祝文珸（1625～1686），字献虞，号窒菴。三五公十六世孙，属三安宗之适安支。诗人、书法家。少年中秀才后即闻名乡里。"一时名士推为祭酒。"兼善古文诗歌书法。书学米芾，下笔如风卷电掣，顷刻而就。他著有《献虞诗文集》。

祝洪（1626～1673），字王访。三五公十六世孙，属三安宗之静安支。明末清初书法家。工文辞，擅长书法。学王羲之。明亡后隐居不出。

祝瑄，女。支系及生卒年待考。估计为明末清初间人。被称为"海昌女史"，谈迁《蠡塘渔乃》集中有《题旧藏祝瑄<明妃出塞图>》诗云："祝女丹青世已无，明妃曲调泪应枯。欲知今古中情事，只看琵琶出塞图。"但此条记载尚无其他旁证，《海宁州志稿·艺文志》及《海昌艺文志》等典籍均未载其人，姑存以备考。

祝祯文（1609～1658），又名桢文。字公幹，号季宁。三五公十六世孙，属三安宗之静安支。书法家、篆刻家。天资聪颖，博学能文，为复社诸君所推重。能仿唐人印，又善七弦琴，极其风流潇洒。晚年精通医术，以方药济人。

祝翼尚（1634～1702），字雪航，号渔梁。三五公十七世孙，属三安宗之静安支。画家。山水得倪云林笔意。

祝秉真（1669～1702），字得元，号石亭。三五公十八世孙，属三安宗之静安支。室名"今是草堂"。学者、书画家。能文，工书画。由例贡任宣平县训导。提倡朴实文风，著有《今是草堂诗集》。善白阳山人泼墨法，花鸟草草数笔，生趣勃然。书宗海岳，寿逾八旬。曾以卖字为生，有《胜叟卖字自述歌》。寿逾八旬。著有《犹爱集》。

祝彭龄（1649～1731），原名祝翼上，字道载，号胜叟。三五公十七世孙，属三安宗之静安支。诗、书、画兼通。诗学陆游，书宗米芾，参汉魏而自成一家。

祝维赞（1698～1749），字补臣，号缄斋，又号蝶叟。三五公十九世孙，属三安宗之静安支。画家。工侍女，取法于丁云鹏，亦善画花鸟，得宋人笔意。

祝哲（1729～1784），祝维诰子，字明甫，号西涧。三五公二十世孙，属三安宗之静安支。乾隆二十五年（1760）举人。祝哲曾祖冬官尚书郎，归里得槜李钱氏绿溪庄，乃移家焉。祝哲成年后家道破落，到处迁居。每迁一居，必遍植花卉竹木，曰："宁可食无肉，不可居无竹也。"晚年曾在沧州渤海书院讲习数年。后因疾病回家，亟啖西瓜数枚，曰："我病不可起，食此以洗肠胃耳。"命家人以竹叶煎水浴我以去外垢。卒年56。祝哲工于画梅，王述庵（昶）谓其横斜偏反，各极自然，直与陈楞山（撰）金寿门（农）辈异曲同工，亦擅诗。其所作诗取法黄庭坚而去，其塞泹之习，故其所作淡折幽峭中有纡徐往复之致。当时的钱世锡评价说："我于诗得切磋之细于西涧。"祝哲著有《西涧诗草》四卷（或作《西涧草堂诗钞》）。

祝懋敦（1752～1834），字上林，号虚谷，别号果山。三五公二十世孙，属三安宗之静安支。绩学工文，精书法。当时人称其书法"出入规矩，独具慧心"。室名"廉让居"，著有《廉让居诗草》。

祝景星（1718～1761），字虞英，又字驭英，号田玉。三五公二十世孙，属三安宗之静安支。学者、画家。嗜学，工诗文。善画人物、花鸟，尤其是能以手指作画。《海宁州志稿·人物志·方技》有其传。

祝豪（1726～1806），字含元，号锦川。三五公十九世孙，属三安宗之静安支。

父祝富明，画家，以教学为生，平时好学不倦。兼善倪（云林）、黄（公望）山水，笔意苍古，作品不轻易予人。

祝富明（1765～1822），字公选，号兰台。三五公二十世孙，属三安宗之静安支。诗人、书法家。监生，因屡试不中，又困于疾病，遂专攻篆籀。居家授徒以自给。

祝德仪（1782～1820），字隅堂，号莪香。三五公二十一世孙，属三安宗之静安支。篆刻家。喜欢临摹书法，工于篆刻。八法入欧阳询、董其昌两家之室，乞书者踵相接。后来祝德仪得到祝氏先人祝翼良的印谱，心摹手追，为集《墨印类胶》一册。著有《篆刻成规》等书。

祝升恒（1772～1819），字启元，号二如。祝哲之子。自海宁袁花移居秀水（今嘉兴）。官广东署化州（今广东省化州市）州判。善画山水，兼长墨梅。笔法简淡，逸趣悠然。为《浙江古今人物大辞典》所收录。

祝万寿（1809～1857），字用靳，号梯山，又号花百。《海宁历史人物名录》则载："字用靳，又字樵云，号花百。三五公二十二世孙，属三安宗之静安支。书画家。家境贫穷，以文墨维持生计。赋笔超逸，兼善画梅。工楷书，尤其善写蝇头小字。有求必应。"

祝德芳（1777～1841），字同初，又字容如、圣臣，号馨山，祝懋正子。三五公二十一世孙，属三安宗之静安支。诗人、画家。室名"古香斋"。喜画墨梅，邹昶以"高、澹、简、古"四字称之。祝德芳著有《古香斋诗钞》。

祝新（1852～？），原名秉彝，字子懿，号芷畦。《海宁州志稿》等则载："字仪文，号芷畦。三五公二十三世孙，属三安宗之静安支。隐居杭州西湖。善画肖像，兼善山水，动笔新奇。祝新著有《芷畦诗钞》二卷。"

祝筠，生卒年及支系待考。画肖像得杭州谢彬真传。与祝新同时代，齐名。

祝有琳（1811～1849），原名震，字靖叔，又字雷辅，号吟庐，又号玉生。据《广印人传》，祝有琳在诗词、书、画等方面，皆有声誉，尤工铁笔（即篆刻）。当时人其篆刻可与本族祝翼良、祝潜鼎足而三。家境贫穷，曾做过小商贩。挟技走四方，率不偶，年甫强仕，宅僇以殁。祝有琳著有《坚香小隐诗钞》。

祝其旒（1874～1935），海宁硖石人。清末民初书法家。正、草、隶、篆四体皆工。

第十节 科甲与官宦

一、科甲

1.科甲引

自古掇高科享厚禄者，虽国家养士之隆，实祖宗培植之厚。我先世理学名家，其间雁塔题名，琼林赴宴，文榜武标，不一而足，百家学渊源于此益见，既有美之宜彰，亦有后之能继。易曰："鸣鹤在阴，其子和之。"又曰："拔茅连茹，以其汇也。集科甲。"

【说明】①古代博士和教授是官名，不是学位名。但反映学说水平，列为科甲名录。②太学生，是指京都的国学校的或太学院的学生，叫太学生。在古代也是高级知识分子，故列为科甲名录。③谱中乡荐和武魁，是举人之意，改用举人之名，易被人们理解。④解元，是举人第一名，叫解元。⑤进士和明经，举人经过会试及殿试登第者称进士。唐朝在会试和殿试中考诗词者为进士，考经义者为明经，唐朝明经等同进士。⑥省元，宋朝礼部试进士者，第一名称省元。礼部以省属尚书省，故称省元。省元也是进士。

2. 进士名录129人

（1）郎峰本宗49人

1. **祝钦明**（656~728），字文仲（又字文思），号月朗。弘道元年（683）第业奥六经等科进士，天授二年（691）辛卯中英才杰出科。迭官国子监祭酒、礼部尚书、同中书门下三品、崇文馆学士，葬江山廿八都相亭山。

2. **祝天畴**（604~664），字雨村，唐贞观七年（633）进士，官钦巡都道御史。

3. **祝芳芹**，字采之，唐代江山人。第进士，授翰林院宣教。

4. **祝硕德**（853~905），字达人，唐光启三年（887）进士，由国史郎，迭官太常少卿。

5. **祝以成**，字泽如，五代时第进士，为后周名臣王仆之婿，屡官中尉。及周禅宋，移居江陵。

6. **祝永醇**，字翔凡，武科进士。屡官潼关信隆校尉。

7. **祝霜**，字雨苍，后周显德二年（955）第进士，迭官刑科吉士。与孙延希不和，谪攽州兵马指挥。

8. **祝雷**，字一馨，五代江山人。登武科进士，屡功拜武军卫都阃将军。

9. **祝邦泰**（958~1027），字彦卿，赐进士第，仕吴越武肃王，屡官都御史大中承。

10. **祝程**（991~1059），字仲恩，号云峰，宋大中祥符八年（1015）乙卯科蔡齐榜进士。历职朝议大夫、国史院侍读学士。乾兴元年（1022）钦授河东宣抚使，提学劝农，兼知军务。

11. **祝之贞**（992~1040），字易五，号静川。第进士，官翰林侍读，与当事不和，托疾告归。

12. **祝夔**，字敬庵，天圣五年（1027）丁卯科王尧臣榜进士。屡官朝请大夫、大中承、巡城御史。

13. **祝应言**（1010~1063），字既昌，号禹闻，宋天圣五年（1027）丁卯科王尧臣榜进士。明道元年（1032）钦授黄门侍制。屡官威武军节度使。

14. **祝慎言**（1024~1065），字谨之，宝元二年（1039）武进士，授武翊卫兵马指挥转运，拜武烈将军，功加都统将军，留守河北。

15. **祝牧**（1012~1056），字好之，宋代江山人。第进士，累官集贤书郎。

16. **祝万兹**（1024~1078），字在念，宋庆历二年（1042）进士，迭官户科给事士。

17.祝绅（1015～1096），字摺之，雁名伸言，宋庆历六年（1046）丙戌科贾黯榜进士。提督山东学政，特简秘书丞日讲官。

18.祝人宏，字道充，宋代江山人。第进士。屡官平西将军，镇守汉黄荆安等处。

19.祝宝（1030～1099），字惟善，雁名学洙，宋嘉祐二年（1057）丁酉科章衡榜进士。绩载县志。

20.祝臣（1027～1098），字徵之，号兴守，嘉祐六年（1061）辛丑科王俊民榜进士，钦督江南学政，秩加兵部尚书、都督征讨元帅，拜少师上柱国，封宣国公。谥号"文忠"。

21.祝常（1012～1092），字履中，雁名昌言，嘉祐八年（1063）癸卯科许将榜进士，特授资政殿大中丞，兼吏部尚书。封太子少保、知制诰，拜平章事，赠鲁国公，谥号"文正"。

22.祝学点（1045～？），字圣兴，宋代江山人。熙宁五年（1072）以武进士，屡官知武卫都指挥。

23.祝允闻（1060～1126），字颜卿，号聪庵，宋元丰二年（1079）己未科时彦榜进士。钦视山东学政、广东学政，屡官大理正卿、兵部郎中、太常正卿，正奉大夫上治卿至仕。

24.祝琛（1039～1086），字玉和，雁名学樊，元丰五年（1082）黄裳榜进士。迭官刑科吉士。

25.祝珙（1058～1141），字象文，原名学琴，元祐三年（1088）李常宁榜进士，授学江郎书院。

26.祝敔（1055～1121），字乐宗，宋绍圣元年（1094）甲戌科毕渐榜进士。由宏文馆编修郎历职国史修撰，钦命提督广东学政。

27.祝裕民（1056～1123），字在仁，宋绍圣四年（1097）进士，钦授江西观风察俗使。（县志作转运使）

28.祝忠彦（1066～1127），字恕英，宋绍圣四年（1097）丁丑科何昌言榜进士，历职监察御史、太常少卿、通政侍郎、资贤日讲官、枢密院副使。（浙江通志作祝中彦）

29.祝柔中（1071～1142），字公远，号涵川，宋元符三年（1100）庚辰科李釜榜进士。入侍东宫为日讲官，历迁吏部郎中。钦授福建道监察御史、左参议。

30.祝允哲（1070～1142），字明卿，宋元符三年（1100）庚辰科李釜榜进士，由龙图阁中书郎，屡官武翊卫大制参，督理江广军务。尝以全家七十一口保岳飞。

31.祝彦中（1089～1167），字允执，宋崇宁五年（1106）丙辰科蔡嶷榜进士。工部侍郎，督理粮船事务，兼调运济大征河北军饷。

32.祝资谋，字若丝，宋大观三年（1109）己丑科贾安宅榜进士。屡官亚中大夫，湖南都察院参知军政事。

33.祝中才，字其然，宋代江山人。由武进士，授建昌军兵马司，历迁鸾卫武奕郎。

34.祝周材，字思九，宋政和二年（1112）壬辰科莫俦榜进士。由左中允历官宝章阁参议、开封府尹。靖康元年，保驾竭忠以事二帝幸五国城，赠文信伯（《浙江通志》《江山县志》作祝周才）。

35.**祝思问**，字释疑，政和五年（1115）何卓榜进士，屡官中宪大夫，巡兵副使。

36.**祝奇**，字正文，宋宣和元年（1119）戊戌科王昂榜进士。钦视广西道学政，会议军国重事。宣和七年，出使日本国封日本国王。赐黄门侍郎，封荣禄大夫，除傅东宫于宝章阁，卒赠太子太傅。

37.**祝尚宾**，字位西，由武进士，任威武军指挥使，屡官都尉，驻防荆州。

38.**祝庶民**，宋宣和三年（1121）辛丑科何涣榜进士，由翰林检校郎，历宣教郎，钦视河南学政。

39.**祝之善**，字长仁，宋代江山人。第进士，官工科给士。

40.**祝珌**（1086~1151），字玉，雁名彦立。第宋建炎二年（1128）戊申科李易榜进士。历迁刑科吉士、视湖南学政、授户部员外郎、视浙盐副使。

41.**祝师说**，字道传，建炎二年（1128）戊申科李易榜进士。由内阁中书屡官吏部郎中、摄黄门侍郎。

42.**祝维麟**，字玉书，宋代江山人。以武略进士，屡以军功，官至太尉，钦镇山东济南府。

43.**祝惟珍**（1142~1202），字席有，宋乾道二年（1166）丙戌科萧国梁榜进士，钦督福建道学政，迁官太常少卿、湖南道观风察俗使，十五年，拜天下都察院。

44.**祝徐椿**（1160~1208），字永之，宋绍熙元年（1190）庚戌科余复榜进士。屡官黄门侍诏，赠宝章阁修撰。

45.**祝熙镕**，字模光，宋代由武进士，职授武安军副尉，屡封忠武大将军。

46.**祝梦熊**（1138~1210），字渭夫，嘉泰二年（1202）壬戌科傅行简榜进士，迁官御史中丞。赠龙图阁侍制，谥"献烈"。

47.**祝梦良**（1151~1221），字元夫，嘉定元年（1208）戊戌科郑自成榜进士，由宝章参修郎迁刑科给士，忤奸党被谪钦州太守。

48.**祝贞**（1633~1705），字顺宇，号芝园，明代福建浦城人。由武进士，钦授汀州镇左协，驻防宁化，建宁府知府，赐武节将军冠带大宝。

49.**祝开疆**，乾隆三十一年(1766)武进士，乾隆帝近君侍卫，官至广州南雄府都司。

（2）丽水括苍支17人

1.**祝坦**，浙江丽水人，宋景德二年（1005）李迪榜第四甲进士，官至兵部侍郎。

2.**祝矶**，浙江丽水人，宋熙宁九年（1076）丙辰科徐铎榜进士。任宜州知州，朝奉大夫。

3.**祝亚**，浙江丽水人，宋元丰八年（1085）乙丑科焦蹈榜进士，大观中任太常少卿，官至大中大夫。

4.**祝粹**，字子充，丽水人，宋元祐三年（1088）戊辰科李常宁榜进士，严州分水县县令，终为宣教郎。

5.**祝奕**，浙江丽水人，绍圣元年（1094）毕见渐榜第四甲进士。建州右司理参军，右修职郎。

6.**祝敞**，浙江丽水人，宋绍圣四年（1097）丁丑科何昌言榜进士。历官常州推官、建州司理参军。

7.**祝廷**，浙江丽水人，宋绍圣四年（1097）丁丑科何昌言榜进士。官至中大夫卫尉少卿。

8.**祝颜**，浙江丽水人，宋大观三年（1109）己丑科贾安宅榜进士，官至国子司业。

9.**祝卞**，浙江丽水人，宋政和二年（1112）壬辰科莫俦榜进士，朝散郎。

10.**祝公明**，浙江丽水人，宣和三年（1121）特赐学究出身，仕孟县主簿，殉于国难赠承事郎，宋史有传。

11.**祝陶**，浙江丽水人，宋宣和六年（1124）甲辰科沈晦榜进士。官授唐州(今河南唐河县）司户参军。中原失守，祝陶也战死在官所。

12.**祝永之**，字樗年，宋代处州丽水县人，以世赏（一说南宋初登进士第）授和州尉、以左通直郎任无为知军、以朝议大夫出任滁州知州。

13.**祝公达**，宋代处州丽水人，绍兴五年（1135）汪应辰榜进士，历左奉议郎、知大宗正丞、吏部员外郎、建康府参议、福建提举。

14.**祝兴宗**，浙江丽水人，宋隆兴元年（1163）癸未科木待榜进士。

15.**祝良民**，宋代丽水人，淳熙二年(1175)乙未科詹骙榜第四甲进士，登士郎、主簿。

16.**祝士奇**，浙江丽水人，宋庆元二年（1196）丙辰科周虎榜进士。庆元嘉定间任政和县县令。

17.**祝顥**，宋代处州丽水人，宋代进士。

（3）德兴暖水支18人

1.**祝开**，宋政和二年（1112）壬辰科莫俦榜进士，官至朝清（朝散）大夫。

2.**祝闵**，宋宣和六年（1124）甲辰科沈晦榜进士，官湖南北路转运使。

3.**祝鼎**，宋绍兴十五年（1145）乙丑科刘章榜进士，官香山县尉。

4.**祝华**，宋绍兴二十四年（1154）甲戌科张孝祥榜进士，官梧州知州

5.**祝文明**，宋绍兴二十四年（1154）甲戌科张孝祥榜进士，官朝散大夫

6.**祝浩**，宋乾道二年（1166）丙戌科萧国梁榜进士，官朝请大夫

7.**祝明**，宋嘉定十六年（1223）癸未科蒋重珍榜进士，官主簿。

8.**祝雄**，宋宝庆二年（1226）丙戌科王会龙榜进士，官县尉。

9.**祝禹圭**，宋咸淳四年（1268）戊辰科陈文龙榜进士。

10.**祝淮**，宋绍定五年（1232）壬辰科徐元杰榜进士，官县尉。《德兴县志》载为咸淳十年（1274）甲戌科王龙泽榜。

11.**祝泌**，字子泾，咸淳十年（1274）甲戌科王龙泽榜进士，官饶州路三司提干。以精《周易》闻于世。

12.**祝自明**，字积德，明洪武间进士，官浙江按察使司佥事。御试蜘蛛诗称旨，特赐进士。

13.**祝澜明**，成化五年（1469）己丑科张昇榜名进士，授兵科给事中。刚直敢言，谪安州判，寻迁国子监丞。再谪云南广西府经历。

14.**祝倖**，字直夫，明成化二十年（1484）甲辰李旻榜进士，父祝澜为给事中，以忠谏死，倖復为给事中，世称两黄门。历官河南参政，两台荐于朝，将大用，未果卒于官。

15.**祝文冕**，字宗周，明嘉靖五年（1526）丙戌科龚用卿榜进士，官章邱县县令，升汉州知州，转泯府左长史，晋阶四品至仕。（考籍直隶密云后卫）

16.**祝世禄**（1539~1610），字延之，号无功。万历十七年（1589）己丑科焦竑榜进士，官至南尚宝寺寺卿。工诗，善草书。

17.**祝文彬**，字仍野，号忢庵，清康熙三十三年（1694）甲戌科胡任兴榜进士，官陕西中部县知县，鄜州知州。

18.**祝煌燔**，字耀天，号南阶，清乾隆四十三年（1778）戊戌科戴衢亨榜进士，官贵州都匀知县，调署安化婺川三县。

（4）海宁海昌支16人

1.**祝萃**，字维贞，号虚斋，浙江海宁人，成化二十年（1484）甲辰科李旻榜进士。历任陕西提学副使、陕西按察副使、广东左布政使、左参政。著有《虚斋先生集》。

2.**祝继皋**，字师谟，浙江海宁人，嘉靖二年（1523）进士，嘉靖间任池州路教授、江西南丰知县。

3.**祝世廉**，字子隅，号存溪，浙江海宁人，嘉靖三十二年（1553）癸丑科陈谨榜进士。官汝宁知府，赠中宁大夫、通议大夫、南京工部左侍郎。

4.**祝世乔**，字子迁，号槐门，浙江海宁人，隆庆二年（1568）戊辰科罗万化榜进士。官至刑部主事，浔州（今广西桂平）知州。

5.**祝以幽**，字耳刘，号悍存，又号灵苑山人，浙江海宁人，万历十四年（1586）丙戌科唐文献榜进士。任应天府府尹，官至御史，以工部左侍郎致仕。藏书家。

6.**祝以庭**，字闻征，号心斋，万历十七年（1589）己丑科焦竑榜进士。祁门县知县，刑部郎中。

7.**祝以岱**，浙江海宁人，万历三十二年（1604）甲辰科杨守勤榜进士。

8.**祝文震**，字起蕃，号天愚，清顺治九年（1652）壬午科进士。大理评事、江南淮海兵备道佥事。

9.**祝文霞**，浙江海盐人，清顺治九年（1652）二榜五十三名进士。

10.**祝翼权**（1545~1708），字端辰，号斗严，康熙十二年癸丑榜进士。授晋江知县，迁工部员外郎。

11.**祝翼模**（1643~1691），字安道，号坚斋，康熙三十年（1691）进士。（通志作康熙十二年韩菼榜）

12.**祝安国**，字济叔，号遂亭，浙江海宁人，康熙四十二年（1703）癸未科王式丹榜进士。官仁化知县。

13.**祝诒**，浙江海宁人，康熙四十二年（1703）癸未科王式丹榜进士。

14.**祝寿名**，浙江海宁人，康熙六十年（1721）辛丑科邓锺岳榜进士。官庄浪同知。（明清进士题名碑作山东德州人）

15.**祝德麟**，字止堂，一字芷塘，浙江海宁人。乾隆二十八年（1763）第进士。官至御史，以言事不合黜归。工诗，以性灵为主。著有《悦亲楼诗钞》。

16.**祝万年**，浙江海宁人，乾隆三十二年（1767）进士。

（5）衢州西安支8人

1.**祝梫**，宋代西安（今浙江衢州）人，宋绍兴二十四年（1154）庚辰科张孝祥榜进士。宋淳熙十四年任汀州知州。

2.**祝欙**，宋代西安（今浙江衢州）人，宋绍兴三十年（1160）庚辰科梁克家榜进士。

3.**祝禹圭**，宋代西安（今浙江衢州）人，宋乾道二年（1166）丙戌萧国梁榜进士。淳熙间徽州休宁知县事。注《东西铭解》。

4.**祝材**，宋代西安（今浙江衢州）人，宋淳熙二年（1175）乙未科詹骙榜进士。

5.**祝林**，宋代西安（今浙江衢州）人，宋淳熙五年（1178）庚戌科姚颖榜进士。

6.**祝洙**，宋代西安（今浙江衢州）人，宋绍熙元年（1190）庚戌科余复榜进士。

7.**祝有闻**，宋代西安（今浙江衢州）人，宋嘉定七年（1214）甲戌科袁甫榜进士。

8.**祝和明**，代西安人（今浙江衢县），永乐四年（1406）丙戌科，林环榜进士。官衡阳知县。

（6）其他支系21人

1.**祝伯瑜**，浙江兰溪汤塘人，崇宁二年（1103）癸未科霍端友榜进士，官历处州府学教授。

2.**祝伯玘**，浙江兰溪汤塘人，崇宁五年（1106）丙辰科蔡嶷榜进士，潭州司理参军。

3.**祝处仁**，宋代贵溪人，政和八年（1118）进士。

4.**祝麓**，宋玉山人，淳熙间进士。

5.**祝林宗**，字试可，宋代隆兴府分宁人。登嘉熙二年（1238）戊戌周坦榜进士第。官至浙东廉访司副使。

6.**祝洙**，福建建阳人，祖籍歙县，祝穆子。宝祐四年（1256）丙辰科文天祥榜进士，兴化军涵江书院山长，兴化军知军。注《四书集说附录》。

7.**祝瑗**，武昌人，元代进士。

8.**祝尧**，字君泽，元代上饶人，延祐五年（1318）进士，历南城县丞，江山县令，萍乡州无锡州同知，著有《火易演义》《古赋辩体》等。

9.**祝灏**，江苏长州人，明正统四年（1439）二甲五名进士，终山西布政司右参政。

10.**祝献**，字廷夔，浙江兰溪人，成化二十年（1484）甲辰科李旻进士，常熟县知县、福山县知县，官至太仆寺丞。

11.**祝瀚**，浙江山阴人，成化二十三（1487）年二甲进士，南昌知府。

12.**祝濆**，字仲源，明代玉山人。天顺壬子科举人，弘治五年（1492）壬戌科康海榜三榜五十六名进士，累官刑部郎中、知府。

13.**祝銮**，字鸣和，安徽当涂人，正德三年（1508）戊辰科吕梅榜进士，福建右参政、广西左参政分守杜平、浙江承宣布政司右参议。

14.祝续，江苏长州人，正德六年（1511）辛未科二榜七十五名进士，入翰林，累迁陕西按察副使。

15.祝品，浙江龙游人，正德九年（1514）甲戌科唐皋榜二榜八十三名进士。官广东参政、福建左参政。

16.祝尔庆，浙江龙游人，明嘉靖二十二年(1543)癸卯科举人，嘉靖四十一年凤阳府同知。

17.祝尔介，浙江龙游人，嘉靖三十五年（1556）丙辰科诸大绶榜三榜一百十九名进士。官太和知县。

18.祝继志，浙江山阴人，嘉靖三十五年（1556）二甲进士。

19.祝政和，浙江龙游人，万历八年（1580）庚辰科张懋修榜三榜一百九十四名进士。官至刑部主事。

20.祝可仕，安徽当涂人，万历三十八年（1610）庚戌科韩敬榜进士。官广西驿传道副使。

21.祝秉章，铅山人，咸丰九年（1859）进士，历官工部主事，加一级记录十次，诰封通议大夫。

3.举人

姓名		姓名		姓名		姓名	
祝深	举人	祝绍芳	举人	祝元臣	举人	祝光耀	举人
祝远继	举人	祝敩	举人	祝津	举人	祝景彪	武举人
祝历	举人	祝光烜	举人	祝德	举人	祝有鳌	武举人
祝嘉璞	举人	祝元善	举人	祝茂椿	举人	祝春熙	武举人
祝丕振	举人	祝忠宰	举人	祝扬	举人	祝华封	武举人
祝振金	举人	祝忠丞	举人	祝文锦	举人	祝历	武举人
祝穆	举人	祝感隽	举人	祝允治	武举人	祝登荣	武举人
祝敞	举人	祝梦兰	举人	祝文豹	武举人	祝鲁	武举人
祝周易	举人	祝时可	举人	祝学偲	武举人	祝以怡	解元
祝彦圣	举人	祝祖芳	举人	祝泽民	武举人	祝忠裔	解元
祝无欺	举人	祝梦举	举人	祝忠旌	武举人	祝垚	解元
祝家成	举人	祝元善	举人	祝尚宾	武举人		
祝允美	举人	祝天怀	举人	祝慎言	武举人		
祝学雍	举人	祝熙镕	举人	祝殿邦	武举人		
祝学宪	举人	祝思京	举人	祝湘	举人		
祝伯钦	举人	祝在沼	举人	祝征言	举人		

4. 科甲名录

姓名	学位	姓名	学位	姓名	学位
祝钦明	五经博士	祝元善	教授	祝自修	太学生
祝尚邱	太学博士	祝锡珪	教授	祝九成	太学生
祝学礼	太学博士	祝允诚	教授	祝之璋	太学生
祝天增	太学博士	祝振金	教授	祝津	太学生
祝有性	太学博士	祝允初	太学生	祝正春	太学生
祝维	太学博士	祝大义	太学生	祝其正	太学生
祝良骅	翰林博士	祝国贤	太学生	祝淑范	太学生
祝伯适	太常博士	祝蕃	太学生	祝以欢	太学生
祝恕可	太学博士	祝莞	太学生	祝用中	太学生
祝学会	太常博士	祝永铭	太学生	祝楷	太学生
祝梦铣	太常博士	祝之锐	太学生	祝秀芝	太学生
祝鸿亮	太常博士	祝允棐	太学生	祝学求	太学生
祝远继	太常博士	祝上携	太学生	祝学礼	太学生
祝星	太常博士	祝齐	太学生	祝学孟	太学生
祝光耀	教授	祝继祖	太学生	祝维中	太学生
祝华梅	太学生	祝应乾	太学生	祝秉钧	太学生
祝学赤	太学生	祝修	太学生	祝翁喜	太学生
祝中好	太学生	祝培德	太学生	祝帝光	太学生
祝尚忠	太学生	祝庆亭	太学生	祝应鉴	太学生
祝通	太学生	祝登瀛	太学生	祝伦攸	太学生
祝玉堂	太学生	祝尚勤	太学生	祝翰文	太学生
祝师范	太学生	祝尚章	太学生	祝庆圣	太学生
祝人英	太学生	祝寿荣	太学生	祝廷铨	太学生
祝渐	太学生	祝之玢	太学生	祝廷金	太学生
祝思寰	太学生	祝湘波	太学生	祝尚琪	太学生
祝伯钦	太学生	祝光震	太学生	祝秉铠	太学生
祝燕喜	太学生	祝际治	太学生		

二、武官

1. 忠烈引

自古忠臣烈士，不征伟以苟生，惟视死如归。其一片浩然之气，洵能惨渡日月，憾动乾坤。我先世贞忠事主，赤心报国，起义兴后者有之，效命疆场者有之，势穷陷害都有之。卒皆效死不屈，致命遂志，而勇敢有为，精气常留。孔子曰："志士仁人，无求生以害仁，有杀身以成仁。"集忠烈。

2. 历代武官名录（以世谱为据）

姓名	年代	军职名	姓名	年代	军职名
祝巡	晋	上将军、信安侯	祝煨	后唐	武尉将军
祝瑞	晋	镇襄将军	祝熙镕	宋	忠武大将军
祝辂	齐	齐国太尉	祝浩工	唐	都督将军
祝奢	唐	武烈将军	祝人宏	宋	平西将军
祝臣	宋	兵部尚书	祝永福	后汉	武烈将军
祝维麟	宋	太尉	祝有年	后唐	都阃将军
祝彪	宋	都统将军	祝延年	后周	制置将军
祝鲁	宋	武威将军	祝衍昌	后周	武略将军
祝旌祖	宋	都统将军	祝升堂	梁	平西将军
祝慎言	宋	都统将军	祝韩		定远将军
祝镜	宋	都阃将军	祝忠裔		武略将军
祝忠旌	宋	定远将军	祝梁		武安将军
祝允治	宋	都阃将军	祝贞		武节将军
祝霈	宋	淮安将军	祝良英		武功将军
祝雷	五代	都阃将军	祝帝辅		武功将军
祝星寿		武功将军	祝一杼	宋	信义校尉
祝德观		武功将军	祝学偎	宋	武卫中尉
祝淮寅		武功将军	祝中才	宋	武奕郎
祝彦圣	宋	兵部主事	祝应言	宋	武威军节度使
祝诚中	宋	兵部架阁郎	祝泽民	宋	敦武校尉
祝允闻	宋	兵部郎中	祝梦彪	宋	司理参军
祝梦祥	宋	兵部架阁郎	祝允哲	宋	武翊大制参
祝时可	宋	兵部侍郎	祝大纲	宋	敦武校尉
祝牧	宋	兵部郎中	祝亨衢	元	都使司
祝以成	宋	中尉	祝纪德	唐	大司马
祝圆	吴越	总把校尉	祝霖	唐	兵马指挥
祝尚宾	宋	都尉	祝熙煌	宋	参戎福州协镇

续表

姓名	年代	军职名	姓名	年代	军职名
祝桃根	唐	义同三司	祝鸣道	宋	威武军参将
祝历	吴越	水陆都使司	祝开金	宋	敦武校尉
祝学点	宋	武卫都指挥	祝文豹	宋	参军府
祝锡昌	宋	广东剿寇副使	祝和中	宋	军粮饷转运使
祝克明	唐	仪宾参知扬州军事	祝自和	梁	征服戎羌尚德男
祝永醇	唐	隆信校尉	祝文池	晋	征服契丹忠愍
祝辰	宋	留守司	祝有德	宋	信义校尉
祝家孕	宋	武信校尉	祝周材	宋	出使金议和特使主战派
祝思问	宋	巡兵副使	祝仲安		信义校尉
祝上援	唐	洞庭校尉	祝帝封		武德骑尉
祝岳年	后唐	提督军门	祝如松		云骑尉
祝城	宋	武镇卫都金	祝敬兴	宋	太仓协镇都阃
祝上操	后唐	留守司	祝穆如		千总
祝丕振	宋	镇守广西副使	祝爱苍	晋	征服羌寇定远伯
祝敝	宋	枢密院指挥使	祝师说	宋	黄门侍郎查秦桧通敌
祝鸿道		威军参府	祝彪		授节度使
祝德兴		衢协守府	祝鸿球		兵部郎中
祝大用		大同府指挥使	祝仲安		浦城都司
祝天正		建宁府守备	祝缉祖		都阃府
祝逢康		军功从九品加五品	祝昌棋		兵部武选司
祝善珍		武德骑尉	祝善铃		修武校尉
祝庆春		旌云骑尉	祝善铭		把总
祝庆年		云骑尉	祝日照		旌云骑尉
祝如贤		校义司	祝葆森		授五品兼袭云骑尉
祝邦琏		校信尉	祝如恒		校义尉
祝昌		信义校尉	祝允礽		青州都阃
祝仁		信义校尉	祝嵩年		指挥使
祝邦琨		兵巡道	祝时中		兵马指挥
祝强中		留守司	祝忠烈		校尉
祝驹		信义校尉	祝健中		金军司
祝缝		都阃府	祝定邦		信武校尉
祝德明		武信尉	祝祖烈		信武校尉
祝纯三		信义校尉	祝华		信武校尉

三、封荫

1.封荫引

封荫者，上荣祖父，下被后嗣，恩至渥也，典至隆也。乃广而推之，即古先王世官世禄之遗意，我先世家学渊源。七岁入小学，读书于义方馆，十五入太学，肄业于江郎书院。格物至和之功，具致君泽民之义明，本家修以为廷献，故当日登高位，享荣名者上封下荫，答孝恩广君恩也。录之以扬先世，以励后嗣，集封荫。

2.历代封赠荫谥名录（以世谱为据）

姓名	封赠荫谥名称	姓名	封赠荫谥名称
祝瑞	袭父职荫镇襄将军	祝善海	以侄显赠中直大夫
祝其岱	以子贵赠银青光禄大夫	祝淑慎	以孙显授学录舍人
祝尚邱	以忠烈荫入太学官太常博士	祝贺旬	以继子显加封国子司业
祝上揭	以子贵封怀安伯	祝维阶	以孙显赠奉正大夫
祝上操	以父忠荫邠州留守司	祝厚生	以子显覃封文林郎
祝业烨	以女贵赠朝奉郎	祝天积	以侄覃封儒林郎
祝光煬	以侄媛贵秩荫舍人	祝天福	子显彪封奉直大夫加赠朝议大夫
祝霋	以子显赠朝奉郎	祝良	以子显封荣禄大夫
祝邦瑚	孙显赠光禄寺少卿	祝国桢	以子显授朝议大夫
祝坚	由国戚荫松江通判	祝维	以孙显荣膺太学博士
祝邦正	以曾孙显赠征仕郎	祝鲁	以孙显赠朝请大夫
祝麟章	以子显赠御史中丞	祝人哲	以孙显赠将仕郎
祝麟趾	以子显彪封中顺大夫	祝人望	以孙显赠朝请郎
祝善教	以子显封通议大夫	祝康泰	以子显授承德郎
祝善训	以孙显赠中宪大夫	祝尚伯	以子显封征仕郎
祝应诞	以子显赠正奉大夫	祝大成	以子显封中顺大夫
祝峋	以子显彪封征仕郎	祝大年	以子显覃征仕郎
祝挨	以子显赠宣德郎	祝大义	由祖父显荫擢临安治中
祝家模	以子显封承德郎	祝大任	由仕宦荫职宜凤翔太守
祝家孕	以父节荫信武校尉	祝保民	由仕宦荫职京兆都金事
祝贞	以子显覃诰中顺大夫	祝梦云	以子显荣封儒林郎
祝允初	由荫例入太学授绩溪县令	祝之元	以子显封议宾郎
祝学端	以国戚赠中奉大夫	祝廷耿	以子显封宣德郎
祝天增	例荫坐监授太学博士	祝永鼎	以父宦荫任德清令
祝宠	以子显封荣禄大夫	祝茂杭	由父宦授武林丞

续表

姓名	封赠荫谥名称	姓名	封赠荫谥名称
祝家谋	以子忠赠谏议大夫	祝永沐	以子显封中顺大夫
祝震	以父显荫袭仪同分府	祝永钟	由仕宦后荫任光禄寺丞
祝士芬	以子显赠儒林郎	祝寿	以祖先宦荫苏州刺史
祝庆诞	以子显封正奉大夫	祝文钟	以婿显貤封将仕郎
祝继祖	袭顶元公冠蒂以奉文忠公祀于乡贤	祝韶	以孙显赠直奉大夫赠奉政大夫内阁中书
祝大纶	以孙显赠通奉大夫补用知府加四级	祝永雨	例授修职郎貤赠奉直大夫
祝乾封	以子显赠奉政大夫，以孙显诰赠中议大夫	祝启周	由太学以子显赠征仕郎
祝华封	以子显赠奉政朝议大夫俟先补用知府加四级	祝增教	以子显赠修职郎
祝昌时	以子显诰赠中议大夫	祝凤鸣	由郡廪生以孙显诰赠奉直大夫
祝光藜	以侄显貤赠儒林郎内阁中书	祝凤喈	以孙显貤封资政大夫
祝光国	以子显赠朝议大夫历赠奉政奉直大夫	祝德纯	以子显封资政大夫诰授朝议大夫
祝光谦	以侄显貤赠奉直大夫内阁中书郎	祝静川	由太学以子显貤封征仕郎
祝光弼	以孙显诰赠武义晋封武功将军	祝增文	貤封奉直大夫
祝益朝	以子显诰赠武义晋封武功将军		

四、官宦

1. 爵秩引

仕宦而至，卿相富贵而归故乡，此人情之所荣，闾里无所羡也。我先世联姻国戚，位列五等，恺仅此爵秩称哉顾。

国朝缙绅有书，稽当代之显荣。而物族爵秩有帙溯先生赫濯。诗曰："念兹皇祖，陟降庭止。"又曰："于乎皇王继序，思不忘述先我，所以启后人也。"集爵秩。

2. 京官

姓名	官名	姓名	官名
祝钦明	国子祭酒、宰相	祝维	太学博士
祝桃根	开府仪同三司、文散官	祝臣	少师宣国公 位同宰相
祝尚忠	国子监丞	祝常	太子少保 平章事 宰相
祝尚邱	太常博士	祝徵言	长史
祝尚质	国子监丞	祝嘉言	祕直阁修书郎
祝佳禄	太医院院判	祝尚公	礼部主事
祝祖晟	少禄寺丞	祝鸿亮	太常博士
祝延年	安世驸马伯	祝家春	大理寺评事
祝霖	刑科给士	祝允咨	文渊阁供事
祝云	外翰，皇帝命的翰林学士、机要秘书	祝学孔	太学博士
祝昌期	鸿胪寺省祭	祝学宪	监察御史
祝夒	翰林检讨、文书	祝震	仪同分府
祝津	太常寺少卿	祝学雍	枢密院知事
祝国俊	光禄寺丞	祝学高	光禄寺署正
祝元进	赞典郎	祝学会	太常博士
祝学礼	巡道御史	祝彦中	工部侍郎
祝学求	枢密院都事	祝忠彦	通政侍郎
祝琛	刑科吉士	祝伯适	太常博士
祝琪	建造灵石太庙	祝伯钦	太常寺丞
祝学长	大理寺司务	祝思问	巡兵副使
祝学宓	国子学录舍人	祝不倚	史部主事
祝学赤	中书舍人	祝景星	太学博士
祝学冉	户部司务	祝大义	治中
祝廷相	国子监正	祝保民	京兆都金事
祝配元	工部尚书	祝惠民	春官司正

续表

姓名	官名	姓名	官名
祝天纶	太学录上舍	祝中龙	儒林郎
祝天增	太学博士	祝攀龙	承议郎
祝天墀	外翰	祝云龙	儒仕郎
祝周易	大理寺少卿	祝舒中	鸿胪寺序班
祝彦圣	巡道御史	祝际可	国子监正
祝以怡	国子司业	祝九成	鸿胪寺序班
祝无欺	国子司业	祝祖芳	监察御史
祝无欲	太常寺卿	祝侨	鸿胪寺序班
祝绍祖	秘阁待制	祝文	东宫洗马集贤讲士
祝继祖	外翰	祝有恒	外翰
祝中行	中书郎	祝永钟	光禄寺署丞
祝恕可	内阁中书郎	祝徐椿	宝章阁修选
祝琼英	中书舍人	祝元泰	迪功郎
祝梦诜	太常博士	祝至诚	迪功郎
祝梦举	大理评事	祝中德	都御史制奏司
祝良材	王府供事	祝仲刚	都察院都金事
祝天怀	内阁中书	祝居仁	儒林郎
祝茂杭	武林丞	祝必诜	翰林宣教郎
祝献枚	内阁中书	祝必谞	鸿胪寺定典郎
祝亨兆	都察院	祝贞	工部员外郎
祝崇	赞典郎	祝滋	太学录事
祝天民	大使郎	祝廷钰	中书舍人
祝天善	太医院院判	祝杰	中书舍人
祝怡	内阁中书	祝咸安	中书舍人
祝元生	中书舍人	祝其中	中书舍人
祝韶	内阁中书	祝元道	中书舍人
祝光藜	儒林内阁中书	祝振桂	太学博士
祝光谦	内阁中书	祝浩	中书郎
祝光国	内阁侍读	祝国宣	中书舍人
祝瑶林	光禄寺署正	祝德十	都御史知事
祝昌瑞	光禄寺署正	祝思问	理刑司
祝春熙	国史馆分样、文渊阁折阁、内阁侍读	祝致远	中书舍人
祝为厚	六部主政	祝子昌	儒学训导
祝德昭	中书科中书		

3. 省级

姓名	官名	姓名	官名
祝廷骥	福建学政	祝凤池	江西学政
祝锡昌	广东副使	祝柔中	福建省监察御史
祝丕振	广西副使	祝裕民	江西道观风察俗使
祝咨谋	湖南都察院	祝中丞	河北发运使
祝程	河东宣抚使	祝梦熊	河南督学副使
祝臣	江南学政	祝其和	河南都御史都佥事
祝绅	提督山东学政	祝进	山东副使
祝奇	广西学政	祝仲纲	湖广都察院都事
祝敬	广东学政	祝维翰	河南道都察院都事
祝濠	河南都察院佥事	祝枝芳	豫东事例捐纳督粮道库大使
祝允闻	山东学政	祝凤喈	浙江盐运副使
祝缪	湖南学政	祝善铨	闽浙总督都常中
祝桂芬	浙江省都察院都事	祝文坦	省副使

4. 州府级

姓名	官名	姓名	官名
祝巡	封信安（今衢州）侯	祝尚侯	汉阳判官
祝瑞	信安侯	祝敉	济南同知
祝其罍	牧州通判	祝家祚	惠州知州
祝尚贤	西安教谕	祝震	仪同分府
祝伯和	常州知州	祝天埴	辰州分司
祝运章	池州理问	祝周材	开封府尹
祝荣	德州事	祝化龙	广昌推官
祝嘉璞	延平刺史	祝大任	凤翔知府
祝允诚	杭州府学教授	祝尚宾	荆州都尉
祝坚	松江通判	祝梦良	钦州太守
祝振金	宁波府教授	祝梦祥	建昌通判
祝士京	西安刺史	祝廷桓	瀛州理问
祝师范	选州通判	祝九觐	武昌同知
祝寅	广平教谕	祝贤	雷州都事
祝芝秀	徽州州判	祝承武	知事
祝正春	荆州抄关	祝天喜	知事
祝寿	苏州刺史	祝凤衙	州理问
祝有竹	巴陵理问	祝天锡	同知
祝彦立	绍兴府教授	祝天正	建宁府守备
祝宗仁	平阳府少尹	祝天章	知事
祝琮	州判	祝天良	都使司
祝文纶	肇庆知府	祝天祐	都事
祝如旦	知事	祝万孙	知事

续表

姓名	官名	姓名	官名
祝耀	府尹	祝万寿	都事
祝有梅	知事	祝天喜	镇江知事
祝至亮	知事	祝大纶	知府加四级
祝宗善	苏州府尹	祝乾封	知府加四级
祝大用	大同府指挥使	祝寿山	直隶州州判
祝宗元	本郡同知	祝维诚	登州府司岳司
祝维瀚	州同知衔	祝思敬	署正
祝宗德	汴州太守	祝忠恕	都事
祝有年	刑州州判	祝锦云	延平同知
祝永亨	吉安州守府	祝其仪	都事
祝邦卿	广信推官	祝之善	同知
祝朝聘	淮安理问	祝轼	理问司
祝永忠	邵阳都问	祝健学	贤川教授
祝大贤	湖州金事	祝良梓	理问司
祝熙商	知事	祝玉枨	都事
祝峻	都事	祝嵩	海宁府同知
祝邦璜	同知	祝忠阶	州判

5. 县级

姓名	官名	姓名	官名
祝轸	浔阳令	祝齐	广昌县令
祝如陵	吴江令	祝颐言	吴江县令
祝绍元	山西寿阳令	祝骏	临江县尉
祝宏德	武陵尉	祝允初	绩缫县令
祝谨	宛县令	祝学容	莆田主簿
祝郁文	彭泽丞	祝学伋	新平县令
祝联芳	南阳令	祝学开	浦江县令
祝朝聪	同香令	祝天绅	广昌县尉
祝有斐	建德主簿	祝桂芳	山阴司训
祝大历	选县令	祝思亶	侯官县令
祝元嘉	休宁县令	祝鳌池	无锡县令
祝允桨	县主簿	祝用忠	巴陵县丞
祝燕	华阴县令	祝忠祚	临川县尉
祝翰文	县丞	祝咸隽	都昌县令
祝良驹	太仓主簿	祝以欢	松阳县主簿
祝时可	济德县令	祝继溥	弋阳县丞
祝鸾翔	富阳主簿	祝尚禹	寿昌县令
祝国佩	鄱阳县令	祝觐	荆州县令

第三章

诗文选

引言

予族诗礼传家，与文人学士相交游，其间往来赠答不一而足。况信安英风、东山嘉节、文忠理学、献烈艰贞，俱足动人景仰。即千有余里，千有余岁，不相谋而且闻风而凭吊焉。若江郎快音、西山启发、文正清高、山曜三峰，自有专集，脍炙人口，兹不复录。但先贤赠答凭吊之章及感怀垂戒之什，实关合族典模也，故有此诗词歌赋等专集。

第一节 诗

一、四言

1.思乡咏

祝巡

一解

我食君禄，应事晋君。

辅君东巡，责非他人。

柯梁[1]之址，殿我新宅。

而思故乡，辗转反侧。

二解

辗转反侧，家随国东。

欲恢西北，人不我同。

我心怀思，恍惚如梦。

梦见君亲，恻然心恸。

三解

何山不高，岱东[2]岩岩[3]。

何水不流，洙泗[4]潺潺。

于心思维，故水故山。

岂不乡思，何日其返。

四解

伊尹[5]嚣嚣，以任而举。

孔子皇皇[6]，以时而处。

我思古人，盍能其如。

思欲还乡，畏此简书。

【作者】祝巡（265～327），字帝临，号省庵，鲁兖州人。西晋时官护国上将军，因与同僚刘隗、顾荣等协助司马睿在南方建立东晋政权，功封信安侯，子孙世居衢州南门，为江南祝氏之发族始祖。

【注释】[1]柯梁，烂柯山简称，此处指衢州。[2]岱东，泰山以东。[3]岩岩，高耸的样子。[4]洙泗，山东一条古河，发源于泗水县以东。[5]伊尹，指夏末商初的，政治家、思想家，商朝开国元勋。[6]皇皇，伟大。

2.读信安侯思乡咏有感

谢弘微

一解

寇拥[1]长安，惟侯抗职。

辅驾东兴，纲常不忒[2]。

二解

相彼兴东，非侯何力。

褒爵纪功，食禄信域[3]。

三解

既咏斯干[4]，应言乐只[5]。

何乃祝侯，思乡不已。

四解

我读遗咏，是为得之。

呜呼祝侯，岂独乡思。

【作者】谢密，字弘微，生于晋孝武帝太元十七年（392）。生长在南京乌衣巷，世代高官；建昌侯，任员外散骑侍郎；后为大司马府参军。

【注释】[1]寇拥，指刘曜入侵。[2]纲常不忒，指"三纲五常"不变更。君为臣纲，父为子纲，夫为妻纲为三纲。仁、义、礼、智、信为五常。[3]信域，指衢州区域。[4]斯干，开辟治理。[5]乐只，乐不可言。

3.登山吟

祝东山

一解

世处江阳[1]，今登江郎。

何以来思，慨伤伪唐[2]。

二解

牝鸡司晨[3]，弃置彝伦[4]。

遁迹于此，且作闲人。

三解

望三爿石，片片凝碧。

石梁横开，可容一席。

四解

栖迟石室，既安且吉。

盘谷逍遥，长吟抱膝。

五解

瞻仰昊天[5]，阴雾绵绵。

须大神力，旋坤转乾[6]。

六解

啸傲烟林，山高云深。

作登山吟，以写我心。

【作者】祝其岱（634～729），字东山，号台峰，世居江山西山梅泉。唐初的宿儒、隐士，以"精通经史，文章焕然"为两浙诸生所钦重，学界称其："诗无邪思，文有卓识，气浩词严，一扫当时芜秽之习，朝廷曾授其银青光禄大夫。"后来隐居江郎山结庐讲学、著作，著有《增补万福全书》《江山快音》行世。

【注释】[1]江阳，江山设县前的旧称。[2]伪唐，非正统唐朝，指武则天称帝。[3]牝鸡司晨，指女人掌权。[4]彝伦，常道。《后汉书·蔡邕传》："登天庭，序彝伦。"[5]昊天，上天。《后汉书·鲁恭传》："所以助仁德，顺昊天，至和气，利黎民者也。"[6]旋坤转乾，指推翻武则天政权。

4.忠臣祝敞[1]从二帝[2]北行

叶琛

一解

北方肆虐，靖康[3]难作。

二帝北行，根盘节错。

二解

忠臣祝公，披发相从。

追随左右，一片精忠。

三解

黄沙四起，从君千里。

血泪淋淋，跋涉山水。

四解

君为敌掳，臣作羁旅[4]。

道途行吟，相捍牧圉[5]。

五解

鞭挞流血，万般磨折。

推弃道旁，君臣离别。

六解

念君不已，触石身死。

哀哉祝公，忠贞自失[6]。

【作者】叶琛（1314～1362），字景渊，明初大臣，浙江丽水高溪村人。曾任歙县县丞、处州路总管府判官，至行省元帅。

【注释】[1]祝敞，字正五，北宋东宫洗马、枢密院指挥使，靖康难作，敞被发跣足陪二帝北行，骂金寇不绝口，金寇拖绁捶击不能行，故与二帝失，乃即道旁自殒以死。[2]二帝，指宋徽宗赵佶、宋钦宗赵桓。[3]靖康，北宋钦宗年号。[4]羁旅，长久旅居他乡。[5]牧圉，牧养牛马的人。[6]自失，失误。

5.祝亦若[1]遇盗负母行

郑骝

一解

祝君亦若，江郎是托[2]。

纯孝性成，大义裁度。

二解

时有强梁[3]，扰乱江郎。

祝君于此，整植纲常[4]。

三解

上有老母，下有幼子。

权衡重轻，商度可否。

四解

妇曰子幼，待承世胄[5]。

亦若曰唯，且仰天祐。

五解

负母而逃，弃子而走。

妻离子散，老母是守。

六解

孝感动天，贼意变迁。

称为至孝，母子两全。

七解

悠然一关，全家抱痛。

幸得团圆，母云是梦。

八解

是非苟且，至孝实寡。

作负母行，待采风者。

【作者】郑骝，字德夫，号鹿溪，江山协里人。明儒学家，司宪滇中，从征安南，有功预赏。诏祀名宦，乡贤。

【注释】[1]祝亦若，名谓武。妻朱氏，子德望。寇盗来负母奔避，弃子德望。入忠孝祠。[2]托，寄居。[3]强梁，指强盗。[4]纲常，指"三纲五常"。[5]世胄，贵族的后裔。

二、五古

1.江阳避世吟

祝殷初

南梁来相逼，遁迹在江阳。

经营新燕垒[1]，弃别旧家乡。

家乡有栏柯，骑石胜如何？

轻烟萦洞口，梅泉弄清波。

波出增皎洁，烹茶瓯[2]泛雪。

终日想晤对，千古巢由节。

倘有车马来，闭门相决绝。

【作者】祝铬（462～？），字殷初，世籍信安，东晋护国上将军信安侯祝巡八代孙，郎峰祝氏八世祖（江山始祖）。仕齐武安军同知，功升征讨副元帅，建武二年（495）诏出胜擒寇首，捷拜齐太尉。齐被梁灭，太尉避居江阳西山梅泉。

【注释】[1]燕垒，新建房屋。[2]瓯，盆、茶杯。

2.登山吟

祝东山

偶来江郎山，心迹始空旷。

偕游惟白云，随我相跌宕。

君国与苍生，无庸劳梦想。

桂树自含芳，桃花任泛浪。

栖迟别有天，情怀许谁量。

作此登山吟，说成归隐样。

【作者】祝东山，见四言《登山吟》。

3.送祝太学监满告归

祝宝

去马当风嘶，游人道旁立。

客乡重送客，尔我各于邑。

本欲同琢磨，与君写心曲。

君去一何急，竟乃不留宿。

吾党畏离群，求仁少忠告。

桑梓多眷恋，恐断倚闾目。

【作者】祝宝（1030～1099），字唯善，名学洙，郎峰祝氏三十三世祖，宋嘉祐二年（1057）进士第。参奏奸党朝廷忌用，回乡治家，管理六百余口大家庭，和顺一堂，为族所称迹。

4.题义方馆

吕蒙正

偶来脉岭下，望见数椽屋。

入屋见童冠，方知家有塾。

塾名义方馆[1]，主人家姓祝。

主人出相见，三昆如韫玉。

童冠尽超卓，纯学不志縠。

凤至河图出，罔非瑚琏属。

【作者】吕蒙正（944～1011），字圣功，河南洛阳人。北宋名相，咸平授太子太师，封蔡国公，谥"文穆"。

【注释】[1]义方馆，是当时富、贵、华三公子教子之所：祝富，字有仁，性敦孝友，行尚礼义，理家教塾，族中子弟招之求学，奋起科甲。祝贵，字有尊，弟祝华，与祝富一起在江郎脉岭义方馆办学教书。

5.游江郎读东山登山咏有感

张恢

江郎名何锡[1]，传闻是江家。

江家有丈人，时来弄烟霞。

一自东山至，山属祝家地。

杜门[2]好潜修，翛然惊岸异[3]。

云山相往还，一祖一孙侍[4]。

待得云雾开，怀藏有利器[5]。

匿迹在江郎，心情更徜徉。

偶作登山咏，志不类楚狂[6]。

优游适情性，感时待凤凰。

笑我来何晚，不能三隅反[7]。

默坐淡无言，高风今已远。

回望江郎峰，隐隐露仙踪。

惟见参天树，不见东山公。

叹息此人去，名山万古空。

【作者】张恢（1114～1185），字季常，江山张村秀峰人。宋高宗绍兴十五年（1145）进士，官太学正。晚年与兄张恪在张村独秀峰创办集义书院。

【注释】[1]何锡，名气大。[2]杜门，闭门。[3]岸异，雄伟之奇特。[4]一祖一孙，祖祝东山，孙祝尚邱。[5]利器，诗文才华。[6]楚狂，形容才华出众，显露头角。[7]三隅反，类推，举一反三。《论语·述而》："举一隅不以三隅反，则不复也。""隅反"指类推。这里指不能得到东山公指导。

6.读祝顺孙[1]传题后
姜尧章

郎峰有祝子，孝行最为高。

饮睡情何笃，承欢岂惮劳。

慈孀清节渺，老祖耄年遭。

风烛一朝尽，苫庐永夜号。

葬养无违礼，不愧顺孙褒。

【作者】姜夔（1154～1221），字尧章，号白石道人，汉族，饶州鄱阳（今江西省鄱阳县）人。南宋文学家、音乐家。他多才多艺，精通音律，能自度曲，其词格律严密。姜夔晚居西湖，有《白石道人诗集》《白石道人歌曲》《续书谱》《绛帖平》等书传世。

【注释】[1]祝顺孙，名镀，字饰金，祖母抚养成人，对祖母终身感戴，祖母死后，守墓三年，建坊表闾为顺孙。

7.望江郎山怀东山读书室
尤侗

石者白为云，云者青为石。

云石不可知，一片空濛色。

三峰豁复开，中有君子室。

室中何所有，片片白云出。

奇人与奇文，千古江郎笔。

【作者】尤侗（1618～1704），明末清初著名诗人、戏曲家，曾被顺治誉为"真才子"；康熙誉为"老名士"。字展成，一字同人，早年自号三中子，又号悔庵、晚号艮斋、西堂老人、鹤栖老人、梅花道人等，今江苏省苏州市人。于康熙十八年（1679）举博学鸿儒，授翰林院检讨，参与修《明史》，分撰列传300余篇、《艺文志》五卷。四十二年康熙南巡，得晋官号为侍讲。著述颇丰，有《西堂全集》。

8.登三爿石寻祝东山先生不遇
周懋文

幻夺天工巧，芳踪费远寻。

三峰何缥缈，入去更幽深。

苔滑迷山径，岩扃寂玉音。

茶烟飞户外，纯是雾氛侵。

仙景林横隔，松风起暮阴。

先生何处去，云影度遥岭。

【作者】周懋文，唐会稽人，生平资料不详。

9.望三爿石怀祝东山先生高隐
王逢

江郎形势佳，矗立添晴色。

我出六峰外，遥见江郎石。

二仪[1]辟混沌[2]，三爿耸魂魄。

鼎列台辅姿，玉蕴珪璋[3]德。

三神浮瀛海，喷薄东一极。

臣鳌困戴之，仙官耀金碧。

我闻祝东山，避逃绝顶域。

手栽青莲花，往还樵舍侧。

安知非异想，得与山神敌。

于时耽啸傲，云雾张巾幂。

于时兴翱翔，空翠全身滴。

琅琅读书声，流出千丈壁。

平生思晤对，百里今咫尺。

烟波动落照，道露阴已夕。

回望高隐处，欲陟岭云隔。

【作者】王逢（1319～1388），字原吉，号最闲园丁、最贤园丁，又称梧溪子、席帽山人，江阴（今江苏江阴）人，元明之际诗人。所著《梧溪集》七卷，记载宋、元之际人才、国事，多史家所未备。诗三卷，其中《黄道婆祠》一诗，是今存最早歌咏黄道婆业绩的诗作。另著有《杜诗本义》《诗经讲说》二十卷。

【注释】[1]二仪，指天和地。[2]混沌，传说中天地未形成前的元气状态。[3]珪璋，瑞玉器，举行典礼时拿在手里，以表瑞信。

10.题江郎书院壁赞山曜[1]先生高逸
龚宗傅

志士博古今，名贤口诵圣。
通则经猷裕，致君于尧舜。
穷处岩野内，信道乐天命。
富贵贫贱间，乌与一息竞。
先生于此奇，不为席珍聘。
学易到深处，研几极镇静。
书屋数十椽，寒松夹幽径。
竹森潇洒观，泉逗潺湲听。
小人多谤訾[2]，先生自咏吟。
其徒识所归，归雅不归郑。
时俗总非薄，先生自醇正。
其徒知所入，入贤不入佞。
忧弊以义救，敌邪以道胜。
先生德处修，流俗岂诟病。

【作者】龚宗傅，字道广，生平不详。家住山须川，绰有文名。所著有在《同善录》。

【注释】[1]山曜，江郎书院教授，著作《三峰集》。[2]谤訾，诋毁。

11.赞工部侍郎祝彦中[1]公
金履祥

聪明颖悟质，同兄师龟山。
身登进士第，职列工曹班。
奉命督粮饷，仓卒叹时艰。
从王幸汉中，君臣相失间。
南渡谋已定，归隐汩清清。
家居犹图报，月吉观天颜。

勤王心未了，高谊许谁攀。

【作者】金履祥，字吉文，号次农，浙江兰溪人。是宋、元两朝之间的学者，官至严州知府。主讲钓台书院，是金华学派的中坚。著作有《尚书注》《大学疏义》《孟子集注考证》等多部。

【注释】[1]祝彦中，字兄执，江山人。宋崇宁五年（1106）进士，入国子监伴读王子，后任工部侍郎。管理黄河粮船事务，调征河北军粮饷。在汉中与韩世忠将军在金寇营中救出宋徽宗赵佶，是皇上的救命恩人。

12.重过江郎山偕祝处士等同游
林麟焻

昔我游兹山，岁暮风雪竞。
今我复来游，春水碧如镜。
转盼岁月驶，往还肃君命。
脱身蛟龙穴，散策花柳径。
忽逢祝处士，揽辔相延请。
暂解道旁鞍，为动祓禊兴。
徒步上江郎，顿忘软脚病。
登堂礼群仙，吟咏悟真性。
偕游二三子，脚力颇骄胜。
清谈弄尘尾，吐嘱宗颜孟。
奇景尚贪游，烟墟倏将暝。
僝然整袷衣，行行归而泳。
凭栏发长叹，浩气任卷舒。

【作者】林麟焻，字石来，号玉岩。清福建莆田人，康熙九年（1670）进士，授内阁中书，曾偕检讨汪楫奉使琉球。官至贵州提学佥事。少从王士祯游，以诗名。有《玉岩诗集》《竹香词》《列朝外纪》《莆田县志》等。

13.雨中谒江郎庙望三爿石怀古
汤可宗

夙闻江郎山，今过天淫雨。
荒途横古庙，破殿围密树。
曾闻祝东山，结庐与山伍。
神仙常往还，谈笑日旁午。
为瞻三爿石，缥缈若回顾。
须臾乍相亲，倏忽闲中度。
我虽宦游人，先生应默护。
倘遂高隐志，亦上层梯路。
携杖相追随，同吸朝天露。

【作者】汤可宗，生平生卒均不详。
（录自《郎峰祝氏世谱》十四卷）

14.望江郎石怀祝东山前辈
黄而辉

朝发在峡溪，过此始停午。
远望江郎山，碑砑[1]三危柱。
巉峭[2]忽惊疑，神工与鬼斧。
我闻祝东山，结庐深林树。
缥缈学道心，默通理与数。
愧我到此迟，须臾获一睹。
思欲扪长萝[3]，登陟壮怀古。
物役恨未间，推车过前浦。

【作者】黄而辉，福建省泉州府同安县锦里村人，清康熙年间任湖南衡阳彬左参议道，卒于官。
【注释】[1]碑砑，高耸的样子。[2]巉峭，险峻陡峭。[3]长萝，一种蔓生植物。

15.上江郎山题祝东山草庐
朱彩烈

越地[1]多名山，无出此山右。
叠翠极层峦，造化精结构。
日月手可扪，茫茫临宇宙。
三峰写空碧，星文作篆籀[2]。
甲子不记年，万古还依旧。
内有静者贞，筑室与山隅。
我来访江郎，攀跻登岩岫。
题诗草庐中，一脉相穷究。

【作者】朱彩烈，生平生卒均不详。
（录自《郎峰祝氏世谱》十四卷）
【注释】[1]越地，浙江省范围。[2]篆籀，篆体字。

16.登江郎山怀祝东山先生隐栖
柴自挺

海外有三山，可望不可即。
何年得飞来，欲登乏层级。
乃知造化工，神鬼斤斧[1]劈。
倒立千仞峰，分竖万丈壁。
生成鼓并钟，羽客来相击。
惊动龙与虎，跑泉声常滴。
举头一仰望，鞠躬身欠侧。
倏然凌半空，呼缓应偏急。
一字倒书天，中古铁画迹。
足使米家颠，峰峰尽朝揖。
昔有祝东山，岩栖久錬习。
沉醉历雪磴，双展莫能及。
定与蓬岛仙，晨夕相会集。

【作者】柴自挺（1633～1715），原名维坷，字式三，号笠斋，江山长台人，清学者。辑《丙丁龟鉴》第五卷，辑《嵩高柴氏世集勋德录》十二卷。

【注释】[1]斤斧，斧子一类的工具。

17.读书江郎书院怀古
祝山曜

兀坐书院里，闲情爱读书。

阅史分清浊，检字辩鲁鱼[1]。

曾记唐太初，北极乱宸居。

牝鸡鸣帝阙，阴雾闭太虚。

我祖时痛念，江郎乐踌躇。

门多访道客，庭无混迹车。

桂向天边折，花或带经锄。

浮云看富贵，泉石自相于。

种德于后世，唐宋耀门闾[2]。

我生当叔季[3]，与公正相如。

效公隐遁志，薇蕨[4]可共茹。

屡却朝廷聘，栖处乐公庐。

我公如有灵，真机应付余。

凭栏发长叹，浩气任卷舒。

【作者】祝山曜（1242～1314），名君翔，字鹏举，郎峰祝氏先祖。乡贡，隐士，文学超群，尤长于诗赋，官欲荐之，以亲老力辞。著有《三峰集》《高士集》《古文集解注》等。与弟祝山卧、祝山卓在江郎书院隐居任教，世称三隐士。

【注释】[1]鲁鱼，指字形近似而论误。[2]门闾，闾是廿五家为闾，门闾指民间。[3]叔季，幼年时。[4]薇蕨，野菜名。

18.望江郎山怀古
汪烜

突兀惊飞鸟，奇峰削不成。

流传知几代，化石只今名。

古有祝东山，得遂栖隐情。

啸歌天地答，落笔鬼神惊。

我来三衢道，怀古且慢程。

不见古人面，云烟一望清。

【作者】汪烜（1692～1759），后名绂，字灿人，号双池，又号重生。江西婺源人。博综儒经，著述颇富。晚年尝馆枫溪（廿八都）二十三年。有《大风集》四卷、《双池文集》十卷、《诗集》六卷等。

19.追慨祝亦若[1]
沈蟠

昔闻邓伯道，弃子以存侄。

伯道竟无儿，空动他人泣。

江革负母逃，行佣[2]以供食。

史册垂芳声，万古不能及。

须江祝亦若，所居遇强贼。

负母弃其子，妇言不肯恤。

母子竟两全，孝行己超轶。

愿言采风者，纪之幸无失。

岂惟光书籍，万古奉为式。

【作者】沈蟠，生平生卒均不详（录自《郎峰祝氏世谱》十四卷）

【注释】[1]祝亦若，名谓武，字亦若，郎峰祝氏先祖。当时多寇盗侵入村坊，亦若背起母亲而逃，将儿子妻子留在家里，妻子随之仓皇而逃，妻子朱氏泣求带子，亦若认为岂有弃母之理。盗贼退后，全家无恙。[2]行佣，出卖劳动力，受雇用。

20.读义贞刘孺人[1]传有感
祝牲

祝门有孀妇，立身无二三。

居傍势恶室，虎视忽眈眈。

眈眈欲夺志，刘氏巧处置。

利刀每自怀，杀身明大义。

佴彪抱愤走，能斩势恶首。
慷慨来报仇，胆大真如斗。
持控拟问军，建成不世勋。
事闻赠义贞，劲气直凌云。
可见妇人身，守义即全真。
作诗表潜德，清风励后人。

【作者】祝蚚，字鹿瞻，号苹野，郎峰祝氏秀峰派。清衢州府学廪膳生，与台湾镇总兵官柴大纪挚友。

【注释】[1]刘孺人，江山城西梅泉祝氏，丈夫祝琬勤于学，惜短命。社会上恶势力托党为媒，刘氏恐落苦难深渊，遂引铁自尽。族佴祝彪义抱公愤，斩首恶势力，投案自首，罪判充军，在军队当上教官，任节度使本卫都统将军。

21.赞巡道御史祝学礼[1]公
也先不花

起身国学，伴读东宫。
居心正直，秉志公忠。
御史巡道，克代天工。
三年别驾，满座春风。
心花凝赤，意蕊摇红。
靖共尔位，许谁怀同？

【作者】也先不花，蒙古族。元朝江山敦武校尉，相当于现在的人武部长。后回蒙古，1310年推举为可汗，为元朝与蒙古国和谐相交有贡献。

【注释】[1]祝学礼（1055～1131），字再庭，江山人。太学生，官至巡道御史。因处理奸臣宰相章惇家丁扰乱都市，而丢官，因祝学礼是濮王的舅子，授官治中，以佐濮王。

22.读虞孺人[1]割髻誓志传有感
毛晃

劲节本天生，秉身惟清洁。
祝门虞孺氏，独励冰霜节。
父母欲夺志，割发示决绝。
发朽方可移，悬庭作圭臬[2]。
呜呼祝虞氏，居身如石铁。

【作者】毛晃（1084～1162），字明叔，江山沙堤人，南宋绍兴年间，仕主簿。尝闭门著书，增注《礼部监韵》砚为之穿，学者称"铁砚先生"。其子居正，举进士，校《监韵》俱有功字学，明修字韵，宋濂等上言：注释音切一依毛晃所定。遂取其书名《洪武正韵》至今行于世。

【注释】[1]虞孺人，祝垚之妻，结婚两年，丈夫祝垚去世，虞氏年仅21岁，坚决守寡。父母动员虞氏改嫁，割发悬庭，以示守寡之意。抚长佴祝开金，爱佴如亲生儿子一样，年越古稀，不戴首饰，不穿锦衣，清节而卒，入贞节祠。养佴祝开金，秉性至孝，官至敦武校尉，领军镇守河北道口。[2]圭臬，比喻典范，准则。

三、五言绝句

1.题三爿石
祝东山

三爿插天高，嵯峨意气豪。
浮云看富贵，立脚此中牢。

题江郎山十景
江郎山

江郎山独高，鬼鬼插天表。
绝顶一登临，众山皆渺小。

三爿石

屹立三爿石，应类笔三枝。

浓云施密雨，淋漓浸天池。

一字天

神妙造化工，设想真奇异。

提笔倒书天，蟠空[1]成一字。

钟鼓洞

生成钟与鼓，横空亘此中。

风来相撞击，天际惊卧龙。

会仙石

江郎石上岭，羽客来相会。

放出钟离扇[2]，扇开天地泰。

虎跑泉

江阳泉最好，无如此味清。

风过万山外，虎啸一声声。

化龙池

天池近碧落，时有红鲤跃。

跳到龙门去，定与龙相若。

栖云岩

云是山川气，能知此际归。

会当施万物，片片天外飞。

酒坛石

奇石工雕琢，琢成酒坛样。

群仙来开瓮，豪饮信无量。

鸡栖弄

石弄当空辟，雄鸡向此栖。

一声天下白，胶胶[3]接天鸡。

【作者】祝其岱（634～729），字东山，号台峰，世居江山西山梅泉。是唐初的宿儒、隐士，以"精通经史，文章涣然"为两浙诸生所钦重，学界称其："诗无邪思，文有卓识，气浩词严，一扫当地芜秽之习，朝廷曾授其银青光禄大夫。"后来隐居江郎山结庐讲学、著作，著有《万福全书》《江山快音》行世。

【注释】[1]蟠空，盘曲的天空。[2]钟离扇，仙女用的扇。[3]胶胶，鸡叫声。

2.题江郎书院[1]

祝东山

素有凌云志，其如阴雾何。

江郎书院建，扶我到天河[2]。

【作者】祝其岱（634～729），同上。

【注释】[1]江郎书院，在江郎山北峰下，唐东山公长子国子监祭酒祝钦明孝父所建。是古代江山十一书院之一，江郎书院是培养人才最多，名气最高的书院。[2]天河，银河。

3.题江郎山书院

祝钦明

江郎势嵯峨，直欲接天河。

云外桂香拂，飘来书院多。

【作者】祝钦明（656～728），字文仲，号月朗。祝东山长子，唐高宗宏道元年（683）进士，五经博士，国子监祭酒（宰相），建江郎书院和江郎山塔，被贬后任饶州刺史至终。

4.读书江郎书院

祝尚邱

侍祖江郎侧，闲情爱读书。

会登三片石，移步上清虚[1]。

【作者】祝尚邱（682～744），字时中，号景泰。祝东山之孙，唐太学博士，策诛韦党有功，韩愈为其写墓志。

【注释】[1]清虚，清静空旷无人处。

5.登江郎书院有感
祝山曜

记我东山公，传经在此中。

武后求不出[1]，万代钦英风[2]。

【作者】祝君翔，同《读书江郎书院怀古》。

【注释】[1]武后求不出，指武则天派周美请祝东山赴京任职，被拒。[2]英风，杰出人物的风貌气概。

6.种兰咏
淑德郡主

素有含芳志，移兰植象床[1]。

灵根[2]生嫩笔，笔笔吐清香。

【作者】淑德郡主（662～？），唐英国公徐敬业之女，唐高宗仪凤三年（678）封郡主，下嫁江山西山梅泉祝克明为妻，下恃尊贵，不尚华饰，矜持名节，教子赋诗，有诗作留传。

【注释】[1]象床，高档的花铺。[2]灵根，指祖先。这里比喻兰的母本。

7.题祝氏金花园种菊
詹莱

野花耽幽处，种菊待重阳。

凝秀今已茁，留节傲秋霜。

【作者】詹莱（1522～？），字时殷，号范川，常山人。明嘉靖二十六年（1547）进士。初任江西金溪知县，后调任福建长乐知县。调安徽池州同知，再调任湖广金事。年43岁，无心仕途，专心理学，创办范川书院，讲学授徒。家居二十余年，出资辟修木棉岭至江山之要道。万历十三年（1585），纂修《常山县志》。著有《招摇池馆集》《范川文集》《春秋

原经》《史约》《七经思问》等传世。

8.赞祝处士子谦[1]
姜士仑

学术源伊洛[2]，风流逐逸平[3]。

不无私淑者[4]，谁为播芳声[5]。

【作者】姜士仑，字峻山，号平斋，浙江省严州府遂安县（淳安县千岛湖镇）人，清朝政治人物，进士出身。

【注释】[1]祝子谦，名思恭，字子谦，郎峰祝氏先祖，北宋时江郎书院教师，子弟列为仕官有六十余人，四方来求学者数百人。[2]伊洛，杨龟山教师。[3]徐逸平，祝子谦的老师。逸平，儒学家，江山南塘书院创办人。[4]淑者，善良公正之人。[5]芳声，比喻贤才的教导。

9.祝宣孝麟解
江波

灵瑞应[1]圣王，麟兮[2]果吉祥。

若非祝振德[3]，谁解说无肠[4]。

【作者】江波，生卒生平不详。

【注释】[1]灵瑞应，古人认为帝王修德，时代清平，天就会降下祥瑞以应之。[2]麟兮，传说中的麒麟之兽，是仁瑞之降。[3]祝振德，武信校尉，宣教。官清廉，公正，深得官民拥戴。[4]无肠，没有心计。

10.书祝子熊[1]公传后

钱升

明月[2]太湖水，清风[2]扬子江。

夜看名宦传，寒意入纱窗。

【作者】钱升，生卒生平不详。

【注释】[1]祝子熊，进士，官为苏州、常州制置，政通人和，是名宦。[2]明月、清风，指祝子熊为官清平，廉洁。

11.题雅儒坊

明 陆和

本是稚儒坊[1]，雅儒[2]为重新。

移上中间点，新人替旧人。

【注释】[1]稚儒坊，位于城东，南起来桂坊，北至中山路。唐时，坊内神童徐珏，赴京殿试，童子科及第，其住宅命名稚儒坊。[2]雅儒坊，祝氏文人进住，改为雅儒坊。

12.养廉公元配郑氏自誓

陆和

铁骑绕城郊，妇人唯一身。

一身无去路，一死庶全贞。

【作者】陆和，字子达，明代江山和睦人，明成祖永乐四年（1406）进士，任监察御史。巡按中外凡九年，风裁严肃，所至百司戒饬，立朝抗疏直言，甚禅治体，京师号"小铁面"。

13.铭书架

祝华封

我有满架宝，玩之颇自娱。

纵使穷困极，卖田不卖书。

【作者】祝华封，字御所，清郎峰祝氏阁老街人。千总，赠奉政朝议大夫，补用知府，加四级。

14.命子救谱

祝华岳

儿也听予命，慎哉[1]宝斯谱[2]。

家宝可存亡，人生唯一祖[3]。

【作者】祝华岳，清郎峰祝氏阁老街人，孝子，父母连死于乱世，哀慕庐墓三年。

【注释】[1]慎哉，小心谨慎。[2]斯谱，家谱。[3]唯一祖，只有一个列祖列宗。

15.勘祝大使墓

钟定

谁为大使墓[1]，残碑字可踪。

地鼠无侵穴[2]，天心有至公。

【作者】钟定，生卒生平不详。

【注释】[1]大使墓，祝天民之墓，出使西域大使。[2]侵穴，大使墓被当地恶棍侵占。

16.箴子[1]
祝朝园

人不患无贿[2]，唯患无令名[3]。

恕思以明德，令名载而行[4]。

【作者】祝朝园，生卒生平不详，郎峰祝氏阁老街人。

【注释】[1]箴子，规劝儿子，或告诫儿子。[2]不患无贿，不担忧无财物。[3]患无令名，而担忧没有美好的名声。[4]载而行，表现在行为上。

17.游江郎山
祝荣栋

郎峰万仞[1]高，登临气自豪。

青云腾足下，疑向龙门跳。

【作者】祝荣栋，郎峰祝氏阁老街人。诗人，学者。

【注释】[1]万仞，仞是长度单位，七尺或八尺为一仞，万仞指很高。

四、五律

1.赠祝开府[1]荣归
刘洎

开府亦已贵，东风鸣玉珂[2]。

忧民心自远，平贼策功多。

姓名光史册，志气壮山河。

此日归何急，三衢有烂柯。

【作者】刘洎（？～646年），字思道，荆州江陵（今湖北江陵）人，唐朝宰相，南梁都官尚书刘之遴曾孙。刘洎在立储之争时支持魏王李泰，并在太宗东征时辅佐太子李治监国，兼任太子左庶子。刘洎因与褚遂良不和，遭到褚遂良诬陷，被赐死。武则天时得以平反。

【注释】[1] 祝开府，名祝桃根

（577～？），字伯芝，郎峰祝氏江山梅泉人。隋朝以武选授千夫长，诏征平贼蔡仁通罗惠方，功考第一，都督柏茂上其功，敕授开府仪同三司。[2]玉珂，美玉器。比喻美德高尚。

2.过须江祝将军庙[1]感而吊之
宋璟

仗义凭谁是，须江有伯宗[2]。

秉志惟吞贼，铭心只一忠。

庙食[3]千年在，江流万古空。

我来门下过，犹觉凛英风。

【作者】宋璟（663～737），字广平，邢州南和（今河北邢台市南和县阎里乡宋台）人。唐朝名相，北魏吏部尚书宋弁七世孙。博学多才，擅长文学。考中进士，授上党县尉，迁中书舍人、御史中丞、吏部侍郎，官至吏部尚书、刑部尚书。开元十七年（729），拜尚书右丞相、上柱国、开府仪同三司，进爵广平郡公。开元二十五年（737），卒于洛阳，享年75，追赠太尉，谥号"文贞"。先后历仕武后、唐中宗、唐睿宗、唐殇帝、唐玄宗五朝，一生为振兴大唐励精图治，与姚崇同心协力，辅佐唐玄宗开创"开元盛世"，与房玄龄、杜如晦、姚崇并称唐朝四大贤相。

【注释】[1]祝将军庙，指南北朝齐太尉祝辂将军，后代子孙在西山梅泉为他建的庙。[2]伯宗，古代诸侯的首领。[3]庙食，死后立庙享受祭祀。

3.题祝太尉别业

傅绎

骑石何磊磊，梅泉何洁洁。

南梁[1]无片土，太尉[2]有别业[3]。

不效子胥忠，乃作陶朱节。

而非高尚志，难为驾庐辙。

【作者】傅绎，夔州人，今重庆奉节，生平生卒不详。

【注释】[1]南梁，指南北朝的梁。[2]太尉，这里指祝辂。[3]别业，别墅。

4.游江郎山访东山先生遗址

张九龄

攀跻[1]三峰下，风光一草庐。

今见墨浪壁，昔闻君子居。

君子今何处？徘徊不能去。

不见当年人，但闻声过树。

【作者】张九龄（678～740），字子寿。今广东省韶关市人，世称"张曲江"或"文献公"。唐朝开元年间名相，著名诗人。七岁知属文，唐中宗景龙初年（707）进士，唐玄宗开元时历官中书侍郎、同中书门下平章事、中书令。是一位有胆识、有远见的著名政治家、文学家、诗人、名相。

【注释】[1]攀跻，攀登。

5.读送祭酒祝月朗先生归江郎

刘仁瞻

风流祝祭酒[1]，归去江郎阴。

明月横高岫[2]，闲云锁竹林。

文章千古意，得失百年心。

凤阁微经学，遥传使命临。

【作者】刘仁瞻（900～957），五代十国南唐大臣。彭城（今江苏省徐州市）人。字守惠。一说瞻为淮阴洪泽（今江苏省洪泽县）人。以骁勇名于当世。曾任吴右监门卫将军。历任黄州（今湖北省黄冈县）、袁州（今江西省宜春市）刺使。瞻治军严明，将士听命。李璟袭位后，使掌亲军。在任寿州（今安徽省寿县）节度使时，适后周来攻，他坚强固守，终因营田副使孙羽等献城，而己又重病在身，不得已而降。

【注释】[1]祝祭酒，祝钦明，字文仲，号月朗，唐祭酒，五经博士，祝东山长子。 [2]高岫，高高的峰峦。

6.赠祝太常[1]告归养亲

裴度

祝子今归去，高堂有老亲。

感君孝养志，愧我宦游人。

鞍马风霜暂，庭闱喜气频。

长途须慎重，升斗未全贫。

【作者】裴度（765～839），唐名相，字中立，汉族，河东闻喜（今山西闻喜东北）人 。唐代中期杰出的政治家、文学家。唐德宗贞元五年（789）进士。唐宪宗时累迁御史中丞。

【注释】祝太常，即唐常州知州祝伯和，江山城西梅泉人。

7.题江郎书院[1]

王旦

境辟骑龙峡，泉疏跃鲤岗。

南峰已佳丽，北塔[2]更昂藏。

雨过青天近，风来丹桂香。

主人何处去，书院在江郎。

【作者】王旦（957～1017），字子明。大名莘县（今属山东）人。北宋名相，兵部侍郎王祐之子。太平兴国五年（980），王旦登进士第，以著作郎预编《文苑英华》。累官同知枢密院事、参知政事。澶渊之战时，王旦权任东京留守事。景德三年（1006）拜相，监修《两朝国史》。他善知人，多荐用厚重之士，劝真宗行祖宗之法，慎所改变。掌权十八载，为相十二年，深为真宗信赖。王旦晚年屡请逊位，最终因病罢相，以太尉掌领玉清昭应宫使。天禧元年去世，年61。获赠太师、尚书令兼中书令、魏国公，谥号"文正"，故后世称其为"王文正"。

【注释】[1]江郎书院，在江郎山，唐祝钦明建，历代培养了许多才子和名人。[2]北塔，江郎山塔，祝钦明建。

8.游江郎山访祝东山高隐

钱谷

松径蓝舆出，江郎一望斜。

三峰摇白石，万树薄青霞。

明灭山田水，春秋石涧花。

欲寻栖隐处，携策[1]过山家。

【作者】钱谷（1508～1579），字叔宝，号罄室，吴县（今江苏苏州）人，明代画家。少孤贫，失学，迨壮始知读书。家无典籍，游文征明门下，日取架上书读

之，以其余功点染水墨，便觉心通。山水爽朗可爱，兰竹兼妙，翩翩不名其师学，而自腾踔于艺苑名公间。手录古文金石书几万卷。善书，行法苏，篆法二李，小楷法虞、欧，每得其妙于法外，识者以为真有渴骥奔猊、漏痕折钗之势。然为画掩，世罕知者。考故宫博物院藏有万历六年（1578），客金陵王氏修竹馆作兰竹卷，时年71。

【注释】[1]携策，带杖。

9.游淑德郡主[1]墓感而追吊

柴禹声

唐棣[2]一何秾，归妹月几望。

下嫁须江滨，抗节[3]郎峰上。

天壤有忠节，古今无得丧。

坏土骨常留，高风良可尚。

【作者】柴禹声（1096～1158），字元振，江山长台人。北宋宣和间，同徐存受业于杨龟山，伊川门邹炳为之记，徐存为之铭，绍兴年间，为国子司业，以公堪克史馆，特荐于朝，国史编校。

【注释】[1]淑德郡主，唐英国公徐敬业之女淑德，嫁郎峰祝氏十六世祖祝克明为妻。[2]唐棣，唐朝雍容娴雅之女。[3]抗节，指祝克明战死沙场，淑德郡主坚持节操。

10.为祭酒[1]寿诞墓生灵芝[2]而作

周沂

祭酒寿龄尊，人亡德尚存。

无根茁芝草，为瑞此松坟。

自古称香井，遗荣种子孙。

灵奇岂虚设，所应在高门。

【作者】周沂，字翊臣，宋理学隐逸

部名贤,志尚高远,号白云先生,为赵抃（衢州人,北宋名臣,人称"铁面御史"）同砚席,抃登政府,欲见沂,沂因入都,叩门大呼曰："我欲一见赵四。阍吏走白,抃曰:周先生,天下士也,视轩冕为偿来,岂知有物哉,整襟肃入,延之上坐,时称白云先生。"

【注释】[1]祭酒,指郎峰祝氏十六世祖祝钦明,唐祭酒,五经博士。[2]灵芝,称香井。

11.过上马岭访博士祝尚邱墓
周颖

偶过马岭道,来访博士墓。
松楸浓郁郁,遮断疑无路。
云深高塚突,藓驳碑铭古。
佳哉祝氏族,何幸有斯祖。

【作者】周颖,字伯坚,客籍江山礼贤。北宋熙宁三年（1070）进士,校书郎,乐清县令。受业安定胡瑗,负气节,居乡以行义称。与赵抃、李觏交游,熙宁初,诏举节行材识有学术者,郡宋以颖应诏,召至京师,试便殿,赠进士第五名,拨校书郎。王安石以礼敬之,问新法如何?颖高颂曰:"市易青苗,一路萧条,安石不乐,出宰乐清,有文集行于世。"周颖建萃贤亭于礼贤,欧阳修等作诗咏其亭。

12.舆勘祝氏廿世[1]祖墓口占
陈尧佐

奇峰蠢天碧,迤逦[2]落平阳。
忽然列三台,祝墓在中央。
独占风水胜,钟灵发吉祥。
林烟葱苍郁,子孙其永昌。

【作者】陈尧佐（963～1044）,字

希元,号知余子。阆州阆中人。北宋宰相、水利专家、书法家、诗人。端拱元年（988）进士及第,历官翰林学士、枢密副使、参知政事。景祐四年（1037）,拜同中书门下平章事。康定元年（1040）,以太子太师致仕。逝后追赠司空兼侍中,谥号"文惠"。著有《潮阳编》《野庐编》《遣兴集》《愚邱集》等。

【注释】[1]祝亮工（750～782）,字唯臣,号栎齐,郎峰祝氏二十世祖,撰修郎峰祝氏世谱,首创家谱编修世系字辈。葬江山石门镇张家源山场狮子带铃,是难得的风水宝地。[2]迤逦,曲折连绵。

13.题三友图
孟昭图

鼎石[1]插天起,奇人钟气生。
图间闲叙坐,同气不同庚[2]。
三友[3]貌何似,龚眉共一般。
和乐春风里,悠然天性关。

【作者】孟昭图,唐僖宗时为左拾遗,因上疏而受贬,乃唐代著名诗人。

【注释】[1]鼎石,鼎立之石。[2]同庚,同年龄。[3]三友,指郎峰祝氏二十二世祖祝彰（796～851）、祝显（799～860）、祝明（805～856）三亲兄弟。

14.题濯襟轩
祝季峰

结屋傍山麓,开窗面水流。
豁然襟自濯[1],奚待栖皇游。
诗书论尚友,景仰继前修。
素心矩大道,不同世沉浮[2]。

【作者】祝明,字耀文,号季峰（805～856）,江山郎峰祝氏二十二世祖。知天文识地理，好读书贯通易理，为三衢名宿推称首。游学潮州，与韩愈刺史相友善，曾请韩愈为十六世祖尚邱撰写《太学博士尚邱公墓志》。

【注释】[1]自濯，自然清朗。[2]沉浮，比喻盛衰。

15.题友于堂合丽山孟公祖书旌彰显明[1]三公友好
宗圣子贤

怡怡诚爱日，孝友振家风。
三昆头己白，大被梦犹同。
孟公经察俗，援书仰德隆。
表堂曰友于，长在春壶中。

【作者】宗圣子贤，唐名宦孟昭图之孙，生卒生平不详，福州布政使。

【注释】[1]彰、显、明，三亲兄弟，江山郎峰祝氏二十二世祖。

16.寓江郎为祝氏三昆[1]翁和赋（园历瑞三公）
曹彬

三片江郎石，灵钟祝氏宅。
三石三昆玉，怡怡耽既翁。
今日伯仲季，和顺又如昔。
韩庆积有余，田荆花自密。

【作者】曹彬（931～999），字国华，北宋初年大将，河北真定灵寿人。宋太祖伐江南，以曹彬为统帅，攻破金陵，生俘后主李煜，不妄焚杀。官至枢密使，死谥"武惠"。

【注释】[1]祝氏三昆，指祝园、祝历、祝瑞。祝园，字豹使，吴越国总把校尉，才贯武略，忧国忧时，忠义立心，仕越王纪功录，绩封总把校尉。祝历，字象

使，从兄讲武，精用兵法，任宁波、绍兴、温州、台州水陆都使司。严隘关防中，民赖以安。祝瑞，字麟使，谦和处世，供职京华，持家勤俭，郡邑咸以善信相推。

17.过相亭寓孝子坊有感
吕夷简

道入仙霞岭，崎岖到相亭[1]。
绿水去透迤，远山如画屏。
缅怀祝周工，孝爱自天成。
今寓遗坊下，动我瞻仰情。

【作者】吕夷简（978～1044），字坦夫。淮南路寿州（今安徽凤台）人，祖籍京东路莱州（今属山东）。吕蒙正之侄、吕蒙亨之子。咸平三年（1000）登进士第，天圣六年（1028），拜同平章事、集贤殿大学士。追赠太师、中书令，谥号"文靖"。为宋代名相之一。原有文集二十卷，今已佚。《全宋诗》录其诗11首。

【注释】[1]相亭，即今江山市的廿八都古镇，原地名叫乡亭，唐祭酒祝钦明夫妇墓葬在此，儿孙在墓前建了一座祭祀祝钦明夫妇的寺，因祝钦明在朝为相，故名叫相亭寺。后来这个地方就名叫相亭，南宋又改名为廿八都至今。

18.赠彻公[1]
唐·杨衡

白首年空度，幽居俗岂知。
败蕉依晚日，孤鹤立秋墀。
久客何由造，禅门不可窥。
会同尘外友，斋沐奉威仪。

【作者】杨衡，字仲师，吴兴人。约唐代宗大历初年前后在世。天宝间，避地至江西，与符载、崔群、宋济等同隐

庐山，结草堂于五老峰下，号"山中四友"。官至大理评事。衡著有诗集一卷，《唐才子传》传于世。

【注释】[1]彻公，指大彻禅师（755～817），原名祝惟宽，郎峰祝氏十七世尚贤的曾孙，唐著名高僧，衢江区明果寺肉身佛。与著名诗人白居易是挚友，白居易《西京兴善寺传法堂碑铭》一文实为祝惟宽的传记。

19.读虞孺人三代劲节[1]传感吊
富弼

闺门尚肃恭，女德惟贞洁。
猗欤[2]祝虞氏，而秉松筠节[3]。
膝下两孀妇，黾勉[4]仓箱摄。
孙曹[5]承祖训，乡国重贤杰。

【作者】富弼（1004～1083），字彦国。洛阳人。北宋名相、文学家。因反对王安石变法，出判亳州。仍继续请求废止新法。元丰六年（1083）去世，年80。累赠太师，谥号"文忠"。今存《富郑公集》一卷。

【注释】[1]虞孺人三代劲节，指郎峰祝氏十七世太学博士尚邱公儿孙三代早逝，儿史杰36岁卒，其妻虞氏，35岁守寡，享寿81岁；孙绍宗公29岁卒，其妻杨氏29岁守寡，享寿81岁；曾孙亮工33岁卒，其妻江氏，31岁守寡，享寿65岁。堂中三代寡妇守节，艰辛度日。而三代以后，子孙从此人丁兴旺，辉煌发达。三代劲节，均入贞节祠。[2]猗欤，表示疑问或反问。[3]松筠节，松竹之气节。[4]黾勉，努力、尽力。《诗经·小雅·十月之交》："黾勉从事，不敢告劳。"[5]孙曹，孙辈。

20.读祝驸马[1]忠献传感而追赠
吕公著

君误臣当谏，不谏非为忠。
直哉安世伯[2]，抗疏批骊龙[3]。
隐帝终不听，国破三日中[4]。
遁迹归草庐，岂曰非英雄。

【作者】吕公著（1018～1089），字晦叔。寿州（今安徽省寿县）人。北宋时期著名政治家、学者，太尉吕夷简三子。进士及第，出任颍州通判，与欧阳修结为讲学之友。累官龙图阁直学士，熙宁三年（1070）因反对新法而出任颍州知州，元丰八年（1085）宋哲宗即位，高太后临朝，吕公著获召入朝，首上十事疏，以"学"为重。同年，拜尚书右丞。与司马光同心辅政，变熙宁新法。司马光死后，吕公著独自当政。吕公著逝世，哲宗亲临致祭，赠太师、申国公，谥"正献"。他一生著述颇丰，著有《五州录》《吕申公掌记》《吕正献集》《吕氏孝经要语》《葵亭集》等。

【注释】[1]祝驸马，祝延年，字长龄，郎峰祝氏先祖。延年与后汉王朝统兵大将郭威，出征三战连胜，诛景云贼，班师回朝，李后将太子长女配延年，郭威主婚。[2]安世伯，祝驸马爵封安世伯。[3]骊龙，比喻珍贵的人。[4]国破三日中，指奸臣弄朝，限三日，诛戮有功之臣，祝延年辞官返江。

21.相亭寺阅祭酒月朗公驸马延年公墓有感
汪垣

瞻拜前贤墓，摩挲[1]信有情。
碑残唐祭酒，苔护汉安贞[2]。
塚古千秋在，风高一味清。
寄言祝氏子，珍重此佳城。

【作者】汪垣，同上。

【注释】[1]摩挲，抚摸。[2]汉安贞，后汉安贞公主，汉隐帝长女，祝延年的夫人。

22.追吊祝文忠[1]公
施幼学

富贵三朝老，公忠百辟师。
视民关痛痒，与国系安危。
圣意思周召，臣心效禹夔。
数年天苟假，伫见治平时。

【作者】施幼学，江山城关北门人，明江山显学训导，曾署长兴县事，著《青来阁草》遗世，祀为宦。

【注释】[1]文忠，指祝常。

23.过祝浦江[1]墓有感
周仁则

日暖游仙境，崎岖过此山。
风随花气远，人似野云闲。
虎踞峰形壮，牛眠地势弯。
讯知贤邑宰，作令浦江还。

【作者】周仁则，江山人，宋举人，秀峰周氏始祖，五坦周氏始祖周美之后。

【注释】[1]祝浦江，名学开，字圣悦，明经授富阳教谕，辞职后不赴。北宋熙宁年间任浦江县令。

24.赠大理卿祝梦举[1]同年
郑极

质性原醇厚[2]，高怀妙绝尘[3]。
同登乡进士，俱作宦游人。
把酒情联旧，行文艳叶新。

诗书存篋笥[4]，珠玉未全珍。

【作者】郑极（惟泰）宋宁宗庆元末年（1200），为江山丞。

【注释】祝梦举（1137～1217），字贤夫，郎峰祝氏阁老街人，宋官大理寺评事，直斥奸徒，不合而退归乡讲学江郎书院。[2]醇厚，淳朴厚道。[3]绝尘，超脱尘俗。[4]篋笥，盛书的竹箱。

25.访大理卿祝梦举[1]公既殁慨作
陈自强

忆昔登朝侣，同庚复协寅[2]。
关心情报主，论政泽流民[3]。
志欲偕君老，天偏不我伸。
骑鲸[4]何处去，帝阙[5]往来频。

【作者】陈自强，字勉之。南宋中期宰相。福建长乐人。淳熙五年（1178）第进士。庆元初以曾为权相韩侂胄童蒙师，累擢右正言谏议大夫，御史中丞、右丞相，显贵无比。

【注释】[1]祝梦举，（同上）大理寺评事，江郎书院教师。[2]协寅，友好合作。[3]流民，流离失所的人民。[4]骑鲸，逝世[5]帝阙，皇宫。

26.题祝元卿[1]墓
王泮

治绩弦歌在，袁州诵政声。
勋名超卓鲁，学术继周程。
自昔标青史，于今作典型。
古碑苔藓驳，犹识祝元卿。

【作者】王泮（1573～1620），字宗鲁，号积斋，山阴（今浙江绍兴）人。

嘉靖四十四年（1565）进士，明万历八年（1580）始任肇庆知府。后升任湖广布政司离开肇庆。中为湖广参政。居官廉洁，焚香静坐若禅室。诗词冲雅，书法犹丽。宗二王，擅小楷，大幅草书，如龙蛇天矫，世皆宝之。著有《山阴志》《分省人物考》。

【注释】[1]祝元卿（1062～1130），名祝允初，字元卿，性刚才杰，北宋入大学伴读王子，考满部试第一，任袁州知州，政通人和。德声载道，民立去思碑祀之，入袁州名宦。

27.韶州哭祝宝章[1]庙
郑俣

韶江推寺庙，名吏重循良。
面目威灵在，春秋姓字香。
当年谁炙手，此际自昂藏。
愧我衣冠客，相思泪数行。

【作者】郑俣，生卒生平不详。

【注释】[1]祝宝章，名祝徐椿，字永元。性生聪明，才艺超卓，南宋绍熙元年（1190）第进士。是抗金的主战派，斥奸臣韩侂胄投降派，谏贬韶州推官。卒于任署，赠公宝章阁修撰。

28.赠明经祝进文[1]先生
柴惟道

易有幽人象，天垂处士星。
知音辞帝阙，归养为亲庭。
常作青山主，深穷白发经。
浮云看富贵，岩壑度长龄。

【作者】柴惟道（1497～？），字允中，号白岩，江山长台人。体貌古朴，家徒壁立，补博士弟子员，既而弃去，就薛

中离，湛甘两先生学，充然有得，性喜吟咏，诗益工而贫盖甚。著有《玩梅集》。

【注释】[1]祝进文（1212～1296），字志达，南宋阁老街人，由明经进京考试，作诗讥主考官贾似道，曰："贾不识时务而掌朝纲，贾似道召见祝进文，进文义正词严，侃侃不屈，进文被辞，命仆束装飘然而归。"

29.慨祝公文宣[1]
余之俊

宋室微如线，元兵势若云。
边臣犹发运，宰相竟无闻。
被执祸难免，成仕身自焚。
夫人同殉节，侠气动三军。

【作者】余之俊（1428～1489），字士英。四川青神县（今夹江县）人，祖籍京山（今属湖北省荆门市）。明朝名臣。景泰二年（1451）进士第，授户部主事，进户部员外郎。在户部十年，以廉洁奉公称。巡抚延绥时，苦筑延绥长城，史称"尽心边计，数世赖之"。巡抚榆林时，与徐廷璋、马文升并称关中"三巡抚"。官至兵部尚书、太子太保。有《余子俊奏议》《余肃敏公奏议》等，今已佚。

【注释】[1]祝公文宣，名圣言，郎峰祝氏先祖。官荆襄发运使，南宋末被元兵执，自焚，夫人殉节，赠朝烈大夫。

30.赞武翊卫都指挥祝学点[1]公
萨都剌

素具安邦志，怀才进士身。
指挥徵大用，帷幄任劳臣。
野寨忧思切，天朝顾问新。
万方沾治化，恩泽胜三春。

【作者】萨都剌（1272～1355），字天锡，号直斋，回族，山西省代县人，元朝泰定四年（1327）第进士。擢南台御史，晚年居杭州，人称"雁门才子"。他是元代著名的诗人、画家、书法家，他的画作《严陵钓台图》《梅雀》等，珍藏于北京故宫博物院。

【注释】祝学点，字圣与，江山人。宋熙宁五年（1072）武进士，官至武卫指挥。有运筹帷幄，决胜千里之战略才华。

31.赠乡贡祝山曜[1]先生
曹明卿

郎峰有佳士，志大守林皋。
谁笑侯无印，偏怀笔似刀。
姓名香不了。诗句价逾高。
阐古谋尤善，留贻勉后曹[2]。

【作者】曹明卿，生平不详。
【注释】[1]祝山曜，名君翔，字鹏举，号山曜，宋末元初江山阁老街人，乡贡，文学超群。与弟山卧、山卓诸公，栖迟江郎书院志同不出任，著作有《三峰集》。[2]后曹，晚辈。

32.追赠方池祝先生
周文兴

遗训素谆谆，先生德自醇。
门庭培宝玉，乡誉重天民。
户牖宵排烛，书画拂尘子。
子孙精学业，欲济向前津。

【作者】周文兴，字用宾，号江郎。明江山凤林人。凤禀清雍，性好幽栖。明武宗正德三年（1508）进士，后辞归，居江郎十余年。后被征，官至鸿胪正卿。会议大礼，脱稿授张相公孚敬，复弃官归

山，坚不肯出，高隐士。

33.题西岗书院[1]
钱谷

书院临西浦，西岗得美名。
治河前服最，筑室此经营。
坐爱鳌峰[2]碧，行看鹿水[3]清。
栽培佳子弟，奕世绍簪缨[4]。

【作者】钱谷，明朝吴兴人，好读书，手抄万卷，至老不倦。
【注释】[1]西岗书院，由祝贞治黄河有功，用皇帝奖给的钱，办了西岗书院。[2]鳌峰，鸡公山峰。[3]鹿水，须江。[4]簪缨，古代官吏的冠饰，指为官。

34.送祝东涧[1]出使制玉盒
夏子阳

君出阳关道，昆仑去路赊。
谁人留汉节，到处有胡笳。
圣化今无外，天方总一家。
玉盘应易致，莫误泛仙槎。

【作者】夏子阳（1552～1610），字君甫，号鹤田。江西玉山人。明万历十七年（1589）进士。曾任绍兴府推官，为官清正廉洁，政绩卓著，升为兵科右给事中。万历三十四年（1606）奉命代表朝廷册封琉球国中山王。

【注释】[1]祝东涧，名天民，字东涧。明万历年间奉命赴新疆和甸采购玉盒，历尽千辛万苦，完成采购任务后辞归。

35.题孝妇祝蒋氏[1]像
戴希德

堪嗟兰蕙质，难植百年根。

孝德如庐氏，才名拟谢门。

画图留瘁靥[2]，山塚绕芳魂。

一往泉台路，空余拭泪痕。

【作者】戴希德，生卒生平不详。

【注释】[1]祝蒋氏，指祝良的妻子，性至孝，学博，其两个孩子才华出众，长子祝敉，济南同知，次子祝敏，国史修撰提督广东学政。祝蒋氏荣封淑人。[2]瘁靥，忧伤的酒窝。

36.相亭寺[1]
汪垣

密树遮香积，藤萝宿野禽。

炉烟萦殿角，清磬度深林。

径小封残藓，楼高露远岑。

为探蕉鹿梦，逸兴惯追寻。

【作者】汪绂（1692～1759），原名汪垣，字灿人，号双池，又号重生，江西婺源人，清朝画家、琴家。汪绂博综儒经，著述颇富。晚年到闽中，在枫岭、浦城之间设馆。他所绘山水、人物、花鸟，精细适异聚工，但无款识，为后人所罕。汪绂亦为琴家，编有《立雪斋琴谱》，并有《九声诵》《读书引》《舞雩春咏》《湘灵鼓瑟》等琴曲作品。

【注释】相亭寺，在廿八都，是唐祭酒祝钦明和后汉驸马祝延年墓庙。

37.和汪双池游相亭[1]
姜梦熊

远树排春色，山门挂薛萝[2]。

高僧尘累少，游客逸情多。

双屐沙留迹，千声鸟唱歌。

伊谁遗古墓，祝字未全磨。

【作者】姜梦熊，河北省清河县人，明末学者、书画家。

【注释】[1]相亭，在二十八都，埋葬着唐祭酒，祝钦明，驸马祝延年。[2]薛萝，薛荔与女萝两种植物的合称。

38.自感
祝荣栋

慨昔未逢时，伤心岁月迟。

兴余花偶发，游倦迹偏移。

肝胆凭谁露，悲欢只自知。

情怀何所托，寥落几须眉。

其二

性癖懒营求，中宵月半楼。

诗书徵世泽，佑启作孙谋。

独阅先人谱，能消万事愁。

壮怀宜黾勉[1]，无负此箕裘。

【作者】祝荣栋，郎峰祝氏江山阁老街人，诗人、学者。

【注释】[1]黾勉，尽力。

五、六言

1.题登山庐
祝东山

登山非敢小鲁[1]，亦非敢小天下。

但志自有所在，庐斯[2]以待来者。

【作者】祝东山（634～729），名其岱，号台峰，世居江山城西梅泉，朝廷赠"银青光禄大夫"官爵，因不满武则天专制，后半生遁迹江郎山，从事教书，著作，晚年编书《万福全书》《江山快音》等。

【注释】[1]小鲁，小，小看；鲁，春秋时一国名，其都城在曲阜。同"小天下"意为以天下为小。[2]庐斯，此处简易房舍。

2.山居有感
祝同人

性癖索居闲处，山林终日优游。
青松有节难改，绿水无心独流。
荣辱寸衷不系，穷通一世难尤。
此中自有真意，纷纷何必营求。

【作者】祝同人，江山阁老街人，生卒生平不详。

3.赞太子少保祝瑞[1]公
王逸少

奉命承袭[2]父职，筹谋神算难测。
功战阵势横空，天地风云变色。
夺帜直揭贼巢，保留人民社稷。
英气凛凛[3]莫当，功名册载碑敕。
爵赠太子少保[4]，昭诰煌煌帝敕。

【作者】王逸少，即王羲之（303～379），汉族，东晋时期著名书法家，有"书圣"之称。琅琊（今属山东临沂）人，后迁会稽山阴（今浙江绍兴），晚年隐居剡县金庭，领右军。王羲之代表作《兰亭序》被誉为"天下第一行书"。在书法史上，他与其子王献之合称为"二王"。
【注释】[1]祝瑞（281～356），字麟生，郎峰祝氏一世祖祝巡长子。文武博通，精经史明韬略。太宁二年（326）代父领军出征击贼平夷，奉诏班师，铁骑镇守荆州。咸和二年（327），诏同陶仪将军讨征叛贼苏

峻，奏捷加封太子少保，仍镇守荆州，威武震西夷。永和二年（346）密奏回衢州。永和十二年（356）卒于信安。[2]承袭，继承。即信安侯之职。[3]凛凛，威严而令人敬畏的样子。《宋史·辛弃疾传》："孰为公死，凛凛犹生。"[4]太子少保，亦称太保，辅导太子的官。

4.赞太子太保谥忠憨祝元池[1]公
赵抃

契丹扰乱猖狂，太保兵威远扬。
为鹳为鹅整肃，神谋奇策难量。
天师未下莫驭，血战沙场命亡。
事后论功旌表，忠憨赐谥允当。
致身事主罔恤，留传万古名香。

【作者】赵抃（1008～1084），字阅道，号知非子，衢州西安（今衢州柯城）人，北宋名臣。景祐元年（1034）第进士。任武安军节度使。历任崇安、海陵、江原、睦州、虔州知令。宋英宗即位后，任天章阁特制，河北都转运使。晚年历知抚州、青州等地。著有《赵清献公集》。1084年逝世，年77岁，追赠太子太保、谥号"清献"。
【注释】[1]祝元池，祝巡孙辈。郎峰祝氏信安（衢州）先祖。东晋将军，英勇善战，与契丹作战，战死疆场。赐太子太保，谥"忠憨"。

5.赞都督将军祝浩工[1]公
郑骝

奉命随行出猎，少年气概横空。
百步穿杨妙技，御厨设宴奇童。
都督将军重职，兵机神算帷中。
细柳营边策马，御教场中弯弓。
形象描摹谱牒，至今犹凛英风。

【作者】郑瑠，字德夫，号鹿溪，江山协里人。醇和笃至，喜怒不形。学以立诚为家，参解良知而立诚愈透。王阳明于归省序以任道相期。以任主政，抗疏议礼，守韶冰洁，辟斋讲学，士类宗之，司宪淇中，从征安南、有功预赏。韶记名宦，邑祀乡贤。

【注释】祝浩工，字殿臣，祝绍宗次子，郎峰祝氏二十世祖，江山阁老街人。素有武略。唐大历十年（775），选天下武士，讨叛贼田承嗣，衢刺史列册征试考，祝浩工被选授信义校尉，唐贞元三年（787）功拜江南兵司马，都督将军，钦镇徽州，卒于任，葬祁门，子袭其职，籍祁门。

6.赞武进士都阃将军祝雷[1]公
柴大纪

会得孙吴妙诀，武科进士出身。
攻伐征战神算，疆场帷幄能臣。
都阃将军[2]重职，柳营处处生春。
御侮神威莫测，震惊山国海滨。
而今瞻拜图画，色相犹露天真。

【作者】柴大纪（1730～1788），字肇修，号东山，江山长台人。清乾隆二十八年（1763）武进士，任台湾镇总兵官，屡建战功，清乾隆皇帝赠太子少保，封一等义勇伯。

【注释】[1]祝雷，字一声，后唐郎峰祝氏江山阁老街人。五代登武科进士，屡功拜武军卫都阃将军。[2]都阃将军，阃（kǔn），指城门。这里指守卫京城的将军。

7.赞总把校尉祝圆[1]公
祝君翔

才兼文事武略，万古声名不磨。
佐政吴越[2]钱王，维公勋绩极多。
特有忠肝义胆，君民交致太和。

纂修奕世谱牒，渊源校正无讹[3]。
遗像至今犹在，气概依然巍峨。

【作者】祝君翔，字鹏举，号山曜，乡贡，宋元时郎峰祝氏阁老街人。文学超群，著有《三峰集》《高士集》等。

【注释】[1]祝圆，字豹使，吴越时郎峰祝氏江山阁老街人。才贯武略，忧国忧时，五代吴越钱镠王纪功录绩，封总把校尉，政绩卓著。[2]吴越，指吴越国在江浙一带，国王是钱俶。祝圆在吴越国当总把校尉。[3]校正无讹，指祝圆参与郎峰祝氏世谱校对工作无误。

8.赞定远将军祝赣[1]公
徐日葵

身通孙吴兵法，步伐正齐无差。
用命疆场夺帜，愢优戎羌堪夸。
定远将军重职，声名远播天涯。
诰命直来北厥，恩沾赤简乌纱。
至今谈公盛事，江郎尤护彩霞。

【作者】徐日葵，已介绍。

【注释】[1]祝赣，郎峰祝氏江山阁老街人。元朝定远将军，精于兵法，征讨戎羌有功。

9.赞广西道观风察俗使祝宁[1]公
孔传纶

初授义乌县令，继升广西巡道。
观风察俗善否，文采点染风藻。
势豪土恶剪除，举世共游大造。
兹详惠爱度量，正直公平怀胞。
至今缅厥流风，共钦公为国宝。

【作者】孔传纶，字言如，号梦鸥，浙江钱塘人。清嘉庆十四年（1809），会试会元，殿试二甲进士，选庶吉士，散馆授编修，官至福建邵武府知府。

【注释】[1]祝宁，郎峰祝氏江山阁老街人。义乌县令，升广西巡道，观风察俗使。公正执法，视为国宝。

10.赞平西将军祝人宏[1]公
祝君翔

西方兵气奋扬，为君新辟土疆。
奉命荡平贼寇，孙吴阵法擅长。
职授平西将军，北阙叠锡龙章。
至今瞻仰公像，犹带御炉余香。

【作者】祝君翔，见《总把校尉祝圆公》。

【注释】[1]祝人宏，字道充，宋郎峰祝氏江山阁老街人。第武科进士，屡官平西将军，镇守武汉黄、荆州等处，行成气节，精忠报国。

六、七言绝句

1.登山咏四首
祝东山

一自登山洗旧踪，层层尽是白云封。
今来古往谁如此，诸葛南阳有卧龙。

欲将世界隔尘寰，吩咐闲云满谷关。
问我归身何处去，往来不出此间山。

缘何镇日坐山隈[1]，阴雾浓浓扫不开。
报国文章知有待，河中图出凤凰来。

三峰屹立插青天，笔笔书空年复年。
待我养成翎翮健[2]，奋身直上翠微巅。

【作者】祝东山（634～729），名其岱，号台峰，世居江山西山梅泉。是唐初的宿儒、隐士，以"精通经史，文章涣然"为两浙诸生所钦重，学界称其："诗无邪思，文有卓识，气浩词严，一扫当地芜秽之习，"朝廷曾授其银青光禄大夫。后来隐居江郎山设馆讲学、著作，著有《万福全书》《江山快音》行世。

【注释】[1]山隈，山边。[2]翎翮健，鸟的健壮翅膀。

2.题江郎山草舍
祝东山

问余何事憩深山，阴气重重信未删。
待得天风吹荡净，定然策杖到人间。

【作者】祝东山，同上。

3.赠淮右周元善[1]来访
祝东山

老我无心出市朝[2]，江郎山下自逍遥。
感君千里来相访，相与仙关话寂寥。

话到忘机感岁[3]时，太阴结雾信堪悲[4]。
此情莫向人间说，说与青天明月知。

【作者】祝东山（634～729），同上。
【注释】[1]淮右周元善，即江山五坦周氏始祖周美，唐信安刺史。[2]市朝，指朝廷，争名逐利的场所。[3]感岁，感慨岁月过得快。[4]信堪悲，信用很差。

4.登江郎山访祝东山高隐
周美

先生先我识天机[1]，先向江郎构竹扉。
愧我朝衣今始挂，邻从花下解鞍鞿[2]。

登堂试向近如何，出没烟霞逸兴多。
此际深情空想象，江郎境胜烂樵柯。

难尽心怀若个知[3]，投机不忍话分离。
痴情欲向先生笑，聊学鹩鹑[4]占一枝。

【作者】周美（598～664），字元善，号充实，原籍安徽六安霍山，仕后籍江山，五坦周氏始祖，唐信安刺使，曾多次传达朝廷诏疏，宣祝东山赴京任职，遭拒绝。是祝东山的好友。

【注释】[1]识天机，隐居，不做官。[2]鞍鞯，比喻做官受牵制，不自由。[3]个知，知交。[4]鹩鹑，鸟名，形小，善做巢。

5.上江郎山寻父
祝钦明

邻因寻父问烟霞，吩咐山神驻客车。
陟磴攀岩寻未得，洞门闭锁碧桃花。

笑予何事上江郎，江阳不复[1]见家乡。
登山偶向山神问，故落残花片片香。

支持健脚上山来，寂寞柴扉独自开。
卧倒山前君莫笑，烟云扶我到天台。

眼界迷离果若何，三峰形势信嵯峨。
白云片片闲来往，飞到江郎山上多。

果然茅屋向天开，隔绝尘寰护碧苔[2]。
唤仆候门唯一鹤，此间高致即蓬莱。

登堂始得见严亲，笑傲云山几度春。
满架经书看不尽，安排家计[3]望来人。

【作者】祝钦明（656～728），字文仲，号月郎，祝东山长子。从小在江山城

西梅泉生活，进士，五经博士，官国子监祭酒，后受异己排挤，贬任饶州刺史，建江郎书院和江郎山塔。

【注释】[1]江阳不复，西山梅泉再也见不到了。[2]碧苔，碧绿的苔藓。[3]家计，家事的谋划。

6.建江郎书院题记
祝钦明

书院从今特地开，上方秀气入楼台。
培成丹桂[1]三千树，定有香风自后来。

建成书院奉严亲，安养亲年未老身。
脱却[2]仙山辞别去，依然重泛[3]锦江春[4]。

【注释】[1]丹桂，这里指优秀的学生。[2]脱却，离开。[3]重泛，重新浮现。[4]锦江春，锦江指饶州的一条江，指建设饶州。

7.江郎书院建勖侄尚邱侍视
祝钦明

建成书院在山中，朝夕殷勤侍乃翁。
切莫闲游经史弃，芝兰不振大椿[1]风。

【作者】祝钦明，同上。
【注释】[1]大椿，指年老。

8.读书江郎书院作
祝尚邱

江郎书院与天连，此际登临气万千。
倚槛[1]朗吟诗一句，声声直透翠微巅[2]。

【作者】祝尚邱（656～744），字时中，号景泰，祝东山长孙，祝克明的儿子，唐太学博士，策诛韦党有功。

【注释】[1]倚槛，倚靠着书院的栏杆上。[2]翠微巅，充满翠绿色山气之山顶。

9.亮工元配江孺人勖子
江氏

江郎山下任优游，应念祖宗贻善谋。
六世相传唯点血[1]，切宜勉励振千秋。

堂上存留三代寡[2]，唯延一线绍吾家。
曾传先世多阴骘，种得江郎处处花。

无穷情绪乱如麻，堂上年高暗自嗟。
孀寡满门唯望汝，不然贞守为谁耶。

【作者】江氏（752～816），江山郎峰祝氏先祖，郎峰祝氏二十世亮工夫人，30岁守寡，堂上还有年老的祖母、婆婆，他们分别在37岁和29岁时守寡。江氏是一个有才华、十分坚强的女人，全家靠江氏织作供食，过着清贫的生活。此文是江氏对独生子志傆的勉励诗。志傆生三子六孙后，从此郎峰祝氏人丁兴旺，空前发达。

【注释】[1]六世相传唯点血，即六代相传只有儿子志傆一人。[2]三代寡，江氏、婆婆、祖母三代寡妇。

10.赋江郎山送祝祭酒还家
姚崇

林虑双童长不食，江郎仙子梦还家。
安得此身生羽翼，与君来往共烟霞。

【作者】姚崇（651～721），本名元崇，字元之，河南陕县人，祖籍浙江省湖州，唐代著名政治家。姚崇文武双全，历仕武则天、中宗、睿宗朝，两次拜为宰相，并兼任兵部尚书。唐玄宗亲政后，他提出十事要说，实行新政，辅佐唐玄宗开创"开元盛世"，被称为救时宰相。与房玄龄、杜如晦、宋璟并称唐朝四大贤相。逝后追赠扬州大都督，赐谥"文献"。

【注释】本诗摘自《郎峰祝氏世谱》十四卷，亦见《古今图书集成》，有误说为白居易所作。

11.洛下[1]赠彻公[2]
唐·陈羽

天竺沙门洛下逢，请为同社笑相容。
支颐忽望碧云里，心爱嵩山第几重。

【作者】陈羽，公元806年前后在世，唐时江东人，生平、生卒年均不详。中唐诗人。唐宪宗元和年间在世。公元792年，和诗僧灵一同时进士。而他与韩愈、王涯等共为龙虎榜。后仕历东宫卫佐。代表作《从军行·海畔风吹冻泥裂》。

【注释】[1]洛下，指洛阳。[2]彻公，指大彻禅师（755～817），原名祝惟宽，郎峰祝氏尚贤公曾孙，唐著名高僧，衢江区明果寺肉身佛。与著名诗人白居易是挚友，白居易《西京兴善寺传法堂碑铭》一文实为祝惟宽的传记。

12.宿大彻禅师故院[1]
唐·雍陶

竹房谁继生前事，松月空悬过去心。
秋磬数声天欲晓，影堂斜掩一灯深。

【作者】雍陶，字国钧，成都人，晚唐诗人。文宗大和八年（834）进士，曾任侍御史，出任简州（今四川简阳县）刺史，世称雍简州。工于词赋，大中六年（852），授国子毛诗博士。主要作品有《题君山》《城西访友人别墅》等。

【注释】大彻禅师（755～817），原名祝惟宽，同上。

13.赠禅师[1]

宋·赵抃

云意乘秋任往还，泉音终日自潺潺。

师心正与云泉契，不称城居只称山。

【作者】赵抃，同上。

【注释】赠禅师，指祝帷宽，唐著名高僧大彻禅师郎峰祝氏衢州人。

14.官舍闲吟

祝大任

吾家于衢[1]守凤翔[2]，治余何以乐且闲。

仙棋[3]一局钓一壑，栏柯山下严陵滩[4]。

【作者】祝大任（1100～1154），字锡六，郎峰祝氏三十三世祖。才品伟卓，任宋朝兵部军器司主事，因保岳飞而谪官，任凤翔府知府，政简刑清，民得实惠，立碑建祠祀之。

【注释】[1]吾家于衢，家在衢州江山。[2]守凤翔，在凤翔为刺史。[3]仙棋，指烂柯山上围棋圣地。[4]严陵滩，这里指乌溪江河滩。

15.绝命词

柴氏

良人[1]殉国已无天[2]，哭倚栏杆泪万千。

折槛相从唯一死，芳名[3]不让他人先。

【作者】柴氏（1137～1209），祝梦熊之妻，南宋时祝梦熊在黄岩率军抗寇，壮烈牺牲，赠献烈。赠予柴氏献烈懿夫人。得知丈夫牺牲，柴氏登楼自尽。

【注释】[1]良人，古时女人对丈夫的称呼。[2]无天，女人把丈夫称天，失去丈夫，失去天。[3]芳名，盛美的名声。

16.读烈懿夫人诗追而吊之

徐霈

良人殉国妾殉夫，血满栏杆泪已枯。

自古妇人谁不死，谁明大义独捐躯。

【作者】徐霈（1500～1586），字孔霖，号东溪，居江山市后人。明嘉靖二十年（1541）进士，任谏议大夫，先后任两湖监察御史、京都给事中御史。著有《东溪文集》。

17.江郎山为祝梦熊[1]诸公作

张濬

三山壁立插天寒，疑石疑人欲近难。

谁识江郎真面目，对君且作画图看。

【作者】张濬，字疏川，河北沧州人。贡生，清康熙三十五年（1696）至三十九年任衢州知府。

【注释】祝梦熊（1137～1209），字宽夫，江山江郎阁老街人。宋名臣，进士出身，官至监察御史。因得罪权臣韩侂胄，被贬职。被谪官黄岩尉，抗寇乱而壮烈牺牲。

18.江郎山为祝山曜兄弟[1]作

张濬

三茅遗躅[2]在金陵，又见江郎好弟兄。

谢朓门前山色好，一时分付与岩扃[3]。

【作者】张濬，同上。

【注释】[1]祝山曜兄弟，贡士，弟山卧，山卓三兄弟在江郎书院教书，隐居不出任官职，赋诗作祠，著作有《三峰集》。[2]遗躅，遗迹。[3]岩扃，关闭岩洞的门。

19.江郎远碧赠祝太常告归
姜亨肇

江郎壁立见奇峰，凝眺苍然黛色浓。
仙驭[1]告归应有意，满山种出玉芙蓉[2]。

【作者】姜亨肇，字会侯，江山人，清朝庠生。著有《碧梧楼稿》。

【注释】[1]仙驭，驾车。[2]玉芙蓉，芙蓉花。

20.饯送祝允[1]君乡试
赵国衡

置酒闲亭傍水池，池鱼正是化龙时。
君家片石栽丹桂，应折高巅第一枝。

【作者】赵国衡，福建人，生卒生平均不详。

【注释】祝允，郎峰祝氏江山阁老街人，生平不详。

21.祭祝转运[1]使墓有感
汪辉

大别临江一望通，乱山开满杜鹃红。
宋朝转运琢仍在，斗酒只鸡谒祝公。

【作者】汪辉，生平不详。

【注释】[1]祝转运，名尚侯，字右玉，宋江山阁老街人，转运使，任汉阳判官，卒时兵民如丧亲人。

22.过白升山吊祝制参[1]
汪镛

富阳江上水潺潺，不尽东流未肯还。
剩有制参遗墓在，今人凭吊白升山。

【作者】汪镛（1729~1804），字东序、号芝田，山东省济南人，清朝政治人物、榜眼。翰林院编修，曾任广东乡试副考官，陕甘学政改湖广道监察御史。大理寺少卿、光禄寺卿，后任顺天府府丞。

【注释】祝制参，名允哲（1069~1142），字明卿，江山阁老街人。宋武翊卫大制参，督理江广军务，上疏皇帝以全家72人生命保岳飞，在富阳得知岳飞遇害，制参公晕疾不起而逝，葬富阳白升山。

23.读祝御史[1]传有感
王克兴

御只何劳问伐金，北廷[2]雪耻已无心。
当年斥逐[3]知多少，谁为中原挽陆沉[4]。

【作者】王克兴，生平不详。

【注释】[1]祝御史（1085~1143），名彦圣，字希贤，江山阁老街人。北宋巡道御史，任兵部主事，负责转运河北粮饷，钦督转运粮应济刘子羽伐金军，被免职返家，葬湖山。[2]北廷，北宋朝廷。[3]斥逐，驱逐，斥退。《史记·秦始皇本纪》："西北斥逐匈奴。"[4]陆沉，比喻国土沦丧。

24.谒名宦祠祝太常[1]
余之俊

当年甘雨偏闽中，名宦于今说祝公。
若不太常乘鹤去，执鞭犹惠一相从。

【作者】余之俊，潭阳人（今湖南省芷江侗族自治县），生平不详。清道光五年（1825）评选《应试小题及锋集八卷》。

【注释】祝太常，名惟珍，郎峰祝氏江山阁老街人，乾道元年（1165）第进士，官闽中太常，明慎清勤，人歌其德，士民立去思碑祀之，入名宦祠。

25.读郡司马祝祚庵[1]传有感

汪琬

祭酒家声孝笋班，新安司马讼庭闲。

休风自著郎峰谱，善绩犹高问政山。

【作者】汪琬（1624～1691），字苕文，号钝庵，初号玉遮山樵，晚号尧峰，小字液仙。长洲（今江苏苏州）人，清初官吏学者、散文家。顺治十二年（1655）进士，康熙十八年（1679）举鸿博，历官户部主事、刑部郎中、编修，著有《尧峰诗文钞》《钝翁前后类稿、续稿》。

【注释】[1]祝祚庵，江山郎峰祝氏阁老街人。

26.游江郎山拜象文[1]公墓

祝麟旦

立雪[2]风流道已南，渊源伊洛[3]岂空谈。

我公万古留遗泽，不尽精灵附翠岚。

【作者】祝麟旦，郎峰祝氏江山阁老街人，生平不详。

【注释】[1]祝象文，名祝珌，字象文，原名学琴，进士。与徐逸平同师，在江郎书院任教，四方来求学者百余人，一榜登士者40余人。[2]立雪，精诚求学，敬业笃学的意思。《宋史·杨时传》典故中："杨时游酢往见其师程颐，颐闭而坐，二人侍立不去，待颐发觉，门外已雪深一尺。"就是"立雪"的典故。[3]伊洛，指"伊洛之学"，即为程朱理学。祝氏先人多宗伊洛之学。

27.祝氏三桂[1]

王煜文

三桂同登一榜中，品流应可拟河东[2]。

若非文正家风旧，安得声名此日隆。

【作者】王煜文，生平不详。

【注释】[1]祝氏三桂，北宋元符二年（1099），郎峰祝氏凤池、鳌池、化龙三兄弟同登一榜中进士，也称"郎峰三桂"。[2]河东，比喻博大精深。

28.读书江郎书院拟东山公江郎十景

祝山曜

江郎山

江郎形势插青天，曾记先人住此年。

扫却白云堆洞口，醒时歌咏困时眠。

三爿石

奇嶂插天仅离尺，留有我公肥遁迹。

肇锡[1]郎峰作世家，万载存留三爿石。

一字天

常将盘古画图悬，一字横空倒映天。

两壁排天摊片纸，锡钩铁画写坤乾。

钟鼓洞

石犟生成钟鼓洞，时有神仙来戏弄。

五更撞击自然鸣，惊破幽人床上梦。

会仙石

神仙来此弄烟霞，时闻箫鼓发山涯。

至今留遗数片石，常开四时不老花。

虎跑泉

半山开有通泉窍，此泉幽香称绝妙。

岭上风过真惊人，时闻猛虎一声啸。

化龙池

山头一片白云封，鲤鱼来此暂停踪。

风雷一旦池中跃，飞到天边化作龙。

栖云岩

上有石岩为云室，云游到此尽消失。

会当泽物[2]润苍生，腾腾作势俱飞出。

酒坛石

神仙琢石为酒坛，时来会饮此中探。

不尽常流滚滚出，李花开白三月三。

鸡栖弄

一弄遥通横石壁，神仙安排为鸡栅。
五更风起翰音啼[3]，雄鸡一声天下白。

【作者】祝山曙，郎峰祝氏阁老街人。元贡士，隐居不仕，与弟山卧、山卓三兄弟在江郎书院教书，赋诗作祠，著作有《三峰集》等。

【注释】[1]肇锡，开始装饰。[2]会当泽物，该当恩惠。[3]翰音啼，翰音是指鸡的代称。翰音啼即鸡叫。

29.赞诰授中奉大夫祝学端[1]公
贡师泰

江郎书院度金针，课读由来惜寸阴。
报国文章知有在，皇封下逮圣恩深。

【作者】贡师泰（1298～1362），字泰甫，号玩斋，安徽省宣城人。元泰定四年（1327）第进士，曾任吏部侍郎、兵部侍郎、礼部尚书，官至户部尚书。元代著名的散文家。

【注释】祝学端，字仲方，郎峰祝氏江山阁老街人。北宋时，因学端的妹妹祝学似嫁濮王，以皇亲国戚到王府供事，屡官为中奉大夫。

30.石峰[1]晚眺
祝鸣皋

烟霞深销万重高，天际风声起暮涛。
足下山峰如浪涌，恍疑坐我白云霄。

【作者】祝鸣皋，郎峰祝氏阁老街人。生平不详。

【注释】[1]石峰，指江郎山。

31.赋江郎赠雅儒祝养廉三昆季
徐士庆

江郎山石插天横，应是同根弟与兄。
培植雅儒风色好，荆花并茂振家声。

【作者】徐士庆，江苏金坛人。举人，明崇祯元年（1628）任江山县令。

32.读祝敬庵[1]传有感
徐敦蕃

火烈明威意自宽，却逢骢马[2]已心寒。
只今字里光颜色，犹见当年獬豸冠[3]。

【作者】徐敦蕃，字锡侯，号宁国，衢州西安（衢江）人。清康熙壬辰年（1712）进士，官内阁中书，授江南宁国府同知，兼广德州知州。

【注释】[1]祝敬庵，名祝夔，郎峰祝氏江山阁老街人。北宋天圣六年（1028）第进士，授翰林检校书郎，升至巡域御史，执法森严。[2]骢马，毛色青白相杂的马。[3]獬豸冠，独角异兽形的帽。

33.从二帝北行口占
祝敔

一
烽火连天尽告惊，追随二帝向前行。
关山万里家何在，妻子难从五国城。

二
满途漠漠起黄沙，从此孤臣不为家。
泪眼飞来千点血，含哀洒遍杜鹃花。

三
舍命相从任挞笞[1]，君臣不忍两分离。
古来致主谁如此，地老天荒空自知。

四
自此分离失旧踪，孤臣落寞有谁容。

杀身毕竟成何事，待作他年地下从。

【作者】祝敞，字正五，郎峰祝氏阁老街人。官东宫洗马，授枢密院指挥使，北宋靖康二年（1127），宋徽宗、宋钦宗被金军停虏押走，祝敞披发赤足，一路大骂金贼，随从二帝北上五国城，被金军万般折磨，触石而死，壮烈殉职，彰显忠臣。此诗是沿路口述，从仆记录遗留下来。

【注释】[1]挞笞，竹鞭抽打。

34.读祝敞公从二帝北行诗有感
商辂

迫路吟诗写隐衷，奇情苦志有谁同。
靖康大难当年作，劲节从君唯祝公。

报国精诚达上穹，满途血泪杜鹃红。
从君万里身沙漠，奇节天生名宦空。

【作者】商辂（1414～1486），字弘载，号素庵，浙江淳安人。明朝名臣、内阁首辅。是明代近三百年科举考试中第二个"三元及第"。入内阁，官至少保、吏部尚书兼谨身殿大学士等职。为人刚正不阿、宽厚有容、临事果决，时人称"我朝贤佐，商公第一"。逝后赠太傅，谥号"文毅"。著有《商文毅疏稿略》《商文毅公集》《蔗山笔尘》，纂有《宋元通鉴纲目》等。

【注释】祝敞，同上文。

35.赞诰授中顺大夫祝大成[1]公
杨灿

欲将家学绍前因，继世书香幸有人。
恩诰巍峨来北阙，风光报至杏花春。

【作者】杨灿，生平和事迹不详。

【注释】祝大成，字振六，江山江郎

阁老街人。乡进士，身在江郎山书院讲学。子祝梦良，刑科给士，钦州太守，因子显覃封中顺大夫。

36.赞荣禄大夫祝宠[1]公
施幼学

读书考道好精神，佳树栽培幸有人。
自待龙门通变化，荣光宠锡杏园春。

【作者】施幼学，前文已介绍。
【注释】祝宠，郎峰祝氏江山阁老街人。生平不详，以子显，封荣禄大夫。

37.游江郎山
汪垣

奇峰矗立插天开，莫把江郎比钓台。
翘首祝门多发越，精光直上应三台。

【作者】汪垣（1618～1704），字灿人，号双池，江西婺源人。清著名学者，晚年尝馆枫溪（廿八都23年），著作颇丰，有《大风集》四卷，《双池文集》十卷，《诗集》六卷等。

38.游江郎山
祝荣栋

江郎素号是名山，我祖栖迟在此间。
壁立三峰天外矗，千秋万古许谁攀。

【作者】祝荣栋，字月仙，清江山阁老街人。好文学，擅诗词，参与编修《郎峰祝氏世谱》并序。

七、七古

1.江郎山
祝蛮

昨看江郎山，烟雾何晦冥。

今看江郎山，金玉光晶莹。

罡风吹荡阴翳清，百怪驱逐海岳宁。

穷崖半夜珍豺虎，和气平地生参苓。

碧莲金鲫亦间出，甘露清泉恒效灵。

往事茫茫不可问，无乃羽化如流星。

三峰矗矗插天表，日出宛若芙蓉青。

有时作五色，千仞来风翎。

又如壮士倚长剑，又如峨冠环帝廷。

龙门砥柱镇江汉，雁宕卓笔雄瓯溟。

天地奇怪有如此，眼见身历本无停。

江郎山，何亭亭，世代开谢今儿莫。

【作者】祝蛮，字帝车，郎峰祝氏江山阁老街人。宋朝科举为省元。擅长诗赋，不赴仕，遁迹江郎书院，教授、传道、著书、吟诗作赋，著有《卧石先生集》。

2.望江郎山有感
祝蛮

昨看江郎山，烟雾何晦冥。

今看江郎山，金玉耀晶莹。

罡风吹荡阴翳清，苍松翠柏露珑玲。

穷崖壁立高万丈，三峰参差列画屏。

造化亦知斗奇功，五凤十雨效神灵。

往事茫茫不可问，但传我祖处士星。

筑室岿岿插天表，八面凌空芙蓉形。

羽客来相会，千仞翔凤翎。

祖宗拔俗子孙肖，博衣峨冠耀丹青。

龙门砥柱镇江汉，雁宕卓笔雄瓯溟。

天地奇怪有如此，钟毓名贤自无停。

吁嗟乎，江郎山，何亭亭，

绘我宗谱达彤廷。

【作者】祝蛮（1482～1547），字鸣和，号篁溪，郎峰祝氏迁安徽当涂县的后裔。明正德二年（1507）丁卯科举人，正德三年（1508）戊辰科吕梅榜三榜九十二名进士，授礼部主事，历郎中。嘉靖间授福建右参政回京途经江山，曾到郎峰祝氏宗祠祭祖并送匾。历任浙江承宣布政司右参议，又转为广西布政使司左参政，督学四川。主修正德丙子年的十卷本《太平府志》，另有《篁溪文集》行世。

3.志少保祝常夫人徐氏墓[1]
赵抃

祝君衢州郎峰人，夫人徐氏葬宝称。

父子二世耀龙门[2]，兄弟三公论道名[3]。

被旨入部郊祀礼，放怀坐听涧泉声。

朋从自古悠长少，势利令人鄙吝生。

公独久要中外伏，直将金玉比纯情。

【作者】赵抃（1008～1084），字阅道，号知非子，衢州人。北宋名臣。景祐元年（1034）进士，历知崇安、海陵、江原三县，召为殿中侍御史，官至右谏议大夫、参知政事。赵抃在朝弹劾不避权势，时称"铁面御史"。逝后追赠太子少师，谥号"清献"。著有《赵清献公集》。

【注释】[1]祝常（1012～1092），字履中，又名昌方，江山郎峰祝氏三十二世祖。北宋进士第，官太子少保，平章事鲁国公，谥"文正"，宰相。徐氏，祝常夫人（1013～1080），享年68岁，葬江山宝称山。[2]父子二世耀龙门，祝常长子文仆，庠士，齐家六百余口和美欢气。次子学宪是监察御史，执法平民。三子学高光禄寺署正。[3]兄弟三公论道名，即兄应言，

219

进士第官威武军节度使。祝常老二。老三伸言（祝绅），官知枢密院事，进士第秘书院日讲官提督山东学政。三兄弟才学非凡，为官清正。

4.教子诗
淑德郡主

我本世胄[1]深宫质，下嫁祝门妇道执。

汝父从戎干戈戤，命我避难江郎入。

下抚双雏时训饬[2]，上侍老祖年九十。

念汝生父丧原隰[3]，生死茫茫不相及。

人生励志应早立，汝宜经史勤时习。

莫负我身亲炊汲，汝父汝祖各饮泣。

【作者】淑德郡主，唐英国公徐敬业之女，嫁郎峰祝氏先祖祝克明为妻。

【注释】[1]世胄，贵族后裔。[2]训饬，教训，使行为端正。[3]原隰，高平与低温之地。这里指冤案。

5.江郎山题东山祝先生读书古壁
罗洪先

乾坤突起郎峰巅，千古万古只屹然。

壶觞追逐人易老，景物依旧年复年。

我来自叹登临晚，空怀先生峰头眠。

万松树上独鹤立，天边云静竹扫烟。

坐觉起来幽兴发，朗然卓笔题数联。

琴书礼器依然在，不知先生归何年。

钟鼓洞兮虎跑泉，胡为时作铿铿响。

却为先生奏管弦，回头试看一字天。

天亦不知所以然，仰天片片白云散。

一轮明月当空悬。

【作者】罗洪先（1504～1564），字达夫，号念庵，汉族，江西吉安府吉水黄橙溪（今吉水县谷村）。明嘉靖八年（1529）己丑科状元，《明史》卷二八三有传。明代学者，杰出的地理制图学家。一生的主要成就在理学和地图学方面，在文学方面也有一定的造诣。尤以地图学贡献卓著。他精心绘制的两卷《广舆图》，是我国历史上最早的分省地图集。罗洪先在绘制地图方面的建树，不但为我国地图的绘制和地理科学做出了贡献，而且为国际的同行所瞩目，在世界地图绘制领域占有一席之地。

6.游江郎书院拜祝东山公遗像
郑忏

东山久乘化，色相堂前住。

问之不肯答，点头意自寓。

上有东山图画传，摩挲[1]应在盘古前。

瘦骨苍颜人中仙，尚友令我心超然。

书院建造万仞巅，白云翠微脚下眠。

有时变作鸿濛境，游神恍在象冈先。

我生到此来何晚，瞻拜公像题数联。

钟鼓声歌清籁远，鞠躬转步红尘蠲[2]。

义皇世界谅如此，东山虽逝道不死。

徘徊且坐澄凡想，欲在壶中长偃仰[3]。

不觉一字露天真，须史二石齐拍掌。

坐中琴瑟向空鸣，大笑青山振遗响。

从今参透神化趣，愿洗尘迹，

常留东山先生读书处。

【作者】郑忏，字汝敬，号东里，明江山人。性英敏，涉笔千言，邵武州判，多惠政，居家置义田、义仓。著有《发莞集》。

【注释】[1]摩挲，抚摩。[2]蠲，洁净。[3]偃仰，指随遇而安，与世无争。

7.登江郎山题东山先生读书处
王掞

昨望江郎山，今到江郎山。

三峰突兀插天起，去鸟欲度愁飞还。

对面绝壁矗相向，离奇瀚郁[1]诡万状。

东山先生隐遁栖，茅屋云牖[2]盘顶上。

楼台屈曲尽朦胧，阴晴出没时不同。

中有飞瀑映初旭，一线倒挂青天虹。

先生收之来入室，丹台玉窟混无迹。

似此灵奇世罕有，对之即是神仙宅。

先生先生去已远，此间追随是前缘，

何须假我乘凤翼，飞入白云缥缈之层巅。

相与餐风吸露同千年。

【作者】王掞（1645～1728），字藻儒，一作藻如，号颙庵、西田主人，江苏太仓人，明代首辅王锡爵曾孙。清康熙九年（1670）进士，授编修，官至文渊阁大学士。著有《西田集》。

【注释】[1]瀚郁，云气腾涌的阴郁。[2]云牖，云雾入窗。

8.江郎三爿石为祝氏三昆玉[1]作
宋俊

君不见海上三山入画图，圆峤方丈与蓬壶。

弱水三千不可渡，烟峦灭没惊庸愚。

又不见太华三峰插天起，晴霞涌出蓬花蕊。

黄河一线界潼关，两戒山河半若砥。

江郎之名自古传，江郎之石降何年。

曾闻君祖祝处士，摄衣振策踞其巅。

披云见斗吾何有，莽苍一片皆人烟。

乃知造化有新意，天彭井络相钩连。

一片竦肩若南顾，明明指出仙霞路。

白马三郎纪汉唐，钓龙射鳝归何处。

一片翘足向西翔，章贡双分下豫章。

五老遥窥朱鸟集，妖蛟不敢舞鄱阳。

其中一片特雄峙，伯也相将仲与季。

昂首层霄望海门，浙江震泽罗阶庇。

世人但说江郎山，江郎形胜谁敢攀。

楚尾吴头属星纪，万里金汤四面看。

三茅之山亦巍然，茅家兄弟巢其间。

虽有金堂与玉室，由来只说长生术。

栉风沐雨莫南离，人杰地灵永不移。

剑阁之铭摩崖碑，江郎之名万古垂。

【作者】宋俊，山阴人，副榜贡生，清朝江山教谕，在江山任职四十六年，作家。

【注释】[1]祝氏三昆玉：①祝嘉璞，字上玉，延平刺史几十年，廉明惠爱，风俗大淳，两袖清风，浩老还乡时，一个包袱，一个仆人送，满街涕泣如雨，建祠祀之。②祝尚公，字左玉，进士，南宋太后生日诏天下百官颂词，祝尚公颂扬得体，特任礼部主事。③祝尚侯，字右玉，由经义科首选。授判官司，历河梁转运使，卒在岗位，兵民百姓如丧父母，挥泪告别。即祝氏三昆玉，上玉嘉璞，左玉尚公，右玉尚侯，都清廉为民之官。

9.游江郎山怀祝东山先生高隐
成廷楫

嶙峋突兀撑青天，环腰幂首皆云烟。

何年帝遗三石丈，来镇此地之星缠[1]。

揭来[2]江郎访素友，仰见先生屋数椽。

晨起跨驴入幽谷，弃鞍直上翠微巅。

仰天拍手一长啸，精神恍与白云连。

叹我到此来何晚，疑与先生念素缘。

自今愿与先生约，芒鞋[3]竹杖从他年。

更采山头千岁柏，瓦炉炷火烹茶仙。

【作者】成廷楫，钱塘人，清康熙年间,任淳安教谕。

【注释】[1]星缠，日月星辰运行时经过天空某一区域。[2]竭来，去。[3]芒鞋（鞵），木头做的鞋子。

10.读祝敞[1]祝光煜[2]忠孝合传有感
宋濂

古往今来如过电，愚忠愚孝令人羡。
常持此意论世人，求之茫茫皆不见。
我读郎峰祝侄谱，内有忠孝相合传。
子名光煜父名敞，读之感叹神无倦。
忆昔宋室都梁汴，金寇时来惊征战。
掳掠二帝向北行，忠臣祝敞随后殿。
万里从君天漠北，一臣二主作亲眷。
此时惨澹不堪言，黄沙漠漠捣素练。
挞之流血不许随，傋极困苦经磨炼。
两目昏花血泪飞，精忠报主殒沙甸。
感动孝子祝光煜，万里寻亲奔救偏。
入朝二帝五国城，君臣抱哭泪如线。
只见二帝不见父，痛苦穿心类万箭。
二帝告煜汝父随，狂风飘散花片片。
未知生死在何方，急宜追寻莫空恋。
光煜哀拜二帝前，回头远行别帝面。
号咷大哭望青天，哭倒长途目转眩。
忽闻道旁有人言，魂魄频惊肉频颤。
谓汝父为宋忠臣，不忍忠骨轻弃贱。
曾收父尸葬沙漠，佩玉镌名示无变。
光煜因之见父茔，秋风飘摇捐团扇。
开茔负亲望南回，雪满关山风漂霰。
从此万里见君亲，忠孝两全邦家彦。
我读遗传漫吟诗，史册表白应首选。

【作者】宋濂（1310～1381），初名寿，字景濂，号潜溪，别号龙门子、玄真遁叟等。祖籍义乌潜溪，后迁居金华浦江。元末明初著名政治家、文学家、史学家、思想家。被明太祖朱元璋誉为"开国文臣之首"，学者称其为太史公、宋龙

门。主修《元史》，累官至翰林学士承旨、知制诰。时朝廷礼仪多为其制定，其作品大部分被合刻为《宋学士全集》七十五卷。

【注释】[1]祝敞，字正五，枢密院指挥使，宋徽宗、钦宗被金军掳掠北行，祝敞随行被金军害死在路上。[2]祝光煜，字亮元，祝敞之子，千里寻父，扶灵归葬。旌表孝子。

11.读闺秀辰姑[1]节孝传有感
郑世熙

江郎之石高到天，江郎祝族多名贤。
不特满门产英烈，且产奇女节孝全。
我闻节孝年十六，父母兄弟伤骨肉。
家门多难剩藐孤，能绵一线振邦族。
节孝小名字辰姑，母产数载别长途。
孝行本是天所付，日望苍天相追呼。
父娶继母唐与王，辰姑侍养若亲娘。
无何唐母产小弟，月余染病性命伤。
千方百计觅乳嫜[2]，养育孤儿保无恙。
孤儿不食养媪乳，全家闻之增惆怅。
日夜唯闻呱呱泣，王母与父尽于邑。
从此二人相继亡，家门冷淡留孑立。
辰姑对此兴叹嗟，雪落花飞护绛纱。
父兮母兮皆长逝，姐孤弟幼谁为家。
抱弟哀哭向天揖，愿天速赐身乳汁。
延接吾门祖与宗，同气血脉相呼吸。
天心仁爱肯周旋，即降乳汁如湧泉。
保抱提携珍爱惜，钟荫抚养乐长年。
从此为弟权家计，从此为弟婚姻娟[3]。
行行儿女俱成立，辰姑白发头盈半。
诸母诸嫜为姑算，筹画梁鸿齐眉案。
辰姑闻之啼向天，从容对弟发长叹。
生则仰弟之衣食，死则随父之明禋。
何去何从露天真，数语呜咽泪频频。
节孝两全老祝家，儿孙艺攀上苑花。

眼看满门簇锦绣，全天而终玉无瑕。

君不见，古来女生多向外，

父母谁能供奉养。

又不见，嗷嗷嗷弟在长途，

骨肉相残随时尚。

何辰姑闺中弱荈，保弟护家门能明。

大义励名超巾帼，节孝上我读遗传。

漫吟诗芳踪令人，劳梦想奇人奇事。

有谁传应与鬼鬼，插汉江郎三爿石。

万古栖迟同偃仰[4]。

【作者】郑世熙，江山协理人，明朝万历三十四年（1606）中举人。

【注释】[1]辰姑，祝世成之女，辰姑从小失去母亲，父娶继母唐氏，生一弟天益。后父亲和继母去世，当年辰姑16岁，对天泣诉生乳汁带弟。为弟祝天益娶妻，生子，辰姑已40多岁，63岁而终，为带弟终生未嫁，祝天益生七子，又十九孙，一子翻天下，这都是辰姑的功绩。[2]乳婶，乳姑。[3]姻娟，找秀丽的姑娘结婚。[4]偃仰，安居。

12.象牙峰[1]诗勉诸子励志
祝山曜

谁凿混沌断鳌极，巨灵擘山娲炼石。

炼成碧玉象牙峰，撑住东南天半壁。

云生势插写空寒，日斜影蘸沉潭碧。

鬼物守护蛟螭盘，周凿秦鞭求不得。

劲如段公击贼笏，直如孔子书盗笔。

蠹角峨峨御史冠，含光烁烁相如璧。

一气磅礴宇宙间，块奇屡屡钟人杰。

魁潭此峰峰最高，此峰之下祝所宅。

祝文忠[2]公侍宋廷，爵封宣国开疆域。

能令高丽献琉璃，能使西番呈琥珀。

宣国四子皆挺轶[3]，次弟攀龙登辅弼。

一为正奉大夫官，一为荆湖制参职。

荆湖三世慕甘棠，冰柱玲珑玉尽直。

雾霏越石仰清风，泪堕羊碑颂遗德。

黄岩之翁射虎力，披坚精锐亲击贼。

精忠贯日耀乾坤，气节凌霜光史册。

江南之祖真英雄，为国临危坚不屈。

虽然未遂回天志，万古寸衷日月赤。

忠孝舍人亦峥嵘，从容就义有永铭。

九泉含笑见先人，一门三烈蜚声奕。

凤池居士倡文馆，精金璞玉匦雕刻。

立德立言俱不朽，岂弟作人永无射。

君翼君罴天爵修，钧天下诏弥封敕。

倾危以持颠以扶，泰山天山固磐石。

谢安将如苍生何，廊庙其器而山泽。

奇奇怪怪惊一世，雄辩高谈走涅籍。

凌云不逢余自惜，危言问天天动色。

磊块浇尽新丰酒，岧峣蹑倦湖山屐。

膏腹沾头君最多，龙已生角鸷已翼。

盍归乎来分渔矶，一竿坐钓魁潭月。

吾闻此石轰霹雳，摩挲苔痕长一尺。

囊中锥子君勉之，会见表表脱颖出。

【作者】祝山曜，字鹏举，号山曜，乡贡生，郎峰祝氏江山阁老街人。文学超群，高隐，与弟山卧、山卓栖迟江郎书院，作《三峰集》遗世。

【注释】[1]象牙峰，魁潭山有石峰，高数十丈，似象牙，故云象牙峰。[2]祝文忠，祝臣，字微之，号与守，进士，宣国公，谥"文忠"，兵部尚书，督征讨大元帅，安定疆域。[3]四子皆挺轶，指祝文忠四子：长允闻，山东广东学政；次允初，袁州知州；三允治，都闻将军；四允哲，武翊卫大制参。

13.怀朝园[1]
王世奕

郎峰高矗钟英秀，慧业灵根天赋就。

斗室埋头向所欢，诗书门第家声旧。
负笈不须到天涯，文学渊源门内重。
师文幸似周公旦，庭训还多孔孟诗。
洞宼扰疆人窜进，孝友更深怀子姓。
村落风霜护老亲，荒原雨露珍家乘。
甫唱凯歌净妖氛，数穷阳九背岩君。
勉将菽水承堂北，一担千觔未忍分。
宝剑沉埋任重叠，谱版源流时承接。
成稿留遗于后人，至今手泽盈书帖。
德厚祖宗报亦丰，联芳诛树闹花丛。
酣经耽史饱文学，宗谱集成继乃翁。

【作者】王世奕，生平不详。

【注释】祝朝园，清朝郎峰祝氏阁老街人，祝荣椿的父亲，乱世时，抱谱避乱在岩洞七天，受冻挨饿历尽艰险，完好地保住了郎峰祝氏宗谱。

14.怀思训[1]公任宠山氏[2]刺容歌
祝鹿瞻

忆昔郎峰思训公，任宠山氏美丽容，
容美谁知心更美，能明大义露情钟。
真情本是素丝质，白色皓皓曝秋日。
良人鹤算寿命终，山氏年方二十一。
望天痛哭血泪涟，梨花一枝带雨鲜。
守身抱义答黄泉，冰清玉洁励贞坚。
小婢在旁将言戏，山氏明心怀刀利。
自刺其容矢靡他，天长地久志不二。
嫡母闻之倍钦敬，命子侍养成节行。
莫谓小星命不犹，奇节流传成家庆。
吁嗟乎，容颜可污身不污，
凛凛闺门保孤雏。
七十寿终倍贞洁，韬容自晦见真吾。

【作者】祝鹿瞻，名甡字鹿瞻，号草野，郎峰祝氏江山张村秀峰人。清衢州府

凛膳生，作者，与柴大纪交情深。

【注释】[1]祝思训，字若愚中，江山郎峰祝氏阁老街人，宋九江理问，后荆州抄关。[2]任宠山氏，思训再婚之妻，思训去世，山氏二十一岁，花容月貌，小婢讥笑她要改嫁，宠山氏毁容全节而终。

15.肇亲公元配周烈妇[1]歌
柴元彪

郎峰祝氏多名节，割发刺容励清洁。
更有报夫以身殉，雉经[2]而亡倍激烈。
我闻烈妇相夫年，合欢床系同心结。
夫主膏肓病在床，十余年来经磨折。
汲杵[3]侍养一身供，况瘁勤劳无怨说。
夫主命入黄泉行，抱痛哀号口流血。
易簀[4]匆匆事方终，先后时亡同决绝。
江郎山上风凄清，脉岭桥边水呜咽。
飞燕不入盼盼门，月照空梁清冰雪。
嗟哉烈妇志何哲，满腔情怀肝胆热。
嗟哉烈妇心何哲，从一而终大义别。
殒身共游泉台路，梦魂悠悠随车辙。
吁嗟乎，三难大节天地惊，
报君报夫无优劣。
自古巾帼有豪杰，此事流传人咋舌。
安排烈骨营夸兆，谷则同室死同穴。
我作此诗遗后人，且待当事旌门闾。

【作者】柴元彪（1224～1297），字炳忠，号泽癯，晚号草亭。江山长台镇人。南宋度宗咸淳四年（1268）进士，为随亨、元亨之弟。尝官推。宋亡舆从兄望等四人隐居不仕，人称"柴氏四隐"。元彪工诗，著有袜线集，已佚。今存《柴氏四隐集》《四库总目》中。

【注释】[1]周烈妇，肇亲公之妻周氏，肇亲久疾调养慎密，历经十余年汲杵侍药，不幸病卒。周氏随夫殉情。[2]雉

经，上吊自缢。[3]汲杵，挑水、舂米等家务事。[4]易箦，竹席。

16.读徐圻表时为可公忠烈诗有感
柴元彪

为读遗诗漫吟哦，伤春心事鹧鸪歌。
宋朝县令成遗史，三烈留名永不磨。
忆昔奉命官济德，甘棠遗爱民食力。
满县尽种洛阳花，父子兄弟同鼎食。
朝同听政夜谈经，官衙内聚处士星。
仕优则学子夏语，弦歌雅化德芳馨。
无何金寇来作难，君国苍生尽涂炭。
焚署效忠报君恩，火炎昆冈玉石烂。
嗟哉三烈真荩臣，杀身赴难成其仁。
诏诰煌煌来北阙，论功行赏励后人。
兄赠中正大夫官，弟敕国子监正职。
子授太学博士员，竹帛铭勋钟鼎勒。

吁嗟乎，
山可移石可迁，忠臣励节信贞坚。
济德县中凝碧血，清风岭上哭杜鹃。
阅谱谈往事，三烈[1]气概有。
应与江郎三片石，高低共缠绵。

【作者】柴元彪，同上。
【注释】[1]三烈，指兄祝时可，弟祝际可，祝时可之子祝有性，金兵进攻济德，援兵未到，宋室武官投降，时可、际可、有性商量对策，决不投降，焚烧署杀身成仁，以报答君恩。后臣上其事迹，诏赠兄时可为中正大夫、兵部侍郎，弟际可封徵仕郎国子监正，有性封儒仕郎太学博士。徐圻，儒学家，诗人，写诗歌颂祝时可三烈。

17.怀太学祝庆圣[1]不向私庭录事
周积

忆昔当年祝太学，志趣端方品行卓。
时贾似道揽朝纲，私庭录事徼取数。
庆圣时以善书名，亦随选例私庭行。
观事暧昧非可录，孤骞不复计前程。
南郭吹竽声一一，独流雅颂管弦声。
搁笔不惧奸雄妒，行事顿使鬼神惊。
焚弃笔砚闲中坐，一事不录隐几卧。
懊恼当日贾平章，仕宦归田真能个。

君不见，权门人尽乐趋逢，
炙手可热开笑容。
又不见，富贵利达人所尚，
攀援趋进谁肯让。
惟有太学祝庆圣，秉笔不听权门令。
弃官而归乐优游，千秋共仰心笔正。
阅使吟诗阐公幽，高风令人常钦敬！

【作者】周积，字以善，号三峰，王阳明弟子，江山镇安人。天性诚笃，潜心理学，专务实践，从师章枫山，于先师得立诚之旨，可谓信道有闻者也，著《读易管见》《启沃录》《二峰摘稿》诸集。官南安推官，沅州知府，迁德王府长史，历任皆有惠政，民立石颂德。
【注释】[1]祝庆圣，守贤希，太学生。郎峰祝氏阁老街人，南宋理宗赵昀称帝，撒手朝政，大奸臣贾似道专权，设私庭，不讲案情，只要金钱，祝庆圣被选私庭录事，辞职而归。

八、七言律

1.登江郎山赠祝东山先生

姚崇

东山野筑太无情，独看三峰自削成。
遁迹不嫌云路远，孤骞[1]直傍斗牛横[2]。
太阴结雾高难屈，日色还临岫转明。
到此已深巢父[3]志，身馀何用绊浮石。

【作者】姚崇（651~721），本名元崇，字元之。陕州硖石（今河南陕县）人。唐朝名相、著名政治家，文学宫嶲州都督姚懿之子。曾任武后、睿宗、玄宗三朝宰相常兼兵部尚书。

【注释】[1]孤骞，情志高洁地飞到江郎山。[2]牛横，同牛一样奔放。[3]巢父，人名，尧时的隐士。

2.读祝仪宾月清[1]公传并访原体

李际

英公正名倡勤王，宾王为檄公其铠。
天意未欲清妖孽，英公败绩公遁荒。
卢陵复御前羞洗，公及英公心慰矣。
偶读遗传访原体[2]，仰公英风照青史。

【作者】李际，奉仪郎，宋江山县令。
【注释】[1]祝月清，祝东山次子祝克明。[2]原体，牺牲的地方。

3.读江孺人三代劲节[1]传感而追吊

赵师旦

江郎山高高到天，江郎祝氏多名贤。
祝氏六世子好逑，求则得之江叔媛。
未几良人[2]早易箦[3]，拊一孤雏励冰雪。
于今世代传芳节，节坚贞比江郎石。

【作者】赵师旦，字潜叔，赵师旦用镇荫，试将作监主簿，累迁宁海军节度推官。知江山县，断治出己，吏不能得民一钱，弃物道上，人无敢取。以荐者改大理寺丞、知彭城县，迁太子右赞善大夫，移知康州。

【注释】[1]江子孺人三代劲节，江氏指祝亮工之妻，亮工享年33岁逝世，妻江氏31守寡，活到65岁，生一子，祝志僖。亮工的父亲绍宗29岁逝世，母亲杨氏29岁守寡，活到81岁。亮工的祖父史杰，36岁逝世，祖母龚氏37岁守寡，活到81岁，三代劲节。[2]良人，古人妇女对丈夫的称呼。[3]易箦，早逝。

4.吊祝次律[1]

叶枝扶

须江遗子号次律，柯梁佳士唯其质。
立身无愧天地和，行文不怕鬼神泣。
白莲手泽犹在御，青衿足迹何处觅。
我欲再与谈儒术，生死茫茫不相及。

【作者】叶枝扶，本郡人，生平不详。
【注释】祝次律，名祝琯，号次律，江山郎峰祝氏阁老街人，生平不详。

5.谒祝献武[1]公祠

杨复光

濮贼干戈未少停，碣山群盗复闻腥。

黄梅岭上军声壮，白刃场中杀气冥。

南北两淮无片土，寿春一郡有藩屏。

千秋献武遗祠庙，此日何人效武灵。

【作者】杨复光（843～884），唐代闽人，唐朝末年宦官军事将领，参与平叛乱王仙芝，封弘农郡公，谥"忠肃"。

【注释】[1]祝献武，即祝纪德（859～909），字仕山，郎峰祝氏二十四世祖，唐末大将军，领军讨贼王仙芝，在黄梅岭追擒贼首，屡讨寇乱以保国民，封大司马，谥"献武"，入寿州名宦，建祠祀之。

6.哭祝忠武[1]公

张濬

鼎迁祚改命难常，万里江山半属梁。

此日贼臣谁姓李，惟公慷慨独忠唐。

仰天垂泪李汉外，殉国守城张睢阳。

骂贼不屈有忠武，何当并拟成三良[2]。

【作者】张濬，字疏川，河北沧州人。贡生，清康熙三十五年（1696）至三十九年（1700）任衢州知府。

【注释】[1]祝忠武，名熙镕，字模光。宋授武安军副尉，在潼关打败金兵，封忠武大将军。[2]三良，指三位仁人。殷代末年纣的三位贤臣微子、箕子、比干。

7.贺祝师德[1]授通议大夫

夏时

学博才优日苦吟，声名早已动儒林。

课儿昔有趋庭训，报国今颁纶阁音[2]。

白发受褒家泽远，皇封下逮圣恩深。

大夫自此称通议，馀庆应知天地心。

【作者】夏时，字以正。明钱塘（今杭州）人。永乐十六年（1418）进士，后提拔为广西左布政使。史籍记载于《明史列传第四十九》。正统十二年（1447）起擢广西左布政使。前后上十余疏，时人壮其敢言。致仕卒。

【注释】[1]祝师德，名善教，字师德，郎峰祝氏江山阁老街人。父特意让善教务诗书，敦礼乐，潜居江郎书院闭门著书。因子祝程官河东宣抚使，皇封通议大夫。[2]纶阁音，皇帝的诏书。

8.挽祝明经[1]郎公先生

寇准

祝君年少即明经，寂静书帷户自扃。

遁迹朝栖杨子宅，韬光夜动省微星。

雄文示我风生腋，同字从君月满庭。

此日玉楼催赋急，无言徒觉泪泠泠。

【作者】寇准（961～1023），字平仲，汉族，华州下邽（今陕西渭南）人。北宋政治家、诗人。太平兴国五年（980）进士，授大理评事、知归州巴东县，改大名府成安县。累迁殿中丞、通判郓州。召试学士院，授右正言、直史馆，为三司度支推官、转盐铁判官。历同知枢密院事、参知政事。后两度入相，一任枢密使，出为使相。乾兴元年（1022）数被贬谪，终雷州司户参军，天圣元年（1023）九月，病逝于雷州。

【注释】祝明经，名始振，字郎公，五代江山阁老街人。纯性好学，得汉唐纲领，明经不仕，在江郎书院教授子弟，各得其宗，登仕者不胜枚举。

9.读祝大中丞[1]行烈传追赠
赵抃

平生储善得其真，文物衣裳启后人。
栢府鸳雏吴越佐，杏坛龙子素王臣。
芳名自此留天地，气概从前颂缙绅。
珍重郎峰家世古，至今文质尚彬彬。

【作者】赵抃（1008～1084），字阅道，号知非子，衢州西安人。北宋名臣。景佑元年（1034）登进士第，治平元年以龙图阁直学士知成都。元丰二年（1079），以太子少保致仕。逝后追赠太子少师，谥号"清献"。赵抃在朝弹劾不避权势，时称"铁面御史"。著有《赵清献公集》。

【注释】[1]祝大中丞，名邦泰，字彦卿，郎峰祝氏二十九世祖。北宋淳化二年（991）进士，官至吴越国都御史大中丞，五代天下纷乱，惟邦泰执政国安民乐。故民欢而呼曰：功兮德兮万年永称赞。

10.读祝孝子佳福[1]传题赠
欧阳修

一官落拓叹飘萍，万里寻亲苦尽经。
父骨他乡肠已断，母言远地枢难停。
千行血泪盈湘水，满路悲风过洞庭。
莫是至诚能动物，不然谁为惜零丁。

【作者】欧阳修（1007～1072），字永叔，号醉翁，庐陵（今江西永丰）人。北宋仁宗年间名相，任谏院谏官，主张变法革新，是唐宋八大家之一。

【注释】[1]佳福，江山阁老街人，郎峰祝氏二十七世祖。父祝纯庵，广西钦州推官，卒于任，佳福与弟佳禄数千里，历经千辛万苦，运父棺回家安葬。

11.读杨孺人三代劲节[1]传感而吊之
范仲淹

宦后萧条事若何，朱门冷寂雪霜多。
一丛篱菊枝先萎，千古岩松节靡他。
膝下孩提心保护，堂前姑老赞婆娑。
平生孝行难言尽，肠断今朝薤[2]露歌。

【作者】范仲淹（989～1052），字希文，江苏苏州人。北宋仁宗时期革新派，为枢密副使，北宋名相。著名诗人。

【注释】[1]杨孺人三代劲节，指祝史杰36岁逝世，虞氏35岁守寡；史杰次子绍宗29岁逝世，杨氏29岁守寡；绍宗长子亮工33岁逝世，江氏31岁守寡。这就是杨孺人三代劲节。[2]薤，一种多年生草本植物，称"薤头"。

12.登江郎山读东山行乐祠[1]记有感
文彦博

伪周[2]献媚貌如莲，高士山中醉欲眠。
天籁无穷钟鼓洞，清流不竭虎跑泉。
寸心遗世真千古，一息如公可百年。
郑谷夤缘[3]犹在否？祝君行乐到今传。

【作者】文彦博（1006～1097），字宽夫，山西介休人。宋名相，同中书门下平章事。封潞国公。

【注释】[1]东山行乐祠，唐、陆贽写游记类文章。祠在江郎山，原东山草堂，东山公逝世后，孙尚邱将东山草堂改为行乐祠，祭祀祖父东山公、父亲克明公及伯父唐祭酒钦明公。即现在开明禅寺。[2]伪周，指武则天称帝。[3]夤缘，攀附着往上升。

13.送旧好祝梦熊[1]之官黄岩
毛晃

旧里徘徊忽四旬，江郎高胜足欢忻。
当轩晚看山横黛，负郭秋成稼覆云。
酌酒屡来邀我乐，弄琴时或与君分。
黄岩莫讶迟迟去，荣宠身沾报国恩。

【作者】毛晃（生卒年未详），字明权，江山沙堤人。官至户部尚书。精文字音韵。南宋绍兴二十一年（1151）进士。后即闭门著书，为修订、补充《礼部监韵》，夜以继日，磨穿案砚，学界尊称"铁砚先生"。绍兴三十二年（1162），编就《增修互注礼部韵略》五卷，较《礼部韵略》增收2655字，增注别音、别体字1961个，订正485个注音、解释。此外编纂《禹贡指南》四卷。

【注释】祝梦熊（1137～1209）字渭夫，郎峰祝氏江山阁老街人。南宋河南督学副使，反对韩侂胄伪学，主张重用朱熹和赵汝愚等文人，被谪黄岩尉，抗寇壮烈殉国，赠龙阁图待制，谥"献烈"。

14.慨师泽[1]祝先生
柴卫

学初心勿动华纷，慨念文翁昔日勤。
事业直教名不朽，声犹堪叹世无闻。
平居乡党能由义，得位朝廷必致君。
为语诸生期远到，天衢亨处有青云。

【作者】柴卫（1125～1185），字元忠，江山长台人，南宋绍兴十八年（1148）进士，师徐存，学有端绪，初历肇庆，通州教授，以理学倡士。尚书刘公章以四科剡荐，屡迁大理寺正卿，治狱宽平，著有《奏议》《芹说》等书。

【注释】[1]师泽，名人尚，字公卓，郎峰祝氏三十二世。宋明经，授教于江郎书院，入仕者百余。

15.贺彦中[1]祝先生昆玉联第
章懿文

秋闱[2]览诏出严宸，上国观光庆得人。
豹变文章重君子，鹿鸣歌咏集嘉宾。
素闻郎峰称阀阅[3]，果起英才动缙绅[4]。
恩耀彤廷俱唱第，宠光荣宴杏园春[5]。

【作者】章懿文，南宋淳熙十一年（1184）进士，江山县令。

【注释】[1]彦中（1089～1167），聪明颖悟，郎峰祝氏三十三世，18岁第进士，入国子监伴读王子，工部侍郎，管理黄河粮船事务兼片河北军饷。[2]秋闱，科举时代，乡试于八月举行，称秋闱。指乡试。[3]阀阅，豪门贵族。[4]缙绅，士大夫腰间束的大带，指士大夫。[5]杏园春，豪华的宴请。

16.赠正奉大夫允闻[1]公
蒋羽

郎峰家世叠簪缨[2]，君自龆年业已精。
诗里江山频吐秀，籍中龙虎独传名。
明经自可青云致，治绩休将白发轻。
君国苍生须系念，古来勤赞[3]属材英。

【作者】蒋羽，字汝翔，宋高宗举贤良，辞不赴。闻徐存讲学江山南塘，就访酬和。见江山水清山秀，落籍江山文明坊，善诗文精通文学。

【注释】[1]允闻（1059～1125），字颜卿，郎峰祝氏三十三世，进士，钦视山东、广东学政，太常正卿。[2]簪缨，指为官的人。[3]勤赞，纪传，写传记。

17.送祝治中[1]告归养亲
张恪

束书携剑出西州，亲老从兹不远游。
架上昔会穷史帙，当前今好进珍羞。
也知贤帅垂青眼，应念慈闱庙白头。
到日待传家信好，便鸿叫去度清秋。

【作者】张恪（1120～？），字季武，江山张村人。宋高宗绍兴十八年（1148）进士，孝宗乾道元年（1165）著作郎，旋致仕（《南宋馆阁录》卷七）。

【注释】[1]祝治中，名大义，字敬六，郎峰祝氏三十四世。南宋由太学致仕。仕官治中督捕临安，执法严厉，邪侈之徒畏不敢犯奸。

18.题江郎书院塔
郑魏挺

江郎峰北有奇峰，峰上浮图涌七重。
日射天门飞彩凤，风摇地轴动虬龙。
南关紫气凭栏入，北关黄云接槛逢。
此日临登怀月朗[1]，悠悠今古不相从。

【作者】郑魏挺，字景列，南宋安徽宁国人。南宋嘉定七年（1214）进士，历任江淮提举司幕，国子监书库官兼皇后宅教授。著有《提身粹言》《读书通说》。

【注释】[1]月朗，唐祭酒祝钦明，东山公长子。江郎山北塔是钦明所建。

19.读祝孝子[1]传题赠讳元恺
成无玷

髫龄失怙已堪怜，乔首椿庭命又愆。
一世自思惟事父，半生谁可独无天。
陔南[2]未许儿曹代，陇北空馀血泪涟。
休说当年贤令感，于今孤塚有啼鹃。

【作者】成无玷，宋湖州武康人，字士懋。徽宗崇宁五年（1106）进士。为江山令，以李纲荐，授删定官高宗绍兴初，金人围急，吕颐浩荐守永州，兼鄂岳安抚使。修筑城垒，教阅士伍。后晨起巡城，霜滑坠足而卒。

【注释】[1]祝孝子，指祝无恺，字孟相，原名其杰。性极温醇，体养双亲，病则尽其忧中，药必亲尝，庐人居守，邑尊亲诣访。文申详旌孝子，钦褒顺德郎。[2]陔南，田埂南。

20.同祝处士诸公游江郎
柴随亨

世事无情几变迁,郎峰万古只依然。
移来渤海三山石,界断银河一字天。
云卷前川龙挂雨,风生阴洞虎跑泉。
群仙缥缈来笙鹤,石顶天香坠玉莲。

【作者】柴随亨(1217~1277),字刚中,号瞻岵,江山长台人,幼颖异,七岁能文,名驰江左。宋理宗宝祐四年(1256)进士,时年37岁(《宝祐四年登科录》)。曾知建昌军。宋亡,与兄望、弟元亨、元彪俱隐于榉林九磜之间,世称"柴氏四隐"。著作已佚。明万历中裔孙复贞等搜辑遗稿,编为《柴氏四隐集》。柴随亨诗,以影印文渊阁《四库全书·柴氏四隐集》为底本,编为一卷。

21.读义节胡孺人[1]传作诗吊之
柴禹声

盈盈少女及笄时,守义回亲誓不移。
夫疾一身难爱肉,天教遗腹定生儿。
空帏冰雪浑无玷,晚节松筠谨自持。
遮莫于今乘鹤去,悠悠魂梦两相随。

【作者】柴禹声,字元振,江山长台人。北宋宣和年间,同徐存受业于杨龟山。所居有潜心室,伊川门人邹柄为之记,徐存为之铭。绍兴年间,四明高阅为国子司业,以公堪克史馆,特荐于朝,除国史馆编校。

【注释】[1]孺人,郎峰祝氏栩公元配胡氏。

22.挽百岁寿母贞节淑人毛氏[1]
徐应镳

苦节当年志不移,松龄独自享期颐[2]。
盈头白缕霜添日,绕膝黄童彩戏时。
王母瑶池将进酒,曾孙玉椀失含饴。
人生有尽何须恨,闺范从今却有谁。

【作者】徐应镳(?~1276),字巨翁,江山下徐人。南宋咸淳末年(1274),补太学生。德祐二年(1276),元兵次师皋亭山,少帝率三宫庶僚,三学诸生皆北行,投降元兵,应镳以死报国,誓不与诸庶僚俱降。作诗曰:"二男并一女,随上梯云楼,烈火甘焚火被救,全家跳井自尽。"江山县令建祠祀之。

【注释】[1]毛氏,郎峰祝氏九锡元配,南宋江山广川人。九锡公早亡,生一子,名祝天祚,毛氏矢志守义,百岁寿星,葬婆婆山,入贞节祠。[2]期颐,称百岁之星。

23.送韩元帅[1]西征
祝大任

洞蛮[2]骚动古秦州,此日君专护战骝[3]。
惟大英雄能本色,果真名将定神谋。
夫人且自精兵法,士卒何难举戟矛。
勉矣疆场应効命,表功拜爵话千秋。

【作者】祝大任,字钖六,江山阁老街人,郎峰祝氏三十三世,官钱江水陆都尉,累迁兵部军器司主事,为伏阙保岳飞谪九江理问,后擢凤翔知府,入凤翔名宦,明万历年重修墓,其碑民国时尚存,在龙青庵。

【注释】[1]韩元帅,即韩世忠,陕西

人，家境贫穷。是南宋的元帅，以八千兵马战胜金军十万。是南宋的主战派。[2]蛮，南方各族。[3]战驷，作战时驾车的官。

24.吊精忠岳元帅[1]

祝大任

精忠报国枕干戈，星陨旋闻唤奈何。
血战存留南社稷，征骑踏破北山河。
臣心自问悲怀壮，圣驾无归恨泪多。
三字狱[2]成冤莫雪，千秋疑案任风波。

【作者】祝大任，同上。

【注释】[1]岳元帅，即岳飞（1103～1142），河南汤阴人，抗金名将，民族英雄。被奸臣秦桧、张俊等谋害，宋孝宗为岳飞平反昭雪，赐谥"忠武"，封鄂王。[2]三字狱，指狱字由三个字组成：犭、言、犬。

25.赠祝山曜[1]先生

曹明卿

坐观山水最幽清，雅爱虚空乐性情。
迹混光尘宗老氏，学通仙术效君平。
欣逢真侣论根本，耻向权门说利名。
济世金丹君独占，槃间高卧听泉鸣。

【作者】曹明卿，生平不详。

【注释】[1]祝山曜，江山郎峰祝氏阁老街人。宋元著名学者，江郎书院教授，著《三峰集》等。

26.赠通判祝梦祥[1]公

柴望

壮岁兴怀念世时，苍生君国两维持。
能思增益常开卷，任有闲忙不负诗。
趣向肯为流俗小，声名直与古人期。
茅斋[2]寂坐驰长想，春树秋云付梦知。

【作者】柴望（1212～1280），字仲山，号秋堂，江山长台镇人。嘉熙年间，为太学上舍。宋淳祐丙午，伏阙上书及进《丙丁龟鉴录》，得罪权臣，下狱。以临安知府赵与筹申救，获旨放归。端宗登极，授国史编校，旋隐山中，与弟随亨、元彪、元亨终日以诗唱和。世称"柴氏四隐"，所著有《道州台衣集》《秋堂稿》。

【注释】[1]祝梦祥，字硕夫，郎峰祝氏江山阁老街人，授兵部架阁郎，后任建昌通判，督理粮饷转运使，不劳兵，不扰民，德声称道。[2]茅斋，茅屋。

27.赠太学祝箴之[1]公

苏幼安

进欲舒徐退欲恬，常将高行与文兼。
吾门自昔传清白，圣世于今重孝廉。
孔氏安怀施老少，董生仁义事摩渐。
试看奔走优游者，徒尔区区岁月添。

【作者】苏幼安，字心德，元代江山沙堤人。举明经，为衢州教授，著有《宋国史秋堂柴公墓志铭》。

【注释】[1]祝箴之，名祝永铭，南宋郎峰祝氏阁老街人，博通经史太学生，由庠荫入国学，道修儒矩，交悖益友，徒魁潭守祝梦良公墓，置田召僧供俸香灯，名誉须江县。

28.钦州任寄二首
祝梦良
其一
怀别乡城六月中，倏今三载换春冬。
烟霞恍隔三千里，云树常封几万重。
莫为利名嗟下邑，要将清白绍吾宗。
天遥书信真难寄，早倩来鸿递一封。
其二
惊说炎飙烟瘴时，洞蛮蜂起寇南陲。
家书万倍金难得，远梦千回路不知。
刺史运筹专捍御，谏官御命救疮痍。
伏波既没今谁继，大笔铭勋四海希。

【作者】祝梦良，字之夫，郎峰祝氏阁老街人，南宋嘉定元年（1208）进士，由宝章参修郎迭迁刑科给士，监审叛国通番案，直劾其弊忏奸党，被谪钦州太守。政简刑清，士民建祠祀之，入钦州名宦。

29.哭祝献烈[1]公
谢枋得
棣棠花发满江郎，战血淋漓洒夕阳。
朱子无言称好遁，黄岩有恨咏其鎧。
飞章[2]己祧[3]奸臣魄，殉难犹闻姓字香。
自古精忠轻弃骨，孤魂千里梦沙场。

【作者】谢枋得（1226～1289），江西弋阳人。南宋进士，六部侍郎，学通六经，诗文奇绝，著有《叠山集》。
【注释】[1]祝献烈，名祝梦熊，字谓夫，南宋嘉泰二年（1202）进士。官河南道督学副使，反对韩侂胄等奸臣所谓伪学，把大批朱熹、赵汝愚等知识分子打下去，并上疏皇帝。因此，被罢官黄岩尉，未几时，贼寇犯境，率义勇军抗敌而牺牲，赠龙阁图待制，谥"献烈"。[2]飞章，迅急上的奏章。[3]祧，剥夺、草除。

30.读祝制参[1]传感而吊之
刘基
稳睡毡裘隔水闻，羽书重叠杳难分。
穹庐往复劳天使，庙算精微奋六军。
荆楚制参称白马，襄樊布阵号乌云。
至今清晏称为乐，谁识江郎有祝君。

【作者】刘基，字伯温，青田人，元末进士。明代的开国元勋，任浙江元帅府都事，遭排挤弃官回乡，著书立说，著名诗人，著有《郁离子》《诚意伯集》。
【注释】[1]祝制参，即郎峰祝氏三十三世祝允哲，字明卿，江山阁老街人。北宋元符三年（1100）进士，官武翊大制参，督理江广军务。曾上《乞保良将疏》，以全家72口性命保岳飞父子无罪无果，气死在杭州富阳，葬富阳白升山。

31.追吊精忠岳元帅
祝梦熊
将军星陨落天涯，凭吊当年泪似麻。
南国人民常望岁，北方劲敌已呼爷。
如何王气秦城壮，徒使忠魂宋殿嗟。
殉节满门谁尔尔，千秋青史占君家。

【作者】祝梦熊，字谓夫，郎峰祝氏阁老街人，南宋嘉泰二年（1202）进士。官河南道督学副使，反对韩侂胄等奸臣所谓伪学，把大批朱熹、赵汝愚等知识分子打下去，并上疏皇帝。因此，被罢官贬黄岩尉，未几时，贼寇犯境，率义勇军抗敌而牺牲，赠龙阁图待制，谥"献烈"。

32.读祝梦熊公吊岳元帅诗有感

赵铠

阅史知君志不差，疆场效命信堪夸。

飞章丹阙[1]奸惊胆，死节黄岩血溅沙。

献烈当年隆爵谥，神灵今日奉官衔。

夫人亦且同遭难，忠义何曾让岳家。

【作者】赵铠（1513～1584），字仲声，号方泉，江山人，居镇安，明嘉靖二十六年（1547）进士。官累升金都御史，《衢州府志》主纂，著有《留斋漫稿》。

【注释】飞章丹阙，上疏皇帝要求重用朱熹、赵汝愚等。

33.题水哉亭[1]
戴尧天

梅泉泉畔草初青，泉上春涵屋数棂[2]。

风逐云飘遥远树，影随水转动浮萍。

一池波色开明镜，万点峰峦拥画屏。

非是主人真乐水，此间何用水哉亭。

【作者】戴尧天，生平不详。

【注释】[1]水哉亭，亭在江山西山梅泉，尔达公建，为梅泉始祖祝辂爱此泉而建亭，以祀之。[2]棂，窗户上的花格。

34.访祝象文[1]不遇宿江郎山馆
朱应登

江郎二月点莓苔，白雾黄云惨不开。

石碓自春知水涨，山林初动觉风来。

旗亭唤客春尝酒，驿路怀人晓见梅。

漫欲攀谈心百转，相思难断梦千回。

【作者】朱应登（1477～1526），今江苏人，字升之，号凌溪。弘治进士。历官南京户部主事、延平知府、陕西提学副使。擅长诗文，与顾遴、陈沂、王韦号称"四大家"；与景杨、蒋山卿、赵鹤号称"江北四子"。有《凌溪先生集》。

【注释】[1]祝象文，名祝珙，字象文。与徐存同师，北宋元祐三年（1088）李常宁榜进士。授教于江郎书院，终日不倦。四方来求业者（求教）百余人，一榜登士者四十余人，周礼、柴卫，徐荣一有诗祀之。柴卫铭其墓志。

35.北郭访友
祝允明

风物幽妍[1]上郭宽，访朋因得一回看。

家家黄土墙三尺，处处清溪竹数竿。

欲雨欲晴云半密，如秋如夏汗微干。

苦吟应得山人句，却笑笼头少鹖[2]冠。

【作者】祝允明（1461～1527），字希哲，长洲（今苏州市吴中区）人。郎峰祝氏后裔，明代著名书法家，因右手有枝生手指，故自号"枝山""枝指生""枝山樵人"等，世人称为"祝京兆"。其于明弘治五年（1492）中举，曾任广东兴宁知县、应天通判。他擅诗文，工书法，与唐寅、文征明、徐祯卿并称"吴中四才子"，与文征明、王宠、陈淳并称"吴中四子"。

【注释】[1]幽妍，是幽雅美丽的意思,多用来形容女子，出自《念奴娇》。[2]鹖，一种像雉而擅斗的鸟。

36.读祝文忠[1]公传题赠
毛恺

读史知公隐见踪，功名嘉祐早登龙。

手扶社稷经纶大，胸贮文章绵绣重。

五鼎加恩朝帝阙，三台归老向郎峰。

后人留得书香在，把握联辉世袭封。

【作者】毛恺（1506～1570），字达和，号介川，江山石门人。明嘉靖十四年（1535）进士。初在行人司，奉旨出巡，拒受馈赠。二十一年，任南京工部营缮司主事，分管芜湖关税收，县佐担任出纳，税银储存县库，纤毫不染，税吏滥收款额，悉令退还。嘉靖四十五年（1566）任礼部尚书、吏部尚书。隆庆二年（1568）任刑部尚书。

【注释】[1]祝文忠，名祝臣，字微之，号与守，江山阁老街人。北宋嘉祐元年（1056）第进士，官授江南学政，兵部尚书，宰相。卒于台阁，赠少师上柱国宣国公，谥"文忠"。

37.挽祝员外西岗公
毛恺

知君官属大司空，一日黄河百世功。
从役不辞承帝命，放农有疏恤民穷。
急流早动渔樵志，晚岁犹来宠眷隆。
虽是西岗行已殁，于今河上有雄风。

【作者】毛恺，同上。
【注释】祝贞，字西岗，郎峰祝氏江山雅儒坊人。明永乐年间，官工部大司马。治理黄河有功，皇帝赐养老金，在江山城区建西岗书院。后奉命返京任职，卒于京城。

38.读祝太学[1]南归养亲
郑骝

髫年词赋竞三都，弱冠声名驾宿儒。
德业已惊空国学，功名胡不步天衢。
致君自有青云志，事父难教白发孤。
归去故园堪爱日，趋庭诗礼听频呼。

【作者】郑骝，字德夫，号鹿溪，江山城关人。从师王明阳，受了周积的影响，明正德十六年（1521）第进士，官韶州知府。

【注释】[1]祝太学，字佩之，郎峰祝氏江山阁老街人。入太学伴读王子，讲学论文，以礼交毫，不相媚及，考满送试，被奸臣污是"伪学"，辞归不仕。

39.游江郎山怀古
柴天复

苍林回转瀑飞泉，万丈丹梯白日悬。
古寺楼台依树杪，深岩钟鼓[1]度云边。
花源霭霭初疑梦，风露飘飘已觉仙。
宴坐焚香傍幽寂，不知先世[2]寄栖年[3]。

【作者】柴天复，江山长台人。明举人、处士，著有《高园漫稿》。

【注释】[1]钟鼓，江郎山一景，钟鼓洞。[2]先世，江郎祝氏始祖祝东山。[3]栖年，隐居的年华。

40.赠少见祝先生[1]
郑世熙

相逢少见客东溪，十丈由来气吐霓。
问字满门无俗士，谈经深夜有窗鸡。
升堂待我三隅反，入室期君一指迷。
光霁襟怀谁得似，鳌峰顶上自留题。

【作者】郑世熙，江山协理人。明朝万历三十四年（1606）举人、学者、诗人。

【注释】[1]少见祝先生，名祝汝麒，郎峰祝氏江山城关人。明东溪书院教授、学者、诗人，著有《启发正宗》。

41.游江郎山寄祝山曜[1]先生

徐惟辑

芙蓉三朵接云开，信是江郎到后栽。

正喜临岩攀日月，不须跨海问蓬莱。

春深瀑布飞空壁，夜静天花散碧苔。

寄语江郎祝处士，感君先我结仙胎。

【作者】徐惟辑，江山茅坂人。明嘉靖三十八年（1559）第进士，官为中书舍人。

【注释】[1]祝山曜，字鹏举，名君翔，号山曜，郎峰祝氏江山阁老街人。宋末元初乡进士，江郎书院教授，三兄弟山曜、山卧、山卓都是诗人、学者，在书院一唱一和，山曜著有《三峰集》。

42.江郎山微梦作

张凤翼

序言

余弱冠时，梦三山壁立，峻峭千寻，下绕碧流，岩洞琳宫淋漓，翰墨啸咏，其间醒。犹记天入山中成一字，日从地上印三台，句未解也。岁癸亥秋，余以公事过江郎，适祝明经等邀予往游，登临瞻眺，梦中景物，所记诗联为罗念庵先生所留题，余愕然岂真事有前定哉；作诗记之。

蚤年[1]有梦到名山，曾记名山绕碧湾。

三向一中分造化，一从三里透元关。

擎天柱插云霄外，摩汉峰回日月间。

此际攀跻谈往事，不疑蓬岛[2]隔尘寰。

【作者】张凤翼，字伯起，号灵虚，江苏省苏州人。明嘉靖四十三年（1564）中举人、戏曲家，著有《阳春集》《敲月轩词稿》等。与弟燕翼、献翼并有才名，

时人称"三张"。

【注释】[1]蚤年，即早年。[2]蓬岛，指山东蓬莱仙境。

43.慨祝养廉[1]先生

沈九如

人生何处不高歌，独步其如祝子何。

风月满怀尘累少，烟云随笔好诗多。

门前花鸟余珠唾，壁上蛟龙剩薜萝。

无奈玉楼催赋早，荒衙无复再来过。

【作者】沈九如，字宣子，浙江杭州武林人。明朝著名学者、诗人。

【注释】[1]祝养廉，生平不详。

44.江郎山怀古

沈九如

江郎爿石旧曾谙[1]，仰止高峰一驻骖[2]。

万仞云封天尺五，千寻岳立象参三。

鼎分鳌足凌清汉[3]，角峙台垣隐翠岚。

记得东山遗迹在，书香远镇甲东南。

【作者】沈九如，同上。

【注释】[1]曾谙，曾知道。[2]驻骖，停住的马车。[3]清汉，清清的银河。

45.过养和祝公墓[1]口占

徐可求

春日间游出郡城，城南塚墓独峥嵘。

无人更说前朝事，义士于今道祝生。

坏土已封仙客骨，残碑犹刻养和名。

平生有恨谁能识，空揖鞭鞘哭古茔。

【作者】徐可求，浙江衢州西安（衢

江）人。明朝政治人物，进士，官至四川巡抚，明天启元年（1621）九月，被永宁宣抚司奢崇明所杀，史称"奢安之乱"。

【注释】[1]祝公墓，祝巡后代。

46.和沈九如江郎山怀古原韵
余 锡

崷岸[1]危峰昔久谙，江郎今此共停骖。
侧看拔地浑如一，细数开天画象三。
鲤跃莲池来碧落，虎移泉眼傍晴岚。
此间高卧有谁继，独让东山在洞南。

【作者】余锡，字九如，号舟痷，衢州西安（衢江）人。清朝顺治年间拔贡，官江西布政使。后任遂昌教谕。迁江山礼贤镇定居，学者，善诗。

【注释】[1]崷岸，高峻的样子。

47.吊祝孝廉西山
王嘉捷

一自归来住雅儒，梦魂何遽绝三衢。
林边有径松花老，户外无人月影孤。
路拾遗金难自受，家余旧产听兄区。
高风千载谁能继，令我情深倍叹吁。

【作者】王嘉捷，江山城区人。清康熙八年（1669）秀才，诗人直隶行唐知县，康熙四十七年（1708）衢州府延请乡饮大宾。

48.游江郎山怀始祖东山[1]公
祝蛀

为爱江郎度碧霄，我公当日住山椒[2]。
声名直欲超三代，气概还将冠六朝。

雏凤并飞家世贵，期颐[3]将届寿龄高。
典型在昔予生晚，空向丹青画里描。

【作者】祝蛀，字鹿瞻，号苹野，郎峰祝氏江山秀峰人，清衢州府学廪膳生，诗人，是任台湾镇总兵柴大纪的挚友。

【注释】[1]祝东山，已介绍。 [2]山椒，山顶。[3]期颐，称百岁之寿。

49.过黄岩祝献烈[1]祠有感
汪熹

城南晓发驭花鬃，按辔徐行接槛栊。
县尉当年尝殉节，黄岩此日见行宫。
汝愚气概今犹壮，朱子风流久益隆。
报国精忠心已遂，千秋血食有谁同。

【作者】汪熹，生平不详。

【注释】[1]祝献烈，祝梦熊，字渭夫，江山阁老街人。进士，南宋河南道督学副使，因反对奸臣韩侂胄的"伪学"，复朱熹、赵汝愚等的仕职，贬黄岩尉。未几，贼寇侵犯，在抗击贼寇战斗中，壮烈殉职。军民建祠祀之。

50.哭朝园[1]祝世兄
刘世泽

谁道朝园未遇时，朝园自是卷怀之。
文章岂让青云客，名节犹高白雪诗。
遭难本身惟念祖，存心一点特留见。
可怜此事何时了，地老天荒空自知。

【作者】刘世泽，江山城关雅儒坊人。清康熙年间的贡生，擅诗。

【注释】[1]祝朝园，生平不详。

51.望江郎慨祝东山[1]先生
汪辉

三峰如削见天真，笑傲东山几度春。
一片青光摇曙色，无穷翠影扑征尘。
惭予宦迹全难定，美尔蜗居本不贫。
半世功名成底事，空将篱菊让前人。

【作者】汪辉，生平不详。
【注释】[1]祝东山，已介绍。

52.临终戒子
祝世春

屈指生平拂意多，贻谋他日奈儿何。
赌嫖二字原宜戒，经史一身还琢磨。
自愧床头无阿堵，偏期膝下有鸣珂。
存亡永别言难尽，最是关情绝命歌。

【作者】祝世春，郎峰祝氏江山阁老街人，生平不详。

53.答祝文学[1]
赵国衡

感君志气傲烟霞，酌酒吟诗意自赊。
图画远穷天外景，品题难尽腹中葩。
研朱点易沾花雨，泼墨临池浣雾纱。
自愧往还车马道，岭头风月属君家。

【作者】赵国衡，字孝廉，闽中人。南宋时由闽中去湖北武汉任职。
【注释】[1]祝文学，名祝大成，郎峰祝氏江山阁老街人。南宋乡进士，任江郎书院教师。因子贵，覃封中顺大夫。

54.送闽中赵孝廉[1]之楚
祝大成

英年佐郡楚城居，十郡风流尽不如。
此去且酣彭泽酒，何须不食武昌鱼。
仙人楼阁春云里，行客帆樯晚照馀。
大别山前江汉水，画廉终日对清虚。

【作者】祝大成，字振六，郎峰祝氏江山阁老街人。南宋乡进士，江郎书院教授，不愿出仕，因子祝梦良任刑科给士，钦州太守，祝大成覃封中顺大夫。
【注释】[1]赵孝廉，外赵国衡，由闽中去湖北武汉任职。

55.吊祝三祝先生
郑际升

闻公凤抱众称奇，少掇科名后学师。
高把郎峰标节概，静涵海水濯丰姿。
依归尚得十年外，寄慨应来一息时。
惆怅芳徽今已还，泰山梁木起长思。

【作者】郑际升，生平不详。

56.游江郎山有感
祝荣栋

忆昔初唐祭酒公，江郎书院建山中。
传家事业鳣堂雨，报国文章杏苑风。
出没鱼龙观变化，精修经史冀神通。
三峰凝秀垂今古，钟毓原来无异同。

【作者】祝荣栋，郎峰祝氏江山雅儒坊人，学者、诗人，生平不详。

57.自叙
祝荣椿

年来四十缺其三，名利虚浮未可探。
簑笠岂能终我老，诗书奚让别人担。
残编试付儿曹读，故纸仍将志意参。
户外月明浑下管，挑灯重复叙鸡谈。

【作者】祝荣椿，字月仙，郎峰祝氏江山雅儒坊人。学者，《郎峰祝氏世谱》主修，并写《续修世谱叙》。

58.江郎山行乐祠[1]怀古（二首）
祝协华

（一）

突兀三峰亘古今，拜瞻公像独登临。
当年石上曾栖鹤，此日溪边想弄琴。
遁迹间看云出没，幽居不管雾浮沉。
虚名耻向花间叩，妙悟翻从洞口寻。

（二）

讲易堂前藏玉牒，传经院内度金铖。
唐衢刺史联真契，李谪仙人序快音。
备领高山流水趣，常存守道待时心。
江郎行乐依然在，读罢残碑泪满襟。

【作者】祝协华，郎峰祝氏江山阁老街人，生平不详。

【注释】[1]行乐祠，祠在江郎山开明寺之次，即东山公读书处，孙尚邱公改建。

59.赠少师臣公平章常公同朝摄相[1]
张恢

世籍郎峰始大唐，荣章并锡辅君王。
箕裘继述家声振，印绶联绵国运昌。
鹓鹭齐飞扬浙水，埙篪并奏冠江阳。
一门竞毓冤兰茂，昆季同登作栋梁。

【作者】张恢，江山张村人。南宋绍兴十六年（1146）第进士，当朝著作郎。晚年在江山张村集资创办集义书院。

【注释】[1]少师祝臣，兵部尚书，宰相。祝常平章事五年，与宰相同品，权力在宰相之上。故称兄弟宰相，也称同朝摄相。

60.赠祝臣荣膺宣国文忠国公
张恢

文忠宣国学原优，赋就凌云拜冕旒[1]。
自昔声名传玉榜，于今德业复金瓯[2]。
黑貂[3]荣锡三公府，锦帐重封万户侯。
报国丹心惟一点，讲经日日在龙楼。

【作者】张恢，前文已介绍。

【注释】[1]冕旒，皇帝冠冕。[2]金瓯，国土。[3]黑貂，皇帝荣锡。

61.赠祝臣祝常二昆玉同登科甲[1]
柴望

秋闱凤诏出严宸，龙虎风云重得人。
豹变文章光盛世，鹿鸣笙瑟宴嘉宾。
初闻素履称乡里，终起英名动缙绅。
不信貂蝉常接踵，宠光今报杏园春。

【作者】柴望（1212～1280），字仲山，号秋堂，江山长台人。南宋嘉熙四年（1240）官为太学上舍，供职中书省，以迪功郎任国史编校。

【注释】[1]祝臣，郎峰祝氏江山阁老街人。北宋嘉祐六年（1061）王俊民榜进士。祝常，江山阁老街人。北宋嘉祐八年（1063）许将榜进士。兄弟同登科甲。

62.读谱有感
祝永铭

礼义相传裕后昆，太原血食至今存。
若非濬哲千年泽，安有云礽百世孙。
文献足微传谱系，缙绅不绝耀宗门。
后人无忝前人德，继绪均沾雨露恩。

【作者】祝永铭，郎峰祝氏阁老街人，生平不详。

63.读祝氏宗谱有感
葛崇节

黄河千载一番清，几度郎峰出俊英。
世世登科垂谱牒，人人尚义振家声。
留名史册功勋重，扬誉江阳德望荣。
高卧东山贻泽远，流风待与子孙铭。

【作者】葛崇节，字陶翁，福建闽清人。南宋官为大理寺正，广东运判现朝清郎。

64.读祝氏三烈[1]传题赠
郑清芝

忠义巍巍不可攀，抗元死节感天颜。
彩鸾从驾当年去，丹凤凌霄何日还。
御制诏封邱垅显，挽歌声断楚天寒。
忠门喜有乘龙婿，为阐幽光石上刊。

【作者】郑清芝，原籍河南，后住福建莆田。南宋丞相。侄子郑虎臣是步军指挥使，与奸臣贾似道有杀父之仇，乘机杀贾似道为父报仇。朝廷即命郑清芝往福建捉拿虎臣归案，虎臣自杀，四个儿子逃难。郑清芝不能回朝复命，随入潮州隐居饶平。

【注释】[1]祝氏三烈，指兄祝时可，弟际可，时可之子有性，在宋末元兵入侵

湖北省济德时，宋救兵不至，楚署三人自尽，以示忠诚大宋。

65.读献烈祝梦熊[1]传感而吊之
曹明卿

宋代崇文重硕科，爱君死难得人多。
三难大节[2]轰天地，一片坚贞耀禁坡。
梦蝶忠魂朝野惜，骑鲸[3]碧血[4]缙绅歌。
休嗟青史无人著，留取斯言永不磨。

【作者】曹明卿，生平不详。

【注释】[1]祝梦熊，郎峰祝氏江山阁老街人。进士，反对"伪学"，从河南督学副使贬为黄岩尉，抗寇而壮烈牺牲。赠龙阁图待制，谥"献烈"。[2]三难大节，一反对"伪学"，罢官武夷山冲。二在武夷山讲学，被谪黄岩尉。三黄岩抗寇，以身殉国。[3]骑鲸，逝世。[4]碧血，古时，在四川有位抗击外来入侵，壮烈牺牲，血流满地，几年后他的血成美丽的碧玉。

66.谒东山祝先生墓[1]
周文兴

先生先我到此游，我后先生来归休。
相知所闻非所见，亦步亦趋同风流。
筑室先生遗址上，门前更对先生邱。
墓古碑残名益重，知君此外更无求。

【作者】周文兴，字用宾，号江郎。明正德三年（1508）第进士，辞归，居江郎十余载，后，累被征，官至鸿胪正卿，会议大礼，脱稿授弦相公孚敬，复弃官归山，坚不肯出，有飘然物外之志，巡抚阮公鹗作"高士居"于紫阳宫下，以便栖隐。胡公字宪为建"高士坊"祀公贤。

【注释】[1]祝东山墓，墓在江郎山寺庙旁，已毁。

67.赠祝月仙[1]纪千笃志续谱

汪烜

二难[2]竞爽振江城，此日知君弟与兄。
书记无功成吏隐，文章有价早蜚声。
克修宗谱垂青简，亦政家庭茂紫荆。
应并郎峰同不朽，雅儒坊表待重旌。

【作者】汪烜（1692～1759），后名绂，字灿人，号双池，江西婺源人。博综儒经，著述颇丰，晚年尝馆枫溪（廿八都）23年。著有《大风集》四卷、《双池文集》十卷、《诗集》六卷等。

【注释】[1]祝月仙，名祝荣椿，郎峰祝氏江山雅儒坊人。清学者、诗人，修谱主纂。[2]二难，清江山兵难，祝荣椿父亲抱宗谱走攀崖陟磴，白天躲藏，夜里行走，断粮五日，濒死救谱。

68.花台映月

祝麟旦

雪堂高树一台花，映入清虚澹月华。
翠幕辉分垂玉佩，红妆影射护银纱。
诗缘皓色间中得，酒为香枝分外赊。
漫道青莲风已远，唱酬春夜属谁家。

69.溪边望雨

祝麟旦

岂为临流好赋诗，溪头属目有谁知。
锦鳞耀日空吹沫，碧柳含烟好濯枝。
三日甘霖思野老，一川巨涨望篙师。
天公何日云霓出，无限深情待雨时。

【作者】祝麟旦，郎峰祝氏江山阁老街人。生平不详。

70.赠祝辑五[1]在功同理续谱

汪烜

富贵功名未足奇，留心谱牒信堪师。
简编有绪宜成辑，文献宜徵早趁时。
梨枣摩挲翻鸟篆，风云际会耀龙墀。
郎峰世世珍家宝，探本穷源万古垂。

【作者】汪烜（1692～1759），江西婺源人。清朝画家、琴家。著有《立雪斋琴谱》《九声诵》《湘灵鼓瑟》等琴曲作品。

【注释】[1]祝辑五，郎峰祝氏江山阁老街人。清学者，《郎峰祝氏世谱》的主要编辑者，同荣椿等人参考互证，家有信谱，世世珍家宝。

71.表都察院祝咨谋[1]

赵若愚

当年察院祝咨谋，奉诏兴师拟雪雠。
立帜义兵多勇往，纶巾儒将侭风流。
中原恢复期堪待，奸恶横行志转休。
自古忠良空寄恨，杜鹃啼破夕阳秋。

【作者】赵若愚，生平不详。
【注释】[1]祝咨谋，字若丝，号贻庵，郎峰祝氏江山阁老街人。北宋大观三年（1109）第进士，官至湖南都察院参知军政事，诏策伐金，复中原三百里，为奸党谋陷而退。

72.表祝时可[1]忠烈

徐圻

凛凛精忠不可攀，一门三烈报天颜。
杀身自答君恩重，焚署何知性命艰。
济德县中英气壮，江郎山下夕阳殷。
千秋名宦垂祠庙，鸾诰荣叨紫禁颁。

【作者】柴徐圻，生平不详。

【注释】[1]祝时可，字且然，郎峰祝氏江山阁老街人。南宋末年，任湖北济德县令，白天考政理判折狱。晚上与弟际可，子有性在俯仰讲学，元兵金寇围城，救兵不至，焚署自尽，一门三烈。时可封中正大夫、兵部侍郎。际可封微仕郎、国子监正，有性封儒仕郎、太学博士。

第二节 词

1.与祝允哲[1]述怀调寄满江红

岳飞

怒发冲冠[2]，想当年，身亲行列。实能是，南征北战，军声激烈。百里山河归掌握，一统士卒捣巢穴。莫等闲白了少年头，励臣节[3]。

靖康耻[4]，犹未雪；臣子恨，何时灭？驾长车，踏破金城门阙。本欲饥餐胡虏肉，常怀渴饮匈奴[5]血。偕君行，依旧奠家邦，解郁结。

【作者】岳飞（1103～1142），字鹏举，河南汤阴人。民族英雄，南宋抗金名将，被秦桧所害，宋宁宗追封鄂王。

【注释】[1]祝允哲，字明卿，宋元符三年（1100）第进士，郎峰祝氏江山阁老街人。武翊卫大制参，抗金名将，被秦桧谪潮州推官11年，南宋绍兴十一年（1141），吏部尚书阵旦诏允哲恢复原职。上疏以70多口家人保岳飞，过富阳得知岳飞父子被害，气疾而卒，葬在富阳白升山。 [2]冠，帽子。[3]励臣节，勉励大臣的高尚情操。[4]靖康耻，靖康二年（1127）四月金军攻破东京（今河南开封），在城内搜刮数日，掳徽宗、钦宗二帝，北宋灭亡。又称靖康之变。[5]匈奴：指金兵。

2.和岳元帅述怀[1]调寄满江红

祝允哲

仗尔雄风，鼓劲气，震惊胡羯[2]。披金甲，鹰扬虎愤，耿忠炳节。五国城[3]中迎二帝，雁门关外提金兀[4]。恨我生，手无缚鸡力，徒劳说。

伤往事，心难歇；念异日，情应竭。握神矛，闯入贺兰山窟。万世功名归河汉，半生心志付云月。望将军，扫荡登金銮，朝天阙。

【作者】祝允哲，同上。

【注释】[1]和岳元帅述怀，指岳飞写给允哲的词《与祝允哲述怀》。[2]胡羯，匈奴的一个分支。[3]五国城，现今黑龙江省依兰县。徽宗和钦宗二帝被俘后，关在五国城。[4]金兀，金兵的首领金兀术。

3.赞信安侯祝巡[1]公调寄满庭芳

祝常

性秉坚贞，力保中原，御侮独镇坤乾[2]。艰难天步，走马向南迁。我祖仗旄[3]护驾，叹两晋，治绩依然。留守握重权，父忠子孝话当年。

信安开阆阅[4]，郎峰肇族，仰慕公贤。侯爵晋当日，九诏飞宣。遗像而今图画，播笏垂，绅想从前。豪华甚，丰功骏烈，堪绘入凌烟。

【作者】祝常（1012～1092），字履中，又名昌言。郎峰祝氏江山阁老街人。宋嘉祐八年（1063）进士，太子少保平章事，封鲁国公，谥号"文正"。平章事即专授以年高望重之大臣，职位在宰相之上。（此词被收入周笃文主编的《全宋词评注》）

【注释】[1]信安侯祝巡，字帝临，号省庵，郎峰祝氏一世祖。东晋建武元年（317）封护国上将军。太宁二年（324）封为信安侯。[2]坤乾，《周易》的坤卦和乾卦。属于阴阳的范畴，是构成宇宙的原始物质。这里指国家。[3]旄，旗帜。《孟子·梁惠王下》："今王田猎于此，百姓闻王车马之音，见羽旄之美，举欣欣然有喜色而相告。"[4]阀阅，古代官宦人家门外左右竖立的石柱，用以自序功状。这里指政权。

4.赞齐太尉祝辂[1]调寄酬江月

祝臣

纷纷五代，恋职尽，豪杰我祖不屑。奉命事齐，官太尉，励志独标峻洁。南梁事成，梅泉好遁，千古巢由节。栖迟蓬荜，保身共美明哲。

优游骑石山边，烟霞铜蔽，车马顿决绝。谢聘高风，百世下，犹见芳心郁结。事主靖共，贞忠不贰，臣道自奇别。而今瞻拜，遗像清如冰雪。

【作者】祝臣，见前文。

【注释】[1]祝辂，字殷初，郎峰祝氏江山梅泉始祖。齐太尉，为避梁王以兵来取公返政从军远避居江阳隐居梅泉。

5.赞国子祭酒钦明[1]公调寄离亭燕

柴留

潇洒丰神谐畅，辅佐庙堂良相。五经博士极典雅，文采风流无上。梦入月宫游，舞进八风新样。

藏用褊心讥谤，出刺饶州奚惠。奉命长行资治化，萧管弦歌局量。公道有姚崇[2]，请复职衔允当。

【作者】柴留，江山长台人，学者。

【注释】[1] 祝钦明（656~728），字文仲，号月朗，东山公长子，郎峰祝氏江山梅泉人。自小从父梅泉读书，年长游学于京兆。弘道元年（683），及第进士，入朝供职，初授翰林院纂修郎。长安元年（701），累迁太子率更令，兼崇文馆学士。中宗未就帝位时，钦明兼充侍读。长安二年，累迁太子率更令、兼崇文馆学士、太子少保。武则天改谓先农坛。神龙元年（705）中宗即位，擢拜国子祭酒、同中书门下三品，加位银青光禄大夫，历刑部、礼部二尚书，兼修国史，仍旧参知政事，累封鲁国公，食实封三百户。藉田光祭先农，唐初为帝社，亦称"藉田坛"。后为御史中丞萧至忠所弹劾，贬授申州刺史。之后，又复入朝为国子祭酒，兼崇文馆学士。景云初，侍御史倪若水劾奏，贬钦明为饶州刺史。开元十五年（727），终于任，享寿72岁，葬于饶州城南，长子尚忠居家守之。 [2]姚崇，唐名宰相，上书皇帝《恒懔特奖疏》，为祝钦明平反昭雪。

6.赞太子少保荣封郡马祝克明[1]调寄沁园春

杜甫

骑石效灵，江郎凝秀，钟出英雄。真冠世贤豪，才全文武；惊人妙品，貌若芙蓉。游学扬州，得奇遇请，恩诏完姻救命隆。荣华甚，真冠飘霞凤，表绣虬龙。

勤王诏到关中，献奇策待命起从戎。奈帷幄运筹，追随幕府；疆场效命，左右英公。天意难回，我师败绩，报国精忠谁与同。心慰矣，看庐陵复御，显爵表功。

【作者】杜甫（712~770），字子美，河南巩县（今河南省巩义）人。唐代伟大的现实主义诗人，与李白合称"李杜"。后世称杜工部、杜少陵、杜草堂。他在中国古典诗歌中的影响非常深远，被后人称为"诗圣"。杜甫创作了《春望》《北征》《三吏》《三别》等名作。759年杜甫弃官入川，虽然躲避战乱，生活相对安定，仍贫困，住草堂。但心系苍生，胸怀国事。杜甫一生共有约1500首诗留下来，收于《杜工部集》。

【注释】[1]祝克明（659～687），字德仲，号月清，东山公次子，郎峰祝氏江山梅泉人。文武双全，游学扬州，投英国公徐敬业，登科及第。诏赐完姻封郡马，娶淑德郡主。为太子少保，督理扬州粮饷，参知军政事。随徐敬业反武则天，不幸失利而身殉。

7.赞提督军门祝岳年[1]公调寄蝶恋花
黄大谋

精通武艺世罕见，徵聘朝廷，预备亲征战。效命沙场穿杨箭，表功论绩登金殿。

英气凛凛膺宠眷，提督军门，诏诰题黄绢。仕宦归来荣郡县，良材共美邦家彦。

【作者】黄大谋（1726～1799），字圣筹，号石庵，江山市张村乡人。少年聪慧异常，擅诗文，工书法，习制举艺。24岁时，弃文习武，得入邑庠生。乾隆壬申年（1752），中乡试第二名。清乾隆甲戌年（1754），中武进士，钦点蓝翎侍卫，供职于京都内廷，后调任直隶天津都司。

【注释】[1]祝岳年，字若山，郎峰祝氏江山阁老街人。武艺世罕见。任泰州都理，屡官潼关都闻府，后升提督军门。

8.赞都闻将军祝有年[1]公调寄偷声木兰花
毛晃

纷纷五代征战局，割据中原矜逐鹿。助阵公来，百万军中效奇才。

横冲直撞轻纵送，吴起孙膑相伯仲。诏诰煌煌，闻将军策命扬。

【作者】毛晃，《赞银青光禄大夫礼其岱公》已介绍。

【注释】[1]祝有年，字如龄，后唐郎峰祝氏江山阁老街人。知弟祝延年和贼景云作战，驰来乘勇助阵。经宣州遇盗，郭威将兵迎拥擒贼，郭威要祝有年入军营，并封都闻将军，与弟祝延年相遇，兄弟请辞回家。

9.赞驸马伯祝延年公[1]调寄满庭芳
毛恺

逐鹿中原，夺帜建功，英雄五代齐全，汉朝未定，公已结姻缘。侍奏太平喜醮[2]，表功臣，旌赏昭然。荣封驸马伯，五凤楼前诏诰宣。

隐帝新嗣位，斩杨戮史，负却前贤。公独挺身保，奏牍连篇，隐帝昏迷不省，抛高爵，走马南旋。从容甚，间同公主，把袂入林泉。

【作者】毛恺（1506～1570），字达和，号介川，江山石门人，明嘉靖十四年（1535）进士，历任瑞州、宁国、莱州知府，山东按察副使，河南按察使，南京礼部尚书，吏部尚书，刑部尚书，赠太子少保。著有《读书录抄释放》三卷、《介川文集》十卷及奏议八卷，遗于世。

【注释】[1]祝延年，字长龄，后汉郎峰祝氏江山阁老街人。赐制置将军，出征三战连诛景云诸贼，李后将安贞公主许配祝延年公封为安世驸马伯。[2]喜醮，醮即"宴"，喜宴。

10.赞武略将军祝衍昌[1]公调寄风入松

刘基

干旌孑孑叩松关，访贤到此间。茅庐贮蓄经纶大，谈笑下，克济时艰。奇策神谋莫测，献功奏提谁攀？

煌煌诰命自天颁，武略将军衔。垂绅搢笏金阶上，称臣列，职冠朝班。功勋铭诸竹帛。声名播厥烟寰。

【作者】刘基（1311～1375），字伯温，青田人。元朝元统第进士，曾任浙东行省元帅都事。至元年间（1335～1340），投奔朱元璋，官至御史中丞、太史令，封诚意伯。著有《郁离子》《诚意伯集》等，《明史》有传。

【注释】[1]祝衍昌（956～1008），字帝文，驸马伯祝延年的儿子，郎峰祝氏江山阁老街人。原配虞氏所生，两岁丧母。安贞公主养大。宋太宗渡过长江，统一中国，入闽时，仙霞关受阻。宋大将吴容访英雄祝衍昌，公以天下将治，出仕遂同入关平抚闽省，功拜武略将军。镇守漳州、汀州、泉州等地，在衍昌治理下，政通民和，兵民服之。

11.赞都御史大中丞祝邦泰[1]公调寄蝶恋花

苏幼安

仕吴佐治政平允，护国保民，公独立能尽。五代纷纷及困悯，惟吴安绥仰贤尹。

无限忠心谁最紧？四野流膏，功德动愚蠢。谢职归来攀行轸，歌功诵德相推引。

【作者】苏幼安，字心德，居江山沙堤（今长台镇花园村）。元朝举明经，为衢州路教授。归老时，乡寇犯境，欲执苏幼安去，大骂不屈而死，乡人立祠祀之。《江山县志》卷九，《人物志·忠烈》，作元朝忠烈之志。

【注释】[1]祝邦泰（958～1027），字彦卿，郎峰祝氏江山阁老街人。北宋淳化二年（991）第进士，任五代吴越武肃王，屡官都御史大中丞，护国保民，社会安定，民众欢呼祝邦泰的治理功绩。 ·

12.赞枢密院指挥使祝敞[1]公调寄念奴娇

于谦

登高望远，叹宋朝宫殿，于今何有。二帝北行身已去，公独追随左右。捍牧相从，披发垂首，舍命同奔走。文臣武将，归难问谁与守？

闻道沙漠茫茫，君忧臣辱，血泪盈袍袖。试问事君谁若此，公抱孤贞无偶。雁门关高，长乐钟远，风景非仍旧。奇情奇节，万古千秋不朽！

【作者】于谦（1398～1457），字廷益，号节庵，明朝浙江杭州人，任山西、河南巡抚。明英宗时，因得罪王振下狱，后释放，官为兵部侍郎。擢兵部尚书。明天顺元年（1457），因"谋逆"罪被冤杀。平反后，谥"忠肃"。著有《于忠肃集》。于谦、岳飞、张煌言并称"西湖三杰"。

【注释】[1]祝敞，字正五，郎峰祝氏江山阁老街人。北宋官讲士除东宫洗马，授枢密院指挥使。靖康二年（1127），随二帝北行，披发跣足，泣涕以从，大骂金贼，被金兵害之，报国捐躯。

13.赞开封府尹祝周材[1]公调寄水调歌头

祝宗善

策征战奏牍，选上属荒唐。朝衣脱卸，五国城中没主张[2]。昏暗不知更漏，但觉阴风凛凛，相对话苍凉。寂寞朝阳殿，莫辩夜短长。

恨难忘，增惆怅，念桑梓。民物无恙回首，千载几兴亡。谁是致身主？谁是捐躯报国？摒将命来偿，如公随二帝，标棺还故乡。

【作者】祝宗善，郎峰祝氏江山竹和人，博学能诗。明朝洪武年间，举文学，宗善为江山庠教谕。秩满上京举考。在京为朱皇帝续诗，朱命宗善任苏州吏。

【注释】[1]祝周材，字思九，郎峰祝氏江山阁老街人。北宋进士，靖康年间任开封府尹，靖康二年（1127）被钦使五国城与金国议和，祝周材是主战派，被杀害于五国城，标棺归葬，赠文信伯。[2]朝衣脱卸，五国城中没主张。全不准穿朝衣，穿便衣作为俘房。

14.赞福建学政祝廷骥[1]公调寄满庭芳

曹明卿

翰墨精通，经书贯串，生成伶俐齿牙。对策金殿，标榜夺黄麻。迨召传胪宣诰，叹声名，满路堪夸。琼林胜仙槎，想当日赤简乌纱。

奉命授学政，满门桃李，笔底生花。南国歌慧眼，玉尺无瑕。报最彤廷称职，旌表赏，诰命频加。荣华甚，江郎山下，岁岁护云霞。

【作者】曹明卿，生平不详。

【注释】[1]祝廷骥，郎峰祝氏江山阁老街人。北宋福建学政，郎峰祝氏八大学政之一，世称"宗师"。

15.赞淮安将军祝霈[1]公调寄踏莎行

曹彬

备极才能，精神锻炼，奋勇前往助征战。疆场效命真堪夸，出入三军风色变。奏绩表旌，论功抢选，淮安将军登金殿。诏诰煌煌望门来，奇情奇事曾罕见。

【作者】曹彬，已介绍。

【注释】[1]祝霈，字若霖，郎峰祝氏江山阁老街人。五代时精于兵法，军功累官，淮安将军，镇守抚州，卒于任职，由子祝麟蕃袭其职，并落户抚州。

16.赞河东宣抚使祝程[1]公调寄偷声木兰花

周敦颐

家丁六百同烟爨，百万生灵欣涣汗。职列抚巡，膏泽频流雨露均。洽民成绩真才干，清慎廉动功业烂。三晋歌仁，恩播封疆大地春。

【作者】周敦颐（1017～1073），又名周元皓，原名周敦实，字茂叔，号元公，北宋道州营道楼田堡（今湖南省道县）人，世称濂溪先生。周敦颐是北宋儒家理学思想的开山鼻祖。是著名的文学家、哲学家。著有《周元公集》《爱莲说》《太极图说》《通书》。

【注释】[1]祝程，字仲恩，号云峰，郎峰祝氏江山阁老街人。北宋大中祥符七年（1014）第进士，入翰林院，历职朝议大夫、国史院侍读学士，乾兴元年（1022）授河东宣抚使。家有六百人口，五代同堂，八子登科，入河东名宦。卒于宋嘉祐四年（1059）。

17.赞都统将军祝慎言[1]公调寄踏莎行
祝梦良

才全文武，事明退进，我公当年挂将印。兵机阵法极精详，姓字播扬山海震。

定国功高，安邦业峻，都统将军官阶晋。乃心罔不在王廷，致君常欲如尧舜。

【作者】祝梦良，已介绍。

【注释】[1]祝慎言，字谨之，郎峰祝氏江山阁老街人。北宋宝元二年（1039）武举人，授武翊卫兵马指挥。

18.赞监察御史祝元臣[1]公调寄离亭燕
徐存

正直一生无偶，监察宫廷左右。补衮进言原不忌，诱掖趋跄奔走。称职欲如何，自矢公忠启牖。

出纳王言是守，相结鹭朋鸥友。御史声名偏藉藉，身绾黄绦紫绶。治世称循良，勋绩永垂不朽。

【作者】徐存，已介绍。

【注释】[1]祝元臣，字勋国，郎峰祝氏江山阁老街人。北宋雍熙二年（985）登省元，尚未殿试，被奸臣谢之，东床内定皇亲国戚名额。后礼科考试特显才华，任青州丞，升江西道监察御史，清正廉洁，军民感德。

19.读书江郎山言志调寄行香子
祝山曜

回望无尘，石室安身。穷经时，精透十分。浮空名利，枉费劳神。为水上沤[1]，花间露，景中身。

满腹经纶[2]，叹向谁伸。耽诗书，乐尽天真。栖迟岩畔，作个闲人。还自烹茶，自酌酒，自采薪[3]。

【作者】祝山曜，名君翔，字鹏举，宋元间郎峰祝氏江山阁老街人。文学超群，乡贡，在江郎书院任教，著有《三峰集》等遗世。

【注释】[1]沤（ōu），鸥。《列子·黄帝》，"海上之人有好鸥鸟者，包旦之海上，从鸥鸟游。"这里指水鸟。[2]满腹经纶，理出思绪的经，编丝成绳的纶。引申指满肚子有筹划国家大事。[3]薪，木柴。

20.咏祝少师^[1]别墅调寄天仙子

张恪

洞府新成，结构仙宫。初制楼台。江郎山下任安排。幻出通明世界。

乍入浑疑^[2]，无路闲行。更别有天，薜萝^[3]倒挂石上眠。掩映云山畅快。

【作者】张恪（1111~1181），字季武，江山张村秀峰人，宋绍兴十八年（1148）进士，弟恢，字季长。兄弟齐名，皆登第进士，恪终著作郎。

【注释】[1]祝少师，郎峰祝氏江山阁老街人，少师上柱国，封宣国公祝臣，少师别墅是祝臣居所。由皇帝诏赐建造，江山县令项瞻负责施工。共计人工855人，资费185两银子。由孙祝大任支付。[2]浑疑，深厚质朴。[3]薜萝，薜荔与女萝两种植物的合称。杜甫《峡中览物》诗："舟中得病移衾枕，洞口经春长薜萝。"

21.赞郡马伯祝附凤^[1]公调寄酬江月

范仲淹

江郎凝秀，正灵钟，豪杰附凤尤绝。作赋吟诗，皆韵事，静气迎人怡悦。从父入宫，德王欢爱，许缔姻缘结。王姬下嫁，恩荣辉耀门闉^[2]。

待看势宜弄权，诏同郡主，归家完劲节。省父洛阳军营内，未可久停车辙。父能尽忠，子能守孝，满腔苌^[3]宏血。而今播笏，垂绅龙帙凤缬。

【作者】范仲淹，见《豹使公传》。

【注释】[1]祝附凤，郎峰祝氏江山阁老街人，随父入宫，作赋吟诗，才华横溢，被德宗李适看中，将宫女王姬下嫁。附凤公看到宫廷权势内斗，带王姬回江山。[2]门闉，门槛 [3]苌，猕猴桃。

22.赞大理寺少卿祝周易^[1]公调寄满庭芳

班琴

潜心理学，博览群书，平生秉志弥坚。艺游乡荐，名达九重天。直斥童贯十恶，贬青州，心迹昭然。钦公文才全，时中推荐信非偏。

授大理少卿，正直折狱，不愧前贤。讼庭生意满，草绿花鲜。还美自公退食，又忙忙，检点书编，咸指为，冰心铁面，情达德并宣。

【作者】班琴，生平不详。

【注释】[1]祝周易，字圣赞，郎峰祝氏江山阁老街人。北宋大观二年（1108）举人，官大常丞，持状奸臣童贯十恶，贬青州。宣和七年（1125）太宰白时中提内阁中书。历职大理寺少卿，人称"铁面赤心御史"。

23.赞巡道御史祝彦圣^[1]公调寄满江红

徐日葵

秉志忠良，靖康间，忧君念切。应恩诏，南迁护驾，从容和悦。切绩兼人伊旦侣，临机应变杜房哲。想当年励正折权奸，抒心血。

二帝事，忧郁结；臣子恨，何时灭？对金姓，与金仇无分别。报国何愁夫妇怨，手掣千将恩义绝。幸知已，开悟一团痴，心方折。

【作者】徐日葵，已介绍。

【注释】[1]祝彦圣，字希贤，郎峰祝氏江山阁老街人。北宋宣和二年（1120）举人，官至兵部主事。钦命转运河北粮饷，后授都城巡道御史，秦桧家丁暴虐平民百姓，被祝彦圣立案查办，杖毙。被秦桧贬官，回归江山。

24.赞都统将军赠劲节上将军祝旌祖[1]公调寄满庭芳
方孝孺

才娴军机，气彻云霄，少保兴师勤王。会商定计，奏捷势飞扬。特命朱仙镇守，看行兵，陈法精详。诏岳班师回，移镇边城护封疆。

金寇来相扰，背城借战，势莫能当。奈救兵不至，阵破身亡。事后论功行赏，赠劲节。恩诏煌煌，更难得。夫人殉难，万代名犹香。

【作者】方孝孺，同《赞龙图阁待制谥南献烈祝梦熊公》作者的介绍。

【注释】[1]祝旌祖，字荣先，宋郎峰祝氏江山阁老街人。以武中式授信义校尉，驻防台州，历擢朱仙镇都统将军，与岳飞商定计策，破金兵敌阵。岳飞胜后，绍兴十一年（1141）被秦桧诏班师回京。祝旌祖部被金兵困城，激战十余回合，兵疲矢穷，救兵不至，闭城效死报国。赠劲节上将军。

25.自有东阳调寄沁园春
祝穆

自有东阳，锦水城山，几千百年。记往时仅说，拥麾刻郡，而今创见，持橐甘泉。地脉方兴，天荒欲破，还为盐梅生巨贤。清和候，正风薰日永，作地行仙。

题舆小驻樵川。常只恐祖生先著鞭。算谁从井落，重新疆理，谁从襄岘，一洗腥膻。幕府归来，未应袖手，行有诏书来九天。勋名就，使吾乡夸诧，盛事流传。

26.此木生林野调寄贺新郎
祝穆

此木生林野。自唐家、丝纶置阁，托根其下。长伴词臣挥帝制，因号紫微堪诧。常缥缈紫微仙驾。料想紫微垣降种，紫微郎况是名同者。兼二美，作佳话。

一株乃肯临茅舍。肌肤薄、长身挺立，扶疏潇洒。定怯麻姑爬痒爪，只许素商陶冶。擎绛雪、柔枝低亚。我忆香山东坡老，只小诗便为增声价。后当有，继风雅。

【作者】祝穆（？~1255），少名丙，字伯和，又字和甫，晚年自号"樟隐老人"。祖籍新安婺源（今属江西），曾祖祝确是郎峰祝氏唐末迁江西德兴始祖约公的十世孙，是朱熹的外祖父，父康国是朱熹表弟，穆跟随嫡母祝氏居崇安。与弟癸同受业于朱子。宰执程元凤、蔡杭录所著书以进，后被荐为迪功郎，为兴化军涵江书院山长。

27.赞山曜、山卓、山卧三先生[1]调寄瑞鹤仙

周文兴

幽斋容膝小，爱苔碧花红，清画院悄。寂静无人到，正吟诗遗兴，裁脱稿。提神朗诵，适奚奴，香茗捧抱。会堂前昆弟，怡怡那管，光阴易老。

从此心花争放，意蕊频开，世传谱牒。孝文徵献，共修纂，讨论好。集著三峰高，朝廷微召，谢却干旌过了。江郎下三友弟兄。栖迟乐道。

【作者】周文兴，字用宾，江山凤林人。正德三年（1508）进士，嘉靖（1522～1566）年间官鸿胪正卿。

【注释】[1]三先生，即山曜、山卓、山卧三兄弟，宋元郎峰祝氏江山阁老街人。诸公栖迟江郎书院，以诗会友，著有《三峰集》《高士集》《古文直解注》等。

28.江郎街遇雨宿祝氏宅调寄如梦令

宋俊

林外、岚封[1]、烟聚，遮断行人休去。冷翠[2]扑征裳，疑是江郎欲语，且住、且住，祝氏宅同栖处。

【作者】宋俊，字长白，山阴（今绍兴人）。副贡，清康熙四十六年至五十五年（1707～1716），江山县学教谕，康熙五十二年（1713）纂《江山县志》。所著《柳亭诗话》《四库全书》存其目。

【注释】[1]岚封，雾气笼罩住江郎山。[2]冷翠，比喻刺骨的青绿色山风。

29.赞中正大夫祝时可公[1]三烈殉难调寄酹江月

余一龙

江郎灵气，钟出多，奇杰时可独绝。奉命牧民，官济德，凛凛常怀忠烈。际可为弟，有性为子，满门共殉节。魂销骨烂，朝衣仍拜帝阙。

自燃烈火焚身，抱头殒命，却从容欢悦。史册流芳，千载下，尚见丹心碧血。报国精忠，奉亲纯孝，万代犹传说。而今见像，怡情还酹江月。

【作者】余一龙，字汝化，号见田，婺源人，进士。廉明慈爱，果断有为。明江山县令。初莅江山，为政不务苛细，不迎合上官，一以民事为重，因矿寇之扰，议建城垣，调度各有方略，民乐子来，不半载告成。复建明伦堂以兴学校，建水星楼，景星百祐二塔以培地脉。余一龙才识过人。时龙游筑城，当道檄公往相基度费，籍以主裁。历官本省布政使参政，升太仆卿。

【注释】[1] 祝时可，字且然，弟际可，字且如，子祝有性，宋郎峰祝氏江山阁老街人。时可官济德令，三人俯仰讲学，金兵寇贼围城，救兵不至，武臣投降。时可、际可、有性三人梵署杀身，决不投降。君恩诏赠祝时可中正大夫、兵部侍郎。弟祝际可封徵仕郎国子监正。子祝有性封儒仕郎、太学博士。

30.赞献烈祝梦熊[1]公调寄沁园春

方孝孺

须女储精，江郎毓秀，灵产豪雄。轶事记当年，情殷节烈；读书万卷，秉志贞

忠。会见云霄，得飞腾辩，晦庵正学挽颓风。寒谔甚[2]，真血心凝碧，赤胆摇红。

名驰两浙西东，贬谪遐方哭伤道穷。看我夷聚徒，门载桃李，黄岩抗节，功上夔龙[3]。烈士殉身，夫人殉命。报国报夫一样同。均褒奖，诏乡贤崇祀，世袭奉公。

【作者】方孝孺（1357~1402），宁海人，字希直，又字希古，号逊志。曾以"逊志"名其书斋，因在汉中府任教授时，蜀献王赐名其读书处为"正学"，是明朝大臣、学者、文学家、散文家、思想家。明洪武二十一年（1388）燕王进京后，方孝孺拒不投降，被捕入狱，杀害于江苏南京聚宝门外，时年46岁。南明福王时追谥"文正"。

【注释】[1]祝梦熊（1137~1209），字渭夫，宋郎峰祝氏江山阁老街人。进士，历任资贤校书郎、河南督学副使。反对奸臣韩侂胄的"伪学"，被谪武夷知、黄岩尉，在黄岩率义勇抗寇，壮烈牺牲。夫人柴氏知梦熊壮烈殉职，亦登楼自尽。[2]寒谔甚，寒（jiǎn），忠直。《新唐书·元稹传》"喜顺从，怒寒犯，亦古今情寒也"。谔，直言。寒谔甚，指为人太忠直。[3]功上夔龙，功劳比祝夔大。祝夔，字敬巷，进士。官巡城御史，即卫戍司令，执法森严，上嘉忠直，同朝均服。

31.赞武烈将军祝奢[1]公调寄八声甘州

柴白岩

真英雄文武身兼并，万里可横行。适贼寇频扰，疆场不靖，四野告惊。公起义勇长往，纯是子弟兵。穷追力困疲，身殉杭城。

舆榇归荣赐葬，景星碧务全凝忠贞，赠将军武烈。赫赫锡嘉名，到如今，描摹形象，依然义气。露精英，真无尽，乡贤崇祀，万世赏烝。

【作者】柴白岩，江山长台人，生于明朝正德年间。处士，诗人。

【注释】[1]祝奢（596~624），字伯宗，江山人，唐武德年间，破贼李子通，拥入敌阵，杀敌无数。因人疲马倦，不幸壮烈牺牲在杭州城。赠武烈将军，谥"忠献"，以大夫礼葬景星山。

第三节 赋

1.江郎赋作

赋是散文和韵文相间的一种文体。班固在《两都赋序》中曰："赋者，古诗之流也。"刘勰在《文心雕龙·诠赋》中曰："赋也者，受命于诗人，拓宇于《楚辞》也。"从此，自汉代开始，认为赋的形式是从《楚辞》演化而来的，故称屈原的作品为屈赋。历代以来，文人墨客不仅为江郎山留下了许多石刻、楹联、诗词，也留下了许多辞赋。其中，有登江郎山赋、江郎书院赋、江郎山赋等。

唐代名儒祝其岱的《登江郎山赋》中云："江郎之石，支分北岱。位列南离，千寻屹立。三片参差，猿鸟籍以来往，云雾任其卷披……"祝东山通过对江郎山的方位、形状、声色、外貌等渲染描述，展示其巍峨、雄伟、奇特、惊险之特点，有穷形尽象、繁育促节之妙，词藻宏丽，文采华茂。

明代进士赵镗的《江郎书院赋》中云："读雪闲居，常笼破帽，临轩制草，正银河放棹之时；据案吟诗，即仙侣同心之导。晨夕与居，鬼神来告。文昌流讲幄之辉，衣钵受家族之诰。有不簪缨济济，望蟾阙以身登；书脉绵绵，矜凤楼之手造也哉。"赵镗将叙事、写景、抒情、议论紧密结合，构思新巧，结构井然，感情真挚，语言流畅，音节铿锵，朗朗上口，既表现了作者纯熟的技巧，又灌注了作者丰富浓郁的感情。

　　清代文人汪煊在《江郎山赋》中云："禽鸟翔其巅，风雨蒸其下，北耸塔峰，南堑深壑；翠壁丹崖，马磴麋碏，一下数千仞，各峰嵘而斗角。乃若窟隐龙潭，泉流虎跑；瀺沸潆洄，砅訇渺淼，悬崖直泻，奔湍乱叫。雪浪飞于山阿，泉声咽于树杪；清如伯子之琴，泪若苏门之啸。……"汪煊采用多样化句式，描绘江郎山之美。其铺叙、渲染、衬托的手法，参差错落、辞藻优美的句式，新颖独特、风格矫健的抒情色彩，使整篇《江郎山赋》结构紧凑，格调深沉，清晰明快，声调铿锵。

2.登江郎山赋
唐·祝其岱

　　江郎之石，支分北岱。位列南离，千寻屹立，三片参差。猿鸟籍以来往，云雾任其卷披。归真恰好，遁迹适宜。崎岖而上，信步而之。岭分斜侧，路判高卑，势真危厄。境其垣夷。幸来游之未晚，知胜景之在兹。缘崖作室，砍竹编篱。高峰耸拔，古树低垂。开地盘于石脚，建茅屋于山眉。门装白板，几设乌皮。免营三窟，鸟借一技。引壶自酌，兴到赋诗。苍生取抛度外，时事无如路岐。冉冉半生，春梦了了，一届残棋，地虽一角，景有四时。出名芭兮仙药，采瑞草兮灵芝。林外烟萝，岩中石乳，盡简芸辟，松栋燕窠。乐乾坤之甚大，忘室户之过卑。抚琴书以自娱，谢世路之险戏。炎蒸日赤，云起雨施。烧香命仆，煮茗呼儿。衣浣垢腻，黍炊炎多。头脱帽而凉入，胸披襟而风吹。蛛网户而若织，蝶寻香以自喜。车马已远，猿鹤相随。凉侵早客，爽接天涯。柳疏野岸，梧落门楣，竹荫窗而影密，萝补屋而痕歌。睡缘闲甚，病借药医。看云依仗，放鸭开陂。廉卷晨而珠响，阶待月而花筛。忘机自若，仙景类斯。雪飘峻岭，寒逼书帷，枯松皆古，片石独起。莲衣怨冷，鹤料愁饥。净千家之山廓，掩万户之不思。泉引虎跑，菜烹露葵。赋归来之句，咏招隐之词。遂吾生之行乐，弃富贵而非痴。课孙蓬荜，口诵心维。文章报国，寿世自期。遨游岭上，辗转水湄。兴阑入户，欣然不羁。阅山中之花木，验寒暑而自如。从此静拾江郎景，何劳凄凄惶惶而神疲。

　　【作者】祝其岱，见前文。

3.江郎山赋
清·汪烜

　　巍巍乎峨哉，江郎之山[1]！万仞高拔陆地，而依青天。下根属万鳌足，上与浮云连。品相峙而鼎立，剧不识其几经万千年。翳或造化之先，鬼斧所辟。崇岘岖嵚，崭嵒旷落。昌黎无自缘其巅，五丁无所施凿。把彩眩目，仰高惊魄。

　　盖自衡阳之南，胀盘五岭而迤北。左拂武夷，右陂鑫泽。憩乎仙霞，走夫林历。将赴三吴，而汇两浙。特立此崔嵬之巨石。地辟徐王，野分婺女。华表三衢，磅礴千里。

烂柯、怀玉其左，胅雁岩，天台其右。旅钱塘，东海其所肆之。篮金华，四明其所凭之。几东瓯特其左，砂南闽皆其余气。缅维此山，江姓所宅，昆弟三人登而化石。日月晶华，岁增月益。是用有神，阶降帝侧。呼吸风云，呵护社稷，爰及大梁。载锡嘉名，封为石王。代禅世换，人移物易。岩岫不败，兹山如昔。

未几而祝东山之游，屡倏来乎。江丈人之娇客，盖斯山之郁秀，实绝坐而超俗。盼眄中天，呼吸太白，是以烟霞之交午，屡召高人之栖息其上。则奇峞崰岈，大谷谽谺，峰回嶙峋，路抱狭斜。远瞩千山，勉瞰万家，书览云物，应接不暇。禽鸟翔其巅，风雨蒸其下。北耸塔峰，南堑深壑。翠壁丹崖，鸟磴麋碏，一下数千仞，各峥嵘而斗角。乃若窟隐龙潭，泉流虎跑。灭沸潆洄，砆訇渺淼，悬崖直漏，奔湍乱叫。雪浪飞于山阿，泉声咽于树杪，清如伯子之琴，泪若苏门之啸。至其绝壁互天，嵌岩无路。树拥云封，更穿石蹲，曲躬径入，侧足举步。则见夫上广下尖，嵌空如隆。擎天光于一线，揽青云而竟渡。出入乎三石之间，盘回者二十里。

若乃引声一呼，飘来天风，鏦然有音，如出谷中。投石掷之，响千层空，左应声击鼓，右应特钟。增鋐镗鞳，田田隆隆。及夫回目，仰瞩丹丽如画。凹凹凸凸，如狗如马。垛垛堆堆，或大或小，变幻陆离。不知多少依若虎头之凝，几费李斯之巧。

物产之异，绝俗离群，文鲤跃于峰巅，玉桂芳乎三春。香郁枯柏之枝，茗剪惊雷之荚。檀麝之贵，失其氛氲。阳羡之品，逊其佳绝。芝草九茎，松箴七叶。北岫黄精，南山赤桔，益寿延龄，适口充食。林禽朝嘲，水鸟夜鸣，珍禽奇畜，不可殚述。

尔乃架僧寮于半岫，置书屋于高冈。掩映朝辉，徘徊夕阳。山烟林气，郁乎苍苍。埜卉春华，薰风夏扬。空林待月，松柏凌霜。极娱游以骋目，骋予生之徜徉，盼高山其仰止，怅斯人之安往。访祝氏之遗贤，独爽然而佇望。

巍巍乎巉哉，江郎之山也！其高不可攀，陡然直下，上大下小。安得奋身登其上，排间阖入天关，数二曜之星，矔瞰尘寰之渺杳香。憾羽翼其未生，曷禁予怀之悄悄。

——录自《江山县志》卷一与《地志·山川》

【作者】汪烜（1692～1759），后名绂，字灿人，号双池，又号重生，清江西婺源人。博综儒经，著述颇富。晚年尝馆枫溪（廿八都）23年。有《大风集》四卷、《双池文集》十卷、《诗集》六卷等。

【注释】[1]江郎山，在县南五十里，有锦文三石峰，俗传上古有江姓兄弟三人，登其巅化为石，因名。北齐祝孝征纂修《文苑御览》及郑缉之《东阳记》云："金纯山有三峰。悉数百丈，色丹夺目，不可仰视。"杜佑《通典》云："江郎山发地如笋，有三峰。"《太平环宇记》云："山有五色石，日照炫耀。"《郡国志》但言"江氏化石，岁渐长稍异"。《灵石庙记》："山之巅高六百寻，上有池，产碧莲、金鲫，有时甘露如饴，居人以为瑞。又有金纯、须郎二名。山有半岩危石嵌空，邑人周文兴庐其上。广东湛甘泉刻'壁立万仞'四大字。"知县汪洗有《江郎石记》。

4.江郎书院[1]赋

明·赵镗

若夫三峰矗立，四壁横空。巍峨形势，礴魂情衷。万古不磨，出没白云之外。千秋常在，参差碧落之中。罗列满胸，星斗离披，两袖云风，形如图画之屏。横排江左，势似飞来之石，巧置浙东。山高骑石，路通霞关。林围若幄，岫拥如环。钟鼓洞间，清风入室，虎跑泉外，薄雾绕鬟。跨鹤羽衣，曾向奕棋而至。归真高士，常从负笈而还。斑驳满崖，萝薜清幽，一路云山。

厥惟祝公，遁迹江郎，抒写幽愤，萧疏茅屋，堆万卷之经书。黯淡心情，抛六朝之金粉。是谁伴我，友爱虬松，何以抒怀？花栽木槿，从此逝矣！心伤虞夏云遥，盍归乎而日与圣贤相近。不争词苑文豪，聊作云岩小隐。爰有月朗江郎寻父，岩岫攀跻，造成书院。

安此云梯五老峰头，不添萧瑟，三生石上尽可品题。辟地盘于岭北，建高厦于岩西。瓦屋层层，千重鳞爨。栏杆曲曲，万丈虹霓。蓬荜新成，占断江郎之胜；茅斋小构，安排处士之栖。尔乃面面临空，般般突兀。坐对三峰，环围万笏。当山蟠石缺之际，布置随人在魏晋汉宋之间。流风未歇，四围苍蔚。环中之檐角遥飞，一抹丹青，像云外之峰头蓬勃。树有色而皆鲜，花无香而不发。

由来名迹多系奇人，最是清华常余箩月，乘兴遨游，随行策杖。红日天边，白云岭上。旋止旋行，或来或往，山中添落叶之声，月下送敲门之响。碧云一片，才出岫以流行。绿树千重，欲归山而结想。槛外烟痕匝匼，月照山清，庭前花影参差。风过天朗，而乃笃志读书，经文讨论，狂吟则禽鸟随声，得句则鬼神持券。文章假我，咸入洪钧，山水奇逢，顿成事愿。

向渊明以问讯，便觉心虚。望嵩岳以追寻，须凭脚健。猿啸怡情，鹤鸣消怨。入义句就，敏比飞卿。七步诗成，才同子建。于是终日咏吟，平居啸傲，学问既深，精神能到。望云归里，仍跨吟驴读雪。闲居长笈，破帽临轩草制。正银河放棹之时，据案吟诗，即仙侣同心之导，晨夕与居，鬼神来告，文昌流讲幄之辉，衣钵受家庭之诰有。不簪缨济济，望蟾阙以身登。书脉绵绵，矜凤楼之乎造也哉！

【作者】 赵镗（1513～1584），字仲声，号方泉、留斋居士，江山人。明嘉靖二十六年（1547）进士。授河南道监察御史，督长芦盐政。以功升应天府（今南京）巡按，后改南畿学政，所举多名士，历任顺天府丞、大理寺少卿、都察院右金都御史。主纂《衢州府志》。隆庆元年（1567）返里创办留斋书院，置义田。著作有《留斋漫稿》。

【注释】 [1]江郎书院，在江郎山上，唐祭酒祝钦明为父其岱而建。南峙郎峰，北倚砖塔，明周文兴等有书院而禄仕者，盖三十六人。

5.江郎山赋

清·王锡嘏

惟巨灵之颢质，伊神臂之春撞。飞奇峰于海上，作巨镇于须江。三朵芙蓉，空际舒圆灵之景；千午薜荔，岩畔夸仙鹤之降。垂仪地拆，勃峚天扛。原夫古有伟人，厥惟江氏，绝类离伦，倜傥奇诡，谊方运以鹣鸰，派复同以薁蘼。盘根深窟，似华岳之三峰；结撰空山，如终南之九疑。前腾而骞，后伛而俯。望以远乎，如鬼工之峥突。观其近矣，俨神斧之张皇。小者猿攀，疑其为仲；大者牛伏，得毋称兄。旋青螺以为髻，拂红绫以作纮。矗三千仞不知其终极，数百万代犹忆其同生。又若三星在天，分桓临苣，夜永参横，光彩呈异。盖昆季之翁，如岂后先之凌厉，惟参乎相主而相宾，又宁知孰兄而孰弟。尔乃披苍翠陡登，风烈移山，恍惚吸川之比目，云垂触额，依稀迁溟之大鹏。谓有神焉，否则何蔽空而难即。犹可盼耳，不然胡为张擘而欲登。固已展瞳眬于象外，抗埃壒以上升。更有金鲫腾空，夸鱼行之丽丽；碧莲嘘气，呈荷叶之田田。秋来则烟紫呈秀，春到而山红吐研。矫肤理之凝强，凤清骚客接踵至，纠丹炉之辊辕，日落仙人抱石眠。峡口犹将循其麓，仙霞何足齐其巅。夫其林树参差，峰峦嶝岍。穹窿其状有若虎蟠，蹒跚其肩霄殊鼍梁。忽倒竖兮何崔巍，羌绝顶兮难迎射。叹天工之何巧，微开青线于天扉，恍石室之匪遥，孰启丹书于石鏄。能不怀高士之鸿翔，美仙人之羽化。方今圣天子遍览舆图，遐稽方策，世道跻于雍熙，山河固若磐石。调太和之汤于宸座，无假芝丸。饮庶姓之德以农桑，不看枣核。而四海为家，八荒来格。记神奇于须水之畔，固应载以声灵。考古迹于青霞之余，犹将披兹疆索。

【作者】王锡嘏，字眉寿，号农山，邑庠生，诰赠奉政大夫。

6.江郎山赋

清·王肇昌

览金纯之风巉薛，耀丹壁之峥嵘，既矗云于层漾，复摩日于太清。巨灵擘石分高下，江氏登峰化弟兄。徒神山于碧献，移华岳于青坪。盖乾坤之毓秀，实造化之含精。于是扶筇仄径，蹋屐危巅，援萝扪葛，拨雾冲烟，凭虚放眼，离垢欲仙。霞岭南标而兀突，须溪北绕而潺溪。西窥永玉之花县，东望括苍之青田。四时景变，元气浑然。爰投兰若，试坐枯禅。采周胪之露茗，吸虎跑之清泉。千寻削石，一线开天。皆通百步，室筑三椽。檐间月照，炉内香燃。叹我披星早起，美僧亭午犹眠。安得凌风绝顶，逍遥羽客齐肩。池观金鲫，花咏青莲。弃浮生之幻影，留不朽之真诠。餐千年兮翠柏，抚万古兮寒松。知不可兮骤得，将有俟兮从容。惜兹山之寂寞兮，名未列于函封。

【作者】王肇昌，生平不详。

第四节 赞

1.赞定远伯祝受苍[1]公

毛居正

天意悯悯，贼势猖狂。

受命征讨，旌钺斧鏮。

进攻退守，神算非常。

贼兵夜遁，清靖疆场。

策勋饮酒，诰命煌煌。

伯爵荣胄，万代增光。

流风余韵，天久地长。

【作者】毛居正，字义甫，号朽山，江山人。毛晃之子，宋绍兴廿一年（1151）毛居正和毛晃同榜第进士。研究六书，宋宁宗嘉定末，诏刊正经籍，被聘司校雠，以目疾罢归。著有《六经正误》，又校勘增注其父所著《增注礼部韵略》。

【注释】[1]祝受苍，祝巡孙辈，住信安，精于韬略。晋征讨契丹，领兵出征，神賫非常，夜战取胜，赐定远伯。

2.赞尚德男祝自和[1]公
张恪

疆场效命，建功非常。

树帜夺帜，阵法精详。

一鼓作气，慑服戎羌。

事后行赏，男爵是将。

表旌尚德，宠锡龙章。

遗风胜迹，山高水长。

【作者】张恪，《赞处士祝史杰公》已介绍。

【注释】[1]祝自和，祝巡孙辈，住信安，熟知兵法，晋征讨戎羌，屡战屡胜，战功卓著，谥"尚德男"。

3.赞义英男祝太平[1]公
祝梦熊

贼寇猖狂，扰乱生灵。

四野鼎沸，烽火告惊。

公念民疾，起义兴兵。

奋扬威武，歼灭横行。

扫荡江海，歌咏升平。

论功行赏，义英升旌。

纶綍特下，男爵宠荣。

策勋纪德，万古风清。

【作者】祝梦熊（1137～1209），字渭夫，郎峰祝氏阁老街人。进士、官河南道督学副使，反对韩侂胄的"伪学"，谪武夷山冲知令。因聚众讲学，再谪黄岩尉。未几，贼寇犯境，梦熊率义勇军抗敌，壮烈牺牲，赠龙阁图待制，谥"献烈"。

【注释】[1]祝太平（500～575），字舜日，郎峰祝氏江山梅泉人。精于韬略，用兵如神。南梁期间，侯景之乱席卷全国，侯景一部侵犯龙邱（龙游），杀人放火，无恶不作。衢官员访知祝太平精通兵法，书命出征。祝太平率子弟兵及衢义勇军，诛灭侯景残部，衢官员金银赏赐，全部拒收，授职不赴，赠"义英男"。

4.赞银青光禄大夫祝其岱[1]公

毛晃

公身峻洁，公志汪洋。

武后践祚，遁迹江郎。

传经后学，永肇书香。

埙篪竟奏，纶诰相将。

荣膺式命，邦家之光。

5.又赞银青光禄大夫祝其岱公

柴成务

其峻如山，其大如石。

赤洁行芳，江郎遁迹。

不受物扰，不受形役。

高古性情，清奇标格。

何以拟之，连城珪璧。

【作者】毛晃，柴成务，前文已介绍。

【注释】[1]祝其岱（634～729），字东山，号台峰，郎峰祝氏江山梅泉人，唐明经，不满武则天专治，遁迹江郎，设馆讲学，办《义方馆》《江郎书院》，培养大批人才，其长子祝钦明，次子祝克明，长孙祝尚邱等，都是大儒。著有《增补万福全书》《江山快音》。

6.赞武烈将军祝奢[1]公

柴白岩

贼寇扰扰，疆场告惊。

惟公豪举，起义兴兵。

穷寇力追，身殒杭城。

朝廷铭勋，武烈是旌。

乡贤崇祀，万古风清。

【作者】柴白岩，江山长台人，明诗人，处士。

【注释】[1]祝奢，字伯宗，郎峰祝氏江山梅泉人。隋末乱军扰民。唐初武德年间，祝奢带兵破贼李子通，杀入贼阵，杀敌无数，不幸马倦，命殒杭城。追赠武烈将军。

7.赞太子太保谥忠武祝驾[1]公

徐应镳

策命遗英杰，将军气象雄。

河边时饮酒，塞外畏弯弓。

神算江流赤，班师地转红。

铭勋旌赐谥，忠武表鸿功。

【作者】徐应镶，前文已介绍。

【注释】[1]祝驾，郎峰祝氏江山人，唐末领兵征讨贼寇朱温，战死沙场。封太子太保，谥"忠武"。

8.赞太学博士祝尚邱[1]公

李商隐

诗礼趋庭，志高行卓。

祖训聪听，奋身国学。

唐祚再世，军机辩驭。

潜虑密谋，破舻断朴。

是惟祝公，为能先觉。

【作者】李商隐（813～858），字义山，号玉溪，晚唐著名诗人。原籍怀州河内（今河南沁阳），祖辈迁荥阳（今河南荥阳市）。开成二年（837）第进士，曾任秘书省校书郎、弘农尉等职。他擅长诗歌写作，是唐代不多的追求诗美的诗人，文学价值很高，和杜牧合称"小李杜"，遗世作品很多。

【注释】[1]祝尚邱（682～744），字时中，号景泰，祝克明的长子，郎峰祝氏十七世祖，江山阁老街人。侍祖（祝东山）江郎书院，指画口授，遂成大儒。由应制举官太学博士，诛韦党有功。韩愈见他诗作及论文，十分敬佩，韩愈为其写墓志。

9.赞处士祝史杰[1]公

张恪

缅怀史杰，江郎是居。

萧然一室，左图右书。

寄怀高旷，琴棋樵渔。

遁世无闷，继述相于。

【作者】张恪，见《赞尚德男祝自和公》。

【注释】[1]祝史杰（704～739），字秀千，东山公曾孙，尚邱公独生子，郎峰祝氏十八世先祖，江山阁老街人。性温厚爱，酷爱读书，寄怀高旷，耿做处士。

10.赞庠生祝绍宗[1]公

柴中行

江郎绍宗，精通墨翰。

品行端方，丰神泮涣。

质秀文醇，士人之冠。

祖德能承，评重月旦。

【作者】柴中行，字与之，人称"南溪先生"，江山长台人迁居江西万年县。文公之子，后周世宗第十三代裔孙。南宋绍熙元年（1190），第进士，授抚州军事推官、江州教授，累迁西京转运使、湖南提刑、崇政殿说书、知赣州。著有《易系集传》《书集传》《诗讲义》《论语蒙童说》等书，《宋史》有传。

【注释】[1]祝绍宗（727~756），字子贤，祝史杰次子，郎峰祝氏十九世祖，江山阁老街人。端恭敦读，好学博古，长于诗律，童年列庠，是一个英才。二十九岁离世，英年早逝。

11.赞处士祝亮工[1]公

欧阳修

匿迹江郎，承祖栖遁。

泉石可娱，晨游息偃。

笑傲烟霞，登山陟巘。

手辑宗谱，穷原反本。

身外无求，萧然自修。

【作者】欧阳修（1007~1072），字永叔，吉水（今江西）人。欧阳修幼时丧父，家中贫寒，投奔在随州任推官的叔父欧阳晔。师从进士黄梦升，刻苦功读。北宋天圣七年（1029），欧阳修进京参加国子监考试，中首榜。次年春参加礼部考试得第一。授西京（今洛阳）留守推官。屡官枢密院副使。欧阳修是宋代一位卓越的政治家、文学家、史学家。

【注释】[1]祝亮工（750~782），字惟臣，号栎齐，祝绍宗长子，郎峰祝氏二十世祖。江山阁老街人。纯孝性忠，追远报祖，建祠祀祖。编辑自祝巡始祖迁梅泉，至江郎山历代祖牒追编。发明字辈、排行，是郎峰祝氏世谱编辑第一人，是家谱编纂史上最早发明排行字辈的人。

12.赞处士祝志僖[1]公

苏辙

六世祖德，一身支撑。

三代劲节，独备鼎烹。

神全质古，别无所营。

力田供养，慈孝怡情。

亦政于家，是为先声。

【作者】苏辙（1039~1112），字子由，晚号颍滨遗老，四川眉山人。第进士，累官翰林学士，尚书丞。著有《栾城集》。与父苏洵兄苏轼，并称"三苏"，为唐宋八大家之一。

【注释】[1]祝志僖，亮工独生子，郎峰祝氏二十一世祖，江山阁老街人。素性忠厚，曾祖母、祖母、母亲三代守寡。以农为生，整修江郎书院，建历代祝氏江郎先祖塚茔臣。叙友论道，专注善事。

13.赞处士祝明[1]公

徐可求

纯学进修，不至于毅[2]。

笃志芸窗，潜身岩谷。

游学潮阳，昌黎刮目。

伊何人欤，江郎姓祝。

【作者】徐可求，浙江西安（今浙江衢州）人，明末大臣，官至四川巡抚，为政有仁声，死于奢崇明之乱。明朝政治人物。同进士出身。徐可求曾于1593年接替杨遇任上海县知县一职，1595年由许汝克接任。天启元年（1621）九月，时任四川巡抚，被永宁宣抚司奢崇明所杀，史称"奢安之乱"。

【注释】[1]祝明（805～856），字耀文，号季峰，祝志僖三子，郎峰祝氏江山阁老街人。自学成才，知天文、识地理。好读书，贯通易经一书，游学潮州、与潮州刺史韩愈交友，韩刺史刮目相看。为三衢知名人士，惟公称首。[2]榖（gū），指树名，树皮可以造纸。这里指不是学一点表皮，而自学很深。

14.赞太学生祝通[1]公

周任

钟爱诗书，考槃[2]在陆。

经济不凡，青云注目。

观光成均，未闻鸣鹿。

善与人同，当今鲍叔。

【作者】周任，见《赞监察御史祝柔中公》。

【注释】[1]祝通（823～877），字龙章，祝明长子，郎峰祝氏江山阁老街人。唐太学生，钻研国学，行敦古人，家富人善，助人为乐。[2]槃（pán），流连。

15.赞太司马谥献武祝纪德[1]公

徐复殷

世德作求，江郎山下。

文事武功，一身兼者。

有严有翼，风流儒雅。

定国安邦，官大司马。

【作者】徐复殷，字元礼，以《易经》首中甲科，召试玉堂。由秘书郎擢监察御史，历任刑部侍郎，升左庶子。直言不合，退而学《易》，理宗赐额，曰克斋。鹤山魏了翁称其文，西涧叶梦鼎嘉其行，东涧汤汉铭其墓。

【注释】[1]祝纪德（848～807），字仁山，祝通次子，郎峰祝氏江山阁老街人。韬略武谋，同大将曾元裕领军讨贼王仙芝，贼陷亡。功拜征讨副将，兼督理粮饷。屡讨贼寇而战胜，任都统上将军，镇守寿州，封大司马，谥"献武"，列寿州名宦。

16.赞徐州府仪同三司祝永福公[1]

商辂

将军真武烈，气概欲凌空。

来乘烟云执，归留雨露功。

王师争奏捷，草野沐祥风。

身受三司职，蹇蹇[2]惟效忠。

【作者】商辂，见《赞凤翔府知府大任公》。

【注释】[1]祝永福（888～945），字介兹，郎峰祝氏江山阁老街人。五代后晋战将，由徐州仪同三司军功纪录，陞武康将军，调驻邠州协镇郡县。除幽州盗贼，激战数十回合，盗守不出，围而攻之。但军粮断炊，后汉不发运济。祝永福和兵战死沙场，精忠报国。后晋开运三年（946），诏赠武烈将军。[2]蹇蹇（jiān jiān），忠贞，忠良直言。

17.赞怀安伯祝上揭[1]公

柴望

联姻国戚，名垂上方。

克家有子，赞助庙堂。

馆甥贰室，纪绩非常。

用宏封赠，纶浩相将。

怀安赐谥，伯爵表章。

荣华显赫，名姓播扬。

【作者】柴望（1212～1280），字仲山，号秋堂，又号归田，江山长台人。南宋淳祐六年（1246）上《丙丁龟鉴》。景炎二年（1277）授迪功郎，史馆国史编校。诗人，著有《秋堂集》三卷传于世。

【注释】[1]祝上揭，字君宠，五代梁郎峰祝氏江山阁老街人。德大若愚，勇大若怯。因儿子是祝延年，安世驸马伯，封怀安伯。

18.赞御史中丞祝麟章[1]公

张恢

笃志进修，磨穿铁砚。

抡选上方，正容金殿。

职授御史，精神锻炼。

侃侃谔谔，丰裁铁面。

不苟私情，不轻贫贱。

立朝规模，于斯可见。

【作者】张恢，字季长，南宋绍兴十五年（1145）进士，江山张村人。著有《士学圣人之极致赋》，入对便殿，宋孝宗曰："朕在潜邸，已诵卿赋，因除太学正。"

【注释】[1]祝麟章，字圣之，北宋郎峰祝氏江山阁老街人。任御史中丞，专掌监察、执法。半裁铁面，执法如山，不徇私情，不轻贫贱。

19.赞巡城御史祝夔[1]公

赵铠

族著江郎，名登金殿。

文采裔皇[2]，精神锻炼。

特筒贤良，惟公是选。

御史巡城，丹心铁面。

秉钺谨严，邦家之彦。

【作者】赵镗（1513～1584），字仲声，号方泉，留斋居士，江山人。明嘉靖年间进士，授河南道监察御史，督长芦盐政。应功升应天府（今南京）巡按。后改南畿学政，所举多名士。历任顺天府丞、大理寺少卿、都察院在右金都御史。主纂《衢州府志》。明隆庆元年（1567），创办留斋书院。著有《留斋漫稿》。

【注释】[1]祝夑，字敬巷，郎峰祝氏江山阁老街人。北宋天圣五年（1027）进士，官至巡城御史，执法森严，上嘉忠直，同朝均服。[2]裔皇（yù huáng），形容艳丽。

20.赞苏扬常制置使祝湘[1]公

陆和

素有经纶志，怀才试若何？

奠安资治化，制置动欢歌。

顾命咨畴切，承猷[2]载采多。

千秋传胜绩，尺地尽恩波。

【作者】陆和，字子达。任监察御史，明朝巡按中外凡九年，风裁严肃，所至百司戒饬，立朝抗疏直言，甚裨治体，京师号"小铁面"。

【注释】[1]祝湘，字子熊，郎峰祝氏江山阁老街人。应试登乡榜，北宋解元。任瀛州、松常等处制置使，利军民，痛陋规。[2]承猷，担任研究方略。

21.赞诰授荣禄大夫祝良[1]公

毛滂

聪听祖训，课读江郎。

明经博学，蕊榜花香。

肃然命下，佐政庙廊。

用宏封赠，三命是将。

服其命股[2]，纡紫绾黄。

【作者】毛滂（1055～1120），字泽民，号东堂，江山石门人。官至秀州（嘉兴）知府。北宋词人，与苏轼友善。其著《东堂集》，录入《四库全书》。

【注释】 [1]祝良，字德初，北宋郎峰祝氏江山阁老街人。读书江郎书院，明经博学。次子祝敔为国史修撰，提督广东学政。因为子显特封荣禄大夫。 [2]命股，任命得力的辅佐之臣。

22.赞武威将军祝鲁[1]公

张恪

将军精武略，擢用待行军。

来建惊人绩，归留不世勋，

形廷扬策命，帷幄奏奇文。

千古明良颂，英雄识此君。

【作者】张恪，见《赞袁州知州祝允初公》。

【注释】[1]祝鲁，字积唯，郎峰祝氏江山阁老街人。北宋武举人，熟精兵法，由武闱考策中式，授信义校尉。从韩琦出征陕西。宋庆历元年（1041），立功升都尉，从名臣富弼留守边城，加封武威将军。

23.赞太子少保封鲁国公谥文正祝常[1]公

陆秀夫

学术醇正，移孝作忠。

贰公寅亮，式保王躬。

青苗法罢，德及无穷。

泽流中外，温温其恭。

诏兹内史，纪绩铭功。

子孙世袭，代沐皇封。

【作者】陆秀夫，生平不详。

【注释】[1]祝常，字履中，又名昌言，郎峰祝氏江山阁老街人。北宋嘉祐八年（1063）第进士，官至平章事五年，祝常和祝臣世称"兄弟宰相"。著有《清高集》行世。赠鲁国公，谥"文正"。

24.赞少师上柱国宣国文忠祝臣[1]公

真德秀

厚本经学，力挽狂澜。

飞章奏牍，义胆忠肝。

谟猷入告，炳赤流丹。

三台星陨，天子莫叹。

特恩赐葬，御马征鞍。

文忠锡谥，望重朝端。

世袭崇祀，万代遗安。

又赞陈珏

宣国祝公，有宋名扬。

始荐者谁？潞国平章。

继忤者谁？荆国舒王。

请罢青苗，于国有妨。

再荐者谁？文忠欧阳。

文学渊正，陈奏激昂。

临川之役，序送饯觞。

荆州教授，云梦潇湘。

青苗既罢，迁公太常。

累晋司农，监军督粮。

奏策征讨，河北猖狂。

复地五百，绩伟一匡。

晋锡宫保，都督戎行。

明年贼平，班师边疆。

诏拜少师，邦家之光。

上柱国策，宣国公堂。

公卿引领，朝野交庆。

复太宗治，实公是望。

公年耄矣，白云帝乡。

帝亲归莫，睿念彷徨。

谥曰文忠，典重非常。

乡贤崇祀，公乎克当。

论孟皙义，名山之藏。

守御攻讨，封事生芒。

谱存维宗，奕叶弥彰。

公子公孙，蟠蚸庙廊。

忠臣史耀，理学芸香。

迄至于今，衍绪繁昌。

郎峰巍巍，柘浦洋洋。

聚族祀公，百世泽长。

【作者】真德秀（1178～1235），本姓慎，因避孝宗讳改姓真，始字实夫，后更改字景元，号西山，福建省浦城人。南宋庆元五年（1199）第进士，官至户部尚书，后为翰林学士。逝世后，赠银青光禄大夫。谥号"文忠"。陈珏，江西省金溪人，清道光年间任常山县令，学者，著有《赐锦堂初稿》十卷、《青溪投赠集》四卷。

【注释】[1]祝臣（1026～1097），字微之，号与守，北宋嘉祐六年（1061）第进士，官为江南学政，因反对青苗诸法，贬临川尉、乐安尉。元祐元年（1086）青苗诸法废，官至兵部尚书，升宰相。

25.赞赐封朝议大夫祝天福[1]公

祝大任

教子义方，存心宽厚。

世宅江郎，光前裕后。

堂构有人，簪缨印绶。

纶音北来，诰封特受。

图厥宗谱，祖德不朽。

【作者】祝大任（1100～1154），郎峰祝氏江山阁老街人。字饧六，才品伟卓，任兵部军器司主事，因保岳飞元帅而谪官，任凤翔府知府，政简刑清，军民护之，立碑建祠祀之。

【注释】[1]祝天福，字季庆，祝臣父亲，郎峰祝氏江山阁老街人。北宋时教子义方，因儿子祝臣为宰相，天福驰封朝议大夫。

26.赞乡荐祝允美[1]公
曹明卿

渊源积学，本自江郎。

鹿鸣赴宴，制就锦囊。

祖德非远，克绍书香。

性情端逸，迥异寻常。

【作者】曹明卿，生平不详。

【注释】[1]祝允美，字俊卿，郎峰祝氏江山阁老街人。北宋元祐五年（1091）举人。不顾出仕，支持父兄在外建功，以资助江郎书院，以裁成国器。

27.赞都阃将军祝允治[1]公
朱熹

谁是登朝侣，英雄惟祝君。

弯弓同策马，试战直凌云。

志气风烟静，勋名海国闻。

巍巍都阃府，声势振三军。

【作者】朱熹（1130～1200），字元晦，号晦痷，江西婺源人，侨寓福建建阳。南宋哲学家、教育家。以朱熹为代表的理学，曾被时宰相韩侂胄视为"伪学"，一度受到封禁。至明清两代，才被提到儒学正宗的地位。著有《四书章句集注》《周易本义》《楚辞集注》等。

【注释】[1]祝允治，字舜卿，郎峰祝氏江山阁老街人。由武举人，授河北武信校尉。北宋时与金贼作战，屡功达都阃将军。从岳飞少保讨金贼，功纪甚多，诏岳飞班师，允治留守朱仙镇抗金。疾卒营署，为国捐躯。

28.赞工科吉士祝之善[1]公
王安礼

江郎名士，宋室能臣。

工曹列职，触手生春。

官府造作，俭朴宜民。

不怀货利，不畏艰辛。

仰公恩德，瑞应祥麟。

【作者】王安礼（1034～1095），字和甫，江西省抚州人，王安石同母四弟。官至尚书左丞。世称王安礼、王安国、王雱为"临川三王"。是北宋政治家。著有《王魏公集》二十卷。

【注释】[1]祝之善，字长仁，郎峰祝氏江山阁老街人。北宋第武进士。官至工科给士，督造战船，奸臣韩侂胄冒费国用，贪污造船之钱，受祝之善揭发，之善谪浦江尉，在浦江聚仕讲学，受业者百人，以疾告归。

29.赞工部侍郎祝彦中[1]公

金履祥

聪明颖悟质，同兄师龟山。

身登进士第，职列工曹班。

奉命督粮饷，仓卒叹时艰。

从王幸汉中，君臣相失间。

南渡谋已定，归阴泪潸潸。

家居尤图报，月吉觐天颜。

勤王心未了，高谊许谁攀。

【作者】金履详（1332～1403），字吉父，号次农，浙江省兰溪人。元朝学者，不仕，致力著述，晚年讲学"丽泽书院"。著有《仁山集》。

【注释】[1]祝彦中，字兄执，郎峰祝氏江山阁老街人。十八岁就及北宋崇宁五年（1106）第进士，授内秘书郎，任工部侍郎，靖康元年管理黄河粮船事务，兼调运河北军粮饷到汉中，准备营救徽宗和钦宗二帝。被金军君臣南北相失，回归。

30.赞亚中大夫祝咨谋[1]公

叶秉钧

秉志端方，居衷简默。

起应明经，蕊榜标式。

诏授亚中，兼权兵职。

妙算无遗，保留社稷。

奔走趋跄，疆场效力。

用书策勋，鼎钟铭勒。

【作者】叶秉钧，衢州柯城人，明朝嘉靖四十一年（1562）第进士。

【注释】[1]祝咨谋，字若丝，号贻蕃，郎峰祝氏江山阁老街人。北宋大观三年（1109）第进士。屡官亚中大夫，湖南都察院参知军政事。奉命讨伐金贼，收复失地三百里，被蔡京奸党谋陷，愤怒而归。

31.赞进士第祝珙[1]公

徐存

笃学江郎，继传衣钵。

文章典雅，心意开豁。

黄甲蜚声，圭璋特达。

洒然出尘，襟怀泼活。

奉命督工，经营裁度。

瞻公遗像，心怡目眩。

【作者】徐存，已介绍。

【注释】[1]祝珙，字象友，原名学琴，郎峰祝氏江山阁老街人。师从龟山杨时，北宋元祐三年（1088）第进士。江郎书院名师，四方来求学百余人，登科甲者四十余人。白时中多次求出仕，被拒。

32.赞通议大夫祝善教[1]公

毛苍

上承祖德，教子义方。

名登金榜，功在庙堂。

文章报国，永振书香。

荣膺诰命，于国有光。

声名藉藉，身且康疆。

【作者】毛苍，生平不详。

【注释】[1]祝善教，字师德，郎峰祝氏江山阁老街人。秉性和煦，诗书敦礼乐，潜居江郎书院，闭门著书。北宋天圣五年（1027）特封通议大夫，表彰教子有方，子河东宣抚使祝程。

33.赞赐进士第祝宝[1]公

徐日葵

令德孝恭，心和气静。

则友其兄，则笃其庆。

黄巾蜚声，兹祥协应。

潜迹门庭，专理家政。

披像式观，翼然起敬。

【作者】徐日葵，已介绍。

【注释】[1]祝宝，字推善，又名学洙，郎峰祝氏江山阁老街人。北宋嘉祐二年（1057）第进士，殿试对策时，祝宝怒斥奸臣，被谪归复读，然后录职。祝宝飘然回乡，与兄文仆治理六百口之家。

34.赞秘书院日讲官山东学政祝绅[1]公

余恂

望重德隆，国家名器。

夏瑚商琏，宅衷纯粹。

侍讲庙堂，说经心醉。

督学山东，拔优正谊。

和蔼其容，洒落其致。

同寅协恭，无猜无忌。

奇功伟绩，详载邑志。

【作者】余恂，字孺子，号岫云，浙江省龙游县城人，清顺治九年（1652）第进士。入翰林院任职。

【注释】[1]祝绅，字擂之，又名伸言，郎峰祝氏江山阁老街人。北宋庆历六年（1046）第进士。授秘书郎，提督山东学政，因清廉勤政，复命简内秘书院日讲官。

35.赞监察御史祝祖芳[1]公
余本敦

秉性端方，宅衷明哲。

朝廷征召，御史职列。

监察左右，作王喉舌。

不刚不柔，克尽臣节。

仰公风范，命世豪杰。

【作者】余本敦，字上民，号立亭，清出生于衢州衢江区湖南镇。清嘉庆四年（1799）第进士。官至内阁侍读学士，史部员外郎。著有《朗山诗集》，采入《两浙輶轩续录》。

【注释】[1]祝祖芳，字克绳，郎峰祝氏江山阁老街人。南宋举人。官鄞县令，以卓异业绩，屡官湖广道监察御史，明慎清勤，风淳俗美，军民均敬之。

36.赞太仓协镇都阃府祝敬兴[1]公
柴大纪

才怀济世，官至太仓。

职列都阃，权握戎行。

兵威严肃，阵法精详。

朔方惊畏，出胜军扬。

朝廷行赏，竹帛旗常。

凌烟堪绘，伟绩弥彰。

【作者】柴大纪，已介绍。

【注释】[1]祝敬兴，郎峰祝氏江山阁老街人。生平不详。

37.赞中顺大夫祝永沐[1]公
童应赏

诗礼趋庭，循循善诱。

贻后良模，家学是守。

金榜花开，承先启后。

有子克家，皇封身受。

中顺大夫，拖绅佩琇。

【作者】童应赏，生平不详。

【注释】[1]祝永沐，南宋郎峰祝氏江山阁老街人。因子祝惟珍进士，都察院都事，被封为中顺大夫。

38.赞福州参戎祝熙煌[1]公

徐霈

武科出身，参戎是选。

授命福州，攻守征战。

用命疆场，风云色变。

出正入奇，太公腹见。

诰命煌煌，天恩宠眷。

缅厥风徽，邦家之彦。

【作者】徐霈，已介绍。

【注释】[1]祝熙煌，字光华，郎峰祝氏江山阁老街人。武科举人。南宋福建福州协镇参戎，军纪严明，敌不敢犯，民感军服，入福州名宦。

39.赞忠武大将军祝熙镕[1]公

柴大纪

谁是精韬略，疆场可远征。

缅怀祝熙镕，勇敢自天成。

军中严步伐，塞外动威名。

恩诏来北阙，忠武特重旌。

今日谈往事，动予企慕情。

【作者】柴大纪，已介绍。

【注释】[1]祝熙镕，字模光，郎峰祝氏江山阁老街人。由武举人。授武安军副尉，南宋征讨金寇，升都督参戎，调镇守潼关，大胜金寇，封忠武大将军。落户河南开封城南门之冠吉庵。

40.赞工部尚书祝配元[1]公

孔献夫

家学溯渊源，王朝诰命喧。

尚书矜掌握，工部列星垣。

启沃君心正，承宣相国恩。

上方新制造，娓娓达名言。

【作者】孔献夫，生平不详。

【注释】[1]祝配元，字乾始，郎峰祝氏江山阁老街人。科举易经省元，宋授会昌令，屡官至工部侍郎，摄工部尚书。因反对奸臣韩侂胄的伪学，而被贬官归里。

41.赞太尉祝维麟[1]公

毛兆钎

素通武略，进士出身。

功勋盖世，御侮能臣。

军令严肃，抚字温淳。

官拜太尉，封赠荣亲。

特授诰命，福自天申。

彼何人斯，曰祝维麟。

【作者】毛兆钎，清漾毛氏第四十九世祖，廪生。

【注释】[1]祝维麟，字玉书，南宋武进士，郎峰祝氏江山阁老街人。官至太尉，为辅佐皇帝实行统治的最高武官。后钦镇守山东济南府，落户济南。

42.赞都察院祝亨兆[1]公

方檠如

江郎读书，博古通今。

贤良举选，获考道心。

职都察院，大旱甘霖。

路不拾遗，巷多鸣琴。

巨恩鸿化，万民所钦。

风流余韵，山高水深。

【作者】方檠如，清浙江淳安人，字若文，号办山，清康熙五十四年（1715）第进士。官半润知县，被议归，研究经史百家，于汉儒笺注。著有《集虚斋集》等遗世。

【注释】[1]祝亨兆，字嘉会，郎峰祝氏江山阁老街人。以贤良举选，行善乐义。南宋官至江西都察院都事，平时暗访民情，微服打扮，无人察觉。治安很好，路不拾遗，巷多鸣琴。告老荣归，百姓颂德。

43.赞都察院祝惟珍[1]公

袁枚

宴领琼林，江郎迈迹。

擢都察院，权衡品格。

度务揆几，公正心宅。

娓娓敢言，弹章刻核。

想望流风，三片白石。

【作者】袁枚，字子才，号简斋，清代诗人、散文家。袁枚还是一位美食家，写有著名的《随园食单》。该著作出版于乾隆五十七年（1792），是清代一部烹饪技术的重要著作。

【注释】[1]祝惟珍，郎峰祝氏江山阁老街人。南宋官为闽中太守，明慎清勤，百姓歌其德，士民立去思碑，入名宦。官升都察院，直劾奸臣贾似道之罪，被谪遂致仕归。

44.赞武略将军祝忠裔[1]公

徐霈

素有安邦志，怀才发轫新。

明良隆策命，忧患见劳臣。

职重将军寄，身精武略人。

疆场多胜迹，诏诰沐皇仁。

【作者】徐霈，已介绍。

【注释】[1]祝忠裔，郎峰祝氏江山阁老街人。元朝名将。

45.赞武安将军祝梁[1]公

费绍忠

具勇敢志，佐战建功。

才坛武备，气贯长虹。

百战百胜，振伏羌戎。

名通北阙，诰授皇封。

将军武安，旌赠特隆。

瞻公遗像，气概横空。

【作者】费绍忠，生平不详。

【注释】[1]祝梁，郎峰祝氏江山阁老街人。元朝常胜将军，在征讨羌戎作战时，战功卓著。

46.赞平西将军祝升堂[1]公

张恢

小丑跳强梁，王朝策命扬。

谁能精武备，应用战疆场。

奉诏班师去，成功奏捷长。

平西将军职，共美祝升堂。

【作者】张恢，已介绍。

【注释】[1]祝升堂，元郎峰祝氏江山阁老街人。熟知兵法，战功卓著，升平西将军。

47.赞太子少傅广东学政祝敔[1]公

祝应铿

学海文山，隆为国器。

师保青宫，入教储式。

诱掖扶持，左右趋侍。

视学广东，锁院监试。

甄拔真才，不怀宠利。

竹帛铭勋，旌常表异。

一德君臣，馨香至洽。

【作者】祝应铿，生平不详。

【注释】[1]祝敔，字乐宗，号介和，郎峰祝氏江山阁老街人。北宋绍圣二年（1095）第进士。历官国史修撰。宋建中靖国元年（1101）钦命广东学政，清廉公正，选拔真才。

48.赞荆州抄关祝思训[1]公
璩可道

缅想前贤迹，荆州作抄关。

万商惊辐辏，百敝尽除删。

税务归方正，军民悦往还。

功垂循吏传，千古许谁攀。

【作者】璩可道，生平不详。

【注释】[1]祝思训，字若愚，郎峰祝氏江山阁老街人。由省元授南宋九江理问，廉洁清明。擢荆州抄关，以发展商业为主，增加税收渠道，供水陆民商咸戴德。思训卒于任署，民商如丧父母，悲痛万分。

49.赞景德男祝光煌[1]公
金天基

有女贞而静，王朝策命加。

生成兰蕙质，开出合苤花。

甥舅情原重，公侯职并夸。

皇恩隆锡谥，德景享荣华。

【作者】金天基，生平不详。

【注释】[1]祝光煌，字如辉，郎峰祝氏江山阁老街人。由贤良授岳州断事，素以廉洁刑清而闻名。光煌的长女祝和凤嫁给雍王之三子，并封为景德男，成为王亲国戚。

50.赞刑科吉士祝霈[1]公
窦宝

对策微家学，功名进士科。

琼林矜赐宴，故国起新歌。

奉命资刑政，祥心见太和。

万方霑治化，甘露胜恩波。

【作者】窦宝，生平不详。

【注释】[1] 祝霈，字雨苍，郎峰祝氏江山阁老街人。后周显德二年（955）第进士，选官刑科吉士。霈公秉公执法，与权奸孙延希不合，被谪攸州兵马指挥，赴任未几，后周亡，公谢职，就籍攸州东门落户。

51.赞威武军节度使祝应言[1]公

宋俊

望隆乡国，品重珪璋。

书升论秀，金榜名香。

秉钺仗节，佐理庙廊。

报最奏绩，为龙为光。

品流奚似，当世凤凰。

【作者】宋俊，字长白，绍兴人。副贡，清康熙四十六至五十五年（1707~1716），江山县教谕，康熙五十二年（1713）纂《江山县志》。诗词作者，所著《柳亭诗话》《四库全书》存其目。

【注释】[1] 祝应言，字既昌，号禹闻，郎峰祝氏江山阁老街人。北宋天圣五年（1027）第进士，屡官威武军节度使。八兄弟登科，五世同堂，六百人口之家。

52.赞黄门侍郎祝师说[1]公

柴成务

学优登仕，青云一朵。

正色彤墀，宣声青锁。

持节黄门，君国是荷。

内外谨严，百无不妥。

退食委蛇，趋跄惟我。

特达珪璋，风流自可。

【作者】柴成务（934~1004），字宝成，江山长台镇人。宋开宝元年（968）状元，官至苏州知府、两浙转使、户部郎中等，后居曹州。

【注释】[1] 祝师说，字道传，郎峰祝氏江山阁老街人。宋建炎二年（1128）进士，由内阁中书，官至吏部郎中、黄门侍郎。揭露秦桧通敌和陷害忠良，被谪广东。不久而卒，大将韩世忠以诗寄吊。

53.赞延康参军府祝文豹[1]公

黄允洙

身娴孙吴，韬略职备。

延康参军，兵民同沾。

惠泽建成，不世奇勋，

帷幄疆场，重任得君。

际会风云，而今瞻拜。

公像气概，卓尔不群。

【作者】黄允洙（1749~1794），字圣坛，号鲁川，江山秀峰人。官衡阳、长沙知县，澧州知府。

【注释】[1]祝文豹，字虎文，郎峰祝氏江山阁老街人。宋武举人，武艺精湛，韬略精准，武科发迹。任延康总闸尉，授建昌参军府。弭盗诘奸，军民安居，十余年如一日，兢兢业业，以疾告归。

54.赞山东学政祝允闻[1]公
唐寅

学向充优，连城无价。

赴宴琼林，李杜流亚。

奔走庙堂，忠勤夙夜。

视学山东，时雨点化。

取士拔优，全无虚假。

德醇政清，被乎上下。

【作者】唐寅（1470～1524），字伯虎，后改字畏，号六如居士，桃花庵主等。明代著名画家、书法家、诗人。唐寅三十岁时进京会试，涉会试泄题案而被革黜，妻子改嫁，一生坎坷。后游历名山大川，以卖书画闻名天下。诗文上，与祝枝生、文徵明、徐祯卿并称"吴中四才子"。绘画上与沈周、文徵明、仇英并称"明四家"。唐寅的画作有《骑驴思归图》《山路松声图》《事茗图》等，唐伯虎的作品，藏于世界各大博物馆。

【注释】[1]祝允闻，（1052～1125），字颜卿，号聪庵，郎峰祝氏江山阁老街人。宋元丰二年（1079）第进士，官山东、广东学政，人称祝氏八大宗师之一。

55.赞绩溪令祝允初[1]公
张恪

其介如石，其清如水。

峻洁孤高，惟公而已。

出牧袁州，满门桃李。

教养抚巡，泽流千里。

播厥风声，垂诸青史。

【作者】张恪，字季武，弟恢，字季长。江山秀峰人，宋绍兴十八年（1148）进士。兄弟齐名，张恪终成著作郎。

【注释】[1]祝允初（1062～1300），字元卿，郎峰祝氏江山阁老街人。太学生，伴读王子，后授袁州知府、绩溪令，政通人和，德声遍州,为袁州名宦。

56.赞荆襄大制参祝允哲[1]公
方召

说礼敦诗，军机精炼。

擢大制参，时任方面。

度势行兵，好谋征战。

不执成规，善参权变。

能武能文，孙吴复见。

【作者】方召，见《赞刑科吉士祝琛公》。

【注释】[1] 祝允哲（1069~1142），字明卿，郎峰祝氏江山阁老街人。宋元符三年（1100）第进士，官武翊卫大制参，督理江、广军务。是主战派，上奏朝廷《乞保良将疏》以全家七十余人性命保岳飞，官复原职，经富阳得知岳飞父子遇害，怒气成疾，死在富阳，葬富阳白升山。

57.赞监察御史祝学宪[1]公
徐可求

持躬正直，备职朝端。

监察左右，吐属芝兰。

霏霏玉屑，露胆披肝。

忠贞自矢，古调独弹。

记言记动，赤心流丹。

御史称职，万世遗安。

【作者】徐可求，浙江西安（今衢州）人。明末大臣，官至四川巡抚，明万历二十一年（1593）第进士，曾任上海知县。在四川巡抚时，被永宁宣抚司奢崇明之乱而死。

【注释】[1]祝学宪，字景廉，郎峰祝氏江山阁老街人。宋明经，历职监察御史，正直履职，忠负自律。操谊中和，执法透明。

58.赞邢科吉士祝琛[1]公
方召

克承家学，进士荣身。

琼林赴宴，翰墨生春。

抢班论职，司狱能臣。

邢科吉士，岂弟慈仁。

监察秋毫，明若鬼神。

仰公道貌，搢笏垂绅。

【作者】方召，字虎邻，宣城人。隆武称号，明末以兵部司务署江山县。下车时方扰攘，设两牌为前导。曰："不怕死，不要钱。"悍兵不发辄治之，民赖以安，越月清大兵下衢城。公题诗于扇，有云："独守孤城谁是伴，只留烈骨可招魂。"未几清兵至，投署后井中死，数日颜色如生。邑人异葬于景星山后，颜其井曰"冷香"，并建祠祀焉。

【注释】[1]祝琛（1039~1086），字玉和，号学樊，郎峰祝氏江山阁老街人。吴江教谕。北宋元丰五年（1082）第进士，选职邢科吉士。不贪利，不枉法，以廉明受民颂，卒于官署。

59.赞中宪大夫巡兵副使祝思问[1]公
徐霈

圣世珍科甲，名臣重出身。

大夫中宪职，副使阅兵人。

闽外威权寄，朝端顾问亲。

劳谦君子志，恩德被军民。

【作者】徐霈，见《赞江西学政提学副使祝凤池》。

【注释】[1]祝思问，字释疑，郎峰祝氏江山阁老街人。宋政和五年（1115）第进士，屡官中宪大夫，兵部巡道监运粮饷，到岳飞兵营，闻秦桧诏岳飞班师，愤怒之下，祝思问弃官辞归。

60.赞通政侍郎祝忠彦[1]公

萨都剌

祝忠彦，祝忠彦。

性正直，气刚强。

立朝持大体，论事必精详。

核章惇蠹国，陈蔡京十恶。

语言刻厉越寻常。

枢密三进退，意气倍扬扬。

于嗟乎，威武不挠志不屈。

真为道德之宗柱，国家之栋梁。

【作者】萨都剌，已介绍。

【注释】[1]祝忠彦，字恕英，郎峰祝氏江山阁老街人。北宋绍圣四年（1097）第进士，授集贤校理，历升监察御史。惩办宰相章惇蠹国害民，荼毒贤良一案，被谪辰州知，后奸臣章惇败露，钦复原职，宋大观元年（1107）征办奸臣蔡京案，又被谪罗定州署丞。后擢枢密院副使，通政侍郎。

61.赞朝散大夫祝国桢[1]公

祝梦熊

宅衷和雅，莅事雍容。

经书课读，望子成龙。

花开蕊榜，喜溢郎峰。

荼膺锡命，身沐皇封。

大夫朝散，谁步芳踪。

【作者】祝梦熊，已介绍。

【注释】[1]祝国桢，字西椒，郎峰祝氏江山阁老街人。北宋大观二年（1108）由例贡生，任平阳丞，辞归不出。子祝奇为广西学政，子贵封朝散大夫。

62.赞徵仕郎祝邦正[1]公

赵汝愚

惟公清高，秉心醇正。

惟公进修，景仰贤圣。

遗后经书，事亲温清。

子孙登朝，用徵家庆。

纶音北来，荣拜龙命。

【作者】赵汝愚（1140～1196），字子直，江西省余干县人。南宋名臣、学者，宋太宗赵光义八世孙，汉恭宪王赵元佐七世孙。宋乾道二年（1166）状元及第。历任签书宁国事节度判官、秘书省正字、集英殿修撰、知福州、吏部尚书等职。

【注释】[1]祝邦正，字彦相，郎峰祝氏江山阁老街人。仁以立心，助人为乐，爱慈善事。因孙祝臣为北宋宰相，赠邦正为徵仕郎。

63.赞兵部郎中祝牧[1]公
张九龄

潜心儒术，兼娴六韬。

身登进士，蹑足金鳌。

朝廷征聘，束帛干旄。

献策备用，列职兵曹。

经文纬武，命世之豪。

【作者】张九龄，已介绍。

【注释】[1]祝牧，郎峰祝氏江山阁老街人。兵部郎中。

64.赞诰授谏议大夫祝家谋[1]公
徐霈

江郎积学，考道明经。

堂构克绍，佐职彤廷。

明良喜起，刃发于硎。

归诸先德，诰赠芳馨。

大夫讲议，汗墨流青。

【作者】徐霈，已介绍。

【注释】[1]祝家谋，郎峰祝氏江山阁老街人。以子可求显，赠谏议大夫。

65.赞朝烈大夫谥劲烈祝圣言[1]公
范仲淹

国士真豪爽，太常策乃勋。

才犹偏出众，志气直凌云。

身沐皇恩厚，名高大雅群。

表功旌谥赠，劲烈动三军。

【作者】范仲淹（989～1052），字希文，江苏省吴县人。北宋庆历三年（1043），授参知政事，主持庆历改革，因守旧派阻挠而未果。次年罢政，自请外任，历知郑州、杭州、青州。是北宋著名的政治家、军事家、文学家。著有《范文正公集》。

【注释】[1]祝圣言，郎峰祝氏江山阁老街人。生平不详。

66.赞竹和始祖录事祝光裕[1]公

祝宗善

一官心闲，优游毕世。

辞职归家，全无羁系。

露白葭苍，伊人宛在。

迁居竹和，子孙永继。

【作者】祝宗善，已介绍。

【注释】[1]祝光裕，郎峰祝氏江山竹和人，江南录事。

67.赞诰授中顺大夫祝贞[1]公

刁日升

惟公豪爽，处己洁清。

惟公博学，教子成名。

花发上苑，人到蓬瀛。

皇恩优渥，诰授特荣。

大夫中顺，树厥风声。

【作者】刁日升，生平不详。

【注释】[1]祝贞，字克生，郎峰祝氏江山阁老街人。谦己厚人，重视教子，因子思训荆州抄关，诰授中顺大夫。

68.赞翰林侍读祝之贞[1]公

班平

名登进士首，重出身备列。

翰苑笔花生，春时临顾问。

吐属鲜新玉，堂雅望掌握。

丝纶模此遗，范垂示后人。

【作者】班平，生平不详。

【注释】[1]祝之贞，郎峰祝氏江山阁老街人。进士，官至翰林侍读。

69.赞兵部郎中祝鸣球[1]公

周积

奉命行政，操握兵机。

郎中列职，进退知几。

六军用命，阃外扬威。

士卒挟纩，战马解鞿。

心存社稷，功在帝畿。

谈公盛事，玉屑珠玑。

【作者】周积，字以善，号二峰，明朝江山镇安人。天性诚笃，潜心理学，专务实践，动准古人，师章枫山。著有《读易管见》《启沃录》《三峰摘稿》。历任皆有惠政，民立石颂德。

【注释】[1]祝鸣球，字玉音，郎峰祝氏江山阁老街人。第进士，历官宋工部主事，后调兵部郎中，蔡京奸党克扣封军粮，受祝鸣球的弹劾。奸臣蔡京将祝鸣球贬定海令、辞归。

70.赞江西学政提学副使祝凤池[1]公
徐霈

江郎考道，磨穿铁砚。

虎榜名扬，鹿鸣赴宴。

奉命提行，学政是选。

玉尺抡材，明如流电。

士子进登，色丝黄绢。

学校振兴，鼓励无倦。

溯公流风，朝端觐见。

【作者】 徐霈（1511～1600），字孔霖，号东溪，江山人。王守仁弟子。明嘉靖二十年（1541）进士，任谏议大夫，先后任两湖监察御史、京都给事中御史。

【注释】[1]祝凤池，字麟友，郎峰祝氏江山阁老街人。宋元符二年（1099）登经魁，与弟鳌池、化龙同时及第，称"郎峰三桂联芳"。授江西学政提学副使。因作诗骂奸臣蔡京，被谪罢官。

71.赞荆襄转运使祝和中[1]公
柴大纪

荆襄不靖，王师行征。

公职转运，接济军兵。

勤劳从事，粮饷充盈。

奉命奔走，不计前程。

论功行赏，诰命特旌。

歌公盛德，万里长城。

【作者】 柴大纪，进士，江山长台人。清台湾镇总兵官，屡建战功，赠太子少保、水师提督，加封一等义勇伯。

【注释】[1]祝和中，字公介，郎峰祝氏江山阁老街人。荆襄转运使，接济军兵，负责运输粮饷，非常勤劳。

72.赞监察御史祝柔中[1]公
周任

蜚声黄甲，江郎明经。

司聪列职，策奏彤廷[2]。

监察中外，迅雷惊霆。

诞膺豸府[3]，防误轻刑。

皇皇者华，满路福星。

【作者】 周任，字以仁，江山镇安人。自幼不凡，师事章枫山先生，讲论经理，潜心体究，明弘治十八年（1505）第进士。预修《孝庙实录》，时逆瑾用事，诱以殊权，不听，乃外谪。升刑部郎。明武宗南巡，陆震以直谏下狱，周任抗疏救之。后出守梧州，地方多事，以劳瘁卒于官署，著有《元峰集》。

【注释】 [1]祝柔中，字公远，号涵川，郎峰祝氏江山阁老街人。宋元符二年（1099）第进士。为东宫日讲官，迁吏部郎中。耿直不阿，怨斥奸臣蔡京，被授福建道监察御史，左参议事。奸邪畏，举民欢，以老致仕荣归。[2]彤廷，泛称皇宫。[3]豸府，法院。

73.赞观风察俗使祝裕民[1]公

祝梦良

惟公廉明，冰清玉洁。

惟公正直，山耸岳峙。

职授观风，察民藏丕。

辎轩[2]往来，公贞自矢。

宣德达情，以佐天子。

【作者】 祝梦良，见《赞钦州太守祝梦良公》。

【注释】 [1]祝裕民（1055～1122），字在仁，郎峰祝氏江山阁老街人。宋绍圣四年（1097）第进士，召试定龙图阁，赐宝剑，钦授江西观风察俗使，务本劝农，因奏斩奸臣蔡京党羽的爪牙，被谪。见陛以疾告养回江，后在江郎书院教学。[2]辎轩（yóu xuān），古代一种轻车，多为官者用。张协《七命》：“语不传于辎轩，地下被乎正朔。”

74.赞定远将军祝忠旌[1]公

祝梦云

身由武科，发轫[2]诏佐。

少保勤王，退守进攻。

莫测临机，应变非常。

定远将军，重职苦甘。

与士共尝，至今缅怀。

遗迹犹觉，威武奋扬。

【作者】 祝梦云（1134～1199），字霞夫，宋郎峰祝氏江山阁老街人。精通经史，子为宝章阁修撰，荣封儒林郎。

【注释】 [1]祝忠旌，字伯钦，宋郎峰祝氏江山阁老街人。由武科发轫，从岳飞少保征战，讨金贼屡建战功，官至定远将军，留守柳州。[2]发轫：指撤去车轮的挡木头，使车前进。

75.赞凤翔太守祝大任[1]公

商辂

敷言试功，释褐登庸。

泽流州县，职绍夔龙。

西峻作牧，富教罗胸。

贤良报最，清慎廉公。

声名藉藉，用拜皇封。

【作者】 商辂（1414～1486），字弘载，号素庵，浙江淳安人。明朝名臣，内阁首辅。明正统十年（1445）科举考试，商辂会试、殿试皆第一名。明代近三百年间，在乡试、会试、殿试都取得第一名的人，称"三元及第"，同时获得解元、会之、状元。

【注释】[1]祝大任，字锡六，宋郎峰祝氏江山阁老街人。官至巡钱江水陆都尉，迁兵部军器司主事。因保岳飞，斥秦桧谪九江理问，绍兴十五年（1145）部考贤良特升凤翔府太守。任职政简刑清，民得实惠，立碑祀之，入凤翔名宦。

76.赞临安治中祝大义[1]公

毛恺

江郎肄业，上拜冕旒。

临安司马，世德作求。

朝廷徵召，辔拥花骝，

虽曰父荫，实绍箕裘。

【作者】毛恺，见《赞祝山曜先生》。

【注释】[1]祝大义（1097～1166），字敬六，宋郎峰祝氏江山阁老街人。太学生，官至临安治中，执法严厉，邪佞之徒畏不敢犯，深得军民的颂之。

77.赞大理评事祝梦举[1]公

毛注

读书江郎，存心耿介。

擢作刑官，恤刑是戒。

忠厚待人，祖法不壤。

瞻公图形，整冠再拜。

【作者】毛注（1056～？），字圣远，又字圣可，江山清漾人。北宋元丰五年（1082）进士，南陵、高苑、富阳三县令。皆以治理有方，宋大观二年（1108），迁殿中侍御史，时蔡京免相，留京师。毛注首次疏蔡京的奸恶，共十六章。蔡京遂致仕。四年，再见蔡京，毛注复疏其恶，蔡京解职，星果退舍。又来童贯资主威，童与蔡京是互奸，毛注辞归，居家数年。卒于江山石门清漾。建炎年末，追复谏议大夫。有奏议、文集。

【注释】[1]祝梦举，字贤夫，宋郎峰祝氏江山阁老街人。官为大理寺评事。与郑升之一起怒斥奸臣蔡京、童贯诸贼，被辞归，在江郎书院讲学，如江山名人赵如静、毛节、毛宗亮等皆为门下士。

78.又赞献烈祝梦熊[1]公

周文兴

致身事主，有犯无欺。

斥奸蒙谪，出守边陲。

黄岩殉节，万姓含悲。

星陨地角，名达天池。

晋谥献烈，刻石铭碑。

子孙世袭，乡贤崇祠。

流传万古，非公而谁。

【作者】周文兴，字用宾，号江郎，五坦周氏江山凤林人。凤凛清癯，性好幽栖，明正德三年（1508）进士，辞归，学东山公隐居江郎山十余载，累被征仕，官至鸿胪寺正卿。复奔官归山，坚不肯出，有飘然物外之志。胡宗完建"高士坊"祀之。

【注释】[1]祝梦熊同前文。

79.赞钦州太守祝梦良[1]公

祝宗善

清介自安，逢时不偶。

嗟哉一官，海隅是守。

合浦珠还，孟赏亦死。

旅榇荣归，惟公有子。

【作者】祝宗善，郎峰祝氏江山竹和人。明进士，博学能诗，擢知苏州府。被奸臣陷害，清廉之官，抄家时仅一把琴几本书而官复原职。

【注释】[1]祝梦良，字元夫，郎峰祝氏江山阁老街人。进士，南宋钦州太守。清明廉洁，钦州建祠祀之，入钦州名宦。

80.赞建昌通判祝梦祥[1]公

祝起龙

学肆江郎，身登庙廊。

退食委蛇，丰神佳妙。

王事独劳，千秋特调。

用贲丝纶，煌煌诏诰。

【作者】祝起龙，字御天，郎峰祝氏江山阁老街人。乡贡，文优行端，嗜学不倦。兄弟九个：乘龙、中龙、元龙、起龙、见龙、文龙、攀龙、云龙、飞龙。九龙皆儒服儒冠，彬彬有礼，书生之豪气。

【注释】[1]祝梦祥，字硕夫，郎峰祝氏江山阁老街人。文捷行优，授兵部架阁郎。后建昌通判，督理粮饷，转运使。不劳兵不扰民，德声载道。

81.赞太学生祝萱[1]公

吴锡麒

理醇学博，器重文坛。

香山檀桂，幽谷芝兰。

存心典雅，拟品凤鸾。

江郎山下，尽日盘桓。

斯人斯德，万世遗安。

【作者】吴锡麒（1746~1818），字圣征，号谷人，钱塘（今浙江杭州）人。清代文学家，乾隆四十年（1775）进士，初为翰林院庶吉士，授编修。后两度充会试同考官，擢右赞善，入直上书房，转侍讲侍读，升国子监祭酒。吴锡麒天资超迈，吟咏至老不倦，能诗，尤工倚声，诗笔清淡秀丽，代表作如《双忠祠》《凤凰山怀古》《观夜潮》《读放翁集》等。

【注释】[1]祝萱，字佩之，太学生，南宋郎峰祝氏江山阁老街人。伴读王子，讲学论文，惟以礼交，毫不相媚。被奸臣韩侂胄定"伪学"。祝萱自认不是"伪学"，辞归江郎山下，称之朝之吉士，悉称"节义"。

82.赞宝章阁修选黄门侍郎祝徐椿[1]公

祖之望

公志古高，琴书花竹。

公职清闲，劳心案牍。

宝章阁前，芳流桂馥。

内廷骏奔、委蛇食禄。

出纳丝纶，举朝拭目。

描像绘图，簪缨命服。

【作者】祖之望（1763~1813），字舫斋，福建浦城人。乾隆戊戌进士，清朝大臣，改庶吉士，官至刑部尚书。著有《皆山草堂诗钞》遗世。

【注释】[1] 祝徐椿（1149~1207），字永之，郎峰祝氏江山阁老街人。南宋绍熙元年（1190）第进士，官黄门侍郎。因怒斥奸臣韩侂胄，被谪南丰令。陈自强题奏徐椿文学宗正，任玉堂对策，公竭诚上疏请讨金，被贬韶州推官。韩侂胄出兵连战连败，荣王赵曘弹劾韩侂胄，祝徐椿蒙冤昭雪。卒于任署，诏赠宝章阁修撰。

83.赞东宫洗马集贤讲士祝文[1]公

费士桂

江郎考道，博学明经。

由庠举选，策奏彤廷。

集贤讲士，至德芳馨。

东宫洗马，翰墨流青。

歌公恩泽，岳峙渊淳。

钦公道貌，凌烟图形。

【作者】 费士桂，钱塘人（杭州）。清三衢教授，其孙费淳，就读于三衢学舍，定居西安县城（柯城），清乾隆进士，任刑部主事，升郎中、军机率京、常州知府等职。

【注释】[1]祝文，南宋郎峰祝氏江山阁老街人。聪慧好学，由庠士入选东宫洗马，集贤讲士。

84.赞荆州抄关使祝正春[1]公

郑一鹏

贤良来太学，奉选镇抄关。

荆州司税务，商贾弊除删。

克承祖武志，循良见一斑。

正供资国用，清风性自闲。

劳劳名利者，未许相与选。

【作者】 郑一鹏，江山人，明朝万历十年（1582）科试举人。海瑞赠诗《樵溪行送郑一鹏给内》，其中两句："丈夫所志在经国，期使四海皆衽席。"其意是大丈夫志在治理国家，让四海皆安居乐业。遗著有《怀索祠增置祀田记》。

【注释】[1]祝正春，字融和，南宋郎峰祝氏江山阁老街人。太学生，举贤选任广西道储粮使，因清廉勤政，陞荆州抄关使，荆州司税务。理繁治剧，护国通商，征税供国库，有纯吏之风。

85.赞明经祝进文[1]公

郑一鹏

明经雅望，具济世才。

读书考道，江郎山隈。

振兴后学，佳树栽培。

手辑谱牒，叶茂花开。

斯志有在，以待将来。

音容如接，想见半裁。

【作者】郑一鹏，见《赞荆州抄官使祝正春公》。

【注释】[1]祝进文，字志达，南宋郎峰祝氏江山阁老街人。由明经进京考职，写诗讥笑奸臣贾似道，说贾不识时务，而掌机纲。贾似道，观诗见进文，正文义正词严、侃侃不屈，贾似道将进文辞出。进文命随从束装飘然而归，在江郎书院教授后学。

86.赞都阃将军祝虓[1]公

黄瑞

武科中式，镇守仕阳。

王命特简，神武威扬。

贼兵夜遁，声震疆场。

都阃重任，邦家有光。

将军旌赠，诏语煌煌。

仰公遗迹，奕世名香。

【作者】 黄瑞（1752～1810），字锡符，号辑堂，江山秀峰人。清朝武状元，总镇黄大谋抱侄。清乾隆四十二年（1777），丁酉科乡试亚魁，四十五年（1780）庚子恩科武进士，钦点一甲一名状元及第。恩赏金盔金甲，授头等侍卫，乾清门行走。成亲王爱重之，赏良马、貂衣及玉如意。历官长沙协副将，旋署宜昌镇总兵。教匪陷当阳，身经十余战，所向披靡。当阳城复，贼中所获男、妇方议尽屠，瑞设策调置，生全万余。嗣即以总兵升用，赏戴花翎，复赏荷包二次。

【注释】[1]祝虓，字虎侯，宋元郎峰祝氏江山阁老街人。武科中式，授衢州协中营都闻将军，镇守大桥仕阳地方，后肇居其地，名为祝家村。

87.赞庠士祝文仆[1]公
祝起龙

文行兼优，孝友成性。

五世同居，无争无竞。

逮下以仁，守身以正。

于此教家，是亦为政。

庄诵遗言，可钦可敬。

【作者】祝起龙，字御天，乡贡进士，文优行端嗜学不倦。兄弟九人，皆穿儒服，戴儒冠，人称"祝氏九龙"，遗有兄弟行乐图。

【注释】[1]祝文仆（1029～1098），字景有，又名学泗，庠士。家五世同堂聚道六百余口，恭和谦让，冠裳剂美，欢气盈庭，乡民赞不绝口。八兄弟登科，五世其昌，六百之家，是江山第一家。

88.赞诰授正奉大夫祝庆诞[1]公
周任

家学渊源，江郎课读。

博学明经，心花流馥。

金榜名登，荣耀邦族。

有子克家，煌煌诰轴。

朱芾斯皇，殷其命服。

【作者】周任，字以仁。江山镇安人。自幼不凡，师事章枫山先生，讲论经理，潜心体究，明末进士，任刑部郎。明武宗南巡，陆震以真谏下狱，周任抗疏救之。后出守梧州，地方多事，以劳瘁卒于官署，著有《元峰集》。

【注释】[1]祝庆诞（1055～1140），字应华，崇尚读书，博览群书，出资整修江郎书院。置义田资助有志读书者。教子有方，长子彦圣巡道御史，三子彦中，工部侍郎。貤封正奉大夫。

89.赞中宪大夫祝善训[1]公

尤侗

端方励志，忠恕持躬。

圭璋特达，温厉圆融。

教家惟则，行谊可风。

不求仕进，偏受皇封。

纶音下逮，用赠祝翁。

【作者】尤侗（1618~1704），字展成，一字同人，苏州府长洲（今江苏苏州）人。于清康熙十八年（1679年）举博学鸿儒，授翰林院检讨，参与修《明史》是明末清初的著名诗人、戏曲家。《明史》分撰刘传三百余篇，《艺文志》五卷，著有《西堂全集》。

【注释】[1]祝善训（980~1035），字师泽，江山江郎阁老街人。孝于父母，友于兄弟，家风正，家教严。因孙祝臣为少师上柱国宣国公，当朝宰相，赠祝善训中宪大夫。

90.赞湖南学政祝璙[1]公

叶琛

黄甲蜚声，琼林赴宴。

敏捷才思，户部抡选。

国用有余，恩流海甸。

视学湖南，目光如电。

披沙拣金，甄别无倦。

尔位靖共，天恩宠眷。

【作者】叶琛（1314~1362），字景渊，浙江丽水高溪村人，明初大臣。

【注释】[1]祝璙，江山阁老街人，郎峰祝氏三十二世祖。进士，历任户部郎中、湖南学政。

第五节 著作者名录

1.著述引

今夫古人所未言，而出已意，以草创之，则曰著，古人所已言，而出特见，以表章之，则曰述。然非精通乎经史，淹贯乎百家，非惟不能著，且不能述。我先世理学名家，渊源东山。其间耽啸傲者，有人娴吟咏者，有人释经书详诂者，又有人夫固本家庭之授，受心得意解，垂之篇章启后学之聪明，备王朝之采访录之。知我家学之阐发弥新，后嗣之揣摩，不远集著述。

2. 郎峰祝氏历代作者名录

以世谱为据

姓名	朝代	作品名	姓名	朝代	作品名
祝寿昌	梁	《介庵野录》	祝敔	宋	《撰集考卷为介和正宗》
祝其岱	唐	《增补万福全书》《江山快音》	祝绅	宋	《内秘修书义精孔孟》
祝硕德	唐	《注书经衍义》	祝充	宋	《韩昌黎文集注》
祝尚邱	唐	《切韵》	祝凤卫	宋	《礼记说约》
祝眉寿	宋	《白门别语》《四先生要录》	祝中行	宋	《栢后诗集》
祝玉堂	宋	《卧石文稿》	祝思晫	宋	《广与集》
祝之贞	宋	《注汉儒传赞》	祝嘉铨	宋	《昭文集》
祝际僖	宋	《后五代本纪》	祝嘉言	宋	《注孝经直解》
祝万华	宋	《唐诗讲义》	祝有然	宋	《鼎宇集》
祝牧	宋	《注汉史便览》	祝銮	宋	《卧石先生集》
祝士让	宋	《三碧集》	祝节中	宋	《观云集》
祝默识	宋	《诸家伟人弘论录》	祝毅中	宋	《赤峦野舒吟》
祝锡珪	宋	《栖迟草堂文稿》	祝天墀	宋	《云程文稿》
祝顾言	宋	《卧石文稿》	祝行文	宋	《南野蔓稿》
祝臣	宋	《注论孟析义解》	祝堂	宋	《骈石草堂文集》
祝常	宋	《清高集》《元诰谟论》《蓬山类苑集》《经义集》	祝煓	宋	《举业必读》
祝文星	宋	《唐诗直解古文注集》	祝忠彦	宋	《昭心文集门人版》
祝弯翔	宋	《清风集》	祝广大	宋	《蠹野集》
祝孙荣	宋	《台望草堂集》	祝连	元	《野录文稿》
祝世德	宋	《史鉴捷录考》	祝学山	宋	《广志录》
祝有恒	宋	《明心文稿》	祝洙	南宋	《四书集说附录注》
祝泌	宋	《皇极经世书铃》《皇极元元集》《祝氏秘铃革象新书》	祝穆	南宋	《读书深山集》《方舆胜览》《古今事文类聚》《艺文类聚》《初学记》等
祝坤	元	《内秘修书义精孔孟》	祝成	元	《放翁野稿》
祝起龙	元	《切目小题》	祝士彬	元	《唐诗释意》
祝文教	元	《广志录》	祝文正	元	《五经典要》
祝震	元	《东川文稿》	祝文锦	元	《诗普元集》
祝山曜	元	《三峰文集》《高士集》《古文直解注》	祝世荣	元	《唐诗直解》《古文衍约》

续表

姓名	朝代	作品名	姓名	朝代	作品名
祝硕德	元	《书经衍义》	祝牧	元	《汉史便览》
祝世万	明	《壁经通旨》《禹贡节要》	祝汝麒	明	《启发正宗》
祝世禄	明	《祝子小言》《环碧斋小言》《环碧斋诗集》	祝文彬	清	《易经纂要》《左传分国学庸集解》
祝诚	海昌	《莲塘诗话》	祝煜燔	清	《四书集解》《环溪稿》
祝以忠		《易义》	祝以应		《济美堂集》
祝以洲		《士则》	祝以庠		《落箕篇》
祝懋诚		《金箕子遗稿》	祝以高		《遐心集》
祝云		《葬经注》《九桥吟草》《敬一堂文集》	祝寿祊		《经学辨误》《春秋地理考》《吐凤楼诗集》
祝定国		《经林》二十四卷《芥舟咏史诗》三卷《花溪备忘录》四卷《史林》《南山堂近草》《松卿诗草》一卷	祝文彦		《石门县志》《理学就正言》《诗经通解》《四书正旨通解》《闻见卮言》《青缕杂笔》《圣门狂狷录》《袁了凡功过格详注》
祝万年		《仁山杂著》	祝寿祖		《爱日堂稿》
祝文洽		《树德堂存草》	祝文襄		《几亭集》《祝氏宗谱》
祝洵文		《影山楼诗集》《砚谱》	祝翼恒		《梅涧文集》《梅涧尺牍》
祝翼莘		《漱六吟》	祝翼铎		《易解》三卷
祝朱白		《药房诗文集》六卷	祝荃		《南陔集》
祝祚兴		《对山诗草》	祝沄		《愚亭诗集》六卷
祝维兴		《怀源堂诗集》八卷	祝咸临		《梅岩诗草》
祝咸叙		《荫庵诗钞》	祝寅		《宁拙草》
祝维健		《静观楼诗钞》一卷	祝潜		《南吾集》
祝翼康		《斯文快事》《宜斋小草》《东滨集》《空中语》《选梦诗余》《耕烟诗稿》四卷	祝咸章		《重修祝氏宗谱》十六卷《莲梦居诗存》九卷《莲梦居随笔》四卷《经史要义》二十卷《文翰拾遗》二卷《砚谱》一卷

续表

姓名	朝代	作品名	姓名	朝代	作品名
祝汶		《家庭唱和集》	祝熙		《蜀游草》
祝兆星		《三多草堂诗钞》	祝德安		《钟庆书屋诗稿》
祝德舆		《延绿草堂诗存》四卷	祝嘉禾		《拜石山房稿》《课余小草》
祝象复		《介春集》	祝振		《玕树书屋诗草》
祝志仁		《逊视斋诗集》	祝志立		《紫竹山房小草》
祝志光		《客中草》	祝嵘		《仰山小草》
祝志箕		《定香室剩稿》	祝琳		《熙斋诗钞》一卷
祝理金		《属云轩小草》	祝恒		《粲隐轩诗集》
祝鸣谦		《棣珊吟草》	祝松生		《棣园杂记》《棣园诗存》
祝丰诒		《春秋地理古今异同考》《芑孙诗文集》	祝政		《环山阁诗钞》十四卷《环山阁诗钞补遗》一卷
祝懋生		《香岩诗草》二卷《学府联珠》《星学针度》	祝懋裳		《蓉渚诗稿》《四书讲义摘要》《五经笺注摘要》
祝廷庆		《五经注疏》五卷《史腋》十二卷《韵学掌录》四卷《养竢斋文集》二卷《排闷闲吟》二卷	祝华鼎		《龙山夜雨集》四卷《出关草》（又名《曼人草诗钞》）《古井道人诗集》二卷《九日文集》一卷《粤游草》二卷

3. 郎峰祝氏历代单篇作者名录

以世谱为据

姓名	朝代	作品名	姓名	朝代	作品名
祝巡	晋	《思乡咏》等诗四首	祝延年	五代	《乞留元勋疏》
祝辂	梁	《江阳避世吟》（诗）	祝师说	宋	《谏用兵书》
祝其岱	唐	《题江郎山十景》等诗二十六首	祝周易	宋	《弹虚报军情劾》
祝钦明	唐	《江郎山寻父》等诗十首	祝彦中	宋	《乞救池围疏》
淑德郡主	唐	《教子诗》等诗二首	祝璆	宋	《谏和劾奸疏》
祝尚邱	唐	《读书江郎书院作》（诗）	祝咨谋	宋	《谏和疏》
祝亮工	唐	《设立字辈排知叙》	祝大成	宋	《允君公续修业谱叙》《送闽中赵学廉之楚》（诗）

续表

姓名	朝代	作品名	姓名	朝代	作品名
亮工夫人江氏	唐	《勖子》等诗三首	祝大任	宋	《吊精忠岳元帅》等诗五首
祝允哲	宋	《和岳元帅述怀》词	祝贞	宋	《悯时农忙疏》《师忠公续修世谱叙》
祝梦熊	宋	《追吊精忠岳元帅》诗三首《黜奸荐贤疏》	祝梦云	宋	《赞定远将军祝忠旌》诗
梦熊夫人柴氏	宋	《绝命词》（诗）	祝起龙	宋	《赞庠士文仆公》诗《续修世谱叙》
祝梦良	宋	《钦州任寄》诗四首	祝荣栋	元	《自叙》等诗二首
祝进文	宋	《重修世谱叙》	祝华封	宋	《铭书架》诗
祝圆	吴越	《整修世谱序》	祝为龙	宋	《续徐圻表时可公史烈诗有感》诗
祝麟旦		《溪边望雨》	祝臣	宋	《郎峰世谱序》《宋御攻讨疏》
祝永铭		《读书有感》诗二首	祝山曜	宋	《登江郎山书院》等三首
祝君德		《临终戒子》（诗）	祝常	宋	《请罢新法疏》
祝荣椿	清	《续修世谱序》	祝华岳	宋	《命子救谱》诗
祝协华		《江郎山行乐祠怀古》（诗）	祝明		《题濯襟轩》诗
祝宗善	明	《赞钦州太守祝梦良》诗三首	祝月仙	清	《续世谱叙》
祝秉钧	清	《续修郎峰世谱序》	祝荣皋	清	《续修郎峰世谱序》
祝庆林	清	《续修郎峰世谱序》			

4. 历史名人为郎峰祝氏留下遗篇名录

姓名	朝代	职位	题遗篇书名
李坚	隋	隋高祖皇帝	赐祝桃根开府仪同三司
李治	唐	唐高宗皇帝	封祝如陵、祝其岱为银青光禄大夫
李显	唐	唐中宗皇帝	授祝钦明国子祭酒
李隆基	唐	唐玄宗皇帝	授祝尚邱太学博士
李知远	后汉	汉隐帝皇帝	尚祝延年安世驸马伯
柴荣	后周	周世宗皇帝	赐祝世善（以成）婚、开封君三朴女
赵恒	宋	宋真宗皇帝	授祝程河东宣抚使
赵祯	宋	宋仁宗皇帝	授祝应言威武军节度使、授祝夔巡城御史
赵顼	宋	宋神宗皇帝	御赠《郎峰世家》匾词
赵煦	宋	宋哲宗皇帝	御赠《台钟国家》匾词
赵构	宋	宋高宗皇帝	御赠《五庙典礼》匾词
赵佶	宋	宋徽宗皇帝	擢祝允闻大理寺正卿
赵桓	宋	宋钦宗皇帝	授祝允哲大制参

续表

姓名	朝代	职位	题遗篇书名
赵昚	宋	宋孝宗皇帝	授祝维珍两广道都察院
赵扩	宋	宋宁宗皇帝	赠祝梦熊龙图阁待制
赵昰	宋	宋瑞宗皇帝	旌祝君翼尚义郎
铁木儿	元	泰定帝皇帝	授祝寿副使
朱元璋	明	明太祖皇帝	召祝宗善陛见
朱棣	明	明成祖皇帝	赠祝贞工部员外
朱厚熜	明	明世祖皇帝	赠祝贞工部员外
王羲之	东晋	书圣	《赞太子少保祝瑞》（诗）
谢密	晋	右将军	《擢祝凤卫祠祭郎》（诗）
李白	唐	诗仙	《江山快音》序
陶侃	东晋	大司马	《信安侯传》（传记）
薛道衡	隋	内史侍郎	《祝将军梅泉家庙记》 《赞开封府仪同三司桃根公》（诗）
章华	隋	南海太守	《祝太尉忠义传》（传记）
周美	隋	衢州刺史	《太封君东山先生传》 《登江郎山访祝东山高隐》（诗）
刘洎	唐	宰相	《赠祝开府荣归》讳桃根
骆宾王	唐	诗人	《赞武烈将军祝奢公调寄八声甘州》（词）
周懋文	唐	不详	《登三爿石寻祝东山先生不遇》（诗）
赫巴	唐	西域人	《增补万福全书》序、祝氏宗祠楹联一对
姚崇	唐	宰相	《仪宾月清公传》《悃愫特疏》 《赋江郎山送祭酒还家》 《登江郎山慨祝东山先生》
宋璟	唐	名相	《过须江祝将军感而吊之》（诗）
张九龄	唐	名相 诗人	《月清公传》《悃愫特疏》 《游江郎山访祝东山遗迹》
杜甫	唐	诗圣	《赞太子少保郡马克明公调寄沁园春》（词）
白居易	唐	名诗人	《西京兴善寺传法堂碑铭》
陆贽	唐	中书侍郎	《东山先生行乐祠碑记》 祝氏宗祠楹联一对
韩愈	唐	文学家	《太学博士尚邱公墓志》（传记）
斐度	唐	宰相	《赠祝太守告归养亲》（诗）
李商隐	唐	宰相	《赞太学博士尚邱公》（诗）
王逢	唐	诗人	《望三爿石怀东山高隐》（诗）
孟昭图	唐	棋国手	《题三友图》（诗）
杨复光	唐	名相	《谒祝献武公祠》
张松龄	唐	将军	《游江郎山访东山先生遗迹》（诗）

续表

姓名	朝代	职位	题遗篇书名
刘仁瞻	五代	学者	《送祭酒祝月朗先生归江郎》（诗）
丁廷谓	五代	刺使	《后汉驸马延年祝公墓志》
钱宏倬	五代	文学家	《祝赉予墓志》
曹彬	北宋	枢密使	《南阳会祝思九墓志》 《寓江郎为祝氏三昆和赋》等
柴成务	北宋	状元	《赞祝东山》《赞黄门侍郎祝师说公》（诗）
吕蒙正	北宋	宰相	《题义方馆》（诗）
寇准	北宋	名相	《挽祝明经郎公先生》（诗）
王旦	北宋	名相	《题江郎书院》（诗）
吕夷简	北宋	名相	《过相亭寓孝子有感》（等）
范仲淹	北宋	文学家	《豹使公传》《谥劲烈圣言公赞》等五篇
赵师旦	北宋	江山令	《诗江孺人三代颈节传感而追吊》（诗）
富弼	北宋	名相	《读虞孺人三代尽烈传感吊》
赵抃	北宋	太子少师	《读祝大中丞行烈传追赠》 《赞太子太保谥忠愍祝元池公》
吕公著	北宋	宰相	《读祝驸马讳延年忠献传感而追悼》
文彦博	北宋	宰相	《登江郎读东山行乐祠记有感》
王尧臣	北宋	状元	《江郎北塔记》
陈尧佐	北宋	宰相	《舆堪祝氏廿世祖墓口占》
欧阳修	北宋	名相	《赞处士祝亮工公》《亭公赞》 《读孝子惟福传题赠》
周敦颐	北宋	理学家	《赞河东宣抚使祝程公调寄偷声木兰花》
李际	北宋	江山令	《读祝仪宾月清公传并访原体》
曾巩	北宋	中书舍人	《蓬山类苑集》序
王安礼	北宋	左丞相	《赞中顺大夫麟趾公》 《赞工科吉士之善公》
苏辙	北宋	尚书丞	《重修江郎书院记》《元诰谟论序》等
周颖	北宋	乐清令	《过上马岭访博士祝尚邱墓》（诗）
谢浚	北宋	江山令	《御马故报文》（公函）
苏轼	北宋	唐宋八大家	《太封君季庆公传》（传记）
周随亨	北宋	忠国侯	《郎峰文昌阁记》、楹联一对
毛滂	北宋	词部员外郎	《赞荣禄大夫良公》（诗）
杨时	北宋	理学家	《祝臣墓志》《清高集序》 《祝常墓志》、楹联一对
柴蒙亨	北宋	神童	楹联一对
倪练	北宋	江山县令	《乞奖顺孙详文》
瞻项	北宋	江山令	《申覆少师府宅峻工详文》

续表

姓名	朝代	职位	题遗篇书名
张浚	南宋	抗金名将	《哭忠武公》《江郎山为祝梦熊诸公作》等诗三首
成无玷	南宋	安抚使	《读祝孝子讳元恺传题赠》（诗）
赵汝愚	南宋	名相	《征仕郎邦正公赞》（诗）
张恪	南宋	著作郎	《咏祝少师别墅调寄天仙子》等六首诗，楹联一对
张恢	南宋	太学正	《游江郎山读东山登山咏有感》等诗五首
刘谊	南宋	江山丞	《申覆改砌郎峰大路告竣关文》公函
柴禹声	南宋	理学家	《游淑德郡主墓而追吊》等诗二首
周沂	南宋	理学家	《为祭酒寿诞墓灵芝而作》（诗）
郑升之	南宋	吏部郎	《祝疏庵传》传记
赵逵	南宋	状元	《先师祝太傅墓志》
赵卞	南宋	御使	《志少保祝常墓》
赵师旦	南宋	江山令	《读杨孺人三代劲节传感而追悼》（诗）
毛晃	南宋	户部尚书	《赞祝东山》等诗词五首，楹联一对
毛注	南宋	谏议大夫	《赞大理评事祝梦举公》（诗）
毛居正	南宋	学者	《赞定远伯受苍公》（诗）
朱熹	南宋	理学家思想家哲学家教育家	《重建郎峰祝氏家庙记》《都将军允治公赞》楹联一对、匾额一块
徐存	南宋	理学家	《检察御史元臣公赞》《光焴公传》《赞珙公》、楹联一对
陈自强	南宋	宰相	《访大理卿祝梦举公既殁慨作》（诗）
云中龙	南宋	富阳令	《大制参明卿祝公允哲墓志》
郑极	南宋	江山丞	《赠大理卿梦举同年》（诗）
姜夔	南宋	音乐家	《读祝顺孙传题后》（诗）
周绪	南宋	推官	《太学佩之公传》（传记）
董槐	南宋	右丞相	《相亭寺田碑记》（传记）
徐应麟	南宋	秘阁修撰	《赞太子太保谥忠武驾公》等三篇
蔡沈	南宋	名学者	《龙图阁待制谥献烈祝梦熊墓志》
柴望	南宋	国史编校	《介川公孝友传》《赠通判祝梦祥公》等五篇
柴中行	南宋	知赣州	《赞庠生祝绍宗公》（诗）
柴元彪	南宋	隐士	《为龙公读徐圻表时为可公忠烈诗有感》等二篇
真德秀	南宋	户部尚书	《赞少师上柱国宣国文忠臣公》（诗）
徐复殷	南宋	监察御史	《赞大司马谥献武祝纪德公》（诗）
郑清芝	南宋	丞相	《读祝氏三烈传题赠》（诗）
郑魏挺	南宋	国子监书库官	《题江郎书院塔》

续表

姓名	朝代	职位	题遗篇书名
黄汝嘉	南宋	江山县令	《登骑石山》（诗）
柴随亨	南宋	进士建昌知军	《同祝大任、大年、大义诸公游江郎山》（诗）
柴卫	南宋	建昌知军	《慨师泽祝先生》（诗）
陆秀夫	南宋	大理寺正	《赞太子少保鲁国公谥文正常公》（诗）
文天祥	南宋	左丞相	《兄弟宰相》匾式一联
葛崇节	南宋	大理寺正	《读祝氏宗谱有感》（诗）
谢枋得	南宋	名诗人	《哭祝献烈公》（诗）
金履祥	南宋	名学者	《三峰集序》《赞工部侍郎彦中公》等
汪恒	元	不详	《相亭寺》 《相亭寺阁祭酒月郎公驸马延年公墓有感》
胡炳文	元	文学家	《韩昌黎集注序》
刘基	元	御史中丞 太史	《江氏花园记》《读祝制参传即之》 《赞武略将军祝衍昌公调寄风入松》楹联一对
彭维城	元	不详	《郎公传》
周仁则	元	不详	《过祝浦江墓有感》
宋濂	元	史学家	《读祝敞祝光煜忠孝合传有感》楹联一对
叶琛	元	元帅	《赞湖南学政缪公》《忠臣祝敞从二帝北行》
也先 不花	元	蒙古大汗	《赞巡道御史学礼公》（诗）
萨都剌	元	书法家	《赞通政侍郎忠彦公》等二篇
叶琛	元	知府南阳郡侯	《赞户部郎中湖南学政璆公》
苏幼安	元	学者	《赞都御史大中丞祝邦泰公调寄蝶恋花》
贡师泰	元	礼部尚书	《赞中奉大夫学端公》（诗）
胡文炳	元	学者	《韩昌黎集注序》
郑恂	明	教授	《西岗书院记》
沈九如	明	学者	《登江郎山怀古》《慨祝养廉先生》 《赞信义校尉仲安公》
商辂	明	内阁首辅	《凤翔太守大任公赞》等三篇
方孝孺	明	大臣	《赞献烈祝梦熊公调寄沁园春》
胡刚	明	国子博士	《司空员外暨夫人合墓志》
于谦	明	兵部尚书	《赞枢密院指挥使祝敞公调寄念奴娇》
余子俊	明	兵部尚书	《谒名宦祝太常讳惟珍》
姜瓒	明	知府	《赞开封府尹耀公》
夏时	明	户科给士	《贺祝师德授封通议大夫》
周瑛	明	都御史	《赞西山祝公》（诗）
唐寅	明	名书法家画家	《山东学政允闻公赞》（诗）
费宏	明	内阁首辅	赠匾式一联

续表

姓名	朝代	职位	题遗篇书名
宋景	明	吏部尚书	《过须江祝将军庙而吊之》
郑恂	明	举人教授	《西岗书院记》
周积	明	左长史	《赞兵部郎中鸣球公》楹联、匾各一联
郑一鹏	明	学者	《赞明经祝进文公》等二篇
郑骝	明	韶州知	《赞都督将军祝浩工公》等三篇
柴白岩	明	诗人	《赞武烈将军祝奢公调寄八声甘州》
朱应登	明	知府	《访祝象文不遇宿江郎山馆》
杨继盛	明	兵部员外	赠《黄岩大节》匾额一块
周任	明	刑部郎	《赞监察御史祝柔中公》等二篇
毛恺	明	吏部尚书	《赞山曜先生调寄风入松》等五篇、楹联一对、匾额一块
余一龙	明	江山县令	《赞中正大夫祝时可公三烈殉难调寄酹江月》
徐惟辑	明	中书舍人	《游江郎山寄祝山曜先生》
钱谷	明	画家	《游江山郎访东山隐处》《题西岗书院》
赵铠	明	河南监察御史	《赞巡城御史祝夔公》等二篇，楹联一对、匾额一块
詹莱	明	湖广提刑	《题祝氏金花园种菊》等二篇
周文兴	明	鸿胪寺正	《谒东山祝先生墓》等四篇、楹联一对
罗洪光	明	学者	《江郎山题祝东山读书古壁》
潘士英	明	江山教谕	《祝司禋墓志》
张凤翼	明	戏曲家	《江郎山徵梦》（诗）
徐霈	明	两湖监察御史	《江西学政提学副使凤池公赞》等七篇，楹联一对、匾额两块
郑世熙	明	学者	《读闰秀辰姑节孝传有感》等二篇
方召	明	江山县知	《赞刑科吉士琛公》《赞制参允哲公》
徐日葵	明	编纂江山县志	《赞进士第宝公》等三篇
施幼学	明	江山训导	《追吊祝文忠公》等三篇
叶秉钧	明	不详	《赞进士第咨谋公》、楹联一对
张嵩	明	江山令	《请禁文忠公坟山告示》（告示）
陆和	明	监察御史	《养廉公元配郑氏自誓》等二篇
徐可求	明	四川巡抚	《赞处士祝明公》等三篇、楹联一对
柴天复	明	诗人	《偕祝进文游江郎山怀古》
柴惟道	明	学者	《赠明经祝进文先生》
璩一桂	明	学者	《大使天民公传》
夏子阳	明	兵科吉士	《题祝东涧出使制玉盒》
王泮	明	湖广布政司	《题祝元卿墓》

续表

姓名	朝代	职位	题遗篇书名
徐霞客	明	地理学家	《赞进士珙公》 《赞中宪大夫巡兵副使思问公》
姜梦熊	明	学者	《和汪双池游相亭》（诗）
张嵩	明	江山县令	《请禁文忠公坟山告示》
柴自挺	明	学者	《登江郎山怀祝东山先生隐栖》
汪烷	明	刑部郎中	《读郡司马祝祚庵佳有感》
张翔凤	清	建宁知府	《祝母太孺人寿序》
金烺	清	著名词人	《过江郎山调寄惜秋华》
郑忭	清	学者	《游江郎书院拜祝东山公遗像》
王揆	清	文渊阁大学士	《登江郎山题东山先生读书处》
傅绎	清	都察院都御史	《题祝太尉别业》
汪烜	清	著名学者	《少师府被禄记》《望江郎山怀古》 《江郎山赋》等五篇
尤侗	清	戏典家	《望江郎山怀东山读书室》 《赞中宪大夫善训公》
林麟倡	清	内阁中书	《祝祥卿先生六秩寿序》
钟定	清	贡生	《勘祝大使墓》
汪铺	清	府丞	《过白升山吊别制参》
黄而辉	清	知府	《望江郎石怀祝东山前辈》
陈元龙	清	太子太傅	《须江郎峰祝氏世谱续修序》、楹联一对
陈梦雷	清	著名学者	《西喜公父子传》
孔传纶	清	邵武知府	《赞广西道观风察谷使祝宁公》
柴大纪	清	水师提督	《赞武进士都阃将军祝雷公》等四篇
黄瑞	清	武状元	《赞都阃将军祝九虎公》第四篇、楹联两对
费士桂	清	刑部主事	《赞东宫洗马集贤讲士祝文公》
吴锡麒	清	祭酒	《赞太学生萱公》（诗）
袁枚	清	散文家	《赞都察院唯真公》（诗）
方桀和	清	知县	《赞都察院亨兆公》（诗）
黄大谋	清	广东提督	《赞提督军门祝岳年公调寄蝶恋花》等三首、楹联一对
汪铺	清	光禄寺卿	《过白升山吊祝制参》
余本敦	清	内阁侍读	《赞监察御史祖芳公》（诗）
宋俊	清	江山教谕	《赞威武军节度使祝应言公》等四篇
陈珏	清	常山县令	《赞少师上柱国宣国文忠臣公》（诗）
余恂	清	翰林院	《赞山东学政绅公》（诗）
姜士仑	清	知府	《赞祝处士子谦》
祖之望	清	刑部尚书	《赞资圣始祖处士从高公》（诗）

续表

姓名	朝代	职位	题遗篇书名
陈廷桂	清	奉天学政	《赞通奉大夫言如公》（诗）
蔡英	清	江山教谕	《赞国学生连金公》（诗）
傅绎	清	学者	《题祝太尉别业》
林则徐	清	政治家一品	《赞诰授通奉大夫东严公》（诗）
钟定	清	知县	《勘祝大使墓》
徐敦蕃	清	澂江知府	《读祝敬庵传且感》
黄而辉	清	左参议	《望江郎山怀祝东山前辈》
汪煊	清	音韵学者	《望江郎山怀古》《游江郎山》
余锡	清	学者	《和沈九如江郎山怀古原韵》
万世美	清	内阁中书	《赞中议大夫调玉公》
龚宗传	清	学者	《题江郎书院壁赞山曜先生高逸》
成廷楫	清	淳安教谕	《游江郎书院怀东山先生高隐》
周文新	民国	少将	《追赠方池祝先生》

第四章

旌表集

第一节 制敕

1.隋高祖赐祝桃根开府仪同三司敕[1]

隋开皇□□年

皇帝诏曰：国家设兵马之司[2]，所以平寇乱而保社稷安民人也。故苟能登坛受钺[3]，平贼趣功者即利国利民之辅，褒奖能无宠锡[4]乎？

昨据威武卫都督臣柏懋疏称：本卫校尉祝桃根，击蔡通仁、罗惠方等寇，贾勇先登[5]，论功居最。朕甚嘉之，擢尔开府仪同三司[6]，锡之敕命[7]。于戏[8]！位近鼎台[9]，已极康侯之锡[10]；功铭彝庙[11]，当隆虎拜[12]之思。益励尔忠，其钦[13]朕谕。

——录自《郎峰祝氏世谱》卷十三

【注释】[1]祝桃根，据《正德志》："字伯芝，平贼蔡通仁、罗惠方。都督柏懋上其功，授开府仪同三司。"敕，特指皇帝的命令或诏书。 [2]兵马之司，即指兵马司，官署名。掌地方安抚、治察兵马。 [3]苟，假如，如果。钺，古兵器名。 [4]宠锡，尊贵显荣的赏赐。锡通赐。 [5]贾勇，自恃勇力有余，可以售出。语出《左传·成公二年》："欲勇者，贾吾余勇。" [6]开府仪同三司，官名。曹魏时初设，本意为开封府署，自选僚属，给非三公官员以三公待遇。南北朝之后渐为加官之衔，至唐宋则为文散官名。 [7]锡之敕命，"锡命"之扩写。即天子赏赐诸侯爵位、车马服饰等物的诏令。 [8]于戏，犹"呜呼"。感叹词。 [9]鼎台，指三公之位。 [10]康侯，即周武王弟姬封，初封于康，故称。[11]彝庙，指宗庙中祭祀常用的礼器。彝，古代青铜祭器的通称。 [12]虎拜，召穆公名虎，周宣王时人。因平定淮夷之乱有功，王赐给他山川土田，召穆公稽首拜谢。《诗·大雅·江汉》有"虎拜稽首，天子万年"之语。后因称大臣朝拜天子为虎拜。[13]钦，封建社会对皇帝所行事的敬称。

2.唐高祖赠祝奢[1]公武烈将军谥忠献

唐高祖武德七年

诏曰：从来仗义死节之士，奋身殉国，英风烈气，冰石争坚。此非激于义者，深而爱国忠君之至，曷克能之？况以草野之臣，而怀忠义之报，尤为难得。苟不大为褒奖，何以作忠励俗？前李大亮讨叛李子通，唯尔义士祝奢率子弟先登赴敌，屡击贼败。穷追被执，不屈而死，朕闻甚惜。

特赠尔武烈将军，加谥"忠献"。该地方官驰驿[2]接理，递送尔枢归里，以男爵安葬，表其忠义。尔妻陈氏柔嘉惟则，节烈不移，奔寻夫尸，不惮[3]跋涉。朕用嘉焉，封为怀德县君。月支俸米一硕二斗，年给布帛一十六端。该本县印官给领，具报奏销。于戏！奋前驱之勇，致身国难，功名堪勒于旂常。效鸡鸣之义，以成夫忠，清节永垂于彤管[4]。服兹宠命，庶慰忠魂，锡尔褒荣，遗香烈骨。钦哉谢恩！

【注释】[1]祝奢，字伯宗。隋末丧乱，率子弟保乡里。唐武德间，贼李子通抵于杭，死之，制将李大亮疏其忠，令驰驿异归。九年，诏封妻陈氏为怀德县君。录《江山县志》卷九，《人物志·忠烈》。[2]驰驿，递送祝奢枢归里，由沿途地方官驿站供食用，兼程而进，叫驰驿。[3]不惮，不怕。[4]彤管，红管的笔。《后汉书·皇后纪序》："女史彤管，记功书过。"指陈氏得过皇上的记功。

3.唐高宗封赠[1]祝如陵及其岱父子爵荣诰
唐嗣圣元年

皇帝诏曰：朝廷报功崇德，所以作忠而虵赠覃恩[2]，实先劝孝。尊祖荣先，谁无本源之念，贻谋式榖[3]，皆由考妣之遗[4]。惟尔宏文馆参考音乐编修郎祝钦明与郡马参知扬州军政祝克明之故祖祝如陵，德量宏先，规模裕后[5]，宜特赠朝列大夫，故妣褚氏赠为太恭人。父明经祝其岱，潜心道学，持志山林，笃伦理以齐家，率"义方"而训子，肆长子班联礼乐，而次男略冠孙吴[6]，宜锡褒荣，以彰厚德，特封银青光禄大夫[7]；母穆氏相夫惟顺、导子惟贤，亦特封银青光禄太夫人。

沐此殊恩，宜益懋终身之操[8]；俾尔景福[9]，当维宏引翼之祺[10]。尔祖与妣灵虽在天，自宜涣敷弈世之荣[11]，永绥亢宗之庆[12]。彰式榖于重泉[13]，涣天章于洊锡[14]。共赐褒诰，以荣两代。钦哉谢恩。

——录自《郎峰祝氏世谱》卷十三

【注释】[1]封赠，朝廷推恩大官重臣，授官爵给其父母。父母在者称封，过世者称赠。诰，文体名，训诫或任命封赠的文告。隋唐以后帝王授官、封赠、贬谪亦用"诰"。祝如陵，祝东山的父亲，其岱即祝东山。[2]虵赠覃恩，谓将本身和妻室封诰呈请朝廷赠给先人，广施恩惠。[3]式榖，用善道教子，使人为善。《诗·小雅·小宛》："教诲尔式榖似之。"[4]考妣，犹言考妣。考妣，父母的别称。[5]德量宏先，规模裕后二句，互文见义，可作"德量规模，宏先裕后"解。德量，道德涵养和气量。裕，光大、广大。[6]肆长子班联礼乐，而次男略冠孙吴二句，长子入为宏文馆音乐编修郎朝官，次子智慧谋略可以与孙吴并称。班联，朝班的行列，亦指朝官。冠，加上（称号）。孙吴，春秋时孙武和战国时吴起的并称，皆古代兵家。[7]银青光禄大夫，官名，汉武帝太初元年始homie置。秩禄二千石，无定员。唐定银青光禄大夫为文散官，渐转成加官及褒赠之官。[8]懋，美好、完美。[9]景福，洪福、大福。[10]引翼之祺，引导扶持之福。[11]弈世，累世、一代接一代。[12]亢宗，庇护宗族、光耀门庭。[13]重泉，犹九泉。旧指死者所归。[14]天章，本指帝王的诗文。此假借为帝王发布的旨令、恩旨。洊锡，多次恩赐。

4.唐高宗赐祝克明[1]公婚尚淑德郡主诏
唐高宗仪凤三年

诏曰：婚姻莫要于正始，男女尤贵于及时。诗赋桃夭[2]，礼严娶嫁，此纲常之本，风化之源也。昨宗室敬业奏到，长女及笄[3]，于归期届。维尔祝克明青年科第，才略兼优，拟结丝婚之交。未叨龙章之锡，请谕赐婚，隆宠国戚。

肤阅嘉之，特颁诏诰封之子为淑德郡主，封克明为太子少保郡马伯，仍督理扬州粮饷，参知军政事。赐龙凤冠各一顶，紫锦袍各一件，以表宗室之义。

钦扬州刺史，臣孙见龙相成婚礼，俾尔夫妇卜偕鸾凤之欢，永调琴瑟之好。毋荒迷而惰业，毋骄傲以贻讥。但尔任职重远，国家两系，乃祖乃父另赐褒荣。尔其钦之。毋负朕意。

——录自《郎峰祝氏世谱》卷十三

【注释】[1]祝克明（659～687），字德仲，号月清。祝东山次子，封郡马，为太子少保。因随岳父徐敬业反武则天而身殒。淑德郡主（662～742），徐敬业之女，嫁祝克明后，在江郎山不恃尊贵，不尚华饰，矜持名节。生二子：尚邱、尚质。有诗作遗世。[2]桃夭，指婚嫁。《诗经·周南·桃夭》："桃之夭夭，灼灼其华，之子于归，宜其室家。"[3]及笄，指女子成年，行插簪子之礼。白居易《对酒示行简》诗："复有双幼妹，笄年未结缡。"

5.唐中宗授祝钦明国子祭酒敕

唐嗣圣元年

敕曰：国家建置太学[1]，所以成天下之才而建出治之本，故设祭酒以典教事[2]。若非经术明正之士[3]，焉可主国学之师？迩者祭酒员缺，选难其人。顾尔宏文馆日讲官祝钦明学术渊源，经史通贯，发身甲第[4]，才望久敷[5]，实堪此职。特授尔阶为国子监祭酒[6]，锡之敕命。

于戏！有德有造[7]，谁非金玉之相[8]；小成大成，实待鸢鱼之化[9]。惟在尔尽化成之道，斯朝廷有宅俊之光[10]。勉尽尔心，无负朕望。钦哉！

——录自《郎峰祝氏世谱》卷十一三

【注释】[1]太学，我国古代设于京都的传授儒家经典的最高学府。[2]祭酒，官名。典，掌管。[3]若非经术明正之士，如果不是精通经术的博士一类的官员。经术，犹经学。[4]甲第，科举考试得第一等。[5]敷，传布。[6]阶，官阶。泛指官秩，地位。国子监祭酒，官名。为国子监之主官。[7]造，学问有造诣。[8]金玉之相，即玉质金相，形容人表里俱美。[9]鸢鱼，鸢飞鱼跃之省。《诗·大雅·旱麓》："鸢飞戾天，鱼跃于渊。"孔颖达疏："其上则鸢鸟得飞至于天以游翔，其下则鱼皆跳于渊中而喜乐，是道被飞潜，万物得所，化之明察故也。"后以"鸢飞鱼跃"谓万物各得其所。[10]宅俊，言囊括天下英才而归之。宅，包笼。

6.唐元宗授祝尚邱太学博士敕

唐开元九年

敕曰：太学为礼义之所从出，成均实多士之所由成[1]。苟非得严正之师，何以昭作人之化[2]。惟尔仪曹郎[3]祝尚邱，宗室展甥[4]，名儒介裔[5]，孝施有政，实可移忠，家绍箕裘[6]，即堪华国[7]。礼相容台[8]，既著鹓班之穆穆[9]；声昭圆泽[10]，宜观振鹭之雍雍[11]。特简尔为太学博士[12]，锡之敕命。

于戏！功崇惟志，宜益懋于前修；业广惟勤，式更虔于斯秩。朝振鳝堂之铎[13]，俾朝廷收造士之功[14]；日诏龙见之文，使天下沐观光之泽。惟朕以嘉，其尔钦谕。

——录自《郎峰祝氏世谱》卷十三

【注释】[1]成均，古代太学名。[2]作人，培育人。[3]曹郎，部曹，各司的官吏。[4]展甥，犹外甥。[5]介裔，犹言耳濡目染，往往继承父兄之业。[6]家绍箕裘，继承父祖的事业。[7]华国，光耀国家。[8]容台，礼部的别称。[9]鹓班，指朝官的行列。穆穆，严肃貌。[10]圆泽，天泽。也指皇帝的恩泽。[11]振鹭，比喻在朝操行纯洁的贤人。语出《诗·周颂·振鹭》。雍雍，和谐貌。[12]简，选择。太学博士，官名，掌教授儒学经典。[13]鳝堂，讲学之所。铎，铃铛。[14]造士，造就学业有成的士子。

7.汉隐帝赐祝延年公安世驸马伯敕[1]
后汉隐帝乾祐元年

敕曰：尔奉政大夫，仪同置制使祝延年，艺文宏伟，持名教于流离[2]，宪武昭宣，振纲常于颠沛，佐先帝以肇基宏业。勋铭钟鼎[3]，绩纪太常。朕赞成先绪，念切报功，既嘉尔辅翼之劳，复欲隆展亲之谊。其以长公主加封为安贞公主。加尔延年为安世驸马伯，仍督理武安卫军务。同平章知国政事。

尔初适虞氏，赐同侍公主，进封安国夫人。于戏！宠锡金根，亲联玉叶，琴瑟之好。当永念于宜家、好爵之縻，式尽忱于报国。尚益懋修以称任职，钦之钦之！毋负朕意。

【注释】[1]祝延年，字长岭，郎峰祝氏江山阁老街人。任将军征讨景云诸贼，三战连胜，李后将太子长女刘氏许配延年，后太子继位，赐延年为安世驸马伯。 [2]流离，光彩纷繁的样子。杨雄《甘泉赋》："曳红采之流离兮，飏翠气之宛延。"[3]钟鼎：钟是水器，鼎是食器。古代贵族列鼎而食，食时击钟奏乐。形容奢华富贵。王勃《滕王阁序》："闾阎扑地，钟鸣鼎食之家。"

8.周世宗赐祝世善公婚开封尹王朴女敕[1]
后周世宗显德甲寅年

敕曰：国尔忘家，人臣之节。而轸念臣隐，大君之恩。故使臣者必使之无内顾之忧。庶事君者，益励乎公忠之志。维尔开封府尹王朴，忠勤为国，清白持心，故钦尔留守东京，未便联眷，以居任署。虽周爱咨访，谊自励于戴星，而岂不怀归情？或伤于四牡[2]，朕甚念之。

顾尔少女年逾二十，礼宜有家，指挥使祝世善，年将三十，亦宜有室。今朕钦为作伐，赐谕匹偶。使标梅得以及时，而快婿亦堪宅相。兼使庀[3]尔家事，亦以免扬水之悲[4]也。顾男女定位易昭定国之基。关雎好逑，诗著王风之首。特封尔婿中奉大夫，仍任前职。尔女特封恭人。赐之敕命，以光大婚，以示褒劝。尔朴尔世善等各宜免修德业。以待厚爵，以副朕心，尔而其钦之，毋忽！

【注释】[1]祝世善，又名祝以成，字绎如，郎峰祝氏江山梅泉人，五代后周进士。中尉，侍御指挥使。王朴，开封府尹，后周名臣，精通历法，主持制成《显德钦天历》，取代各种混乱不堪的历法。王朴也通音乐，使失传多年的唐代音乐得以恢复流传。[2]四牡，《小雅·四牡》是《诗经》中的一首诗。[3]庀（pi），治理。《国语·鲁语下》："子将庀季氏之政焉。"[4]扬水之悲，扬水是扬花水性之缩写，像扬花那样随风飘舞，像流水那样易变。比喻女子作风轻浮、爱情不专一的悲剧。《官场现形记》四三回："那爱珠又是堂子里出身，扬花水性。"

9.宋真宗授祝程[1]公河东宣抚使敕
宋真宗乾兴元年

敕曰：国家设藩臬诸司下及县邑藩令，所以分理天下。顾郡邑辽远，南北殊方，衙门官吏贤否？民风利弊难以周知。恐上德[2]难以下宣，而下情未能上达。因特置宣抚，总理节制。此太史采风之遗典，亦秋官[3]小行之旧职也。今顾代巡重典，选难其人。

惟尔翰林院校书郎祝程，身发儒术，立节廉介，德望久著，经义通明。特钦命尔往河东等处地方，巡视兵民困苦，细察水陆情形，严摘贪官污吏，攘除土豪里羁[4]。劳来匡直，宣明教化，以弼承国家之治。并兼理学政事务。第尔一方表率，职任非轻。尔宜务端规范，严条约，公劝惩，奉国宪典以期无愧斯托。于戏！式时百辟，文武攸瞻。启监为民，养恬是引。当凛靡及之怀，庶尽旬宣之职，毋斁朕意。特赐尔敕其往。钦谕。

【注释】[1]祝程，字仲恩，号云峰，郎峰祝氏江山阁老街人。进士，官河东宣抚使。八子登科。长子，祝应言：进士，威武军节度使。次子，祝常：进士，平章事，宰相。三子，祝顾言：省元，著《卧石文集》。四子，祝绅：进士，山东学政。五子，祝微言：太学士，官长史。六子，祝敫言：乡进士，考职仕不赴，治理六百口之家。七子，祝嘉言：乡进士，书法家，直阁修书郎。八子，祝慎言：武科中式，都统将军。八子登科，五世同堂，六百余口，敦睦雍和。[2]上德，君王的道德。可理解为皇帝圣旨。班固《两都赋序》："或以抒下情而通讽喻，或以宣上德而尽忠孝。"[3]秋官，唐武后以刑部为"秋官"。后世多习称刑部为"秋官"。[4]里羁，乡里控制的恶人、恶霸。

10.宋仁宗钦授祝应言[1]公威武军节度使敕
宋仁宗明道元年

敕尔兵郎中祝应言，发身甲第，历职兵曹。擢任莅治，累彰声誉。文武为宪，盈廷共推。经纬咸宣，阃外[2]斯寄。今兹威武军，关陕屏藩，河西右臂，比邻西夏，要害之区。肆朝廷设军列汛，以逖蛮方，以安内治。若非有严有翼之臣，何以致内安外攘之绩？朕惟察尔说礼敦诗，折衡樽俎，不刚不柔，不塞不流，实能堪任斯职。用是锡尔敕命，给之符剑。前往威武军任理节度政务。节制威武、张掖、酒泉、敦煌诸郡兵务。兼察理官、军、民、商、户籍、刑狱。凡在统属悉听案治后闻。

于戏！顾兹天宠，毋诒左次之羞。诘尔戎兵，勿负张皇之寄。尔其尚德缓刑，俾域内受安全之利，以柔远能迩斯，蛮夷有率服之思。往尽乃心，无负朕意。谨之钦之！毋忽特敕。

【注释】[1]祝应言，字既昌，号禹闻，郎峰祝氏江山阁老街人。北宋天圣六年（1028）第进士，威武军节传使。宰相吕夷简的三女吕氏为妻室。[2]阃外，指统兵在外的将帅，《晋的·王敦传》："既素有重名，又立大功于江左，专任阃外、手控强兵。"

11.宋仁宗钦授祝夔公[1]巡城御史制
宋仁宗□□年

制曰：京师为天下之归，而九阙[2]实森严之地。国家特设御史，不时巡察，所以慎固封守。而诘奸平乱，以安兆民，厥任盖非轻也。惟尔刑科给事祝夔，发身进士，观政有年，历职言科，明刑有素，公正明允。朕其灼知，用是特擢尔阶，为巡城御史。锡之制谕速往莅任。

于戏！降典礼以迪民刑，惠京师以安四国。扬干可戮，何必怵[3]于一人？鳏寡[4]无辜，自不妨于三宥[5]。毋许以为直，毋苛许以为能。勿谓生人之憎，当念凡民之怼，尔其懋修不懈[6]。朕将显爵尔縻。尔往钦哉！毋负朕命。特谕。

【注释】[1]祝爕，字敬巷，郎峰祝氏江山阁老街人。北宋天圣六年（1028）第进士，官巡城御史。[2]阙，古代王宫。[3]怵，恐惧。[4]鳏寡，老而无妻或无夫的人，泛指老弱孤苦的人。《汉书·河间献王刘德传》："王身端行治，温仁恭俭，笃敬爱下，明知深察，惠于鳏寡。"[5]三宥，三次赦免，要宽容。[6]懋修不懈，勤勉不懈怠。

12.宋仁宗钦授祝绅[1]公秘书丞诏
宋仁宗□□年

诏曰：离经辨志，视学于小成。五典三坟[2]，职藏之太史，是以经义之通，书传白虎[3]。奇字之校，光照青藜。盖文以载道，学存乎人。国家设秘书院之官，所以守先谟而垂后学也。苟非经术明正之士，曷克以光其选战！朕维尔宏文编修祝绅，文行兼优，学术醇正。特敕命尔进阶秘书丞。

于戏！学古有获，实为建事之基。修辞立诚，期得圣人之旨。往就乃职，朕将不时召试，苟能懋修尚有拔擢。勉之，钦哉！

【注释】[1]祝绅，字播之，雁名伸言，郎峰祝氏江山阁老街人。北宋庆历六年（1046）第进士，秘书院日讲官、山东学政。[2]五典三坟，五典指古代五种伦理道德，即父义、母慈、兄友、弟恭、子孝。《尚出·舜典》："慎微五典，五典克从。"又曰："传说中上古的五部典籍，早已亡佚。"三坟，传说中我国最早的典籍。《尚书序》："伏羲、神农、黄帝之书，谓之三坟。"五典三坟指我国最早的典籍。[3]白虎，比喻威武勇猛。《三国志·蜀书·关羽传评》："关羽、张飞皆称万人之敌，为世虎臣。"

13.宋哲宗封赠文忠公祖父荣诰[1]
宋哲宗□□年

诰曰：积善必有余庆。燕翼[2]即以贻孙，褒荣以劝孝思。自父因而率祖，溯渊源之有自，宣恩敷之特隆。惟尔少师祝臣之祖善训，恢宇修仪，渊心亮节，风流后裔、益远愈光。特赠中宪大夫。其妻王氏淑德嘉懿，匹休良士，亦特赠为恭人。尔父天福，持身俭朴，力穑起家。德既训成乎喆嗣，报宜特重于所生。虽获昔褒未叨隆爵，今特加赠为奉直大夫。其妻柴氏柔嘉维则，正静有常。亦加赠为太夫人。锡之荣诰，命更庙主。

于戏！光垂奕世，宣知祖德之隆，宠及先人。应念君恩之厚，服兹荣命，以滋益恭，永励家修。朕心无斁。钦哉！

【注释】[1]祝善训，是文忠公(祝臣)的祖父，郎峰祝氏江山阁老街人。赠中宪大夫。王氏，祝臣祖母，赠恭人。祝天福，祝臣的父亲，赠奉直大夫。柴氏，祝臣的母亲，赠太夫人。[2]燕翼，指善为子孙谋划。《左传·文公三年》："诒厥孙谋，以燕翼子。"

14.宋哲宗赐祝臣[1]公谥文忠制
宋哲宗绍圣四年

制曰：贰公宏化[2]，文学攸彰。纯臣事君，忠贞是笃。惟德业着于生前，斯荣名隆于死后。此盈庭之定论，实万世之公评。尔故少师上柱国公祝臣，持身雅操，体国宏猷。经天纬地，才已裕乎为邦。夜寐夙兴，节愈勤乎匪懈。迨终老于菟裘，仅永恩于马鬣。身后之心犹尚尊奉于忠义，大廷之上讵无眷眷于恭人。

兹特谥尔曰"文忠"。载主隆号，以表德光。赐葬重茔，用彰国宪。存膺显陟之典，没颁追恤之恩。名有实而弥彰，论既久而始定。于戏！卿灵钦而不昧。

【注释】[1]祝臣，字徽之，号与守，郎峰祝氏江山阁老街人。北宋嘉祐六年（1061）进士，官江南学政，赠少师上柱国，封宣国公。逝世后赐"文忠"。[2]贰公宏化，指皇帝的辅佐。《尚书·周官》："少师、少傅、少保曰三孤，贰公弘化。"

15.宋哲宗赠祝常[1]公鲁国公赐谥文正制
宋哲宗元祐七年

制曰：明明在下，灼于四方。斯臣工非常之烈，元首喜哉，百工[2]熙哉，由股肱[3]奋起之休。尔故太子少保平章事祝常，文章赫耀，焕乎经纬之数。学术精醇允矣，中和之至。性资耿介，气节巍岩。身已历事三朝[4]，心则恒如一日。朕始临驭之时，方倚卿为元老。本谓翼为明听，堪为四辅之资。岂意良木哲人，竟作两楹之梦。况旂常永勒，而爵谥未加。朕甚戚焉！

兹特赠尔鲁国公。谥曰："文正。"载主隆号，以光褒荣。于戏！生寄死归，卿何惭于一息。前行后论，誉已被于无穷。虽未享大年于生前，尚永保荣封于死后。慰尔英灵永光庙祀。钦哉！

【注释】[1]祝常，字履之，雁名昌言，郎峰祝氏江山阁老街人。北宋嘉祐八年（1063）第进士，官太子少保，平章事五年，平章事是指实际任宰相之职者也，专授以年高望重之大臣，职位在宰相之上。逝世后赠谥"文正"。[2]百工，各种官吏，犹言百官。《尚书·尧典》："允厘百工，庶绩咸熙。"[3]股肱，辅佐，拱卫。《国语·鲁语下》："子股肱鲁国，社稷之事，子实制之。"[4]历事三朝，祝常在宋仁宗嘉祐八年（1063）授翰林校尉，在宋英宗时任大理寺少卿，在宋神宗时任大理寺少卿，宋哲宗时任太子少保，平章事五年。祝常历任四个皇帝供职，故历事三朝。

16.宋徽宗擢祝允闻[1]公大理寺正卿敕
宋哲宗元祐二年

敕曰：明罚敕法，治不废刑。刑期无刑，要归于德。故皋陶[2]明刑而有司不犯。于公治狱而民自不冤。苟非夙有钦恤之怀，曷足当理刑之任？尔监军御使祝允闻，发身儒术，历职戎行。公明之德，久豫人心。廉介之风，素彰物望。钦监边军，功熙阃外。嘉猷入告，朕所深嘉。特进尔阶，简补大理寺正卿，钦之敕命。

于戏！敬而由狱，长我国王，其在尔明大体而略细故，由明德以迪象刑。毋依势作威，毋倚法以削国，正民裕之猷，不其在斯，勿忘夙夜，以副朕意。钦之，慎之。

【注释】[1]祝允闻。字颜卿，号聪巷，郎峰祝氏江山阁老街人。北宋元丰二年（1079）第进士，仕山东，广东学政。官至大理寺正卿。[2]皋陶，相传是舜的掌握刑法的臣。

17.宋钦宗授祝允哲[1]公大制参敕

北宋靖康元年

敕曰：朕闻兵法守所不攻，政典预于先事。朕遭不造[2]，边要若雷。虽廷臣同御侮之心，而分镇犹为不给。朕维荆襄江广之咽喉亦属要地，虽设武翊卫置军守镇，然忧虑其新军初作，列伍未娴[3]，万一远水不救，则将如何？朕甚虑焉。特加制参以统维军事，但斯非经纬[4]全才者不可以职，非忠良济美[5]者不可以任。朕察尔政议大夫祝允哲，发身儒肆[6]，忠效国家。自随皇亲驾征讨以来，营谋检点，动出老成，任事忠贞，夙夜匪懈，朕甚嘉信。特以宠谕[7]，命尔往副武翊卫大制参，督理江广粮饷，提督荆襄军务，赐之符[8]敕，以为尔责。

于戏！万邦之怀实维长子，三军之命寄于一人。尔往其肃军政以备不虞[9]，抚此兆民[10]以安国本。勿多事以生变，毋急忽以失机。其往钦之，朕言不再。特敕。

——录自《郎峰祝氏世谱》卷十三

【注释】[1]祝允哲，字明卿，郎峰祝氏江山阁老街人。北宋元符三年（1100）第进士，官武翊卫大制参。[2]造，年代。不造，指不好的年代。 [3] 娴，熟习。 [4]经纬，统领。[5]济美，子孙继承祖先或后人继承前人的事业。 [6]肆，讲堂。[7]宠谕，加恩特赐的任命。 [8]符，古代朝廷封官、传命和调遣兵将的凭证，用铜、玉、竹木等制作，上刻文字，分为两半，各执其一，合二为一方有效。 [9]虞，忧虑。[10]兆民，指百姓。

18.宋钦宗授祝奇[1]公制置使敕

北宋靖康元年

敕曰：国泰民安，则君臣亦相庆慰。主扰臣辱，则国势实出匆皇。虽武土在郊，同心御侮[2]，而畿内卫镇尤为根本之地[3]，益不可不防也。特钦尔职方郎祝奇为制置使出巡营汛[4]，使驻防得所，行伍整齐，弓马利便，以卫邦畿，以固都域。若夫事势急缓，不时奏闻[5]。其或军有怠玩，应尔以军法论拟[6]。

锡之敕命，务须肃将严防，护国祐民，实惟尔责。夙夜勿忘，以副朕意[7]。钦哉！

——录自《郎峰祝氏世谱》卷十三

【注释】[1]祝奇，字正文，郎峰祝氏江山阁老街人。北宋宣和元年（1119）第进士，官广西学政，赠太子太傅。 [2]御侮，抵挡敌人。 [3]畿，泛指国都周围的地区。 [4]制置使，官名。唐始设。后多为安定地区的军事长官，位在刺史之下。宋政和年间置京畿辅郡兵马制置使。营汛，军队戍防地。[5]不时，不必按时、随时。[6]论拟，斟酌拟定。[7]副，符合。

19.宋高宗授祝大义[1]公治中诏

宋高宗□□年

诏曰：世臣原自亲臣，家政通于国政。故世笃藉乎成绩，而孝恭作尹东郊。尔稽勋郎祝大义，为宣国文忠之孙，正奉允闻之子。乃祖及父历事先朝[2]，实多伟绩。而尔发身经学，久列宾兴，斐誉朝班，立言故籍，惟忠与孝。已述祖父之箕裘，克谨克勤，行看临民之政治。兹以覃荫特擢尔阶为临安治中。锡之褒谕以为尔责。

于戏！惠此京师，以绥四国，柔远能迩，已定我王。惟慈祥所以得民，亦严正斯

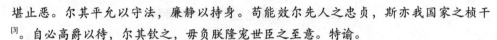

堪止恶。尔其平允以守法，廉静以持身。苟能效尔先人之忠贞，斯亦我国家之桢干[3]。自必高爵以待，尔其钦之，毋负朕隆宠世臣之至意。特谕。

【注释】[1]祝大义，字敬元，郎峰祝氏江山阁老街人。南宋太学士，京城（今杭州）治中。[2]乃祖及父历事先朝，指祝大义的祖父祝臣，少师上柱宣国公，曾任宰相四年；乃父祝允闻，大理寺正卿，即最高人民法院院长。[3]国家之桢干，指国家之栋梁、支柱。《汉书·匡衡传》："朝廷者，天下之桢干也。"

20.宋宁宗授祝永鼎[1]公德清令诏
宋宁宗□□年

诏曰：子显父封，所以教孝父忠子荫，亦以报功故国。家有荫袭[2]之条，而先王有世禄之典。尔乡贡进士祝永鼎，为忠臣祝梦熊之冢子，兹特荫覃尔职，钦尔为德清县令，获禄奉祭，以表尔父忠烈。亦以忠贞之子，必能世笃忠贞也。

第此百里封疆，民社攸寄尔往。其持身廉洁，逮下兹祥，下达民情，上宣主德。毋负朕之佳意，毋堕父之家声。于戏！主泽已隆，先型未远[3]。本家修而摄仕，庶移孝以作忠。特诏引见，递传到任。钦哉。

【注释】[1]祝永鼎，字铭之，郎峰祝氏江山阁老街人，祝梦熊长子。乡贡进士，德清县令。[2]荫袭，封建时代子孙因先辈有功，而继承入仕权利。[3]主泽已隆，先型未远：皇恩已很隆重，父亲的榜样尚在。

21.宋端宗旌祝君翼[1]公尚义郎诰
南宋景炎元年

诰曰：国家多难，宗社[2]流离。朕缵[3]先人，不胜危惧。所赖忠贞之士、义节之臣，共奋壮怀，宏济艰难。而草野之士不忘朝廷，犹[4]朕之所殷然属望[5]也。

昨相国文天祥奏闻：军屯江西，内乏外迫，浙衢江山儒学生员祝君翼，赍以家积黄粟五百硕[6]、白金五千镒[7]，馈济营饷，以敷国用。朕阅嘉之，特颁褒诰，旌[8]尔为尚义郎。锡之隆谕，以显其义。

于戏！天步[9]艰难，国势疮痍，未起报功之典[10]，殊抱亏欠之心。朕心静俟难平，当加显爵，尚其服此[11]。钦哉！

——录自《郎峰祝氏世谱》卷十三

【注释】[1]祝君翼，郎峰祝氏江山阁老街人。爱国重教，为祝氏家族置义田，建义学。南宋末年（景炎元年），倾家捐赠宰相文天祥带领的南宋抗元部队粮五百硕，白金五千镒。[2]宗社，宗庙和社稷，代指国家。[3]缵，继承。[4]犹，同样。[5]属望，期望。[6]赍，持有，携带。黄粟，泛指粮食。硕通"石"，古代容量单位，十斗为石（今读dan）。[7]白金，白银。《史记·平准书》："金有三等，黄金为上，白金为中，赤金为下。"镒，古代重量单位。二十四两为一镒。一说二十两为一镒。[8]旌，一种旗子。引申为表扬。[9]天步，国运、时运。[10]典，典礼、仪式。[11]尚其服此，希望朝廷内外、文武百官都能记住这件事。尚，表示祈求、命令等。服，思念。

22.宋宁宗赠祝梦熊公龙图阁待制赐谥献烈

南宋宁宗二年

制曰：国家敦义效忠之臣，实子孙黎民所永赖存。未获膺显陟之典，殁宜颁追恤之恩。尔原任监察御史祝梦熊，心崇忠节，性禀直方，请驰"伪学"之禁，方将砥柱斯文[1]，飞弹启寮之奸，直欲回天永命。身虽屡屈志，以愈刚。节殉黄岩[2]；心照赤日。朕甚嘉惜，特赠尔龙图阁待制，赐谥"献烈"。其妻柴氏贞一不移，慷慨殉死[3]，亦赠烈懿夫人，共锡宠诰，更其主衔以表忠烈，钦鸿胪寺委员。赍枢归乡，赐与烈懿共葬。

于戏！名有抑而弥彰，论既久而始定，锡兹槐棘之荣，庶慰忠魂之梦。卿灵有知，尚克承之。

【注释】[1]砥柱斯文，指祝梦熊奏文《黜奸荐贤疏》，请驰"伪学"之禁，请复朱熹、赵汝愚官职。[2]节殉黄岩，梦熊谪黄岩尉，抗寇壮烈牺牲。[3]柴氏慷慨殉死，梦熊之妻柴氏，见灵枢，登楼跳下而殉节。

23.元泰定帝授祝寿[1]副使敕

敕曰：先帝奉从天命，统驭天下，留意人才，奖励忠义。特敕胜国遗臣，忠良后裔，格加隆宠，以资国用，以示大公。载在典册，为国成法。尔儒士郎祝寿，为有宋故臣文忠献烈苗裔[2]，世德永承，忠贞不替，理宜奖荫，以守先谟。奈浙司不以举闻，朕已特加敕，责令兹特进尔阶，擢为朝奉大夫。河南道驿传副使，锡之褒章，以命尔职。

于戏！置驿传命[3]，实分邦伯之犹，龙虎分符，亦作国家之翰王，路有荡平之极。庶上德不壅于下流，通道致西旅之骜。斯远人益至于重译，其勤尔事，不负朕至意，亦不负尔祖之家风。特敕，钦之！

【注释】[1]祝寿，郎峰祝氏江山阁老街人。元朝苏州刺史，苏、松等处驿传道副使。[2]文忠献烈，指文忠祝臣，献烈祝梦熊的后代。[3]置驿传命，指设置驿站，传达皇帝的命令。

24.明太祖钦召祝宗善[1]公陛见诏

朱元璋

诏曰：朝廷用人以左右荐之，莫若国人举之。国人举之莫若朕所亲试者也。尔原任江山本学教谕，祝宗善之才之德，朕方亲试之矢。可以资治布政。特钦内使奉诏召见，以选任吏，毋致刻延，以慢朕命。

【注释】[1]祝宗善，郎峰祝氏江山竹和人。据康熙《江山县志》卷九，《人物志·文学》："祝宗善，博学能诗，洪武间，举文学，为邑庠教谕。秩满之京，馆鸡鸣僧舍。一日，客有微服倚栏吟者，韵未竟，宗善出揖续之，客骇向其名而去。翌日，手诏召见，擢知苏州府。始知微吟者，即高庙也。宗善性刚直，以廉介称。坐诬者，惟琴书数卷。复其官。"明太祖朱元璋，定都南京，微服游鸡鸣寺。触景吟诗二句："陈陈细雨洒斑竹，轻轻微风吹落花。"苦无续句。朱元璋农民出身，文浅。适逢一书生祝宗善为之代续："独倚阑干闲眺望，乾坤都属帝王家。"太祖大喜。询知乃进京会试之进士。翌日下此诏陛见，赐进士，授苏州太守。亦可谓诗坛一佳话。

25.明成祖赠祝贞^[1]公工部员外郎诰

诰曰：任事者必简老成之士，知人者无如已试之功。虽身死未竟厥勋，而旧绩当隆褒显。尔工部主事，都水司祝贞，先帝旧臣。自钦督黄河告竣，谆谆辞归。今部荐以董事老成，题复佐政。朕甚嘉悦，特召赴阙^[2]。未获显爵，疾终京师，朕甚悲惜。

特赠尔为工部员外郎，尔妻毛氏封为宜人，锡之诰命。钦兵部委行勘、合赍，柩归里安厝^[3]。于戏！祗服国恩，永光庙祀。卿灵不昧，其尚钦之。

【注释】[1]祝贞，郎峰祝氏江山雅儒坊人。明工部主事都水司。因治黄河有功，明成祖奖金，祝贞回乡建西岗书院。后皇召回京，卒京城，赐工部员外郎。 [2]赴阙，阙指王官，赴阙，即回京城任职。 [3]安厝，停柩待葬。《三国志·留出·先主皇后传》曰："园陵将成，安厝有期。"

26.明世宗擢祝凤卫^[1]公祠祭郎敕

敕曰：四时职首春官^[2]，五礼尤先祭祀。盖神人之所由秩，实上下之所和。故虽列在郎官，而已昭乎列宿。苟非得彬雅之士，遍克居序事之班。惟尔教习祝凤卫，职居太学，业既有年，释褐登朝，公勤是最。特进尔阶，礼部祠祭，清吏司郎中。锡之敕谕，以为尔责。

于戏！凤夜寅清，无蹈慢神之咎。非族不祀，无贻不知之讥。尚益懋修。以称任使。钦哉！

【注释】[1]祝凤卫，郎峰祝氏江山阁老街人。明朝太学生、作者，著有《有礼祀说约》。 [2]春官，古代常以宗伯为春官，掌邦礼。唐光宅年间，曾一度改礼部为春官，春官遂为礼部的别名。刘禹锡有诗句："一日声名遍天下，满城桃李属春官。"

27.清仁宗赠祝光国为直奉大夫内阁中书加四级

皇帝制曰：宣猷采中朝抒报，最之忧锡类殊恩，休命示酬庸之典。尔祝光国乃现任内阁中书，加二级祝春熙^[1]之父，令德践修义方，凤著诗书启后，用彰式縠之风，弓冶传家，克作教忠之。则兹以覃恩，赠尔为儒林郎，内阁中书加二级，锡之敕命。

于戏！笃生杞梓之材，功归庭训，丕焕丝纶之色，光曜泉台。

同时，赠祝春熙之母陈氏，封尔为太安人。

【注释】[1]祝春熙，居福建浦城，郎峰祝氏资圣派。进士，奉政大夫。内阁侍读，内阁典籍中书，文渊阁检阅，国史馆分校。

28.清仁宗赠祝春熙公为奉政大夫

皇帝制曰：官在禁林时，捄天^[1]庭之藻班，承纶阁还依策府之光。尔现任内阁中书，委署侍读，文渊阁检阅加五级祝春熙，温醇著誉，恪谨持躬，质有其文，撰述分劳，于两制才堪称职。丝纶^[2]贲宠于重霄。兹以覃恩^[3]授尔为奉政大夫，锡之诰命。

于戏！西清趋直，用嘉翰札之劳，北阙承恩，尚励靖共之节。

（同时，赠祝春熙之妻祖氏，封为宜人。）

【注释】[1]捄天，光耀照天。[2]丝纶，帝王的诏书。[3]覃恩，广施恩惠。

29.清仁宗赠祝昌时[1]公为中议大夫

皇帝制曰：求治在亲民之吏，端重循良，教忠励资敬之，忱聿[2]隆褒奖。尔候补主事祝昌时，乃候补监运司运副加四级祝凤喈之父。褆躬[3]淳厚，垂训端严，业可开先式毂，乃宣猷之本，泽堪启后，贻谋裕作牧之方。兹以尔子克襄王事，赠尔为中议大夫，锡之诰命。

于戏！克承清白之风，嘉兹报政用慰，显扬之志，昭乃遗谟。

（同时，祝昌时之妻蔡氏封为淑人。）

【注释】[1]祝昌时，福建浦城人，郎峰祝氏资圣派。由主事敕授承德郎，赠中议大夫。[2]忱聿，真诚迅速。[3]褆躬，安身躬敬。

30.清仁宗赠祝凤喈[1]公为中议大夫

皇帝制曰：引池煮海，管权实有专司，佐策[2]分曹副贰于焉。襄政尔候补监运司运副加四级祝凤喈，区画精详，才犹敏练，摘奸厘弊，亦充军国之需。恤灶通商，克佐牢盆之利，兹以尔克襄王事，授尔为中议大夫。锡之诰命。

于戏！职膺烦剧，毋忘干办之劳，身处丰腴益，励洁修之志。

（同时，赠祝凤喈之妻张氏为淑人。）

【注释】[1]祝凤喈，福建浦城人，郎峰祝氏资圣派。官为浙江盐运副使，晋授中议大夫。[2]佐策，帮助策划。

第二节 奏议

1.唐朝名相姚崇上疏朝廷为祝钦明平反悯愫特奖疏[1]
唐开元六年·姚崇

为代陈悯愫恩恩赐复事。

臣闻士有负不世之才而性情疏失[2]，或一事之不检而实无愧生平者。故知及仁守或不能无不庄之恨[3]。乃千城弃于二卵，而寸枋遽遗连抱。若使婢丸药，遂沦陈寿之才，抱哭董尸，竟致蔡邕之死，又不能不为扼腕惜之。若先臣钦赐国子祭酒祝钦明者，身为人师而忘敦化之重，至进"八风"之舞[4]，故吏侍藏卢用讥以五经扫地[5]，遂致斥逐贬死饶州[6]。

夫国学作人之地[7]，威仪乃德之隅，钦明举动若此，沉沦贬斥[8]，夫复何词？然臣有不能无惜者，则以钦明敏而好学，才藻高华，经术通明，尤专《诗》《易》。臣尝历观其所遗文集诗赋，实足以前媲蔡邕而上掩陈寿，亦所以阐扬圣化，为国之华，未必非偏长之可取者也[9]。况稽其生平历职，屡有治声，所举奏章言公法正，非有迎逢媚说之情。又与武三思、来俊臣等终身未尝投合[10]，似不得以一节之失掩之。臣素知钦明狂放，举动不羁，起舞"八风"，殆亦其疏失故态，未必为邪佞之行也。臣谓钦明若在，置之翰墨之林，使得从容词命[11]，备闻典故[12]，于圣治不无小补。惜乎既死，不复言矣。

伏维陛下怜才好士，作人右文[13]。凡属有造，犹必搜罗，弃短取长，不相掩覆。

况以钦明生平掩于一失，而陛下独不为原宥乎[14]？故臣敢代为表白，伏冀陛下大广仁恩，原[15]情节取赐复钦明原爵，则钦明渺渺魂魄深沾天贶[16]，亦以励天下好学之心而广右文之治也。臣不胜感激，俯伏待命之至。

——录自《郎峰祝氏世谱》卷十三

【作者】姚崇（651～721），本名元崇，改名元之，后又避开元讳，改名崇。陕州硖石（今河南省三门峡市东南）人。唐名相，武后时，官阁侍郎。睿宗时为相，后贬职。玄宗立，复为相。

【注释】[1]恫愫特奖疏，犹言至波恳求皇上特殊关照。疏，奏疏，封建时代臣下向国君陈述意见的一种文体。[2]有负不世之才，有凭仗自己认为的非凡之才。疏失，疏忽失误。[3]不庄之恨，庄，严肃、庄重。恨，情憾。[4]"八风舞"，舞名。《资治通鉴·唐睿宗景云元年》载此事。胡三省注云："祝钦明所作'八风舞'，非春秋鲁大夫众伸所谓舞者，所以节八音行八风者也，借'八风'之名，而条诸淫丑之态耳。"[5]五经，此指古代的五种礼制。[6]斥逐，驱逐。[7]作人，培养人。[8]沉沦，死的委婉的说法。[9]偏长，一方面的特长。[10]武三思，武则天之侄。则天临朝，封为梁王。性善谀，专擅威福。中宗复位后，官司空，与韦后通。景龙元年太子重俊起兵谋废韦后，率御林兵杀三思及其子崇训。太子兵败脱走，亦为追军所杀。来俊臣，性残忍。因善告发，为武则天所信任，累擢侍御史，以酷吏著名。后以得罪武兵诸王和太平公主，被处死，国人竞剐其肉。[11]词命即词令，聘问应对之词。[12]备闻，尽知。[13]右文，重视文化教育。[14]原宥，谅请而宽救其罪。[15]原，挂究、考察。[16]天贶，皇上恩赐。

2.乞留元勋疏
五代后汉乾祐三年·祝延年

为恩保元勋以奠邦国事。

自古有道之君，必尊贤重傅，隆礼老成。若有罪当诛，固国法不可不严，亦必审慎以出之，庶刑不滥施，而人心可服。

臣忽闻陛下有诛史宏肇、杨邠、王璋等之命，则不觉出臣之意外矣。夫此三臣者，非陛下之臣，乃先帝开国立功与同患难者也。先帝创业维艰，芟辟草昧[1]，宏肇平定两京，杨邠保驾随征，功多扞御，王璋主掌粮储，军需无缺。度非有三臣[2]，陛下亦未必享今日之成业。况自陛下临御以来，三臣协同辅政，莫不竭其忠荩[3]。臣谓如此三臣，犹将十世宥之，以劝臣节。今以一旦忿触而欲尽诛，其若先帝与天下何？况今日草莱初辟[4]，天下未平，若外镇之郭威、王殷、王俊等皆与宏肇同列勋旧，而手握重兵，地据险要，倘一旦因三臣之诛，以生疑贰，举兵叛国，陛下将何策以待之？纵使陛下神武勇略，足以揽外镇之权而使之詟服[5]，然亦大非所以劝臣忠而服天下也。

伏愿陛下上念先帝开国之艰，下念三臣共勤之绩，速降恩诏以赦三臣之死。三臣幸甚，社稷幸甚。不然则大祸必至，悔难及矣。臣叨国恩，贵攀玉叶[6]，休戚相系焉，敢坐视以待？是以竞竞惕惕直陈上谏，惟陛下鉴察，臣俯伏待命恩赦之至，谨奏。

——录自《郎峰祝氏世谱》卷十三

【作者】祝延年，郎峰祝氏江山阁老街人，五代后汉驸马。后汉未有天下时，其与史宏肇、杨邠、王璋共佐后汉高祖刘暠成帝业，封太子太保、辅汉将军。

【注释】[1]芟辟，芟，斩杀。辟，开辟。[2]度，估计、推测。[3]忠荩，荩臣、忠臣。[4]草菜，指荒芜之地。[5]謩，恐惧。[6]贵攀玉叶，指祝延年为当朝驸马。

3.弹虚报案情劾[1]

祝周易

为欺君，虚报军情，请速诛斩奸党事。臣闻国家大事，莫严于军，督军征讨，原为保民命，安社稷而设也。岂滥功冒赏，为一身徼富贵之计，反弃民命于草菅哉？且交锋胜败乃兵家常事。如其偶尔失机，不妨自陈其罪。未有败绩，而诬言取胜者也。今陛下旰食宵衣，励精图治，方欲张皇。六师以讨不庭，使边境永清，而斯民衽席。凡为将出帅之臣，固宜仰体至意，况瘅不遑。奈何阉贼童贯，密结巨奸蔡京。以一个酒扫贱臣，使将六军之士，其悖谬为已甚矣。又不仰体陛下爱民至意，俯恤民情。

昨上月十六日，统兵北伐，我师败绩，失陷易州。军士死伤不知凡几，此与尸委地之罪。已不容诛，反以胜闻报捷朝廷。其党蔡京明知其败，曲庇护私党，蒙蔽圣聪。进封童贯，为经国公。诬败为功，欺君误国，更蒙显爵。此尤千古所罕闻也。蔡京既以奸，误陛下。臣恐陛下亦以京误社稷。官被乎阉竖之贱，禄加于害民之。贼爵显于败国损军之将，其能几何？而社稷不危哉！伏乞陛下图察臣恫，勒下兵部，加意查访。如果臣言不谬，请诛蔡、童二贼，明虚报军情，欺君误国之罪。如或臣言虚妄，则亦请斩臣首，以谢二奸。臣不胜荣幸，激切之至。

【作者】祝周易，字圣安，郎峰祝氏江山阁老街人，江郎书院高才生，潜心理学，博览群书，官至太常丞。持状告奸臣蔡京、童贯虚报军情，连吃败仗，虚报大捷。被贬青州刺史。太宰白时中以才，荐复内阁中书，至大理少卿，人称"铁面御史"。

【注释】[1]虚报军情，是指童贯指挥宋军十五万，却被辽军一万将士打得全军覆没。童贯求金兵攻辽，辽开城投降。童贯出钱一百万，加上军饷全给金，把幽云十六州由金还宋。童贯回京报捷，升官加赏。

4.御书谢表[1]

祝臣 祝常

为御书特典，叩谢鸿恩事。臣等伏维家之有谱。犹国之有史，然史以载事，事以载道。谱系所详，不过一家之履历，其不足上渎圣聪也明矣。况臣等家谱，自晋至今，屡经播迁，族居江郎山下。山峻岭峤，水清谷幽，家世微残，业职农桑。曷足隆叨御书之鸿表哉。兹钦上谕，以臣等肖图江郎山，鼎石模楷，进呈御览。

缘臣等家谱，刻有江郎山形图，颇肖遂不自揣。家世之贱，门闾之卑，退陬之僻[2]。冒罪连谱抱呈御览，荷赐宠鉴，蒙锡御书于图、简。臣等不胜恐惶，厥角称谢。臣族老少欢呼，感皇恩之格沛[3]，祖宗默鉴颂圣德之。巍峨沾隆锡于简书，足徵万年之庆。叨荣褒于天语，永垂百世之光。臣等之后世，世世顶祝。臣等之先代，代代叨恩。谨拜，表以谢。

【作者】祝臣、祝常，是宋哲宗时的"兄弟宰相"。故送谱请宋神宗、宋哲宗题书。二帝然书墨宝，十分珍贵。

【注释】[1]御书谢表，指宋神宗元丰二年（1079），神宗皇帝赠祝氏家谱《郎峰世家》题书，宋哲宗元祐二年（1087），哲宗皇帝赠《台钟国家》题书。祝臣，祝常上疏两位皇帝，表示感谢。[2]遐陬，边远山脚。[3]格沛，很快到达。

5.固守御攻讨疏
北宋庆历二年·祝臣

为守御攻讨，以振君威，以固封疆事，窃思从来帝王抚驭之策，未有不先立志以自强者也。何则柔懦自居，虽数人亦屈；威勇自奋，即千万可往。今辽夏二寇侵夺边疆，西北人民屡遭蹂躏，此岂苟安图治之秋？实秣马厉兵之日。王者无外，天下一家。而烟云蔽于天日，灵夏限自异方，壮士痛心，忠臣疾首，窃闻当事之臣有议和纳币之举。

夫中国非小弱也，天下非穷困也，朝廷非无人也，御侮非无策也。顾自卑弱，输币夷虏，致使冠履倒置，贻笑千古，臣窃惑焉。夫以今日之时势观之，固未能远驾长驱，殄灭二寇，况高梁偾事，澶渊贻讥，臣何敢遽言恢复，然苟能觇敌之虚实强弱[1]，则守御自有良策，攻取未必无机。况彼豺狼为性，狡猾反覆，若俯而纳币于辽寇，仰而议和于夏贼，适足以肆其贪，恐无以成其信，为社稷生民计，何可与寇贼迭相攘夺并处中原也哉！

陛下卑宫室，菲饮食，未明求衣，日旰而食，计惟恢宏是图。然而旷日持久，绩用未著，窃谓明作有功，陛下所宜深念。目今荆襄兵单财乏，臣虽短才，愿同督军镇制。而范仲淹、王超皆文武全才，心纯志正。添分两路练兵，以壮军声。又令荆襄地方官员，措置以广边用，此亦严守御以固内治之急务。

然荆襄四肢也，朝廷心腹元气也，元气强则四肢壮。伏愿修己为本，黜奸为最，求贤为先，恤民为重。先为不可胜以待敌之可胜，而后相视机宜，选将阅兵，内修外攘，进战退守，本末先后之序，熟基庙堂，则奋厥神武，以兴六月之师犁庭扫穴，恢宏之功不远，何必利用和议纳币，为固国之上策哉！臣冒昧俯伏待命之至。

——录自《郎峰祝氏世谱》卷十三

【作者】祝臣，字微之，号与守，郎峰祝氏江山阁老街人。嘉祐六年（1061）进士。授秘书郎。文彦博奇其才器，荐为礼部员外郎兼翰林校理。因反对王安石新法，谪临川县尉。元祐元年（1086）罢新法，官复原职。绍圣初，征讨河北，兼都督大元帅。次年，拜少师上柱国，封宣国公。

【注释】[1]觇，观察、侦察。

6.请罢新法疏
北宋熙宁□□年·祝常

为黜奸进贤、速罢新法，以固社稷以振纪纲事。

臣蒙皇恩赐第进士，历职廊署[1]获与经理国事。悉青苗新法[2]足以虐民，始陈请罢，不见容[3]于权奸，谮谪臣外。臣钦出外任，亲见民情憔悴，度日如年。青苗之累怨气腾天。保马之害，恶声载道。农者叹于畎亩，商者叹于道途，穷民疾瘰呼号，求豁状词[4]至臣案者，若邱陵焉。臣刻难自安，冒死据民状而复陈奏。

辛陛下不以狂言就诛，除令永康既六载矣[5]。今蒙陛下不以臣愚戆，使臣得复见天日。臣兢兢恐惶，有不得已之言。欲不敢言而不得不言之者，即新法也。

夫新法何法？乃偏执妒傲之人所谓为民而作者也[6]。夫法必本于先王，而彼则托之《周礼》；利必取于民间，而彼则以为不必取之于民。此固已难于致诘矣[7]。然利必生于天，成于地，天下只有此数[8]，不取之民而将安取？且先王言仁义而不言利，今青苗"均输"诸法皆以利经营耳[9]，谓周公而有是法哉。且作法于厚[10]，其后犹凉[11]，作法于凉，弊将安底[12]？而彼偏持己见，愈执愈坚。加以高傲为心，其所引用皆贪残饕餮之徒，委以国事，使布新法。而吕惠卿、吕海、蔡确、薛向、张商英、王珪、章惇、安惇等凶党四出，掊克为能[13]，荼毒生民，不胜殚述矣[14]。又复妒贤嫉能，党同伐异，如吕公著、司马光、欧阳修、范镇皆社稷之良尽行罢黜，致使国内空虚，朝无正士。及至民困日甚，民怨日深，言之者益多，攻之者益急。而彼乃执拗愈甚，明知其法之不可行，其人之不可用，而矜己自饰，确乎不可转移不至败陛下之国家，臣知其不止。

夫民者，国之本也。民富则本固，民穷则国虚。乃自其作青苗、均输、保甲、免役、市易、保马、方田诸法，遣陈绎等四十余奸皆不夺不餍之徒，流连天下，监放青苗，以七谷三糠八折斛出[15]，坐灶摊领，致期秋收，不怜凶岁民穷，以实斛加三耗利，过扇量交，数不及而违限者，酷刑追比[16]。致民间卖妻卖子，或逃遁他乡，或寻死水火，不可胜数。为民而作者，其法固如是哉！由是国怨民愁，夷虏乘衅侵扰于外[17]，边臣奏牍如山，俱蛊弊而不上达[18]，又日以割地议和为务。臣故谓不败陛下之国家而不止也，臣之所痛哭流涕，不忍言而又不敢不言者，此也。

仰祈圣鉴，俯察愚衷，速诛邪党以清朝廷，速罢新法以苏万民。黜安石以清其源，召回吕公著、范镇诸人以慰民望，而后励精图治，国势庶可转移，社稷幸甚，万民幸甚。臣蒙陛下恩擢，复有言责，固先视死如归，然后沐焚[19]，以谨斯奏。俯伏待死之至。

——录自《郎峰祝氏世谱》卷十三

【作者】祝常，字履中，郎峰祝氏江山阁老街人。嘉祐八年（1063）进士。熙宁中王安石著《三经新义》，诏祝常为编校。祝常以正义难之，忤安石，出知平阳县。官终殿中丞。著有《蓬山类苑》。

【注释】[1]廊署，犹廊庙，指朝廷。[2]青苗新法，即指青苗法。宋王安石新法之一，其法以诸路常平、广惠仓所积钱粮为本，在春夏两季青黄不接时出贷给民户。春贷夏收，夏贷秋收。每期收息二分。本意在以低息限制豪强盘剥，减轻百姓负担。后因弊端层出，又遭保守派反对，遂废。[3]见容，接受。[4]求豁词状，请求废止青苗法的词状。豁，舍弃、免除。词状，提起诉讼的文书。[5]除，授职。[6]作，创作、设立。[7]致诘，究问、推究。[8]数，规律、道理。[9]均输，王安石新法之一，详见《宋史·食货志下》。[10]作法，谓创制法律、典章等。厚，多。[11]凉，与前句"厚"相对。薄，少。《左传·昭公四年》："君子作法于凉，其敝犹贪；作法于贪，敝将若之何？"[12]安底，犹言"怎么的？"[13]掊克，聚敛、搜括。[14]殚述，详尽叙述。[15]斛，量。[16]追比，追逼。[17]夷虏，古代对北方少数民族的贬称。[18]蛊弊，事情积久形成的弊病。[19]焚，古刑罚名。《周礼·秋官·掌戮》："凡杀其亲者焚之。"

7.御马故报文
北宋政和五年·谢浚

为呈报事

照得候选同知祝大任手摺到县："内开切窃祖臣昔薨阁署[1]，叨谥'文忠'，钦行枢归赐葬。蒙恩浩荡，御赐白马一匹为枢前献骑。诚感圣德隆臣之礼于极至矣！任父子叔侄虽效犬马之报，亦不足以答天泽也。但叨赐之御马，蓄养于今一十九载，不期昨十七日疾死。其类虽畜，乃叨御赐，不敢轻忽。敬以一面埋置土名木榉弄，一面备摺呈报冀为转详咨部销案等因前来。"卑县即据原由，备文申详，伏乞宪台转报施行。

——录自《郎峰祝氏世谱》卷十三

【作者】谢浚，北宋政和（1111～1118）年间，江山县令。

【注释】[1]薨，古代诸侯死了叫薨，后也称高级官员死亡。

8.乞奖顺孙详文
北宋·倪练

为乞表顺孙，以彰孝行，以励风化。事窃闻昔者李密，陈情晋嘉，其行门晓户诵，于今为烈。然则孙之尽道于祖，犹子之尽道于父，何不可以孝请奖哉？我国家以孝治天下，屡颁谕旨，使天下官长，毋掩孝义廉节。故民感德化，孝友蔼兴。此实万年有道之符也。卑职洪都非材，谬膺江社，恐恐惶惶，忧虑不能仰体圣心，隆孝敦本于万一。乃若莅治伊始，其于地方风俗实闻实见，间或未善，敢不以德礼齐道。但闲访邑南五十里郎峰地方，有祝镀者[1]。本产宦后，业垂诗礼，天性笃至，形成顺德。适因父早丧，母及祖母并寡。七岁行能，后长九岁，事先服劳。至于十二，礼貌笃行。年十八，母先祖丧。居近闽域，土风有承凶。婚娶之例，镀不听旁劝。随俗感哀，泣血尽道，以守终丧，然后毕婚成室。起敬起孝，侍依祖母其养也，则致其乐，其病也则致其忧。所吐痰污，迎而吃之。仰天祝曰："顾以病我，无致祖苦。"凡此卑职所闻，未可以为信，然经私访，乡村父老众口无异，即欲举详请奖。遇其祖母故，镀也泣血承重，执丧尽礼。及至葬庐守墓旁，早晚恸哭流涕。卑职经访再四，深墨不改，迄今将已三年矣，犹未返归。

此卑职实所习闻，而习见者也。卑职戴盆坐井之流，以斯人竟为鲜见，以斯德竟为罕及。所以即其由而详诸宪台，伏候加意察核，或当我国家定例之，谕恩转详题，使祝镀叨朝廷旌表之。荣则民当，无不亹亹[2]响风。所谓奖一人而千万人效，不即我国家隆孝敦木，鼓天下之术哉！

【作者】倪练，北宋江山县令。

【注释】[1]祝镀，字饰金，郎峰祝氏江山阁老街人。旌表顺孙，建坊表闾，姜尧率以诗讼之。[2]亹亹（wěi），勤勉不倦的样子。《诗经·大雅·文王》："亹亹文王，令闻不已。"《汉书·张敞传》："今陛下游意于太平，劳精于政事，亹亹不舍昼夜。"

9.乞保良将疏

南宋绍兴十一年·祝允哲

为乞保良将以复二帝以取中原事[1]。

臣闻国馀三户可以亡秦[2]，田有一成卒能祀夏[3]，而况有赤心保国之臣、智勇熊罴之将，谓不足诛金贼而迎二帝复御者耶？何乃敛兵待和，缓二帝于沙漠[4]。使贼寇渐肆，诸夏变夷也哉[5]！夫贼，宜讨[6]不宜和。且亦不当和而当战。臣虽至愚，然于理势筹之熟矣[7]！

自变故以来，主和议者唇腐齿落，不见成功。至次师平江[8]，而贼兵数十万众，即震怖不敢南下，及岳飞朱仙镇之战取级数万[9]，金贼仓皇，已思北遁。此和议与治兵，其效可概见[10]者。乃陛下惑于和议之谋，奸臣敢矫天子之命[11]，致使岳飞之功弃于垂成。而金寇复还，两京再失[12]，奸臣误国之罪已不容[13]诛矣。况复诬以叛逆，指功为罪，搜罗形影之语，置岳氏父子于非辜[14]。闻者涕垂，功臣发指。臣愿陛下俯察岳飞之无罪，斩误国之奸臣，复兴六月之师[15]，以恢中原于一土，复二帝于九重[16]，诚无愧乎百六十余年列圣之贻谋，而天下万民亦必欢呼庆幸于无既矣[17]！

夫中原恢复之功，非岳飞而不可，而岳飞父子必非叛国之心者。若陛下有疑乎飞，臣哲甘以七十口家眷投入大理狱[18]，代飞父子出征，使飞而能立功，则赦臣无罪；若飞而败绩，则诛臣家七十口肆诸市朝[19]，臣亦快然无憾。

伏乞陛下诏察愚悃[20]，即颁恩诏以臣属代飞缧绁之禁[21]。钦飞出师[22]，犁庭扫穴[23]，即二帝幸甚！社稷幸甚！臣亦不胜幸甚！冒死上奏，俯伏待命替罪之至。

——录自《郎峰祝氏世谱》卷十三

【作者】祝允哲（1069～1142），字明卿，郎峰祝氏江山阁老街人。北宋元符三年（1100）第进士，官武翊卫大制参。曾与岳飞并肩抗金。绍兴十一年（1141），上疏《乞保良将疏》，愿以全家70余口保被秦桧等陷害入狱的岳飞父子，并请斩误国奸臣，被贬为潮州推官。

【注释】[1]二帝，指宋徽宗、钦宗。[2]三户，三户人家，极言人数之少。《史记·项羽本纪》："自怀王入秦不反，楚人怜之至今，故楚南公曰：'楚虽三户，亡秦必楚也'。"[3]一成，"一成之旅"之省略语。方十里为成，五百人为旅，形容地狭人少。《左传·哀公元年》："夏少康，有田一成，有众一旅，逐灭过、戈，而复禹业。"夏，朝代名。第一代君主是禹。[4]缓，慢，不急。[5]夏，古代汉族自称。也指中原地区。夷，古代泛指北方的少数民族。[6]讨，征伐。[7]理势，事理的发展趋势。熟，深思熟虑。[8]次师平江，军队驻扎平江。次，停留。平江，今苏州。[9]级，首级。用于计算战场上砍下敌人人头的数量。亦用于计算生擒俘虏的人数。[10]概见，谓窥见其概貌。[11]矫，假托，诈称。[12]两京，指宋代的开封府和临安府。[13]不容，不能宽容。[14]非辜，即非罪，强加之罪。[15]六月，《诗·小雅》篇名。序云："《六月》，宣王北伐也。"《国语·晋语四》："秦伯赋《六月》。"韦昭注："《六月》，道尹吉甫佐宣王征伐，复文武之业。"后多用以指卫国定乱的正义之师。[16]九重，帝王住的宫禁之地。[17]无既，无穷，不尽。[18]甘，甘心情愿。大理狱，指由大理寺直接掌管的监狱。[19]肆诸市朝，罪犯处死后陈尸示众于集市的街口。[20]愚悃，谦称自己的诚意。[21]属，亲受。缧绁，监狱。[22]钦，钦命，皇上的命令。[23]犁庭扫穴，铲除其庭院，扫荡其巢穴，比喻彻底摧毁对方。

10.谏和劾奸疏

南宋□□□年·祝瓒

为触奸直谏捐躯报国乃臣子分内事。

今蒙陛下不以微臣之贱，恩及草莽，使臣仰瞻天日，臣不胜惶恐，虽粉身碎骨所不能上报者。伏维陛下资性天亶[1]，学富日新，兢兢业业，励精图治，启山林而继绪，绍鸿业于艰难，亦既承历圣在天之统，而慰敬天左祖之心矣[2]。顾太祖太宗之天下，其只此东南半壁欤？二帝之北辕，其可契然而不念欤？两京之百姓，其可终委之戎狄欤？慨自金寇恣睢[3]，中原陆沉，爱国之士心首疾痛，御侮之臣肝脑涂地，度亦陛下所卧薪尝胆而不能一日忘者也。顾欺君误国之臣，朦尽圣聪，首倡和议，陛下为其所惑，而中兴之志不终。久辱二帝于北庭，竟委中原于域外。使忠君爱国之臣，垂首丧气于内，智勇熊罴之士，不获成功于外。若岳飞朱仙之战，金虏败衄[4]，仓皇逃北，中原已有随手可复之势，而秦桧矫诏班师，至羸瓶于未绠[5]。臣闻岳飞班师之日，两河百姓泣留不可，远送频号，此已可见普天之心。而秦桧误国之罪矣，更乃诬飞以叛逆，陷之以大刑。谋兆于秦奸，诬兴于张俊，狱成于万俟。张宪之逆谁讦？岳飞之罪何据？且岳飞不叛于手握兵权之日，而叛于解兵退处之时，此其为诬，固有不问而可白者。陛下不察，竟置之死，此尤忠臣义士之所为抚膺而涕泣者也。及夫岳飞既死，金寇复来，此益可徵和议之不可恃[6]，而战守之不可忘矣。

今者，岳飞虽死，而智勇之将犹未尽无也，谋国之臣犹未尽乏也。及此时而大奋天威，犹可以反败为功，复中原而还二帝，事未可知。若乃弃祖宗之天下，忘二帝之大雠，加币请和，俯首戎狄，此则至愚至懦之夫，亦必知其不可为，而秦桧上蛊陛下之心，下摧忠义之士，始终和议，略不转移。使陛下弃二帝于沙漠，以堕骨肉之恩，限中原于异方，而陨祖宗之绪，偏安一隅为天下笑。臣度秦桧心意，是岂实心谋国、将为大宋举陛下所承祖二百年之天下，尽拱手而献之金寇。而陛下乃信之为佳士，倚之以辅弼。臣恐祖宗之泽将为秦桧所斩，而此东南片土且尽为秦桧所攘也。

伏愿陛下念祖宗之重，察秦桧之奸，绝和议之谬，奋六月之师，讨贼复仇，天下士民其孰不攘臂待命？伏乞陛下鉴察图之，则祖宗幸甚，天下幸甚。若臣已置死生于度外，三族黄白所不暇念[7]。臣不胜案焚待命之至。

——录自《郎峰祝氏世谱》卷十三

【作者】祝瓒，字开玉，郎峰祝氏江山阁老街人。南宋建炎二年（1128）第进士，授刑科吉士，绍兴十一年（1141）劾秦桧讷金币蠹国，通藩叛国罪，被贬澧州监军，秦桧处死后，祝谱升户部员外，钦视江南学政。

【注释】[1]天亶，聪明出于天然。亶，诚实无妄。[2]左祖，佑护。[3]恣睢，放纵暴戾。[4]败衄（nǜ），失败损伤，多指战争失败。[5]至羸瓶于未绠，羸（léi），低劣，不好的。瓶，到井里打水的器具。绠（jú），井上汲水的绳索或用绳汲井水。[6]徵，证明。[7]三族，父、母、妻三族，泛指亲属。黄白，黄金白银，指钱财。

11.谏和疏

南宋□□□年·祝咨谋

为万万不可再与仇和事。

臣闻中国之天下，中国之帝王治之；中国之帝王，中国之天下事之。未闻使戎狄反得以据中原，而冠履倒置者也。况二帝之崩于沙漠也，哀缠率土，冤薄内外，天下之心孰不以灭贼雪仇为心，而思奋一击者。

陛下因天下之心，下哀痛之诏，奋张皇之志，兴复雠之师，此理势当然，何待顾问？乃汤思退[1]、史浩[2]二奸复主和议，以盅圣心。自伏屈于豺狼，甘委心于臣虏，不思寇自猖獗以来为势方盛，夫亦何畏于我，而顾欲与我和？推金寇之意，殆亦玩我于股掌之上，使我战气日怠，财币日空，国内日虚，忠良日尽，夫然后安受其烬，而贼臣实阴为之应，陛下何不察焉？且今日之国家非至空虚也，非尽无人也，时犹可为而势非甚弱也。张浚主战之谋，确乎其不可易，而汤、史实秦桧之爪牙，欲损国以利贼，和议断乎其不可从。窃惟事势，非战无以复仇而恢复天下，非守无以制胜而绥四方。此微独臣一人之言[3]，亦天下有志者之所同也。

愿陛下念绝和议，法诛奸党，斩关绝约，以振作天下之心，则二帝梓宫未必不可还，中原之土未必不可复。回弱水使之东流，反江河使之西注，犁庭扫穴，虽不能如反掌之易，而其势犹有可为者。不然，则中国已矣！二帝之仇亦已矣！臣言直干天怒，理固当诛，俯伏待死之至，谨陈上谏。

——录自《郎峰祝氏世谱》卷十三

【作者】祝咨谋，字若丝，号贻菴，郎峰祝氏江山阁老街人。北宋大观三年（1109）第进士，屡官亚中大夫、湖南都察院、参知军政事。清奸臣，主战反对议和，奉诏安营抗金，金寇败北三百里，耿忠劾奸党而退。

【注释】[1]汤思退（1117～1164），字进之，号湘水。金兵大举入侵，思退奉行秦桧投降政策，受主战派弹劾，被罢相位。[2]史浩（1106～1194），字直翁。明州鄞县（今浙江宁波）人。南宋政治家，任参知政事，拜尚书右仆射，任少傅，终以太保致仕，封魏国公。[3]微，非，不是。

12.黜奸荐贤疏

南宋□□□年·祝梦熊

为诛奸进贤以正学术以殿国家事。

臣闻天德而外无王道[1]，学术而外无事功[2]。是以古来隆盛之朝，必本之正心诚意以为修齐之本[3]，从未有摈之为"伪学"[4]，而斥逐其徒惟恐不尽者也。

夫世道之治乱，视于人心，人心之是非，判于邪正。人心苟伪，则伦常以乖[5]，伦常既乖，则天下必乱。是岂可以泫泫然者[6]？且正之与伪，本不难辨也。天下莫正于天理，莫伪于人欲，其人而守正不阿[7]，则天理之真；其人而奸邪媚悦，则人欲之伪，此人品判然，无待辨耳。今乃斥正心诚意之儒以为"伪学"，岂奸邪媚悦而反具耶？

夫天性之良，人所固有。以洁已好修为伪，为于外。然则贪污干没[8]，乃人性之真，而可任以治天下欤？韩侂胄庸恶鄙夫[9]，专制朝廷，目不识圣贤之书，胸不存忠爱之念，结连小人，戕害正士；而陈自强、许及之、陈源、京镗等媚附韩党，朋树黄门[10]，口蜜肩胁，挟怨兴谋，排逐先帝之老臣赵汝愚，使彷徨于道路，闻者莫不惨然。继以谗罢朱熹、彭龟年、王希、周必大等，凡一时方正之士尽诬之为"伪学"，排斥禁锢不遗余力。

夫熹等之学，非熹等之私学也。朱熹宗之周、程[11]，周、程宗之韩愈，韩愈宗之孟轲，孟轲宗之孔子，孔子宗之文、武周公，文、武周公宗之禹、汤，而禹、汤宗之尧舜者也。夫以尧舜之学治天下，而有不得其法乎？以尧舜者之学养百姓，而有不被其泽乎？以熹等之学为伪，则尧舜亦为伪耳；以尧舜为不足法，则可法者其必桀纣欤[12]！何陛下不察，安受其诬，而今日禁"伪学"，明日籍"伪学"[13]，自剥自丧，以坏天下人心于无已也[14]。人心既坏，视好修为召祸，以邪媚为善图，则天下亦谁与陛下同心国事者？臣恐根本斫丧[15]，而社稷日以危，是以发愤欲请朱云[16]之剑而斩奸臣之首，痛哭流涕，不得不言以取速死者也[17]。

仰祈圣明睿察愚衷，尽诛韩党以消天下之恨。复赵、朱等官秩，以回天下之心：罢"伪学"之禁，以绍圣贤之统。使今日之朝廷，为尧舜之君臣；使将来之天下，为尧舜之人民。臣虽一谏而死，不胜荣感于九泉。冒昧直陈，伏乞陛下图察。臣熊具棺待命之至。

——录自《郎峰祝氏世谱》卷十三

【作者】祝梦熊，字宽夫，郎峰祝氏江山阁老街人。宋嘉泰二年（1202）进士，累官监察御史。请驰"伪学"之禁，又请复朱熹、赵汝愚等，及开禧用兵，疏言边臣启衅，忤韩侂胄，罢知武夷山冲祐观。又因聚徒讲学，谪黄岩尉。值寇乱，御之力尽，被执不屈死。谥"献烈"。

【注释】[1]天德，天的德性。汉董仲舒《春秋繁露·人副天数》："天德施，地德化，人德义。"王道，儒家称以"仁义"治天下，与"霸道"相对。[2]事功，功绩。[3]修齐，"修身，齐家，治国平天下"之省语。[4]伪学，假学问。宋庆元时，韩侂胄与赵汝愚争议，因朱熹等人倾向赵汝愚，韩得势后谓贪黩放肆乃人之真情，而廉洁好修者都是伪人，遂称道学为"伪学"，禁用赞同朱熹道学观点的士人，丞相赵汝愚恐以下五十九人全部罢斥。[5]伦常，封建社会的伦理道德。乖，违背。[6]汶汶，玷污。[7]不阿，公正不徇私，不阿附。[8]干没，侵吞公家或别人的财物。[9]鄙夫，鄙陋浅薄之人。[10]黄门，官署名，门下省的别称。[11]周、程，指宋理学（亦称"道学"）学派的创始人周敦颐和"二程"（程颢、程颐）。[12]桀纣，夏桀和商纣。后世用为暴君的代称。[13]籍，通"藉"，践踏。[14]无已，无止境。[15]斫丧，摧残，伤害。[16]朱云，汉成帝时槐里县令，以直臣闻名于世。曾上书切谏，指斥朝臣尸位素餐，请斩佞臣丞相张禹（成帝的师傅）。成帝大怒，欲诛云，云攀折殿槛。后来成帝觉悟，命保留折坏的殿槛，以旌直臣。事见《汉书·朱云传》。后以"朱云折槛"为直臣诤谏的事典。[17]速死，快死。

13.谏用兵书

祝师说

为边臣启衅有害国家事，窃惟金寇之仇[1]，刻骨不可忘，中国之恨没齿不能洒。谁谓金治不当伐哉？乃时势未然，则有不可轻举者。臣闻古之善谋国者，先自治而后治人。孙子曰："先为不可胜，以待敌之。可胜是故舅犯导民，以礼鲁庄，察狱以情，皆兢兢自修。夫然后胜可成，而霸可定。"孙子又曰："知己知彼，百战百胜。知彼不知己，一胜一败。不知己不知彼，每战必殆。"国家当绍兴之时，猛将如云，谋臣如雨。二帝之雠，方新丧败之，形未远人心。思奋兵草，又金寇骄盈之余，屡有挫败之势。朝廷若与此时因天下之心，资武勇之士，奋然以报仇雪耻为念，金寇有不平乎。

乃惑于卖国之奸臣，以致坐隳事[2]功然，不可追咎矣。过此以往，荏苒[3]至于。淳熙成两立之形，图金已非易。易然淳熙之日，敌随负固，而已立国势方实。老成之将犹有存者，民心未厌兵革，于此国报，犹之可也。奈隐忍不举，自为积弱，以至于今玉帛相通，已非一日。南北相安无事，边民渐不知兵，金寇得中原之心，负背约之咎。北多勇悍之士，南有积弱之形其势，已不可为矣。

况奸臣当国，于上正士推折，于下朝无老成谋国之臣，外无御侮貔貅[4]之将，使我国家困弊，民日愁怨。臣谓陛下方内治之不暇，而何暇于外攘哉。若乃轻启兵端，臣恐藩篱自开，关防不密，北方或未可图，而南疆已失。先骚扰，旧仇或未可报，而新怨又必加增，为宗社惠非浅小矣。

伣胄鄙夫，轻举误国。臣愿陛下再四详察，罢兵恤民，慎固封守，黜斥小人，选用正士。使我政举人和元气，内固然后厉兵秣马，报复可言，功成不远。臣不胜涕泣感愤之至。谨奏。

【作者】祝师说，字道传，郎峰祝氏江山阁老街人。南宋建炎二年（1128）第进士，官史部郎中，擢黄门侍郎。军事家，被秦桧所害。大将军韩世忠以诗吊官迹。

【注释】[1]雠：仇敌。《后汉书·马武传》："少时避雠，客居江夏。"[2]隳（huī）事，毁灭。《论衡·齐世》："义废身不以为累，行隳事不以相畏。"[3]荏苒，柔弱的样子。傅咸《羽扇赋》："体荏苒以轻弱，伴镐素于齐鲁。"[4]貔貅（pí xiū），传说中的猛兽名，似虎或曰似熊。比喻勇猛的将士。《梁书·武帝纪上》："幕府总帅貔貅，骁勇百万。"

14.申覆少师府[1]宅第工竣详文

项瞻

切邑南乡江郎，为少师祝臣、少保兼平章事祝常之所居。钦奉恩诏，赐开相府。蒙本府信牌[2]，转奉都察院宪檄，咨开部文到院。钦旨该卑职督造宅第，完日详报，以便转详达部，覆旨销案等，因奉此合行。遵照即唤工匠开业先等，陆续竖造。所有工食，按名日朝给领。其数俱照民间常例，其宅第计工八百五十五工。制作俱遵粘式，事理毫无易更。若门坊阀阅俱已采料架成。

今少师之孙大任[3]，缴来诸匠工食资费一百八十五两，封贮在库，或作开销，或者解还。卑职未敢擅便乞宪裁行。但墙屋诸务，俱已告成，理合申覆。伏乞转报各宪咨部，覆旨请销，其案为此备阵，申覆须至。申者。

【作者】项瞻，宋江山县令。

【注释】[1]少师府，即少师祝臣的别墅，在江山阁老街。[2] 信牌，古代的符信凭证。[3]祝大任，祝臣的孙子，祝允初的儿子。缴匠工食资费一百八十五两银子，造少师府家庭掏钱，不是官府和地方县里出钱，说明祝氏家族清廉之风。

15.悯时农忙疏

明洪武□□年·祝贞

为农忙告急，疑疏停工，以体皇仁，以固国本，事切维黄河坝堰为朝廷重务，民居所系，敢不急工告成，奈工程浩繁，未能全然告竣，是臣才短之咎，不容诛矣。然臣自蒙钦视河工兼查动支，恐恐惶惶，仰体我皇惟勤惟俭，爱育黎民之志意，所有实行实功，屡屡奏报，陛下已明照矣。即今坝堰之工以五成四[1]，而水势依决通流，船舟亦可通行。但东岸尚有数千余丈虽未全固，即水势横流不足以虑也。目今一日万工，筑塞填垫，乃风雨淋漓，久经月余，措手艰难，工作慢延。动支口食不可少克，且以民工状称："暂回东作[2]，为一年一家之赖。"臣思工民，皇赤也[3]，各有父母妻子之家计，其仓箱未必盈庆，若误彼农时，则无望于西成矣[4]。西成失望，不独父母妻子之衣食无赡，其任土作贡各所当输者，从何以供？

臣间尝窃想，国以民为本，民以食为天。值届春半，正在播种之秋，敢乞陛下圣德圣仁，展节用爱民之恩，推使民以时之惠，敕示章程，暂停河工，释彼归农，使工民得尽力于南亩[5]，老幼获饱暖于昼夜。宽限九月中旬仍赴河道，时则爆日多而湿日少，兴工动土。民既足于衣食，当必子来[6]，趋事不日可成也。此利国利民，无害事有成益。

幸陛下垂察，谨奏。

——录自《郎峰祝氏世谱》卷十三

【作者】祝贞，字师忠，号西冈，郎峰祝氏江山雅儒坊人。洪武间，由人才举选，督修黄河、黄帝陵有功，累官工部主事。卒京师归葬邑西五里丰稔塘。

【注释】[1]以五成四，完成五分之四。[2]东作，春耕。[3]皇赤，皇帝的赤子。[4]西成，秋收。[5]南亩，指农田。南向土地向阳，利于作物生长，古人多在南向开田，故称。[6]子来，如子女侍奉父母，不召自来，形容民心归顺。

16.请驰军功疏

顾夔龙

为军功有成，请旨驰封，以广皇仁，以励军治事。伏维寇剿，康民前日，报捷庭阙矣。然临阵勇怯，军功大小，则有未及详奏者。不称功以也驰赏，恐未足以励忠勇，而平人情也。臣敢考列殿最著其实迹，以闻前营都司出张显达。于交锋之始，持戟入寇阵，取级百余，以致丧元。

臣念其烈猛，势吞贼寇，忠勇可表。故招其子德明考试，置在麾下，请乞皇恩赐袭其父职。又左营校尉官祝大用[1]，单骑潜伏，要截贼阵，双剑锐利，斩级无数。击散寇伍，贼以败灭。此一战也，祝大用功可第一！

臣查大同指挥使员阙，祝大用才足当之。乞陛下察其可否？臣未敢擅便。又右营守备宋潾、把总曹修、百户杨雄、李植等，与中营中军官李道平，后营都尉官曾章干，把魏奇及行伍军交人等。或一战一刃之功，或助击卫民之功，或运饷接应之功。高低不一，备造纪录文册，进呈御览，仰冀察核赏赐。

臣不敢执。臣属赳赳武士，不能文采，敢以卤钝之惆昌奏天庭，伏乞展恩眦功度边军，欣歌于尧天舜日之下。臣亦不胜荣幸矣。

【作者】顾夔龙，生平不详。

【注释】[1]祝大用，郎峰祝氏江山竹和人。明苏州太守祝宗善之子。康熙江山县志《武勇》节："祝大用，宗善冢子。有武略，立战功，累官至大同指挥使。"

17.请禁文忠公坟山[1]告示

张嵩

为请示禁伐，以蓄护荫事。照得生员祝乾、祝天畴等呈称，切祖文忠公，昔叨赐葬羊墩巷。其长子正奉大夫祝允闻公，续葬其对面之山，相去垅隔之远，而山总在一连。原有伙仆富守康管，无盗砍之虑。元末兵燹，伙仆逃亡。所蓄古木，屡遭地方不法棍徒肆行盗砍，驾敬振龙脉，抄扰祖灵。生等往祭，目睹心伤，招贴偏悬，求免莫止。山与居隔远，看管不及，伏乞赏示，严禁庶免戕伐。则祖安于地下，而生等感激无涯矣。

等因到县准此取具，该地保练甲守管。外出示晓谕，为此示仰羊墩巷四方村民人等知悉。嗣后毋许擅登二公坟山片戕伐，如有抗违，该地保练甲指名票报，以犯敕葬，禁重律处，若地保等知情隐匿，查出倍拟，决不轻贷，谨之慎之，特示。

【作者】张嵩，泰州人，秀才，明朝江山县令，莅事勤敏，役均讼理，尤嗜读书，迎养尽礼。以忧去，民甚思之。

【注释】[1]文忠公坟山，指祝臣的墓地，现在坟山在哪里，无考。

18.申覆改砌郎峰大路告竣关文

刘谊

为遵奉委理关覆工竣事。本年三月初三日，蒙本府分府兼摄江山县正堂事，谷信牌内开委，修入闽大道。因郎峰一进，贴近祝氏居宅，路途萦迂，凡经往来车马交接，实属未便。所以祝氏新进士祝梦熊[1]，揭请改移，即于宅之西隅，另开直道。以便凡往来车马走，实公私两利者也。虽然事关官道，非令所主岂敢从事，为此擢来衔仰督工理行。必先成其新者，然后塞止其旧等。因奉此合行，遵牌事理立，即亲往督工。倍砌修筑，自店下堂起，直至苏岭脚步止，万五百余丈，俱已告成。所有工人日用米薪、工资、新进士自行支给。会阜职面同散发明白，既奉堂台委理事，曾完竣理合，备由关覆伏，乞照关施行。

【作者】刘谊，宋代江山县丞。

【注释】[1]祝梦熊，江山江郎阁老街人，第进士，河南督学副使。从阁老街苏岭一段入闽大路，十多里路由祝梦熊出钱修造，本可县出资，却私掏钱，说明祝氏家族善良。

19.奉使外国锯玉盒檄

布政使

为钦奉上谕事。

本月初三日，准工部文来内开，本年二月十五日，奉旨该部查议委员，采制玉盒，以需太庙祫用。钦此查玉石出处，在西域于阗[1]大夏诸国。为此文行到司，迅考能干官二员，就于本库发领银三千两，遗委赴任，务须精制盒式，式遵图制等。因奉此遵照部文事，理按查西安府通判吕凤藻，与仓太使祝天民[2]，才并能干，举事老成，可任此责。除备文报部外，立即传檄仰同赴司，具领玉价路费，并领勘合大牌，及至玉盒图式，立即出关。采制事理事关。钦件毋庸刻怠，致于未便。慎之，速速须檄。

【作者】布政使，生平无考。

【注释】[1]西域于阗，即新疆和甸。[2]祝天民，字东涧。跋涉万里，辛苦逾年，尽竭私财，完成玉盒采购。朝廷欲以功升迁，天民公告归农耕。

第三节 序文

1.增补万福全书序

唐景龙二年·赫巴

历府之书,何为而作也？盖谓拣选诸家通书屡变不同而作也[1]。近因兵燹荒没、纂乱不周[2]，故有误人吉凶。嗟哉谬矣！

予游中国，蒙恩畀任保章[3]。昔尝赴京过此,见峰石鼎插，形色奇秀,欲一登游，乃以王命之重不敢旷延。今遣归国，复此一宿，不可不游者。于是绕步而登，偶见蓬庐，额载"东山草堂"。案居皓翁，有若仙丈，俯观历书。余因长揖而问曰："先生孰号？人耶？仙耶？"翁忙兴答，详道其历。知为先年征仕不出之东山祝先生隐乎斯也。

先生学术精微，穷经考史，无书不览。今复敬述璇玑玉衡之法[4]，旁及吉神凶煞、奇门缠度[5]，趋避制宜[6]，凡克择家守经[7]，行权妙用之术[8]。更参二十四山向煞禁忌，五行生克，砂水相当[9],并阳宅收水[10]，开门诸法，从新考证，逐一参补，悉厘定之[11]，分款定式，汇集补正。予观之而愕然曰："东山先生其唐虞之义和也[12],东南之梓慎、甘石欤[13]！"先生答曰："吾闻世人用事择日不当，故此小补，以利选用，庶几趋吉避凶获其福耳。虽然，搜索妄谈，未免有失圣训之咎。幸今日奇逢，乞为首序，以徵民从。"余不敢违，因妄弁以不佞之语[14]，曰："此书如探囊取物，可为济世之奇。俾仁人孝子得以心怡[15]，富商巨贾得以利从。上下相安，人享荣吉，此书造福之要旨也。阐悠然之福泽，启万代之吉庆，岂曰小补之哉？以《万福全书》名之，可也，即先生万福造也。"

予异域人，沐中国文化，不揣愚陋，于是乎序。

——录自《六川祝氏世谱》卷十二（下）

【作者】赫巴，阿拉伯人，西域匈奴后裔，赫连勃勃族属。景龙年间，唐朝廷聘为掌管天文的保章事，曾二次路过，到江郎山亲晤东山老人，并为其《增补万福全书》作序。

【注释】[1]通书，历书。[2]纂乱不周，编纂混乱且不完备。[3]保章，即"保章氏"，官名，掌天 。[4]璇玑玉衡，古代玉饰的观测天象的仪器。[5]奇门，古代术数名，亦称"奇门遁甲"。旧时认为根据"奇门道甲"，可推算吉凶祸福。[6]趋避，指趋利避害、趋吉避凶。[7]守经，遵守常法、固守经典。[8]行权，改变常规、权宜行事。[9]砂水，砂与水。[10]阳宅，旧时堪舆家称活人的住宅，与墓地阴宅相对。[11]厘，改正、订正。[12]

唐虞，唐尧与虞舜的并称。此指尧与舜的时代。羲和，羲氏与和氏的并称。传说尧曾命羲仲、羲权、和仲、和叔两对兄弟分驻四方，以观天象，并制历法。[13]梓慎，春秋鲁国人，大夫。襄公二十八年春无冰，慎以为必有天时不正之灾。明年，宋、郑果饥。甘石，甘德与石申的合称，甘德一称"甘公"，战国时齐人。精天文，著《天文星占》八卷，后人合魏人石申所作《天文》八卷为《甘石星经》。二人所测定恒星记录，为世界最古恒星表。[14]弁，弁言、序文。不佞，谦词，犹言"不才"。[15]恔，快慰。

2.江山快音序

唐□□□年·李白

樵子吴吟[1]，牧童羌笛，虽其识音，心盲快焉而已[2]。奈何文人学士耳目聪明，求一快而不可得彼。夫禁囚礼法，桎梏衣冠[3]，孑孑乎小年小知[4]，而舍目前之江山[5]，以求快于百年之后[6]。嗟乎！予何能待也？况天地与我，心思烟云，悉是文章。山水虽非笔墨，神功鬼腕[7]，谁则呼[8]之？大丈夫当壶觞造化，咏唱天倪，走笔太荒，披襟无始。役泰山而西峙，引北海以南潴[9]。此非屠门，实堪大嚼人生快意[10]，岂必待之他人哉！

祝东山有《江山快音》。快音者，先生自快也。先生有二子，富贵功名赫乎当世。然此非先生所快，而快在江山。江山之石，能拔地轴而接天关，吐云霞、掩日月、走风涛、兴雨泽，为先生知音，以故先生快之。

白未获睹先生，睹先生快音；知先生之快。先生自言："自梦寐周公以来，器识早已伟然[11]。"伟然，即快先生之梦，亦快兹集之行，久矣。先生自快，而以兹集快人，人睹先生快音，当亦必无不快。以一人之快，快天下之快。白也感之，而为之序。

——录自《郎峰祝氏世谱》卷十二（下）

【作者】李白（701~762），字太白，号青莲居士。唐陇西成纪（今甘肃静宁西南）人。唐代伟大的浪漫主义诗人，与杜甫并称"李杜"。有《李太白诗》三十卷。曾为祝东山的诗集《江山快音》作序。

【注释】[1]吴吟，谓吟唱吴歌。[2]心盲快焉而已，实在是盲于心而唯求畅快、纵情罢了。盲，形容糊涂、不明事理。[3]桎梏衣冠，为"衣冠"所束缚、压制。衣冠，代指功名利禄。亦指文明教。[4]孑孑乎小年小知，犹言汲汲乎所追求的乃短促生命中的小知而已。孑孑，犹"汲汲"，意切、努力从事貌。小知，从细事上察知。[5]舍，舍弃，放弃。江山，指江河山岳。[6]百年，谓时间之长久。[7]鬼腕，腕底若有鬼神助。喻赋诗作文时运笔的力量和神采。[8]呼，大声呼喊。[9]潴，水停聚处。[10]大嚼，语本"屠门大嚼"。比喻欣羡而不能得，聊为已得之状以自慰。屠门，肉市。[11]伟然，卓异超群貌。

3.清高集[1]序

北宋□□□年·杨时

今夫人志洁行芳，潇然物外，视功名其若浼托白云而遨游[2]，此世之所为清高者。隐处之贤[3]，亦学人之盛节也[4]。然上有圣明，而甘心木石[5]，孤行无义，鸟兽于群，君子或其少之。若乃役志虚名，驰情厚利，溺而不返，以至心为物役，则清虚之气沦于污浊，高明之体渝为卑下[6]，此小人之尤不足为人道也。其或质本柔嘉[7]，心存事主，鞠躬尽瘁，知效一官[8]，此其人宜可无讥。然而倥偬于簿书[9]，劳攘于案牍[10]，则风尘鞅掌[11]，欲求一日之安闲而不可得，其中日汩[12]其神亦以不静矣。若少师鲁国公者[13]，则有异焉。

公当国运之隆，早登进士，历职繁剧，卒相明君[14]，终其身于腯仕[15]，夫非隐处伦矣[16]。昔王氏当国[17]，以臆说乱圣经[18]。朝廷命公为编校官，公侃然执正义难之，忤安石，谪守平阳。及再入内翰，犹然新法是争[19]，公之身无日而不事国，公之心无日而不在君，况乃掌国枢，任民社[20]，劳攘倥偬，其能免哉！

予未获睹公，而睹公之文集，则知其大有异也。未尝却物而中不浼[21]，不必孤行而神自远，其气象从容，性情之地何安闲也。其词雅驯，笔墨之间无一物也。以心役物者固无是，以事劳心者亦无是也。

公其身廊庙[22]，面心泉石哉[23]？殆非然也！盖公少从翼之胡先生游，学术醇正，经济裕如[24]。故中之定者，外不得而浼；神之静者，形不得而役。是以仕处非所论，而其天自若形之，文词亦脱然而无累，有如是者。然则，处何必山林，而后为清高哉？斯集以"清高"名，噫！"清高"之名殆不能为公易矣[25]。读斯集者，其亦将见于斯人也欤？

——录自《郎峰祝氏世谱》卷十二（下）

【作者】杨时（1053～1135），字中立，号龟山，祖籍弘农华阴（今陕西华阴东），南剑西镛州龙池团（今福建省三明市将乐县）人。北宋哲学家、文学家、官吏。熙宁九年（1076）第进士，历官浏阳、余杭、萧山知县、荆州教授、工部侍郎、以龙图阁直学士专事著述讲学。先后学于程颢、程颐，同游酢、吕大临、谢良佐并称"程门四大弟子"。又与罗从彦、李侗并称为"南剑三先生"。晚年隐居龟山，学者称"龟山先生"。

【注释】[1]《清高集》的作者为郎峰祝氏三十二世、进士第、太子少保、平章事、鲁国公祝常（1012～1092）。[2]浼，央求，请托。[3]隐处，犹"隐居"。[4]盛节，高尚的节操。[5]木石，树木和山石。[6]为卑下，变为庸俗。[7]资本柔嘉，资，天资，天赋；本，本质。柔嘉，柔和而美善。[8]知效，知通"智"，智能足以担当。语出《庄子·逍遥游》："故夫知效一官，行比一乡，德合一君而征一国者，其自视也亦若此矣。"[9]簿书，官府处理公事的文书。[10]案牍，犹言涉及狱讼判定的文书等。[11]鞅掌，谓职事纷扰繁忙。[12]汩，乱，扰乱涉及定的文书等。[13]少师鲁国公者，祝常，字履中。官至殿中丞，封鲁国公。[14]卒相明君，最后擢升至辅助明君的职位。相，辅佐。[15]腯仕，高官厚禄。[16]伦，辈，类。[17]王氏，指王安石。[18]圣经，旧指儒家经典。[19]犹然，仍然。[20]民社，地方长官。[21]中，内心。[22]廊庙,指朝廷。[23]泉石，指民间。[24]经济裕如，有能力经世济民。[25]易，变换，更改。

4.元诰正谟论[1]序

北宋□□□年·苏辙

昔在舜禹[2],文命四敷，而君臣克艰，不忘儆戒，大禹于是乎有谟以祗承于帝[3]。其在禹皋[4]，有室大竞，而慎修思永[5]，不忘就业。皋陶于是乎有谟以赞襄于禹。禹伐三苗[6]，苗民逆命，不忘谦德，益乎于是有谟[7]，三苗率服。汤有天下，大诰诸侯，惟有惭德[8]；而仲虺作诰[9]，钦崇天道，武王伐殷，大诰天下。周公有洛诰[10]，召公有召诰[11]，康叔之封也[12]，成王有康诰、酒诰，此皆圣王神佐之书。故其言幽深说大[13]，诚非三代而下，小言小辩之所得而仿佛也。三代而下，诰谟绝响，王通著《客经》[14]，当之谬矣。

大宋休隆[15]，圣明继御[16]，群臣殚力以勤盛治。思渊虑沉，言宏论说，类皆足以法天下而垂后王。谟诰之盛，不在兹欤？而群言犹杂，小辩时兴，不衷于一，或者不无所惑，亦盛世之疵也。而殿丞履中祝君[17]，于是乎有《元诰正谟论》，综理乱之会，誓群言之首，指陈恺切，反复详明，皇皇大言，渊乎穆哉！殆神往于唐虞三代间也[18]。履中初以言售贬[19]，出守平阳，身居外郡，忧在朝廷。然著述不遑，厥有《蓬山类苑》，以天子圣明，寻复擢用。而履中不忘旧习，旋著斯论，吾知履中之不为身谋矣。

"邪说害政，何代无之，其在虞夏则有孔壬之巧言，在商则有胥动之浮言[20]，在周则有孔将之诪言。孔子没而微言绝[21]，七十子之徒丧而大义乖[22]。三代以还，横议[23]蔓天下矣！"斯论之出，予冀小言小辩之或可由兹息也。开治道而勤圣明，不可追踪禹皋比隆[24]周召欤？辙能无惓惓于斯人也夫[25]！

——录自《郎峰祝氏世谱》卷十二（下）

【作者】苏辙（1039～1112），字子由，号颍滨遗老。眉州眉山（今属四川）人。北宋文学家、宰相，"唐宋八大家"之一。因反对王安石变法，曾出为河南留守推官。政和二年（1112年），苏辙去世，年七十四，追复端明殿学士、宣奉大夫。宋高宗时累赠太师、魏国公，宋孝宗时追谥"文定"。此文是苏辙为郎峰祝氏三十二世、进士第、太子少保、平章事、鲁国公祝常的《元诰正谟论》作序。

【注释】[1]论，《尚书》体例之一，用于告诫或劝勉。谟为君臣谋议国事的对话记录。[2]舜禹，虞舜与夏再禹的并称。[3]文命四敷四句，语见《书·大禹谟》。文命，文德教命。一说"文命"为禹之名。敷，布。此指布其功绩。君臣克艰，谓君能尽君之道，而艰于为君；臣能尽臣之道，而艰于为臣。祗，敬。帝，指舜。[4]禹皋，禹与皋陶的合称。皋陶，也称皋繇，传说虞禹时的司法官。[5]慎修思永，谨慎修养自身，并使思虑深远。[6]三苗，古国名。《史记·五帝纪》："三苗在江淮、荆州数为乱。"[7]益，伯益。尧、舜、禹时代之贤人，掌管山川原野和湖泽的虞官。[8]惭德，因行事有缺憾而内心惭愧。[9]仲虺，人名。成汤之左相。[10]周公，周文王子，武王弟，成王叔。辅武王灭商。武王崩，成王幼，周公摄政。因治政有方，后多作圣贤的典范。[11]召公，姓姬，名奭，周之支族，周武王之臣。因封地在召，故称"召公"或"召伯"。[12]康叔，周武王少弟，名封，初封于康，故称"康叔"。[13]诰，直言。亦指正直的人。[14]王通，隋绛州龙门人，字仲淹。王勃之祖父。任蜀郡司户书佐，弃官归，以讲学著书为业，访《春秋》著《元经》等，其言论不为儒者所称。[15]休隆，美善昌隆。[16]御，治理、统治。[17]履中祝君，即祝常，字履中。详见本书《请罢新法疏》作者简介。[18]唐虞，古史言陶唐氏（尧）与有虞氏（舜），皆以揖让有天下，以唐虞时为太平盛世。[19]售，买得、得到。[20]孔壬，孔，大。壬，奸佞。尧时大奸佞，曾任共工之官。胥动之浮言，说的是商王盘庚欲将商朝国都由亳迁至殷，亳都的贵族因为不愿外迁而极言迁都之弊，为阻挠迁都，他们浮言纷纭，煽动群情而致民怨沸腾。[21]微言，精妙之言。[22]《汉书·艺文志》："昔仲尼没而微言绝，七十子丧而大义乖。"[23]横议，放纵恣肆的议论。[24]比隆，同等兴盛。[25]惓惓，深切思念。

5.蓬山类苑集序

北宋·曾巩

士君子本源六经[1]，深观时事[2]，然后文章著述，可以出而问世。不源于古，无以经其常[3]；不参之时，无以权[4]其变。经而无权则固，变而不常则流。既固且流，自问且不慊[5]，况问人哉！是故固则违时，违时则辨而不可行；流则违古，违古则纷而不可守。斯二者，立言之咎也。君子著述，国是所关，述之将使人率之。不可行而行之，下不能堪矣；不可守而守之，上不可耐矣。是以君子著述必观乎上下，不观乎上下而孤行己说，国之害也。二者皆自用之过也。君子不自用而用人，入古今之林而揽其要，辨而约，纷而有本，然后述之。故立言可以匡世无弊。

鸟兽草木各有其类，人事亦然。《易》曰："君子以类族辨物。"物以群分，其变可观；方以类聚，其常可观。知类通达，得古今之情矣！此古之君子，每深观时事而依古立言，言不离宗，要以匡世也。

履中不合于朝，出守河东，乃著《蓬山类苑》。类苑非履中言，古今所共言，履中类之。不一类，集之于苑，辨而约，纷而有本。出而问人，非自用也，要以匡世也。予巩观是书者不察履中之志，故言。

——录自《郎峰祝氏世谱》卷十二（下）

【作者】曾巩（1019～1083），江西南丰人，字子固。嘉祐二年（1057）第进士，曾编校史馆书籍，官至中书舍人。工文章，以简练著称，为唐宋八大家之一。《宋史》有传。此文是曾巩为郎峰祝氏三十二世、进士第、太子少保、平章事鲁国公祝常的《逄山类苑集》一文所作的序。

【注释】[1]士君子，旧时指有学问而品德高尚的人。六经，谓《诗》《书》《礼》《乐》《易》《春秋》六部儒家经典。[2]时事，当时史实，当时情况。[3]经其常，遵守常道。经，常道，原则。[4]权，权宜，变通。[5]不慊，不满意。

6.三峰集序

元至元□□年·金履祥

衢之属邑，曰："须江。"邑南有山名江郎，三峰特立，峭壁如削。予闻其名久矣，未游其地也。郎峰之下有人焉，曰："祝子山曜。"与其徒读书讲学，足迹不至郡邑，当世共高之。予闻其名久矣，未睹其人也。会其徒有游于婺者[1]，携其师所著《三峰集》来，余及见之。噫！余闻其名久矣，未睹其人也。而今乃见其书，此予所乐得而读之者也。

伏而读之，则恍然曰："予游三峰而见山曜矣。"何以游三峰也？曰："于此集如游之。"何以见山曜也？"于此集而见之。"山川之气，钟于人文[2]，人之性情有独钟者，则神与之融，故其文章气节亦往往而似。予于其气之雄深，而见三峰之突兀；于其文之沉迈，而见三峰之孤骞[3]。于其意义之精警，而见三峰之瘦以清；于其词句之简凝，而见三峰之坚以洁。余而游三峰也，所见不过如是，故曰："予游三峰。"

至若其言如是，其人可知；其志如是，其行可知。自有无庸面晤而后见者[4]。而山曜之心，殆犹有欲言而不敢白者[5]。予接其人不过睹其面耳[6]，吾读其书而且得其心，又岂独睹其面哉？故曰："予见山曜也。"客曰："盍为序之[7]？吾师不远矣。"遂书此为之序，以广吾徒之欲游三峰而睹山曜者。

——录自《郎峰祝氏世谱》卷十二（下）

【作者】金履祥（1332～1403），兰溪人，字吉父，号次农。其学以朱熹为宗。值南宋将亡，入元不仕。穷究义理，致力著述。晚年讲学"丽泽书院"。所居在仁山下，学者称"仁山先生"。其学子著名者有许谦、柳贯。著有《仁山集》等。此文是金履祥为祝君翔号山曜的《三峰集》作序。

【注释】[1]会，恰巧，适逢。婺，州名。治所在今浙江金华市。[2]钟，汇聚、集中。[3]孤骞，超逸、与众不同。[4]无庸，无须、不必。[5]白，表明。[6]接，靠近、接触。[7]盍，何不。

7.韩昌黎集注序

元□□□年·胡文炳

祝子山卓从学于其兄山曜先生，读书谈道，著作自娱。余南游武夷，道出江郎，知有祝子山卓，赏其文，以为有得于古矣。然未窥其得力本源也。

或告予曰[1]："山卓好读昌黎书[2]，意得力，其在斯欤！"予初以为不然。盖山卓之文与韩不甚相似，韩好险而山卓平，韩气矜而山卓气敛；韩之文如惊涛怒浪，而山卓安流。山卓之文与韩不甚相似也。以为得力于韩，或未必然也。乃自武夷归，复过山卓，山卓袖《韩文集注》示予[3]，予益疑焉，曰："山卓其果得力于韩者欤？夫非心焉好之，曷为注之[4]？而非心焉得之[5]，亦安能为之注之？山卓其果有得于韩哉？"则即其集注而详读之，其释之甚精也，其语之甚详也，其入之甚深也，其出之甚显也，昌黎之志意，山卓若迎而合之，引而长之，山卓其真有得于韩也。顾有得于韩[6]，而其文于韩不甚相似者何欤[7]？

噫！吾知之矣。昔王右军学卫夫人书法[8]，而右军终不似卫，及颜柳皆学右军，而终自成其为颜柳；杜预有左癖[9]，而杜文究不似左；欧阳子亦学昌黎[10]，而自成其为欧阳。得之者，固不必其似之也。

山卓之学术，其崇正似韩，其辟异似韩，其持论不阿似韩。山卓好读韩，有得其大焉者矣。即其为文，虽与韩不甚相似，而读书必宗圣贤，存心必以仁义，戞戞乎陈词务去[11]，其功苦自与韩同一揆也[12]。夫何必区区文气之异[13]哉，使遗古人之精义不求，而徒窃其文貌[14]，以自矜于世，曰："吾有得于古人也！"是犹买椟而还珠也[15]。噫！若山卓者，可以服古矣[16]。世有学韩者如山卓之《韩文集注》，斯亦可以学韩矣。

不然，吾未见其有得也。

——录自《郎峰祝氏世谱》卷十二（下）

【作者】胡文炳，字云峰，婺源考川人。生平事迹不详。此文是胡文炳为郎峰祝氏隐士三十八世祝允，号山卓的《韩昌黎集注》一文所作的序。

【注释】[1]或，有人。[2]昌黎，即韩愈，字退之。郡望昌黎，故世称"韩昌黎"。[3]袖，藏于袖中。[4]曷为，为何。[5]得，得益。[6]顾，顺念，思考。[7]何欤，犹"何在""在哪儿"。[8]王右军，即王羲之，字逸少。官右军将军。习称"王右军"。卫夫人，卫铄，字茂猗。汝阴太守李矩之妻。王羲之少时曾从之学书。[9]杜预有左癖，杜预，晋京兆杜陵人，字元凯。太康元年率兵灭吴，以功封当阳县侯。博学，多谋略。人称"杜武库"。自谓有《左传》癖，著《春秋左氏传集解》，为流传至今最早的《左传》注解。[10]欧阳子，指欧阳修。[11]夐夐，艰难的样子。韩愈《答李翊书》："当其取于心而注于手也，惟陈言之务去，夐夐乎其难哉！"[12]揆，尺度。[13]区区，微不足道。[14]窃，抄袭。[15]买椟还珠，喻舍本逐末，取舍不当。典出《韩非子·外储说左上》。[16]服，得到。《韩非子·显学》："藏书策，习谈论，聚徒役，服文学而议说，世主必从而礼之。"

8.设立学辈排行序
唐·祝亮工

古者，天子建国，因生赐姓，胙之土而命之氏。诸侯以字为氏，因以为族，官有世功，则有官族。我祝氏系出黄帝至尧，而都太原。武王大封同异姓，尧之后封于祝，其后以国为氏。世居鲁兖，至巡公仕司马，晋扶辇渡河，自兖迁衢以来，相传二十余世。其间祖孙父子间为昭为穆，不为之次叙焉。非古天子宗庙之礼制也。

第巡公居信安七世，辂公居江阳又七世，其岱公居江郎山，迄今又六世矣。工既改江郎山读书草庐，为东山公作行乐祠。上祀始祖于长至日，而以二世祖国子祭酒钦明公，崇安郡马伯克明公配之。

但入祠致祭之日，宣读祭文不讳名字，于大礼殊未合焉。再三踌躇追立字辈，编列行次，自巡公而下，由绍宗而上，四五百年世系，昭然若揭。礼所谓尊祖敬宗。敬宗故收族，收族故宗庙，严一举而三善备焉。

工惟行古之道耳，编成聊书数语于首，以垂不朽，令后嗣无忘此志也。时唐建中元年庚申孟春月，朔后三日也。

——录自《郎峰祝氏世谱》卷一

【作者】祝亮工（750～782），字惟臣，号栎齐，郎峰祝氏二十世祖。主持郎峰祝氏第二次编纂完整规范祖牒，以序昭穆别尊卑，谱牒史上首创字辈排行。

9.整修世谱序
五代·祝圆

三皇以前未有文字，五帝之后典籍生焉。书符策扬德行，表爵秩史，氏纪事之，书有由来矣。天子之书，谓纪诸侯之书，谓史大夫之书，谓传此皆国史之体。而家史则谓之谱，可或曰谱者，补也，亡者补之。又曰：普也。普载讳字与事迹。又曰：布也。敷布百世纪纲，万代渊源也。是故家之有谱，考姓氏根底，辨世数远近，父昭子穆，伦序秩然，兄先弟后，行次昭著。

郑元云谱之于家，若纲之在纲，纲张百目，谱定万支。虽贵贱不同，尊卑互异，而溯根推源，百世同归一祖。惟是礼重大，宗家珍宗谱，谱系既定，大宗小宗于以辨，昭穆长幼于以分，谱之系于宗族也。不诚大哉，而不但已也。谱以合宗，亦以示劝，凡忠孝于君，父敬顺于师长，和睦于夫妻，友恭于兄弟。业光当宣名扬，后世者传赞，详明子孙阅之。

当无不蹶，然兴起，况我宗谱自亮工公开创以来，历数传矣。倘不及时整修，先祖先考贻厥，孙谋不将残阙失次乎。圆于斯事每三致意焉。因手辑谱牒，以为前人光并垂后嗣。法而叙之者，在太平兴国三年戊寅秋八月也。

——录自《郎峰祝氏世谱》卷一

【作者】祝圆（941～992），字豹使。吴越总把校尉，范仲淹为其作传，主持郎峰祝氏第三次祖牒编纂。

10.郎峰世谱序
北宋·祝臣

古无所谓叙也，粤自唐虞有典，禹皋有谟，商周有颂，而叙由此昉焉。初郎峰六世祖亮工公，草创谱牒，编集成书，昭穆固已判然。迄今幸际休明，颁例定式，凡世家大族，导扬先德，笔之于谱，较诸国史而更详矣。何容复以叙为然。臣于谱而必叙者，则以祖德之隆，君恩之厚，与地气之灵也。

臣先世居鲁兖，自信安侯省庵公，护驾渡河，肇居衢郡，齐太尉殷初公避梁世召，隐须江梅泉。唐明经加赠银青光禄大夫东山公，携孙传经江郎，基家脉岭，积功累仁，祖宗之培植长焉。自唐及今，文德济美，武功传芳，彤廷对策，选举成名，贤豪挺生，山川之灵秀钟焉。传及臣身叨琼林之宴，简宰执之，任过。

蒙天子垂怜询家世，源流访桑梓，胜景适合族，家谱刊成，绘有江郎山图，不揣鄙陋，恭摺进览，喜动天颜荣叨御赞，兼锡褒额，君恩洊至，不独臣一人之幸也。上自高曾祖父，下至子姓云，仍咸荷光，宠于靡既矣。爰信笔直书以志，先泽以铭国恩，并以明发祥之有自焉。

时宋元祐元年丙寅春三月叙

——录自《郎峰祝氏世谱》卷一

【作者】祝臣（1026～1097），字微之，号与守，郎峰祝氏三十二世祖。嘉祐六年（1061）"王俊民榜"进士第，钦命江南学政，赠少师上柱国，封宣国公，谥"文忠"，主持郎峰祝氏第五次编纂祖牒。

11.石塘祝氏家谱序言
辛弃疾

古昔天下分为九州岛，唐虞以降，九州岛之内无族谱者不得为大族显姓。鹅湖石塘祝氏肇自祝融，盖因封以为姓。龙骧将军冀州刺史僧勃是以为显姓焉。夫谱所以辨亲疏也。粤自大小宗发而亲疏莫辨，遂致疏远，相亲如途人者有之。岂特不为大姓其于一本万族之义尽失矣。祝氏既得僧勃奏降谱牒，得为大姓显姓，更数百年后裔，可久复取大宗小宗之法而增修支派。分晰名行详具，既以有祀其实矣。引文观其先世祝奕公及翰林院学生刘先生序之且备矣。可久复以请者何也？诚欲申其大小宗之法，使为子孙者得有所考，而自绩其源流之正得有所据。而自失其妄冒之疑，其用心可谓宏且远矣。予可以秘哉惟大宗百世不分示其亲也。小宗五世而迁其疏也，然亲不能以下疏虽疏而未始有不萦者，盖以一本散于万殊，万殊散之久远疏矣，由万殊原于一本，原其初则亲矣。若祝氏始于祝融百世莫不尊以为祖何尝有所分惟。自宪而迁衢自衢而徙居江山。自江山复迁鹅湖石塘，支派繁衍，苟谱牒放失则居自为处人自为家，名分其世世一分始有不得其合者矣。此可久所以不吾不用心于谱之修也。可久曰：不徒序焉必万规于其间，庶几来者坚所守。因复之曰：君子之降五世而斩，如以服言之衰降为期，再降为大功，三降为小功，四降为丝麻，五降为免则服尽矣，五服之内虽有降杀家相同处相近有喜，必有相庆，有衰必有相不必规诚而自无不睦，五服之外则不然，毋曰服尽使然亦智愚贤不肖之殊等耳贤智者，虽疏而不失于新，愚不肖者尚思，体夫可久之心，恒存木本水源之思，彼贤而智者何如其亲，吾何为愚不肖而取疏乎，以为愚不肖而故疏乎，曰是贵溯流而寻源，远追僧勃公于先世近法，可久于当时不惟无愧于同姓，亦且无忝于大姓，则昔给之谱牒足以为文献之徵，今修之谱牒实有以使愚不肖而为贤智矣，可久之有功于斯，时有功于后世何如哉，可久淳厚雅致而粹于经学，授贵州刺史哗然有善政焉，故书以复云。

时南宋绍兴戊午岁月日 龙图待制湖北安抚使兼兵部侍郎辛弃疾谨书

——录自《石塘祝氏世谱》

【作者】辛弃疾（1140～1207），原字坦夫，后改字幼安，号稼轩，山东东路济南府历城县（今济南市历城区遥墙镇四凤闸村）人。南宋豪放派词人、将领，有"词中之龙"之称。与苏轼合称"苏辛"，与李清照并称"济南二安"。辛弃疾生于金国，少年抗金归宋，曾任江西安抚使、福建安抚使等职。著有《美芹十论》《九议》，条陈战守之策。由于与当政的主和派政见不合，后被弹劾落职，退隐山居。开禧北伐前后，相继被起用为绍兴知府、镇江知府、枢密都承旨等职。开禧三年（1207），辛弃疾病逝，年六十八。后赠少师，谥号"忠敏"。

12.重修世谱叙
宋·祝进文

盖人之有祖宗，犹水木之有本源也。虽其间盛衰相寻，不无气数然，自盛而衰，衰而不替，不替而可以复盛，非祖宗积德之厚，何由得此。我祝氏宗谱世次既繁，则不能无所遗聚处，既散则不能无所阙。按谱而稽，或有不能无憾者。身为子孙，可不知宗谱之大，而思有以继续乎。

粤稽先代，巡公仕晋为散骑侍郎，辅辇渡河，功拜上将军，封信安侯，钦命留守衢州，随肇基南门，开氏族者自巡公始。七世轺公，仕齐为太尉，因齐失政，避迁梅泉，实须江始迁祖也。迨唐中宗时，须江传已八世矣。东山公负气节，不仕武氏，潜隐江郎山，携孙尚邱侍学，馆甥江姓奠基脉岭，江郎之族肇焉。

自是子孙云，仍显达繁衍，或仕后就居外郡，或游学赘入异方，世久年远，不可胜纪。虽欲编集。有志未能兹，特将原来会修者，详查细访，编而辑之。书其忌讳，详其仕某官，娶某氏，葬某处，及生平事迹，并附生存于其中，使合族世系瞭然在目。编集既成，商诸族长梓版装刷，各家怀藏谱，自是阙有间矣。后世继此访辑，将百世可知千秋遥。接文所深望也。

时宋咸淳二年丙寅清明前十日敬撰

——录自《郎峰祝氏世谱》卷一

【作者】祝进文，字志达，郎峰祝氏江山阁老街人。上京考进士，以诗讥笑考官奸臣贾似道，辞归，主持第九次（1296）编修《须江郎峰祝氏世谱》，从此隐居江郎书院教书育人。

13.太原郎峰渊源辨

元·祝君翔

扶与磅礴之气，每托人以降生气盛，而所生亦盛焉。故正气生帝王，间气生豪杰，英气生忠孝，清气生俊秀。是知人杰，固在地灵，而地灵实出人杰。祝氏之族得灵气以降生，由来旧已，顾或谓祝为祝国之祝，盖取诸侯，以国为氏义也。又或谓祝为祝官之祝，盖取诸大夫，以官为族之义也。抑知因生赐姓，胙土命氏，国世爵家世，官受姓赐，族各有所由遮，谓祝国祝官，即为祝姓受氏之由，俱非也。粤稽祝氏系出黄帝，生姬水而都涿州，越数传至尧，而山西，即太原，以为郡是谓太原。祝氏自是而分流，衍派不一，其地武王下车封帝尧之后，于祝为祝史，食邑济南府，兼取诸国与官之义，以为祝而祝氏之名，以定而祝氏之族，滋大造迨至两晋。祝氏之七十二世孙，讳巡者，仕晋为散骑校尉，翼击群丑，屡立军功，卫驾渡江，功拜护国上将军，封信安侯。遂安衢郡，自是而迁须江，而迁江郎。忠贞节烈，竞秀扬华，至宋臣、常二公，兄弟宰相，抱谱上呈御览，特恩赠《郎峰世家》，而郎峰祝氏，名从兹起矣。然后祝氏郡为太原者，溯本穷源也。

祝氏族为郎峰者，鸿恩特钖也。太原郎峰同而异，异而同者也。盖贤哲挺生，必溯其本原发祥之地，而元鸟生商，巨迹肇周，源流既清，来历自明。夫岂藉别人之显赫，以为荣耶。今祝氏之族，原本于黄帝，而郡系太原，再延于巡公。而肇起郎峰，其得太原，郎峰灵气以降生者，夫固振古而常新也。是知郎峰不可无太原者，物有本末也。太原不可无，郎峰者，事有终始也。太原，郎峰其名虽异，其义实同，兹则推其本原，夫岂异者。而强其从同，同者而故为立异哉。爰注为渊源辨，知太原，郎峰相为附丽，而衍派成族，因族肇家。虽万古如一日，若合符节焉者，何庸别其异同哉。

时元皇庆三年甲寅春正月也

——录自《郎峰祝氏世谱》卷一

【作者】祝君翔（1242~1314），字鹏举，号山曜，郎峰祝氏三十八世。文学超群旷世高士，朝官荐辟不仕，与弟卓、山卧隐居江郎书院教书著述，著有《三峰集》等作品遗世。皇庆三年（1314）主持十修《须江郎峰祝氏世谱》。

14.续修世谱序

元·祝起龙

谱之于家，犹史之于国也。国之有史，君臣之义。家之有谱，父子之亲，夫妇之别，兄弟之分，孙曾之派，所由秩焉。我祝氏原自姬水，而衍为祝国，由祝国而住柯城，由柯城而派江阳之梅泉，由梅泉而居郎峰。

肇郎峰者东山公也，公明经不仕，携孙尚邱隐于兹土。祖创于前孙承其后继世以来，螽斯衍庆，诗书世学，丕振家声，青紫蝉联，流芳史册。德业功名，不让王槐窦桂，芝兰玉树，何殊三凤八龙。是岂自为夸张，盖国史可稽邑法，可徵家谱，可验者也。

更不易得者，宣抚程公八子，五世同居，家口六百，式好一堂，家有清风，门无白丁。宝公登进士，爱鼎不出，与兄文仆公协心齐家，使六百之众，子子弟弟，豪无间言。且于治家之余，追远寻源，修成族谱，请于诸父。少师文忠公，讳臣，少保文正公，讳常，备表进呈御览，特恩赠《郎峰世家》。龙祖你进文公，修谱而敬奉之，简端祝氏家乘直与国史并重矣。

今则按图而考后，先存亡者，五世未录，此又不得不修辑者也。故敢景仰先模，请尊长远搜近，考敬辑其成，使宗功祖德，远近亲疏，瞭然在目，亦庶乎可告，无罪于前人矣。然吾族世济箕裘，嘉谋不远，固欲振古如兹也。则修之，辑之。更有望于后人。

时元延祐元年甲寅端阳节书也

——录自《郎峰祝氏世谱》卷一

【作者】祝起龙，字御天，郎峰祝氏阁老街人。元乡贡，重德尚儒，戴儒帽，穿儒服，彬彬有礼，这是他为十修《须江郎峰祝氏世谱》作的序。

15.赠郎峰祝氏世谱序

宋·曹明卿

余拜除福建道副使，往发江阳，过江郎山，攀援登跻，素所愿也。凝眸凭眺，赤石参天，青云扑地，山连闽海，野达衢杭。左右四顾，目不暇接，回望北峰屹立，则有书院翼然矗焉，问之曰，祝氏先世所建者也。山行步倦，将往憩焉。适有深衣老人，携榼来款，感而问其姓名，曰："祝氏世居山下，宅号郎峰，名君翔。"余曰："噫，嘻！吾知之矣，子即郎峰之山曜君耶。"曰："然。"盖予示出都门时，已久闻山曜君之姓字也。款留信宿，欣叙生平，谈论之余，叙及先世源流，丐字谱序，余不敢辞遂，引笔而为之。序曰，须江郎峰祝氏，唐祭酒月郎公，仪宾月清公之父，封君东山公其始肇也。月清之长子尚邱公，继起郎峰月朗之次子尚质公，移居相亭，并著炽昌为邑巨望 由来尚矣。其在五季，则豹使公总把校尉，彦卿公官御史。彦相公仕文林郎，延年公尚汉隐帝安贞公主，封安世驸马伯。瓜瓞缠绵，迄宋而逾显。程公登进士，官宣抚，生八子三登进士，四领乡荐，一武举，孙三十人登进士者七，余皆文榜武标，兰桂争馥，五世同居，家口六百，门庭内外，毫无闲言。噫！不其荣并汾阳，义媲公艺欤。又若臣公，第进士，官上柱国，谥"文忠"，生四子，二登进士，而两科举。其孙大义，大任、梦良诸公，并居黄堂。梦熊第进士，请复赵汝愚，朱晦庵官职。驰伪学，禁触权奸，怒贬死黄岩，以贞忠赠龙图阁待制，谥"献烈"，崇祀乡贤。其余若彦中，忠彦诸君，一十八人皆后先甲第。祝氏之族簪缨鱼贯，忠义辈出，踵接肩摩，猗欤盛哉。盖振兴而未有艾也。

迄于今祝子山曜，伏处草茅，实克世其家学，与弟山卓、山卧聚处斯院，读书自乐，竟以忘年所谓豪杰之士，往往不见于天下，而在岩穴者也。孰谓其未显廊庙，而遂可少之哉。余阅谱系所载，勋名事业赫奕人间，是亦何烦诔颂。而山曜诸君不受官守，得娱情山水之间，则尤旷世高士，与郎峰并峙者也。然后，叹祝氏之所以为须江望族者，不从在贵显，而在世德，作求观山曜君，昆季自相师友，而家庭令子又无不绍箕裘，则祝氏祖宗世泽之远，不在兹乎宜其会无之派与须水以俱长，而斯谱之留共郎峰于不朽也。

元大德六年岁次壬寅，清明节后八日书

——录自《郎峰祝氏世谱》卷一

【作者】曹明卿，福建道副使，生平不详。

16.拜撰郎峰祝氏世谱叙
元·文言章

余以愚戆不合于世，谪贬非一，以故识天下名山，并获交天下名士。今特简授福州清军，途宿江郎驿馆。望见江郎山，峭石如柱，插天而起，心焉赏之。忆唐人有三峰削成之句，直可借以遗赠。又念名山之下，必有高士，而斯山秀气所钟，环此以居者，夫岂无超然特出挺异于众，与斯兹山并峙者。在钦因就馆人访之，馆人曰："此间无异人，惟祝氏一族耳。"余曰："异人者，不在畸奇瑰异也，其族何如？"答曰："唐、宋以来之宦裔也。"余曰："曩闻有馈济文丞相，军粮之义士祝君翼，与今徵取不出之高士，祝君翔其斯族人？"钦答曰："然。"曰："二君犹在乎？"曰："奂而不在也，其人固方正端严然，亦迂疏寡合者。"曰："可过访乎？"馆人曰："愿为介随。"馆人而访其家，获接丰仪谈论，气象磊落，巉岩有壁立万仞之概。窃谓并峙兹山者，殆在是矣。及暮将别，二子欣然止宿，予不敢辞，夜宿书斋，见案头有书一帙，披阅之，则郎峰祝氏宗谱也。盖君翼昆季，方经营修谱，是以得及见之，阅其肇居。则自唐处士东山公始，其奕裔流光。则有若文忠、文正，忠愍、献烈诸公，是皆壁立万仞，气节之隆，堪与江郎山并峙。因益惊叹，以为地灵所钟，固不图若斯之盛也。祝氏族谱屡修著述，绵远大义，大任诸公慕修成集，而进文公少补编帙。今君翼昆玉继起而又修葺之，谱亦云备矣。翼晨二子凤兴因即以谱序，请予拱手而言曰，世之夸望族者，必指某公为某官，某人任某职，以为显赫。余意贵族不其然也。东山公尘垢爵禄，隐处江郎，文忠公功在庙堂，文正公身扶道统，此固吾儒所重，赖非贵族，所得私者矣。若乃月清公辅徐以讨递，忠愍公不屈于寇盗，县令公子弟殉节，献烈公守死卫民，则又皆致身成仁。尤万世所宜师法者也。奇公之事，君也不避，患难以相从，宝公之治家也。有孚威如于六代，累世以来贤哲挺生，凡有氏族谁企及之。

祝氏之所称望族者，不在兹乎，若从夸宦族而已，则天下谁不曰吾族某公，某官之后耶。则亦不合于世之谈，然天下至巉岩而寡会者，莫如崔嵬之山，兹郎峰也。以寡合而成其高，吾与二子亦欲以寡合为合，可钦二子其然之否，君翼、君翔皆曰："唯因即书此以遗之。"

时元至大元年戊申清和月，叙于江郎义方馆。

——录自《郎峰祝氏世谱》卷一

【作者】文言章，元朝人，生平不详。

17.拜撰郎峰祝氏世谱叙
明·陈元长

天地之间，万物皆悠久无疆也。何以能悠久无疆，曰：万物之生天地理气存焉，天地之理气不息，则万物亦与为不息矣。若人之悠久无疆，则大有异于物者。盖万物莫非理气所存，而精气独钟于人，人必有所为不朽者，合乎天地之理，得乎天地之气，而后与为无疆，不从生生不已云也。族之有谱，所以显祖宗之流传，而言其悠久无疆也。然祖宗之所为无疆，必有所以为无疆者，在乎祖宗之功与德，子孙之贤与能，此所宜深念者矣。郎峰祝氏肇唐及宋苗裔之盛，人才之美，三衢缙绅，先生能言之，而不能详之。进阅宗谱，若宋宣抚使程公，少师宣国文忠臣公，武威军节度使应言公，秘书郎绅公，太子少保平章鲁国文正常公，正奉大人允闻公，大制参允哲公，御史中丞夔公，都察院惟珍公，朝烈大夫忠彦公，翰林讲士柔中公，太常正卿彦中公，进士宝公、咨公、周材公、璆公、师说公、裕民公、徐椿公、珙公、梦良公、特赠龙图阁待制献烈梦熊公。人物继起，祖宗功德，子孙贤能，指不胜屈。今文忠公十一世孙汾西主簿，行举四名宗仁君，以族谱欲更补缉辑，邀余为序，余谓何烦言哉。祝氏之流传今一千五百余年矣，其祖宗之功德，子孙之贤能，译载于谱者，班班可考矣。

将谓世宦之家，簪缨之胄软，则叔孙所讥，为世禄而非不朽者存也，将谓立德、立功、立言。为三不朽而可传于悠久无疆软，则不朽者俱在，是在君先世祖宗与夫后嗣，子孙昔之所为不朽，即今之所承，而今之所承，又后之所由启也，诗有之曰：毋念尔祖，事修厥德，尔已。

明洪武十九年丙寅清和月撰

——录自《郎峰祝氏世谱》卷一

【作者】陈元长，生平不详。

18.拜撰郎峰祝氏世谱叙
明·陈贞保

江阳，衢之支邑，实为全浙上游。山秀水清，而最著者惟江郎，须女夫，江郎山脉源自仙霞，而须女上流则有梅泉，梅泉乃祝氏先迁之宅。江郎实祝氏再徙之居，而信安侯为迁衢太始之祖焉。粤考郡邑志书，自晋宋齐梁，陈隋唐汉，以迄宋元人物；莫过祝氏此余阅志书，而知之然未得其详也。及位治伊始，赖圣明德化，民康物阜，虽滥竽仕籍，亦得优游间暇，登名山涉泉，与兹邑二、三父老访古询今，而须水与郎峰固已收之怀袖间矣，又于相接之下，得祝君师忠者，致仕家居相与论学谈政，受益尤为不少，窃私淑焉。越日师忠君捧新稿旧牒两册，乃流芳世谱揖余为序。

余观祝氏从来者，远分派者，繁星列衢江之域，各成巨族。人物彪炳诗书，辉耀与江郎山，须女水相荡丽，有非一言所能尽者。其所产之贤，如齐太尉辂公、唐忠烈奢公、隋仪同三司桃根公、唐封银青光禄大夫东山先生其岱公、祭酒钦明公、仪宾克明公、博士尚邱公、献武纪德公、汉安世驸马伯延年公、宋忠愍敞公、文忠臣公、文正常公、劲节旌祖公、献烈梦熊公、纯孝光煜公、道学先生山曜，山卓、山卧、方池诸公，义士敬之公，朝奉大夫寿公，明刺史宗善公。道学气节，忠孝仁义，皆足与山川并丽洵，百世仪型，后贤师表也。

余由斯谱而详其始末，均与志书允洽。祝氏为三衢望族，不有由哉，顾祖宗之传如此其盛，则斯谱尤不可忽。迄今几近百年未经修葺，近日之名贤德业未登于册，数世之高曾昭穆未叙，其伦不几旷典也耶，急宜修辑，以正名分，补续以光先烈。使一族之人各有以亲其亲，长其长，宗其宗，贤者感遗风，而向励愚者，聆祖训而非知警，所系非浅显也。师忠君克绳祖武，励志纲常，仕司空都水司。功在朝廷，孝友于家，敦睦于族。年将古稀，励行不怠，谋修旧谱，重为一新。续所当续，而增所当增，详所当详，而略所当略，高曾伯叔之系，秩然不紊。父子兄弟之伦，有所观法，岂惟一族之光，抑亦凡有族者，皆宜观法矣。

余固陋文，不足为斯谱增重，阅斯谱者，当谓郎峰祝氏相传千年之典籍，得镇守不坠者，师忠公保祖之功大也。

明建文元年岁己卯寅桂月撰

——录自《郎峰祝氏世谱》卷一

【作者】陈贞保，生平不详。

19.续修世谱叙
明·祝贞

吾族子孙皆自东山公出，惟贞出东海之裔，何也？昔雅儒复殷公与郎峰士俊公，同学江郎书院，两相莫逆至结丝罗，以祝适徐产育三甥后，以季甥嗣舅君翼公者，即贞高祖应鉴公也，承厥宗祧迄来既五世矣。贞曾祖虑后世忘本，思两全之策，命伯祖楷公归雅儒，嫡祖模公承郎峰钦哉。先命是遵，然则贞也宗祝，事祝义无容贰囊，读宗谱自方池公参辑以来，未续者多矣。早志欲修，乃以身事君政务烦缠，且与族诸长悬隔，不得亲授始终，所以难举颖也。

今退终养，念先正遗训，正可展其所怀抱旧谱，趋郎峰请族房诸长，共谋修理。遂获领命，与若兄若弟敬捧原册，同案展读细详。其中纪目稽考，其中分派系其所未系纪。皆我同族高曾祖父实录在焉。贞非敢云修也。但原旧所载只字不敢移易续焉。云尔至叨，诸缙绅先生贻赠文词，及历代典册，悉照旧备体谱续，既成版藏家庙，家家装刷而怀之，常常启卷而读之。祖宗之精神，灵爽如在，吾目中焉，惟是吾族人视祖先灵迹，为故纸者多矣。贞则为人之本在祖宗，祖宗之谱何与贞事顾。先祖应鉴嗣奉舅父母，血脉贯通，与螟蛉不宗者，大相悬殊。况先命煌煌，谁谓非祝氏之昭穆哉，则修谱续修，贞之责也。诸长以为何如？齐应声曰：唯然则贞之可告无罪者，贞实有大深感者在也。

时明永乐八年岁次寅庚重阳节敬撰

——录自《郎峰祝氏世谱》卷一

【作者】祝贞，字师忠，郎峰祝氏江山雅儒坊人。明工部员外郎，治理黄河有功受奖，回乡建西岗书院，升工部主事。主持第十三次编修《郎峰祝氏世谱》。

20.拜撰郎峰祝氏修谱序

明·毛恺

郎峰祝氏，余族世相休戚，余与公助属在表昆。素识公助纯心，笃学尚友，前修切磨，匪懈存之。为道德发之，为事业厚薄得当，去就咸宜，初由太学起居，声闻廊庙三十三年春。擢祠祭郎，莅政刚严，操守清白。余所亲闻，而亲见者也。今退居林下，其生性本质犹不迁改修己，勉人犹不厌倦，诚为至贤，门人国家良吏矣。更切切以宗祊为念，纂修族谱嘱予序，首序忝戚属敢以不敏诿乎。因领所嘱，而受其谱，启见编凡十六卷。而则例之下，首江郎山图，及御书题赠，隆君恩也。次历代谱序，微世泽也。次信安系纪，追源流也，次梅泉系纪，特载迁也，次郎峰系纪，宗本支也，次各房系纪，明支派也，次记处宅，明分迁也。夫诸系图所集，父子亲焉，兄弟义焉，长幼序焉，昭穆辨焉。次祠堂图，隆祀典也。再次以形象图，阳基图，表功德也。其各记传所列夫妇别矣，功名彰矣，生忌知矣，葬祭识矣。再次以文集及先贤拜赠传记，特闻扬也。次以敕诰重君命也。再次以疏表明臣道也，再次以案牍伸冤德也。再次以诗词联对，征答赠也。再次以显荣明表彰明也。再次崇德报功，忠孝贞节隆祭也。再次以祀产瞻祭用也，再次以典礼尊王制也，再次以条例示劝惩也。而以语训终焉，备勉修也。

夫纲常立名分正，始终详本末，著而人道之义备矣。祖先之德明上可追宗往古，下可昭示来兹，予读之四其味深长，不能稍有倦厌，因涓然叹曰，凡作者不而修者，更难祝氏之有谱，及今百年五代未续，公助立成补葺，焕然一新，使自北迁南之，行我瞭然在目，其轶事文献悠然堪观，可见仁孝之行足，动人之心思于无穷也。巳但序谱辨以姓氏，若而出写以居地，若而胜叙以显贵，若而人其乃先旧序凿凿。余复何言。余因其所言者，而言其所未言者，以序之。公助雅儒左春坊，克斋公之后裔也。自郎峰儒仕君翼公传今一十世矣，其今先严又广先生士列黉宫，祖仲山公者好学、遗安。而曾祖训诰公，则由贡职教。高祖曰新公，则公朝奉郎，即工主事。师忠公之长子，考自师忠公以上溯始祖东山公，而下至于公助三十四世之传，诗书不坠，衣冠未章，家声克振，事业远恢，载在族谱。简简可稽，若公助后辈俱麟趾凤毛，他日清庙明堂之，选询及宗祖将此谱，廷对声扬四海，使天下之内，为子若孙者，毋陨越先人之遗绪，必惇其本于须臾而效其法，为可准不几一人，家谱之重修即为后。曰：国策之肇基矣。乎，余观公助之，子贤孙肖而拟乎。此外所以擅测后事也，盖公助至诚，迫远烈前谟后，是殆不能已于无涯之思矣，谨序。

时嘉靖三十七年事也

——录自《郎峰祝氏世谱》卷一

【作者】毛恺（1506～1570），字达和，号介川，江山人。明嘉靖十四年（1535）进士。初在行人司，奉旨出巡，拒受馈赠。历任明礼部尚书、刑部尚书。

21.续修世谱叙
明·祝大成

夫家之有谱，犹国之有史，史纪历朝忠佞，屡代善否，谱载世代渊源，祖宗德业事，虽不同其义一也。我祝氏宗谱，世有传人，固已有质诸祖宗而无疑，俟诸百世而不惑者也。其间正名位考，爵秩表忠烈，联亲戚，定葬所，厥制固煌煌矣。夫妻妾者，与夫敌体也，藉以生育焉。可不重欤爵禄封荫，为能光俎豆，显闾里，且忠勇义烈，国家所攸赖也。

可不贵欤，至女子适人，何与谱牒事也。然先人血脉攸关，所以明有亲也。可不及欤。若牌坊、宅第考住址，表显荣，故家之乔木也。可不隆欤，然世有欲伸追远之情，并不知坟茔所在，皆由谱中失记也，可不慎欤。执是以思谱与史，虽异道而实同归也。

成生晚，不获亲承上古，宗祖追随左右，间尝会施人问，以先祖名讳，而俱茫乎不解者，身承历世，忠良之后，不知先世德业，为何物心焉。伤之辄有志纂修宗谱，以尊祖考以序，昭穆以彰功烈，以明长幼，以端父子，以别夫妇，诸父诸兄，从旁而嘉奖曰：此善举也。

夫我祝氏自兖迁衢以来，千余年矣。祖宗之功德详载于谱者，固历历堪溯矣。继自今各派世系俱成草帙，使不及时整修，上而千秋统绪，下而万世承传，茫无所据，将无祖宗之罪人乎。成敬事斯语，旁搜遐稽，访父老之流传，寻文献之遗迹，溯其衍派，推其本源。散者整厥者，补始则由聚而散。今则由分而合，视前之散，乱无章者，盖自是阙，有间矣。然，而兹谱得成。虽成一身任之，实诸父诸兄命之，后有起者，善体苦心，无坠参补。将国有信史，家有信谱，岂不懿欤。

时康熙三十七年戊寅小春月撰也

——录自《郎峰祝氏世谱》卷一

【作者】祝大成，字振六，明郎峰祝氏江山阁老街人。登乡进士，潜身江郎书院名师，讲易论道，不出仕。

22.赠郎峰祝氏续修谱叙
清·孔象九

天地之道，恒久之道也。人禀五行之秀，其发为文章著，为道德者，亦必恒久。而后可传，自古迄今，恒久者莫如谱。而家谱犹如国史，史纪政治之得失，谱载宗支之源流。二者俱贵徵实，虚词附丽无益也。乃吾见今为谱者，高攀贵显，窃附名贤，谓某公某卿是吾之本支也，某贤某士是吾之衍派也。欲为家乘增一时之光，而不知贻误于先人者，亦已多矣。

夫圣贤不拘世类，豪杰崛起庸愚，况祝氏代有传人，其簪缨蝉联，科甲迭起，忠勇激烈，劲节流芳，载诸郡邑志书间者。固已千古不磨也，祝子荣椿抱宗谱至鞠跽，而请曰："祝氏宗谱，累代修整，相传数十余世矣，今会族付梓刊刷，求为叙焉，以作宗族光。"余嘉其言而应曰："善，吾于郡邑之志，而见子祖若宗矣。"夫祝氏之祖东山公，因武后秉政不仕，伪朝播徙江郎，依山临壑，扫叶席草，尽心竭力开创基业。中宗复位，孙尚邱公为太学博士，仕宦之基肇于此矣。自是由唐历宋、元、明。若讳臣者，官至少师封宣国公，谥"文忠"。讳常者，官至少师封鲁国公，谥"文正"。讳纪德者，官至大司马，谥"献武"。讳旌祖者，官至上将军，谥"劲节"。讳奢者，以义勇建功，谥"武烈"。其忠贞济美，功烈炫赫，竞光耀彩，彪炳志书焉。仿则读其谱而愈徵其实矣。然后知道谱之为义甚大也。立法甚良也。藉非有谱历代贤良节烈，忠肝义胆，其何以知之爰呼。祝子而告曰；此可以为序矣。即此本源昭垂支派不紊，传后世而无穷，如天地之道，恒久不已，且将良作史观矣。岂仅为一家之乘已哉。

康熙六十一年壬寅春三月也

——录自《郎峰祝氏世谱》卷一

【作者】孔毓玑，字象九，号秋岩，别号岱云。江阴人。天性孝友。清康熙三十八年（1699）己卯登贤书。康熙四十八年（1709）己丑科举中进士，任浙江衢州府常山县知县。其所治，修邑乘，徵文献，严甲保，清奸宄，善政班。去后，黎民怀之。庚子（康熙五十九年，1720）分校浙闱，诰授文林郎。著有《诗经文稿》《秋岩文集》。

23.拜选郎峰祝氏世谱叙
清·周仙枝

谱之设也，源远流长，棋布星列，其间传世，代志统绪，辨名字表行，谊义至重也，典至隆也。然必有全谱斯祖宗贻谋也，长必有续谱，斯子孙继志也大。我读郎峰祝氏世谱，而知其由来者久矣。盖祝氏自唐明经东山公，气节自持，不仕伪周，去梅泉而之江郎，传经后学。中宗复御令，孙尚邱、尚质出试折桂联芳。质授太学监丞，邱授太学博士，尚质仕后，肇家相亭，后裔迭生伟人。尚邱公馆甥江氏肇基脉岭，丕振家声，所称江郎祝氏是也。

由唐迄今。代有名彦。若纪德公，官大司马。程公，第进士，官宣抚。应言公，第进士，官节度使。师说公，第进士，官吏部郎中，摄黄门侍郎，至文学超著。进公，任山东副使。宗善公，任苏州刺史。而尤其奇特者，臣公，官少师上柱国封宣国公，谥"文忠"。常公，官太子少保，封鲁国公，谥"文正"。抱谱进呈特恩赠《郎峰世家》焉。后嗣允闻公，赐进士，官正奉大夫。允哲公，第进士，职任大制参。大义公，官治中。大任公，官太守。梦熊公，第进士，赠龙图阁待制，谥"献烈"。梦良公，第进士，刺守钦州。梦莘公，领乡荐授检阅。士俊公，以乡举任监法正提举。君翼公，励清节，尝饷文丞兵粮。旌儒仕郎，历数世系，已经四十有余代矣。要皆书香，一脉仕宦相继，恢恢然，峙郎峰而甲须水。非祖宗功德之厚，何由此今日。会族修谱，上绳祖武，下贻孙谋，是能培植根本，而万年永固者也。岂不懿欤琪拜手飏言，而为之叙。

时雍正六年戊申桂月朔也

【作者】周仙枝，名琪，江山清溪人，生平不详。

24.续修世谱叙
清·祝月仙

自苏子瞻欧阳永叔，创立谱义，直为经，而横为纬。虽各有定体其亲，亲之义则一体制，既立故家巨族，莫不有谱，谱之设，固自苏欧始也。

若我祝氏则不然，溯昔先世亮工公，为有唐处士，系郎峰六世孙。不知谱制，偏解谱意，立字辈序行次。由郎峰始祖东山公推上。梅泉始祖辂公，又由梅泉始祖推上。信安始祖巡公，自东晋而宋、而齐、而梁、而陈、而魏、而隋、而唐。年阅数百世传，二十草帙成章，祖孙父子间，固已了如指掌焉。嗣经屡代编辑，各有成迹，在五季，则总把校尉圆公，郎峰十四世孙也。在唐则士彬公，郎峰十六世孙也。至宋而谱局一新，宋神宗以江郎山图，下询郎峰十八世孙，宣国文忠臣公。鲁国文正常公，本新式以刊刷进呈御览，特恩赠《郎峰世家》，此诚千秋不再之奇逢也。则吾族谱牒，亘古为隆矣。在元则道学先生山曜、山卓、山卧、方池诸公，郎峰二十四世孙也，在明工部员外郎师忠公，郎峰二十九世孙，并汾西主簿宗仁公也。累世相承修缉无倦。其间科甲蝉联，黄榜紫标，荣封褒章，忠孝节烈，目给不暇。则吾族谱之应珍宝较诸，天球河图，赤刀大训即更重矣。后嗣子孙任其蠹蚀灰封其得罪我前人者，岂浅鲜哉。

唯是国朝定鼎江邑，颠沛流离，虽桂父承祖命，抱宗谱走攀崖陟磴，昼伏夜行，绝粮五日，频世截数矣。乃得保守斯谱，使不急为整修，抱残守缺，不特无对我父在天之灵，即千余年祖先考所成凭者，不将恫怨益深乎。缘赴江郎大宗祠会族，商议各出藏稿，溯本源清。分派较订，明白续所当续，补所当补，汇缉成章，付梓校刷。五十余世渊源若接焉。桂非敢云有功也，聊答祖。若父当日守谱苦心，并表前人累世续修遗意。

时在雍正七年己酉春三月而叙之者，月仙氏荣桂纪千氏荣椿也。

【作者】祝月仙，名祝荣椿，郎峰祝氏江山人。清学者，诗人，主持第十九次《郎峰祝氏世谱》编修。

25.国朝郎峰祝氏续修世谱序
柴大纪

余以王事驰驱，在官日多，在家日少。未得与二三故旧相往来，通问询诚缺事也，丙午春奉圣天子命，特简出镇台湾营，旋里扫墓，得见秀峰鹿瞻祝君焉。君名牲，字鹿瞻，号苹野，衢州府学廪膳生。与余为垂发交，忆当年，坐石狮子上，谈及天下事，议论风生，意气自豪，犹前日事也，今则须发已半白矣。

盘桓数日，鹿瞻君以郎峰祠绘修宗谱为辞。余曰："可借读乎？"鹿瞻君欣然抱谱至余家，为余细阅其家世，而知奠安邦国者巡公、尚邱公也。兴义击贼者奢公、太平公也。攀玉叶联国戚者，克明公尚淑德郡主，延年公尚安贞公主也，和凤姑贵配雍王三子，征言公女学似姑，适侍懿安濮王焉。他若梦熊公、雄祖公、周材公、时可公、敫公精忠报国，杀身成仁，尤炳光史册者也。而理学传家文正公，著有《清高集》，山曜公著有《三峰集》其气节之隆，允与江郎三爿石鼎峙千古矣。而知当日所称，郎峰祝者有由然也，用是对鹿瞻君曰："读君谱，即鲁藏孙立德立功，所谓不朽者存也。若多谈爵秩之荣禄位之厚，于别姓则然矣。贵族所不尚焉，更何容待余立言，始征不朽哉！"鹿瞻君曰："其信然耶。"余曰："语征其实焉。"耳即以此，弁诸谱首云。

　　昔

乾隆五十一年岁次丙午，赐进士出身，现任台湾镇总兵，赠太子少保，加封一等义男伯，世谊柴大纪拜撰。

26.须江郎峰祝氏世谱续修序
清雍正十二年·陈元龙

　　两浙多名山焉，在浙东则自天目盘折而南，在浙西则自仙霞迤逦而北；郡邑居上游者，东则严之淳安，西则衢之江山也。江山之脉来自仙霞，其间最胜者莫如江郎山，三峰矗天，屹立万仞，盖可望而不可即焉。

　　顾自三代时，列八蛮之域，为草昧之区。两汉风土渐开，犹仅得会稽一郡之半耳，今则人文财赋几甲东南。揆厥由来[1]，盖自西晋南渡，浙土始辟，至唐遂当一道。宋高宗都临安，两浙为京华地矣。居浙地者欲知人物财赋所由盛，非世族大家不能悉而详也。

　　余浙人，尝欲探仙霞而沿须水，为素心一快。顾庙堂鞅掌[2]，未获登临。余友士振舒君秉铎江邑[3]，归，余询之曰："江邑浙之上游也，君亦尝探须江之源矣乎，水孰清？"曰："须水也。山孰高？"曰："江郎也。江郎者，江邑所由得名也。江邑望族与江郎并峙者几何？"曰："郎峰祝氏也。何以知祝氏为江邑望族？"曰："于祭乡贤、阅邑志知之。"

　　祝氏自晋封信安侯巡公，扶辇渡河，肇居衢郡始，至齐官太尉辂公者避梁而隐梅泉。越七世，东山先生讳其岱，长子钦明官国子祭酒、次子克明尚英公仪宾。先生负气节不仕武后，率孙尚邱潜居江郎山，口授指画，以传后学，夫非视富贵如浮云者欤！

　　厥后，尚邱馆甥江姓，肇基脉岭，枝叶繁衍，科甲蝉联。功在庙堂者，如鲁国公、宣国公、驸马伯、定远伯、英义男、景德男是。身扶道统者，如常公《清高集》、文教公《广志录》、广大公《蠢野集》、士让公《三碧集》、君翔公《三峰集》是。且有忠孝兼全若志僖公、敫公、光煜公、雄祖公、九廷公、时可公、际可公、有性公焉。节烈济美若郡主李氏、虞氏、杨氏、江氏，赠献烈懿夫人柴氏、表义贞儒人刘氏、节孝孺人萧氏、节烈孺人周氏、毛氏等。

　　尤足美者，宋神宗以江郎山下询，少师上柱国臣公、太保同平章事常公抱谱上呈，叨赠御赞，荣锡褒额，此诚郎峰祝氏独蒙赏鉴者也。

余门生麟旦、荣椿会修世谱，邮书嘱序："余愧不能文且不足重，转乞先生序之。"余欣然答曰："闻子言，得览江山之全胜矣，且悉江郎之奇景矣，有奇景，然后有奇人。祝氏之族，钟江郎奇气而滋大；江郎之石，藉祝氏奇杰而益传。夫江郎之石固亘古鼎峙，而祝氏之族自与郎峰而并峙。因即此以为祝氏续修世谱序。"

——录自《郎峰祝氏世谱》卷一

【作者】陈元龙，字广陵，海宁人。康熙二十四年（1685）进士，授编修。累迁侍读学士、翰林院掌院学士。康熙五十七年（1718）擢工部尚书。雍正七年（1729），授文渊阁大学士兼礼部尚书。十一年以老乞休。乾隆元年（1736），命在籍食俸，寻卒。谥"文简"。

【注释】[1]揆，揣度。 [2]庙堂，代指朝廷。鞅掌，喻公事忙碌。 [3]士振舒君，许士振，永康人，岁贡，雍正七年至十一年江山县学训导。

27.江郎山祝氏续修世谱序

清·如山

姑蔑[1]越之西境须江，又衢之西境也。予奉天子命，巡是邦，念其被蹂躏也，旧矣，莅政[2]为宅。畋田计乃西行，见峭壁宵嶙[3]，峰势插天，远视行人，如白石微动焉。顾从者曰："此非江郎山？"与曰："然。"曰："山居谁氏？何其深沉幽翳[4]，可以讬业怡生如此也。"与祝子萃之进曰："此予族所聚处也。"祝子名廷嘏，籍云和县，予延为宾，而先亦系信安者也。已而劳农毕，公余之暇意未尝不在此山矣。居有顷，祝子以郎峰图，进图载祝氏谱，厥宗修辑，乞叙于予，嗟乎。

祝自晋唐以来，叙述者详矣，何言而共赞[5]之，馀汲以收族敬宗为念，亦厚风俗之一端也。又奚可无言，夫子孙必矜式于前，而后不愧为贤裔。文字必徵明于古，而后不涉于空言。

考祝之所出三：一曰古皇祝诵之支，罗泌《路史》[6]之说也；一曰黄帝有熊之嗣，王符《潜夫论》[7]之说也；一曰陶唐放勋之裔，《小戴乐记》[8]之说也。

三者皆有本。而谓出祝史皆诬[9]。予尝稽古以祝官氏者，惟卫康叔后，然别为祝固氏、祝国氏、祝史氏，无所谓祝也。至谓周封尧后为祝史，则尤讹。祝之封国，春秋之祝，何去镐原数千里，乌能越兖冀豫三州为祝于周庙？且武王封祝，其尊侔[10]三恪，《戴记》不足据哉。然则，王、罗之说，何以异？曰："是说也。予固考之矣。"

黄帝之子二十五，一为颛顼，高阳二传，至黎职高辛氏火正，是曰祝融，即祝诵也，尧之时封其子于祝产。《潜夫》系祝于黄帝，与《环宇记》同其误，以祝为祝产。与若《路史》以祝融为古三皇，则仍《白虎通》[11]之旧，皆不足据也。惟小戴之说，王罗亦从之。

矧江郎山祝氏，之先本居鲁兖，则断为尧后，可知今阅谱推本，陶唐并及黄帝盖慎之也。然，予因有感矣。太史公曰："黄帝尧舜之处，风教固殊，矧其为子若孙乎！"祝氏自巡公后，分茅皆九赐谥[12]者，七或著文集，或入乡祠，皆有奇行表见。于时，地不同，而为德后人则一，今郎峰书院犹在也。其有讲学明道，如东山、尚邱诸君子乎，粤匪[13]之乱神人共愤，其有举义，前仪宾涕镶，前君翼皆乎，孝至行也。今前锡之以下四人卓，可传者谁乎，忠令德也。今若时可之殉难，梦熊之抗贼者，复几人乎？节者妇人之所守义，皆夫子之所制也。今亦有三代守志之奇。而长于厥居，复有六百人同爨[14]皆乎？

夫嶚窠[15]之木，百年庇本，园有拱把柁而为薪，何则殖根浅深之异也。祝之先可谓殖根盛矣。子孙譱[16]继之，寝炽寝昌[17]，将未有艾。前从誇腏仕[18]，矜世家非所望于诸君子也，祝子其为予属曰。壬天子在上，其各谨身勤业，绵乃宗绪族兹江郎山，终有辞于永世。

时在同治七年岁次戊辰秋九月，第进士日讲起居注官，前产事府右春坊右赞善宾戴花翎盐运使衔，浙江金衢严道，如山撰并书。

——录自《郎峰祝氏世谱》卷一

【作者】如山，姓赫舍里氏，字冠九，号古稀男子，满洲镶蓝旗人。清道光十八年（1838）第进士，官浙江按察使，四川布政使。书法雅近六朝。山水得力王鉴，笔意苍浑，墨色淹润。晚年深悟泼墨法，尤觉气韵生动，花卉竹石，亦古朴有致，尤善写生，设色淡冶，风雅嫣然。兼擅指头画，古奇苍莽，直欲追踪高其佩。光绪十一年（1885）行书楹帖时年七十余。著写秋轩诗存。著有《寒松阁谈艺琐录》《历代画史汇传附录》《海上墨林》《韬养斋笔记》《益州书画录续编》。

【注释】[1]姑蔑国是春秋时小国。附属越国。区域覆盖浙江衢州全境，国都位于衢州市龙游县境内，和兰溪、遂昌、江西玉山以及金华之一部。[2]莅政（lì zhèng），意思是掌管政事。[3]宨篠（yǎo tiǎo），深远的样子。[4]幽黟，草木繁茂。北魏时期郦道元所著《水经注•汶水》中记载："何其深沈幽黟，可以讬业怡生如此也。"[5]燹（xiǎn），指兵火、战火、焚烧。[6]罗泌，南宋文学家。《路史》记述了上古以来有关历史，是神话历史集大成的作品。[7]王符，东汉思想家，《潜夫论》是王符创作的政治著作。[8]《小戴乐记》，中国儒家音乐理论专著。西汉成帝时戴圣所辑《礼记》第十九篇的篇名。[9]诬，捏造事实冤枉别人或言语不真实、欺骗。[10]侔尊（móuzūn），指犹言同等尊贵。[11]《白虎通》，是中国汉代讲论五经同异，统一今文经义的一部重要著作。[12]赐谥（cì shì），即大臣死后，天子依其生前事迹评定褒贬给予称号。[13]粤匪（yuè fěi），意思是清朝统治阶级对太平天国起义的蔑称。[14]同爨（tóng cuàn），同灶炊食、不分家。[15]嶚窠（liáochāo）：嶚，同嶚，高峻；窠同巢，高竿窠。[16]譱，古同"善"。[17]寝炽寝昌，即家道兴旺之意。[18]腏仕，高官厚禄，出自《诗•小雅•节南山》。

28.送祝彦芳致仕还家序
方孝孺

天子新有天下，惩前代弛缓不振之弊，赫然临朝，体天地之运，法日月之明，润之以雨露，震之以雷霆，大举废政而修明之，如是者十余年而始定。当是时，郡县之官虽居穷山绝塞之地，去京师万余里外，皆惊心震胆，如神明临其庭，不敢少肆。或有毫发出法度、悖礼义，朝按而暮罪之。其重名实、辨臧否，诚古所未有也。是以其时守职之官，非精强敏给、有兼人之材应世之智者，鲜能终三年之久。独括苍祝君彦芳自国初兵革未靖，即受命食禄，凡十有五年，年至七十而以莱州府通判致其政而归。于是士大夫咸称其贤而叹其独得也，多为诗美之。而祝君亦自喜其老而幸休于家也，复俾予序之。

今之仕而位如祝君者多矣，而获致其事而去者鲜矣；获致事而去者有矣，仕十五年而至于今者鲜也。古者国之史官书当时之事，去其常者不书，而择其鲜有者书之。然则祝君之归，使后世有史氏出，其在所书乎？

第四节 碑记

1.祝将军梅泉家庙记

隋·薛道衡

信安之南八十里[1]，有地曰梅泉[2]，萧齐祝太尉讳辂所避地而居者也[3]。祝氏之先实司祝史[4]，著姓太原，簪缨海岱[6]。至信安侯讳巡者[7]，当司马之中叶，值中原之抢攘[8]，怀惠北辕，琅琊南渡[9]。时祝侯实执羁靮，捍牧圉，扶凤辇，参龙御[10]，龙骧虎贲，辅依迁国[11]。报答鸿功，用镇龙邱，遂家姑蔑[12]。粤在萧齐[13]，祝侯之裔祝辂，豪杰磊落，以军功擢太尉。计事不合，谪守校尉，遂遁梅泉，于今几世矣。太尉九世孙将军桃根[14]，复以武略起家，绳其祖武[15]。用乃经营家庙，以祀其先人。河东薛道衡乃为之记其事焉。

余闻夫祖祖为亲，奉先思孝。故閟宫实枚，子鱼是颂；申庙硕藐，召虎爱歌。诚重祖考之凭依，而萃曾孙之禴假。乃若夏瑚商琏，明堂用以康周公；金石崇牙，晋侯锡以嘉魏绛。此固子孙繁祉，实天宠贲临。至其秋霜春露，怆乎如见之怀；昭明焄蒿，命以神鬼之著，则蘋藻烹湘，卵鱼设荐。季女莫于宗室，孝孙感乎杯棬。礼本自始，盖亦有焉。若乃缩版既载，家庙傚成。梓材丹膹，垂万世之基堂；美奂美轮，聚百年之骨族。则是敦孝思而笃祜，追濬哲以发祥。椒馨俎豆，狩猃邦国之光；日月冠裳，蔼矣室家之庆。陈几筵而祀禴，列山海以蒸尝。云仍昆耳，踵青琐以骏奔；祖德宗功，蹑白云而来缭。盖于斯乎萃之矣！

将军祝子俊杰之士，有勇有智，亦文亦武。日者疆场已筮师中之吉，今兹里闬美疑格庙之享。继其肇敏戎功，用似尔祖。行见白茅赤土，将膺南国之封。圭瓒秬鬯，用作召公之考。尔乃对扬休命，以勒鼎彝。予敬从天使，与观斯庙之光。恭执豆笾，以班诸宰之后。

——录自《郎峰祝氏世谱》卷十二（上）

【作者】薛道衡（540～609），字玄卿，河东汾阴（今山西万荣）人。隋朝大臣、诗人，历仕北齐、北周、隋时官司隶大夫。有文稿七十卷，明人辑为《薛司隶集》。

【注释】[1]信安，故郡名，治所在今衢州。[2]梅泉，在江山城区鸡公山东麓。[3]萧齐，指南朝齐高帝萧道成及其后的朝代，史称"萧齐"。太尉，秦汉始置，为全国军政首脑，与丞相、御史大夫并称"三公"。历代多曾沿袭，但渐变为加官，无实权。辂，祝辂，字殷初，信安侯祝巡七世孙，官太尉，为江山祝氏之始迁祖。[4]司祝史，古司祝之官。祝，古为史官，故称"祝史"。因作辞以事神，故称"祝"；以其执书以事神，故称"史"。[5]著姓，有声名的世家望族。[6]簪缨，古代官吏的官饰，后泛指高官显贵。海岱，指今山东渤海至泰山之间的地带。[7]巡，祝巡，字帝临，号省庵。鲁兖州之祝。怀帝初，侍琅琊王移镇建业。琅琊王中兴江左，特命侯镇龙邱，后迁镇三衢，封信安侯。[8]当司马之中叶，值中原之抢攘：正当司马氏晋朝之中期，中原地区局面动荡，战乱纷纷。[9]怀惠，指西晋末怀、惠二帝。永嘉五年，刘曜攻破晋都洛阳，怀帝被俘，后于平阳（今山西临汾）被害。惠帝昏庸无能，一任皇后贾氏专政，酿成"八王之乱"。光熙元年，相传为东海王司马越毒死。琅琊，指晋元帝司马睿。初袭封琅琊王，愍帝司马邺死，睿即位，南渡重建晋朝，都建康（今南京），史称"东晋"。[10]时祝侯实执羁靮，捍牧圉，扶凤辇，参龙御：羁靮，马缰绳。牧圉，牧养牛马的人，亦指牧地。凤辇，帝王之车。龙御，为皇帝驾车的人。[11]龙骧虎贲，辅依迁国：犹言仪仗簇拥，威武雄壮，百官辅车相依，帮助宫室南迁。[12]龙邱，今龙游。姑蔑，在今龙游县北。[13]粤，发语词。[14]桃根，仕隋，官至开府仪同三司。[15]绳其祖武，继承祖上事业。绳，继续。武，足迹。

2.东山先生行乐祠碑记

唐·陆贽

先生唐高士也，胸罗经史，志行恢奇，以道自尊，不干仕进。当武氏朵颐神器之年[1]，开科取士，天下操觚之辈[2]，方忍耻蒙羞，亟应闱试[3]。而先生以三衢首选之明经[4]，独守孤操而不赴，故有不降不辱之歌遗在文集[5]。余尝读其文而私淑艾[6]。

先生既以道隐迹孤，则不轻与俗人处。初设馆于脉岭江氏书屋[7]，会以暇游江郎山，望山色之接天，睹泉流之绕谷，风光幽静，云气往来，自谓出樊笼而离尘网[8]，爰移馆而斯处。门人之负笈而从者如云如雨，盖身隐而道未尝不尊矣。刺史周公三次征辟，欲荐以布政[9]，先生亟辞而标使者[10]，继以遁逃，终生不出。两子四孙：长钦明，官国子祭酒；次克明，为英公敬业之婿[11]。长孙尚忠，为内翰舍人；次尚质，为太学监丞；三尚邱，为太学博士；四尚贤，为东宫洗马。

尚邱庭侍祖膝，受家学于江郎书屋，所学皆先生口授。景龙元年，朝廷诛韦逆[12]，其发谋决策，多自尚邱。从容指顾，治乱持危，为千载一时，然皆先生平日所庭教者也。既而先生卒，尚邱亦不复起举，就所馆甥于脉岭江氏宅居焉[13]。改先生弹吟之所为行乐祠，琴书车服，俨然若先生之存。

先生之墓即在祠前堑下三十步[14]，其刊曰：唐特赠银青光禄大夫东山祝公讳其岱暨夫人穆氏墓。噫，先生其在斯矣！贽也寡闻，游学于此。尚邱君之子讳史杰字秀千者，引而游江郎山，得谒先生墓。次登先生庙堂，观其琴书车服，徘徊留之不能去。而祝子秀千嘱贽以记其堂，贽以狂瞽谨辞[15]，祝子固[16]请，乃记以谢之。又从而歌曰：先生之志，似石斯刚；先生之德，似泉斯沧。明气节兮百代流芳。祠墓常新兮万年永康。

——录自《郎峰祝氏世谱》卷十二（上）

【作者】陆贽（754～805）字敬舆，嘉兴人。大历年间（767～779）进士。贞元八年（792），为中书侍郎、同平章事。十年冬，被谗罢相。所作奏议，论辩明彻，条理精密，为后世所重。有《翰苑集》，新、旧《唐书》皆有传。

【注释】[1]当武氏朵颐神器之年，在武则天窃取帝位的那一年。朵颐，咀嚼，引申为资取。神器，指帝位。骆宾王《为李敬业传檄天下文》："犹复包藏祸心，窥窃神器。"[2]操觚,指作文,觚,古人书写时所用的木简。[3]闱,科举时代的考场。会试曰"春闱",乡试曰"秋闱"。[4]以三衢首选之明经,凭借在衢州最先获得"明经"的身份。明经,唐代科举制度科目之一,与进士科并列,主要考试经义。[5]歌,诗作。[6]私淑艾之,私下敬仰并认为可以为师的老者。私信,私下向所敬仰的人学习。艾,植物名,色苍白。引申为年长老者。《荀子·致士》:"耆艾而信,可以为师。"[7]脉岭,地名。在阁老街去峡口的仙霞古道上岭的那段。[8]出樊笼而离尘网,语见陶潜《归园田居》诗:"误落尘网中,一去十三年……久在樊笼里,复得返自然。"[9]刺史周公三次征辟二句,三衢刺史周美多次以"布政"荐其出山辅政。征辟,征召。布政,施行政教,此处指官职。[10]亟辞标使者,屡次向刺史派来的人表明固辞的态度。[11]英公敬业,徐(李)敬业,山东曹州人。历任大仆少舞、眉州刺史,裘封英国公。武后当政,贬柳州司马。光宅元年,至扬州以匡复李唐相号召,与骆宾王等举兵讨武后,不久败死。[12]韦逆,指韦后,唐中宗后,景龙四年(710),韦后毒死中宗,立温王重茂为帝(殇帝),临朝新政。不久,李隆基(玄宗)发动宫廷政变,杀韦后于官中。[13]馆甥,指女婿。[14]堑,山坑。[15]狂瞽,自谦愚妄无知。瞽,盲人。辞,推辞。[16]固,坚决。

3.江郎北塔记

北宋·王尧臣

中原有塔,制自释氏[1]。释氏之造塔,所以表佛法之高也。祝之先有东山公者,唐之逸士也。值武氏窥窃神器[2],隐处不仕,潜居斯山,盖托[3]而逃焉者耳。子钦明仕唐,官国子祭酒。退朝来省造书院,建塔于其北,然未必非东山意也。

顾江郎山石秀拔,而北塔适与对峙,书院处于其中。山烟岚气,郁乎苍苍:橼笔插天,石峰如画;夕霭朝霞,交相辉映;闲云野色,淡宕学空蒙。是塔虽以人成,而亦若地灵所效,诚江郎之奇观矣。

江郎既有书院,故祝氏子孙,挹山林之秀以为文章,饮霞露之腴而供笔墨。居此书院者,皆文藻焕发,甲第蝉联[4],此地灵人杰,理有固然,无足怪也。后此祝子仲恩亦读书于此[5],屡试未遇,志欲传经于后。一日,梦白须老丈衣白衣而谓之曰[6]:"子无易志,今时可矣[7]!"祝子问曰:"老丈为谁?"答曰:"我北宫九重君子也。"言毕而去。祝子惊觉,疑其为北塔之神也,识[8]之不忘。是科遂连捷进士,以塔神之言为验[9],因建祠于塔之下,肖梦中老人像于其间祀之[10]。噫!塔也而神乎?塔神也,而果能前知乎?

夫穷达命也[11],出处时也[12]。以祝子之才,自当有祝子之遇。纵塔神而无言,祝子其遂终于牖下耶[13]?以是为塔神之功,余窃以为未必然也[14]。虽然[15],神也者,妙万物而为言者也[16]。天地之间何往非神?非神无物。祝子之文章,神也;祝子之获遇,亦神也。即祝子之所处,山何为而能高?壑何为而能深?石何为而耸然以峙?泉何为而渊然以流?一山一壑一石一泉皆莫非神,何有斯塔?况斯塔者,置名山之间,出云雾之表,成以人力之智巧,昭以日月之照临,自唐迄今,历年二百有余,其取精多、用物宏矣!塔之为神,或有然歟?

神之有言于祝子而能验,何也?曰:塔之神不在塔,而在祝子之心。以祝子具高才，能文章，其意气之光怪陆离，其精神之沉郁纠结，郁而不发非一日矣，第限于时而未遇耳[17]。以一时之未遇，而欲自隐其光怪陆离，自消其沉郁纠结，随风委露[18]，竟寂然于人间，此必不可得之数也[19]。曰传经于后，亦俚中一转语耳，祝子之心其诚然哉？心也者，人之神明也。心之所主，天地之神如或接之。天地之神托之于塔，恍然而通，隐然如有所言，不必塔也，不必非塔也。蓄极有必通之势，久屈即能伸之机。偶此而获售当时[20]，文章卒不可掩[21]，神言之验，非偶然矣。究之祝子之心[22]，自有以主之，而于塔何与哉？噫！知此者其通于幽明之故乎[23]？

天僖四年余游于此，适晤祝子，祝子自述其事，故余备为祝子论之[24]。祝子喜而书之，以为江郎北塔记。

——录自《郎峰祝氏世谱》卷十二（上）

【作者】王尧臣（1003～1058），字伯庸，河南虞城人。天圣五年（1027）进士第一，至和三年（1056）拜参知政事。著有《崇文总目》《文集》等。

【注释】[1]释氏，佛教僧徒的通称。[2]值武氏窥窃神器，指武则天窃取帝位。[3]托，托寓，寄居于外。[4]甲第，科举考试。[5]祝子仲恩，即下文谓梦见白农老人者。子，尊称对方。[6]衣，作动词，身着。[7]今时可矣，如今时运可能适宜了。[8]识，记，牢记。[9]句谓因为塔神的话应验。[10]肖，刻画或塑造。[11]穷达，困顿与显达。《墨子·非儒下》："穷达、赏罚、幸否，有极，人之知力，不能为焉。"[12]出处，谓出仕和隐退。语本《易·系辞上》："君子之道，或出或处，或默或语。"[13]祝子其遂终于牖下耶？遂，竟，就。牖下，窗下。此句犹言祝子（仲恩）就这样在草野之中被埋没，成为一个默默无闻的人？[14]窃，谦词。即私下认为。[15]虽然，虽然如此，但是……[16]妙万物，神化不测的万物。[17]第限于时而未遇耳，只是因为时运不到而尚未获得机会罢了。第，但，只是。[18]随风委露，在风露之中生活，极言其不得志而穷困潦倒。委，依托。[19]数，气数、命运。[20]获售，指考试得中。[21]卒，到底、终于。[22]究，探究、考察。[23]幽明，泛指有形无形的事物。《周易·系辞上》："仰以观于天文，俯以察于地理，是故知幽明之故。"[24]备，详尽。

4.义方馆记

北宋·吕蒙正

记者何？记其事也。余发江阳[1]，至江郎，见三峰矗立，插天而起，心焉慕之。攀援登跻，白云清泉，苍松翠竹，盘旋萦纡，诚江阳一大奇观也。余仰止流连不欲去[2]，乃山行，步倦将往憩焉，过脉岭，闻读书声，翘首望之，则有茅屋数椽在焉[3]。度小桥，过曲径，崎岖至门，额曰"义方馆"。余搔首叹赏，为忆卫大夫石碏有言曰[4]："爱子者教之以义方[5]。"兹馆额以"义方"，其意殆取此欤[6]！

入其室，云山掩映，松竹互荫。登其堂，冠者五六、童子六七。余询以馆谁建，童冠揖余而言曰[7]："先世台峰公避武后召，遁迹江郎，肇居山下，建造此馆，授业传经。"聚谈毕，殷勤留客。俄而三叟出，有怀葛之遗风[8]。布席坐[9]，极情文之款洽[10]，一堂之上和蔼雍容，洵可怀也[11]。

夫世之尚纷华者多矣[12]！而祝氏独能齐家以义[13]，教子以方，其亦乃祖之渊源有自欤？余爱其庭有馀芳，拟之郑草、谢兰、燕桂[14]，实相为媲美焉。因咏诗题壁并作记，以志会遇之盛事。

偶来脉岭下，望见数椽屋。入屋见童冠，方知家有塾。塾名"义方馆"，主人家姓祝。主人出相见，三昆如韫玉。童冠尽超卓，纯学不志谷[15]。凤至河图出[16]，罔非瑚琏属[17]。

——录自《郎峰祝氏世谱》卷十二（上）

【作者】吕蒙正（944或946～1011），字圣功，北宋河南洛阳人，太平兴国二年（977）进士第一。太宗、真宗时三任宰相。以敢言著称，主张对辽妥协。封莱国公，谥"文穆"，《宋史》有传。

【注释】[1]江阳，江山的别称。[2]去，离开，离去。[3]数椽，若干间。椽，房屋的量词。[4]因而回忆起了春秋时卫国大夫石碏的这样一句话。[5]义方，做人的正道。[6]殆，大概。[7]童冠，童子与冠。冠，古时男子二十岁加冠，表示成人。揖，拱手行礼。[8]三位老者为人淳朴，有古风。怀葛，指传说中上古太平盛世的帝王无怀氏和葛天氏。[9]布席坐，即邀客席位上坐。布，陈设，引申为邀请。[10]款洽，亲密融洽。[11]洵可怀也，实在值得留恋。[12]纷华，繁华富丽，荣耀。[13]齐家，齐，整治。《礼记·大学》："欲治其国者，先齐其家；欲齐其家者，先修其身。"[14]郑草，晋伏琛《三齐略记》："郑玄教授不其山，山下生草大如薤（山菜名），叶长一尺余，坚韧异常，土人名曰康臣书带。"以后"郑草"为书带草名的别称；谢兰，系"谢庭兰玉"的省称；燕桂，《宋史·窦仪传》载："仪学问优博，风度峻整。弟俨、侃、偁、僖，皆相继登科。冯道与禹钧（窦仪父）有旧，尝赠诗，有'灵椿一株老，丹桂五枝芳'之句，缙绅多讽诵之。"时称窦氏兄弟为燕山五龙。后遂以"谢兰燕桂"比喻能光耀门庭的子侄辈。[15]谷，俸禄。古以谷米为俸禄，故称禄为谷。[16]凤至河图，语见《论衡·问礼》："凤鸟河图，明王之也。"[17]瑚琏，古代宗庙中盛黍的祭器，用以比喻人有立朝执政的才能，见《论语·公冶长》。

5.重修江郎书院记

北宋·苏辙

祝方叔重茸江郎书院[1]，院在江郎山峡间，山在江邑之南五十里。自山麓至书院里许，负山临壑[2]，爽垲幽敞[3]。其北数百步曰塔峰，峰顶置塔，高出云外。其南曰虎跑泉，泉自石出，奔赴深壑，壑深千丈。泉上石壁挺立万仞，劈裂如削，即江郎石也。

江郎之名，不知何昉[4]？世传先有江氏者兄弟三人，习修炼之术，登山不返，遂化为石，此江郎所由名。噫，人而石[5]，奇矣！人之躯不过八尺，而三石周环数里，高不可干[6]，抑何巨也？要之[7]，世俗好为怪诞之言，多不可据。而奇岩怪石，邃谷深林，烟霞出没之间，每多为逸士高人之所托足[8]，是则江氏昆季或亦隐处于斯焉者[9]。而山以人名，未可知耳。

至江郎之有书院，则自唐祭酒祝钦明月朗公始[10]。月朗公非山林隐逸伦也[11]，曷为而筑书院于此[12]？原其故[13]，则月朗之父东山公实隐处兹山。月朗既仕，归省乃造书院焉[14]。是造书院者自月朗，而月朗之所以造院于此者，则为东山也。

东山之节甚峻，故乐山；东山之介甚坚，故乐石；东山之操甚清以洁，故乐泉。是其性情所钟，有深契焉，故月朗公筑书院以娱之[15]。月朗公其亦善养志欤！顾父隐而子仕，其行不同[16]，何也？曰士君子萧然物外[17]，与世无求，自乐则然矣。而读书穷理，将期致用，则亦岂必日于斯终老，竟同化石者之无情？故其人而忘世也者，则江郎可矣，何必书院？江郎而书院，其人固非石隐伦也[18]，何嫌乎月朗之仕哉[19]？

顾东山远矣，而方叔子则其后裔也。方叔之介节法东山，方叔之性情似东山，而方叔之读书求志，亦祖述夫东山[20]。于何征之？于重葺江郎书院征之。然则方叔子其将为化石者耶，其亦将读书而有待也？因备书之，以俾方叔自考[21]。书院之辑在熙宁三年[22]，记之者则眉山苏辙也。

——录自《郎峰祝氏世谱》卷十二（上）

【作者】苏辙（1039～1112），字子由，晚号颍滨遗老，四川眉山人。嘉祐（1056～1063）进士，累官翰林学士、尚书丞。有《栾城集》。与父洵、兄轼并称"三苏"，为"唐宋八大家"之一。

【注释】[1]祝方叔生平事迹待考。[2]负，背对着。[3]爽垲幽敞，高朗干燥而且宽阔。张衡《南都赋》："体埙垲以幽敞。"不知何昉，不知道起始于何时？昉，《正字通，日部》："昉，日初明也。"引申为起始。[5]石，使变为石头。[6]干，冒犯，触及。[7]要之，总之。[8]托足，立足，安身。[9]昆季，兄弟。长为昆，幼为季。[10]唐祭酒祝钦明月朗公，见《授祝钦明国子祭酒敕》注。[11]伦，同类。[12]曷为，为什么？[13]原其故，考察其原因。[14]归省，回家探望父母。[15]娱，娱志，寄托高尚的志向。[16]行，行迹。[17]萧然物外，义近"超然物外"。形容心志无所沾带。萧，潇洒，悠闲。[18]隐伦，神人等级之一，泛指神仙。汉桓谭《新论》："天下神人五：一曰神仙，二曰隐伦，三曰使鬼物，四曰先知，五曰铸凝。"[19]嫌，嫌恶。引申为指责，非议。[20]祖述，效法前人的行为或学说。夫，助词。起舒缓语气的作用。[21]考，斟酌，核定。[22]辑，同葺。

6.郎峰文昌阁记
北宋·周随亨

吾邑浙之南偏，实山水清幽之会也。其千崖竞秀，万壑争流，固可俯瞩瓯闽，光摇须女，而尤其奇特冠乎须江者，则又莫如江郎，三峰鼎立，碧石柱天；吐纳风云，遮掩日月。秀气所钟，人豪挺出；衣冠蔚起，青紫班联。六经匡翼，文登孔孟之堂；八阵风云，武啜孙吴之藏[1]。或著事业于庙廊，功加房杜[2]；或植纲常于草野，节拟巢由[3]。肇基燕翼，则东山叟之贻谋；世德作求，斯尚邱公之继述。

至于后裔，益远愈盛。宣抚程君之式好，五世同居；文正常公之徽猷[4]，贰公寅亮。纷纭科甲，赫弈人间。转轴分藩，后先相望。兰芽春茁，谁非金马之班；桂蕊秋芬，尽属玉堂之选。垂光紫府，掩映层楼，以昭回云汉之章，而特起文昌之阁。画栋宵晖，挹奎光而连北斗；朱甍日曜，通帝座以俯南天。色丽金鳌，声传铁马；泉疏虎跑，路引仙霞。三台东峙，山光日色斜翻；万岫西迎，瑞气林烟杂霭。

登斯阁也，俯山川之秀丽，则文思凌云；挹先达之风流，则襟期爱月。文忠之余烈犹存，武威之家传不远，未免有情，能不翛然而神往乎[5]？噫！脉岭家声，郎峰世绪，余岐角而闻之矣。今以叨联至戚，来贺文翁升爵之喜，适阶斯阁，而为之记。敢谓使楼阁增光，山河生色？亦以鄙语称觞，博主人之一粲也云尔。

——录自《郎峰祝氏世谱》卷十二（上）

【作者】周随亨，江山丽坦（今属清湖）人。崇宁二年（1103）进士。南宋绍兴间（1131～1162）以直龙阁传宣陕、蜀，死于阆州乱军。追赠忠国侯。

【注释】[1]孙吴，孙子与吴起。孙子，名武，字长卿，春秋末期齐国乐安（今山东广饶）人，著有《孙子兵法》。吴起，战国初卫国左氏（今山东定陶）人，著有《吴子》。后世并称"孙吴"，史记有《孙子吴起列传》。胾（zi），大块的肉，此代指孙吴的谋勇韬略。[2]房杜，即唐初名相房玄龄与杜如晦。[3]巢由，巢父与许由。巢父，阳城（今山西洪洞）人，山居不营世利，筑巢树上而居，时人号曰巢父。许由，字武仲，阳城槐里（今河南登）封人。尧以天下让巢父，巢不受，又让于许由，许亦固辞不受。[4]徽猷，美善的德行。[5]罜，义同怿，喜悦。

7.重建郎峰祝氏家庙记
南宋·朱熹

祝氏家庙，其先在江郎山始祖东山公行乐祠之下，为山所限，不能宽展。其后，祝君大义与柔中、忠彦、大任、大年、大成、璆、裕民诸贤昆[1]，于绍兴二十四年议建而徙诸驸马府之西[2]、少师府之东[3]，即其族居之北，以维新焉。逾年而家庙成。

夫古者自天子至于官师[4]，莫不有庙以享其先。其庙制则各有等差[5]，其得致追远之诚一也。自汉以后，礼法废坏，仕者无世官之典[6]，惟天子得有祖庙，而臣不闻焉[7]。万物本乎天，人本乎祖。人无报本追远之地，则忘诚敬仁孝之心，此俗之所以日下也。近世诸儒始有志于古处[8]，知报本之宜隆[9]，是以世家大族每合族建立祠堂以奉其先。上萃祖考之神[10]，下昭合族之典[11]，大宗小宗于此辨，亲疏远近于此分，诚大礼矣！祠堂虽不以庙称，而实则私家之庙也。

祝氏之新庙，至今已二十有二年。余适闽[12]，经过江山，邑侯熊君造儒学适成[13]，留余作记。因获于学斋遇祝子梦举[14]、梦熊、梦良、梦诜者，悉属昆玉[15]，其气度儒雅，应答明敏，心窃识之[16]。既而抵郎峰，信宿祝氏义方馆[17]。而于梦熊宅会筵叙大义[18]，思恭诸君。即梦熊诸子父叔，谈及家世源流，知熹外祖父似尧公祖上操公，系郎峰一十二世孙[19]。迁徽州留守司[20]，卒于任署[21]，次子义年公籍徽守墓[22]，即熹外祖父似尧公先考[23]。熹与梦熊诸君，谊属姑表弟昆行也[24]，因以家庙记属熹。

熹读其世谱，数其先人，祭酒钦明公、仪宾克明公、太学博士尚邱公、大司马纪德公、宣国文忠臣公、鲁国文正常公、威武节度使应言公、秘书丞绅公、正奉大夫允闻公、大制参允哲公、赐进士宝公、琛公、琪公、璆公、裕民公，俱才猷德业赫奕人间。而文忠、文正二公，尤为理学伟人，熹所尝闻其名而敬慕勿置者也[25]。

熹既承命，乌可无言以对[26]？虽然，以大义诸君能合族人而新家庙，则报本追远之志，余可无烦言矣！第未知其于祭祀之礼[27]、仪节之详，又将何所取法也？周公仪礼三千，惟士礼仅存，然即其所存者，有多缺略失次[28]。而古今异宜[29]，又不能无裁酌焉[30]。近世惟司马温公《书仪》及程子遗言为可通行于俗[31]。程子之言曰："冬至祭始祖，立春祭先祖，季秋祭祢[32]。"此不必尽合于古。然礼以义起，亦士大夫之所可行也。诸君其有意于此乎？若由温公、程子之意，因更进而取法古仪礼焉，则尤其后世之望也。

夫祝氏家庙，其始祖巡公，其迁须江者辂公，徙郎峰者其岱公。木本水源，自巡公始，祝氏之族于冬至祭之矣。

熹既记其庙，因题其额曰"祭必摭始"，冀尔后人悉详其意焉。

淳熙二年岁次乙未，裔外甥孙新安婺源朱熹敬撰。

——录自《郎峰祝氏世谱》卷十二（上）

【作者】朱熹（1130~1200），字元晦，又字仲晦，号晦庵，晚称晦翁，谥"文"，世称朱文公。祖籍江南东路徽州府婺源县（今江西省婺源），出生于南剑州尤溪（今属福建省尤溪县）。宋朝著名的理学家、思想家、哲学家、教育家、诗人，闽学派的代表人物，儒学集大成者，世尊称为"朱子"。任江西南康、福建漳州知府、浙东巡抚，做官清正有为，振举书院建设。官拜焕章阁待制兼侍讲，为宋宁宗皇帝讲学。朱熹著述甚多，有《四书章句集注》《太极图说解》《通书解说》《周易读本》《楚辞集注》，后人辑有《朱子大全》《朱子集语象》等。其中《四书章句集注》成为钦定的教科书和科举考试的标准。

【注释】[1]昆，指后裔、子孙。[2]驸马府，指祝延年宅第。[3]少师府，指祝臣宅第。[4]官师，众吏之长。[5]等差，等级。[6]世官，由世代承袭的官职。典，典章。[7]不闻，不晓得。[8]古处，谓以故旧之道相处。古通"故"。[9]宜隆，和顺兴隆。[10]萃，聚集。祖考，即祖先。[11]昭，使明白。典，典祀。按常规举行祭祀。[12]适闽，到福建去。[13]熊君，即江山尉熊可量。[14]获，得以。[15]昆玉，称人兄弟的敬词。[16]心窃识之，内心暗暗地赏识他们。[17]信宿，连宿两夜。[18]叙，排（辈分）次序。[19]一十二世孙，考郎峰祝氏世谱，应是十七世孙。[20]迁，调迁官职。[21]署，官署，衙门。[22]籍，寄籍。[23]先考，特指死去的父亲。[24]句谓按血统情谊属姑表兄弟辈分。[25]勿置，不敢不重视。[26]乌同"何"。[27]第，只是。[28]失次，失却先后次序。[29]异宜，谓所宜各不相同。[30]裁酌，犹言斟酌决定其取舍。[31]司马温公，即司马光。因废除王安石新法为相，八个月病死，追封温国公，故称。程子，指北宋理学家程颢、程颐，世称"二程"。[32]季秋，即农历九月。季，季节之末。祢，指祭宗庙中先父的神主。

8.相亭寺田碑记

南宋·董槐

唐祭酒月朗祝公墓[1]，在奉先山下[2]，地名乡亭。祝氏立寺于其旁，额曰"相亭寺"。建寺者何？所以守其墓也。

初，祭酒公以父东山公潜处江郎山，建造书院以适亲志[3]。奉君命迁饶州刺史[4]，率长子尚忠随任，命次子尚质侍祖。公卒署，葬饶州，尚忠就籍守焉[5]。迨公元配蔡氏卒，尚质招公魂合葬相亭[6]，因庐墓肇家[7]，此亦念先人于无既者矣[8]。然墓道非可家，则虽家相亭，而去塚尚远[9]，难保牛羊风雨不侵于坏土也[10]。就侧立寺，召巫守之[11]。置田若干，以赡巫食，此相亭寺田所由来也。

越数传，而后汉安世驸马伯讳延年公者，侍同安贞公主并元配虞夫人敕葬相亭，在祭酒公墓下，置甘坞庄田，增益其旧。迨宋，巫不善守，田被侵夺，墓圮寺颓。少师宣国文忠公、太子少保鲁国文正公奏请荣修祭酒、驸马二公墓，因重修寺，核所施田，侵赎荒垦，复其旧焉。延及都察院惟珍公又修寺宇，敬立文忠、文正二公木主[12]，配享祭酒、驸马二公神灵。其追远报本真情，悉流露于整修创建间矣。

顾自惟珍公修复之后，迄今又五十余年，后裔德与良同郎峰裔进文计垂永久，嘱余为记，详其施田守墓之由以勒之石。夫田只许寺管，无许寺卖，子孙只许阻卖，无得取管云尔。

计开：

程守岭共田七十三邱，税一十九亩，计实租二十硕；

湖沿共田三十五邱，税一十四亩，计实租一十五硕；

甘坞共六十九邱，税三十八亩，计实租四十硕；

里垅共田四十一邱，税二十九亩，计实租三十硕。

宋嘉熙三年（1239）

——录自《郎峰祝氏谱》卷十二（上）

【作者】董槐（？～1262），字庭植，号榘堂，宋濠州定远（今属安徽）人。嘉定六年（1213）进士，淳祐间，为沿江制置使、江东安抚使兼知建康府。历签书枢密院事、同知院事、参知政事。蒙宝祐三年（1255），拜右丞相兼枢密使，次年罢相。谥"文清"。

【注释】[1]祭酒月朗公，祝钦明字文仲，号月朗。累官国子祭酒。[2]奉先山，在今廿八都北三里。[3]以适父志，以满足父亲生前的愿望。[4]迁，调任。饶州，旧府名，即今鄱阳地区。[5]就籍，犹言落户当地。守，守墓。[6]招公魂合葬相亭，即招月朗公魂自饶州归，与原配蔡氏合葬于相亭。[7]因庐墓肇家，于是就以守墓的房屋开始安家。[8]无既，无穷，不尽。[9]去塚尚远，距离墓地还有些路程。[10]坏（pī）土，墓顶上的封土。[11]巫，巫师。即以求神、占卜为职业的人。[12]木主，神位，为死者立的木制牌位。

9.记外大父祝公（确）遗事

南宋·朱熹

外家新安，祝氏世以赀力[1]顺善闻于乡州。其邸肆生业[2]几有郡城之半，因号半州祝家。有讳景先者，号二翁，尤长者。元祐，黄太史尝赞其画像，广幅全身，大书百许字，词甚瑰玮[3]经乱而逸。熹少时，见外大父犹能顾诵其语至诸舅则皆已不复记忆矣，二翁诸子皆读书。外大父其第二子也，玮确，字永叔，特淳厚孝谨。少时，闻父母将为谋婚，逃避累日[4]，家人惊，索得之，犹涕泣不能已。问其故，则曰：审尔则将不得与父母、昆弟早夜相亲矣。亲丧，庐墓下手植名木以千数率，诵佛书若干过，乃植一本，日有常课，比终制而归，则所植郁然成荫矣。一兄一弟先后死，熙河皆亲往致其丧，往返徒步，不啻[5]万里。所舍辄[6]悲号，上食如礼，夜寝柩旁，不忍跬步离去，路人皆为叹息。诸弟求析其产，公为涕泣，晓譬不能夺，时，四妹犹未行，而诸弟得财皆散去，不复顾公。独罄已赀以遣之，其一归同郡汪公。勃汪公后登二府，终身德公不能忘人。两贤之岁大，疫亲旧有尽室病卧者，人莫敢闯其门，公每清旦辄携粥药，遍造饮食之。而后，反日以为常，其他济人利物之事，不胜计。虽倾赀竭力无吝色，乡人高其行学试，又多占上列。郡博士请录其学事时，三舍法行[7]，士子无不由庠序以进。公从容其间，若无所为。而后生得所矜式[8]，咸敬服焉。

熹先君子，于时亦为诸生年甚少，未为人所知，公独器重以女，归之后卒。以文章致大名，世乃以公为知人。方腊之乱[9]，郡城为墟，乡人有媚事权贵者，挟墨敕徙州治北门外，以便其私。而所徙窊下潦涨，辄平地数尺，众皆不以为，便将列其事，以诉诸朝者，余二千人而莫敢为之首，公奋然以身任之，其人忿疾复取特旨坐。公以违御笔之罪，公为变姓名，崎岖逃遁，犹下诸路迹捕不置，如是累年，时事变更，群小破散，然后得免。而州治亦还故处，乡人至今赖之。而公之家赀事力不能复如往时矣，然终不以为悔也。比其晚岁生理益落，而好施不少。衰年八十三以终。娶同郡喻氏，亦有贤行，生二男一女。伯舅萃，娶张氏，其先以治狱有阴功，王宣徽拱辰所传，张佛子者也。次即先夫人德性特似公，其行事自见于家传。叔舅峤，少敏悟，有文长从先君子，游闻伊洛之风而悦之，然求举辙不利。喻夫人及伯舅，既先卒。叔舅后公十余年，亦即世。今惟伯舅之子康国，居建之崇安。叔舅之孙回居剑之尤溪，而康国二子已总发能诵书矣。熹惟外大父之淳德高行，先人后己，其诚心所格，固宜有后。而康国母家所积之远，又如是天之报施，其将在于此乎。窃感陶公[10]作孟府君传，及近世眉山苏公[11]亦记程公遗事，不胜凯风寒泉之思。因书此以遗，康国使藏于家，时出而训，习之厉其子孙，又记尝闻，先夫人说。第四外叔祖豪侠不羁，尝从黄太史游黄公谪黔，中因以客从黄公贤之，为更名林宗，而字之曰有道，与之讽泳书札甚多，今皆不存。独所为书柳，如京皇考志，世或传其墨。本姓字尚可见耳。先夫人及叔舅少时，犹及见其道说黄公言行甚详，酒酣悲歌感慨凄切，绝不类世俗音调。问其所以，则曰：黄公之遗声也。此事外家兄弟亦少闻者，因附记于此云。

熹既序此事，将书以遗济之弟，未果，而济之复以疾不起，其二子丙癸相从于建阳，因书畀之，俯仰今昔，为之流涕。不能已庆元戊午腊月既望书，吕左史午跋：祝氏世居江陵，自承俊迁于歙，曰仁质号半州，其子也。孙象器，改名用之，登儒科为太学博士。六世有名筼，预乡荐学富而文赡。至和甫，七世矣。和甫名穆，即丙也。其诸父皆依朱文公，遂为建人。和甫幼孤，文公教育于家塾。年甫志学命文，肃黄公干为行冠，礼盖及亲炙，当时讲论之益，故其气象粹温，刻意问学于书，无所不读，下笔顷刻数千百言，将以儒业昌其家。所谓光远而自他有耀者也。祝氏复兴其在建乎，始太傅有弟景先，即黄太史赞其画像者，生男若女，十有四人，其第四女实为黔邑[12]枢密[13]汪公勃之夫人，又其第三子砼之女，复归枢密子提刑公作砺，而侍御公义和寺丞，公义荣给事，公义端，皆其所生也。第二子确之女，适婺邑吏部朱公松，是为文公之母，故乡人相传祝氏女位最高。有名尧臣，为郡学论者，景先第八子，磐之子也，男女四人，尝奇第三女，不肯与凡子未及嫁，而学论。公卒，亲族咸以属同邑，吕午两穷相值，遂成姻对越七年，而午偶忝末科，由是祝氏女位最高之语，复喧传于乡同。贰卿汪公纲之兄弟，与贰卿朱公在，尤为祝氏喜所以笃叙。甚至尝闻外舅往来朱汪之门，文公与侍御诸公，皆重渭阳之念[14]。深加敬爱此意，流传历世不泯，而且施及于午焉，乃知前辈高情曲崇，亲谊遗风，凛凛可尚矣。一日和甫示午以文公所记外大父遗事，三复感叹，谨百拜书其后，时绍定六年五月旦日也。

【作者】朱熹（1130～1200），字元晦，又字仲晦，号晦庵，晚称"晦翁"，谥

"文"，世称朱文公。祖籍江南东路徽州府婺源县（今江西省婺源），出生于南剑州尤溪（今属福建省尤溪县）。宋朝著名的理学家、思想家、哲学家、教育家、诗人，闽学派的代表人物，儒学集大成者，世尊称为朱子。朱熹是唯一非孔子亲传弟子而享祀孔庙，位列大成殿十二哲者中。朱熹是程颢、程颐的三传弟子李侗的学生，任江西南康、福建漳州知府、浙东巡抚，做官清正有为，振举书院建设。官拜焕章阁待制兼侍讲，为宋宁宗皇帝讲学。

【注释】[1]赀力，财力。[2]邸肆生业，城镇手工业作坊。[3]瑰玮，气概非凡。[4]累日，多日。[5]不啻，不止。[6]辄，总是。[7]三舍法行，指宋太学和地方学，分为上舍、内舍、外舍。初入学为外舍，由外舍升内舍，由内舍升上舍，三舍考选法。[8]矜式，敬重效法。[9]方腊之乱，指北宋方腊农民起义。方腊是安徽歙县人。[10]陶公，陶潜。[11]苏公，苏公坡。[12]黟邑，指安徽省黟县。[13]枢密，指宋代枢密院。[14]渭阳之念，渭阳，指甥舅情谊。之念，思念。

10.题古今事文类聚后
宋·祝穆

记问[1]非讲学所急，而亦讲学之一助焉。昔上蔡[2]谢公初竭明道，程先生颇以记问自多，至贻玩物丧志之戒，非鄙之也，特不欲专以此为学耳。窃谓讲学，固以穷理为尚，而考古订今，亦必资记问之博，使有一书之未读，一物之不知，则将群疑塞胸[3]无说可祛。万事抟手无术。可应此其患，在学力之未充，而亦记问空疏[4]之过也。由是观之讲学之与记问，虽若轻重之不侔，而义奚可偏废哉。然记事为难，记文尤难。彼答所问，数条于宾客对食之，顷写党锢一传，于远谪无书之乡。是乃天禀之异，不能人人而然。其或抄录，以备遗忘。虽去记问，远甚毋亦犹贤乎已哉。

穆至愚陋，且复善忘，凡观古人嘉言，粹行大篇、短章，始固拳拳服膺久，则惘然不复可忆，未几，悔悟随即疏记，积以累年，遂成巨帙。第丛穰猥杂[5]每以散无统计病之因，考欧阳询，徐坚所著类书，采摭事实，及诗文合而成编，颇有条理，暇日仿其遗意，诠次旧菜。自羲农[6]以至我宋各循世代之次，记事必提其要纂文，必拔其尤编成报。以古今事，文类聚名之既复，自念幼失所怙[7]，紫阳朱夫子，以母党子[8]，佺实教育于考亭书院。粗闻诸论今老矣，无成。犹废日力于此良，由善足以为法不善，足以为戒，或赋诗以吟咏，情性或立言，以发明理致讲学之士，亦将有取岂徒类之云乎。抑又尝闻朱子之言。曰：记问之学，不足为人师，记得十件，只是十件，记得百件，只是百件，惟温习旧闻，以知新意，所以常活观是编者，盖亦温故知新，而不流于玩物丧志斯可矣。噫！义理无穷，见闻有限，辄犯不躬[9]，自叙其梗，概如此，当世大贤矜，其用志之勤，赐之序引，使附以有传，而不终泯于复瓿，又幸矣。淳祐丙午[10]腊月望日晚进，祝穆伯和父，谨识。

【作者】祝穆（？~1255年），少名丙，字伯和，又字和甫，晚年自号"樟隐老人"。祖籍婺源（今属江西），曾祖祝确为朱熹的外祖父，父康国是朱熹表弟，跟随熹母祝氏居崇安。

【注释】[1]记问，文学体裁。如日记、读书札记等。[2]上蔡，属河南驻马店市，也是周代诸侯国名。[3]群疑塞胸，很多疑问得不到解答。[4]疏，同"疏""疎"。[5]丛穰猥杂，稻草庞杂。[6]羲农，指伏羲和神农。[7]幼失所怙，从小失去父亲。[8]以母党子，母亲偏爱儿子。[9]辄犯不黜,总是犯错误。[10]淳祐丙午,南宋淳祐丙午年。

11.郎峰祝氏家庙增广祀田记

南宋·徐应镳

自古卿大夫之家莫不有家庙,亦莫不有祀典[1],故先王于世禄常制之外[2],卿以下必有圭田[3],以供粢盛[4],使有家者得荣享祖先,以垂祚于后[5]。先王之意岂不尽善尽美,厚待夫仕者哉!后世礼乐崩坏,恩义衰微,斯典废焉,莫之复矣。然祠堂之名,祀田之制,载在《书仪》《家礼》,士大夫所得行,非尽泯也。

吾邑祝氏,科甲世其家[6],忠良济其美[7]。族聚在邑之南乡,曰郎峰。家庙即在其庐次[8],旧有祭田若干。是田系祝之先君河东宣抚节度使、少师宣国公、平章鲁国公、内秘书丞、正治上卿、福州都察院、临安治中、凤翔太守、钦州太守、宝阁待制诸公俸置,渐次增益,以隆报本。其叨君禄之所置[9],犹昔圭田之宠锡[10],名异而实同也。

乃今田之远者夺于土豪,近者又给以赡族之澈贫孤寡[11]。盖以恪遵先训,不与人争公庭,而尤急济孤恤贫,以全名节。所以存祀者无几,而祭胙日莫给矣[12]。

镳伯母舅父敬之讳君翼者,慷慨广祀,拨己田一百二十余亩赠入家庙为祭产,复前之俎豆[13],广前之燔胙[14],诚可谓克承先志,不坠诸君子敬祖崇祀之意焉者也[15]。母堂舅父山曜先生邮书嘱记以碑夫庙左[16],使世世子孙不忘君翼舅广祀之功。镳谢以不能文,且一介小子,非当世名卿巨公[17],虽有言,亦不足以取重于望族。继复书曰:"名卿有彰之虚[18],不如至亲无文之实。若以言取重于族,在德而不在显,在亲而不在疏"。镳其为记而勿辞。

噫!镳不敢再辞矣。然德,镳何敢当?就亲,言之可也。镳祖贯江山,地处下徐[19],仲父谬叨馆甥[20]。镳自幼随同往来,其家风之善、庙祀之隆,亦周详识之。以近年,以祀田济养节守,而母舅敬翁增田以振祀事,不至因全节以失祭。此仁人孝子之心,唯独一族不可忘[21],亦天下凡为子孙者所宜效法也。顾天下可法,而于族尤宜不忘。祝之子姓来兹庙者[22],睹俎豆之丰,而曰:"此某人之孝思也。"享燔胙之颁,而曰:"此某人之惠泽也。"则敬翁亦同兹不朽矣。

是为之记。并详其税亩而勒之石。

——录自《郎峰祝氏世谱》卷十二(上)

【作者】徐应镳(? ~1276),字巨翁,衢州江山下徐人。宋咸淳末入临安为太学生。德祐二年(1276)春,元军破临安,掳宋全太后与恭帝赵㬎北去,太学生百余人从行,应镳不欲从,乃具酒牲祭临安岳武穆祠,誓与子女自焚殉国,愿英灵长伴岳飞神主。祭毕,以酒肉饷诸仆,俟众仆酣睡,应镳自写绝命诗:"二男并一女,随我上梯云。烈士甘焚死,丹心照紫雯。"二子徐琦、徐崧及16岁女元娘亦写绝命诗句,四人同登住所梯云楼纵火自焚。一小仆闻火声上楼窥窗,见应镳父子俨然端坐火光中,急唤诸仆破门入室,扑灭烈火。应镳父子求死不得,快快出户去,仓促中不知去向。翌日众人得其尸于岳武穆祠前井中,皆僵立瞠目,面如生人。诸仆为具棺殓,厝于西湖金牛僧舍。同年益王赵昰立于福州,追赠应镳朝奉郎,秘阁修撰。10年后,其太学同学刘汝钧率儒生50余人将应镳遗体葬于湖滨方家峪,私谥"正节先生"。

【注释】[1]祀典，有关祭祀的礼仪和制度。[2]世禄，世代享有禄位。[3]圭田，古代卿大夫供祭祀用的田地。[4]粢盛，盛在祭器中的谷物。[5]祚，福，赐福。[6]科甲，汉、唐举士考试，有甲、乙、丙等科，后来通称科举为"科甲"。[7]济其美，言子孙继承祖先或后人继承前人的事业。济，继承，延续。《左传·文公十八年》："世济其美，不陨其名。"[8]次，近旁，旁边。[9]叨，犹"忝"。谦词，表示受之有愧。[10]宠锡，尊贵显荣的赏赐。[11]赡族，供养族人。[12]祭胙，祭祀用的肉。[13]俎豆，两种祭器名。此取祭祀、崇奉意。[14]燔胙，泛指祭品。燔，烧纸。胙，祭祀用的熟肉。[15]坠，失。[16]夫，助词。起舒缓语气作用。[17]巨公，犹"巨子"，指在某一方面有巨大成就的人。[18]有彰之虚，有彰显溢美之虚文。[19]下徐，地名。在今长台。[20]谬叨馆甥，有幸忝为女婿。[21]唯独，不仅。[22]子姓，子孙，子孙辈。

12.江氏花园记
明·刘基

花园以江氏名何？仍其旧也[1]，仍其旧何？因馆甥而有也[2]。江丈人以孙女赘祝尚邱[3]，厚其妆奁[4]，花园与焉，故曰江氏花园也。

夫花园本江氏之物，一旦而为尚邱有，灌溉者惟尚邱，栖迟者惟尚邱[5]，聚族者亦惟尚邱，然后叹花木关气运盛衰。洛阳之花木不移，宋室之国祚未改[6]，有由然也[7]。

今江氏花园为祝氏花园，气运自随之变迁[8]，则其得有此园者，夫岂漫然而至今仍存其名[9]？予正嘉其世世子孙不忘其所以然也[10]。因作此以记之。

——录自《郎峰祝氏世谱》卷十三

【作者】刘基（1311～1375），字伯温，青田人。元元统（1333～1335）进士，曾任浙东行省元帅都事。至元（1335～1340）间投奔朱元璋，官至御史中丞、太史令，封诚意伯。著有《郁离子》《诚意伯集》等。《明史》有传。

【注释】[1]旧，原来。[2]因馆甥而有也。因为现在已归属于女婿所有了。[3]江丈人，江姓老人。赘，入赘，男子就婚于女家。祝尚邱，东山孙。[4]厚其妆奁两句，为使嫁妆丰厚，花园也一并作陪嫁了。[5]栖迟，游玩休息。[6]国祚，帝王之位，亦指国家的命运。[7]有由然也，有其所以然的来由啊！[8]气运，指气数和命运。[9]漫然，随便貌。[10]嘉，赞许。

13.西冈书院记
明·郑恂

书院以"西冈"名者，因其号也。号西冈者，郎峰师忠祝公也[1]。公官司空治黄河有功，疏乞致仕[2]，锡金养老而居于西冈[3]，故即其地以为号也。西冈地在公居宅之东，当鹿溪仔流之西滨，其书院则公既致仕而经营之，以为子孙读书之地焉者也。

书院之胜，俯绿溪，望南山。地不远而自偏，室不广而自宽，境不幽而自静，故既藏书于家，以贻子孙。复即隙地以为亭池，杂植花木于其间，以为游息之所。既成，则日叙亲戚故旧，相与娱乐，以共享君之锡惠，而恂获与焉。

明年，西冈以札见示，延余馆斯院，授经其孙。余虽寡陋，义不敢辞，此永乐二年春也。至"间心斋"，红药盈阶，绿杨低户。讲习之暇，日与西冈唱和。予既疏狂不检，西冈亦洒落忘形。游观燕集，间数桑麻，无一语及朝廷事，盖野趣情深而朝参意懒矣。历春及夏，余与西冈饮"鱼跃亭"，俯流观鱼，而召用命下，西冈不俟驾行矣。

嗟乎士君子得一丘一壑，隐处终身，山林之风致足乐也。然既读书怀古，自有不能忘情于当世者，是以出而忧人之忧，一身之乐有不暇计。若夫功成名立，以老告休，似可优游山林而自适矣。而乃好贤之主又不能一日忘之，是以西冈虽欲释然于朝，而朝廷终不释然于西冈，其未能遽遂优游之乐者，势也。出处之机，予于西冈有深慨焉。

西冈至京，授摄漕务[4]。是秋，其子盘三往署省亲，予既寄西冈以言矣。一日，兀坐养气，阁中六花飘骤，竹叶有声，不知其为岁已晚！夫流光易逝，人寿几何，回想春初与西冈唱酬，犹如昨也。今则千里怀人，既不无索居之感[5]；而西冈贤劳王事，又能无故里之思？同此书院，同此亭台，一岁之间，聚散无常，人生行乐，诚未易言哉！感慨既深，不能自遣，因备记其事，以留示西冈。西冈其复将老于斯乎？能无有感于斯文？

——录自《郎峰祝氏世谱》卷十二（上）

【作者】郑恂，江山人。明洪武二十九年（1396）举人，官福建永福（侯官）教授。

【注释】[1]师忠祝公，名贞，字师忠，号西冈。洪武间，由人才举选，累官工部主事。后卒京师，归邑西五里丰稔塘。[2]致仕，退休。[3]锡，通"赐"。[4]漕务，漕事，从水路运输物资供应京城或军需。[5]索居，独居。

14.少师府被禄记[1]

清·汪烜

少师祝文忠公[2]，为大宋名臣，世居江郎山下。方其为门下侍郎、平章军国重事时[3]，天子崇其功德，特命有司因旧宅而建府第，将以康公与其后嗣也[4]，抑何荣哉！

公发身科甲，早登朝廊，不合新义，出守平阳。继复召还，薨于署。计公生平，殆未尝一日而安故乡，以荣昼锦[5]。乃其令嗣允闻奉公柩归[6]，子孙世守第宅，以妥公灵，阅今五六百年矣。以公当日，亲承安定之学[7]，用摅范富之功[8]，委蛇新法之间，卒据经义之守。文章炳宇宙，德业著天壤，夫岂以富贵为荣者？然公虽未获终于故里，而子孙世守国族，终聚于斯[9]。

予往来浙闽间，数游江郎名胜，得与其后裔辑五讳文瑞者交厚。辑五以文学见称，其数奇，而其文益工，卒穷于遇。予时造其宅，重其人，谈及世系，因知乃祖封宣国公谥文忠者，为有宋名臣，其子孙继志于此，与散处他乡者不止千计，斯文悉出于其中。今即斯宅，不无圮坏，而规模雄壮，诚故家乔木也，予低徊久之矣。

会雍正元年九月初六日，斯宅告灾。暨冬月经过，欲造其庐，则所见惟颓垣瓦砾矣。予心伤之，虽然物成无不毁者。是岁也，山东圣庙亦灾，圣天子发金巨万以重新之。斯宅之灾，其亦将有重新者兆欤？因书此以志之。

——录自《郎峰祝氏世谱》卷十二（上）

【作者】汪烜（1692～1759），后名绂，字灿人，号双池，又号重生。江西婺源人。博综儒经，著述颇富。晚年尝馆枫溪（廿八都）二十三年。有《大风集》四卷、《双池文集》十卷、《诗集》六卷等。

【注释】[1]少师府，在江山江郎，明柴惟道有少师别墅花园记。被禄，遭受火灾。[2]

祝文忠公，即祝臣（1026～1097），字微之，号与守，江郎人，宋嘉祐六年（1061）辛丑科进士，谥"文忠"。[3]门下侍郎，官名。宋元丰时，以尚书左仆射兼门下侍郎，行侍中之职，与尚书右仆射兼中书侍郎同为宰相。平章军国重事，官名。[4]康，褒扬。[5]昼锦，衣锦还乡。[6]允闻，即祝允闻（1059～1125），祝臣长子，字颜卿，号聪庵，元丰二年（1079）己未科进士。[7]安定，即胡瑗（993～1059），字翼之，泰州如皋人，原籍陕西安定堡，学者故称"安定先生"，为北宋理学先驱。[8]摅，抒发，施展。范、富，即北宋名臣范仲淹与富弼。范仲淹（989～1052），字希文，苏州吴县人。富弼（1004～1083），字彦国，洛阳人。[9]而子孙世守国族二句，"聚国族于斯"，孔颖达疏："言此室可以燕聚国宾及会宗族也。"

15.换守行乐祠[1]典记
其圣（裔孙）

江郎开明寺，我祖东山公携孙尚邱以避武氏之乱，而隐逸传经之所也。厥后，月朗公自官归省，乃更新寺院而建塔于其北，暨六世孙亮工始，追立东山尚邱二公木主另椽龛祠奉之，因名之曰："行乐祠"。捐舍田亩于僧，以为香灯之费，有其举之，历唐及宋千有余年矣。暨有明万历年间周鸿胪谢爵修真，亦寄迹于山寺之内，更新寺宇，而置田与僧寺焉。时我族控争于官，县主判以祝姓为檀越，周姓称，施主令将山寺、田地、粮税拨立畸零总属寺僧管守，纳粮存名时盖将其废之，而修莫或废者，则祖宗之灵，为有所阴骘也。历明及今又百余年矣，虽祠典未改，地主犹存，而世运推移兴替不一，寺僧陵替相继死亡，灯火将荒，僧刹无主。辗转思维，因念夫近所之福庆堂，亦吾家少师文忠公所建之庙宇，住持福庆堂僧可能颇有干办，处事香火是则可托之人矣。因使之兼管开明山寺，以无发旧业，可能承命进寺之内设齐延请我等，吾等礼佛而礼我祖，乃木主尘埋蠹朽字迹不明，故土璐叔祖见之为恻然曰：祖宗百年香火，而忍不为之持存也。夫有其举之莫或废也，苟其废之则将莫或举之矣。而况祖宗之重与迨其未废也，而及今举之举之庶易为力乎，即今日之力，犹未及举之而商其有可转移，以不至于竞废者。其或亦善守之一策也，圣乃畏懼敬以更新，东山尚邱二公木主以换其朽者而祀焉，庶祖崇祠典于以不坠。后之人其有能重修开明山寺，而复行乐祠于如故者，是所深望也。夫士璐叔祖乃命圣曰：无使后人之忘，所自来也，因书以记之。（雍正十年裔孙其圣学宗）

【作者】祝其圣，字学宗，郎峰祝氏魁潭派，江山上余镇大溪滩人。

【注释】[1]行乐祠，即现江郎山开明寺。原是唐祝东山隐逸江郎山著述育人创办的东山书院，东山公逝世后，孙尚邱将东山公书籍、遗物、事迹展示纪念，并请上爷爷东山公及伯父国子祭酒祝钦明、父亲祝克明的神位祀之，后作为郎峰祝氏最早的宗祠祭祀先祖，后来是祠寺并用。

第五节 墓志

1.太学博士尚邱公墓志
唐·韩愈

余之来潮[1]，初得一僧曰大颠，聪明能文章，余乐与之游焉[2]，忘其为浮屠氏子也[3]。又得一士曰祝明[4]，聪明俊巍[5]，余乐与之游焉，忘其为布衣也。潮之俗，杂于豺狼；潮之民，罕知道理。即潮之士亦浅陋龌龊[6]，无可与言周公孔子孟子之道者。

祝生见余文集[7]，至《原道》《原性》诸篇，乃渊乎若有思[8]，翚乎如有望[9]，似有心契焉而口不能言也[10]。则试之以文，又沛乎辞达[11]，厘然有章[12]，有中原文献之风，与潮人大异，余心诧之。彼大颠浮屠子耳，虽晓道理，终匪吾徒[13]，解寂寞耳。不谓得此士于潮[14]，余窃器重之[15]，因询其世家，则须江人而游学于此也[16]。

须江姑蔑名都[17]，其有人无足怪矣。乃祝生之远祖曰其岱，字东山，则耻武氏而逃焉者也[18]。东山之孙曰尚邱，其亦守乃祖之风[19]，高尚于邱陵而不出者欤[20]！东山隐处江郎，授其孙以家学，暨尚邱仕为太学博士[21]，策诛韦党与有功焉。劳而不伐[22]，掉头归隐。祝生明，其六世孙也，然则家学之渊源，盖有自哉[23]！东山之节不待余言[24]。余高尚邱公之志行[25]，以道远不获访其遗迹[26]，因书此以予祝生[27]，使归勒石为尚邱公墓记。

——录自《郎峰祝氏世谱》卷十二（上）

【作者】韩愈（768～824），字退之，河阳（今河南孟州市）人，祖籍河北昌黎，世称韩昌黎。唐代文学家、思想家、哲学家、政治家。为唐宋八大家之首，与柳宗元并称"韩柳"，著有《昌黎先生集》。谥号"文"，故称"韩文公"。

【注释】[1]潮，潮州。治所在今广东潮安。唐宪宗元和十四年（819），时任刑部侍郎的韩愈，上《谏迎佛骨表》触怒宪宗，贬为潮州刺史。[2]游，交游，来往。[3]浮屠氏，佛教徒。子，对他人的尊称。[4]士，古代知识分子的通称。[5]巍，卓异貌。[6]龌龊，器量局促，狭小。[7]生，对读书人的称呼。[8]渊，深，深邃。[9]翚（yì），高的样子。[10]契，合。[11]沛乎辞达，文词通达大气。沛，盛大貌。[12]厘然有章，章法有条不紊。[13]匪，通"非"。[14]不谓，不意，不料。[15]窃，心底里。[16]游学，远游异地，从师求学。[17]姑蔑，春秋越地古国，治在今衢州境内。都，城邑。[18]逃，躲避，回避。[19]乃祖，你的祖先。[20]高尚于邱陵而不出者欤，这里巧解祝尚邱的名字。[21]暨，至，到。太学博士，官名。掌教授儒学经典。[22]劳而不伐，劳而无功。伐，功绩，战功。[23]有自，有所由来，即有它的原因。[24]节，气节，节操。[25]高，尊重，推崇。[26]不获，不能够。[27]予，给予。

2.祝赉予[1]墓志
后周·钱宏倬

记者，记其事以示不忘也。余览吾疆志，思先王改须江为江山县，私心计焉，其必江山之景有胜于须水者欤。顾心为虚境，未若目睹之实也，爰策骑游焉。至于须水，其源长而不竭，其流清而香佳矣，然非甚渊深，未足以名一邑。继至江郎，远望台石，笔然色赤，插天而起，余欲登而日已晚，因投宿祝君郎公读书处[2]。

明日同游，攀迹登山，极于三石之下，击石而聆其声，观泉以探其源，历竹木之阴幽，步径程之曲折，远瞩千里，烟花溟蒙，俯瞰培塿[3]，群山若俯，诚天下之奇观。其改县为江山也，不亦宜乎！既而倦还、复宿祝君家塾，促膝攀谈。郎公理屑经筍[4]，倬也如饮醇醪，既而谈及世家，获闻其尊君费于盛德处已以义，爱人以仁，守先以正，励后以严。盖居然圣贤之徒、尤江山之巨擘也，惜哉，予未得遇费予于生前，徒闻其德于后世，令人欲瞻颜而无由、则亦惟望高山深仰慕焉已耳。

郎公又善堪舆，盛夸其先君墓堂，叠山骁雄[5]，层峦围绕、山形巉特如狮，涌流山妥然而伏，泡连三才，形如铜铃，取其中穴，秀且丽也。余亦素癖山水，为之衔枚欹心。拉郎公趋墓观之，郎公言，信不虚，殆亦如游江郎而信改邑之有据。噫，地诚吉矣，抑吾闻阴地由心地，费予君得此佳宅也，其亦盛德食报于理，或有不诬者欤！

余一念南游所广益者，有三事焉：晓江山之奇与水之清者，一也；得祝君郎公为友者，二也；闻费予盛德获山吉地，益信人不可以无德者，三也。斯三者，惟德为最，而山水之奇，又可无论以言乎？山水，则牛眠为福域。但福由命至，命自德来，德由友进，故山水之玩犹可忽，而友德之遇不可忘也。因即其事，为予友郎公先君德望费予墓记云。

费予名富，字有仁，江郎土著人，与元配戴院君合葬祝村源狮山，去江郎东游七里。

——录自《郎峰祝氏世谱》卷十二（上）

【作者】钱宏伟，字公圣，吴越人。生平事迹不详。

【注释】[1]祝费予（903~951），郎峰祝氏行常十一，性敦孝友，行尚礼义，主持家塾，督诲子弟，族有贫寒者，招之来学，令斯文奋起，科甲蝉联。卒后，沙堤毛晃有诗吊其高义。[2]君郎公（921~962），名始振，字郎公，郎峰视氏行惟八，举明经，高尚不仕，教授子弟，使登仕者不胜枚举。[3]培塿，缕山小邱。[4]经筍，《后汉书·文苑传上·边韶》："腹便便，五经筍。"后以"经筍"比喻博通经书的人。理屑经筍，喻博论古今，析理精辟。[5]骁雄，勇猛威武，喻山势巍峨崇峻。

3.后汉驸马伯延年祝公墓志[1]

后周·丁廷谓

后汉未有天下，公既尚其婚矣。与史宏肇、杨邠、王章、后周太祖同心协力[2]，以肇大业。高祖即位，封太子太保、辅汉将军。凡政之大小，事之巨细，悉以咨之，有所广益，无所损也。隐帝践位，加封公为安世驸马伯，公主为安贞公主。其先配虞者，封为安国夫人，显哉贵也。而公若不与焉，时则事势难驯，忧国忧民之心倍挚，在外者阚虎内视[3]，在内者暴悖上陵。思所以维持之，进言于帝曰："今之朝廷，惟驭之以礼，杜之以渐，为国家长久之道。"帝闻慼然。未几，有杀杨、戮史、斩王之诏，公复毅然廷谏，不从，揭公主归江郎。

亡何，郭威兵起，篡为后周主矣。周三屈公佐治，辞不应。盖五季之世，恃干戈以夺禄位，富贵相继倾亡，纲沦法斁，民纪荡然。惟公之在朝也，则有进谏之忠，其去也，不失保身之哲。甘心肥遁，安节愈亨，其疾风之劲草哉！

既归之后，又能不骄于乡党，不傲于宗族，泊焉儒素，履坦幽贞。而公主亦中馈无尤，忘其为贵。盖有公之德为之倡，而后公主为之随，若鲍宣之于桓氏，殆有以过之无多让矣。

公量其齿德逾迈，自择置身之地，乃修其世祖唐祭酒钦明公之墓旁，另启生圹，令嗣子异日以公主居中，公位左，虞位右，法古人合葬之法。后嗣遵其言而安厝焉。顾当日未有墓铭，殊为阙典，盖公当日方欲自隐其名，而世乱方殷，亦无人暇执笔以志公显绩者，湮没至今，良足慨也。适余之京，寓相亭僧舍，见设公位于贰龛。讯之老僧，语焉未详。引而谒诸墓，去僧舍不过二十步，塌焉而已矣。次日，抵江郎访其后裔，乃得详其事迹。爰修俚词，令其后伐石楷刊，竖于其场以为公墓记。使天下人往来而寓目焉，共知其为汉驸马讳延年公墓之在斯，而行谊节忠有若是也夫。

——录自《郎峰祝氏世谱》卷十二（上）

【作者】丁廷谓，字言忠，福建闽县人。生平事迹无考。

【注释】[1]延年祝公（929～989），名延年，字长龄，郎峰祝氏行惟廿四。隐帝践位，加封公为安世驸马伯，公主为安贞公主。[2]史宏肇，字化元，郑州荥泽人；杨邠（？～950），魏州冠氏人；王章，大名南乐人，新旧《五代史》均有传；周太祖，名郭威（904～954），字文仲，邢州尧山（今河北隆尧）人，本姓常，随母嫁郭氏，故改郭。[3]阚虓，威猛，语出《诗·大雅》常武："阚如虓虎。"

4.南阳令祝思九[1]墓志

北宋·曹彬

宰南阳者，姓祝名联，字思九，浙衢须江人，由应举服官。迁宰斯土，端严俊伟，训练有方，兵民安于内，贼寇畏于外，南阳人爱之如父母，立祠享焉。

公曾孙德称君，为朝廷冢宰[2]，补衮赞襄[3]，使天下咸和，四海一家，盖得乎南阳之家风，而益宏其先绪者也。彬与德称君忝为僚友，稔知德称君学行，又因以获知南阳公之盛德，然初未获登公之堂，挹其流风。兹奉钦巡云南，道经南阳，得瞻佳城[4]。阒然者其墓[5]，巍然者其坊[6]，俨然者其座[7]，皆德称君所重葺也。其山则遥映以峥嵘，其水则近环而濛洄，其壤坦平，其宅绵密。

噫，山高而水长，南阳公之流风，殆于是而如见耶！彬也流连怅望，欲去之而不能。顾君命不久留，异日德称君来扫兹墓，安知彬曾访谒焉而怅叹于斯乎？用敬述南阳之事，令县宰采石刊镌，以载其阶焉。

——录自《郎峰祝氏世谱》卷十二（上）

【作者】曹彬（931～999），字国华，北宋初年大将，河北真定灵寿人。宋太祖伐江南，以曹彬为统帅，攻破金陵，生俘后主李煜，不妄焚杀。官至枢密使，死谥"武惠"。

【注释】[1]祝思九，郎峰祝氏行纲三，谱名联芳，字秀庭，由乡贡进士历官南阳令。[2]冢宰，吏部尚书的别称。[3]补衮，补救规谏帝王过失。赞襄，辅助。补衮赞襄，辅助帝王除害革弊。[4]佳城，喻指墓地。[5]阒然，空寂。[6]巍然，高大。[7]俨然，整齐。

5.少师上柱国宣国谥文忠祝公墓志

北宋·杨时

公讳臣，字微之，号与守，浙衢之江山人，有唐处士祝东山先生之十七世孙也

[1]。父讳天福，字季庆，成性笃孝，持身端毅。祖讳善训，字诗泽。曾祖讳邦正，字彦相，皆敦仁慕义，著名儒林。及公生而颖悟，沉潜渊默，初识字，便读书不倦。暨稍长，潜心理学，通贯六经，学无常师，惟善是主，常以安定伯醇自期[2]。品行端方耿介，不肯苟合于时。以嘉祐六年登进士、授秘书郎。文潞公奇其才器[3]，题兼左宣管刑司[4]。迭职礼部员外郎，仍兼翰林校理。

元丰元年，钦视江南学政[5]。时执政举行新法[6]，士民苦之，怨咨盈道，流离遍野。朝臣有言新法不便于民者，辄被斥逐，盈廷莫敢于争。公视学江南，博采乡校所评[7]，汇士子状，请罢"青苗"诸法，辞意切直，忤当道，谪临川县尉中[8]，丁母艰[9]，服阕补乐安尉[10]。欧阳文忠公表其文学纯正[11]，堪为士子楷模，改荆州教授。迨元祐元年，高太后临朝听政，尽罢新法，前所尝言新法不便者，悉复登用。诸贤云集，公复原秩[12]，摄太常卿[13]，屡迁户部侍郎。既复进用，益以严正自任，斥抑嬖佞[14]，言论无所回避，中外以严见惮[15]。乃出公钦监镇边军事，秩加兵部尚书，督理粮饷。绍圣元年，策奏征讨河北，复地五百里。加太子少保，仍兼兵部尚书、都督征讨大元帅。明年，贼请盟乞和，钦诏班师，拜少师上柱国[16]，封宣国公。

从来学术之与世务，非有两端[17]，文德之与武功，道同一致。故孟子曰："万物皆备于我。"人惟所学者徇于意见之偏[18]，斯有蔽陷离穷，而行不济于用。其体有所不足，其用亦必有所不周，事君容悦者非所论矣[19]。即智效一官[20]，或者短其才，而君子则非其学也。公雅饬儒生平，而存之为圣贤学问者[21]，出则为经济宏猷[22]；常之为多士楷模者[23]，变则为疆场握算[24]，非《诗》所称"左宜右有"者欤[25]？至若直言敢谏，不畏强御，是岂徒矫之为高，强为于外？抑亦其所学者然也？昔有讥执政者曰："其人通经术[26]，而不通世务[27]。"斯言过矣。然自负经术以经世务，而所行拂戾于时者[28]，则亦经非明于经，而术非其术耳！是岂真经术之过哉[29]？于公而可征焉矣[30]。

公既列台阁[31]，务于引君当道[32]，进贤黜邪，于宋益峻[33]，部卿均服，每相谓于朝房曰[34]："祝君当国，可复太宗之治矣！四海相望治平[35]，方之司马河内[36]。"乃历事年余，未竟所用，卒于阁署。嗟乎，公以高龄脁仕[37]，考终于官[38]。公之德业在人心、勋名光宇宙，夫复何恨！而独是天笃贤哲，宜为家国纲维，乃不获尽展经纶而遽终[39]，以辜天下之望，此则天下之所悲，而非为公一人之故也。

公之卒也，言不及私。天子亲临吊奠，敕谥"文忠"。钦赐归葬于江山之羊郭庵。圣主之惓惓于公，亦深且厚，而公之龙光[40]，亦云大矣。

公生于天圣四年五月初二日，卒于绍圣四年十月十一日。夫人詹氏，先公一年而卒，与公合墓。子四：长允闻，次允初，三允美，四允哲。允闻君天资英发，四子皆崭然头角，为有以世其家学。龟山杨时慕公之为人，而为之志。其墓铭曰："用通于方，守得其正；惟公于斯，是谓能信。"

——录自《郎峰祝氏世谱》卷十二（上）

【作者】杨时（1044～1130），字中立，福建将乐人。北宋学者，从学于程颢、程颐，成语"程门立雪"出此。官至龙图阁直学士。晚年隐居龟山，学者称"龟山先生"，朱熹宗之。

【注释】[1]有，助词，无义。[2]自期，自己期望。[3]文潞公，指宋庆历、皇祐间宰相文彦博。封潞国公。[4]题，上奏章。[5]钦，封建社会对皇帝所行事的敬称。[6]执政，主持政事的人。此指王安石。[7]乡校，古代地方学校。[8]中，这中间。[9]丁母艰，遭逢母亲丧事。[10]服阕，古丧礼规定，父母死后，服丧三年，期满除服，称"服阕"。阕，终了。[11]欧阳文忠，即欧阳修，谥号"文忠"。[12]秩，官阶、品阶。[13]摄，代理。[14]嬖佞，得宠的奸伪小人。[15]中外以严见惮，因为端庄严肃、廉洁自持，宫廷内外莫不敬畏之。[16]拜，授予官职。少师，官名，为"三少"之一，佐助太师治理国政，与少傅、少保同为次相，秩正一品。[16]上柱国，官名。宋承唐制为勋级第一，视正二品。政和三年废。[17]两端，两个方面。[18]徇于意见之偏，犹言屈从于他人的偏见。徇，顺从，依从。[19]容悦，谓曲意逢迎，以取悦于上。[20]效，智能足以担当。[21]存，存养。保存本心，培养善性。儒家的一种修养方法。[22]出则为经济宏猷，出仕则为经世济民作远大的谋略。[23]常，纲常、人伦。多士，古指众多的贤士。[24]变，突发非常之事。握算，执算筹以计数，亦指谋划。[25]左宜右有，《诗·小雅·裳裳者华》："左之左之，君子宜之；右之右之，君子有之。"后因以"左宜右有"形容德才兼备，则无所不宜，无所不有。[26]经术，犹"经学"。以儒家经典为研究对象的学问。[27]世务，时务。[28]拂戾，违逆。[29]过，过错。[30]征，验证、证明。[31]台阁，指尚书台。亦泛指中央政府机构。[32]当道，合于正道。《孟子·告子下》："君子之事君也，务引其君以当道。"[33]峻，严峻急迫。[34]每相谓于朝房，文武百官每每在等候入朝的地方互相告语。[35]治平，谓政治清明、社会安定。[36]方之与前句"四海"对应，疑为"方舟"之误。方舟，两船相并。《庄子·山水》："方舟而济于河，有虚船来触舟，虽有偏心之人，不怒。"司马，官名。后世用作兵部尚书的别称。河内，古代指黄河以北的地区。[37]膴仕，高官厚禄。[38]考终，死善终。[39]经纶，理出丝绪为经，编丝成绳为纶。比喻筹划治理国家大事。[40]龙光，皇帝给予的恩宠。

6.大制参明卿祝公允哲墓志
南宋·云中龙

明卿祝公[1]，衢州江山郎峰人也。由进士历官制参。与陈太宰以德相善[2]，与岳少保以忠相尚[3]。秉正嫉邪，志图恢复。少保冤死，公亦死之。夫以少保之忠、制参之义，而君仇终不能报，权奸终不能除，君子未尝不太息而深恨之。然大丈夫之心志，尝以不得其死为羞，而成功非所论焉。少保、制参之死，固足以光日月而壮山河，后人又奚悲也？龙宰是邑闻而感焉[4]，致谒公墓，挹其山水秀丽而为之铭。

铭曰："山峰岐岐，水凑淆淆。制参之志，舍命不移。大奸当国，忠贤见催。既得其死，夫又奚悲？骨委兹邱，神骑箕尾。烟霞横御，阀阅树旗。以尔子孙，永言保之。"

——录自《郎峰祝氏世谱》卷十二（上）

【作者】云中龙，字沛雨，河北冀县人，时任浙江富阳县令。

【注释】[1]明卿，犹言廉明的高级官员。祝公，祝允哲，少师上柱国、宣国公祝臣之四子。元符四年（1101）第进士，官武翊卫大制参。[2]陈太宰，指陈宜中。温州永嘉人，字与权。官至左丞相。时以"太宰"称。[3]岳少保，指岳飞。少保，官名，"太保"之副。相尚，相互推崇。[4]宰，管理、执掌。

7.先师祝太傅[1]墓志

南宋·赵逵

先师，名教之纲维[2]，文章之模范，熙朝柱石[3]，后学津梁。逵昔从师游，幸沾时雨，遭逢盛世，获列鸥行[4]。愧未能尽出师传以对扬休命[5]，实负先师训教之功。而且身膺腼仕[6]，期报深恩，奈负杖逍遥，已叹哲人之萎。追随何日，铭佩奚忘?

兹奉谕巡闽中，道经先师宅，特邀诸世兄引奠于先师之墓，曷胜感怆! 呜呼，忆先师之容，俨然如昨，呼先师而求教，没已无言。

逵以君命行矣，仓皇间未能尽言，只书此，令匠镌之，如先师之行，即为先师墓志。

——录自《郎峰祝氏世谱》卷十二（上）

【作者】赵逵（1117～1158），字庄叔，涿州（今属北京市）人。绍兴二十一年（1151）状元，官至中书舍人。文似苏轼，故有"小东坡"之称。著有《栖云集》三十卷、《宋史本传》。

【注释】[1]先师，名奇，字正文，号屏斋，郎峰祝氏行振三十三，宋宣和元年（1119）第进士，历官广西道学政，福建道乡闱副主试，崖州太守，翰林日讲官，卒赠太子太傅。[2]纲维，维系、护持。[3]熙朝，盛世。[4]鸥行，朝官行列。[5]对扬，古代常语，屡见于金文，凡臣受君赐时多用之，兼有答谢、颂扬之意。休命，多指天子或神明的旨意，意为恪尽职守、报效朝命。[6]腼仕，高官厚禄。

8.龙图阁待制谥献烈祝梦熊[1]公墓志

南宋·蔡沈

待制姓祝，名梦熊，字渭夫，又曰宽夫，衢属江山之郎峰人也。成嘉泰二年进士，由秘书郎历迁御史中丞。请弛"伪学"之禁，复赵公汝愚及我朱晦庵夫子爵谥。当事恶之，诬以他事待谪。适时方用兵，待制又疏以边臣启衅忤韩，罢知武夷山冲祐观。又以聚徒讲学，谮谪黄岩尉[2]。未几，寇贼犯境，待制率义勇抗之，被执不屈而死。黄岩百姓感其德，建祠设灵吊奠。事闻于朝，嘉其精忠，赠龙图阁待制，谥献烈。赐葬西安之赤塘山。

元配柴夫人[3]，秉性义烈。待制忠以报国，登楼望泣，哀恸数绝，掷而殉之。县令详其行烈，诏赠烈懿夫人，谕葬同穴，长子永鼎移居守之[4]。呜呼，待制之烈，诚亘千古矣，而夫人之节，永鼎之孝，又孰非待制之教家有以使之哉! 是故，治国平天下者必先齐家，而齐家之本在身。待制之心正意诚，身修家齐，则于治国平天下也何有? 使待制从容讽议，所劾者黜，启衅者诛，治平之绩于待制重有赖焉。奈之何，忠不克奸，至于罢黜，殉难以死。悲夫!

昔者，沈闻朱夫子曰："祝子质性，大有担荷[5]，异日成立，必为国桢[6]。"乃待制卒杀身成仁，甚矣! 朱夫子之知人则哲也[7]。沈以是私淑，欲一访其祠墓而无由。今适以事过郎峰，得遇待制子永定、永仁、永锡诸郎君[8]，详其墓所不在本境，引谒其祠，永嘉陈宜中题额曰"黄岩大节"[9]。呜呼，待制之德谊，不待沈再言矣，书此使志其墓。又从而铭之曰：

忠存社稷，愤碾权奸。名留青史，节著黄岩。魂峙郎峰，骨葬西安。一门节孝，百世崇瞻。勒此于石，亿万斯年。

【作者】蔡沈（1167～1230），字仲默，福建建阳人，师事朱熹，钻研《尚书》数十年，发现先儒之未所及。隐居九峰，学者称"九峰先生"，所著《书集传》，为理学重要经典，被元明清三代列为科举考试的标准读本，影响极大。

【注释】[1]祝梦熊（1137～1209），郎峰祝氏行熙百九五，卒后，古吴曹明卿、叠山谢枋得皆有吊诗。[2]谮谪，被诬谪降职。[3]柴夫人（1136～1209）。[4]永鼎，字铭之，郎峰祝氏行云一，由乡贡进士授德清令。[5]担荷，担负重任。[6]国桢，国之栋材。[7]知人则哲，语出《书·皋陶谟》，喻有洞察他人贤能的非凡慧眼。[8]永定，字安之，郎峰祝氏行云二，太学生。永仁，字克之，郎峰祝氏行云四。永锡（1177～1252），字纯之，郎峰祝氏行云六，庠生。[9]陈宜中（1234～1283），字与权，景定三年（1262）榜眼。

9.致仕祝君[1]墓志铭

宋·刘子翚

绍兴三年三月六日，致仕祝君卒，五月六日金相山之原。其孤可久来请铭，祝君余之父友也，其孤又余姐婿也，来请铭以旧姻之故也。而不辞，所以终我祖我父之惠好也，正议公寰[2]游学时，忠显公侍君之，诸父深相交结，倾盖遗编不足谕也，正议曰：他日无忘祝氏，忠显公既达结婚驰爵[3]，光其子孙。君亦以此通，班朝着示不忘也。今君之死，余又铭之，以申前志，以敦外姻，以昭潜德，以慰孝思。也有是四者，斯可为铭，君讳祐字彦将，信州铅山县紫溪人也，曾祖虞祖。

少时刻励思自奋致，而宦学龃龉[4]皆不得其志焉，初任吉水县，岁饥多盗，捕获填圄吏白君曰：正盗之罪，法应受赏，君曰道殣[5]相望，官弗加恤又忍峻刑[6]，而资吾进身耶，尽释之白，郡守赈给之，境内多全活，后任福州福清县主簿，监建州宝瑞场当路者，荐其堪事，君曰：仆仆不已又将何求，遂挂冠而归，自是脱屣世纷，寓意于酒朝醺[7]暮酣，不见醒客，时与宾友献酬尽欢，或悠然独酌赋诗长啸，所居有林泉之胜，君躧履[8]曳杖徜徉云间，人识之曰：此醉仙也，君在燕间宠光时，至可久立功西域，乞回赏以授君牙，绯朝廷许之，青紫优优[9]环戏膝下，乡党以为荣，观君宽仁乐施，湍川为梁，如已思济病者，与药如已获瘳[10]，晚岁绝粒益幸酒美，疢[11]遂臻临绝之际，所以训励其子孙者，皆厚德之言也，悲夫君享年六十有六，娶周氏生子二，曰可久，武功大夫贵州刺史，主管潭州，南岳庙曰可大，承信郎二女，长适进士黄敷，次适余翚，孙男三人，孙二人彭年松、年皆将仕郎，皆尚防。

铭曰：是非喧喧[12]以醉，为藩名奔利驰以醉，为归蹈世纷而不染，葆天光而自熙，所谓德全于酒者，惟君为庶，几积厚不施，呜呼！噫嘻！

【作者】刘子翚（1101～1147），字彦冲，号屏山病翁，崇安（今属福建）人。以父任补承务郎，辟真定幕府。南渡后，通判兴化军，秩满，诏留任，以疾辞。筑室屏山，专事讲学。与胡宪、刘勉之为道义交，朱熹曾从之受业。绍兴十七年（1147）卒，年四十七，谥"文靖"。《宋史》有传，有《屏山集》二十卷，《强村丛书》辑其《屏山词》一卷。

【注释】[1]祝君，即祝祐，字彦将，宋贵州刺史祝可久之父。[2]曩,久也。[3]貤爵（yí jué），释义是屡封官爵。[4]齟龉，不顺达。多指仕途。[5]道殣，饿死于道路者。[6]峻刑，严刑。[7]醨,醉也。[8]蹑履（niè lǚ），穿鞋。亦指趿拉着鞋。[9]优优，形容众多。[10]瘳，病愈。[11]疢，热病也。亦作疹。意思是烦热、疾病。[12]喧喧，形容声音喧闹、扰攘纷杂。

10.元故孝友祝公荣甫[1]墓表

宋濂

濂尝奉诏总修元史，凡天下有关史事者，下郡国长吏博加采辑，悉上送官，往往史非知书者，以致庞杂淆乱[2]，不足以取征。孝友之人，动至数千，皆溢浮辞，而乖实行。濂令史官高启撰，次成偏而亲为笔削之，唯存一百六人，皆灼然可以，励世惇俗者而处之。祝公荣亦其一焉，婺与处虽连址，不知公荣之详，后七年，公荣之子昆，持所状群行求文表，诸墓道盖公荣之殁已十八年矣。状之称述，皆传中所略者，遂次第而序之，公荣讳大昌，公荣字也，居处之丽水官桥里，姓祝氏，祝出轩辕氏，之后至周武王时封彭祖远孙光为祝侯，子孙为齐所并，故以祝为姓。历代多有显人，具载家牒可征也。五季初有讳实字茂之者[3]，自信安来为处州判官，遂迁焉。寿九十二以殁，葬宣慈[4]杉坑之原，实生中奉大夫镇，镇生朝议大夫儒，儒生承议，承议生允怀，允怀生况，况生宋绍圣进士建州司理参军奕，奕生公冕，公冕生份，份生武学教谕天祐，天祐生潭州司户参军詗，詗生琦，琦生绍，绍则公荣之父也。公荣孝友，出于天性，其在父母则容色穆穆[5]，以和父母意有所欲，先候知之，不待出言，而事已集。一日不见，心惶惶焉，若亡重宝，得一甘味，虽在百里外，必归荐。之然后，敢食母病，昼夜练药奉涫，糜以进衣久不脱，虮虱从生，其间已而疾势革走，竭于群神且泣且祷语不成声。见者为之挥涕，及母殁，擗踊[6]元算屡至殒绝，其于复袭楔缀，敛殡窆祔之礼，悉遵古制，而不坠流俗之陋，炀人不戒火，起灶突间烟焰涨天，公荣于急遽[7]中力不能救，乃伏棺而悲号，且曰天乎，吾母在斯，幸天有以祐之，天苟不祐，我将与母俱焚，誓不独存也，其火忽自灭。州里叹异曰：昔蔡顺伏母棺而火灭，不意今日于公荣见之，公荣既葬母，朝夕翘首，如有望而弗至，既而曰：是终无以解吾优也，乃命工搏土肖二亲像于堂，朝夕事之。如事生焉，公荣敬兄公亮如其父，家政大小必关白而后行，公亮出仕公荣不敢中席而坐，恒若公亮之临乎！上其弟公直亡，公荣奔视遂顿仆于地，良久乃苏抱弟尸而大呼曰：吾弟去吾而何之乎，悲悼过甚，发为之早白。抚弟遗孤逾于已所生，公荣孳孳[8]以同爨[9]为政，请于公亮建家范数十则，令子姓分任诸事，视其勤惰而惩劝之。每旦序食堂上，气象雍肃若不闻人声，三世之间愉愉如也。或者欲间之说其分财，公荣勃然变色曰：此言何为？至于我哉，必吾不睦于家，不敦友恭之道。故尔昔张公乞尚九世义居，况亲昆弟乎。苟计利而害，义犬麂[10]当不食，吾侪因抚膺长，怃言者赧然而退。以故处之，人士言孝友者，一则曰公荣，二则曰公荣，至今无间言云。公荣风岸伟特，善谈史上下二千年，治忽几微如指，诸掌听者，忘倦尊贤重傅，未尝有毫毛亵慢[11]意，平心率物好恶，无所偏徇而尤，好施与故旧贫窭[12]者，周之死而不能棺者，给之。或丁岁俭下粟估粜之，青田盗阻行舟，民不能盐食，公荣出所储盐，惠宗族亲姻以及于闾。井人皆德之，当元之季，四方用兵藩阃[13]多钩，致豪杰而布衣之士，有谈笑取将帅者，闻公荣之贤辟书交至，公荣笑而辞，江浙行中书左丞相方承制，行事署为处州路儒学教授，亦辞乃筑室南野而隐居焉。不幸以至正二十年庚子正月一日卒，寿五十又八。二十一年辛丑某月日，葬于武川飞凤山下，礼也，公荣凡三娶，元配同县王氏，次东瓯王氏，次闽中陈氏，皆簪缨[14]大族子男，子三人，曰山、曰昆、曰豳，皆好学尚义，昆即来速铭者子。女子三人，常涓王达其昆也，一未行呜呼，孝者百行之根，柢万事之纲纪也，执一术而百善至百邪去，唯斯道则然，所以化民成俗者汲汲[15]焉，是务而莫敢忽也。近代之制文，臣自少卿监以上武臣，自正刺史以上实录，方为立传。而能行孝友之政者，虽在韦布中，亦必登名，与之齐行。其治化之权衡，于是亦可睹矣，有若公荣之行之美岂可使其泯泯无传哉，呜呼！古之人有云，位登台辅也，爵列公侯也，禄积万钟也，马踰千乘也，殁之日曾不得与斯人之徒隶齿[16]。无他以风教，所关为甚重也，濂虽不敏，其于公荣之事，表而列之，用以为世道之劝，孰曰非宜铭曰：孝友之根。实出降衷，金石堪贯，神明可通。古之君子，资之出治，因其秉彝牖民[17]，孔易虽在布衣彤笔，登名其意斯何树之，风声阊阖[18]，祝君爱亲靡舍，朝斯夕斯肯离膝下，亲既云亡涂殡，在庭临风泣血，哀不自胜，炀人勿戒火起，曲突有烟勃如，上不见日。伏棺悲号，誓与俱焚，谁谓天高貌邈[19]若不闻若势方升炽不可遏，不待反风虐焰随灭。家政之修法，古名问毫发敢私，唯义之敦，严布科条，各授以事，一门条雍雍[20]周有乖戾辟书，交飞君笑而嘻，我有我政奚暇外驰，古有笃行照耀方策，以今较之，孰为优劣，埃风渺弥[21]，德化耰锄[22]况曰善事不忘厥，初飞凤之山，林木葱蒨，勒文墓门，用为世劝。

——录自《宋濂文集萃（六）》

【作者】宋濂（1310～1381），初名寿，字景濂，号潜溪，别号龙门子、玄真遁叟等，汉族。祖籍金华潜溪（今浙江义乌），后迁居金华浦江（今浙江浦江）。元末明初著名政治家、文学家、史学家、思想家，与高启、刘基并称为“明初诗文三大家”，又与章溢、刘基、叶琛并称为“浙东四先生”。被明太祖朱元璋誉为“开国文臣之首”，学者称其为太史公、宋龙门。

【注释】[1]祝公荣甫，祝实十二世孙祝绍之子。[2]淆乱，混淆、混乱。[3]讳实字茂之者，即祝实括苍祝氏始祖，唐末江山迁处州判官而籍，后裔谱称括苍派。[4]宣慈，现武义县宣平。[5]穆穆，端庄恭敬，仪容或言语和美、宁静、静默。[6]擗踊（pǐ yǒng），形容极度悲哀。[7]急遽，意思是极快地、匆忙、仓促。[8]孳孳，指工作或学习勤奋、不知疲倦。[9]同爨，同灶炊食。谓同居、不分家。[10]彘，本指大猪，后泛指一般的猪。鸡豚狗彘。[11]亵慢，轻慢、不庄重。比喻人随随便便,没有教养。[12]贫窭，汉语词汇，释义为贫穷。[13]藩，篱笆、藩篱、屏障、保卫、藩翰。阃，门槛、门限、“送迎不越阃”。特指城郭的门槛：“阃以内者寡人制之，阃以外者将军制 。”[14]簪缨，指世代作官的人家，也指古代女子发上所佩戴的簪子上的吊坠。[15]汲汲，形容心情急切、努力追求：～于富贵。[16]隶齿，同列。南朝齐谢朓《始之宣城郡》诗：振鹭徒追飞，群龙难隶齿。[17]牖民，诱导人民。[18]闇闇，说话和悦而又能辩明是非之貌。《论语·乡党》："朝，与下大夫言，侃侃如也；与上大夫言，闇闇如也。"朱熹集注："闇闇，和悦而诤也。"[19]邈（miǎo），本意是指距离遥远；也指久远、渺茫、模糊不清、高远。[20]雍雍（yōng yōng），鸟之鸣声或和乐貌、和洽貌。[21]渺弥，水流旷远貌。[22]耰锄，耰是弄碎土块、平整土地的农具。锄是弄松土地和除草的农具。耰锄可以指平整土地和除草两种农活，也可以泛指耕种。

11.司空员外[1]暨夫人合墓志

明·胡刚

邑西五里，有丰稔塘，祝员外与夫人毛氏合葬之墓在焉。员外名贞，字师忠，号西冈。洪武年间，由人材举选，累官工部主事，升都水司，钦督黄河。守身以洁，莅事惟勤，傍河之民咸怀其德。河功就叙，蒙赐金帛以老告归。

永乐初年，复命督漕务，卒于京师，赠本部员外郎。夫人毛氏，系出镇安，敬慎勤俭，娴于内则[2]，先员外卒，赠宜人。迨公没，子盘三、佐周奔京师迎柩归合葬。二子又筑室于墓左，置田令仆守焉。嘱余作铭以志之。

夫公之勋业在朝廷，德泽在人心，何烦余言。乃表扬其先，勒石于墓，以志不忘，亦仁人孝子心也。因述其官阶与其行略于右，而为之铭曰：

伟哉师忠，名重望隆；德流河济，官累司空。夫人清勤，与公同志；合葬斯址，永忆万世。

——录自《郎峰祝氏世谱》卷十二（上）

【作者】胡刚，字至坚，江山人，住城关南门。永乐三年（1405）第进士，官国子博士。

【注释】[1]司空员外即祝贞，字师忠，号西冈。洪武年间，由人材举选，累官工部主事，升都水司，钦督黄河。守身以洁，莅事惟勤，傍河之民咸怀其德。河功就叙，蒙赐金帛以老告归。永乐初年，复命督漕务，卒于京师，赠本部员外郎。[2]内则，妇道。

12.祝先生（允明）墓志铭

陆粲

先生讳允明，字希哲。苏之长洲人也，其先出古太祝，以官氏，或曰黄帝之后封于祝，以国氏云。七世祖碧山胜国时，由松江来守郡，后卒官。一子留于苏，遂为苏人。祖灏，皇正统[1]己未进士，终山西布政司右参政。父爔，母徐氏大学士武功公女。先生少颖敏，五岁作径尺字，读书一目数行下，九岁能诗，有奇语。既天赋殊特，加内外二祖咸当代魁，目濡耳染，不离典训。稍长，遂贯综群籍，稗官[2]杂家幽遐窥[3]之言，皆入记览，发为文章，崇深巨丽[4]，横从开阖[5]，茹涵古今，无所不有，或当广坐，诙笑杂遝[6]，援毫疾书，思若泉涌，一时名声大噪。岁壬子举于乡，故相王文恪公主试事，手其卷不置曰：必祝某也，既而果得。先生文恪益自喜曰：吾不谬知人自是。连试礼部不第，当道奇其才，会修史，将名荐之弗果[7]。初，仕兴宁令，地介岭海，民尚哗讦[8]，惑于機祥[9]。先生示之礼，简进秀异，授以经学，亲为讲解，遂一变其俗。群盗窜处山谷，时出焚敚，为设方略，一旦捕得三十余辈，邑以无警。稍迁通判应天府，亡何乞归，又五年卒，春秋六十有七。夫人李氏乡先生太仆少卿应祯之女。子男二，长续进士，入翰林，累迁陕西按察副使。次侧出幼未名。女，嫁潮州府经历王谷祯先生。简易高旷，不乐拘捡，在众若无能者，然默而好深湛之思，时独居，著书解衣槃礴，游心间。宾客来者，叩户呼之，若弗闻也。性善书，出入魏晋诸家，晚益奇纵，或购得之，辄藏去。为荣喜奖掖后进，终身不言人过，其为家，未尝问有无得？俸禄及四方饷遗，辄召所善客，与酾饮歌呼，费尽乃已。或分与持去，不遗一钱，故其没也几无以敛云。先生少有意用世，既濩落不试，一发于文，虽声实闻振，犹非其志也。所著书合诗文集为数百卷，藏于家。陆粲曰：斯文之用与天地准，由汉氏来。缵言之士，臻于斯极者，亦仅可数已。明兴百年，士犹胶守章句，未睹其恢然者也。乃宪孝之际，始彬彬矣，祝先生由诸生起，覃精发藻，横逸踔厉[10]，超追古昔，盛哉！若其湛浮自得，龙变不羁，大观逍遥，廓然离俗矣。夏侯湛赞东方生云：明济开豁，包含宏大，拔乎其萃，游方之外者，殆先生哉，殆先生哉！先生没以嘉靖丙戌[11]冬十有二月二十七日，又明年戊子冬闰十月十六日葬横山丹霞坞。太原王宠撰次其事行，粲为之铭。

铭曰：维圣有文，自天启之。其卒敝刓[12]，孰振起之。猗嗟先生，发天之明，达圣之经，播为浑锽，举世震惊。维时弗逢，食贫以终，独昌其辞，以烛群蒙。横山之原，崇四尺者，先生之坟，后勿坏伤，视此铭文。

【作者】陆粲（1494~1551），字子余，一字浚明，南直隶苏州府长洲（今江苏苏州）。生于明孝宗弘治七年（1494），卒于明世宗嘉靖三十年（1551），年五十八岁。嘉靖五年（1526）中进士。早入词馆，颇负盛名。官工科给事中，敢直言，以争张福狱，下诏狱廷杖，寻上疏论张璁、桂萼专擅朝事，谪贵州都镇驿丞，迁永新知县，有《左传附注》《春秋胡氏传辨疑》《左氏春秋镌》《陆子余集》。

【注释】[1]皇正统，己未进士，即明朝正统己未年第进士。[2]稗官，小官。[3]遐鬼，远而怪异。[4]崇深巨丽，高深华丽。[5]开阖，开和合。[6]杂遝，聚集在一起。[7]弗果，没有结果。[8]哗訏，讥笑攻击。[9]禨祥，祈福。[10]踔厉，精神振奋、见识高远。[11]嘉靖丙戌，指明朝嘉靖丙戌年。[12]敝刓，凋损。

13.祝司禋墓志

明·潘士英

浙东上游，山水多奇，而江邑郎峰鼎峙，须水萦流，尤地灵人杰，为国之桢。如大司禋祝君[1]，讳凤卫，字公助者，孝友性成，才猷夙著，方其为诸生时，已藉藉于人口矣。后由太学除授国子学录，历任南畿祠祭郎。立身端严，与人和乐，而尤克谨细行，临事不为诡随[2]。其主祀也，夙夜寅清[3]，常恐陨越[4]。与当道不合，退而家食。日集旧知，讨论古礼，意欲振兴礼教，扶翼后学，为圣明风化之助。且笃念先世功德，追葺族谱，使人知所以报本追远，亲疏名分秩然，则又其以礼教于家也。

噫，夫隆礼由礼，谓之有方之士；不隆礼不由礼，谓之无方之民。人有礼则安，无礼则危，古人言礼綦重矣。顾三代以下，礼教既衰，司禋独讲论不置，其将挽斯民于三代以上者欤?

余上年阳春,谬叨司教江邑,与诸生讲礼,诸子以祝君精详礼意相告,惜乎今谢世矣,因就访于其家。其长君东涧守制在堂,捧祝君释礼之稿出示,余目寓之,领益不少。喟然叹曰:"后苍二戴以下[5],其属之祝君矣哉!"既而,顾东涧毁瘠骨立如不能生,益知司禋之教家以礼,故东涧能勉于丧礼若是也,予为之低徊而不能去。

东涧乞为先严墓记,余以鄙陋辞。次日,东涧又以札请,余阅其札,词意恳至,不惟不能再辞,而且信东涧之学行,为能克承先绪焉。因不揣鄙陋,叙其事迹与其学行以记之,使人知三代而下隆礼由礼者,有须江祝司禋在也。

——录自《郎峰祝氏世谱》卷十二(上)

【作者】潘士英,字子杰,广东乐昌县人。明嘉靖四十二年至四十四年(1563~1565)江山教谕。

【注释】[1]司禋祝君,祝司禋,讳风卫,字公助,祝贞远孙,郎峰祝氏江山雅儒坊人,孝友性成,才猷丕著,由太学除授国子学录,历任南徽祠祭郎。司禋,唐官署名,以礼部所属中祠部为司禋,祠部郎中亦称司禋大夫。[2]诡随,不顾是非而妄从人意。[3]寅清,官吏箴诫之辞,谓言行敬谨,持心清正。[4]陨越,失职。[5]后苍二戴,后苍,字近君,西汉经学家,东海郡郯(今山东郯城县)人,精通《诗》和《礼》。后苍的子弟中,著名者有戴德、戴圣等人。

14.少见祝先生墓碑记[1]

崇祯·余锡

锡之江山受业,妻父先严命之曰:从师者必兼取友记,所谓观而善之谓摩也。江山理学纯正,得乎程朱之传者,在北门祝氏代有名贤,为江山望族,其不承统绪者,则儒学少见先生讳汝麒,明于诗礼,曾设科东溪书院,与徐肖溪主宾知己。余赏以文学,相契惜今既亡而其嗣养廉、养元、养和。其徒徐子元选柴子荐礼郑子颍孺施子于国者悉得其传。汝当访之,以友辅仁其进德之,助为不少也,锡闻严训刻念不忘,适之江邑与诸子交游,获资砥砺益信先训之非谬。又因诸子而得睹少见先生文集,名曰:《启发正宗》。锡读卒业诚多有德之言,特恨余生也晚,不获睹先生之音容。而亲炙焉,为慊匕耳,诸子谓锡曰:先生逝矣,先生之墓在焉,吾侪之所仰,而以为先生存焉,者也,盍往瞻,与余曰:得往一谒,锡之愿也。遂同养廉昆玉出城东门航渡鹿溪,途行半里,蹰石梁历跃山而鉴塬俨若登东山焉,攀迹以上拜谒于墓。苍松尽秀,绿竹如篑,群山崒爛,碧水萦回,南望景星,高插清寰,西瞩鳌峰,光凝紫雾。喟然叹曰:先生之道范殆亦如斯,夫情触于心不能自已,因题于墓侧曰:诵先生诗兮,云与雨降,登先生墓兮,山高水长。道范在兹兮,怏怏亲炙无山兮,悲伤山高而厚重兮,先生之节操水流而不滞兮,先生之行藏,先生长徃兮,予将安仰登斯墓而掩涕兮,彷徨诸子曰;以徃其无忘斯志欤,可即此以为先生墓志铭。

【作者】余锡,字九如,号舟庵。衢西安人。顺治甲午拔贡。《江山县志·流寓传》:"余锡,祖国宾,江西布政使。父敫中,举人,东流知县。卒,奉遗命赘徐日葵家,徙居江山之礼贤镇。其子天麟,以明经任遂昌教谕。"

第五章

宗庙记

第一节 《郎峰祝氏世谱》简介

家谱，是记载共祖同宗血脉关系集团的世系、人物和事迹等方面的历史图籍，是中国特有的文化遗产，它与方志、正史构成中华民族历史大厦的三大支柱。属珍贵的人文资料。

《郎峰祝氏世谱》，初创于南北朝至德二年（584），唐天宝九年（750）第二次编修，至宋神宗时期，其裔孙祝臣封宣国公、祝常封鲁国公，绘江郎山图于谱首，呈送皇帝，宋神宗阅后十分高兴，钦赠"郎峰世家"，将《郎峰祝氏世谱》列与国史同重。经后世子孙至今近三十次修葺，民国二十六年，在郎峰大宗祠最后一次会修家谱时，共有88支派（路途远的少数支派单独修），其中总谱16卷20册，包括全部支谱，总共有200余册。是目前全国祝氏族谱中修撰时间最早、体量最大、内容最完整的祝氏族谱，难得的鸿文宝典，牒谱奇葩。

该谱清晰记录郎峰祝氏晋代自鲁充始迁江南，至今1700多年清晰的世系源流、行传、迁徙繁衍史。谱中收录了大量历史名人大家与郎峰祝氏交际的文献，其中有：宋朝三位皇帝御赠《郎峰世家》等三幅，历代皇帝诏敕30余篇，奏疏20多篇；诗词歌赋、传序志记、印谱联匾等文献著者300余人共500多篇。文献著者除宋朝三皇帝外，有历代名相、名将、书圣、诗圣、文豪、理学泰斗、唐宋八大家、思想政治家等几十位历史名家。

郎峰祝氏宗谱，记述信安侯祝巡鲁充始迁衢州（烂柯山），齐太尉祝辂隐居江山梅泉（鸡公山）、祝东山隐居江郎山三次迁徙史。自东晋始，武将安邦，文扬华夏，出将入相，显于世上的科举史实。崇德尚学、精忠纯孝、不慕权贵、刚正不阿的家风。

宗谱详细记载了历史上郎峰祝氏无比的繁荣与辉煌：江郎山下绵延五里的祝氏祖居地，阁老街三宅；祝门四宰相（祝钦明、祝延年、祝常、祝臣）；五书院（梅泉书院、江郎书院、义方馆、西岗书院、文昌阁）；六府（信安侯府，梅泉将军府、开府，江郎驸马府、少师府、廿八都相亭）；六花园（梅泉竹园，竹和花园、阁老街江氏花园、驸马花园、上花园、下花园）；十三祀祠（信安祠、梅泉祠、脉岭祠、阁老街五进大宗祠、南塘祝氏大宗祠，表义祠、行乐祠、敬原祠、忠烈祠、奉先祠、圣先祠、如在祠、严若祠）；著名的四十二宅第（仪宾第、宣抚第、平章第、忠烈第、大司马第、尚书第、御史第、察院第、进士第、太守第、进士第、博士宅……）；包括孝子坊、百岁坊、贞节坊、兄弟宰相坊、天下宗师坊等表坊五十二座（其中：江山6座，阁老街有37座）的繁华景象。科甲连绵，百余位进士，百余名将军，500多官宦的生平事迹。

此外，宗谱还记载了历唐、宋、元、明、清，郎峰祝氏迁往南方及全国各地有570多支。目前掌握的资料测算，郎峰祝氏后裔约有30万，占华夏祝氏四分之一以上，是名副其实的江南祝氏发祥地。

宗谱还记载了以遵纪守法、精忠报国、敦亲睦族、和美相处、重德尚学、尊师重教、诚信孝义、耕读传家为核心内容的家规家训、道德礼仪，以及义仓、义田、义学、资婚、资瘵的家族教育及慈善公益制度。

江郎山的雅称"郎峰",即是郎峰祝氏的代称,江山一带大家都知道,郎峰就代表祝氏。千百年来,郎峰祝氏跟江郎山紧紧地联系在一起。江郎山的形象,就是祝氏家族精神的象征。江郎山是祝氏的根,祝氏是江郎山的魂。辛弃疾的诗"三峰一一青如削,卓立千寻不可干。正直相扶无依傍,撑持天地与人看",正是郎峰祝氏家族精神的最好写照。

历任中国诗词学会秘书长周笃文在《郎峰祝氏西垄宗谱》序中,高度赞扬祝谱:"讶为稀世奇观,令人叹绝。其历史之久远,内容之丰富,真如入龙宫金谷,宝藏悉陈,如对天球躔度,光辉炳晔。博而不繁,详而有要。综核究竟,直坻本源。上承周初始封,越晋宋齐梁陈隋而唐宋元明清以讫今世。历年三千,越世逾百。灿然星陈,了如指掌,真旷古之奇观而祝氏鸿宝也。"并评说:"祝谱义例精严,流传有序,收录文献之丰厚,攸关国史家乘。其中名臣巨公手泽尤夥,为今已失传之佚文。如隋代薛道衡之《祝将军家庙记》,历述祝氏南迁史迹。上溯九代勋功,赫赫煌煌,绳其祖武。具述营建家庙之事甚悉,今已不见于薛集与全隋文。又如唐代名相姚崇为祝钦明平反之《悃愫特奖疏》,持论公允,实事求是,宅心仁厚,有关治道,亦不见载于文献中。另如韩愈之《太学博士尚邱公墓志》、赫巴之《增补万福全书序》,亦皆失传。赫巴乃西域匈奴后裔,实为赫连勃勃族属。曾亲晤东山老人,并为其中论璇玑玉衡、奇门遁甲之绝学异书作序。盛赞为'阐悠然之福慧,启万代之吉庆'云云。评价如此奥义之书乃出于外族归化人之手,尤为难得。该谱收录东山翁之诗文甚多,均不录于全唐诗文总集。其《登江郎山咏》及陆贽赞歌,亦以此谱而获存。它如范仲淹之《豹使公传》、苏轼之《太封君季庆公传》、苏辙之《重修江郎书院记》以及朱熹之《重建郎峰祝氏家庙记》今皆不传。赖此而存灵光一线,岂非斯文之大幸。岳飞《满江红》词真伪纷争,集讼已久。八十年代从祝谱中获睹,其与祝允哲唱和诸作,是非乃定。"

第二节　祠庙

1. 寺庙祀享

郎峰祝氏祠庙,随着时代的更迭,大多已经不复存在了,唯一香火兴旺的江郎山开明寺,最初是纪念祝东山始祖,及钦明、克明先祖的神位。廿八都的相亭寺,仅留下的一口大钟,被浮盖山大云寺僧购去。郎峰祝氏宗祠,变成江郎乡政府的财产了。

但是,郎峰祝氏唐、宋辉煌的历史,不会随着寺庙的消失而遗忘。祝氏子孙后代"满朝祝"传说,永远流淌在祝氏子孙血液中,记载在郎峰祝氏世谱中,篆刻在各地的市、县志中。把祝氏祠庙录下来,就是要留下他们在抗击外来侵略,反对奸臣权贵,精忠报国,执政为民,政清廉洁,忠孝义举等优秀精神和光荣传统,世代相传,发扬光大。

2. 信安祠堂

信安祠，在衢州城南。南朝宋武帝永初三年（422），五世祖绍堂兄弟起孝建祠于衢州府南门，祝氏宅居之东。敬祀始祖信安侯巡公以其曾祖父，列配共享及后继世诸先，昭穆叙焉。是郎峰祝氏首座家庙。

3. 梅泉祠堂

梅泉祠在江山城西梅泉。隋开皇十九年（599）祀孙展建祠于江阳。西骑石山下梅泉东南，祝氏居屋之南。敬祀远祖及江山始迁祖齐太尉讳辂公暨派下历代诸先于其间，是为西山梅泉祝氏家庙。

4. 江郎四祠堂

（1）东山公行乐祠（即现在江郎山开明禅寺）

行乐祠在江郎石柱之下，孙太学博士祝尚邱辞官后，回江郎服侍祖父经营家业，唐开元十七年（729）东山公仙逝后，尚邱公易额其祖东山公先年学馆（即当初东山书院），改成行乐祠（即现在开明寺）。以供奉其祖肇郎峰，封赠光禄大夫东山公神位，及伯父钦明公和父亲克明公神位，配以享之，是为行乐祠。后尚邱公曾孙唐处士祝亮工，展山扩修其祠，增建祠龛，并置田十亩，寄浮屠之椽召僧住祠，收租奉祠香灯。迄后晋开运年间，住僧佛臣乞佃奉祠。至宋大中祥符年间再增田二十亩，连前共三十亩，为香灯之资。由佛僧无尘掌管，改建为寺祠。因五代高僧仪晏在江郎山岩石龛垒石塞门入定，一年后启定还世，素发披肩，红光满面。吴越钱王赐号"开明禅师"，宋元丰年间，行乐祠更名为开明禅寺。重修中间银青光禄大夫东山公神主位，左国子祭酒钦明公位，右太子少保克明位，次右唐太学博士尚邱位。每年上元日登祠祀先礼，礼毕，僧治斋筵款待。开明寺宋后，历元、明、清、民国等朝代，已不是原样，祀之人物也非原位。

（2）脉岭祠堂

祠在江郎山下脉岭对面的山边，脉岭祠堂建于唐大历元年（766），裔孙肇建祠堂于江郎山之阳脉岭之东。敬祀始祖东山公暨派下历代诸先昭穆配享于其间是为脉岭祝氏祠堂。晋开运二年（945），裔孙凿山展基重修旧祠，增建崇德报功二祠，追祀有功德先世。

（3）阁老街五进大宗祠

阁老街五进大宗祠，也称郎峰旧祠，祠在江郎阁老街驸马府以东、少师府以北。宋太平兴国二年（977），祝氏族渐繁昌，郎峰脉岭旧祠基限宇窄，裔孙议迁祠于驸马府之东北，坐北向南，两廊增建追远报本象贤诸祀，永思茂才、庶母各堂。宋绍兴二十四年（1154），郎峰祝氏族丁繁昌，科甲连绵，空前繁荣，裔孙会议重修增建大宗祠，易建增造规模，是为规模宏大的郎峰祝氏阁老街五进大宗祠。清雍正初毁于一场大火。

（4）郎峰祝氏大宗祠

祠在江郎南塘，建于清雍正八年（1730）。雍正初年，阁老街五进大宗祠、府第等众多建筑被一场大火烧毁。雍正六年世宗会议，嗣孙士兴等慨捐祠会银伍拾两，置祝氏福庆庵前毛亦文的田一丘，计税四亩余，填作祠基。延请族房等集议舆道，其于世宅、宅基、雅儒，按照丁粮派费，其余迁移各派捐银。构成至雍正八年谋建五龛并左右四龛及门等项，设簿各派捐资需造。随于本年十一月冬至前三日，从旧祠迎请祖神，自始祖以下木主亦经修饰齐完，照代昭穆敬奉以安其位，合族嗣孙如礼祀享。1942年，大宗祠被日军飞机炸毁，抗战胜利后重修未完整。郎峰祝氏大宗祠新中国成立后借作江郎三峰小学、江郎公社、江郎乡政府的住地。1983年，郎峰祝氏大宗祠被江郎乡政府拆除，在大宗祠旧址新建了乡政府办公大楼。目前只残留后面围墙、古井及部分石柱、柱垫。

5. 表义祠

祠在江山城西塘巷，原海会寺大殿右。其寺原为祝君起公千硕仓场，君起公一生乐善好施，每年以千硕粮假贫接荒，秋收后还本，无还者亦不问取，仍凑足千硕。一直坚持三四十年至儿孙辈。公卒，借户感君起公之德，集资在粮仓旁建张仙祠，塑公像为公祀之。寺僧杰峰别造一龛，额曰"表义祠"，注木主曰："广施善士祝君起公之神位。"裔孙舍土在道塘等处田五十亩入寺，令僧收租于寺为香灯之资，每年正月初四日，后裔往祠祀拜，僧备斋待之。及后仓废，寺僧叩祝家之门，募去千硕仓场，募资在原址修造新海会寺，君起公位乃祀于其间。

6. 敬原祠

祠在江山城西骑石山之阴，梅泉之上。后宋宣和年间，僧普明叩梅泉合族之门，募骑石山半山凹地启建为梵刹，既许建成，因于庵后另立祠龛奉山主神位。族裔议载太尉公木主，题曰大护法主太尉祝公讳辂位，额曰敬原祠。拨本山脚下田十亩舍僧田租以资香灯，例于每年正月初三日登祀，僧备斋筵以待。迄元朝庵废，众议修续造庵堂为读书之所，延师聚族子弟肄业。至明永乐年间，浮屠子有道乞斯住持例如前立主。宋后梅泉祝氏渐渐式微，至明正德年间，江山县令延南塘逸平徐先生祀于祠后，阶上丈许建方亭载木主额曰"逸平书院"，改山名曰"步鳌山"，仍令僧人住持。庵内原今田产并本山税拨入僧畸吟户。嘉靖年间，江山县令改额为"正学书院"。自此，敬原祠变成正学书院的一部分。

7. 忠烈祠

祠在江山城南，烟罗山（虎山）之阳。今景星山东岳行宫之内。唐祝奢公精忠报国，封武烈将军赐葬于景星山之下祀之。载木主曰："唐精忠武烈将军祝公讳奢之位。"额其祠曰"忠烈祠"，每年仲秋上巳日，县令率佐贰行香礼祀，而其裔子孙于每年立春入祠祀之。迄中唐以张睢阳并祀其祠。至后邑人兴建东岳行宫。鏊其山以展其基，改建其祠于行宫之下，武烈将军祝奢公仍和张睢阳并祀其庙。后称"东岳庙"。

8. 奉先祠

祠在江山廿八都镇，是也。初建以尚质公葬父钦明公与夫人邓氏、蔡氏同墓，而建祠于墓旁守之，以奉祭酒公与夫人神主，拨田召僧居住守之。唐开元十六年夏，钦明公卒于饶州刺史任上，原体安葬在饶州城南，相亭寺坟是为钦明公招魂的衣冠冢。及后，后汉驸马延年公与安贞公主刘氏卒，与元配虞氏并葬与其地。重修庵宇，添载驸马公与公主神位以配祀，额其寺曰"奉先祠"。至北宋熙宁四年（1071），少师祝臣和平章事祝常重修庙宇，改额曰"相亭寺"。

至明末清初庵坏祠废墓塌，而吾族分散纷纷不一，行僧到郎峰、雅儒、魁谭募恢。吾族置若罔闻。清顺治十一年（1654），奉旨建造大殿，塑佛盖于祭酒驸马坟之上。吾族力控行僧立龛于大殿之后堂，供奉祭酒钦明公、驸马延年公、少师臣公、平章常公神位于龛内为大坛越主。祝氏原舍田六十亩勒碑记之，以示始终不忘，为永奉先公香灯之资。清同治年间，逆扰江山庙宇，俱焚之。杨姓谋墓地之业。相亭裔孙祝庆三、祝升平挺身力争，将杨姓告上衙门，并罪钱重建寺宇，并复整祝钦明、祝延年坟茔。招僧住持，勒石垂诸永久，于每年正月初三日，祝氏后裔登殿礼佛祀先，僧设斋筵以待。

相亭寺内原有一口大钟。旧时，寺僧晨做功课时，均击鼓撞钟，其钟高大凝重，声振十里，无论晴雨，无日不响。尤以夜幕降临，钟声悠悠，响彻暮空，回声山谷，最令游人不忘，故曰"相亭晚钟"。该钟"文化大革命"期间，被浮盖山大云寺僧购去，悬于大云寺。相亭寺在晚清时还遭过一次火灾，但损失不大，新中国成立后土改时分给贫民居住。2016年相亭寺残构被拆，当地政府审批给农民建成民房。廿八都之美向来有"枫溪十景"，现在"相亭晚钟"与"相亭寺"两景不存，十景就只有八景了。

9. 圣先祠

祠在廿八都，原名圣仙寺，廿九世公祝之贞读书于此。祝之贞，字静川，宋进士，官至翰林侍读。圣仙寺僧叫淡庵，到祝之贞公署开封，汇报圣仙寺的管理实情，之贞公念淡庵殷勤，卓有成效，赏金重建寺，改名"圣先祠"。拨田亩为僧食用开支。正殿之左，额曰："翰林学士祝老爷长生禄位。"之贞公卒后，额改为："进士荣禄大夫祝公之贞神位。"后三十六世祝惟珍公继续读书于此，公登第进士，累官至都察院。致仕归重修寺龛，增舍田四十亩与僧收租，助祠香灯费用。公卒，僧列木主于次龛，题曰："大护法坛越主赐进士福建道都察院惟珍祝公神位。"每年仲春上巳日，祝氏嗣孙往祀之，祠僧设斋筵以待之。

10. 如在祠

祠在江郎斋福庆堂，元副使祝寿公，为纪念献烈梦熊公而设祠。祝寿公是苏州刺史，后升至苏松等处驿传道。祝梦熊公，字宽夫，又字谓夫，进士，官至监察御史，因反对奸臣韩侂胄的"伪学"之禁，要求恢复被罢免才德兼优的儒学家赵汝愚、理学家朱熹等官职，上书皇帝，被韩侂胄诬陷贬官黄岩尉。贼寇犯境，梦熊公率义勇军抗敌，壮烈牺牲。皇帝赠龙图阁待制，谥"献烈"。赐葬在西安赤塘山，即衢江区赤塘山。离江郎路途较远，子孙祀祭不便，祝寿公于元朝皇庆元年（1312）在福庆堂建如在祠祀之。朔望必往礼拜，以申如在之诚，施田十三亩与僧以为香灯之资。木主曰："赐进士龙图阁待制献烈祝公讳梦熊神位。"清明和重阳两节，嗣孙进祠祀拜，庵僧设斋筵以待之。

11. 俨若祠

祠在江郎庵，原因敬二公祝萱有疾，访医调治不愈，其长子祝士俊往闽求医，途中遇僧，号名虚空。空僧言能疗百病，延调公疾，翼日病愈，真是药到病除。士俊公以财礼谢之，僧不受，惟求江郎庵为栖息可矣，于是修建庵于江郎山下，于虚空和尚团坐。馈之食物不受，惟山草野果供之。僧在庵十余年，敬二公祝萱原病复作，其子祝士俊登庵求救。而祠神龛早立敬二公木主：太学生祝萱神位，监于达摩之前。士俊惊骇不已，问曰"此何故也"。虚空答曰："令尊大人明日仙逝之期，此病已无药可救。"果应其言，祝萱于宋绍定四年（1231年）十二月初二日逝世，享年六十四岁。大家认为虚空即是达摩化身。士俊公拨田十五亩，为庵香灯开支。每年三月二十日祝萱公诞辰纪念日，十二月初二日祝萱的忌日，裔孙们进祠祀拜。明朝万历年间族甥徐廷言借祠读书，失火梦烧俨若祠，后复重建。

12. 梅泉将军庙

家庙在江山城西山梅泉之左，萧齐太尉祝辂所避地，而居者也。祝氏之行贤，祝辂豪杰磊落，以军功擢太尉，相当于现在国防部长，计事不合，谪守校尉，遂遁迹梅泉，祝氏迁江山始祖也（见齐太尉祝辂传）。太尉八世孙，隋仪同三司桃根将军，复以武略起家，绳其祖武用乃经营家庙。投入巨资，家庙美轮美奂，傲成梓材，垂万世基，百年之骨，敦孝思祀。庙成，隋朝派大臣薛道衡前来祝贺，薛作《祝将军家庙记》。

13. 敬思堂

堂在如是庵，为吏部郎中祝璆公读书处。三十三世祖祝璆，进士，吏部郎中，湖南学政。任职时拨田二十亩，入庵斋僧，僧威公德，祝璆卒后，僧设龛纪念公，额曰："进士第吏部郎中讳璆公神位。"并题匾为"敬思堂"，子孙每年二月十五日赴堂祀拜，僧以斋果待之。

14. 孝思堂

堂在江山道堂庵内，庵在早坂道堂山之峡。明嘉靖年间，祝天民公屯田早坂，起建斯宇。追奉先祖，祠祭朗智十九公祝天民神主，拨田五亩，召僧住供奉香灯。

15. 龙溪祝氏遗迹（国家级文物保护单位）

（1）祝氏宗祠

在江西省广丰县龙溪村，是郎峰祝氏龙溪派支祠。该祠始建于明成化年间（1465~1487），清康熙、乾隆两朝有三次较大规模的扩建。坐北朝南，占地 3.78亩。祠分三进，中轴在线自南而北依次为一进戏台、二进中厅，三进享堂。两侧厢房，称"报功"和"崇德"。祠侧还有客房、膳堂、马厩等，附属建筑，一应俱全。该祠是江西省保存最完整的宗祠建筑之一。

（2）文昌阁

在江西省广丰县龙溪村祝氏宗祠右前方，建于清同治七年（1868），高 12.3米，占地面积 475平方米，原为祝氏私塾。

（3）江浙社

在江西省广丰县龙溪村中心，始建于明代，是龙溪村最早的公共建筑，因龙溪祝氏明初由浙江江山江郎迁入，故名"江浙社"，该建筑为祝氏纪念性建筑。

（4）水仙阁

在江西省广丰县龙溪村村口，又名"观音阁"。

16. 江山主要分支宗祠

江山目前尚保留有嘉田祠、敖坪祠、日山祠。新中国成立后被拆的有：郎峰祝氏大宗祠、大溪滩祝祠、张村祝祠、模溪淤祝祠、桐村祝氏大厅、荷花墩祝祠、四都祝祠、坛石祝祠、大桥祝祠等。

（1）江山碗窑乡嘉田祝氏宗祠

嘉田祝氏宗祠为郎峰祝氏嘉田派支祠，位于江山市碗窑乡毛家殿村。嘉田祝氏为郎峰四十八世祖祝滔分迁，现有人口逾千人，该祠建于清代早中期，为浙西南常见白墙黛瓦砖木结构之建筑，占地面积约900平方米，二进一天井五开间。建筑为硬山顶，前墙两垛马头墙，牌坊式门楼。前进为前厅和戏台，后进为享堂，中间有一较大天井，天井左右两侧均有厢房，梁柱间饰以精美木雕，山墙绘有麒麟、松鹤等吉祥图案。

（2）江山敖坪祝氏宗祠

敖坪祝氏宗祠在贺村镇原敖坪乡政府，是郎峰祝氏大贤派支祠，原为三堂，现存中堂，建筑恢宏大气。

17. 郎峰祝氏外迁支派宗祠

（1）衢州市宝山祝氏宗祠

宝峰上祝家宗祠位于衢州市衢江区杜泽镇宝山村，全村有祝氏800多人。宗祠始建于清康熙年间，现存的建筑为光绪年间重建。宗祠为三进二天井，中轴线自东而西依次为一进前厅、二进中厅和三进享堂。精雕细琢，工艺精湛，具有较高艺术价值。宗祠边上有一株400多年的老樟树，五人才能合围，郁郁葱葱。

（2）兰溪长陵祝氏宗祠

长陵祝氏宗祠位于浙江省兰溪市梅江镇上祝宅村，占地面积达2150余平方米，是中国第二大的祝氏宗祠，现为浙江省重点文物保护单位。长陵祝氏宗祠建于1940年，因此宗祠主体建筑为典型的江南祠宇建筑，门楼明显受西式建筑影响，具有比较独特的建筑风格。宗祠主体建筑为三进、二天井、七开间，共三十九间。分别为一进前厅，二进中堂，悬有"燕翼堂"匾，三进为享堂，整座宗祠规模宏大，气势不凡。房檐屋梁间均有精湛的木刻构建，是浙西地区传统砖木古建筑的精华。上祝宅村除祝氏宗祠外，还有香火堂，俗称"下屋厅"，是座典型的明清厅堂建筑。香火堂为歇山顶砖木结构，用料考究，梁柱粗大，阔面三间，占地面积100余平方米。

（3）武义县樊岭脚祝氏宗祠

樊岭脚祝氏宗祠位于武义县俞源乡樊岭脚村村口，廊桥之南峡溪之畔，是樊岭脚村最大型的古建筑。宗祠占地面积约700平方米，两进一天井，四合院结构，硬山两坡顶，面阔五开间，分前厅和后堂，两边厢房。整座建筑装饰简约，但精致，用料考究，是典型的浙南山地风格。宗祠保存基本完整，享堂供奉祖宗像和牌位。

（4）武义县莱山祝氏宗祠

莱山祝氏宗祠位于浙江省武义县柳城镇祝村东部。祝村本叫莱山村，以村里的大山得名，祝姓在此发展繁衍后，将村名改为祝村。宗祠始建于康熙二十年（1681）。莱山宗祠占地1000余平方米，两进一天井，阔面无开间，一进为门厅和戏台，二进享堂，进深五间约12米，左右各有厢房。莱山祝氏宗祠木质构建雕刻精美，门楣、雀替、牛腿等构建均雕有精致的龙、麒麟、人物等花纹，具有较高的工艺水平。

（5）富阳祝家村祝氏宗祠

祝家村祝氏宗祠位于杭州市富阳区受降镇祝家村，占地约一亩，主体建筑为硬山顶马头墙，左右有偏房，称"华封堂"。宗祠前面有两株粗大的古银杏树。

（6）兰溪市太平东祝氏宗祠

宗祠位于永昌街道太平祝旧宅村，全村有230余户，720余人。太平东祝明代时有兄弟两人，兄祝初迁出建立新宅，弟祝戒仍居旧处，故名太平祝旧宅。祝戒官至明代福建按察副使，其于明宣德七年（1432）在村中所建祝氏覃恩堂保存完好，为兰溪市级文物保护单位。宗祠三进三间，门厅有戏台。中进为主建筑，明间中缝九架双步廊式，内部有斗拱结构和雕刻装饰，与后厅之间构穿堂。用梭柱、柱侧脚、磉形柱础，下垫覆盆，硬山顶。正厅前轩檩条下皮、金檩下皮有浮雕。门前有"台宪"石坊，二柱三楼，建于明嘉靖四年（1525）。

（7）广丰区三都祝氏宗祠

三都祝氏宗祠位于江西省上饶市广丰区丰溪街道三都村，为郎峰祝氏白沙金潭派宗祠。金沙祝氏为郎峰祝氏四十二世祝孟谦，元末明初由江山郎峰迁江西三都，至今繁衍二十余世，3000余人。祝氏宗祠始建于明清时期，经数百年风雨，已经摇摇欲坠。2011年初，三都祝氏在祝兴国、祝钟荣等孝贤带领下，集资30余万元，耗时一年终于重建宗祠。新祠仿古砖木结构，整体设计古朴端庄、气势非凡。占地面积约600平方米，二进五开间一天井格局，天井两侧设有厢房。

（8）广丰区十都祝氏宗祠

十都祝氏宗祠又称上祝家祠堂，是郎峰祝氏相亭派支祠，位于江西省上饶市广丰区嵩峰乡十都村。宗祠现存一堂，约100平方米，为砖木结构三开间硬山顶马头墙建筑，前墙为全木板隔墙。建于同治五年，分前后两部分，均为重檐歇山顶，前面为戏台，后部为演员更衣间。整座戏台精雕细琢，气势非凡。现为广丰县文物保护单位。

（9）铅山县石塘祝氏宗祠

位于石塘古镇，建于明代，是石塘四座祝氏宗祠中建造年代最早的一座。铅山石塘是江南祝氏主要祖居地之一，由此繁衍的祝氏后裔分布在铅山、余江、贵溪等县市，达数万人。宗祠为砖木结构，赣派作式，由主厅、厢房和院落组成，占地面积约为600平方米。宗祠石雕门楼，用料极为讲究，工艺复杂、雕刻细腻。宗祠内部梁柱粗大，造型古朴，是不可多得的建筑瑰宝。

（10）铅山县篁碧祝氏宗祠

篁碧祝氏宗祠位于江西省铅山县篁碧乡篁碧村，武夷山北麓，海拔近千米的山地。篁碧宗祠为徽派建筑，全祠三进二天井阔面五开间，占地面积达1200余平方米。宗祠一进前厅及戏台，二进中堂，三进享堂，以及厢房、厨房等一应俱全。作为山区宗祠，篁碧宗祠规模宏大，用料粗犷，结构古朴典雅。宗祠墙内砌有宋代墓志铭一方。

（11）余江县瑶池祝氏宗祠

瑶池祝氏宗祠始建于明代，位于江西省鹰潭市余江区中童镇瑶池村。瑶池分瑶池村委会和水上居委会，总计祝氏人口达8000余人，是全国最大的祝氏聚居村落。祝氏宗祠于2007年重建，耗资100余万元。这座建筑坐落在村子西边，约800平米，共三进一天井，一进为前厅和戏台，二进大厅，为二层木楼，三进为后堂。装饰以简单雕刻和彩绘，整座建筑古风古貌，气势恢弘，足见瑶池祝氏繁荣昌盛。

（12）赤壁市祝家垅祝氏宗祠

祝家垅祝氏宗祠位于湖北省赤壁市中火铺祝家垅，建成于2016年，由祝国安等人筹资兴建。宗祠为钢筋混凝土仿砖木结构，建于近2米的高台上。宗祠共二进，三组马头墙，一进阔面五开间，为三重檐硬山顶坊门式结构，着重彩。二进三开间，置有神龛。占地600余平方米。

（13）海南祝氏三宗祠

海南祝氏有2000余人，主要是德兴暖水祝氏后裔，在海南建有三个宗祠。有万宁市松塘坑祝氏宗祠，位于万宁市后安镇松塘坑村，万宁祝氏有人口800余人。宗祠建于1991年，为钢筋混凝土、仿木结构建筑。门前有彩绘盘龙柱子，占地面积约200平方米。

文昌市高隆祝氏宗祠，位于海南省文昌市清澜高隆村，文昌共有祝氏700余人。宗祠建于2011年，为钢筋混凝土仿古建筑，占地面积约200平方米，一进三开间。

琼海市山仙祝氏宗祠，位于海南省琼海市中原山仙杏园村，建于2014年，占地面积约180平方米，重檐歇山顶，黄色琉璃瓦。杏园村祝氏仅42人，男丁24人，兴建宗祠十分不易。

江西还有上饶岩坑祝氏宗祠、划船头祝氏宗祠、南山祝氏宗祠。广丰区三都祝氏宗祠、十都祝氏宗祠、渡头祝氏宗祠、塘头祝氏宗祠、沙溪祝氏宗祠、十一都嵩峰祝氏宗祠。铅山还有石塘祝氏老祠、东祝氏宗祠、莲塘祝氏宗祠、吐虎源祝氏宗祠等。玉山临湖祝氏宗祠、鹰潭青山等祝氏宗祠。

福建有闽清下祝祝氏宗祠、浦城闽浦祝氏宗祠。湖北有赤壁祝家垅祝氏宗祠、大冶祝拔萃庄祝氏宗祠、通山祝氏宗祠及建在四面高楼中间的鄂州市祝家湾祝氏宗祠，等等，不一一介绍。

第三节　楹联
联对引

联对之设，所以扬先美亦以示后人。予族自文正、文忠二公尝赠"郎峰世家"，君恩隆焉，家声振焉。虽不敢以门第自谀。然名公巨据实题赠，正先世功德所由彰者，何可陈迹视之删而不录欤？因集联对，注年号，并评题赠芳名。

1.西域·赫巴拜题

族肇江郎 独占山川胜景

支分泰岱 克承礼乐真传

——唐景龙二年戊申

【作者】赫巴，阿拉伯人，西域匈奴后裔，赫连勃勃族属。景龙年间，唐朝廷聘为掌管天文的保章事，曾二次路过，到江郎山亲晤东山老人，为其申论璇玑玉衡奇门遁甲之绝学异书《增补万福全书》作序、赠联。

【简注】上联指江郎山胜景是郎峰祝氏发祥地。下联指郎峰祝氏从山东迁来，继承礼乐传统。

2. 沙堤毛晃拜题

才全文武　敬业公屈身款待　请诏完姻珍国器

学博经书　昌黎伯另眼观看　下帷设榻乐嘉宾

——宋绍兴元年岁在辛亥

【作者】毛晃（1084～1162），江山沙堤人，任主簿，闭门著书。增注《礼部监韵》。

【简注】上联指唐英国公徐敬业招祝克明为婿，封太子少保督理扬州粮饷、参知军政事。下联指韩昌黎（即韩愈）为祝尚邱书写墓志。

3. 佚名拜题

埙篪竞奏　兄祭酒弟参军　经文纬武　唐代勋名推第一

龙凤齐飞　父宣抚子都谏　定国安邦　宋朝功烈美无双

——宋政和三年岁在癸巳

【作者】作者不详

【简注】上联指兄祝钦明国子监祭酒，弟祝克明参军。下联指河东宣抚祝程，子祝常、祝应言、祝顾言、祝绅、祝徽言、祝敷言、祝嘉言、祝慎言、八子登科官为都谏。

4. 南塘徐存拜题

随二帝以北行　父全忠子尽孝　报主事亲　父子增光国史

望三峰而南徙　祖创业孙守成　诒谋继志　祖孙丕振家声

——宋至和元年岁在甲午

【作者】徐存，字诚叟，号逸平，江山南塘人。北宋宣和年间曾师事理学家杨时，为程颐再传弟子。南宋初，拒绝秦桧多次征召，隐居南塘，设书院讲学，门下子弟前后达千余人。

【简注】上联指祝敞随靖康二帝，被金寇拖曳捶打，大骂金寇，无奈自损而亡。其子祝光煜赴五国城寻父，历尽艰辛护送遗骸返乡，父全忠子尽孝。下联指祝东山南徙江郎山，创办江郎书院。孙祝尚邱及后代守业继志，丕振家声。

5. 秀峰张恪拜题

扶辇渡河，竭臣忠以承父职，特封衢郡开疆远。

执经问难，听祖训以诒孙谋，肇锡郎峰卜世长。

——宋淳熙三年岁在丙申

【作者】张恪（1111～1181），字季武，江山张村秀峰人。宋绍兴十八年（1148）进士。张恪终成著作郎。

【简注】上联指晋祝巡渡河南征建立东晋功封护国上将军，肃宗太宁二年封为信安侯，长子承父职代父出征击贼平夷。下联指祝东山在江郎山办学执教，孙尚邱继志兴业，后世人才辈出，人丁兴旺。

6. 婺源朱熹拜题

国公驸马门第

察院平章世家

——宋庆元五年岁在己未

【作者】朱熹（1130～1200），江西婺源人，南宋著名理学家、教育家，著有《四书章句集注》《周易本义》《楚辞集注》等。

【简注】上联指祝钦明、祝臣、祝常为国公，祝延年为驸马，都出于郎峰世家。下联指祝元臣、祝享兆、祝学宪等监察御史，祝钦明、祝臣、祝常、祝延年是平章事、宰相。

7. 丽坦周随亨拜题

派衍柯城 越唐宋显赫 箕裘未坠 千年继述乾坤老

族肇江邑 自齐晋创承 功德犹新 万古明禋日月长

——宋绍兴二年岁在壬子

【作者】周随亨，江山清湖人。宋崇宁二年（1103）进士。宋绍兴年间，以直龙图阁传陕蜀，死于阆州乱军。赠忠国侯。

【简注】上联指郎峰祝氏柯城分派，越千年文才辈出，唐宋显赫。下联指八世先祖祝辂迁居江山梅泉，十五世祖祝东山隐居江郎山，功德犹新。

8. 青田刘基题赠

考历朝显赫 宣国公 信安侯 定远伯 尚德男 簪缨奕奕 传不尽丰功骏烈

溯累世芳徽 齐精忠 宋纯孝 唐劲节 元高义 事迹煌煌 起无数奇士伟人

——明洪武十七年岁在甲子

【作者】刘基（1311～1375），字伯温，青田县人。元末明初政治家、文学家，明朝开国元勋。

【简注】上联指祝臣为宣国公、祝巡为信安侯、祝受苍为定远伯、祝自和为尚德男，传不尽丰功伟绩。下联指祝辂为齐精忠，祝光煜为宋纯孝，祝史杰之妻虞氏、儿媳杨氏、孙媳江氏为三代劲节守寡。元高义指祝君翼捐军粮五百硕，白金五百镒，资助文天祥抗元，历代无数奇士伟人。

9. 龟山杨时拜题

心源自快 登江郎而啸傲 快音诗成心愈快

品格本清 居台阁以调和 清高集著品弥清

——宋绍圣元年岁在甲戌

【作者】杨时（1044～1130），福建将乐县人。宋熙宁九年（1076）进士，官至龙图阁直学士致仕，以读书讲学为业。学者称为龟山先生，著有《龟山集》廿八卷。

【简注】上联指唐祝东山著作《江山快音》集。下联指宋祝常著作《清高集》一书。

10. 嵩高柴蒙亨拜题

一门三进士 鸳鸯齐飞 不异薛家三凤

同父八联科 埙篪并奏 何殊荀氏八龙

——宋大中祥符三年岁在庚戌

【作者】柴蒙亨，宋江山长台人，神童，九岁可背四书五经，年十二，便到都城临安府（今杭州），参加进士科举考试。因其"神童"之名，皇上已悉知其名，当朝皇帝宋理宗决定亲试其才，在六和塔对课，皇上嘉赞许，赐进士。

【简注】上联指祝凤池与弟祝鳖池，祝化龙兄弟三人，宋元符二年（1099）同榜进士，人称"祝氏三桂"。唐薛牧与兄薛元敬，蒋德音三史弟，德行高尚，人称"薛家三凤"。下联指祝程八个儿子，三个进士，五个举人，即同父八联科。后汉荀淑有八子，声名并著，世称"荀氏八龙"。

11. 宋濂拜题

飞章陈紫阁 保良将出征沙漠 七十家丁甘代罪

请诏罢青苗 忤当事谪贬临川 万千户口赖扶持

——明洪武六年岁在癸丑

【作者】宋濂（1310～1381），字景濂，号潜溪，浙江浦江人。元末明初文学家。与高启、刘基并称为"明初诗文三大家"。

【简注】上联指祝允哲上书《乞保良将疏》以全家七十二口人性命担保岳飞无罪，未果。闻岳飞遇害，大恸而亡，葬富阳白升山。下联指祝臣请罢青苗法，谪贬临州尉。宋元祐元年（1086）青苗法废，任兵部尚书，征讨河北复地五百里，万千户口赖扶持。

12. 叶秉钧拜题

摄相三朝殁台阁 与楳荣归 御马前征光赫濯

馆甥贰室结婚姻 唐棣华发 王姬下嫁庆肃雍

——明嘉靖四十一年岁在壬戌

【作者】叶秉钧，字敬君，浙江衢州柯城人，明嘉靖二十辛丑年（1541）进士，曾督河南，著有《叶子诗言志》《书籍序文》等。

【简注】上联指祝臣三朝元老，卒于台阁，皇帝赐马荣归安葬，葬于羊廊庵。下联指英国公之女淑德郡主下嫁祝克明，生馆甥祝尚邱，祝尚贤、唐棣华发。安贞公主下嫁祝延年，封延年为安世驸马伯。王姬下嫁祝附凤，唐廿六世祖郡马伯。庆肃雍指祝光煓的长女祝和凤贵配雍王之三子。

13. 柯城徐可求拜题

雪武穆之冤 秉正嫉邪 赤心常昭千古

尊文公之学 宗真摈伪 浩气直塞两间

——明嘉靖四十二年癸亥

【作者】徐可求（？～1621），衢州柯城人，四川巡抚。明天启元年（1621），因彝言辞酋长叛变，明朝自割据西南，徐可求被杀害。

【简注】上联指祝允闻以全家七十二口人性命担保岳飞无罪，秉正嫉邪。下联指祝梦熊上书皇帝《黜奸荐贤疏》，反对韩侂胄奸臣提出的"伪学"。为朱熹、韩愈等一大批尊文之才，恢复名誉，加以重用。宗真摈伪。

14. 泉塘赵铠拜题

从君漠北 忠良盖世心流赤

视学江南 桃李满门眼注青

——明嘉靖四十二年癸亥

【作者】赵铠（1513~1584），字仲声，号方泉、留斋居士，江山石门泉塘人。明嘉靖二十六年（1547）进士。授河南道监察御史、大理寺少卿，主编《衢州府志》，明隆庆元年（1567）创办留斋书院，著有《留斋漫稿》。

【简注】上联指枢密院指挥使祝敆随二帝北上，以身殉主。下联指祝臣任江南学政，提拔大批优秀青年才俊。

15. 鹿溪徐霈拜题

丹阙陈书 在昔曾褫奸雄魄

黄岩抗节 至今犹闻姓字香

——明隆庆二年岁在戊辰

【作者】徐霈，字也霖，号东溪，江山人。明嘉靖二十年（1541）第进士，曾任河南学政、广东左布政使。明隆庆初辞官回乡，建东溪书院讲学，学界尊称"东溪先生"。著有《世德乘》《东溪文集》等。

【简注】上联指祝梦熊上书皇帝《黜奸荐贤疏》，痛斥奸臣韩侂胄的"伪学"，请复朱熹、赵汝愚等爵谥。下联指祝梦熊被罢黄岩尉，贼寇犯境，祝梦熊率义勇军抗寇，壮烈牺牲。至今犹闻姓字香。

16. 凤林姜瓒拜题

特赠郎峰 敕命辉煌来北阙

敬陈谟诰 导扬盛美有东坡

——明隆庆二年岁在戊辰

【作者】姜瓒，江山凤林人，明弘治十二年（1499）第进士，官河间府知府。

【简注】上联指宋神宗元丰二年（1079）赠《郎峰世家》、宋哲宗元祐二年（1087）赠《台钟国家》，宋高宗绍兴十年（1140）赠《五庙典祀》。下联指苏辙为祝常《元诰正误论》作序，此处苏辙是苏东坡的弟弟，不是东坡。作者题此联有误。

17. 镇安周积拜题

堂名式好 五世同居六百口 胥征豫顺

谥赠文忠 贰公寅亮亿千年 犹仰泰交

——明万历十五年岁在丁亥

【作者】周积，字以善，号二峰，江山石门人。官任湖南沅州知州，济南德王府长史等职，明嘉靖三十年（1551）辞官回乡，创办界牌"景濂书院"，专事讲学，著述。著作有《启沃录》《读易管见》《图说》《山中日录》《二峰摘稿》等。

【简注】上联指祝文仆管理六百口之家，和睦共居，孝廉传家。下联指祝臣、祝常两兄弟宰相，寅亮亿千年。

18. 镇安毛恺拜题

历朝五御史 公忠自矢 宣德达情司诰命

行代八宗师 冰鉴为怀 考言询事拔真才

——明嘉靖四十三年岁在甲子

【作者】毛恺（1506～1570），字达和，号介川，江山石门清漾人，进士，南京礼部尚书、吏部尚书、北京刑部尚书，赠太子少保。著有《薛文清读书录抄释》三卷、《介川集》十卷行世。

【简注】上联指监察御史祝文臣、巡道御史祝彦圣、都御史祝邦泰、巡察御史祝学宪、监察御史祝柔中，宣德达情，执法如山。下联指祝臣江南学政、祝廷骥福建学政、祝绅山东学政、祝敔广东学政、祝奇两广学政、祝允闻山东学政、祝璆湖南学政、祝凤池江西学政为八宗师，冰鉴为怀，为国家选拔真才。

19. 新坦周文兴拜题

胸横星斗 万福书成追梓慎

学贯古今 三峰集著配程朱

——明嘉靖廿一年

【作者】周文兴，字用宾，江山凤林人。明正德三年（1508）第进士，官至鸿胪寺正卿。

【简注】上联指祝东山作《增补万福全书》，其内容是历书，故称胸横星斗。下联指祝山曜著《三峰集》。

20. 海宁陈元龙拜题

经国有文章 兄宰相 弟宰相 宣化分猷治绩直同周召

传家惟武烈 隋将军 汉将军 进攻退守兵机不让孙吴

——清雍正十一年腊月

【作者】陈元龙（1652～1736），字广陵，号乾斋，海宁盐官人。清康熙二十四年（1685）一甲二名进士（榜眼），授翰林院编修，入直南书房。次年充日讲起居注官。后被劾结党营私、招纳贿赂，罢官回籍。三十年，复任，迁侍讲转侍读。三十六年迁右庶子。曾随康熙帝亲征噶尔丹并巡幸塞北、江南。三十八年，任陕西乡试主考官，后迁侍讲学士转侍读学士、翰林院掌院学士、教习庶吉士、经筵讲官、吏部侍郎。五十年，出任广西巡抚，赈济灾民，兴修水利，广建谷仓。五十七年，升工部尚书，后转礼部尚书。雍正七年（1729），授文渊阁大学士兼礼部尚书。因在广西巡抚任内亏空遭劾，经核实，共亏银212，000多两，责令5年赔清。不久，雍正帝恩免全部赔款。十一年，归老，加太子太傅衔。死后谥"文简"，人称"陈阁老"。

【简注】上联指兄祝常平章事，平章事是宰相，权高于宰相，弟祝臣任宰相四年，国安民富。下联指隋将军祝奢，隋末乱军扰民，祝奢率义兵破贼李子通，壮烈牺牲，赠武烈将军。汉将军祝延年，赐制置将军，出胜二战连诛景云诸贼。

21. 秀峰黄瑞拜题

（一）

庙宇辉煌 汉朝驸马府

门庭显赫 唐室国公家

（二）

江阳绵世学 横经枕史 美北宋建邦而南 人文崛起

山左启宏图 仗钺秉旄 辅西晋迁都以东 勋世犹新

——清乾隆四十五年

【作者】黄瑞（1752~1810），江山张村人，乾隆四十五年（1780）庚子科武状元，历任长沙协副将，宜昌镇总兵。

【简注】[1]上联指郎峰祝氏庙宇辉煌，与后汉祝延年驸马府同映辉。下联指国公祝钦明，唐国子祭酒，三品，门庭显赫。[2]上联指祝东山创办江郎书院，横经枕史北宋祝氏人文崛起，俗称满朝祝。下联指先祖祝巡辅西晋迁都以东，封信安侯，勋业犹新。

22. 秀峰黄大谋拜题

柯城绵世泽 越梁晋汉周 树戟建坊 台阁驸马皇亲第

灵石起人文 溯宋唐齐隋 赐封锅谥 翰苑公侯国师家

——清乾隆四十八年桂月

【作者】黄大谋（1726~1799），字圣筹，号石庵，江山市张村乡人。少年聪慧异常，善诗文，工书法，习制举艺。24岁时，弃文习武，得入邑庠生。乾隆十七年（1752），中乡试第二名。乾隆十九年（1754），中武进士，钦点蓝翎侍卫，供职于京都内廷，后调任直隶天津都司。

【简注】上联指先祖祝巡封为信安侯以来，越梁晋汉周唐宋元明清历朝，在江山各地树戟建坊近50处。国老街辉煌台阁，皇亲国戚有驸马祝延年，郡马祝克明、祝附凤,祝女嫁王子有祝和凤，祝学似五人。下联指祝东山建江郎书院以来，郎峰祝氏翰苑公侯国师众多，人才济济。

23. 未署名堂联

宋室平章第

唐朝祭酒家

【简注】上联指北宋祝常平章事，即宰相，下联指唐祝钦明官国子祭酒。

三石效灵 迭钟将相公侯 国运家声并远

累朝凝秀 历毓忠孝节烈 皇恩祖德弥长

郎石联云映彩霞 文星列宿充三馆
重门敕轴悬紫诰 台谏传芳第一家

诗书振家声 科甲连绵门第推广唐代
文章扬姓字 风云际会事功显著宋朝

诰命依然新雨露
衣冠不改旧家风

万派分流基脉岭
千枝有本肇郎峰

驾护晋朝贻泽远
功隆汉室播恩长

诗书蚤听泥金捷
诰命还夸画锦荣

三锡褒额承德重
五庙典祀沐恩深

24. 祠龛联

中龛联
石室传经 奕世书香 绵祖德
金阶佐治 满庭诰命 沐皇恩

节拟郎峰今古峙
祀同须水地天长

中左龛联
祭酒显庸能本色
博经名士自风流

中右龛联
职赞勤王功第一
才矜出众世无双

左次龛联
终身孺慕徵纯孝
万世明禋报大功

25. 大门楹联

门墙深邃 堂寝所阶耀彩霞 在昔会传阀阅
庙宇巍峨 亭台楼阁承洪业 于今犹仰故家

堂寝宏开 看鸟莹翚飞 占断江山秀气
人文广毓 睹蛟腾凤起，沾来日月恩光

鼎新克遂前人愿
丰大还期后嗣贤

入室自当严步履
登堂尤合肃冠裳

26. 忠孝祠联

避盗负亲 遇盗全亲 微至孝
舍身随主 杀身报主 见贞忠
万里从君 披发赤身 流血泪
三年庐墓 憔容墨面 露丹心

杀身事主 满腔热血 空名宦
焚署效忠 一点丹心 耀史书

饮唾堂前忧日短
犯颜阙下爱夫长

烈忠报国身何惜
愚孝娱亲志倍真

菽水承欢羞富贵
鞠躬尽瘁格人天

27. 崇德祠联

石室传经 当世共钦真学问
同门著望 千秋犹仰大文章

释褐登庸在昔 苍生曾食德
补衮佐命于今 子姓尚铭恩

黜奸进贤 功崇莫匹
宣猷敷化 明德维馨

甘棠遗爱垂名宦
大树延誉仰武功

立说著书 崇敦儒术
保民护国 德洽天心

秉志频隆乡国望
成文不惧鬼神惊

28. 报功祠联

竭力奉先 万世箕裘敦本质
捐金轮祀 千秋俎豆振重光
承千年阀阅 遗规鼎新革故
振万世庙堂 依制晋进咸亨

敬祖原非思报食
表功自是答深恩

惟愿承家增俎豆
还期经国有文章

当年蘋藻留余泽
今日馨香报大功

29. 报本祠联

祀合溯源瀫水须水交流 水水渊源若接

礼明报本鳌峰郎峰并峙 峰峰根本遥通

【简注】瀫水：衢江。须水：须江。鳌峰：鸡公山尖。

置在幽宫万古形容如在

列诸深室千秋享祭攸隆

入室时疑闻謦欬

登堂如或接形容

百世不迁微德泽

千秋致祭报功恩

闻见似疑临洞属

精神若得接羹墙

功德并行推不朽

春秋特奠美无穷

30. 追远祠联

衢郡开疆亿万载流风堪溯莫谓英灵随气散

信安食邑千百年謦欬如闻须知原本格神明

功德云遥水木本源宜报

羹墙如见春秋祫祀特详

气化原归诸冥漠

将享应达夫精诚

当日播迁垂燕翼

千秋祭奠答鸿恩

享祀春秋随气化

幽明感格别阴阳

31. 庶母祠联

偕行与共江沱赋
福履相将樛木萦

励节原无分嫡媵
正名应自别尊卑

教子原宜端母训
佐夫何敢与妻齐

在公自合端名分
安命何妨赋小星

32. 戏台联

梦游月宫 扮出旦生净末 登场博笑
来修祀事 演成忠正邪奸 逐队承欢

月里嫦娥 呈艳曲莫言 下界人知否
庙中祖考 格新词试问 钧天梦若何

忆当年 装扮妙曲
将此日 奉敬祖先

艳曲祗应天上有
雅人定是月中多

灯火辉煌 置身想像真阆苑
笙箫悠雅 奏曲依稀是月宫

第四节 匾额

1. 宋神宗元丰二年御赠

《郎峰世家》

【简注】世家：世代显贵的家族。《郎峰世家》此匾赞郎峰祝氏是世代显贵的家族。

2. 宋哲宗元祐二年御赠

《台钟国家》

【简注】台钟：宰相和三公。《台钟国家》，指出过宰相和三公的家族。

3. 宋高宗绍兴十年御赠

《五庙典祀》

【简注】五典：指父义、母慈、兄友、弟恭、子孝。《五庙典祀》指祠庙祭祖应弘扬五典伦理道德。

4. 朱熹题赠

《祭必摅始》

【题者】朱熹（1130～1200），字元晦，又字仲晦，号晦庵，晚称"晦翁"，谥"文"，世称朱文公。祖籍江南东路徽州府婺源县（今江西省婺源），出生于南剑州尤溪（今属福建省尤溪县）。南宋著名的理学家、教育家，著有《四书五章名集注》《楚辞集注》等。此匾于宋淳熙年间题。

【简注】摅：传播。《祭必摅始》，指祭祖定要传播先祖的崇高思想，继承先祖的光辉业绩。

5. 文天祥题赠

《兄弟宰相》

【题者】文天祥，南宋抗元名将，在帝昺（赵昺）任枢密使。在潮州被元军俘。他的"人生自古谁无死，留取丹心照汗青"名句，激励后人。此匾于宋咸淳元年题。

【简注】《兄弟宰相》，指郎峰祝氏三十二世祖祝常，任平章事五年，平章事权力在宰相之上。弟祝臣任宰相，即兄弟宰相之来由。

6. 徐复殷题赠

《气节流芳》

【题者】徐复殷，江山人。以《易经》首中甲科，召试玉堂。历任刑部侍郎，升左庶子。此匾于宋绍定己丑年题。

【简注】《气节流芳》，指郎峰祝氏的先祖崇高志气和节操，将流芳百世，世代相传。

7. 贾谊题赠

《器国世家》

【题者】贾谊，生平和事迹不详。此匾元朝至正十五年题。

【简注】《器国世家》，指郎峰祝氏是器重国家，对国家有重大贡献，世代显贵的家族。

8. 费宏题赠

《万代瞻依》

【题者】费宏（1468～1535），字子充，号健斋、鹅湖，晚年自号"湖东野老"。铅山（江西省铅山县福惠乡烈桥）人，明弘治元年状元，明朝名臣，内阁首辅。

【简注】《万代瞻依》，指世代要敬仰先祖，依照先祖的精神去做。

9. 赵镗题赠

《国学崇瞻》

【题者】赵镗（1513～1584），字仲声，号方泉、留斋居士，江山人。明嘉靖二十六年（1547）进士。授河南道监察御史、督长芦盐政。此匾于明嘉靖四十八年（1569）题。

【简注】《国学崇瞻》，指郎峰祝氏崇尚国学，书香门第。

10. 毛恺题赠

《策名郡驸》

【题者】毛恺，江山人。进士，礼部尚书、吏部尚书、刑部尚书，诗人。此匾题于明万历四年秋月。

【简注】《策名郡驸》，指郎峰祝氏授皇帝册封驸马的祝延年，册封郡马的祝克明、祝附凤。

11. 周积题赠

《忠烈济美》

【题者】周积，江山人。明朝举人，南京国子监，官至德王府左长史。此匾于明嘉靖己亥年题。

【简注】《忠烈济美》，指子孙继承祖先的事业。忠烈济美，指郎峰祝氏子孙继承祖先为国为民献身的精神，像祝奢、祝梦熊、祝敝等一大批浩然正气、壮烈牺牲的忠臣烈士。

12. 周任题赠

《天下宗师》

【题者】周任，江山人。进士，官至刑部郎，著有《元峰集》。此匾子明朝嘉靖庚寅年题。

【简注】《天下宗师》，官名，掌训导宗室子弟，这里指学政。祝廷骥福建学政、祝绅山东学政、祝敔广东学政、祝奇广西学政、祝臣江南学政、祝允闻山东学政、祝璆湖南学政、祝凤池江西学政，故称天下宗师。

13. 杨继盛题赠

《黄岩大节》

【题者简介】杨继盛，河北容城人，进士。官兵部员外郎、吏部主事、刑部员外郎等

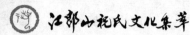

职。被奸臣严嵩所害。此匾于明朝万历戊寅年题。

【简注】《黄岩大节》，指祝梦熊官至监察御史，因反对韩侂胄的"伪学"，谪黄岩尉，贼寇侵犯黄岩、梦熊率义勇军抗寇，壮烈牺牲，赠龙图特制，谥"献烈"。

14. 佚名题赠

《世科甲》

【简注】《世科甲》，指郎峰祝氏第科甲的先祖很多，后代子孙要继承先祖的传统。

15. 柴兴题赠

《世进士》

【题者】柴兴，江山人，明永乐七年（1409）第进士，官至中允。此匾于明朝永乐十七年题。

【简注】《世进士》，指郎峰祝氏出了很多位进士，后代要继承这个传统。

16. 徐霈题赠

《家庙》《惇叙》

【题者】徐霈，江山人。进士，明朝河南学政、广东左布政使，是政治家、文学家，著有《世德乘》《东溪文集》。此匾题于明万历十年。

【简注】《家庙》，指郎峰祝氏祭祖的地方。惇叙，指祝氏宗祠是郎峰祝氏崇德报功、互相勉励的地方。

第六章

家规训

第一节 家规家训引

常言道：国有国法、家有家规。没有规矩，不成方圆。郎峰祝氏家规、家训，是先祖千百年逐步形成的持家经典。核心内容是：遵纪守法，精忠报国。敦亲睦族，和睦相处。尊师重教，崇尚科举。诚信孝义，耕读传家。

在这种优良家风的熏陶下，出现了百位进士，半千官臣，无一贪官，无一奸臣。北宋枢密院指挥使祝敫，披发赤足，千里沙漠，随二帝北行，痛骂金贼，血流一路，折磨致死。岳飞的战友祝允哲，因反对奸臣秦桧，而被贬官潮州推官。吏部尚书陈旦为他平反，恢复武诩大制参，岳飞蒙难，又上书以全家70多口性命保岳飞父子。祝梦熊反对奸臣韩侂胄，被罢黄岩尉，抗寇牺牲。祝氏好多京官都因反对奸臣蔡京、韩侂胄、童贯、章惇、秦桧，被谪官贬出京城，世上有几个这样的忠臣良将？

明太祖朱元璋亲任命祝宗善为苏州太守，被诬陷贪污。刑部吏部联合派钦差拘捕，施杖刑、抄家，家中除旧家具、一把琴、几部书，什么也没有，官复原职。钦差大臣们都赞曰："好清廉的官呀！"

第二节 家规

1. 父子

父以教子为慈，必讯其子以日之所为，而责其浮惰。教之学而与之艺。子事父有常职。父至必立而旁侍，问则柔应，召则无诺，早晚必省亲，寒暑温清。体亲之志，救亲之过，服亲之劳。余有礼经，非兹所能尽。

2. 夫妇

糟糠之妻不可忘，愚懦之夫不可怨。为夫者勤俭以盈家，为妇者敬戒以内助。

3. 兄弟

兄弟不藏怒，不宿怨，以和乐为主。若父丧弟幼，教读为婚悉分内事，毋以功自伐，毋骄泰自尊。为弟者恭敬其兄，兄坐弟立，行则雁行，毋得傲怠。倘兄年长，顾问当如父若。亲在不分居，不割产。若亲命分，则不计产之肥瘠，不争业之多寡。

4. 长幼

疾行先长者，谓之不弟。故居不同位，行不并肩。若长者来，则立，立则仰呼。长者问则答，答必从容，此为事长之道。不止本家之长事之如此，即合族之长者之皆如此也。不然以家法斥戒。若为长者宽而不斥，是长者先失其道矣，为长者须正色以待子弟，不可少有戏言也。

5. 慎终

亲病危笃，凡男女必待汤药，而慎以候之。

6. 成名

凡子孙成名者，标于国而耀于家，毋得忽于族而傲于长。如入泮入太学，增廪选贡，登乡荐、第进士及致仕荣归，一体行仪。其于归日，先谒祠堂。明日族众必往趋贺。又明日黎明，于族中挨门逐户拜见父辈以上者。则必叩母辈以上者，亦必请叩平班者行平礼，其内不问见。

7. 诞庆

五旬以下未可称寿，不许大破钱财，破格妄为。若父母健在不许做大生日。如六十以上父母仙游，子道即毕，有子具庆，则子请其命。允则行，不允则托亲之执友劝谕。若不允，则趋辞族戚；若既允，方可敬行预具恳贴，贴于族之各厅大门，以期大会宴饮族人。有力者备以糕桃烛面馈祝，即于寿日清晨合族大小盛服登堂拜寿，主人以桃面待之。中午宴大会，明晨寿之子弟逐门叩谢。其有礼馈者，恳之即日复宴。五服内之人不论有馈无馈齐赴席陪。如妇寿则族之内眷亦设大会宴饮，五服之内眷齐来陪之。其或族与戚友送屏送轴设席以谢者，又零行补待，悉昭礼目，具恳以优觞筵席，亦五服之人赴陪。

第三节 家训

1. 昌二公祝志僖遗训

生子必教，教则必严，严则必诚，诚则艺有所精。精则一生不穷，不穷则无怨于父母，而父母亦无愧于不爱矣。夫不爱非稚时之爱乎哉。

2. 日四公祝通书壁垂训

教子必谨之于初。其出就外傅之时，朝夕回来必考其日所为之工程，讲其上中下的道理以坚其志，而探其向。然后察其资禀之清浊，志气之大小，就其才志而笃其肄业。其习斯业无使宽假，虽小道必有可观者焉。若夫天下之人个个要为士，田地何人耕？个个想做官，裔民何人为欲？高而无成，更业不能精。不独子自误，父已先误矣。可不慎欤！

3. 兴三公在翰遗劝子侄勤学训

人生在世，不可以饱而闲白日，不可以煊而逸青春。彼公卿之子为庶人，不学也；其庶人之子，为公卿学也。尔曹思之慎之。

4. 纲二公庭训

欲子之孝必严之始，能言毋许呼长者名字，能趋教之以恭揖，毋许疾行先长。若成童不可顺其所欲，务使唯诺承命。就馆须考日之所为，早晚则讲明孝悌、忠信、礼仪、廉耻之事。交接明其尊卑、亲疏、轻重、厚薄之分，如此习熟了，自少至长，决不至不孝不悌也。

5. 常十一公书塾壁垂训

家若贫，不可因贫而废学。家若富，不可恃富而惰学，学者乃为君子，不学则为小人，尔后生各宜勉之。

6. 忠六公庭训

耳不闻人之非，目不视人之短，口不言人之过。庶几君子。

7. 孝十七公祠训

愿尔子孙，宁可正而不足，不可邪而有余。

8. 诗三十八公遗书与子任示训

尔身为君身，肝胆以忠献。眼前皆赤子，头上是青天。

9. 诗十九公训嘱子孙曰

事君牧民者，有客来相访，如何是治生。但存方寸地，留与后人耕。

10. 振八十三公诫子弟训

读书为起家之本，循理为保家之本，勤俭为治家之本，和顺为齐家之本。

11. 声二百七十六公书授子于公署曰

在家不得不孝，在国不得不忠，凡事皆可让人，惟忠孝切不可让汝，当勉之。

12. 熙百九十五公遗训

父母若爱子，莫如教以书。虽教而不严，非是真爱子。

13. 寅三公援书以训子侄曰

读书求理，造烛求明，明以照暗室，理以照人心。不想做官，就不读书乎？

14. 智十九公遗训

木之根在于土，人之本在于祖。故祖墓须当修，宗谱须当补。若夫三世不修墓，五代不续谱，不惟大不孝子孙。且难顾，譬如木根失培，其枝叶能久丛乎？

第四节 家语

1.**东山公语孙尚邱曰**：富贵不义是浮云，贫贱有道不为耻。是故刍豢不若莱根，香锦帏长莫如布衣。

2.**尚质公曰**：忍难忍之事，恕不明之人，方谓有容德之人。

3.**尚邱公有言**：少而不学，长无能也；老而不教，死无益也；富而不施，贫无与也。是故，君子少思其长，则务学；老思其死，则多教；有思其穷，则务施。

4.**史杰公云**：世事让三分，孝悌慈不可让；心田存一点理而已矣。

5.**芳贻公常曰**：人生不学，冥冥如夜行；学而不勤，能明夫更有者，未之有也。

6.**惟珍公谓有司官曰**：寸心不昧，万法皆明。人之偏倚者，谓非私欲之蔽，君不信也。

7.**成川公曰**：要求入圣贤之门，但当以贵人之心责已，恕正之心恕已。

8.**在念公谓子弟曰**：无以忆之所能，而责人之所不能，己之所长，而责人之所短，庶几求为可知也。

9.**次庵公曰**：知足常足，终身不辱；知止常止，终身不耻。

10.**忠武公绝命词曰**：立心不负君，杀身不愧亲。

11.**栎齐公常言**：天若改常，不风即雨；人若改常，不病即死。是故，君子惟安常而已，盖不以不知妄作也。

12.**发庵公有言曰**：闲中检点平生事；静里思量日所为；常把正心行正道，自然天地不相亏。

13.**兴九公常曰**：为善最乐，道理最大。

14.**季庆公曰**：子孝双亲乐，家和万事成。

15.**有尊公曰**：千经万典孝义为先，天上人间方便第一。

16.**劲烈公在任常言**：大丈夫用心刚，故轻死生于鸿毛；士君子风义明，故重名节于泰山。

17.**山曜公曰**：学到明心方是道，修身之人在养亲。

18.**敬巷公常曰**：心不负人，面无惭色。

19.**屏章公书以自警曰**：行藏虚实自家知祸福，因由更问谁？善恶到头终有报，只争来早与来迟。

20.**师德公常云**：知足贫穷亦乐，不知足富贵亦忧。又曰：富贵易于善，为其恶也亦不难。

21.**文正公在朝曰**：谗臣乱国，妒妇乱家。若治国不用谗臣，治家不用佞妇，则何亡国败家之有！

22.**在仁公曰**：求人须求大丈夫，济人莫济过恶人。

23.**明卿公在政曰**：国之将兴实在谏臣，家之将荣必有诤子，是故，明君不宠不忠之臣，慈父不爱不孝之子。

24.**象文公曰**：读书求理，理照古今，故知时务者为俊杰。

25.**献烈公绝命辞曰**：背道而生，正如正道而死。生为宋朝臣，死为宋国鬼。

26.**季龄公语云**：广积不如教子，避过不如省非。

27.**孟和公曰**：欲善勿惮为，须知颜渊谓：舜何人也？予何人也？有为者亦若是。

28.**帝执公曰**：巧不若命，智不若福，何必巧用机关。

29.**开远公曰**：六亲不和，无慈孝，国家昏乱，有狼奸。

30.**寿一公有言曰**：看经岂为善？作福岂为愿？不孝漫烧千束纸，亏心枉焚万炉香；神明本是正直做，岂受人间枉法赃。

31.**敬之公曰**：大丈夫有容人之量，无为人所容。

32.**方池公曰**：语人之短不曰直，济人之恶岂谓义。

33.**西岗公座右箴曰**：须行有理事，莫发无信言。

34.**又广公曰**：友恭成大业，孝慈乐天真。

35.**凤卫公语曰**：家和贫也乐，不义当如何？但有教子肖，何用子孙多。

36.**东涧公曰**：常思贫困，自然不骄；毋虑言疾，自然检点。**又曰**：人资禀要刚，刚则有为。

37.**养廉公自箴曰**：圣贤千言万语载于经传，无非要人将己放之心，置在天理上去。

38.**养廉公元配郑氏绝命辞曰**：妇道天地，以洁身为高。

39.**三祝公铭书架曰**：家穷学不穷，卖田不卖书。

40.**西山公屏右曰**：极乐莫如读书，最好莫如讲礼，至要莫如教子。子贤礼明书透，岂不足以当富贵哉。

41.**次律公有言曰**：父不言子之德，子不言父之过。此亦学问中事也。

42.朝园公常言：人死留名，虎死留皮。皮以毛威，名以德纪。

朝园公元配戴氏示其子曰：凡不可着力处都是命也。君子疾无名，尤疾虚名。无名无愧，虚名被人识破，只增愧耳。纵未被人识破，亦能无愧于心乎？惟务实自修，名自随之，不可掩矣。

人有好任事多者，亦好名之念也。君子未尝不以事为己任，但事未至无喜事，心当事之时，无自私心，成事之后，无自伐心。为所当为而已，若事外增一点虚名，心中必多一内愧也，子孙戒之！

第五节　暖水祝氏家规家训

则德兴市第三批非物质文化遗产，暖水祝氏家规家训十："重国课、重祖墓、重农桑、重嫁娶、重孀居、禁悖逆、禁谣辟、禁殴讼、禁盗贼、禁时会。"

十则中，最值得一提的是家规头条"重国课"。国课者，国家税收也。重国课，即重视交纳国家税收，也就是老百姓说的交"皇粮"。这在百家姓的家规家训中是极为罕见的。且不说封建时代，百姓视各种官税如洪水猛兽，孔子曾云："苛政（繁重的徭役赋税）猛于虎。"就在今天，还有不少名人富人也以逃税偷税为荣。而祝氏深知"国以税为本"的道理，"重国课"展现的是大局意识，本质上体现的是忠诚。

第六节　慈善义举

1.义田

（1）**模溪光裕庄**：此处义田二百八十亩，粮撒通族各户轮将租，与读书子孙分别重轻资输余者。拨一十六两银子延师，以主启蒙馆，再余贻资县试。

（2）**乌村翼文庄**：此处义田一百六十四亩。粮入祠，户轮纳租，归江郎书院仓储。院内每年应支油灯柴炭，计谷五十硕外。其余支给义方馆内延师束修缮用，并分别资读开销按年计数以给，毋庸存留。

（3）**宾峰庄**：此处义田二百一十七亩，收租二百五十硕，贮入义账仓，先除纳课若干，余散以赈寡孤，再余蔬留资婚。

（4）**黄荆垅庄**：此处有义田一百八十七亩，收租二百五十硕。贮入义赈仓，先除纳课若干，余留以资乡会、郡试，分别支给缠费，再余者以贮放生息，以备次殡。

（5）**郎峰四隅庄**：此处共义田六十三亩，收租七十五硕，贮入大宗祠公仓内，以备修祠墓，并祭器，遇有公事开销。

2.义仓（用于扶贫孤寡鳏与借贷）

（1）**义赈仓**：仓场在下井，每年冬至前十日，开仓照簿列名，按例支账。以养孤寡条例如下： ①家贫有志守节之妇，每口每年领谷八硕。有子者于年二十岁则止，无子者给应至老。 ②孤子未立家实贫甚，或依寡母，或靠伯叔每丁每年领谷五硕。及年长十六岁则止，女儿亦然给至于嫁。③鳏独无产无人承继者，每年领谷四硕，倘无藉不立人品，不许给领。

（2）义赈仓：仓场在中廒后，每年四月十五日开仓。族中口粮不敷，不能下种者，领贷每硕加利二斗，于八月十五日交还，本利入仓，并本年租谷一同收贮，来岁仍照例行。

3. 义学

（1）义方馆：在脉岭溪东，翼文庄租，拨金十六两，延师主席，以族中无力读书子弟就之，若开讲学文，迁入江郎书院授业。

（2）启蒙馆：在宅基下街头。翼文庄租拨金十六两，延师主席，以及族中无力读书之子弟就之，若开讲学文，迁至江郎书院授业。

（3）义学资助具列如下：

①儒童：每人领谷二硕为一年，灯油纸笔之需。

②生员：每人领谷五硕，告顶则止。

③廪贡：每人领谷七硕，出仕则止。

④乡荐：每人领谷十硕，出仕则止。

（4）遇考期，开仓计数粜银支领。规则如下：

①府县试：每儒童领卷，资点心银三钱。

②道考：每员领银二两，儒童每人领银一两。

③逢考员：每员领银三两。

④逢坐监：每员领银五两。

⑤乡试：贡监生员每人领银四两。

⑥会试：每人领银一十两。

（5）第进士者：捐田十亩，以益众资，永不抽回。

4. 资读

读书非只为功名也，但读书识字以免愚瞽，晓礼义以省放肆。故于族之无力读书者，设义学使就学焉，虽然无力读书者或犹可给衣食，尚有无衣无食而不能读书者，故设资读之例。凡不给衣食不能读书者，使其子弟就食于馆，其所用纸笔亦众给领翼文庄租谷，拨应义方启蒙两馆，以资此等食用。

5. 资婚

婚以承祧，不婚则嗣续断矣！然此不能婚者，必皆伶仃孤苦之子也。族巨人众不免有焉！故于族之单传至年长四十孤零不能娶，将陨与先系者，或以母寡孀守而成因，命运蹇乖年纪长大穷不能娶，将有负于母昔之。若志所守者，故集例族议，其可资以婚者，则以宝峰庄义赈之余积，动支二十四两为其婚配银。若稍可自备，如许则随数凑之。若其服内有伯叔兄弟之富有者，则其任在兹，否则其咎亦在兹，乃不必以公而资其婚也。

6. 资殡

有小不顾老，游于外方至疾焉，乃归无后而死者。富不虑贫，好为奢侈玩荡至穷病乃绝望无子而死亡者，此虽不肖，然可悯也。再有极贫，虽有子侄不能殓者，族盖不能无之先人虑之，故立例与黄荆垅庄所资试之，余者贮积生放为其资殡，以全先祖之遗支。殡资棺一柩，布五疋，香烛纸二钱，酒一坛，米五斗，肉五斤，不许多设少减。

第七章

书印谱

第一节 书法

1. 宋神宗御赞

宋元祐三年（1088），郎峰祝氏少师上柱国臣公、太保同平章常公，抱载有江郎山图的《郎峰祝氏世谱》上呈宋神宗皇帝御览，神宗皇帝看了祝氏家谱和江郎山风景名胜图，十分高兴，赠御赞郎峰祝氏为"郎峰世家"，将《郎峰祝氏世谱》列于国史同重。并题御赞曰："石之赤赤，泉之清清，山秀水丽，地杰人灵。祝族于兹，世哲传经，美哉斯干，郎峰特鼎。"

宋神宗楷书秀丽优美，御赞褒额于天语，此诚郎峰祝氏独蒙荣耀也。"山秀水丽，地杰人灵。祝族于兹，世哲传经。"充分肯定郎峰祝氏与江郎山紧密的关系。清朝文渊阁大学士陈元龙在祝谱序中曰："悉江郎之奇景矣，有奇景然后有奇人。祝氏之族自与郎峰奇气而滋大，江郎之石藉祝氏奇杰而益传。江郎之石固亘古鼎峙，而祝氏之族自与郎峰而并峙。"

2. 东山公自题与柴成务、毛晃赞文墨迹（隶书）

祝东山隶书自题六言诗一首，字字严谨，一丝不苟，叙述了他超尘脱俗的思想意境。隶书书法秀丽优雅，笔锋苍劲有力。

兴来闻耽石坐，游倦偶抱书眠。
只爱山中习静，谁知世外云烟。

柴成务赞文：

其峻如山，
其大如石。
志洁行芳，
江郎遁迹。
不为物扰，
不为形役。
高古性情，
清奇标格。
何以拟之，
连城珪璧。

毛晃赞文：

公身峻洁，
公志汪洋。
武后践祚，
遁迹江郎。
传经后学，
永肇书香。
不受物扰，
不受形役。
荣膺式命，
邦家之光。

【注释】柴成务（934～1004），字宝臣，曹州济阴（今山东曹县西北）人。宋太祖乾德六年（968）戊辰科，35岁的柴成务状元及第。这是大宋开国以来的第九位状元。柴成务博学多才，长于文学，尤擅诗词，著有文集二十卷，名列《中国文学家大辞典》。《宋史》有传。

毛晃，生卒年未详，字明权，江山人。官至户部尚书，精文字音韵，南宋绍兴二十一年（1151）进士。后即闭门著书，为修订、补充《礼部监韵》，夜以继日，磨穿案砚，学界尊称"铁砚先生"。绍兴三十二年（1162），编就《增修互注礼部韵略》五卷，较《礼部监韵》增收2655字，增注别音、别体字1961个，订正485个注音、解释。此外编纂《禹贡指南》四卷。

3. 延年公自题五言诗

后汉驸马延年公，在驸马花园瀑布泉石壁自题遗诗，隶书，五言绝句一首：

石壁巉岩立，栖迟别有天。

偶来松树下，爱听此鸣泉。

4. 山曜公自题——毛恺山曜先生赞

山曜公自题隶书六言诗一首：

课读义方馆中，栖迟江郎山下。

邺架三峰集藏，守先以待来者。

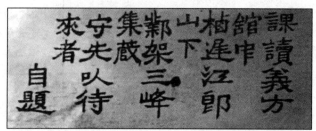

毛恺（1506～1570），字达和，号介川，江山人。明嘉靖十四年（1535）进士，曾任礼部尚书、吏部尚书。隆庆二年（1568），任刑部尚书。山曜先生赞《调寄风入松》是行书，字迹优美流畅，是毛恺先生难得的一幅书法遗存。

《调寄风入松》词文：

葛巾野服俗情删，考槃乐道闲。红尘隔断三千里，松竹间，终日盘桓。庐内三峰集著，朝中九诏飞领。杜门不出爱身闲，孤志许谁攀？小聪一枕邯郸梦，荣枯事参破机关。峻洁直超壮海，清高克绍东山。

5. 清代蔡英墨迹

蔡英（1790～1812），诸暨人，清江山训导。此赞为郎峰祝氏嘉田派国学生祝连金书写。赞曰：

见富贵鼎不谄，遇贫穷则不骄。

或怡情于山水，或遁志于渔樵。

不堕行于冥冥，不饰节于昭昭。

胡为欲亲丰采，常觉室迩心遥。

拜晤公之遗像，顿令吾心醉而魂销。

6. 胡云韶墨迹

清代胡云韶，生平不详。此文赞郎峰祝氏资圣派（浦城）武德骑尉祝帝封公。

赞文曰：

山停岳峙好精神，福履长绥庇后心。

听得感恩诸父老，白头犹自说前因。

江郎山祝氏文化集萃

7. 郎峰祝氏三十三世大理正卿正奉大夫允闻公篆书
《宋故蔡君判官墓铭》

《宋故蔡君判官墓铭》发掘解说：

1973年5月初，原籍凤林镇荷花墩村的祝佩森在衢江区童何村造房子，因寻找碎砖块时，在附近山上无意中发掘了一方"岳州军事判官蔡汉模"的墓志铭等文物。发现该墓志铭篆额"宋故蔡君判官墓铭"八个字，系先祖郎峰祝氏第三十三世大理寺正卿允闻公（1059~1125）于1101年所书。篆额字高11厘米，宽8厘米。祝佩森将此碑及其他文物全部捐献给衢县文化馆，此铭文于2006年编入《衢州墓志碑刻集录》第21~23页。墓志铭等文物现在还完整保存在衢州博物馆内。

宋故蔡君　判官墓铭

8. 书法家祝允明书法作品欣赏

祝允明（1460~1527），字希哲，号枝山，因右手有六指，自号"枝指生"，又署"枝山老樵""枝指山人"等。郎峰祝氏后裔，长洲（今江苏苏州）人。他家学渊源，能诗文、工书法。是明代著名书法家，他草书豪放、大气磅礴，特别是其狂草颇受世人赞誉，流传有"唐伯虎的画，祝枝山的字"之说。

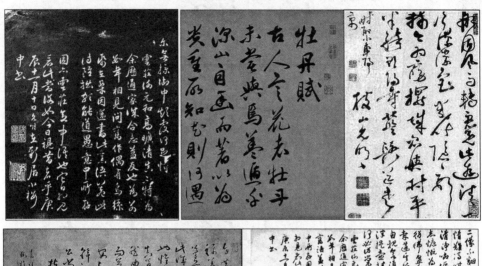

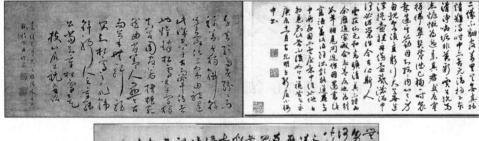

9. 祝世禄书法作品欣赏

祝世禄，字世功，郎峰祝氏裔孙，明代江西德兴人。第万历十七年（1589）进士，考选为南科给事。历尚宝司卿。明代著名书法家，世禄工诗，擅草书，笔墨潇洒豪放、大气磅礴。著有《环碧斋》诗集三卷，尺牍三卷，及《环碧斋》小言，均《四库总目》并传于世。

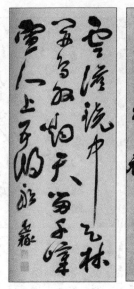
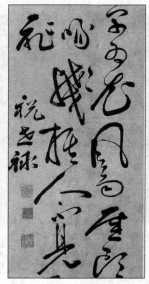

10. 清代浙江金衢严道如山《郎峰祝氏世谱序》墨迹（摘录）

如山，姓赫舍里氏，字冠九，号古稀男子，清满洲镶蓝旗人。道光十八年（1838）第进士，官浙江按察使、四川布政使。书法雅近六朝。山水得力王鉴，笔意苍浑，墨色淹润。晚年深悟泼墨法，尤觉气韵生动，花卉竹石，亦古朴有致，尤擅写生，设色淡冶，风雅嫣然。兼擅指头画，古奇苍莽，直欲追踪高其佩。光绪十一年（1885）行书楹帖时年七十余。著写《秋轩诗存》。

11. 清代陈元龙《郎峰祝氏世谱序》墨迹（摘录）

陈元龙（1652～1736），字广陵，号乾斋，浙江海宁人。康熙二十四年（1685）榜眼，授编修。历官詹事府詹事、翰林院掌院学士、吏部侍郎、广西巡抚、工部尚书。雍正七年（1729）由额外大学士兼兵部尚书授文渊阁大学士兼礼部尚书。太子太傅衔，雍正十一年（1733）退休。工书法。著《爱日堂诗集》等。

第二节 印谱

魏了翁（1178年~1237年），字华父，号鹤山。邛州蒲江县（今属四川）人。南宋大臣、著名理学家。

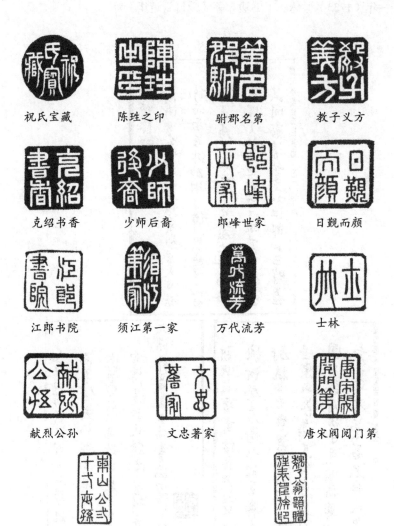

祝氏宝藏　　　　陈珪之印　　　　驸郡名第　　　　教子义方

克绍书香　　　　少师后裔　　　　郎峰世家　　　　日觐而颜

江郎书院　　　　须江第一家　　　　万代流芳　　　　士林

献烈公孙　　　　　文忠著家　　　　　唐宋阀阅门第

东山公二十一世孙　　　　　魏了翁题赠裑表望族印

附录

一、古迹（除复建的江郎书院）

1.江郎山北塔与江郎书院：砖塔在江郎山北峰顶上，江郎书院在北峰之下，北倚砖塔，南对三峰。唐嗣圣年月朗公（东山公长子钦明）建。

2.西岗书院：在江城雅儒坊，明工部贞公荣归建课子孙。

3.梅泉书院：在城西梅泉之上敬原祠内，为祝氏儿孙读书场所。敬原祠在骑石山之阴目连菴后。

4.其他读书处：读易草堂（在江郎山东山公讲易处）。义滔（在江郎脉岭底）。启蒙馆、濯襟轩、云具书屋、萝月山房、月在楼、浴砚台、爱吾庐、映雪斋、拜石园等。

5.梅泉：水哉亭在梅泉上面。景行坊唐贞观年建在梅泉。

6.祝氏三宅：世宅（今江郎街）、宅基、后宅（即江郎新街）。

7.祝氏三庆：一福庆堂，二集庆社，三安庆庙（都在原阁老街）。

8.花园：江氏花园，在江郎脉岭，为尚邱公姊江氏嫁妆。上下花园，一是驸马花园，一是少师别墅花园。金花园，在早坂石碧山下。还有竹园（在梅泉）、菊园、桂园、只庵、逸圃等。

9.白马坟与白马庙：文忠公卒于任，宋皇御赐白马送公荣归安葬，白马老死后，葬江郎木栖树垅，并在白马坟上头建了白马庙。

10.东廒、西库：是郎峰祝氏存放粮食的大型仓库，分别在阁老街的东边和西面。

11.义赈仓：仓场在下井。

12.义熙仓：仓场在中廒后。

13.千硕仓：在江邑西城西塘巷，每年青黄不接济贫助困，不记账，秋收归还，还不起者免交，当年又凑齐千硕粮，年年如此循环。

14.上马石：在大殿外。据传当年郎峰祝氏兴旺发达，从脉岭到大殿五六里地，都是郎峰祝氏宅第居所，大殿外才是水口，文武百官去朝廷或回家，在水口上马石上下马。

二、府第

1.制阃府：在衢州南门，巡公以府署为宅。

2.太尉宅：在江山西山梅泉齐太尉辂公居宅。

3.开府：在太尉宅之东，开府仪同三司桃根公居第。

4.忠烈第：在太尉宅之东，武烈将军居第。

5.大司成第：在相亭尚质公居宅，奉追钦明公复国子祭酒原秩，额表其门。

6.仪宾第：在脉岭，淑德郡主居宅。

7.博士宅：在仪宾第之次，尚邱公居宅。

8.**驸马府**：在仪宾第东北，安世驸马延年公居宅。

9.**少师府**：在郎峰文忠臣公四房居。

10.**宣抚第**：在郎峰驸马府之西内列八厅系程公八房列居。

11.**平章第**：在郎峰脉岭底文正常公之门。

12.**廉使第**：在郎峰裕民公门。

13.**傅储第**：在郎峰少傅奇公宅。

14.**尚书第**：在郎峰尚书敬公宅第。

15.**宪部第**：在郎峰刑科给事璆公宅。

16.**察院第**：在相亭惟珍公居宅。

17.**御史第**：在梅泉祝家巷（即褚厨巷）监察御史廷枚公居宅。

18.**銮司第**：在梅泉祝家巷（即褚厨巷）之东主簿宝公居宅。

19.**秩宗第**：在相亭大司成第之次太常硕德公居宅。

20.**国史第**：在相亭翰林之贞公居宅。

21.**进士第**：在相亭秩宗第之西郎中牧公居宅。

22.**指挥第**：在相亭国史第之南指挥永澍公宅。

23.**大经略第**：在相亭发运使圣言公居宅。

24.**大司马第**：在郎峰兵部尚书献武公原宅。

25.**少常伯第**：在郎峰待制师说公居宅。

26.**明经第**：在东川外翰化公居宅。

27.**宪副第**：在镇安副使宁公居宅。

28.**少司马第**：在郎峰侍郎咨谋公居宅。

29.**大忠丞第**：在郎峰御史夔公居宅。

30.**参宪第**：在竹和副使进公居宅。

31.**大郡伯第**：在竹和太守宗善公居宅。

32.**大司空第**：在郎峰尚书配元公居宅。

33.**大总河第**：在郎峰管河穆公居宅。

34.**大京兆第**：在郎峰侍讲兼开封府尹周材公居宅。

35.**大制台第**：在郎峰节度使应言公居宅。

36.**柱史第**：在郎峰御史学宪公居宅。

37.**大观察第**：在郎峰都察院裕民公居宅。

38.**都谏第**：在郎峰给事中琛公居宅。

39.**侍御第**：在郎峰枢密使学雍公居宅。

40.**太守第**：在魁潭君翳公新宅追表刑科给事钦州太守梦良公秩。

41.**总宪第**：在郎峰按察彦中公居宅。

42.**太史第**：在郎峰翰林学士忠彦公居宅。

43.**忠宪第**：在郎峰宅基副使苏州太守寿公居宅。

44.**贰尹第**：在郎峰世宅迪功郎康公居宅。

45.**郎官第**：在雅儒西岗书院西工部主事贞公宅。

46.**少尹第**：在秀峰主簿公居宅。

三、表坊

1.**旌表孝义坊**：在郎峰孝廉佳福公居宅。

2.**旌表孝子坊**：在郎峰孝子元恺公居宅。

3.**旌表贞节百岁坊**：在郎峰九锡公元配毛氏居宅。

4.**旌表孝子坊**：在郎峰予孝宗亮公居宅。

5.**旌表孝子坊**：在郎峰孝子柱公居宅。

6.**百岁封翁坊**：在郎峰旌齿德郎胜金公建。

7.**贵尚天姬坊**：在郎峰太平兴国年间增修大宗祠前表驸马之绩。

8.**尚义坊**：在郎峰奖远承公建。

9.**兄弟宰相坊**：在郎峰绍兴年修建大宗祠前表臣常二公之绩。

10.**副相坊**：在郎峰宣抚使程公建。

11.**天下宗师坊**：在相亭宗祠前追表钦明公原绩。

12.**大中丞坊**：在郎峰御史邦泰公建。

13.**大司宪坊**：在郎峰节度使应言公建。

14.**大冢宰坊**：在郎峰常公秩吏部时建。

15.**翰撰坊**：在郎峰绅公官内阁秘修撰时建。

16.**贞节坊**：在郎峰为栩公元配胡氏建。

17.**节孝坊**：在郎峰为伸中公元配邵氏建。

18.**解元坊**：在郎峰光耀公建。

19.**留都文宗坊**：在江邑中街为臣公提督江南学政时建。

20.**少司寇坊**：在郎峰敢公升刑部侍郎时建。

21.**八凤齐鸣坊**：在江邑南门宣抚程公八子登科以进士应言、常、绅，省元顾言，乡荐徵言、敷言、嘉言，武举慎言等建。

22.**奕世科甲坊**：在郎峰宣抚程公八子之后选联科甲，以进士祝宝、祝琛、裕民、柔中，举人学宪、学雍、安民、新民、和中、中制、忠佐、中丞、援中，武举学耕、学偃、健中、中才、中旌，贡士学曾、学开、德中、起龙、中龙、忠相、忠治、明中、依中、监元、学思、中行等建。

23.**累代伟绩坊**：在江邑南门臣公四子之后选中科甲，以进士允闻、允哲、梦良、梦熊、徐椿，举人允美、梦举、梦诜、士俊，贡士允初、大成、君翔，仕宦举授治中、大义，太守大任，徵仕郎大年，分府梦祥，儒仕郎君翼诸公建。

24.**出纳丝纶坊**：在郎峰忠彦公擢通政司时建。

25.**孝行可师坊**：在郎峰旌表孝子世庆公。

26.**省元坊**：在郎峰元善公建。

27.**攀桂坊**：在郎峰麒公登乡荐建。

28.**天府书贤坊**：在郎峰孙荣公省元建。

29.**惇孝性成坊**：在郎峰为孝子光煜公建。

30.**敦伦风世坊**：在郎峰旌表顺孙镀公建。

31.**折桂坊**：在郎峰特可公领乡荐建。

32.**崇奖幽贞坊**：在郎峰为自修公元配毛氏建。

33.**大参知坊**：在竹和副使进公建。

34.**期颐奖庆坊**：在郎峰百岁封翁肇庭公建。

35.**五马春来坊**：在竹和为苏州太守宗善公建。

36.**兄弟联芳坊**：在郎峰进士周材乡荐周易、周翰三兄弟建。

37.**柱史坊**：在江邑南门咨谋公升都御史时建。

38.**国史坊**：在郎峰奇公官内秘书院修书时建。

39.**登科坊**：在镇安举人德公建。

40.**大司空坊**：在郎峰配元公摄工部尚书时建。

41.**贞节坊**：在镇安和公元配徐氏建。

42.**双龙并跃坊**：在郎峰进士夔举人燕兄弟联芳建。

43.**名世真儒坊**：在东川明经化公建。

44.**天部表仪坊**：在江邑南门师说公升吏部郎中时建。

45.**文魁坊**：在郎峰玉堂公登乡荐建。

46.**持纲豸史坊**：在相亭惟珍公官察院时建。

47.**贞节坊**：在郎峰炳公元配张氏建。

48.**匪石盟心坊**：在相亭士居公元配张氏建。

49.**御闼名高坊**：在郎峰銮公中省元时建。

50.**澄清禹服坊**：在江邑雅儒坊为贞公钦督黄河工程时建。

51.**兄弟登科坊**：在郎峰凤池、鳌池、化龙三兄弟同登进士建。

52.**柏府栖乌坊**：在郎峰祖芳公官御史时建。

四、郎峰祝氏分迁与分派

　　千百年来郎峰祝氏的迁徙频繁，迁徙数量庞大，而且分布五湖四海，迁徙大致可以分为四次，而这四次迁徙均与中国人口大迁徙的大背景相吻合。

　　第一次迁徙发生在东西晋之交，五胡乱华，汉人衣冠南渡。信安侯祝巡等祝氏先祖，由江北的山东古祝国范围，随大量北方世家大族，迁徙至江南，定居信安（今衢州）；

　　第二次迁徙发生在唐末五代时期，由于唐末五代军阀混战，郎峰祝氏由衢州、江山逃避战乱到邻近的浙江丽水括苍、江西德兴暖水、铅山鹅湖等地。形成了继江山之后的江南祝氏第二批祖居地。

第三次迁徙发生在北宋、南宋之交，随着南宋定都杭州，江南文化、经济空前发达，祝氏由于为官、经商、游学等原因，由江山郎峰、丽水括苍、德兴暖水、铅山鹅湖等四大祝氏聚居地，迁往武义、兰溪、淳安、龙游、婺源、万年、分宁、歙县、建阳等更远的地区。大至以四大祖居地为中心，向北、西、南方向呈扇形扩散。

第四次迁徙发生在元末明初，伴随着朝廷江浙填湖广，湖广填四川，祝氏由江西、浙江、安徽迁徙至湖北、湖南、河南，又由这几个省迁徙至四川、重庆、陕西和云南、贵州等更偏远的地方。

郎峰祝氏本宗八十八派，指的是共同在江郎山会修宗谱的郎峰分迁派系，分布在江郎山及周边的衢州、常山、广丰、玉山、浦城等县市，这些支派由于地理上距离江郎山较近，都和祖居地保持着紧密的联系。仍然参加江郎山祝氏祖祠修缮、祭祀活动，参与祖祠会修《郎峰祝氏世谱》和各自分支宗谱。清末江郎山祝氏祖祠会修宗谱时，计有八十八派，因此就就有了郎峰祝氏本宗八十八派这一说法。家族公共建筑本宗八十八派中，发展极不平衡。魁潭派人口最多，人口五千以上，而且还从魁潭又分出了八个支派。日山、六川、厚川、龙溪、柘阳、白沙金潭等都有千余人以上。而部分支派如须川派、东川派、峡口派均已消亡。原居石门张家源的祝川派、大桥仕阳的仕阳派，也都在原地不见祝氏后人踪影。大恢里宅派民国修谱时，仅为兄弟二人，桃源村上道院的道院派，如今也只剩随母改嫁外地的二兄弟，更多的支派人口在几十到六七百人之间。郎峰祝氏本宗，均为江山始祖祝辂后人。其中绝大部分为郎峰嫡系，也就是十五世祖祝东山子孙。梅泉分迁的也只有亳溪、上溪、潢溪、长峰等少数几派，总共不到千人，他们均为祝东山堂兄弟的后代。

竹和派为郎峰祝氏分散后人文最盛的派系。明代就有苏州府知府祝宗善、大同宣府指挥使祝大用等人物。但是很快竹和就盛极而衰，明洪武年间，苏州府知府祝宗善因肃法直道，遭叛贼扳诬，坐以三法会审。后来虽为其平反冤情，官复原职，但家族当时为避免牵连合族抄斩，而四散逃避，曾经聚居地竹和，今天已经找不到一户祝氏，只剩下祝家花园垅等地名。

魁潭派聚居在江山大溪滩，民国时独立修谱，并建有壮观的祝氏宗祠，徽派门楼，占地面积近三千平方米，可惜于二十世纪九十年代拆毁。魁潭祝氏清代有武进士、乾隆近身侍卫祝开疆，民国时军统人物较多。

龙溪祝氏所处与江山交界的广丰县龙溪村，山环水绕，土地肥美，历史上较为富庶。不仅在村内建造了龙溪祝氏宗祠、文昌阁、江浙社、水星阁等大型公共建筑，而且带头出资支持修建郎峰大宗祠、宅基祖宅等。

除魁潭派、六川派等少数支系，由于人口众多离大宗祠稍远，清代开始独立修谱，但仍照旧参加家族公共建设、大宗祠祭祖等宗族盛事。其他支派自始至终都共同在祖祠中合修族谱，郎峰祝氏八十八派，均已分迁五六百年以上，有的甚至上千年，仍然一起合族祭祖、修谱、公共建设，这种宗族文化现象，在江山乃至整个江南地区都不多见。在江山，与祝氏人口相当或更多，历史同样悠久的大族中，如周、毛、姜、徐、王、郑氏等大家族，均各自立祠、修族谱。正是这种特别的现象，民间有

"祝氏不分家"的说法。究其原因，大概有以下几点。

一、祝氏自北宋以来形成的孝义传家的风尚，祝文仆一家共炊六百余口的奇观正是这种风尚的体现，还有三百多、一百多人口共炊的好几户，几十口人一户的更普遍，这种风尚传承数百年经久不衰。

二、这些祝氏分迁支派，大部分是元明初祝氏遭逢劫难时，四散逃避到周边定居的，由于出走时匆忙，并没有意料到会永久地离开祖地，留在江郎山的祖产，在相当长的时间里，也是各派均有份，因此有没分家之说，大家还是本家人，这种心理代代相传。

三、祝氏各支逃难后，很多都是躲避在像碗窑、清源尾、大桥、磐峰这种深山老林，或广丰龙溪、十都，浦城资圣、玉山等这种省际交界之处，由于自然条件恶劣，长时间里人丁都不旺盛，因此借助旧族抱团取暖，成了最好的立族之法。

四、郎峰祝氏谱牒完备，各支分迁脉络清晰，彼此认可度高，因此能在相当长的时间内荣辱与共。

正是以上原因，郎峰祝氏在历史上家族认同感十分强烈，虽然各派都有自己的字辈，但是有的支派取名仍沿用合族字辈。

历史源流与祝氏十分相似的清漾毛氏在江山就有四五万人口，但在周边的仅有不到二十支派系。祝氏在江山仅不到三万人，周边也不过两万左右人口，却达八十八派，这一现象极其罕见，从侧面反映了祝氏元初遭受杀戮的史实。

元初祝氏逃难散居后，江山祝氏人口呈断崖式下降。曾经人声鼎沸的江郎山阁老街、江山梅泉，元末一度荒芜。人口的急剧减少造成了祝氏文化和科举的全面衰退，郎峰祝氏本宗再未出现科甲不绝的现象。明清两代，远离江郎山的竹和、魁潭、雅儒、浦城资圣才断断续续出了些人才。其中竹和和雅儒的人物基本上在明代，如竹和的苏州知府祝宗善、大同宣府指挥使祝大用、山东副使祝进；雅儒的工部主事祝贞，均为明代人。魁潭派和资圣人物则主要出在清代，如魁潭的乾隆朝武进士祝开疆、资圣的兵部郎中祝昌祺、刑部郎中知府祝昌泰、奉政大夫内阁侍读祝春熙等。

经济方面，则是龙溪派、魁潭派、资圣派较富足，这一点主要表现在建造宗祠、厅堂、文昌阁等家族公共建筑和捐资社会公共事业和家族修谱、修谱等族事上。

分迁一览表

1.迁浙江记录（172处）

始迁者	字辈	世次	迁 徙 记 录	省份	现地名	大约年代
巡公字帝临	无	1	鲁兖仕信安侯就籍（一世祖）	浙江	衢州	320
辂公	无	8	肇始须江梅泉始祖	浙江	江山	505
其岱字东山公	积	15	迁江郎山郎峰始祖	浙江	江山	685
尚贤公	有	17	回迁信安	浙江	衢州	730
爤公	常	26	徙居兰溪	浙江	兰溪	900
常卅四公	常	26	迁徙建德	浙江	建德	900
元启公	孝	29	继柯城族叔芳园公	浙江	柯城	960
允集公	孝	29	迁嘉兴府	浙江	嘉兴	960
允荣公	孝	29	赘居武林	浙江	杭州	960
孝生公	孝	29	徙象山	浙江	象山	960
稠公	诗	30	迁诸暨	浙江	诸暨	980
书一百十二公	书	31	侍父就籍丽水	浙江	丽水	1000
咨宪公	书	31	官绍兴府通判就籍	浙江	绍兴	1000
廷稷公	书	31	迁长兴	浙江	长兴	1000
家二百三十九公	家	33	与兄同徙淳安	浙江	淳安	1060
家一百九十六公	家	33	迁居馀	浙江	余姚	1060
家二百二十七公	家	33	迁回浦	浙江	临海	1060
大庆公	家	33	迁永嘉	浙江	永嘉	1070
声三百七十八公	声	34	迁嵊县	浙江	嵊县	1100
世伦公	声	34	赘籍定阳	浙江	常山	1120
褅公	声	34	迁定海	浙江	定海	1120
昱公	声	34	迁遂昌	浙江	遂昌	1120
圻之公	声	34	仕工科吏目秩退籍钱塘	浙江	杭州	1120
行礼公	声	34	赘居会稽	浙江	绍兴	1120
行忠公	声	34	迁东阳	浙江	东阳	1120
尚讲公	声	34	迁淳安	浙江	淳安	1120
宗缉公	声	34	迁山阴	浙江	绍兴	1120
世熊公	声	34	迁浦江	浙江	浦江	1120
声三百八十七公	声	34	迁新定	浙江	淳安	1100
幹公	熙	35	迁汤溪	浙江	金华汤溪	1150

续表

始迁者	字辈	世次	迁 徙 记 录	省份	现地名	大约年代
一栌公	熙	35	赘居龙邱之游埠	浙江	龙游 游埠	1150
应栻公	熙	35	迁余姚	浙江	余姚	1150
茂杭公	熙	35	迁居武林	浙江	杭州	1150
良橡公	熙	35	迁绍兴	浙江	绍兴	1150
德五十公	德	36	迁余杭	浙江	余杭	1180
德六十公	德	36	迁章安	浙江	临海	1180
德二十三公	德	36	同迁秀州	浙江	嘉兴	1180
德八十公	德	36	同迁秀州	浙江	嘉兴	1180
德一百零一公	德	36	迁东阳	浙江	东阳	1180
德一百一十八公	德	36	迁定阳居南门	浙江	常山	1180
德一百十四公	德	36	迁籍信安六都	浙江	衢州	1180
添兴公	恒	29	迁仁和	浙江	杭州 余杭	1180
琏公	钦	36	徙武原	浙江	海盐?	1180
佗公	钦	36	赘籍永康	浙江	永康	1180
钦一百一十公	钦	36	迁余杭	浙江	余杭	1180
教公	钦	36	赘居衢城	浙江	衢城	1180
敬公	钦	36	赘居西安六都	浙江	衢州	1180
钦九十五公	钦	36	迁古虞	浙江	上虞	1180
钦二百四十公	钦	36	迁居姚江	浙江	余姚	1180
钦六十一公	钦	36	徙嘉善	浙江	嘉善	1180
钦八十五公	钦	36	徙平湖	浙江	平湖	1180
钦二百一十一公	钦	36	迁归安	浙江	湖州	1180
光四公	光	36	赘居富春	浙江	富阳	1180
宁十五公	宁	36	迁盐官	浙江	盐官	1180
受四十八公	受	36	赘居西安之博川	浙江	衢州	1180
受十四公	受	36	迁富春	浙江	桐庐	1180
焜十公	焜	36	居章安	浙江	临海	1180
慎二十七公	慎	36	迁祥符	浙江	临安	1180
永鼎公	云	36	迁西安以守父墓	浙江	衢州	1180
永钟公	和	36	迁富阳守制参公墓	浙江	富阳	1180
召见（shao）公	盛	36	赘籍信安	浙江	衢州	1180
高三十五公	高	37	徙居信安	浙江	衢州	1220
高五十六公	高	37	迁魏塘	浙江	嘉善	1220
高八十一公	高	37	迁剡城	浙江	嵊州	1220
高一百四十二公	高	37	迁长州	浙江	长兴	1220

续表

始迁者	字辈	世次	迁 徙 记 录	省份	现地名	大约年代
高一百一十五公	高	37	入籍嘉善	浙江	嘉善	1220
高一百三十五公	高	37	任龙泉尉就籍	浙江	龙泉	1220
宽七十科公	宽	37	业就母舅就籍会稽	浙江	绍兴	1220
隆三十一公	隆	37	同叔祖幹并居汤溪	浙江	汤溪	1220
隆四十八公	隆	37	徙乐清	浙江	乐清	1220
隆六十六公	隆	37	迁四明	浙江	宁波	1220
隆一百四十八公	隆	37	迁建德	浙江	建德	1220
全四十二公	全	37	迁义乌	浙江	义乌	1220
圣十九公	圣	37	迁古虞	浙江	上虞	1220
圣十七公	圣	37	迁浦江	浙江	浦江	1220
百六十一公	百	37	迁新安	浙江	淳安	1220
晋十公	晋	37	徙泂浦	浙江	临海	1220
宣二十九公	宣	37	迁居四明	浙江	宁波	1220
威四公	威	37	迁松源	浙江	庆元	1220
胄十一公	胄	37	迁海昌	浙江	海宁	1220
忠二十五公	忠	38	迁仁和	浙江	余杭	1240
千十二公	千	38	迁西安	浙江	衢江	1250
千八十公	千	38	迁盐官	浙江	海宁 盐官	1250
千八十九公	千	38	迁归安	浙江	湖州	1250
千七十七公	千	38	迁丽水	浙江	丽水	1250
千一百七十公	千	38	迁浦阳	浙江	萧山	1250
承欢公	裕	38	迁仁和	浙江	杭州 余杭	1250
裕五十六公	裕	38	迁浦江	浙江	浦江	1250
裕八十三公	裕	38	迁武康	浙江	德清	1250
缵二十二公	缵	38	迁明州	浙江	鄞州	1220
缵五十七公	缵	38	迁居丽水宣平	浙江	原宣平县	1220
禄二十三公	禄	38	迁居西安之厚川	浙江	西安、厚川	1250
本四十七公	本	38	徙秀州	浙江	嘉兴、一带	1250
守清公	千	38	双生并迁龙邱	浙江	龙游	1250
守明公	千	38	双生并迁龙邱	浙江	龙游	1250
载四十一公	载	39	迁四明	浙江	宁波	1280
翼四十九公	翼	39	徙云和	浙江	云和	1280
翼七十八公	翼	39	迁奉化	浙江	奉化	1280
安四公	安	39	迁居武原	浙江	海盐	1280
美三十六公	美	39	迁东阳	浙江	东阳	1280

续表

始迁者	字辈	世次	迁徙记录	省份	现地名	大约年代
流一百零六公	流	40	迁云和	浙江	云和	1300
流四十三公	流	40	迁西安之十五都	浙江	衢江	1300
纯七十一公	纯	40	徙临海	浙江	临海	1300
纯四十八公	纯	40	徙居慈溪	浙江	慈溪	1300
纯二十五公	纯	40	迁上虞	浙江	上虞	1300
宗十八公	纯	40	迁明州	浙江	鄞州	1300
宗十三公	纯	40	徙章安	浙江	椒江	1300
宗一百三十六公	纯	40	徙庆元	浙江	庆元	1300
华十三公	华	40	徙宣平	浙江	丽水	1300
华二十九公	华	40	徙祥符	浙江	杭州	1300
贤二十四公	贤	40	并迁乐清	浙江	乐清	1300
贤二十九公	贤	40	并迁乐清	浙江	乐清	1300
毓二十二公	毓	40	徙苕溪 （临安至湖州一带）	浙江	临安 湖州	1300
照八公	照	40	迁桐江	浙江	桐庐	1300
照十四公	照	40	徙居越州	浙江	绍兴	1300
德修公	承	40	官松阳令就籍	浙江	松阳	1300
文二十公	文	40	迁居西安之塘西	浙江	衢州	1300
文九公	文	40	迁平阳	浙江	平阳	1300
穀期公	寿	40	迁州山	浙江	舟山	1300
毂三十二公	毂	41	迁归安	浙江	湖州	1330
泽六十二公	泽	41	徙云和	浙江	云和	1330
夂一公		41	迁海盐	浙江	海盐	1330
是二十二公	是	41	迁丽州	浙江	永康	1330
质三十七公	质	41	迁处州	浙江	丽水	1330
质三十八公	质	41	同徙龙泉	浙江	龙泉	1330
质四十五公	质	41	同徙龙泉	浙江	龙泉	1330
克三八公	克	41	迁兰溪	浙江	兰溪	1330
百七十二公	百	42	迁越州	浙江	绍兴	1350
盈十八公	盈	42	迁剡城	浙江	嵊州	1350
盛十五公	盈	42	迁馀暨	浙江	萧山	1350
宁二十六公	宁	42	迁余杭	浙江	余杭	1350
天十八公	天	42	迁居昌化	浙江	临安、昌化	1350
彬四十三公	彬	42	迁常山之浮河	浙江	常山	1350
彬四十公	彬	42	徙龙邱	浙江	龙游	1350
彬二十一公	彬	42	迁居沼沿	浙江	常山	1350
彬四十五公	彬	42	同迁开化	浙江	开化	1350

续表

始迁者	字辈	世次	迁徙记录	省份	现地名	大约年代
彬六十一公	彬	42	同迁开化	浙江	开化	1350
彬二十九公	彬	42	徙西安之园林	浙江	衢州	1350
祀五公	祀	42	迁信安	浙江	衢州	1360
祀十五公	祀	42	迁寿昌	浙江	建德	1360
荣一公	荣	42	住常山七都	浙江	常山	1350
荣三公	荣	42	住常山七都	浙江	常山	1350
彬三十二公	祀	42	同迁州山	浙江	舟山	1350
彬五十一公	祀	42	同迁州山	浙江	舟山	1350
露五十六公	露	43	迁武义	浙江	武义	1370
露二十三公	露	43	迁永嘉	浙江	永嘉	1370
翼圣公	露	43	仕海门令就籍	浙江	海门	1370
象十公	象	43	同迁宁溪	浙江	黄岩	1380
象三十七公	象	43	同迁宁溪	浙江	黄岩	1380
象七公	象	43	迁居西安	浙江	衢州	1380
象六十一公	象	43	同彬45公迁开化	浙江	开化	1380
象十二公	象	43	同迁淳安	浙江	淳安	1380
象四十一公	象	43	同迁淳安	浙江	淳安	1380
深五十二公	深	44	徙居富春	浙江	富阳	1400
明十九公	明	44	游学遂安赘籍是邑	浙江	淳安	1400
深六十九公	深	44	徙居乌程	浙江	吴兴	1400
禄公	功	44	迁永康	浙江	永康	1400
融宙公	融	45	徙淳安	浙江	淳安	1460
棋公	福	45	迁信安后徙居定阳双溪口	浙江	常山	1430
光公		47	迁钱塘	浙江	杭州	1500
茂十六公	茂	49	迁处州	浙江	丽水	1560
士奇公		50	赘居信安	浙江	衢州	1590
汝达公		50	迁衢就籍	浙江	衢州	1590
禄二公	禄	50	迁吴兴	浙江	湖州	1590
禄十一公	禄	50	迁郭县	浙江	安吉？	1590
万象公		51	迁居信安六都	浙江	衢州	1620
寿二十七公	寿	51	迁魏塘	浙江	嘉善	1620
寿五公	寿	51	迁归安	浙江	湖州	1620
世海公		52	迁处州遂昌大枝居住	浙江	遂昌	1640
琨公		53	迁居	浙江	武义	1670
舍珽公		53	徙西安坝下	浙江	衢州	1660

续表

始迁者	字辈	世次	迁徙记录	省份	现地名	大约年代
伯进		54	并徙常邑五都	浙江	常山	1700
占二十八公		54	并徙常邑五都	浙江	常山	1700

2.迁安徽记录（25处）

始迁者	字辈	世次	迁徙记录	省份	现地名	大约年代
浩工公	蕃	20	徽州都督将军卒任子籍祁门	安徽	祁门	750
耀庭公	昌	21	迁亳州	安徽	亳州	780
慎公	日	23	迁砀郡	安徽	锡山	830
上操公	常	26	徽州留守司卒子义年公留籍	安徽	徽州	900
敩公	振	32	仕后就居太平州	安徽	当涂	1030
至恺公	声	34	官歙县主簿就籍	安徽	歙县	1120
健学公	熙	35	馆教贤川就籍	安徽	黄山	1150
尚禹公	衍	35	就籍五河	安徽	五河	1150
仁公		36	官宁国判就籍宁国居昌平乡	安徽	宁国	1185
光九公	光	36	迁安庆	安徽	安庆	1180
觊公	盛	36	寻籍五河	安徽	五河	1180
隆五十公	隆	37	徙新安	安徽	歙县一带	1220
忠三十七公	忠	38	迁滁州	安徽	滁州	1240
缵八公	缵	38	迁砀山	安徽	砀山	1250
君选公	福	38	当涂尉就籍	安徽	当涂	1250
介五十四公	介	39	迁亳州	安徽	亳州	1280
世十五公	世	39	迁居安庆	安徽	安庆	1270
武一公	武	39	迁居寿州	安徽	寿县	1280
纯八十二公	纯	40	徙居太和	安徽	太和	1300
天十七公	天	42	游学安庆赘籍	安徽	安庆	1350
天十七公	天	42	游学赘居安庆	安徽	安庆	1360
象三十公	象	43	迁居磻溪	安徽	歙县	1380
永纶今		44	赘居庐江	安徽	庐江	1420
坤公	章	44	入籍故鄣	安徽	丹阳一带	1420
遐龄公		50	徙居徽州	安徽	徽州	1590

3.迁江西记录（104处）

始迁者	字辈	世次	迁 徙 记 录	省份	现地名	大约年代
尚忠公	有	17	侍父任就籍饶州 以守父墓	江西	鄱阳	680
邦槲公	远	22	仕广信推官就籍	江西	上饶	805
振德公	兴	24	游学赘籍洪州	江西	南昌、一带	850
哲公	纲	25	迁彭泽	江西	彭泽	870
克醇公	惟	27	赘嘉湖迁玉山九都	江西	玉山	920
永和公	惟	27	徙居玉山	江西	玉山	920
霈公	忠	28	就籍抚州	江西	抚州	940
元善公	孝	29	就籍永丰	江西	广丰	960
邦琏公	诗	30	徙吉水	江西	吉水	980
达元公	诗	30	迁云村	江西	玉山、云村	980
炫公	振	32	迁沿山	江西	沿山	980
伯昌公	振	32	徙赣州	江西	赣州	1030
家二十八公	家	33	迁弋阳	江西	弋阳	1060
略公	家	33	赘周氏迁排山	江西	广丰	1070
声二十一公	声	34	迁贵溪	江西	贵溪	1100
思达公	声	34	迁金溪	江西	金溪	1120
咸欣公	声	34	迁贵溪	江西	贵溪	1120
希忠公	声	34	同迁丰城县	江西	丰城	1120
希孝公	声	34	同迁丰城县	江西	丰城	1120
梁公	声	34	仕后就籍吉安府	江西	吉安	1120
纶公	声	34	迁南城	江西	南城	1120
忠祚公	声	34	携仕升之任就籍临川	江西	临川	1460
熙炫公	熙	35	徙玉山	江西	玉山	1150
祥发公	熙	35	赘居玉山	江西	玉山	1150
敬兴公	衍	35	迁袁州	江西	宜春	1150
钦四公	钦	36	迁上高	江西	上高	1180
钦百四十公	钦	36	徙德安	江西	德安	1180
明十二	明	36	并籍鄱阳	江西	鄱阳	1180
明十五	明	36	并籍鄱阳	江西	鄱阳	1180
壑公	钦	36	仕后就籍曹山	江西	宜黄	1180
高七十七公	高	37	入籍临川	江西	临川	1220
高九十三公	高	37	入籍望蔡 （上高、万载等地）	江西	上高 万载	1220
隆三十三公	隆	37	迁居玉山之慧村	江西	玉山	1220
士阎公	万	37	赘居玉山	江西	玉山	1220

续表

始迁者	字辈	世次	迁徙记录	省份	现地名	大约年代
睿十三公	睿	37	迁籍宁都	江西	宁都	1220
千七十五公	千	38	赘籍德兴	江西	德兴	1250
世六公	世	39	随父居望蔡（上高、万载等地）	江西	上高	1270
世五公	世	39	迁信丰	江西	信丰	1270
载九十九公	载	39	迁玉山	江西	玉山	1280
翼二十一公	翼	39	迁高安	江西	高安	1280
翼四十九公	翼	39	并迁崇仁	江西	崇仁	1280
翼九十三公	翼	39	并迁崇仁	江西	崇仁	1280
泰四公	泰	39	迁永丰之嵩峰	江西	广丰	1400
流二十八公	流	40	迁上犹	江西	上犹	1300
流三十七公	流	40	徙玉山	江西	玉山	1300
流五十一公	流	40	徙玉山	江西	玉山	1300
流八十七公	流	40	徙都昌	江西	都昌	1300
纯八十四公	纯	40	迁贵溪	江西	贵溪	1300
乐六公	乐	40	迁都昌	江西	都昌	1300
济三十公	济	40	迁泰和	江西	泰和	1300
德溥公	理	40	赘玉邑之白石	江西	玉山	1300
寿十六公	寿	40	迁永丰	江西	永丰	1300
增荣公	奕	40	迁高安	江西	高安	1300
万三公	万	40	迁玉之祝山	江西	玉山	1300
芳十公	芳	41	入籍信州	江西	上饶	1330
皷二十一公	皷	41	仕吉水主簿就籍	江西	吉水	1330
茂十七公	茂	41	徙玉山之云村	江西	玉山云村	1330
景泰公	莹	41	迁玉山	江西	玉山	1330
莹三十公	莹	41	赘居上饶	江西	上饶	1330
芳百零四公	芳	41	入籍鹅湖	江西	铅山	1330
承十七公	承	42	迁万安	江西	万安	1350
宁十八公	宁	42	入籍崇仁	江西	崇仁	1350
祥光公	僖	42	迁永丰之社后	江西	广丰	1350
长和公	僖	42	徙居贵溪发族	江西	贵溪	1350
绍文公	僖	42	迁永丰龙溪	江西	广丰	1350
彬四十四公	彬	42	徙沙溪	江西	广丰	1350
继溥公		42	弋阳县县丞就籍	江西	弋阳	1350
代七公	代	43	迁乐安	江西	乐安	1380
在公	文	43	迁吉州	江西	吉安	1370

续表

始迁者	字辈	世次	迁 徙 记 录	省份	现地名	大约年代
有临公	文	43	迁鄱阳	江西	鄱阳	1370
世贞公	颖	43	徙高安	江西	高安	1370
国宝公	宗	43	徙居沙溪	江西	广丰	1350
象二十一公	象	43	徙居瑞昌	江西	瑞昌	1380
象三十一公	象	43	迁居玉山	江西	玉山	1380
景一公	景	44	入籍广昌	江西	广昌	1400
景三公	景	44	入赘崇仁	江西	崇仁	1400
景四十一公	景	44	迁贵溪	江西	贵溪	1400
宁十五公	宁	44	迁居广昌	江西	广昌	1400
新二十六公	新	44	迁永丰创居宏坛	江西	广丰	1400
昭公	昭	44	迁永丰八世孙义一回迁浯溪	江西	广丰	1400
祖宇公	显1	45	迁永丰塘边	江西	广丰	1460
德公	显2	45	迁永丰塘边	江西	广丰	1460
赋公	福	45	卜居贵溪	江西	贵溪	1430
枝公	福	45	迁玉山	江西	玉山	1430
骥公	福	45	迁宜黄	江西	宜黄	1430
魁六公	魁	45	迁居玉山	江西	玉山	1460
钟二公	钟	46	迁贵溪	江西	贵溪	1480
富六公	富	47	赘居玉山	江西	玉山	1500
文十三公	文	48	迁宁都	江西	宁都	1530
仁十六公	仁	48	迁玉山	江西	玉山	1530
国安公		49	迁沿山	江西	铅山	1560
万十二公	万	50	迁玉山	江西	玉山	1560
家允公		50	迁居永邑十三都	江西	广丰	1590
汝秀公		50	赘居永丰	江西	广丰	1590
隽公		50	徙居广之古城（广丰洋口古城村）	江西	广丰洋口	1590
老敦公		52	迁居玉山	江西	玉山	1640
宁八公	宁	53	迁居广信黄塘	江西	上饶	1670
孝生公		53	迁玉山临江湖	江西	玉山	1660
兴隆公		53	迁玉山里塘	江西	玉山	1660
五多公		54	随父徙玉山八都后陈	江西	玉山	1690
文衫公		54	并玉山	江西	玉山	1700
云生公		54	迁上饶	江西	上饶	1700
贵公		55	并迁玉山	江西	玉山	1730

续表

始迁者	字辈	世次	迁徙记录	省份	现地名	大约年代
世寿		55	并迁玉山	江西	玉山	1730
云二十一公	云	55	迁居玉山姜坞	江西	玉山	1730
永茂	贵15	56	迁广邑鳌峰	江西	广丰、十都	1760
德华	贵20	56	迁广邑鳌峰	江西	广丰、十都	1760

4.迁福建记录（58处）

始迁者	字辈	世次	迁徙记录	省份	现地名	大约年代
教工公	远	22	官汀州水陆都阃就籍	福建	长汀	800
昌公	日	23	官信义尉镇浦城就籍	福建	浦城	820
天德公	兴	24	赘籍浦城渔梁村	福建	浦城	850
简公	惟	27	并迁晋兴	福建	晋江	920
申公	惟	27	并迁晋兴	福建	晋江	920
忠一百零七公	忠	28	迁晋兴	福建	晋江	940
孝陈公	孝	29	官参戎除镇漳州就籍	福建	漳州	960
诗六十七公	诗	30	迁丰州	福建	泉州一带	980
俭公	书	31	迁建阳	福建	建阳	1005
彦嗣公	家	33	迁居寿宁	福建	寿宁	1070
彦光公	家	33	徙居光泽	福建	光泽	1070
鹏翮公	家	33	登武进士官泉州就籍	福建	泉州	1070
武一百一十九公	武		迁邵武	福建	邵武	1070
锦云公	声	34	官延平同知就籍	福建	南平	1120
无欢公	声	34	仕后就籍晋安	福建	福州	1120
诲公	声	34	任漳州同知就籍	福建	漳州	1120
训公	声	34	同兄诲公就籍漳州	福建	漳州	1120
兆抡公	声	34	官莆田尉就籍	福建	莆田	1120
云衢公	声	34	迁居浦城六都	福建	浦城	1120
进公	声	34	徙居浦城仔信	福建	浦城	1120
永源公	世	35	入籍浦城	福建	浦城	1150
九和公	熙	35	迁莆田	福建	莆田	1150
杨公字垂木	熙	35	迁贵安	福建	连江	1150
一杼公	熙	35	迁建宁府	福建	建瓯	1150
良櫵公	熙	35	迁泰宁	福建	泰宁	1150
惟瑛公	泽	36	就籍建宁	福建	建宁	1180
宁二十二公	宁	36	并迁晋兴	福建	晋江	1180
宁三十公	宁	36	并迁晋兴	福建	晋江	1180

续表

始迁者	字辈	世次	迁徙记录	省份	现地名	大约年代
长春公	恒	36	卜居浦城	福建	浦城	1180
宏晓公	钦	36	迁福州	福建	福州	1180
笃二十六公	笃	36	并籍镛州	福建	将乐	1180
笃二十八公	笃	36	并籍镛州	福建	将乐	1180
鸣凤公	隆	37	迁居隅（渔）梁	福建	浦城渔梁	1250
高六十五公	高	37	迁武平	福建	武平	1220
高二十九公	高	37	入籍浦城居地曰祝村	福建	浦城	1220
淑璿公	隆	37	迁居大田	福建	三明	1220
源三十六公	源	37	迁德化	福建	德化	1220
益七公	益	38	徙武平	福建	武平	1250
智九公	智	38	迁籍建安	福建	建瓯	1250
流八十三公	流	40	入籍顺昌	福建	顺昌	1300
糈二十四公	糈	40	迁顺昌	福建	顺昌	1300
芳四十公	芳	41	入籍古田	福建	古田	1330
芳九十八公	芳	41	迁泰宁	福建	泰宁	1330
毂三十五公	毂	41	仕后就籍南靖	福建	南靖	1330
泽二十八公	泽	41	入籍武平	福建	武平	1330
百二十七公	百	42	徙永春	福建	永春	1350
百一百零九公	百	42	并籍温陵	福建	泉州	1350
百一百四十八	百	42	并籍温陵	福建	泉州	1350
承七公	承	42	迁光泽	福建	光泽	1350
康十六公	康	43	徙居惠州	福建	惠州	1370
富三公	富	43	迁居浦城之资信	福建	浦城资信	1380
景十四公	景	44	迁罗源	福建	罗源	1400
景十一公	景	44	迁政和	福建	政和	1400
崇九公	崇	46	徙建安	福建	建瓯	1480
明一公	明	47	徙居建宁	福建	建瓯	1500
悦公		50	迁居汀州	福建	长汀	1590
卿公	富	51	就籍福州	福建	福州	1610
星公		52	迁入福建不知何县	福建	不知何县	1640
宁四公	宁	55	迁福建不知何县	福建	不知何县	1730

5.迁广东、广西记录（15处）

始迁者	字辈	世次	迁徙记录	省份	现地名	大约年代
大贤公	常	26	官潮州金事就籍	广东	潮州	900
钦则公	钦	36	徙肇庆	广东	肇庆	1180
源四十七公	源	37	迁居东莞	广东	东莞	1220
太原公	莹	41	入籍肇庆府	广东	肇庆	1330
宁十七公	宁	44	徙居龙门	广东	龙门	1400
致松公	福	45	迁居广东不知那县	广东	不详	1430
声三百八十九公	声	34	迁兴安	广西	兴安	1100
宇八公	宇	36	迁兴安	广西	兴安	1180
宽六十九公	宽	37	迁苍梧	广西	苍梧	1220
翼二十三公	翼	39	徙籍昭平	广西	昭平	1280
秀十一公	秀	39	徙兴安	广西	兴安	1280
流十九公	流	40	并籍兴安	广西	兴安	1300
流三十二公	流	40		广西	兴安	1300
景三十六公	景	44	迁富川	广西	富川?	1400
富五公	富	47	迁兴安	广西	兴安	1500

6.迁河南、河北记录（38处）

始迁者	字辈	世次	迁徙记录	省份	现地名	大约年代
光燮公	家	33	仕后就居武安	河北	武安	1070
融二十二公	融	37		河北	宣化	1220
缵一百四十五公	缵	38	徙大名府	河北	大名	1220
流七十六公	流	40	迁安平	河北	安平	1300
流一百零六公	流	40	入籍安平	河北	安平	1300
有馀公	顺	41	迁清河	河北	清河	1330
有德公	余	18	同侄淇公匡城建居长垣县一带	河南	长垣	710
淇公	庆	19	侍父宗德于汴就籍匡城	河南	长垣	730
士彪公	庆	19	随父有年并籍邢州长垣县	河南	长垣	730
滉公	常	26	迁南阳	河南	南阳	900
虞公	家	33	仕卫辉府同知就籍是郡西门	河南	卫辉	1070
嵩公	恒	36	官汝宁府同知就籍	河南	汝阳	1180
振宗公	钦	36	迁商丘	河南	商丘	1180
廷尉公	钦	36	迁居开封府	河南	开封	1180

续表

始迁者	字辈	世次	迁 徙 记 录	省份	现地名	大约年代
旌二十六公	旌	36	迁登封	河南	登封	1180
隆敬公	隆	37	迁方城	河南	方城	1220
猷十二公	猷	38	并迁邺郡	河南	安阳	1250
猷二十八公	猷	38	并迁邺郡	河南	安阳	1250
国祀公	绪	39	迁固始	河南	固始	1280
绪一百零二公	绪	39	迁孟津	河南	孟津	1280
美二十七公	美	39	迁商丘	河南	商丘	1280
纯二十八公	纯	40	迁罗山	河南	罗山	1300
宗一百零八公	宗	40	徙汲邑	河南	卫辉	1300
乐二十八公	乐	40	徙嵩县	河南	嵩县	1300
碬三十八公	碬	41	迁汲县	河南	汲县	1330
泽九十公	泽	41	徙睢州	河南	睢县	1330
是二十八公	是	41	迁居安阳	河南	安阳	1330
祖二十七公	祖	41	徙居罗山	河南	罗山	1330
百五十五公	百	42	迁孟津	河南	孟津	1350
明十五公	明	42	迁阌乡县	河南	灵宝	1350
宏昭公	宪	43	徙函谷	河南	灵宝	1370
扬善公	友	43	并迁陕州	河南	陕县	1360
开善公	友	43	并迁陕州	河南	陕县	1360
宁三十一公	宁	44	并迁延津	河南	延津	1400
宁五十公	宁	44	并迁延津	河南	延津	1400
文经公		46	仕夏邑知县就籍	河南	夏邑	1480
锡十九公	锡	42	迁义阳	河南	信阳	1355

7.迁湖南、湖北记录（35处）

始迁者	字辈	世次	迁 徙 记 录	省份	现地名	大约年代
敏孺公	纲	25	游学赘居郢都	湖北	荆州	870
惟三十五公	惟	27	迁江陵事祥常公传内	湖北	荆州	920
惟四十公	惟	27	迁江陵事祥常公传内	湖北	荆州	920
嵩年公	惟	27	官指挥使就籍荆州	湖北	荆州	920
元郁公	孝	29	就籍孝昌	湖北	孝昌	960
佐公	书	31	徙新城	湖北	房县	1000
文颢公	声	34	迁江夏	湖北	江夏	1120
永洹公	世	35	入籍武昌	湖北	武昌	1150
九衮公	熙	35	迁石首	湖北	石首	1150

续表

始迁者	字辈	世次	迁徙记录	省份	现地名	大约年代
九觐公	熙	35	仕武昌府同知随籍	湖北	武昌	1150
廷枚公	熙	35	仕后就籍荆州	湖北	荆州	1150
蘸公	元	38	官嘉鱼主簿就籍	湖北	嘉鱼	1250
钟二十公	钟	41	迁咸宁	湖北	咸宁	1330
盛十公	盛	42	迁均州	湖北	丹江口	1350
霖公	忠	28	官刑科吉士籍攸州	湖南	攸县	950
天埴公	家	33	辰州分司就籍 辰州居沅陵	湖南	沅陵	1070
得名公	家	33	并迁武陵	湖南	常德	1070
得寿公	家	33	并迁武陵	湖南	常德	1070
文明公	盛	35	仕长沙知事就籍	湖南	长沙	1150
九仪公	熙	35	仕后就居长沙	湖南	长沙	1150
维宁公	钦	36	迁衡阳	湖南	衡阳	1180
钦七十公	钦	36	迁郴州	湖南	嘉禾?	1180
应麟公	钦	36	迁溆浦	湖南	溆浦县	1180
禄三十公	禄	38	迁沅陵	湖南	沅陵	1250
贡十八公	贡	38	迁居常宁	湖南	常宁	1250
贡十七公	贡	38	迁麻阳	湖南	麻阳	1250
介十六公	介	39	徙桂东	湖南	桂东	1280
宗十八公	宗	40	迁岳阳	湖南	岳阳	1300
文三十公	文	40	随子质七就籍长沙	湖南	长沙	1300
祖二十三公	祖	41	迁沅江	湖南	沅江	1330
质七公	质	41	仕长沙太守随籍	湖南	长沙	1330
宁二十三公	宁	42	徙居安仁	湖南	安仁?	1350
至德公	积	43	徙衡阳	湖南	衡阳	1370
旭寅公	象	43	待父任就籍武陵	湖南	常德	1380
溥九公	溥	45	迁嘉禾	湖南	嘉禾?	1460

8.迁江苏记录（26处）

始迁者	字辈	世次	迁徙记录	省份	现地名	大约年代
大吕公	忠	28	迁通州	江苏	通州	940
上拔公	孝	29	迁居无锡县	江苏	无锡县	960
鸿达公	书	31	字任之赘籍吴江	江苏	吴江	1000
天绅公	家	33	迁居吾（吴）县	江苏	吴县	1070
家矩公	家	33	就籍无锡	江苏	无锡	1050
汉章公	家	33	迁居太仓州	江苏	太仓	1070
光炳公	家	33	官都签就籍苏州	江苏	苏州	1070
声十公	声	34	迁松陵	江苏	吴江	1100
恩生公	熙	35	徙兴化	江苏	兴化	1150
九来公	熙	35	赘居吴县	江苏	吴县	1150
绍贤公	盛	35	赘籍吴邑	江苏	苏州	1150
麟兆公	熙	35	仕后就籍淮安	江苏	淮安	1150
安国公	熙	35	仕后居淮安	江苏	淮安	1150
良策公	熙	35	迁扬州	江苏	扬州	1150
仲达公		36	徙居义兴	江苏	宜兴	1180
荆公	德	36	仕宦任平江府同知就籍	江苏	苏州	1180
淑公	周	37	待叔同居平江	江苏	苏州	1220
昌祠公	裕	38	迁昆山	江苏	昆山	1250
至公	缵	38	迁吴江	江苏	吴江	1250
世二十八公	世	38	迁仪真	江苏	仪征?	1250
流十七公	流	40	迁上元	江苏	南京、江宁	1300
泽十四公	泽	41	迁居邳州	江苏	邳州	1330
康一公	康	41	迁居高邮	江苏	高邮	1330
旭明公	象	43	常州司狱就籍	江苏	常州	1380
德十八公	德	48	迁居苏州	江苏	苏州	1530
天良公		49	迁居扬州	江苏	扬州	1560

9.迁山东记录（14处）

始迁者	字辈	世次	迁徙记录	省份	现地名	大约年代
允礽公	庆	19	仕青州都阃就籍	山东	青州	730
始授公	惟	27	仕后就籍曲阜	山东	曲阜	920
俊骧公	书	31	游学山东赘籍临淄	山东	临淄	1000
尔介公	书	31	迁青州	山东	青州	1005
绍敏公	家	33	仕后就籍宁阳	山东	宁阳	1070
声三百八十四公	声	34	守籍朝城	山东	莘县	1100
曤公	声	34	迁齐河	山东	齐河	1120
维麟公	熙	35	就籍济南府	山东	济南	1150
祖十四公	祖	38	同迁东平	山东	东平	1250
祖三十一公	祖	38	同迁东平	山东	东平	1250
安十四公	安	39	迁高密	山东	高密	1280
泰十四公	泰	41	徙恩邑	山东	平原	1330
平二十三公	平	42	迁定陶	山东	定陶	1350
维增公		42	迁居齐河	山东	齐河	1350

10.迁山西记录（11处）

始迁者	字辈	世次	迁徙记录	省份	现地名	大约年代
健公	远	22	迁沁州	山西	沁源	805
世一公	世	25	徙潞安府	山西	长治	880
麟徵公	孝	29	徙居汾阳	山西	汾阳	920
有临公	绪	39	迁长治	山西	长治	1280
淑億公		39	迁雁门	山西	代县	1280
添善公	宗	40	徙居洪洞	山西	洪洞	1300
宗二十四公	宗	40	徙浩州	山西	汾阳	1300
寿二十七公	寿	40	徙居晋阳县	山西	太原	1300
价公	宪	43	迁代州	山西	代县	1370
世公			唐上将军镇守山西潞安府就籍	山西	长治至平顺一带	800～900
鹤公	家	33	迁黎城	山西	黎城?	1030

11.迁陕西记录（21处）

始迁者	字辈	世次	迁 徙 记 录	省份	现地名	大约年代
绍元公	庆	19	仕任山阳令就籍	陕西	山阳	730
明庭公	昌	21	游学京兆赘而就籍	陕西	西安	780
文裔公	远	22	迁凤翔	陕西	凤翔	805
朝聘公	纲	25	仕淮安理问籍居山阳县	陕西	山阳	880
永忠公	常	26	官郃阳都司同永行公籍郃阳	陕西	合阳	900
景宁公	惟	27	侍父邠州为官卒任籍守墓	陕西	彬州	920
依公	书	31	迁雍州	陕西	雍州	1000
升堂公	书	31	平西将军钦镇兴平州就籍	陕西	合阳	1005
振一百四十六公	振	32	迁乾州	陕西	乾县	1030
乐三十今	乐	36	迁洵阳	陕西	旬阳	1170
连元公	恒	36	官理事厅就籍常安之太平乡	陕西	西安	1180
禄二十五公	禄	38	迁汉中	陕西	汉中	1250
禄十四公	禄	38	迁略阳	陕西	略阳	1250
哲二十二公	哲	39	籍华阴	陕西	华阴	1280
在沼公	宗	40	仕扶风尉就籍	陕西	扶风	1300
乐二十九公	乐	40	徙扶风	陕西	扶风	1300
诚十七公	诚	41	迁居三原	陕西	三原？	1330
名成公		42	迁延州（延安志丹一带）	陕西	延安志丹	1350
大芳公	宪	43	徙同州	陕西	大荔	1370
芬公		50	仕后就籍邠州	陕西	彬州	1590
芳公		50	同芳公籍邠州	陕西	彬州	1590

12.迁北京等省、市记录（22处）

始迁者	字辈	世次	迁 徙 记 录	省份	现地名	大约年代
斯年公	惟	27	官尉昌平就籍	北京	昌平	920
霖公	忠	28	就籍幽州	北京	天津一带	940
喜善公	进	44	待父京内就籍	北京	北京	1400
辂公字孟雄		3	阶州留守就籍（武都西固一带）	甘肃	武都西固	310
麟生公	孝	29	迁居巩昌（陇西武山一带）	甘肃	陇西武山	920
赣公	熙	35	官定远将军钦镇陇西就籍	甘肃	陇西	1150
世四公	世	39	并籍平凉之镇原	甘肃	平凉	1270
世十四公	世	39	并籍平凉之镇原	甘肃	平凉	1270
长宁公	奉	41	迁熙州	甘肃	临洮	1330
宁二十公	宁	44	迁西和	甘肃	西和	1400
祖二十七公	祖	38	仕后就籍建昌	辽宁	建昌	1250
寿七公	寿	51	迁义州	辽宁	义县	1620
元章公	顺	41	迁永宁	宁夏	永宁？	1330
日晃公	惟	27	赘居松江府	上海	松江	920
纯四十四公	纯	40	迁居潼川州（三台、乐至一带）	四川	三台乐至	1300
镳二公	镳	41	徙西昌	四川	西昌？	1330
信二公	信	42	仕后就籍苍溪	四川	苍溪	1350
信五公	信	42	迁犍为	四川	犍为	1350
文颛公		34	迁江夏	武汉	江夏	1120
用之公	宽	37	仕后就籍安宁	云南	安宁	1220
宗九十九公	宗	40	迁江津	重庆	江津	1300
由三十公	由	54	迁居开邑堆门	重庆	开州	1700

13.迁徙地址不能确定记录（46处）

始迁者	字辈	世次	迁徙记录	省份	现地名	大约年代
曰耿公	庆	19	入籍东渠	?		730
乾龙公	诗	30	迁吴昌	?		980
诗七十四公	诗	30	迁平源	?		980
书一百二十八公	书	31	迁居郡城	?		1000
新公	书	31	赘居须州	?		1000
振一百二十六公	振	32	迁夏邱	?		1025
无欲公	声	34	迁莘野	?		1120
雍公	声	34	迁芙峯	?		1120
熙四百四十八公	熙	35	徙桐溪	?		1150
锵振公	熙	35	迁展溪	?		1150
维彪公		35	迁居三川	?		1150
玉兰公	熙	35	迁武源	?		1150
型公	钦	36	仕后就籍溧邑	?		1180
钦一百五十二公	钦	36	迁谮州	?		1180
笃六十四公	笃	36	迁义章	?		1180
隆一百一十一公	隆	37	迁居华川	?		1220
隆二百一十三公	隆	37	迁同洲	?		1220
百五十九公	百	37	迁开阳	?		1220
胄三十公	胄	37	迁桐溪	?		1220
睿十九公	睿	37	迁籍嘉宁	?		1220
千五十七公	千	38	迁晋康	?		1250
千九十四公	千	38	迁桐凌	?		1250
缵一百九十公	缵	38	迁华林	?		1250
和二十八公	和	38	徙平羌	?		1250
仪三十公	仪	38	徙居禾川	?		1250
荣二十二公	荣	39	徙延昌	?		1280
勋二十四公	勋	39	辻渠阳	?		1280
济十五公	济	40	迁天池	?		1300
康二十公	康	41	并迁临水	?		1330
康二十九公	康	41	并迁临水	?		1330
克十一公	克	41	迁谯溪	?		1330
顺十二公	顺	41	徙永宁	?		1330
锡十三公	锡	42	迁居兴囻	?		1355
祀十三公	祀	42	迁海涵	?		1360
景春公	莹	42	徙居不知何处	?		

续表

始迁者	字辈	世次	迁徙记录	省份	现地名	大约年代
锵十公	锵	43	迁夏沃	?		1370
嘉彦公		43	徙长庆	?		1370
衍翰公		43	徙西陇	?		1380
嗣绅公		43	赘居清溪	?		1380
景五十六公	景	44	迁汉兴	?		1400
深七十七公	深	44	徙居渭阳	?		1400
元恺今		48	迁居莘野	?		1530
康十四公	康	50	迁姚西	?		1590
中五十八公	中	51	赘居石邱	?		1600
汝伯公		55	赘居兆石	?		1730
敦仁公	熙	35	迁信陵	?		1150

五、郎峰祝氏字辈

1. 合族字辈表

1.郎峰祝氏为江南望族，聚居于浙江衢州、江山、常山，江西广丰、玉山，福建浦城等浙闽赣交界地区，初无字辈，唐代二十世祖亮工公始追设十五世以下字辈：

（十五至三十四世）积善有余庆蕃昌达日兴纲常惟忠孝诗书振家声

2.三十五世后郎峰祝氏极其辉煌，人口众多，统一字辈不便别同辈长次，故每房各设字辈。

三十五世起：

梅泉系：礼乐隆光世 文景圣贤辉（章美绍英）

郎峰系：盛德高千载 流芳百代景 溥博渊泉发 聪明睿智行

康公世宅房系：熙云丙寅进寿莹僖（以上上下宅同）仁诚信旻永浩宁华富贵智义礼达文理通昌盛昭穆明和顺乾坤泰友恭贤良承

日二公长次三房派：存恒宽裕翼纯鰕锡康宁厚

日四公长次两房系（兴九公三子同）：熙钦隆缵绪宗泽雨露深雍穆

日七公长三两房驸马派：熙光全蒸祀祚礽跻锵明仁（融）和昭德

宣抚程公八房系：

长房：熙宁圣世安乐太平宪章

二房：熙受百禄美济钟盈文经

三房：熙增晋益荣华茂盛友恭

四房：熙旌宣猷哲贤诚信礼（恭）让

五房：熙焜融和秀毓镐新颖显

六房：熙慎威仪大糦是承佑钊

七房：熙笃源本介福康宁积功

八房：熙宇胄贡勋照祖明克绍显

宣国公系八房：

梦诜房：熙敬万福臻理顺天良

梦举房：熙敬俊光谟承奉祖训

梦云房：熙云隆盛泰亨莹僖宁

梦熊房：熙云丙寅进寿莹僖举（高）

梦祥房：熙德周文广寿莹僖宗

梦良房：熙和谐千季寿莹（康）僖举

经纶房：熙开乾元世奕莹僖琦

纲纪房：熙开乾元世奕莹僖胜

　　3.宋末之后，郎峰祝氏大量外迁，各派又各立字辈，称本派字辈，或私祠字辈，以别本支长幼。同时，为郎峰合族内方便辨别辈分，又设各派通用的合族字辈。

　　合族字辈（五十一世后）：金华玉荣其光益宏于文应世升恒丰隆贤良谟显方正功同本友聚会亲谊贯通上溯渊源咸钦英风箕裘能绍永毓岳嵩

2.各派字辈表

序号	派别	始祖	世次	聚居地	上源	字辈（从各派始祖字辈始）
1	相亭派	尚质	17	廿八都相亭广丰十都上祝	郎峰	有余庆蕃昌远日兴纲常惟忠孝诗书振家声世泽绵统绪礼义克复成崇文贤敬福享升平荣华富贵仁德聪明簪缨济美翼赞王廷贻谋不坠堂构律成
2	江峰派	天锡	37	凤林政棠江家岭	郎峰	高明圣万世奉敬礽贤文永继福寿康宁荣华富贵元亨利贞开鸿基垂传大业仁义礼智贻燕翼保守嘉谋
3	恒有庄	开基	36	峡口祝家	郎峰	荣华富贵福寿康宁进安文行义礼智信元亨利贞和顺璊英俊杰成美兰桂腾馨
4	官田派	复	38	凤林官田坞	郎峰	千贵兴奉福镇康宁义礼智信荣华庆鼎新江阳光启明经文章显达祥发德馨勋承唐朝绩绍宋庭天书炳焕永垂丹青
5	宝峰派	挺	36	江郎上马岭	郎峰	德高千载福禄永康宁寿复得馨进荣华富贵发达贤良绳武祖德万世保昌
6	枝山派	文高	36	石门	宝峰	德高千载福禄永安寿复得馨进荣华富贵发达贤良绳武祖德万世保昌
7	石峰派	鹤	46	碗窑石顶	东川	福贵德景应元亨利贞乾坤定位高厚生成枝叶茂盛缵绪攸清文功武烈世泽光明
8	禄川派	学高	33	峡口桐村	义干	伯仲亿万礽诚敬高曾英贤荣显聪明智惠富寿康宁仁义道德文章礼乐升元亨利贞吉
9	磐峰派	兆良	51	广渡磐峰	古川	荣华富贵仁义礼智发强刚毅文理密察宽裕温柔
10	西陇派	泽	46	双塔陈村	禄川	聪明文进福寿康宁富贵荣华长燕泽英雄豪杰辉骏光温良恭俭圣容著发强刚毅仁德扬
11	庙底派	福	40	玉山十都庙底	郎峰	福禄寿康谧荣华富贵仁义礼智信温良纯粹高厚成泰运乾坤定位功名显祖德恭宽敏惠
12	和安派	兆梅	51	石门和安	庙底	礼智信温良纯粹高厚成泰运乾坤定位功名显祖德恭宽敏惠
13	锦川派	麟	42	峡口王村	郎峰	盛富贵功名福寿康宁文章显达礼乐通成冠裳济美累世簪缨
14	林川派	和远	50	保安西洋垒	广川	通元德茂盛福履崇隆麟衫鹤盖车服显庸兰馨桂馥丰著宗功
15	塘边派	祖宇	45	广丰塘边	郎峰	显荣华富贵金玉满堂辉敬顺传世宾姻睦庭祥瑞为嗣增福禄恭宽信敏惠
16	霞井派	君怀	38	江郎下井凤林	郎峰	福臻理顺天良庆进寿康德永景世友仁义礼智信元亨利贞贤达开泰运名教绍圣明

续表

序号	派别	始祖	世次	聚居地	上源	字辈（从各派始祖字辈始）
17	清沿派	阙	42	淤头三塘清沿	郎峰	祖训华富贵福寿康宁进圣聚贤忠孝成名乾高坤厚元亨利贞
18	黄荆垅派	锦	43	江郎西山	郎峰	训贵福寿康宁进达通永兴盛丰恩泽深贤良绍先圣名教垂世英荣华开泰运爵禄显扬亲
19	日山派	世禄	43	新塘边荷塘头	郎峰	世耀荣元亨利贞富贵仁义礼智信彝伦恒达道诗书绍先人功名光祖德爵禄显扬亲
20	资圣派	从高	43	蒲城资圣	郎峰	富贵福寿康宁明善存仁礼文宏大升献永锡贞祥德猷克建芳盛繁衍延及万年
21	雨石派	祥光	42	广丰社后	郎峰	僖宁兴贤荣华恭敬明新志善盛德光辉礼乐文章簪缨济美顾国流芳其刚益宏温裕发强
22	宅基派	寿	40	江郎宅基	郎峰	寿莹僖高铭显正信智奕永乐富贵康宁明良建千世业礼乐开万年景仁义恭宽敏惠姻睦任恤和顺名教克绳祖武经纬宪章贤圣
23	柘阳派	泰熙	39	广丰十一都	郎峰	泰道喜荣华富贵文章礼乐恭宽信敏惠金玉满堂仁让敬恕正直平康温柔敦厚广博易良鹤升兆吉瑞雪丰裕赞樱开怀滋润泽帅
24	世宅派	康	40	江郎阁老街	郎峰	寿莹僖仁诚信敏永浩宁华富贵智义礼达文理通昌盛昭穆明和顺乾坤泰友恭贤良承吉祥绵祖德尊亲谐宗盟
25	祝川派	应肇	42	石门张家源浦城	郎峰	僖宗乾元亨利贞茂华富贵福禄寿康宁循和吉祥至宽厚天自成信垂礼训仁安义正
26	嘉田派	滔	48	碗窑毛家殿	魁潭	文信永浩欣隆世仕盛德高乾亨利贞元会燕喜偕伉俪麟祥衍箕裘儒术绍先业冠裳晋嘉谋
27	溪潭派	权	49	碗窑溪下	嘉田	熙和谐千仲广丙荣仁福显进增文信永浩欣隆世仕盛德高乾亨利开泰运燕喜偕伉俪麟祥衍箕裘儒术绍先业冠裳晋嘉谋
28	长安派	理	56	长台长安	溪潭	盛德高乾亨开泰运燕喜偕伉俪麟祥衍箕裘儒术绍先业冠裳晋嘉谋
29	雅床派	克昌	47	碗窑下床	郎峰	孝友睦姻任恤礼乐射御书数士农工商为本渔樵耕读传家
30	华峰派	守明	38	凤林荷花墩	郎峰	千百云恭智惠景信荣华富贵元亨利贞仁义礼乐福寿康宁发强刚毅圣德昭明修陈设荐庙器常新
31	东川派	德乐	37	碗窑东村	郎峰	宽渊源清秀鸿泽流芳崇晃开泰

续表

序号	派别	始祖	世次	聚居地	上源	字辈 （从各派始祖字辈始）
32	潦溪派	祥臻	45	赵家黄泥垅	东川	芳福寿康宁富贵荣华文章伟世良德敷佳千年敬怀仁义美万代崇礼传雅
33	大恢里宅派	仲桢	43	碗窑大恢	东川	泽流芳崇美景文章经世久礼乐万代新忠良本孝起诗书望后人
34	大恢外宅派	寿	46	碗窑大恢双塔陈村	东川	仕盛景应国明回川山水秀润世泽长绵克绍前烈千万斯年腾蛟起凤事功传宣
35	模溪派	秉贞	43	峡口模溪淤	郎峰	良隆祥智仁圣义谦和礼乐文章绍显富贵寿禄宁康
36	均山派	维桢	43	淤头凤林保安	郎峰	胜永华富贵仁义礼智信福禄康宁文行标芳国名节耀传庭功显祖绩德纯宗乘
37	石后派	永仁	43	淤头石后	郎峰	胜季发进诚富寿康宁荣华仁义智信元亨利贞显达蕃盛宽裕温柔齐庄中正天长地久用成家庆
38	大贤派	铎	46	贺村敖坪	均山	富贵仁义礼智信福禄康宁文行标芳国名节耀传庭功显祖绩德纯宗乘
39	雅儒派	士俊	37	市区雅儒巷	郎峰	俊光谟德显垂贞永仁义礼智信世泽恩嘉荣贤良绳祖武文章继圣明位育中和致溥博渊泉盈
40	沙溪派	达卿	43	广丰沙溪	郎峰	金洪桂炳墩钦汉椿煜增钧汎杞辉地镜波槐燧燈银海东熹钉沂柏燎坚铜沐杲炬垠衔湖梯照城
41	坝头派	尔雅	40	广丰沙溪	郎峰	仁大武京族繁千载盛品高万世荣溥博渊泉发聪
42	石溪派	应兆	52	广丰石溪	沙溪	遗世福禄祥钟渊源家学克绍郎峰以善为宝惟德是崇瓜瓞绵衍万载熙雍
43	镇安派	世芳	29	石门	郎峰	孝诗书振家声躬恒蒲毅壁爵喜享荣显隆盛富寿康宁睦姻敬生春夏秋冬季乾元亨利贞道德文章秀谟训功烈成唐虞商周际禹皋伊旦鸣麟趾凤毛萃屡世发祥正
44	云阳派	寄生	40	广丰云阳	郎峰	寿荣华富贵满堂文行忠信仁义道德聪明睿知齐庄中正宽裕温柔发强刚毅
45	官溪派		42	玉山官溪	江峰	高明圣万世奉敬礽贤文永继福寿康宁荣华富贵元亨利贞绍祖隆慎修礼乐贻燕翼广裕智仁
46	凤林派	绍宗	42	凤林周家坂	郎峰	盛千镇庆祥永志文廷必正德仁义礼智信永远富贵福寿康宁名教承祖训德泽垂世英

续表

序号	派别	始祖	世次	聚居地	上源	字辈 （从各派始祖字辈始）
47	广川派	拱德	43	广渡祝家坞	郎峰	恭豫欣进安敬文荣华富贵仁正大光明义礼智信玉堂伟望显达天廷奕世芳名
48	浯溪派	昭	44	坛石五圳	郎峰	爱（钊）增寿永亨成仁义礼智信恭宽殷敏惠文德显高明志存敦伦厚庭瑞必荣景
49	上溪派	鸣球	42	横渡上溪	梅泉	圣贤辉顺恭信敏福禄寿康宁富贵耀明廷达理行智修德安仁体天泰裕元亨利贞
50	亳溪派	永	40	何家山	梅泉	福禄寿康宁仁德明文进必发达荣华盛贵显功绩国富厚润心诚万年依祖训永缵绪承
51	潢溪派	尚书	39	横渡	梅泉	世福禄祥爵受钟盈仁义礼智旻惠宽宏裕富贵永康宁显扬在建功业茂华应修德行
52	长峰派	至亮	42	何家山	梅泉	嘉元文进贵福寿永康宁循良垂祖训富德裕昆承存性必长茂克复敬传恒
53	孟亨派	献一	45	江山市区	梅泉	献恭荣华富贵福德寿康宁信守名节谦和义准绳智举成肆业仁安贤希圣
54	竹和派	光裕	33	大陈竹余	郎峰	家声衍盛咸祖武文质彬象新礼乐授
55	凌峰派	宗宝	41	大桥清源尾	竹和	质真显康魁（元）
56	清川派	光和	42	大桥清源尾	凌峰	真显厥祥安宁恭敬奉仲季承福由永阴芹沼生香
57	滁川派	名选	44	坛石徐家坞	凌峰	明耀进福寿康宁树宝仁义礼智信瓜瓞绵延系胜启蒙经史暇时诸子须通虞舜大孝武穆精忠
58	外坞派	光陵	42	大桥清源尾	清川	真显明厥祥安宁恭敬奉仲季承继武嗣瓜瓞绵衍延系胜启蒙经史暇时诸子须通虞舜大孝武穆精忠
59	前坞派	全	43	大桥清源尾	清川	显厥祥安宁恭敬奉仲季承福由永阴芹沼生香桂枝秀挺亿万斯年亦叶繁盛
60	里坞派	庆	43	大桥清源尾	清川	显隆兴成富贵荣华仁义礼智信恭云霞诗书济美忠孝传家
61	瀹川派	居易	43	大桥	清川	显曾定德恭敬荣盛富贵福和顺瓜瓞绵延系胜启蒙经史暇时诸子须通虞舜大孝武穆精忠
62	排川派	居敬	43	大桥琶坞	清川	显正定德仁义礼智信福禄荣康直根培枝茂源清流长支派明切俎豆馨香名分谨严情性敦良爱敬雍睦永久吉祥

续表

序号	派别	始祖	世次	聚居地	上源	字辈（从各派始祖字辈始）
63	霞川派	啸	38	大桥下许	郎峰	文广诚信永畅进福寿康宁荣华富贵仁义礼从瓜瓞绵延系胜启蒙经史暇时诸子须通虞舜大孝武穆精忠
64	荷竹派	康衢	47	广丰管村	郎峰	康宁荣华富贵元亨利贞仁义礼智文行承传友恭爱敬溥博渊泉克昭延圣发强刚毅斋庄中正联续云福绵衍瑞和顺锦欣健
65	六峰派	子迁	52	广丰十都下祝	荷竹	元亨金玉满堂聪明睿智宽裕温柔发强刚毅文理密察庄中正忠肃恭懿宣慈惠和谟烈启后炽昌寿臧燕翼贻谋鸿图肇基凤麟济美螽斯衍庆
66	魁潭派	君鬶	38	上余大溪滩等	郎峰	千仲广丙寿（智、显）进（信）文（富、受、曾）德（贵、得、文）信（文、显、行）良（行、得、忠）维（增、行、忠、文、信）荣仁福寿庸永进文行忠昭穆经明彝伦攸叙超前轶后世业永固
67	祝山派	万和	40	玉山祝家山	江峰	万庚云信佑荣华富贵福寿康宁显达高闬庭顺和伦纪天禄永承厥修彝德招必瑞应
68	天苍岭派	善德	40	衢州天苍岭	郎峰	寿莹僖承禄永麟龙元忠良廷昭（贞）穆（仁）经（义）
69	秀峰派	庆	45	张村秀峰	魁潭	寿进文德信良忠昭穆经
70	须川派	新	31	市区通化门	郎峰	书易礼春秋（以后旧谱无载至今莫考）
71	峡口派	尚友	34	峡口（失传）	郎峰	声玉衡璿玑（以后旧谱无载至今莫考）
72	龙溪派	绍文	42	广丰龙溪	宅基	僖胜显明扬福寿康宁仁义礼智信宽裕温柔发强刚毅斋庄中正文理密察
73	前严派	绍质	42	峡口姜家路口	宅基	僖举振通承仁义礼智信福禄康宁泰世代歌升平和顺吉祥发廉让贞节馨
74	秀峰派	绍祥	42	张村秀峰	宅基	僖举成文茂盛昌繁荣华富贵福凝明良建千世业奕叶流香恭宽敏惠和气致祥克绳祖武万载承尝如续绵衍山高水长
75	滫川派	四九	39	不详	梅泉	不详
76	仕阳派	令虎	39	大桥仕阳	郎峰	安业宇宙宏正贤名福寿康宁荣华富贵元亨利贞天地开泰景物维新伦存仁义兴礼智信

续表

序号	派别	始祖	世次	聚居地	上源	字辈 （从各派始祖字辈始）
77	古川派	允正	44	大桥司贡鹏	仕阳	正贤名福寿康宁荣华富贵元亨利贞天地开泰景物维新伦存仁义兴礼智信
78	东川派	中德	43	碗窑东村	竹和	象新达福
79	丰足派	庭槐	41	丰足	竹和	质心广明居仁由义康宁恭敬钦崇理智信善百禄道总与大福骈臻
80	程村派	宗元	41	丰足陈村垅	竹和	质彬行忠（以后不明）
81	上埂派	鹄广	40	峡口上埂	魁潭	性仁昭穆经明彝伦攸叙超前轶后世业永固
82	潼村派	日初	44	四都潼村	魁潭	福寿庸永进文行忠昭穆经明彝伦攸叙超前轶后世业永固
83	蚱蜢山派	舍毛	52	蚱蜢山底	湖峰	正大元亨利贞国泰民安功德绵远云礽衍庆
84	塘川派	德	45	广丰塘边	郎峰	显荣华富贵金玉满堂辉敬顺传世宝和穆庭祥瑞为嗣栽福禄恭宽信敏惠
85	苗青头派	大道	55	凤林苗青头	林川	福履崇隆麟衫鹤盖车服显庸兰馨桂馥聿著宗功
86	贺坞派	行信	46	长台贺坞	东川	福胜茂晟昌蕃荣华富贵福禄康宁山川毓秀奎壁联辉英才继起贤圣同归承先启后万代瞻依
87	双溪口派	棋	45	常山双溪口	霞川	福德寿康荣华富贵仁义礼从瓜瓞绵延系胜启蒙经史暇时诸子须通虞舜大孝武穆精忠
88	新村派	不详	不详	不详	不详	贵福寿康宁进达通永兴盛丰恩泽深贤良绍先圣名教垂世英功名开泰运爵禄显扬亲
89	道院派	行义	46	凤林	东川	福禄康宁文行忠信智世富贵万代显荣和乡睦里任恤姻亲
90	白沙金潭派	孟谦	42	广丰三都	郎峰	昌元兆发荣华富贵福寿康宁仁瑞光显诚敬恭章英哲蔚起诗礼流香松柏森立兰桂芬芳博厚高明文行忠信温良俭让亨利永贞
91	龙峰派	道兴	47	广丰排山	白沙金潭	荣华富贵福寿康安金玉满堂孝弟忠信礼义廉节春秋怀德地久天长光前裕后诗书传香瓜瓞绵延百世繁昌
92	赤山祝家派	君仲	38	四都赤山	郎峰	盛恭富同庆德荣文广福寿康宁仁义礼智信道昭明
93	赤山里间派	锦	43	四都赤山	竹余	庚义生富伯宁文彦景思道千乘之国元亨利贞登俊

续表

序号	派别	始祖	世次	聚居地	上源	字辈（从各派始祖字辈始）
94	赤山下分派	镛	43	四都赤山	竹余	庚义生富伯宁文荣景福德智大仁勇元亨利贞登俊
95	赤山址圳派	镇	43	四都赤山	竹余	庚义生富伯宁荣文景福德智大仁增元亨利贞登俊
96	峰村派	镁	43	四都	竹余	庚福寿康清礼乐华荣元亨利贞刚健中正恭宽敏
97	翰堂派	珠货	50	四都翰堂	峰村	华荣元亨利贞刚健中正恭宽敏
98	下坂派	顺三	45	上余塘岭下坂	魁潭	顺追远进圮士文昭（景）穆经明彝伦攸叙超前轶后世业永固
99	黄岗派	洁	46	双塔黄岗	禄川	不详
100	深度派	绍祖	55	长台深渡	贺坞	不详
101	丽坦派	承一	38	淤头	郎峰	承隆建升

注	1.另有下坞、后垅、仙风岭、浦邑、廿八都、高门、忠信、龙潭坝、白富坞、高路、上宅等支派暂无资料，情况不明，容后再补。 2.聚居地一栏为本派始迁地和已知聚居地，部分为古地名。由于大部分支派迁徙当地后，后裔又四处迁徙，居住地分杂，暂未能考访，实际聚居地多有遗漏，容后考证。 3.本表字辈多为清光绪和民国版《郎峰祝氏世谱》所载，部分支派其他版本所载字辈或有不同，以实际在用为准。

附："八十八派"名录

相亭派、潢溪派、亳溪派、上溪派、宝峰派、江峰派、祝山派、荷竹派、枝山派、镇安派、东川派、竹和派、仕阳派、古川派、凤林派、广川派、龙溪派、塘边派、浯溪派、雅儒派、霞川派、魁潭派、霞井派、上宅派、宅基派、秀峰派、祝川派、资圣派、模溪派、禄川派、均山派、大贤派、日山派、西垄派、黄岗派、前岩派、丰足派、程村派、凌峰派、清川派、排川派、滁川派、瀹川派、石峰派、漯溪派、上埂派、下坂派、潼村派、六峰派、道院派、下坞派、湖峰派、官田派、沙溪派、雨石派、坝头派、庙底派、嘉田派、云阳派、华峰派、锦川派、磐峰派、石后派、龙峰派、林川派、柘阳派、清沿派、世宅派、石溪派、溪潭派、雅床派、官溪派、长峰派、孟亭派、深渡派、和安派、贺坞派、长安派、钟南派、新村派、赤山派、黄荆垅派、恒有庄派、白沙金潭派、苗青头派、双溪口派、大恢里宅派、大恢外宅派、天苍岭派、仙风岭派等。（88派是祝氏历来一种说法，实际现在统计有100派左右）

后 记

我们从小听着"阁老街"和"满朝祝"的故事长大，后来有机会阅读《郎峰祝氏世谱》，祝氏先祖重德尚学、出将入相、清廉勤政、精忠报国，忠信孝义、诗礼传家的家族优秀传统文化。人才辈出、繁荣昌盛的景象，使我们无比震撼。先祖中的将、相、驸马、八宗师、五御史、朝、省、府、县各级仕宦，都清正廉洁、精忠为国、一心为民、为官一任、造福一方，从未出过贪官和奸臣。谱中瑰丽的诗篇，声讨奸臣的檄文，孝子贤孙、义士善举、重德尚善的家规家训，对先祖创造如此辉煌的历史，我们深受感动，深受教育。共同的想法，共同的意愿，家族的使命，促成我们牵手合作，为弘扬祖功宗德，搜集、整理、编写、出版一部《江郎山祝氏文化集萃》，给后人留下一份祖先优秀文化遗产。

在《郎峰祝氏世谱》的基础上，我们深入研读了唐书宋史，查阅了有关的省、府、县志，《衢州历史文献集成》《江山历史文献辑略》等大量历史文献，和古文、古语、古地名等文化资料，充实、提高自己历史知识和词语文化水平。历经三四年时间，三易其稿，终于完成此书。谨以此书，纪念创造不朽功绩的郎峰祝氏先祖！

本书资料主要以郎峰祝氏本宗为主，也发函给主要外迁支派索取资料，但因时间仓促和各种原因，未能如愿。因此，本书中收集的外迁支派的资料，肯定存在遗漏、不全之处，敬请宗亲们谅解。

本书出版发行，由江山市郎峰文化研究会策划支持。本书稿在编写、会审、校对等工作中，得到衢州市政协原副主席祝瑜英女士、江山市政协原秘书长戴明桂先生，退休教师朱青麟老先生的热心帮助和指导；得到江山市郎峰文化研究会的祝佩森、祝新源、祝王飞、祝新斌等宗亲的关心和支持；并得到江山市文联周建新先生的帮助。在此，致以深深的谢意！

本书稿完成后，又得到中华诗词学会副会长兼学术部主任、中华诗词杂志社副主编、首都师范大学特聘教授、上海大学中华诗词创作研究院副院长林峰先生；福建省福州市宗亲，陕西省原副省长、政法委书记祝列克先生；郎峰祝氏世宅派，本市江郎宗亲，浙江医学会常务理事、浙江医院原院长祝世法先生；郎峰祝氏黄岗派，浙二医院神经外科主任医师、教授祝向东先生；郎峰祝氏嘉田派，本市碗窑乡宗亲，空军高层次人才、某学科带头人、装备研究院某研究室主任、高级工程师祝龙石先生；郎峰祝氏六川派，浙江大学博士生导师祝增荣先生的支持并作序，大大提高了本书的知名度，对他们的辛勤付出，在此，致以深深的谢意！

《郎峰祝氏世谱》内容浩繁，本书收录编写的只是其中一部分。书中诗词赋赞、敕奏疏记都是古文深奥的经典文章，在对文稿标点、分段、注释、作者简介和传记编写等方面，以及对人物的历史背景、评价不完全正确和透彻。限于时间和编著水平，文中当存不少讹谬之处，敬请读者不吝赐教、指正。

编 著

2020年12月